昌邑年鉴

CHANGYI YEARBOOK

2020

中共昌邑市委党史研究中心
昌邑市地方史志研究中心　编

方志出版社
Publishing House of Local Records

图书在版编目（CIP）数据

昌邑年鉴．2020 ／ 中共昌邑市委党史研究中心（昌邑市地方史志研究中心）编．-- 北京：方志出版社，2020.9
ISBN 978-7-5144-4573-2

Ⅰ．①昌… Ⅱ．①中… ②昌… Ⅲ．①昌邑-2020-年鉴 Ⅳ．①Z525.24

中国版本图书馆CIP数据核字（2020）第220521号

昌邑年鉴（2020）

编　　者：中共昌邑市委党史研究中心（昌邑市地方史志研究中心）
责任编辑：程　倩

出 版 者：方志出版社
地址　北京市朝阳区潘家园东里9号（国家方志馆4层）
邮编　100021
网址　http://www.fzph.org

发　　行：方志出版社发行中心
电话（010）67110500

经　　销：各地新华书店
印　　刷：山东黄氏印务有限公司

开　　本：889×1194　　1/16
印　　张：28
字　　数：758千字
版　　次：2020年9月第1版　　2020年9月第1次印刷
印　　数：001～800册

ISBN　978-7-5144-4573-2　　定价：318.00元

中共昌邑市委党的文献编审委员会
（昌邑市地方史志编纂委员会）

主　　任　吕珊珊
副 主 任　李玉祥　孙　波　胡筱芹　孔德奎
委　　员　黄国磊　徐晓敬　滕林波　孙建设　代选庆
　　　　　李笑春　张艳丽　李周兴　宋文清　孙效治
　　　　　李星亮

《昌邑年鉴》2020 卷编审人员

主　　审　孔德奎
副 主 审　黄国磊
主　　编　李周兴
副 主 编　冯　利　孙　栋
执行主编　陈程源
编　　辑　王　帝　庄　丽　汲生昌　刘效海　初良邦
　　　　　宫婷婷　袁炳奎

昌邑名片

- 中国中小城市综合实力百强县（市）
- 中国中小城市投资潜力百强县（市）
- 中国中小城市绿色发展百强县（市）
- 中国中小城市科技创新百强县（市）
- 中国中小城市新型城镇化质量百强县（市）
- 中国最具投资潜力中小城市百强县（市）
- 中国中小城市创新创业（双创）百强县（市）
- 中国县级城市小康经济指数百强县（市）
- 全国法制宣传教育先进县（市区）
- 全国双拥模范城
- 全国科技进步先进城市
- 全国文明城市提名市
- 首批国家智慧城市试点市
- 全国绿化模范单位
- 全国生态文明先进市
- 中国全面小康成长型百佳县市
- 中国美丽乡村建设典范市
- 全国粮食生产先进单位
- 中国北方林业养生名城
- 中国最佳绿色生态旅游城市
- 全国体育先进县（市）
- 全国诗词之乡
- 全国纺织产业基地市
- 中国北方绿化苗木基地
- 中国丝绸之乡
- 中国丝绸文化之乡
- 中国盐·溴之乡
- 全国特色农产品优势区

数字昌邑

- 土地总面积 1627.74 平方千米
- 年末常住总人口 61.85 万人
- 全年生产总值 444.06 亿元
- 第一产业增加值 48.23 亿元
- 第二产业增加值 191.46 亿元
- 第三产业增加值 204.37 亿元
- 三次产业比例 10.9 ∶ 43.1 ∶ 46
- 人均地区生产总值 71798 元
- 粮食总产量 51.44 万吨
- 社会消费品零售总额 210.36 亿元
- 进出口总额 71.13 亿元
- 出口总额 58.55 亿元
- 进口总额 12.58 亿元
- 城镇居民人均可支配收入 38461 元
- 农村居民人均可支配收入 20562 元
- 公共财政预算收入 32.09 亿元
- 公共财政预算支出 44.34 亿元
- 注册国际商标 7 个
- 中国驰名商标 9 个
- 地理标志保护产品 16 个
- 山东省名牌产品 4 个
- 山东省著名商标 27 个
- 国家级重点镇 3 处

- 国家级生态镇 2 处
- 全国文明镇 2 处
- 全国宜居村庄示范村 1 处
- 中国传统村落 3 处
- 省级重点示范镇 2 处
- 山东省特色产业镇 3 处
- 山东省文明乡镇 5 处
- 山东省美丽宜居小镇 1 处
- 山东省美丽宜居村庄 5 处
- 山东省卫生镇 2 处
- 山东省森林镇 1 处
- 山东省园林镇 1 处
- 中等专业学校 2 所，在校生 3269 人
- 普通中小学 73 所，在校生 58692 人
- 幼儿园 130 所，在园幼儿 16000 人
- 医疗卫生机构 575 家
- 综合医院 4 家
- 病床 2489 张，执业医师 986 人
- 国家城市湿地公园 1 处
- 国家 AAA 级风景区 3 家
- 全国重点文物保护单位 1 处
- 山东省非物质文化遗产 6 项

◇ 7月18日，城区风光

（齐英杰　摄影）

◇ 9月19日，城区鸟瞰

（齐英杰　摄影）

◇ 5月12日，2019昌邑国际半程马拉松开赛

（王升本　摄影）

◇ 7月10—11日，中国民间文艺家协会副主席吴元新（右一）带领专家组，评审昌邑市创建“中国丝绸文化之乡”工作

（宋国栋　摄影）

◇ 7月16日，潍坊市委书记、市人大常委会主任惠新安（前右二）带领潍坊市乡村振兴暨“双招双引”观摩点评组现场观摩 （张平平 摄影）

◇ 8月10日，国家防汛抗旱总指挥部秘书长、水利部副部长兼应急管理部副部长叶建春（中）调研指导台风“利奇马”防御工作和潍河险工段加固工程建设情况　（宋国栋　摄影）

◇ 8月11日晚至12日凌晨，潍坊市委常委、组织部部长刘国伟（右二）到昌邑市连夜督导洪峰过境应急措施落实情况并看望坚守在防汛一线的干部群众　　（宋国栋　摄影）

◇ 10 月 27 日，中国公园协会会长刘佳福（前左一）率考查组到昌邑市现场考察国家园林城市创建工作

（张平平　摄影）

◇ 11 月 30 日，潍坊市委书记、市人大常委会主任惠新安（前右三）带领潍坊市新旧动能转换暨“双招双引”项目观摩点评组现场观摩 （张平平　摄影）

2019年4月2—4日，昌邑市第十八届人民代表大会第三次会议在昌邑会议中心召开

◇ 4月2日，市委副书记、市长李玉祥作政府工作报告（郝光　摄影）

◇ 4月3日，市人大常委会主任李中福作市人大常委会工作报告（郝光　摄影）

◇ 4月2日，昌邑市第十八届人民代表大会第三次会议会场（郝光　摄影）

2019年4月1—3日，中国人民政治协商会议第十三届昌邑市委员会第三次会议在昌邑会议中心召开

◇ 4月1日，市委副书记、市长李玉祥在市政协十三届三次会议上讲话 （董峰　摄影）

◇ 4月1日，市政协主席周娟在政协十三届三次会议上作常委会工作报告 （董峰　摄影）

◇ 4月1日，中国人民政治协商会议第十三届昌邑市委员会第三次会议会场 （董峰　摄影）

◇ 1 月 26 日，召开昌邑市机构改革动员大会 （张平平　摄影）

◇ 2 月 25 日，召开全市“工作落实年”动员部署暨“双招双引”对外开放推进会议 （张平平　摄影）

◇ 6月28日，昌邑市举行庆祝中国共产党成立98周年大会 （张平平　摄影）

◇ 9月12日，召开昌邑市“不忘初心、牢记使命”主题教育工作会议 （张平平　摄影）

◇ 9月21日，2019北方（昌邑）绿化苗木博览会暨第二十四届中国园林花木信息交流会　（李发宁　摄影）

◇ 10月21日，黄元御中医药文化节　（张新颖　摄影）

◇ 3月8日，全市各界妇女庆“三八”暨“同心共筑家国梦”好家风分享汇　　（宋国栋　摄影）

◇ 9月10日，庆祝新中国成立70周年暨2019首届昌邑·柳疃丝绸文化节开幕式　　（荆丽萍　摄影）

◇ 4月29日，"青春心向党·建功新时代"纪念五四运动100周年暨"新时代昌邑最美青年"颁奖晚会
（宋国栋　摄影）

◇ 1月15日，供电公司员工雪中巡线保障可靠供电　（田文革　摄影）

◇ 8 月 21 日，潍水风情湿地公园　　（张莎　摄影）

◇ 6 月 9 日，城乡自然美景滨海景色　　（李发宁　摄影）

◇ 8月12日，北海公园 （张莎 摄影）

◇ 11月14日，城乡自然美景（杨家桥村） （李发宁 摄影）

编 辑 说 明

一、《昌邑年鉴（2020）》以马克思列宁主义、毛泽东思想、邓小平理论、“三个代表”重要思想、科学发展观、习近平新时代中国特色社会主义思想为指导，坚持辩证唯物主义和历史唯物主义的立场、观点和方法，紧紧围绕市委、市政府的中心工作，全面客观地反映各镇（街、区）、各部门、各行业取得的成绩，力求做到观点正确、框架科学、资料翔实、记述准确、编写规范、特色鲜明，突出时效性，讲求实用性。

二、《昌邑年鉴（2020）》是由中共昌邑市委党史研究中心（昌邑市地方史志研究中心）编纂的地方性、综合性、资料性文献。该书旨在全面、系统、客观地记述昌邑市政治、经济、文化、社会等各方面的新成就、新特点、新情况，为各行各业提供咨询服务，为各级领导科学决策提供可靠依据，同时也为国内外朋友全面了解昌邑提供方便。

三、《昌邑年鉴（2020）》主要内容的记述时限原则上为 2019 年 1 月 1 日至 12 月 31 日。为反映事物全貌，给读者以完整印象，部分资料适当上溯或下延。

四、本卷年鉴共设 28 个类目，即特载、大事记、昌邑概况、中国共产党昌邑市委员会、昌邑市人民代表大会、昌邑市人民政府、中国人民政治协商会议昌邑市委员会、纪检监察、群众团体、军事、法治、经济管理、农业、工业、商贸、金融、财政 · 税务、交通 · 邮政 · 通信、城乡建设、资源管理 · 环境保护、教育 · 体育 · 卫生、科技、文化 · 旅游、社会生活 · 民生保障、镇（街、区）概况、人物、附录、索引。记述形式分类目、分目、条目 3 个层次，条目为主要信息载体和基本撰写形式，年鉴内容主要在条目中记载；在记述内容上注重资料的信息价值和图文并茂。

五、年鉴资料内容主要由昌邑市各镇（街、区）和市直各部门、单位等提供，主要统计数据以市统计局公布的统计资料为准，有些使用了有关业务部门、单位的数据。所有数据采用法定计量单位，个别遵从习惯。为确保年鉴资料准确无误、真实可靠，各供稿单位所供稿件均经单位主要负责人审核，各撰稿人在相应条目后署名。

六、《昌邑年鉴（2020）》内容涉及各行各业，面广量大，受编辑经验、水平以及时间等因素所限，错误与疏漏在所难免，敬请广大读者给予指正。

目　录

特　载

在全市“工作落实年”动员部署暨“双招双引”对外开放推进会议上的讲话 …… 1
政府工作报告 …… 9

大事记

1 月 …… 17
2 月 …… 20
3 月 …… 23
4 月 …… 26
5 月 …… 30
6 月 …… 34
7 月 …… 38
8 月 …… 41
9 月 …… 44
10 月 …… 49
11 月 …… 53
12 月 …… 57

昌邑概况

自然地理 …… 62
位置　面积 …… 62
地形　地貌 …… 62
河流 …… 62
海岸　海域 …… 64
气候 …… 64
自然资源 …… 64
土地资源 …… 64
水资源 …… 65
矿产资源 …… 65
生物资源 …… 66
陆生动物资源 …… 66
海洋动物资源 …… 66
淡水动物资源 …… 67
陆生植物资源 …… 67
海洋植物资源 …… 68
淡水植物资源 …… 68
政区　人口　民族 …… 68
行政区划 …… 68
人口 …… 68
民族 …… 68
经济和社会发展 …… 69
经济发展 …… 69
乡村振兴 …… 69
工业效益 …… 69
村镇建设 …… 70
消费市场 …… 70
财税金融 …… 71
社会事业 …… 71
精神文明建设 …… 71

概况 …… 71
文明城市创建 …… 71
文明实践中心建设 …… 72
思想道德培育 …… 73
组织机构 …… 76
市级领导班子 …… 76
市委机关 …… 77
市人大机关 …… 77
市政府机关 …… 77
市政协机关 …… 78
市纪委监委机关 …… 78
市委部委办局 …… 79
群众团体 …… 79
政法部门 …… 80
市政府工作部门 …… 80
市政府直属事业单位 …… 81
上属单位 …… 82
金融、保险 …… 83
开发区 镇街区 …… 84

中国共产党昌邑市委员会

重要决定、重大决策 …… 85
支持检察机关依法开展公益诉讼工作 …… 85
加强信访法治化建设 …… 85
推行基层事务事前听证 …… 85
政法队伍建设 …… 85
产业工人队伍建设改革 …… 86
镇（街）行政管理体制改革 …… 86
开展第五批市直部门单位包村联户和选派第一书记工作 …… 86
建立城乡社区“有求必应、一呼百应”“双应”工作机制 …… 86
宣传思想工作 …… 86
精文简会十项措施 …… 86
建立市政府向市人大常委会报告国有资产管理情况制度 …… 87
健全完善农村创业体系 …… 87
传承发展中华优秀传统文化 …… 87
“不忘初心、牢记使命”主题教育 …… 87
落实食品安全党政同责 …… 87
生态环境保护 …… 88
昌邑市乡村振兴战略规划（2018—2022 年）…… 88
防范化解政府隐性债务风险 …… 88
深化市纪委市监委派驻机构改革 …… 88
开展民族团结进步创建工作铸牢中华民族共同体意识 …… 88
重要会议 …… 89
全市机构改革动员大会 …… 89
全市组织工作会议 …… 89
全市经济工作会议 …… 90
全市宣传思想工作会议 …… 91
全市“工作落实年”动员部署暨“双招双引”对外开放推进会议 …… 91
全市各界妇女庆“三八”暨“同心共筑家国梦”好家风分享汇 …… 92
全市第四批包村联户和选派第一书记工作总结表彰暨开展“服务一线集中攻坚”行动动员部署会议 …… 92
潍水大讲堂 …… 93
“不忘初心、牢记使命”主题教育工作会议 …… 93
省委第三巡视组巡视昌邑市工作动员会议 …… 93
全市全面深化改革工作推进会议 …… 94
全市经济社会发展形势分析会议 …… 94
全市党的建设暨基层党建工作会议 …… 95
市直部门（单位）述职评议会议 …… 96
重要活动 …… 96

升国旗仪式 …… 96
市领导走访慰问部队 …… 96
昌邑市党政考察团到南方考察学习 …… 96
全市村庄清洁行动攻坚月活动 …… 97
渤海走廊革命斗争陈列馆开馆式暨“渤海走廊革命斗争史”理论研讨会系列活动 …… 97
潍坊市乡村振兴暨“双招双引”项目观摩点评 …… 97
山东省土地发展集团领导到昌邑市考察 …… 97
山东好人发布仪式暨道德模范与身边好人（潍坊 · 昌邑）现场交流活动 …… 97
2019 北方（昌邑）绿化苗木博览会第二十四届中国园林花木信息交流会开幕式 …… 97
烈士纪念日公祭烈士活动 …… 98
潍坊市新旧动能转换暨“双招双引”项目观摩点评 …… 98
昌邑市智能铸锻中心全面投产仪式 …… 98

市委办公室 …… 99

概况 …… 99
强化理论学习 …… 99
提升服务效能 …… 99
从严治党 …… 100
政策研究 …… 100
全面深化改革 …… 101
督查工作 …… 104

组　织 …… 106

概况 …… 106
“不忘初心、牢记使命”主题教育 …… 106
干部队伍建设 …… 107
基层党组织政治功能和组织力 …… 108
集聚人才 …… 109
关心下一代工作 …… 109

宣　传 …… 110

概况 …… 110
理论学习 …… 110
舆论宣传 …… 111
文明创建 …… 111
文化建设 …… 112

统一战线 …… 114

概况 …… 114
统战工作格局 …… 114
履职尽责 …… 114
党外代表人士队伍建设 …… 115
服务高质量 …… 115
新的社会阶层人士统战工作 …… 115
对台工作 …… 116
侨务工作 …… 117

机构编制 …… 117

概况 …… 117
党政机构改革 …… 118
事业单位改革 …… 118
镇（街）行政管理体制改革 …… 118
规范“属地管理”工作 …… 118
综合行政执法改革创新 …… 118
机构编制审批 …… 118
机构编制智慧管理 …… 119
机构编制监督检查 …… 119
政府购买服务 …… 119
日常监管 …… 119
绩效考核 …… 119
业务范围清单化 …… 120
行政许可事项移交 …… 120
规范权责清单 …… 120
办事流程再造 …… 120
党建工作 …… 120
文化生活 …… 120
信息宣传调研 …… 120
包村扶贫 …… 121

市直机关党建 …………………………… 121
概况 ……………………………………… 121
制度落实 ………………………………… 121
组织建设 ………………………………… 121
搭建平台载体 …………………………… 121
坚持民主集中制 ………………………… 122
强化意识形态 …………………………… 122
党建工作 ………………………………… 122
巡　察 …………………………………… 123
概况 ……………………………………… 123
强化各方责任 …………………………… 123
扶贫领域专项巡察 ……………………… 123
实施“巡审联动” ……………………… 124
“巡镇带村”工作试点 ………………… 124
持续发力整改 …………………………… 124
党校教育 ………………………………… 124
概况 ……………………………………… 124
宣讲宣传 ………………………………… 125
思想理论建设 …………………………… 125
课程设置管理 …………………………… 125
档　案 …………………………………… 126
涉改单位档案管理 ……………………… 126
文件归档 ………………………………… 126
精准扶贫档案管理 ……………………… 126
档案服务 ………………………………… 126
档案馆库安全 …………………………… 127
重要活动 ………………………………… 127
党建工作 ………………………………… 127
党史史志研究 …………………………… 128
志鉴编修 ………………………………… 128
方志馆建设 ……………………………… 128
党史编研成果 …………………………… 128
宣教工作 ………………………………… 128
互联网管理工作 ………………………… 129
概况 ……………………………………… 129
网络意识形态责任制 …………………… 129
昌邑亮点宣传 …………………………… 130
网络安全管理 …………………………… 130

昌邑市人民代表大会

重要会议 ………………………………… 131
昌邑市第十八届人民代表大会第三次会议 … 131
市十八届人大常委会第十四次会议 ……… 131
市十八届人大常委会第十五次会议 ……… 132
市十八届人大常委会第十六次会议 ……… 132
市十八届人大常委会第十七次会议 ……… 132
市十八届人大常委会第十八次会议 ……… 133
市十八届人大常委会第十九次会议 ……… 133
市十八届人大常委会举行第二十次会议 … 134
市十八届人大常委会举行第二十一次会议 … 134
重要工作 ………………………………… 135
助推改革发展 …………………………… 135
维护民生民利 …………………………… 135
推进民主法治 …………………………… 136
代表工作 ………………………………… 136
强化自身建设 …………………………… 137
重要活动 ………………………………… 138
人事任免 ………………………………… 141
选举任命 ………………………………… 141
辞职免职 ………………………………… 142

昌邑市人民政府

重要会议 ………………………………… 144
全市农村工作会议 ……………………… 144

全市第四次经济普查入户登记工作推进会议 …… 144
全市国土绿化暨农村改厕工作会议 …… 145
全市创建国家卫生城市推进暨培训会议 …… 145
市政府廉政工作会议 …… 145
全市拥军优属拥政爱民工作领导小组全体会议 …… 146
重要活动 …… 146
综合整治活动 …… 146
植树节义务植树活动 …… 146
韩国新罗大学国际校区项目签约仪式 …… 147
调研国家卫生城市创建工作 …… 147
潍坊环境工程职业学院与伟东海纳易学教育科技有限公司合作共建签约仪式 …… 148
“文山潍水”2019昌邑国际半程马拉松赛暨潍坊市全民健身月启动仪式 …… 148
“舞动鸢都·全民禁毒”宣传活动启动仪式 …… 149
全市乡村振兴暨“双招双引”项目观摩点评 …… 149
督查“利奇马”台风防御工作 …… 149
全市第三十五个教师节庆祝大会 …… 150
“一带一路”造园技能（昌邑）国际邀请赛开幕式 …… 150
北方林木种苗产业发展论坛暨全省林木种苗工作座谈会 …… 150
黄元御中医药文化节暨中医药传承与发展高峰论坛系列活动 …… 151
“119消防安全宣传月”活动启动仪式 …… 151
城区集中供热入户巡查走访活动 …… 152
昌邑市生活垃圾焚烧发电PPP项目签约仪式 …… 152
全市新旧动能转换暨“双招双引”项目观摩点评 …… 152
市政府办公室 …… 153
职能转变和放管服改革 …… 153
调查研究 …… 154
政务公开 …… 154
民生热线 …… 155
概况 …… 155
督办落实 …… 155
服务能力 …… 155
考核问责 …… 156
队伍建设 …… 156
大数据 …… 156
概况 …… 156
大数据平台建设与资源整合共享 …… 157
政务辅助平台建设 …… 157
政务新媒体登记检查 …… 157
政务信息资源开放共享 …… 157
省级新型智慧城市申报 …… 158
智慧应急平台建设 …… 158
信　访 …… 158
概况 …… 158
源头预防 …… 158
信访渠道 …… 159
群众满意度 …… 159
信访积案 …… 159
法治化建设 …… 160
“五化工程” …… 160
人　事 …… 161
机构改革人员转隶 …… 161
公务员考录和事业单位招聘 …… 161
绩效工资 …… 161
工资业务 …… 161
专业技术人才 …… 161
职业技能人才 …… 162
审批服务 …… 162
概况 …… 162
行政许可权改革 …… 162

质效提高 …… 162
信息化建设 …… 163
审批服务便民化 …… 163
事中事后监管 …… 163
机关事务 …… 163
概况 …… 163
办公用房管理 …… 164
公务用车管理 …… 164
公共机构节能 …… 164
后勤保障服务 …… 164
文明城市创建 …… 164
反腐倡廉 …… 164
外　事 …… 165
概况 …… 165
因公出国 …… 165
外事为民 …… 165
联系外商 …… 165
经验宣传 …… 165
社会信用体系建设 …… 166
概况 …… 166
政务诚信 …… 166
商务诚信 …… 166
社会诚信 …… 166
司法公信 …… 166
公共信用信息共建共享 …… 166
公共信用信息和产品应用 …… 166
信用监管 …… 166
扶贫开发 …… 167
概况 …… 167
扶贫干部“落实” …… 167
产业扶贫“支柱” …… 167
行业社会“协同” …… 167
贫困户家居环境整改 …… 168
扶贫对象动态调整及信息录入 …… 168
社会兜底保障 …… 168

中国人民政治协商会议昌邑市委员会

机构设置和重要工作 …… 169
机构设置 …… 169
重要工作 …… 169
重要会议 …… 177
市政协全委会议 …… 177
市政协常委会议 …… 177
市政协主席会议 …… 178
市政协其他重要会议活动 …… 179
各专门委员会工作 …… 182
提案工作 …… 182
文史资料编辑 …… 182
经济工作 …… 183
人口资源环境工作 …… 183
科教文卫体社会法制工作 …… 184

纪检监察

综　述 …… 185
概况 …… 185
中国共产党昌邑市纪委十四届五次全会 …… 185
派驻机构全覆盖 …… 185
派驻机构改革 …… 186
重要工作 …… 186
“不忘初心、牢记使命”主题教育 …… 186
全面从严治党 …… 186
群众身边腐败和作风问题整治 …… 186
纠治“四风” …… 187
惩治腐败 …… 187

监督职责 …… 187
党风廉政宣传教育 …… 188
队伍建设 …… 188

群众团体

昌邑市总工会 …… 189
概况 …… 189
劳模精神 …… 189
权益维护 …… 189
职工文化建设 …… 190
组织建设与创业园 …… 190
石化医药工会 …… 191
《昌邑劳模影像志》编纂 …… 191
共青团昌邑市委员会 …… 191
概况 …… 191
青少年理想信念教育 …… 191
青年建功新旧动能转换 …… 192
共青团建设 …… 192
昌邑市妇女联合会 …… 193
概况 …… 193
宣传教育 …… 193
巾帼风采 …… 193
妇女儿童权益维护 …… 194
基层妇联组织建设 …… 195
昌邑市科学技术协会 …… 195
概况 …… 195
科普活动 …… 195
落实“十三五”科学素质纲要 …… 196
组建企业科协 …… 196
昌邑市工商业联合会 …… 197
概况 …… 197
培训服务 …… 197
经贸交流 …… 197
参政议政 …… 197
组织建设 …… 197
昌邑市归国华侨联合会 …… 198
概况 …… 198
党的领导 …… 198
对侨服务 …… 198
昌邑市文学艺术界联合会 …… 199
概况 …… 199
文艺创作 …… 199
文化活动 …… 199
后备人才培育 …… 200
昌邑市社会科学界联合会 …… 200
概况 …… 200
社科普及活动 …… 200
人才培养 …… 201
科普成果 …… 201
昌邑市残疾人联合会 …… 201
概况 …… 201
残疾人社会保障 …… 201
残疾人证办理 …… 202
残疾人精准康复服务 …… 202
残疾人教育就业 …… 202
残疾人无障碍改造 …… 203
残疾人数据信息更新 …… 203
党建工作 …… 203
昌邑市计生协会 …… 203
概况 …… 203
救助慰问 …… 203
特别扶助 …… 203
失独家庭 …… 203
健康教育 …… 204
宣传服务 …… 204
昌邑市红十字会 …… 204

概况 …… 204
无偿献血 …… 204
造血干细胞捐献 …… 204
世界急救日宣传 …… 205
疾病救助与红十字精神 …… 205

军　事

中国人民解放军昌邑市人民武装部 …… 206
概况 …… 206
思想政治建设 …… 206
战备训练 …… 206
国防动员 …… 206
依法治军 …… 207
建强基层 …… 207
双拥工作 …… 207
概况 …… 207
拥政爱民 …… 207
红色基因传承 …… 208
抚恤优待政策落实 …… 208
人民防空 …… 208
概况 …… 208
廉政建设 …… 209
依法行政 …… 209
工程建设服务和监督 …… 209
通信演练和组织指挥建设 …… 209

法　治

政法委与综治 …… 210
概况 …… 210
维护社会稳定 …… 210
服务经济发展 …… 210
化解社会矛盾 …… 210
平安昌邑建设 …… 210
法治昌邑建设 …… 211
政法队伍建设 …… 211
法治政府建设 …… 212
概况 …… 212
建章立制 …… 212
依法行政 …… 212
普治并举 …… 213
公　安 …… 214
概况 …… 214
安保工作 …… 214
固本强基 …… 215
改革创新 …… 215
管党治警 …… 215
监区监管 …… 216
检　察 …… 216
概况 …… 216
服务社会 …… 216
法律监督 …… 217
队伍建设 …… 218
法　院 …… 219
概况 …… 219
审判职能 …… 219
服务经济建设 …… 219
营造法治化营商环境 …… 219
诉讼服务 …… 220
司法作风建设 …… 220
司法改革 …… 220
党建工作 …… 221
司法行政 …… 221
概况 …… 221
普法宣传 …… 221

为民办事 …… 221
服务社会经济发展 …… 222
帮教监管 …… 222
行政复议 …… 222
制度建设 …… 222

经济管理

发展改革 …… 224
概况 …… 224
宏观调控 …… 224
新旧动能转换 …… 224
乡村振兴战略 …… 224
服务业发展 …… 225
资源争取 …… 225
重大项目建设 …… 225
产业转型升级 …… 226
信用体系建设 …… 226
优化营商环境 …… 226
市场监管 …… 227
概况 …… 227
食品安全监管 …… 227
餐饮服务业监管 …… 228
药械化妆品市场管理 …… 229
特种设备监管 …… 229
商标广告监管 …… 229
知识产权和标准服务 …… 230
质量抽检 …… 230
计量民生 …… 231
消费者权益保护 …… 231
部门协作执法 …… 231
促进个私经济 …… 232
公平交易 …… 232
网络市场监管 …… 232
检验检测 …… 233
概况 …… 233
检验检测考核验证 …… 233
对标学习 …… 233
安全培训 …… 233
党建工作 …… 234
物价管理 …… 234
概况 …… 234
价格改革 …… 234
减税降费 …… 234
价格监测 …… 234
价格认证 …… 235
价格争议调解 …… 235
关注民生 …… 235
信息宣传 …… 235
统　计 …… 235
概况 …… 235
主题教育 …… 235
经济普查 …… 236
1% 人口抽样调查 …… 236
常规统计监测 …… 236
统计改革 …… 237
统计服务 …… 237
部门统计 …… 238
统计法治 …… 238
统计基层基础建设 …… 238
审　计 …… 239
概况 …… 239
跟踪审计 …… 239
财政预算执行审计 …… 239
经济责任审计 …… 239
政府投资审计 …… 239
招商引资与扶贫 …… 239

组织建设 …… 240
应急管理 …… 240
概况 …… 240
行政审批 …… 240
重点领域监管 …… 241
基层组织建设 …… 241
执法监察 …… 242
消防安全 …… 242
国有资产管理 …… 242
概况 …… 242
行政事业单位资产管理 …… 242
国有企业资产管理 …… 242

农　业

综　述 …… 243
概况 …… 243
支持新产业 …… 243
美丽乡村建设 …… 243
乡村文化 …… 243
稳固基层基础 …… 244
精准脱贫攻坚 …… 244
农村经济管理 …… 244
集体产权改革与财务管理 …… 244
农村土地流转 …… 245
培育新型农业经营主体 …… 245
种植业 …… 245
概况 …… 245
依项目育人 …… 246
农业提质增效 …… 246
农产品质量安全 …… 247
畜牧业 …… 247
概况 …… 247
动物疫病防控 …… 247
畜产品质量安全监管 …… 247
畜牧业治理 …… 248
重点项目 …… 248
渔业水产 …… 248
概况 …… 248
渔业资源修复 …… 248
渔业科技 …… 248
水产品质量安全 …… 248
渔政管理 …… 249
惠渔政策落实 …… 249
项目申报实施 …… 249
水　利 …… 249
概况 …… 249
河道堤坝除险加固 …… 249
河道清违清障 …… 250
资金争取 …… 250
水政执法 …… 250
主题教育 …… 250
抗旱防汛 …… 250
胶东调水 …… 251
供水管理 …… 252
潍河管理 …… 252
林　业 …… 253
概况 …… 253
植树造林 …… 253
林业产业 …… 253
林业资源管护 …… 253
双招双引 …… 254
主题教育 …… 254
农业机械 …… 254
概况 …… 254
农机作业与创建机械化示范县 …… 254
智能农机三秋作业现场会 …… 255

深松作业及项目建设 …… 255
农机购置补贴 …… 256
农机报废更新补贴政策 …… 256
农机跨区作业 …… 256
农机统计 …… 256
海洋生态特别保护区 …… 256
概况 …… 256
项目建设 …… 256
环境监管 …… 257
防火安全 …… 257

工 业

综 述 …… 258
概况 …… 258
技术改造和项目建设 …… 258
信息化 …… 258
两化融合 …… 258
共享“工业云” …… 259
传统产业转型升级 …… 259
概况 …… 259
昌邑石化 …… 260
山东浩信集团 …… 260
山东海天生物化工有限公司 …… 260
华晨集团 …… 260
山东同大集团 …… 261
中小企业 …… 261
概况 …… 261
产业集群认定 …… 261
电 力 …… 262
概况 …… 262
安全管控 …… 262
电网支撑力 …… 262
服务影响力 …… 263
党建工作 …… 263
滩涂开发与建设 …… 264
石油天然气管道保护服务 …… 264
机构调整 …… 264
油地协调 …… 265
服务项目建设 …… 265
引资建井 …… 265

商 贸

商贸服务业 …… 266
概况 …… 266
市场转型升级 …… 266
老字号品牌培育 …… 266
农商互联 …… 266
市场调控监测 …… 266
家政行业发展 …… 266
对外和涉港澳台经济贸易 …… 267
外贸进出口 …… 267
对外经济合作 …… 267
现代物流 …… 267
概况 …… 267
“七化”建设 …… 267
招商引资 …… 268
概况 …… 268
招商活动 …… 268
招商服务 …… 269
会展经济 …… 269
总部经济 …… 270
供 销 …… 270
概况 …… 270
为农服务中心 …… 271

土地托管规模化…………………………… 271
现代农业发展新技术 ………………………… 271
实体性合作经济组织 ………………………… 272
流通服务与循环农业 ………………………… 272
粮　食 ………………………………………… 273
概况 ………………………………………… 273
抓收购保供应管库存 ………………………… 273
粮食安全市长责任制考核 ………………… 273
应急保障 ……………………………………… 273
创城工作 ……………………………………… 273
安全生产 ……………………………………… 274
党建工作 ……………………………………… 274
烟　草 ………………………………………… 274
概况 ………………………………………… 274
提升营销能力 ……………………………… 275
市场监督管理 ……………………………… 275
企业管理 ……………………………………… 275
党建工作 ……………………………………… 276
盐　业 ………………………………………… 277
概况 ………………………………………… 277
行业管理 ……………………………………… 277
食盐经营 ……………………………………… 277
溴素生产 ……………………………………… 278
原盐生产与经营……………………………… 278
银行业和证券业 …………………………… 280
概况 ………………………………………… 280
中国人民银行昌邑支行 …………………… 281
中国工商银行股份有限公司昌邑支行…… 282
中国农业银行昌邑市支行 ………………… 282
中国银行昌邑支行…………………………… 283
中国建设银行昌邑支行 …………………… 283
中国农业发展银行昌邑支行 ……………… 284
潍坊银行昌邑支行…………………………… 285
山东昌邑农村商业银行股份有限公司…… 285
中国邮政储蓄银行股份有限公司昌邑市支行… 286
中国民生银行潍坊昌邑支行 ……………… 287
兴业银行股份有限公司潍坊昌邑支行…… 287
昌邑北海村镇银行…………………………… 288
中泰证券昌邑营业部 ……………………… 288
保险业 ………………………………………… 288
概况 ………………………………………… 288
中国人寿昌邑支公司 ……………………… 289
中国人民财产保险股份有限公司昌邑支公司… 289
中国太平洋财产保险服务有限公司昌邑支公司 ………………………………… 289
中国太平洋人寿保险股份有限公司昌邑支公司 ………………………………… 289
人保财产保险 ……………………………… 290

金　融

综　述 ………………………………………… 279
概况 ………………………………………… 279
优化金融生态环境…………………………… 279
服务实体经济 ……………………………… 279
挂牌上市 ……………………………………… 280
政银企合作 ………………………………… 280

财政・税务

财　政 ………………………………………… 291
概况 ………………………………………… 291
一般公共预算 ……………………………… 291
政府性基金预算……………………………… 291
国有资本经营预算 ………………………… 291
社会保险基金预算 ………………………… 291

收支管理 …… 292
预决算公开 …… 292
社会保障体系 …… 292
城市基础设施建设 …… 292
涉农资金 …… 292
减税降费 …… 292
支持企业发展 …… 293
政府采购和招投标管理 …… 293
概况 …… 293
创新服务模式 …… 293
招投标保证金清退 …… 294
项目交易 …… 294
全流程电子化 …… 294
住房公积金管理 …… 294
概况 …… 294
落实“一次办好” …… 294
贷款业务 …… 295
窗口规范化 …… 295
税　务 …… 295
概况 …… 295
主题教育 …… 295
组织收入 …… 296
减税降费 …… 296
征管改革 …… 297
优化税收环境 …… 297
队伍建设 …… 297
国有公司运营 …… 298
昌邑市城投集团 …… 298
昌邑市金控集团 …… 298

交通·邮政·通信

交　通 …… 300
概况 …… 300
重点项目建设 …… 300
日常养护管理 …… 300
“四好农村路” …… 301
行业管理 …… 301
运　输 …… 302
概况 …… 302
道路客运 …… 302
道路货运 …… 302
运输管理 …… 302
邮　政 …… 305
概况 …… 305
安全监督 …… 305
邮政业务 …… 305
邮政服务 …… 305
党建与工会 …… 306
昌邑移动 …… 306
概况 …… 306
市场经营 …… 306
客户服务 …… 306
网络支撑 …… 307
党建工作 …… 307
昌邑联通 …… 307
概况 …… 307
党建工作 …… 307
市场运营 …… 308
客户服务 …… 308
网络支撑 …… 308
运营管理 …… 308
昌邑电信 …… 309
概况 …… 309
市场经营 …… 309
移动网络 …… 309
客户服务 …… 309

党建工作 ······ 309

城乡建设

城乡规划 ······ 310
概况 ······ 310
重要规划编制 ······ 310
规划实施督查 ······ 310
重大基础设施策划 ······ 311
城市建设 ······ 311
概况 ······ 311
城市绿化 ······ 311
城镇化工作 ······ 312
市政工程建设 ······ 312
海绵城市建设 ······ 312
老旧小区改造 ······ 312
城市管理 ······ 312
概况 ······ 312
市容管理 ······ 312
违法违章治理 ······ 313
数字化建设 ······ 313
园林绿地养护 ······ 314
绿道绿廊建设 ······ 314
城市照明 ······ 314
城乡环卫一体化 ······ 314
城市环境卫生 ······ 315
住宅与房地产 ······ 316
概况 ······ 316
房地产业 ······ 316
房地产市场管理 ······ 316
保障性住房 ······ 316
物业管理 ······ 316
房屋征迁 ······ 316
房屋征收与补偿 ······ 316
建筑业 ······ 317
概况 ······ 317
建筑市场管理 ······ 317
质量安全监管 ······ 317
渣土扬尘治理 ······ 317
绿色建筑与建筑节能 ······ 317
村镇建设 ······ 318
小城镇建设 ······ 318
美丽乡村建设 ······ 318

资源管理·环境保护

自然资源与规划 ······ 319
概况 ······ 319
土地规划 ······ 319
耕地保护 ······ 319
地籍管理 ······ 319
不动产登记 ······ 319
建设用地管理 ······ 320
土地利用管理 ······ 320
矿产开发管理 ······ 320
地质勘查管理 ······ 320
地质环境保护 ······ 320
测绘管理 ······ 320
水资源管理 ······ 320
概况 ······ 320
水资源分布 ······ 320
水资源管理 ······ 321
水资源保护 ······ 321
环境保护 ······ 322
概况 ······ 322
污染防治 ······ 322

治理减排 …… 322
监督监管 …… 323
源头管控 …… 323
优化管理 …… 323

教育 · 体育 · 卫生

教　育 …… 324
概况 …… 324
学前教育 …… 325
昌邑市实验幼儿园 …… 325
昌邑市市立幼儿园 …… 325
基础教育 …… 325
昌邑市第一中学 …… 326
昌邑市文山中学 …… 326
昌邑市实验中学 …… 326
昌邑市第一实验小学 …… 326
昌邑市第二实验小学 …… 326
昌邑市育新外国语学校 …… 327
昌邑市特殊教育学校 …… 327
昌邑市中小学生综合实践活动基地 …… 327
昌邑潍水学校 …… 327
昌邑市育秀学校 …… 327
昌邑市凤鸣学校 …… 328
职业教育 …… 328
潍坊市工业学校 …… 328
潍坊市技师学院昌邑分院 …… 329
潍坊环境工程职业学院 …… 329
体　育 …… 330
概况 …… 330
2019 昌邑国际半程马拉松赛 …… 330
全民健身 …… 330
体育惠民 …… 331
竞技体育 …… 331
体育产业 …… 331
卫　生 …… 332
概况 …… 332
创建国家卫生城 …… 332
医养健康 …… 333
医政医管 …… 333
疾病控制 …… 333
卫生计生综合执法 …… 333
职业健康 …… 334
民生实事 …… 334
中医中药 …… 334
健康扶贫 …… 334
免疫预防接种 …… 334
传染病防控 …… 335
慢性病防控 …… 335
职业卫生监测 …… 335
昌邑市人民医院 …… 335
妇幼保健院 …… 337
党建工作 …… 337
计划生育 …… 338
概况 …… 338
责任落实 …… 338
宣传教育 …… 338
优化服务 …… 338
监测预警 …… 339
流动人口 …… 339
出生人口性别比 …… 339
困难计生家庭扶助 …… 339
独生子女补助发放 …… 339
关爱新生命 …… 339

科 技

科技发展 …… 340
概况 …… 340
产学研合作 …… 340
项目实施 …… 340
科研平台建设 …… 341
高新企业培育 …… 341
科技成果转化 …… 341
科技人才引进 …… 341
精准强企扶贫 …… 341
知识产权 …… 342
概况 …… 342
知识产权强市建设 …… 342
知识产权宣传及培训 …… 342
创业创新成果 …… 342
营商环境优化 …… 342
防震减灾 …… 342
概况 …… 342
防震减灾宣传 …… 343
震害综合防御 …… 343
震情监测 …… 343
地震应急救援 …… 343
气象测报 …… 344
概况 …… 344
决策气象服务 …… 344
农业气象服务 …… 344
气象现代化建设 …… 344
人工增雨防雹 …… 344
气象体制创新 …… 344
气象文化建设 …… 344

文化·旅游

文化事业 …… 346
概况 …… 346
公共文化服务 …… 346
群众文化活动 …… 347
文化惠民工程 …… 347
非物质文化遗产保护 …… 347
历史文化保护利用 …… 347
文化市场管理 …… 348
文化执法 …… 348
扫黄打非 …… 348
版权进乡村 …… 349
“无小耳朵”创建 …… 349
文化市场综合整治 …… 349
旅　游 …… 350
概况 …… 350
文化旅游项目开发 …… 350
文化旅游产业 …… 350
文化旅游活动 …… 351
旅游宣传推介 …… 351
新闻出版 …… 351
出版工作 …… 351
融媒体 …… 352
概况 …… 352
舆论引导 …… 352
融媒体建设 …… 352
创城宣传 …… 353
潍坊日报今日昌邑 …… 353
绿博会、园林花木信息交流会 …… 354

社会生活·民生保障

劳动就业 …… 355
概况 …… 355
就业创业 …… 355
社会保障 …… 356
概况 …… 356
城镇职工养老保险 …… 356
工伤保险 …… 356
居民养老保险 …… 357
失业保险 …… 357
医疗保障 …… 357
概况 …… 357
城镇职工医疗保险 …… 357
生育保险 …… 358
居民医疗保险 …… 358
大病保险 …… 358
医保政策宣传 …… 358
打击欺诈骗保 …… 358
便民服务 …… 359
医疗救助 …… 359
医保支付方式改革 …… 359
药品采购机制 …… 359
民政工作 …… 360
概况 …… 360
服务质量监管 …… 360
民生保障 …… 360
慈心一日捐 …… 361
脱贫攻坚 …… 361
城乡低保 …… 361
退役军人事务 …… 361
概况 …… 361
服务保障体系建设 …… 362
优抚工作 …… 362
退役士兵安置 …… 362
党建工作 …… 362
社区建设 …… 362
概况 …… 362
“潍水和谐使者”评选 …… 363
社工队伍建设 …… 363
社区志愿服务队伍 …… 363
完善村（居）规民约 …… 363
区划地名工作 …… 363
殡葬改革 …… 363
社会组织管理 …… 364
老龄工作 …… 364
概况 …… 364
老年人权益保障 …… 364
高龄补贴政策 …… 364
“银龄安康”工程 …… 364
老年文化建设 …… 365
关爱老年健康 …… 365
民族宗教 …… 365
概况 …… 365
民族团结 …… 365
服务与管理 …… 365
安全监管 …… 366
教育培养 …… 366

镇（街、区）概况

奎聚街道 …… 367
概况 …… 367
经济发展 …… 367
城乡面貌 …… 367

社会治理 …… 368
人才构建 …… 368
脱贫攻坚 …… 368
都昌街道 …… 369
概况 …… 369
落实主题教育 …… 369
乡村振兴 …… 369
工业转型 …… 369
安全生产 …… 369
污染防治 …… 369
城市建设 …… 370
维护社会稳定 …… 370
脱贫攻坚 …… 370
围子街道 …… 370
概况 …… 370
新旧动能转换 …… 370
乡村振兴 …… 371
安全生产 …… 372
脱贫攻坚 …… 372
龙池镇 …… 372
概况 …… 372
双招双引 …… 372
园区建设 …… 373
乡村振兴 …… 373
红色文旅 …… 373
民生事业 …… 374
安全环保 …… 374
党建工作 …… 374
柳疃镇 …… 374
概况 …… 374
经济社会发展 …… 375
双招双引 …… 375
文化振兴 …… 376
建设生态工程 …… 376
党建工作 …… 376
城镇建设 …… 376
民生保障 …… 377
下营镇 …… 377
概况 …… 377
双招双引 …… 377
新旧动能转换 …… 377
乡村振兴 …… 378
民生保障 …… 378
严守底线 …… 378
党建工作 …… 378
卜庄镇 …… 379
概况 …… 379
工业经济 …… 379
乡村振兴 …… 379
城乡环境 …… 380
民生事业 …… 380
安全环保 …… 380
党建工作 …… 381
石埠经济发展区 …… 381
概况 …… 381
工业经济 …… 381
现代农业 …… 381
文化旅游 …… 382
村镇建设 …… 382
社会事业 …… 382
党建工作 …… 383
饮马镇 …… 383
概况 …… 383
经济发展 …… 384
农业 …… 384
旅游业 …… 384
城镇建设 …… 385
民生保障 …… 385

党建工作 …………………………………… 385
北孟镇 ………………………………………… 386
概况 …………………………………………… 386
新旧动能转换 ……………………………… 386
乡村振兴 …………………………………… 386
宜居小镇建设 ……………………………… 386
保障民生 …………………………………… 387
基层治理 …………………………………… 387
滨海（下营）经济开发区 ………………… 387
概况 …………………………………………… 387
双招双引 …………………………………… 387
产业平台 …………………………………… 388
项目建设 …………………………………… 388
营商环境 …………………………………… 388
安全监管 …………………………………… 389

人　物

山东省党代表 ……………………………… 390
山东省人大代表……………………………… 390
山东省人民满意公务员 …………………… 390
山东省优秀共产党员 ……………………… 390
山东省离退休干部先进个人 ……………… 390
山东省富民兴鲁劳动奖章 ………………… 390
山东好人 …………………………………… 390
潍坊市道德模范……………………………… 390
潍坊市劳动模范……………………………… 390
潍坊好人 …………………………………… 391

附　录

附录 ………………………………………… 392

索　引

索引 ………………………………………… 413

特　载

在全市“工作落实年”动员部署暨“双招双引”对外开放推进会议上的讲话

吕珊珊

（2019 年 2 月 25 日）

同志们：

一年之计在于春。春天是播种希望、放飞梦想的季节，更是提振精神、拼搏进取的时节。在这个春意渐浓、生机盎然的日子里，我们齐聚一堂、召开大会，深入贯彻落实省和潍坊市“工作落实年”动员部署会议精神，回顾奋斗历程，表彰先进典型，激昂发展壮志，以思想的再统一、工作的再部署、责任的再落实，为开创新时代昌邑经济社会发展新局面凝聚精神力量、夯实作风保障。

感动源自平凡，榜样就在身边。刚才，我们对去年以来全市各条战线上的先进典型进行了表彰，他们都是担当作为、狠抓落实的模范代表。在此，我代表市委、市政府，向受到表彰的先进集体、先进单位和先进个人表示热烈的祝贺！向为全市改革发展稳定作出积极贡献的同志们致以崇高的敬意和衷心的感谢！希望各级各部门各单位和广大党员干部以先进为标杆，弘扬奋斗精神，崇尚真抓实干，以新形象、新作为、新成效，奋力推动各项工作取得新突破、再上新台阶。下面，根据市委常委会研究的意见，围绕开展好“工作落实年”，我讲三个方面的意见。

一、总结提炼、再鼓干劲，坚定抓落实、促发展的信心决心

“回头看”，是为了更好地“向前进”。2018年，是昌邑发展进程中极不平凡的一年。这一年，我们有不足、有遗憾，但更多的是欣喜、是进步。事在人为，业在人创。我们取得的每一项成绩，每一点进步，无不是广大干部群众团结一心、一步一个脚印、踏踏实实干出来的。这些成绩与进步背后，是全市上下人心思上、人心思进的创业激情和求真务实、真抓实干的过硬作风。最让人为之动容、为之感动的，是以下四个方面的新变化。

一是讲团结、比奉献，围绕中心抓落实的站位更高了。全市上下同吹一把号、上下一个调，不算小账算大账、不比得失比贡献，这种空前团结、空前一致的干事氛围，为各项工作落地落实打下了良好基础。在文明城市创建一线，我们讲团结、比奉献。围绕做好新一轮全国文明城市创建各项工作，市委宣传部以及奎聚、都昌、交通、住建、综合执法、团市委等部门、单位各司其职、主动配合，共清理整修公园等场所 56 万平方米，更换公益广告 2000 余平方米，划定公共停车位 1600 余个，清理小广告 8700 余条；“昌邑

是我家、人人都爱它”，58万昌邑人民共同参与，纷纷投身于创建工作当中，展现出了强烈的主人翁意识和团结一心、众志成城的“创城精神”；4万多名义工更是常年奋战在文明创建一线，叫响了“昌邑义工”品牌。在2018年度创建全国文明城市测评中，我市成绩在全国县级提名城市中位列山东省第3位、潍坊市第1位，在新一轮全国文明城市创建头年打响了“第一枪”、实现了“开门红”。在信访一线，我们讲团结、比奉献。各镇街区及市直有关部门单位盯紧抓牢信访工作，协调联动，相互拾台，全面落实防控化解措施，进京访登记同比下降44.5%，进京非访实现零登记，圆满完成全国“两会”、上合组织青岛峰会安保任务，被评为省全国“两会”安保维稳先进市、潍坊市平安建设暨维护稳定工作先进单位，“六个不发生”创建考核居潍坊市前列。一年来，我们多少亲爱的同志放弃了休息日、节假日，“五加二”“白加黑”，说尽千言万语，想尽千方百计，吃尽千辛万苦，走遍千家万户，为的就是全市各项工作能够有序向前推进。这份执着坚守，这种奉献精神，是我们各项工作能够取得突破的关键所在。

二是争一流、求创新，提升标准抓落实的氛围更浓了。始终把提升标准境界作为抓落实、促发展的基础环节，深入开展寻标对标提标达标活动，主动拉高标杆、创新实干，取得显著成效。争一流、求创新，表现在我们的工作态度更加主动了。各级各部门各单位共向上对接1600余次，取得成果490余项，争取项目66个，争取资金8.8亿元。无论是上级领导还是对口单位的负责同志，都感到昌邑干部的工作积极性在不断增强，对昌邑干部干事创业的饱满精神状态交口称赞。争一流、求创新，表现在我们的特色品牌更加丰富了。龙池镇自我加压、进位争先，“建馆修志”推进乡村文化振兴的典型经验做法入围2018中国乡村振兴先锋榜十大榜样名单第3位。市住建局深入开展特色镇村创建，全力向上争取，龙池镇齐西村成为潍坊市首个国家级历史文化名村，卜庄镇姜泊村、夏店街村入选中国传统村落名录，特色村镇入选数量居潍坊各县市区前列。市农业农村局紧扣乡村产业振兴，积极与上级部门对接沟通，成功争取绿色循环优质高效特色农业促进项目和农业产业强镇示范建设项目落户昌邑。市文化和旅游局狠抓非物质文化遗产传承保护，成立潍坊市首家非物质文化遗产保护协会，并为第三届山东省文化创新奖成果推广应用交流会提供现场，进一步擦亮了昌邑文化品牌。市博物馆王伟波同志带领博物馆全体人员先后完成廒里古沉船等六个考古发掘项目，启动“昌邑辛置墓地出土文物资料整理”等两个省级科研项目以及李福泽故居等三个省级不可移动文物修缮项目，我市在2018年度潍坊市文物工作综合考评中成绩列潍坊市第2位。争一流、求创新，表现在我们的创新思维更加活跃了。市委组织部围绕进一步强化基层组织力，探索推行党员管理项目化、群众服务网格化、各类组织管理功能化“三化”融合模式，相关经验做法被中组部宣传推广。满国康洁环卫集团不断丰富完善城乡环卫一体化“昌邑模式”，工作成效得到中央农办及农业农村部的充分肯定，并入选潍坊市改革开放40周年40佳案例。这些丰硕的成果，都是大家深入践行潍柴集团“不争第一、就是在混”理念的生动实践，充分彰显了“勇扛旗夺杯、敢担当作为”的进取精神和创业激情。

三是敢担当、能攻坚，破解难题抓落实的成效更好了。坚持问题导向，一个问题一个问题地咬，一个环节一个环节地盯，变“不可能”为“可能”，变“无法干”为“干成”。去年以来，让我们感触最深的，就是同志们身上这种“左肩累了换右肩、敢挑重担勇向前”的担当精神。在省级化工园区认定方面，下营镇、龙池镇以及市工信局等部门单位主动担当、密切配合，做实做细材料上报、专家论证等工作，调动一切可以利用的资源要素，最终使下营、龙池两个化工园区相继通过省级认定，为我市后续发展特别是项目招引打下了坚实基础、提供了广阔空间。在重大项目引进方面，饮马镇敢于“攀高枝”、引“凤凰”，用“三次感动”赢得“三十亿大单”，成功引进中央外宣办下属的视点文化传播有限公司合作建设“梨花水镇”，无论是项目的合作起点以及合作伙伴和融资平台的实力，都体现出了一个“高”字。在项目建设过程中，饮马镇的广大干部担当抓紧、创先争优，在极短的时间内调整腾出土地1700余亩，拆除石英粉厂45家，整个项目从对接到开工建设仅用时7个月。项目先后于去年6月份入选山东省文化产业项目库，7月份入选潍坊市10个特色小镇创建名单，11月份入选潍坊20个市级田园综合体创建名单。2019年2月17日，刘家义书记参加了省十三届人大二次会议潍坊代表团的审议，除了所在的临沂代表团外，家义书记只参加了青岛代表团和潍坊代表团的审议，足见对潍坊工作的重视。在参加潍坊代表团审议期间，家义书记充分肯定了我市饮马镇山阳村推动三产融合发展的经验做法，这对我们是一个极大的鼓舞。各级各部门各单位要注意及时总结工作中的经验做法，一以贯之抓好向上对接，打造更多具有昌邑特色的工作品牌。在破解土地空间制约方面，市自然资源和规划局积极应对当前用地指标紧缺趋势，多途径争取建设用地指标4600余亩，盘活城镇空闲土地、低效空闲土地3600余亩，有力保障了全市重点园区、重点项目建设。在应对经济下行压力方面，广大企业没有因经济形势复杂而畏难发愁，而是全力拓市场、强管理、转方式、调结构，纳税总额过亿元企业达到5家，过1000万元企业达到41家，发展势头稳中向好。正是凭着这种敢想、敢干、敢闯、不怕苦、不怕难“三敢两不怕”精神，我们攻下了前进道路上的一个又一个“山头”，在迈向高质量发展新征程中步伐越来越稳健、基础越来越坚实。

*四是拼速度、“马上办”，提高效率抓落实的劲头更足了。*坚持“快”字当头，全面倡树立说立行、马上就办的务实作风，形成了大干快干的生动局面。效率高，体现在议事决策快。在原行政办公区征收改造过程中，市征收办、机关事务管理局等部门单位严格征收程序，强化部门联动，从做出房屋征收决定到奠基开工仅用6个月时间，实现了“当年动迁、当年拆除、当年建设”。效率高，体现在工作推进快。围绕迎接潍坊市观摩点评，围子街道广大机关干部仅用不到60天的时间就完成了高铁新城片区6个村、1048户、3000多亩土地的民事工作，整个过程无一起信访事件发生。奎聚街道广大机关干部积极克服时间紧、任务重的不利条件，全力豁上、狠上、拼上，仅用12天就完成了石湾文旅小镇观摩点的串联打造工作，取得了非常好的现场观摩效果。效率高，体现在问题解决快。市审批服务局围绕解决企业和群众反映的办事难、办事慢等问题，深入推进“一次办好”改革，“招拍挂”类项目审批时限提速达62%，划拨类项目审批时限提速达55%。不动产登记实现“20分钟受理、一次办好”，相关做法得到于国安副省长的批示肯定。在服务提速的同时，市审批服务局在服务的人性化方面，也做了许多有益的探索和实践，受到社会各界特别是广大群众的一致好评。比如，围绕解决前来办理业务的群众“停车难”问题，审批服务局的工作人员每天都会在上班时自觉将车停在离办事大厅门口较远的车位上，将距离门口近的车位留给前来办事的群众，用实际行动践行了“干部绕远路、群众少跑路”的工作理念。虽然“为办事群众腾车位”只是一件看似微不足道的小事，却折射出了市审批服务局的广大干部职工立足职能转作风、扑下身子抓落实的坚定决心。去年以来，我们许多工作之所以能够在短时间内

实现大突破，取得让人眼前一亮的成绩，这种定了就干、雷厉风行的实干作风起到了至关重要的作用。

大道至简，实干为要。美好蓝图不是喊出来、等出来的，而是干出来、拼出来的。唯有实干，我们的发展质量才会越来越好；唯有实干，群众的生活水平才会越来越高；唯有实干，广大党员干部的价值才能得到充分体现。正是在这种实干精神的引领下，全市上下精神面貌焕然一新，干部作风持续转变，比学赶超氛围日益浓厚，发展成效越来越好。这股实干苦干、真抓实干的强大正能量，必将成为我们下步披荆斩棘、攻城拔寨的精神支撑和坚强保障。

为者常成，行者常至。党的十八大以来，以习近平总书记为核心的党中央高度重视抓落实，反复强调“一分部署、九分落实”“空谈误国、实干兴邦”。前期，上级及我市相继召开了经济工作会议、农村工作会议等一系列重要会议，各项工作的思路已清、目标已明，现在的主要任务，就是担当作为、狠抓落实。各级各部门各单位要充分认识狠抓落实的极端重要性和现实紧迫性，盯紧抓实已经定下的目标、部署的任务、安排的项目，努力把“规划图”变成“施工图”，把“时间表”变成“计程表”，确保昌邑在新一轮竞争大潮中抢占先机、赢得主动。

二、靶向施策、精准发力，明确抓落实、促发展的工作重点

在前期召开的潍坊市“工作落实年”动员部署暨“双招双引”对外开放推进会议上，市委书记惠新安同志安排部署了十大攻坚行动，这是潍坊市全年工作的总抓手。围绕更加深入、更有成效地开展好十大攻坚行动，结合我市工作实际，我们梳理确定了在八个方面实现新突破的工作安排。八个新突破与十大攻坚行动一脉相承、紧密关联，是十大攻坚行动在昌邑更具特色、更为具体的工作实践。下步，我们要聚集资源、集中发力，确保在以下八个方面实现新突破。

一要在“双招双引”上实现新突破。提高开放水平，扩大高质量招商引资，这是习近平总书记对山东作出的重要指示要求。要想在新时代立开放波澜潮头，塑开放发展优势，就必须牢牢遵循这一指示，用高质量招商引资、招才引智推动经济社会实现更高质量新发展。要下定工作决心。决心有多大，“双招双引”的质量就有多高。要进一步提高工作站位、提升思想境界，下决心清理一切不利于招商引资、招才引智的思想观念，废除一切不利于招商引资、招才引智的制度规章，破除一切不利于招商引资、招才引智的陈规陋习，用高质量“双招双引”聚集高端资源、拓展发展空间、提升开放发展水平。要敢于责任担当。在2月12日召开的潍坊市“工作落实年”动员部署暨“双招双引”对外开放推进会议上，惠新安书记指出：“我们与南方先进地区的差距，根子就是思想观念上的差距，他们思想解放、观念超前，敢于冲破体制机制性障碍，做到了‘法无禁止即可为’”。广大领导干部要带头解放思想，主动学习新理念、新模式、新技术，进一步激活广大干部群众改革突破、创新求变的基因，只要在法律框架内，就要敢于闯、敢于试、敢于改。要转变工作方法。抓好项目包装谋划，及时跟进上级最新政策信息和投资动态，精准谋划包装一批优质项目，争取更多项目纳入上级盘子。特别要抢抓我市被列为省农发行系统实施乡村振兴战略唯一试点机遇，精心谋划一批大项目、好项目，真正承接好、利用好100亿元扶持资金。要综合运用产业招商、园区招商、以商招商、专业“突击队”驻外精准招商等方式，着力引进“高、大、精、特、新”项目，不断提升招商成效。要舍得拿出一些优质项目和资源来招商引资，坚决破除“肥水不流外人田”的小农意识。要积极学习先进省份招揽人才的先进经验，进一步完善政策和机制，在住房、孩子入学、医疗保障和创业融资、科研配套、团队支持等方面，形成完备周全的服务体系。要善于再培育、再创造，将传统优势变成现代优势，将小优势变成大优势，将潜在优势变成现实优势。要狠抓工作推进。对列入省、潍坊市重点项目库的项目以及市里确定的重点项目、重点工程，实行“一个项目、一套班子、一个方案、一抓到底”“四个一”推进机制，推动项目尽快投产达效。要组织好全市重点项目、重点工程集中开工奠基仪式，带促全市面上掀起项目建设热潮。潍坊市提出，从今年开始，每半年组织一次全市观摩。要提前谋划、早作准备，确保项目早确定、工作早推进、要素早保障、问题早解决，推动点评位次持续前移。要强化要素保障。紧盯国家产业政策、货币政策、财政政策和资金投向，积极争取各级财政、政策性资金、基金和金融机构支持，引导各类社会资本投向重大项目和新兴产业领域。要实行差别化供地办法，优先保障重点项目、重点工程以及综合效益评价较高的项目用地。要强化内部挖潜，依托棚改旧改、拆迁倒地、增减挂钩、废弃地复垦等多种途径开拓用地空间，盘活闲置低效土地资源，满足项目用地需求。要加大考核力度。参照上级有关做法，修订完善“双招双引”工作考核指标体系，加大对“一把手”的考核力度，表彰先进、鞭策后进。市商务局、市委组织部、市投资促进局要牵头做好对上的汇报沟通，全面展示我市工作成果；要强化对下的工作调度，充分调动各方面工作积极性，汇聚形成抓“双招双引”的强大合力。

二要在“三个模式”创新提升上实现新突破。创新提升“三个模式”，是总书记的嘱托、省委和潍坊市委的要求，我们必须拿出足够的精力和力量去研究探索、完善提升。要深入推进农业供给侧结构性改革。深入实施农业展翅行动，强化农业科技创新，提高农业科技成果转化率。要大力发展农业“新六产”，加速农村生产生活生态“三生”融合，构建乡村融合发展的体制机制。要抓好农业规模化经营，稳步推进土地流转，积极引导工商资本下乡，健全完善新型职业农民和“三农”工作队伍培养机制，切实解决好乡村振兴“有钱办事、有人干事”的问题。要深入推进农业绿色发展。持续推进农业投入品减量化、生产过程清洁化、废弃物利用资源化、产业模式生态化，实施品牌培育和推介计划，加快农业绿色化、优质化发展。要补齐农村发展短板。大力提升农村基础设施建设和公共服务水平，强化农村环境综合整治，抓好村庄整合，坚决完成“大棚房”问题清理整治和农村改厕问题排查整改，推动新农村建设提档升级。要强化典型带动。选择有基础、有特色、有前景的农业新型经营主体、田园综合体、美丽乡村等进行重点扶持，加快培育一批可复制、可推广的典型，形成示范带动效应。

三要在产业转型上实现新突破。要加快产业结构调整。完善落实石油化工等产业发展规划，积极争取省、潍坊市新旧动能转换基金支持，扎实开展工业企业效益综合评价，对规模以上工业企业、用地3亩以上的规模以下企业全部实行综合评价，促进优胜劣汰，推动动能转换。要提升园区承载能力。抓好石油化工新材料产业园、雅拉生态食品产业园、智能装备制造产业园、满国康洁环卫产业园“双千双百”产业园区建设，完善设施配套，打造引领动能转换、促进产业转型的主引擎。要突出抓好山东化工原料基地100万吨乙烯项目，有关方面要全面加强与中国化工集团的沟通对接，推动项目尽快落户昌邑。

四要在环保整治上实现新突破。深刻汲取昌邑石化问题教训，坚决扛起生态环保政治责任，打一场生态环保工作的攻坚战和翻身仗。抓紧抓实各级环保督察及“回头看”反馈问题整改，特别是对目前仍在整改的中央环保督察反馈的6项问题，必须严格按照既定方案扎扎实实整改，保质保量、按期完成。整改过程中，要主动与上级有关部门沟通，让他们知晓我们的工作方案、工作进度和工作成效，通过整改推动环保工作开创新局面。要积极开展“四减四增”三年行动，扎实推进蓝天、碧水、净土“三大保卫战”，全面落实“河长制”“湖长制”“湾长制”，推动绿色发展向纵深推进。

五要在民生改善上实现新突破。聚焦群众所急、所需，加快发展民生事业，不断提高群众的获得感、幸福感、安全感。要从最基础的工作抓起。聚焦教育、医疗、就业、社保等重点民生领域，抓好重点民生项目建设，提高民生基础保障能力。要深入开展“九城同创”，突出抓好全国文明城市创建，在补齐创建短板、培育品牌特色、推进全域创建、营造浓厚氛围等方面想办法、出实招，进一步巩固工作成果，扩大领先优势，提升创建水平。要从最具体的问题改起。从潍坊市反馈的2018年度考核情况看，我市综合评价中的城乡居民评价成绩不够理想，社会治安列8县市第8位、看病就医列第7位，这说明我们的工作与群众期盼还有较大差距。有关部门要坚持问题导向，以常态化开展干群连心走访活动为契机，尽快补齐工作短板，切实提升群众获得感、满意度。

六要在改革创新上实现新突破。坚持问题导向，抓好全面深化改革各项任务落实，当前要着重抓好机构改革，抓紧抓实涉改部门审计、档案移交管理、“三定”规定修订等工作，确保整体工作在3月底前全面完成。要结合省、潍坊市制度创新任务，在金融、商事制度、财税体制等重点领域和关键环节深化改革创新，不断增强改革的系统性、整体性、协同性。要大力实施创新驱动发展战略，突出抓好创新平台建设、科技交流合作、科技成果转移转化等工作重点，进一步提升创新平台运行质量，年底前对全市现有孵化器、公共研发平台等全部整顿规范一遍，杜绝滥竽充数。

七要在环境优化上实现新突破。要着力构建亲清新型政商关系，认真落实省优化营商环境10大行动和潍坊市《构建亲清新型政商关系若干具体问题指引（试行）》，全力打造审批事项最少、办理效率最高、服务质量最优、企业获得感最强的一流营商环境。要畅通联系渠道。建立政企定期联系制度，常态化联系服务企业，做到第一时间获悉企业动向，第一时间掌握企业诉求，第一时间了解企业困难，第一时间帮助协调解决问题。要规范涉企政策决策，制定涉及企业特别是民营企业及其经营者重大利益的决策，要事先通过听证会、座谈会等方式听取企业和企业家的意见建议。要把上级及我市支持企业发展的各项利好政策宣传好、解释好、推送好、落实好，坚决打破“卷帘门”“玻璃门”“旋转门”的阻隔，真正把政策的“含金量”转化为企业发展的“新能量”。要提升服务水平。以“一次办好”为目标，突出抓好“五个一”集成服务，着力解决跨部门事项办理不畅、信息共享不够、服务不规范等问题。要坚持因企施策、精准对接，积极帮助企业解决项目推进中遇到的困难，认真对待企业反映的诉求，在法律法规框架内、在没有明令禁止的情况下全力帮助企业解决实际问题。要鼓励阳光交往。坚持政商平等交往，在不碰触纪律“红线”和法律“底线”的基础上，旗帜鲜明地鼓励公职人员特别是领导干部与企业和企业家正常接触、阳光交往，推动形成良好的政治生态和商业生态。

八要在风险防控上实现新突破。要抓实金融风险防范化解。突出不良贷款核销、企业担保圈“破圈解链”等工作重点，加大对非法集资、恶意逃废银行债务行为的打击力度，推动金融环境持续向好。要抓实安全生产。严格落实安全生产责任制，加快完善风险分级管控和隐患排查治理双重预防体系，增加企业安全生产违法成本，让企业真正担负起安全生产主体责任。今年，要确保安全生产事故起数和死亡人数继续实现“双下降”。要抓实社会稳定。按照刘家义书记六个“第一时间”的要求，抓好各类矛盾纠纷的处置工作，严防出现群体性事件和极端事件。要强化信访积案化解，实行市级领导包案、责任部门牵头和联席会议解决制度，确保10年以上的信访积案今年全部清零，5年以上的减少50%以上。特别是全国“两会”期间，要切实把信访工作做严做实，务必保证全市大局稳定，坚决不能出现问题。

三、改进方法、健全机制，凝聚抓落实、促发展的强大合力

狠抓落实是一项事关全局的系统工程，既要靠强化干部内生动力、责任担当，又要靠健全制度和机制来保障，构建起内外结合、上下联动、统筹协调、高效运转的工作格局。

一要振奋精神抓落实。良好的精神状态，是做好一切工作的重要前提。要“拉高标杆”激发斗志。进一步提升发展标杆和工作标准，深入开展寻标对标活动，建立对标清单，拿出具体方案，做到比有目标、学有行动、赶有措施、创有成果。要“正确用人”激活动力。“鱼不激不跃，人不激不奋”。选人用人要坚持新时代好干部标准，突出实践、实干、实绩导向。干部是要干事的，正如军人要打仗一样，要把敢不敢扛事、愿不愿做事、善不善干事、能不能成事作为识别和使用干部的重要标准。要大胆使用电视剧《亮剑》中“李云龙式”的干部，这类干部政治可靠、对党忠诚、能打胜仗，但不见得受个别领导“待见”；敢抓敢管、敢于碰硬，但容易“得罪人”；直来直去、个性鲜明，可能会被认为“不灵活”“不成熟”。这类干部推荐时即使“得票”不最高，也要为他们撑腰鼓劲，放到重要岗位，让他们脱颖而出，多造就一些敢于攻坚克难的“闯将”“干将”。要探索设置“落实力考察评价”项目，大胆使用在关键时刻、重大任务、突发事件、斗争一线豁得出来、冲得上去的干部，让担当作为的干部有平台、有空间、有盼头、有奔头。对于那些不敢担当、不抓落实、贻误发展的干部，不换思想就换人，不负责就问责，不担当就挪位，不作为就撤职。要“奖惩分明”激昂干劲。对任何工作，都要有功论功、有过追过，奖章要挂在具体人“胸前”，奖金要发到具体人“手里”，板子要打在具体人“身上”。要“容错纠错”激励担当。健全完善容错纠错机制，决不搞“泛化问责”，决不允许用问责代替管理、以问责推卸责任，防止“洗碗效应”，避免“干事多出错多、不干事不出事”的逆向惩罚。要“严惩诬陷”激扬正气。潍坊市委提出要实行举报“双查”办法，既查被举报者，又查举报人，以事实为依据，以法纪为准绳，及时为被诬告的干部澄清正名，及时教育通报恶意诬告者，决不能让不干事的在背后指手画脚、添乱使坏。各级党委和纪检监察机关，要敢于激浊扬清，打击歪风邪气，对恶意中伤、诬告陷害、散布谣言的，发现一起、查处一起、通报一起，让别有用心者受到惩戒，为干事创业者撑腰壮胆。要“关爱基层”激发热情。进一步拓展基层干部成长空间，重视培养优秀基层干部，提高基层干部待遇，落实各项津贴补贴政策，真正将关心关爱基层干部的各项工作要求落到实处。

二要提高本领抓落实。如何提高抓落实本领？一靠学习，二靠实践，关键要做到善学、善谋、善作、善成。要提高“善学”的本领。坚持把学习作为一种政治责任，用好理论中心组学习、党校培训以及“学习强国”平台等阵地，统筹学习好经济、社会、科技、文化等各领域知识，不断增强专业能力、提高专业素养。要提高“善谋”的本领。按照省和潍坊市有关要求，强化“开门决策”意识，今后研究经济工作的某些专项会议，要邀请企业代表参加；民生决策，尽

可能多请群众代表参与；专业决策，尽可能多请专家学者参与；社会治理决策，都要进行风险评估；公益性决策，原则上要实行公开“听证”。要提高“善作”的本领。运用好辩证法，善于抓主要矛盾和矛盾主要方面，确保收到“一子落而满盘活”的效果。要提高“善成”的本领。着力提高各级干部处置突发事件、舆论引导、风险防范化解的能力，掌握事件处置主动权，做到既“干成事”，又“不出事”。

三要压实责任抓落实。在其位，就要谋其政；任其职，就要尽其责。要建立工作专班制度。对刚才安排的八个方面工作，要分解纳入潍坊市十大攻坚行动工作专班落实任务，建立工作台账，明确完成时限，倒逼工作进度。要完善领导包靠制度。市级领导要按照分工，真包实靠镇街区、村（居）、企业和项目，镇街区和市直部门单位主要负责同志也要相应做好负责领域和范围内的包靠服务。要健全责任清单制度。对确定的重点工程、重点项目、重要事项，要按照“工作项目化、项目责任化、责任具体化”的工作要求，将工作任务和压力逐级传导到每个岗位、每个人，做到事事有人管、人人有责任。凡是因推诿扯皮、敷衍塞责造成工作断档或推进不力的，一律严肃追究相关责任人责任。

四要深入一线抓落实。基层一线是抓落实的主战场、主阵地。要加快形成“头雁效应”。各级领导干部特别是主要负责同志要带头到现场办公，做到工作在一线推进、情况在一线掌握、问题在一线解决、成效在一线检验。要改变年初下任务、年中搞督查、年底去考核的简单方式，引导机关干部多下去、基层干部少往上跑。要加强和改进调查研究。市级领导班子成员每年在基层调研不少于2个月，要更多地采用“四不两直”的方式，努力掌握第一手情况；市直部门单位班子成员每年要有一半的时间下基层开展调研。要加大精文简会力度。由市委办公室、市政府办公室牵头，组织清理规范会议文件，严格落实好审批和报备制度，今年全市会议、文件、简报都要减少1/3以上，要求报送的报表材料一律压减50%以上，让基层腾出更多时间和精力抓落实。

五要强化督查抓落实。强化督促检查是狠抓落实的重要举措。要改进督查方式。多开展实地督查、暗访督查、“点穴”式督查，克服依赖“文来文往”的现象。要从严控制督查总量，不允许部门以市委、市政府名义开展督查，年内各类督查事项要压减50%以上。要注重运用信息化手段开展督查，更加注重督绩效、督结果，消除不必要的档案检查、台账检查。要完善考核机制。市委组织部、市考核办要强化与潍坊市的沟通对接，及时修订完善科学发展考核评价办法，特别是要探索建立“写实考核”机制，科学设置考核指标，讲究差异化，不搞“一刀切”，真正让考核结果成为鼓励先进、鞭策落后的重要依据。要加大监督问责力度。更加注重群众获得感，把评判权交给服务对象和群众，将各项工作纳入社会和群众的监督之下。省里明确提出要在今年推行“电视问政”“网络问政”以及在新闻媒体进行公开承诺等社会监督形式，潍坊市也于近期作出了相关工作安排，下步，我们也将参照上级形式抓好相关任务落实。要健全常态化察访机制，加大点名道姓通报曝光力度，对工作落实缓慢、措施不力的单位和个人，快查快办、追责问责，以铁的纪律、严的标准保障各项工作落地落实。

六要步调一致抓落实。加强纪律建设是我们党的力量所在。要严明政治纪律。对落实总书记指示要求不力的，对落实习近平经济思想、生态文明思想、管党治党、意识形态重要论述、新时代党的组织路线等不力的，对落实党中央、上级党委和市委决策部署不力的，都要追查政治责任；对与党离心离德的“两面人”，要坚决清理出去；对政治品德不过关，阳奉阴违、口是心非、弄虚作假、虚报浮夸、欺上瞒下的，要坚决“一票否决”、坚决处理到位。要严明组织纪律。每个党员都是组织的人，任何情况下都要服从组织纪律，不容置疑、不容挑战。要正确对待组织决定，决不能搞表态式服从、选择性执行、应付型落实。要正确处理个人与组织的关系、小局与大局的关系，坚决杜绝一切要滑头、打擦边球的想法和做法。要正确对待组织交给的任务，有没有完成、完成了多少、有什么困难问题，都要及时请示报告。要依纪依规问责，我们历来对事不对人，只有对失职失责的少数人严肃追究，才是对更多干部的警示和保护。要严明廉洁纪律。加大重点领域的专项治理力度，针对不担当不作为“庸懒散”问题、扶贫领域腐败和作风问题、民生领域侵害群众利益问题、营商环境中存在的突出问题、涉黑涉恶腐败和“保护伞”问题等5个方面，开展专项整治，推动全面从严治党走向“严紧硬”。

同志们，奋斗成就梦想，实干赢得未来。让我们更加紧密地团结在以习近平同志为核心的党中央周围，担当作为、狠抓落实，奋力推动经济社会实现更高质量新发展，为践行新理念，建设新昌邑，率先全面建成小康社会作出新的更大贡献！

（市委办公室）

政府工作报告

——2020年5月20日在昌邑市第十八届人民代表大会第四次会议上

昌邑市市长　李玉祥

各位代表：

现在，我代表市人民政府，向大会报告工作，请予审议，并请市政协委员和其他列席会议的同志提出意见。

一、2019年以来工作回顾

过去的2019年，面对复杂多变的国内外经济形势，市政府坚持以习近平新时代中国特色社会主义思想为指导，坚决贯彻中央和上级决策部署，在市委坚强领导下，团结带领全市人民，拼搏实干，创先争优，全市经济健康发展，社会大局和谐稳定。

——坚持稳中求进，奋力进位争先，综合实力不断增强。全市实现地区生产总值444.1亿元，同比增长1.4%；完成一般公共预算收入32.1亿元，同口径增长10.8%；规模以上工业营业收入、利润分别达到549.6亿元、16.1亿元；实现社会消费品零售总额210.4亿元，增长4.1%；金融机构本外币各项存、贷款余额分别达到448.5亿元、291.8亿元，分别增长3.8%和11.2%；城乡居民人均可支配收入分别增长6.5%和8.6%。我市连续9年迈进中国中小城市综合实力百强、投资潜力百强，连续2年入围绿色发展百强、科技创新百强、新型城镇化质量百强，成为全省6个“五榜共进”县市之一。

——保持发展定力，提升转型质效，“三大战役”成效突出。动能转换提速战加快突破。“双千双百”产业园区吸纳带动能力不断增强，昌邑石化通过省化工重点监控点认定，100万吨乙烯及有机化工原料项目稳步推进，智能铸锻中心、浩信昌盛智能工厂、国家智能铸造产业创新（潍坊）中心建成投产运营，玉柴基地加快建设，完成全国首家省级城乡环境清洁服务标准化技术委员会筹建。孚美新能源与中国一重集团成功合作，龙池化工产业园入选省级海洋特色产业园区。新建2处院士工作站，16个项目列入省重大科技创新工程和重点科技研发计划，龙港硅业项目荣获省科技进步二等奖。营业收入、纳税过亿元企业分别达到64家和6家。乡村振兴突破战成效显著。制定实施乡村振兴战略规划，优质大姜等10个万亩级产业加速壮大，200平方公里潍河绿色发展长廊全面起势。潍水田园综合体入选省级重点建设项目，梨花水镇列入省重大建设项目。获批筹建省级现代农业产业园。市镇两级投入2亿多元，完成农村无害化卫生厕所改造4.59万户，农村通户道路硬化完成72.3%，80%以上村庄达到美丽乡村建设B级以上标准。风险防控阻击战稳步推进。安全生产事故起数、死亡人数均下降50%。从严从实抓好中央、省环保督察及“回头看”反馈问题整改。全力应对“利奇马”台风影响，实现平稳安全度汛。“扫黑除恶”专项斗争取得积极成效，圆满完成省交信访积案化解和新中国成立70周年大庆等重要节点安保维稳任务。

——持续扩大开放，强化改革创新，“三项支撑”更加有力。“双招双引”提质增效，深入开展“双招双引”项目建设百日会战，新立项项目194个，省外境外到位资金124亿元，高铁配套产业园、产教融合示范区等大项目相继落地。改革开放不断深化，创新“四种模式”破解村集体经济增收难题做法被列为全省十大地方改革案例之一上报中央改革办；出口实现两位数增长，实际利用外资增长352.7%。营商环境持续优化，为企业降低税费、融资等成本12亿元，建成全省首个县级市不动产电子证照平台。

——丰富品质内涵，突出共建共享，“两个提升”全面突破。城市更加整洁精致。以全国文明城市创建为引领的“九城同创”稳步推进，成功创建国家园林城市，国家卫生城市一次性通过全国爱卫办暗访。投入3.1亿元完成70项市政基础设施工程，雨污分流比例达到93%。投入9700万元，综合整治老旧小区160个，高标准改造背街小巷27条，建成口袋公园、公共绿地27处，新建星级公厕16座。投入2000多万元，新增供热面积48.6万平方米，小区集中供热改造27万平方米。潍莱高铁加快推进，成功争取潍烟高铁在潍莱高铁昌邑站接轨。民生福祉持续改善。投入2.3亿元新建、改扩建中小学和幼儿园15处，城乡办学条件达到全国义务教育优质均衡发展县创建标准。投入1201万元，落实提高普通高中生均公用经费标准。投入4955万元，落实提高人均基本公共卫生服务保障和计生家庭特别扶助标准。投入2932万元，落实提高60周岁以上老年人补贴津贴标准。投入1313万元，落实提高农村五保供养及特困人员、孤儿、困境儿童、困难重度残疾人生活护理标准。投入1550万元，将农村、城市低保标准分别提高到每人每年5200元、6960元。投入2025万元，为2465户贫困户修缮房屋、改善居住环境。

——强化工作落实，持续转变作风，政府效能加快提升。“不忘初心、牢记使命”主题教育取得预期效果。认真执行市人大及其常委会决议决定，自觉把民主政治协商纳入决策程序。顺利完成政府机构改革、承担行政职能事业单位改革及镇街行政管理体制改革。民生热线办理群众满意率居潍坊八县市首位。严格执行重大行政决策程序。扛牢全面从严治党主体责任，加强意识形态工作，持之以恒抓好党风廉政建设和反腐败工作。

各位代表，在前进的道路上，我们会遇到各种风险挑战和严峻考验。面对今年突如其来的新冠肺炎疫情，我们坚决贯彻中央和上级决策部署，在市委坚强领导下，树牢战时思维、落实战时机制、采取战时办法，第一时间建立疫情防控组织领导体系，第一时间启动应急响应机制，第一时间部署落实防控措施，迅速形成全市行动、全员防控、全域阻击的强大合力。

面对疫情，58万昌邑人民全民动员，社会各界踊跃参与，广大党员干部全部放弃休假、坚守一线，5260名市镇村三级党员干部、1357名企业职工、5407名志愿者以及161名“两新”组织第一书记、党建指导员组成四支防控队伍，全面启动“1+4+N”防控体系，构建起全域覆盖的疫情防控网。严格落实疫情较重地区及境外来昌人员排查管理，及时暂停全部公共交通，关闭所有集贸市场、景区、公共文化娱乐等场所，取消一切大型集会活动，落实延迟开学措施，坚决阻断一切可能导致疫情传播的途径。组建10个医疗救治专家组和突击队，市财政投入1000多万元，全力保障防疫需求和群众健康安全。全面加强市场供应保障，强化舆论宣传引导，有效稳定了市场、稳定了社会。

面对疫情，我们及时跟进新形势新变化，按照上级统一部署，统筹推进疫情防控和经济社会发展，有序抓好复工复产复市复学，强化重点工作攻坚，经济社会运行秩序加快恢复、持续向好。全市规模以上工业及农业、畜牧业企业全部复工复产，高中、初中毕业年级顺利开学复课，成功承接潍坊市春季农业生产现场会；浩信新能源汽车零部件智能制造中心、孚美新能源针状焦等85个重大重点项目全面开工复工，雅拉生态食品进口屠宰深加工3700多头澳洲活体肉牛，投资2.5亿元的潍河防洪治理工程建设完成，“双招双引”一季度新立项项目20个、总投资31.8亿元；完成化工园区5个村庄整体搬迁，潍坊环境工程职业学院通过省政府批复设立，各项重点工作攻坚都实现了新的突破。

在疫情防控这场特殊战“疫”中，全市上下同心同向、众志成城、共克时艰，广大党员干部特别是一线医护和防控人员义无反顾、恪尽职守、冲锋在前，广大人民群众守望相助、同舟共济、无私奉献，涌现出了一大批先进典型和事迹，有力促进了疫情防控和经济社会发展“双胜利”，由此展现出的勇于担当、奋发有为的奋斗姿态和越是艰险越向前的斗争精神，必将成为我们再掀高质量发展新高潮、再创高质量发展新辉煌的动力支撑和信心所在！

各位代表，成绩来之不易，需要倍加珍惜，这得益于以习近平同志为核心的党中央的坚强领导，得益于上级党委、政府和市委的正确领导，得益于市人大、市政协和社会各界的监督支持，得益于全市广大干部群众和企业家的拼搏努力。在此，我代表市人民政府，向全市人民，向各位人大代表、政协委员，向各人民团体和社会各界人士，向离退休老同志，向驻昌部队、武警官兵和政法干警，向所有投资者、创业者、建设者，向所有关心、支持、参与昌邑发展的海内外朋友，表示衷心感谢，并致以崇高敬意！

我们也清醒地认识到，推动高质量发展面临不少困难和问题，政府工作存在一些短板和不足，主要表现在：新旧动能接续不畅，大项目支撑不够，科技创新能力不足，产业转型升级压力仍然较大；实体经济运行困难增多，安全生产、生态环保等领域风险点还有不少，节能减排任务仍然艰巨；城市规划建设管理不够精细，教育、医疗等民生事业存在一些薄弱环节，基本公共服务均等化水平仍需进一步提高；营商环境不够优化，政府工作人员思想不够解放，转作风、提效能、优环境仍需进一步深化，等等。对这些问题，我们将采取有力措施，切实加以解决。

二、2020年经济社会发展目标任务

今年是全面建成小康社会和“十三五”规划的收官之年，也是“十四五”规划的谋划之年，更是实现市第十四次党代会绘就美好蓝图的关键之年。今年政府工作总体要求是：**以习近平新时代中国特色社会主义思想为指导，深入贯彻党的十九大和十九届二中、三中、四中全会精神以及中央、省委、潍坊市委经济工作会议精神，紧紧围绕市委经济工作会议确定的“一个定位”“七**

个突破”“三项支撑”的思路举措，坚持稳中求进工作总基调，坚持新发展理念，深入推进供给侧结构性改革，做好“六稳”工作，落实“六保”任务，深化“八大攻坚行动”，再掀高质量发展新高潮，再创高质量发展新辉煌，确保新旧动能转换取得更大成效、全面建成小康社会和“十三五”规划圆满收官。

今年全市经济社会发展主要预期目标是：地区生产总值增长6%左右，规模以上工业增加值增长5%左右，一般公共预算收入增长1%左右，固定资产投资增长5%左右，社会消费品零售总额增长6%左右，进出口总额保持稳定增长，城镇和农村居民人均可支配收入分别增长7%左右和7%以上。全面完成潍坊市下达的节能减排降碳约束性指标和环境质量改善目标。

各位代表，受疫情影响，实现全年经济社会发展目标任务十分艰巨，需要全市上下付出更加艰辛的努力，更需要全市上下坚定不移坚持和加强党的全面领导，在抓紧抓实抓细常态化疫情防控的前提下，咬定目标不放松，风雨无阻勇攀登，强力推进“重点工作攻坚年”，推动二季度回暖上扬、三季度全力提速、四季度圆满收官，坚决把疫情造成的时间损失、工作损失、发展损失夺回来，不断开创经济社会高质量发展新局面。具体到政府工作，重点在六个方面聚焦聚力、攻坚突破。

（一）在推动新旧动能转换上聚焦聚力、攻坚突破。一是提升骨干园区承载力。石油化工新材料产业园，更加突出昌邑石化龙头带动，加快推进100万吨乙烯及有机化工原料项目，开工建设国Ⅵ油品升级项目，加速从“油头”向“化尾”延伸，打造千亿级高端化工产业聚集区。雅拉生态食品产业园，进一步扩大肉牛进口及种牛引进，深化与国内知名企业销售合作，发展屠宰深加工和生鲜零售，加快生物科技综合利用项目建设，打造肉牛养殖及牛肉生产、交易、定价、大数据、冷链物流“六个中心”，推动生态食品产业全链条发展。智能装备制造产业园，7月份建成投产玉柴基地一期项目，加快浩信新能源汽车零部件智能制造中心项目建设，形成500亿级智能装备制造产业集群优势。满国康洁环卫产业园，建设智能化、新能源产品研发平台，智能化环卫装备实现量产，争设国家级标准技术委员会，打造百亿级环卫服务、教育培训、人工智能装备研产一体化产业集群。二是提升优势产业竞争力。实施新一轮高水平技术改造，加快互联网、云计算、大数据等新技术推广应用，推动传统优势产业加速向数字化、绿色化、智能化、服务化转型发展。加强以“亩产效益”为重点的工业企业综合评价及结果运用，推动过剩落后产能加快出清。强化5技术应用和物联网推广，积极发展高端装备、新能源、新材料等新兴产业，超前布局区块链、人工智能、虚拟现实等前沿产业，加快三峡海上风电、凯盛新材料、龙港无机硅化物等项目建设。推动制造业与互联网融合发展，以智慧化提升产业全流程、各方面。年内实施工业重点技改项目52个，争创省技术创新项目10项，上云企业达到150家，“两化”融合贯标评定企业达到5家。优化提升休闲旅游、商贸流通、现代物流产业，培育壮大现代金融、电子商务、医养健康产业，因地制宜发展夜间经济，做优做活现代服务业。三是提升科技创新驱动力。鼓励企业加大研发投入，支持企业建设技术研发中心，推动政产学研深度融合，新增潍坊市级以上创新平台12家，6个以上项目列入潍坊市级以上科技计划，申报潍坊市级以上科技成果6项以上。大力引进高精尖缺人才、技术实用人才和高端研发机构，强化全链条、全要素服务保障，引进培育高端技术人才及博士、硕士、高级职称专业技术人才310人以上。四是提升优质企业带动力。严格落实支持民营经济发展政策措施，“一企一策”制定扶持计划，鼓励骨干企业加快向龙头化、总部化、国际化发展，支持高成长性企业倍增发展，加快构建“龙头企业 + 产业配套 = 产业集群”发展新模式，新增潍坊市级以上隐形冠军企业和“专精特新”中小企业 5 家以上。支持企业“小升规、规改股、股上市”，新纳入规模以上工业及服务业企业 24 家、限额以上批发零售和住宿餐饮企业 10 家以上。推动满国康洁环卫、浩信机械上市，10 家企业在区域性股权交易市场挂牌，实现登陆“新三板”零的突破。构建亲清新型政商关系，提振企业发展信心。加强企业家队伍建设，推动细分领域行业协会建设，打造高层次本土企业家和新生代企业家队伍。

（二）在推进乡村全面振兴上聚焦聚力、攻坚突破。一是促进现代农业提质增效。新建高标准农田 4.8 万亩，推广测土配方施肥和水肥一体化技术 146 万亩，粮食总产量稳定在 10 亿斤以上，争创全省“两全两高”农业机械化示范县。更高水平提升 200 平方公里潍河绿色发展长廊，加快推进梨花水镇康养总部基地、潍水田园综合体齐鲁智农谷物流中心等项目，规划建设潍水农业公园，打造乡村振兴齐鲁样板示范区。着力培育农业新型经营主体，建成投产国家级水产遗传育种中心、民和食品产业园肉制品加工和丸和食品生姜深加工项目，加快建设硕昌食品产业园，培育一批全产业链一体化农业龙头企业和农业产业化联合体。加快省级现代农业产业园建设，壮大优质大姜等 10 个万亩级产业，打造一批潍坊市级现代农业产业园和百亿级农村产业融合发展集群。大力发展绿色、智慧和品牌农业，新增潍坊市级以上知名农产品企业品牌 4 个，新认证“三品一标”农产品 10 个。加强农产品质量安全监管和检验检测，抓好重要农产品稳产保供和重大动物疫病防控。积极发展乡村旅游、乡村服务业等新业态，打造更多具有昌邑特色的旅游线路和旅游产品。更高质量办好绿博会，推动苗木产业转型升级，改造提升苗木基地 2 万亩。二是促进农村改革提速深化。完善提升土地承包经营权确权登记颁证，深入推进农村产权制度改革扫尾工作和注册登记、股权发证等工作。发挥青阜农业公社示范带动作用，推动土地依法有序流转，优化社会化服务，扩大规模化发展。引导国有资本向农业产业聚集，撬动乡村振兴产业基金发展优质项目。深化与涉农科研院校合作，引进培养更多农村专业实用人才。建立村集体经济收入稳定增长机制。三是促进镇村品质提档升级。加快完善镇域综合设施配套，完成小城镇建设投资 32 亿元以上。全面完成农村人居环境整治三年行动任务，10 月底前完成村庄通户道路硬化，年内农村改厕覆盖率达到 85%，新建农村公共厕所 81 个，50% 以上的村庄完成生活污水治理，农村清洁取暖改造 5170 户。加快编制“多规合一”实用性村庄规划，6 月底前完成村庄布局规划，年底前实现应编尽编。加快美丽乡村建设，新创建省级美丽乡村示范村 4 个，90% 以上村庄达到美丽乡村建设 B 级以上标准。

（三）在统筹区域发展上聚焦聚力、攻坚突破。优化提升滨海开发。推进下营、龙池化工产业园北扩工程，开工建设滨海（下营）经济开发区热源中心，昌盛循环经济能源岛项目一期年底前建成投入使用。放大下营、龙池化工产业园品牌优势和空间优势，深入推进新一轮化工产业安全生产转型升级专项行动，加快高铁配套产业园、亚星化学搬迁、成泰新材料 MMA、天宇药业原料药等项目建设。稳妥有序推进开发区体制机制改革。加快提升城市品质。编制完成“多规合一”国土空间总体规划，加强重点片区、重点项目和重点建筑规划设计，严格监督规划实施。更大力度推进跨潍河发展、沿潍河发展，加快棚改、文山、高铁、职教 4 个千亩级片区建设，推进都昌棚户区改造，建成文山森林公园文昌阁和博物馆，完成高铁昌邑站及配套工程，加快智能动力新城建设。投入 6500 万元，新改建新昌路、西环路等9项道路排水工程，完成文东路等7项绿化工程，铺设雨污水管道10公里以上，雨污分流比例提升到95%以上。投入500万元完善南线供热管网，满足城南新建小区供暖需求。完成市人民医院家属院改造，对无物业或物业管理不规范小区实行统一社区管理。加强城市社区建设，加快提升治理服务能力。扎实开展省级新型智慧城市试点建设，全面提升城市管理数字监控应用水平。更高水平推动滨海、城区、昌南统筹均衡发展，离不开交通、电力、水利等重大基础设施支撑。加强对接配合，建成运营潍莱高铁，开工建设潍烟高铁，推进大莱龙铁路扩能改造、明董高速、新海路大修等工程。昌平路改建工程10月底前建成通车。建成220千伏灶户站、110千伏都昌站增容改造和配农网建设改造等工程，开工建设110千伏北园站输变电工程。加快引黄济青改扩建后续工程及丰泉水库、龙源水库等工程建设，地表水净化水厂8月份建成供水。

（四）在深化改革开放上聚焦聚力、攻坚突破。一是全面深化重点领域改革。稳妥有序推进国家和省改革试点任务。深化“一次办好”改革，优化“一窗受理”综合服务模式，推进“区块链+政务服务”，扩大区块链电子证照共享平台应用。全面推行市场监管领域“双随机、一公开”联合监管，扎实开展中介服务专项治理。持续推进“证照分离”改革和预算管理体制改革。深化金融领域改革，加大对“三农”、小微企业和重大项目的金融支持。完善“要素跟着项目走”保障机制，探索“标准地”和“拿地即开工”模式。支持城投集团、金控集团参与运作优质高端项目，稳步发行企业债券和公司债券，持续扩大担保委贷业务规模。对现代农业等优质资源、优势资源和优良潜力资源进行统筹整合包装，做大做强国有经济。二是全面扩大“双招双引”。制定落实加快推进“双招双引”的意见，瞄准世界500强、中国500强、央企及行业隐形冠军、百亿元以上大项目，成立“10+1”产业招商专组和重点区域招商专班，设立驻外联络中心，细化“一事一议”，完善招引流程，进一步提升招引质效。坚持本土企业和外来企业一视同仁，鼓励现有企业技改创新和增资扩产。三是全面推进开放发展。制定落实扩大外贸进出口和利用外资的意见，积极参与进博会等重大展会活动，支持满国康洁环卫集团加快“一带一路”沿线重点国家和地区业务拓展。发挥“海盈跨境通”、鲁凯航等外贸综合服务平台作用，新增进出口权企业40家以上、进出口实绩企业20家以上。引导雅拉食品等重点企业采取外资并购、增资扩股等方式，进一步扩大利用外资规模。

（五）在持续改善民生上聚焦聚力、攻坚突破。一是坚决打赢疫情防控阻击战。坚持外防输入、内防反弹，落实和完善常态化疫情防控措施。围绕疫情防控中暴露出的问题补短板、堵漏洞、强弱项，完善突发公共卫生事件应急预案，健全公共卫生服务体系，加强公共卫生队伍建设，提升农村、社区等基层防控能力，健全防治结合、联防联控、群防群治工作机制。统筹抓好传染病、慢性病和职业病防控。大力开展爱国卫生运动。加强公共安全应急保障体系建设，完善重大疫情防控体制机制。二是优先发展教育事业。深化全国义务教育优质均衡发展县创建，投入4400万元新建、改扩建小区配套幼儿园和普惠性标准化幼儿园10处，加快投资7000万元的龙泽学校建设。投入1357万元，将普通高中生均公用经费提高到1500元。加快潍坊环境工程职业学院建设，9月份实现开学。深化与伟东教育集团的合作，抓好潍坊市产教融合示范区（昌邑）建设。三是全力打造“健康昌邑”。成功创建国家卫生城市，推进国家医养结合示范省先行市和省级健康促进市创建。加快县域医共体建设，深化“互联网+”服务，畅通分级诊疗发展渠道。投入2.53亿元，将城乡居民医疗保险人均财政补助标准提高到每人每年550元。投入4334万元，将人均基本公共卫生服务经费标准提高到每人每年74元。办好2020黄元御中医药文化节暨中医药传承与发展高峰论坛。农村健身设施实现全覆盖。四是加快文化繁荣发展。大力弘扬社会主义核心价值观，推进新时代文明实践中心建设。全力争创全国文明城市。用好“学习强国”平台。支持市工人文化宫、博物馆、图书馆、文化馆等公共文化事业发展。加快市委党校新校、中小学生综合实践活动基地建设，提升完善丝绸文化博物馆，推进龙池红色文旅小镇、丝路绸语文化创意园二期等项目，抓好以华晨文创为代表的文创产品设计开发。加强非遗文化传承。继续抓好村村编制村志、乡邦文物征集工作。五是持续强化社会保障。新增城镇就业6000人，城镇登记失业率控制在3.6%以内，实现城镇“零就业家庭”动态清零。巩固脱贫成果，完善长效机制，坚决打赢脱贫攻坚收官之战。完善社会保障体系，提高社会救助水平，加快社会福利和慈善事业发展。投入2亿元，将城乡居民养老保险财政补助标准提高到每人每月130元。投入3586万元，提高农村低保、五保及重度、困难残疾人护理生活补贴等标准。贯彻“四个最严”，巩固省级食品安全先进市创建成效。健全退役军人工作体系和保障制度，建成民兵训练基地，巩固和发展军政军民团结。

（六）在守牢发展底线上聚焦聚力、攻坚突破。筑牢风险防控底线。全力“破圈解链”，加强重点企业信贷风险化解，加大不良贷款处置力度，严厉打击非法集资、恶意逃废银行债务等行为。严控新增政府债务，规范政府举债融资行为。推进企业安全生产标准化和双重预防体系建设，深化重点行业、重点领域安全隐患排查整治，构建大安全、大应急体系。抓好水旱灾害、森林火灾和海洋灾害防治工作。加快立体化、法治化、社会化、信息化社会治安防控体系建设，深入推进“扫黑除恶”专项斗争，打好禁毒人民战争，深化信访积案化解攻坚，全力维护社会和谐稳定。筑牢生态绿色屏障。坚定不移抓好中央、省环保督察及“回头看”反馈问题整改，打好蓝天、碧水、净土保卫战，完成“四减四增”三年行动、“十三五”节能减排任务。加强重污染天气应急联防联控，淘汰非民生类35吨以下供暖燃煤锅炉，中心城区全面禁止燃放烟花爆竹。投入7800万元完成堤河河道清淤一期工程和人工湿地建设，加快推进丰产河综合治理。投入5.6亿元，建成运营城东污水处理厂一期工程，对城西、城北等6处污水处理厂进行升级改造。加强饮用水水源地问题整治和农业农村面源污染防治。完成胶莱河、潍河入海口区域和岸线综合整治修复。投资3.8亿元的生活垃圾焚烧发电项目完成主体工程。全部淘汰国Ⅲ标准柴油货车。加快批而未供土地消化利用，实施城乡建设用地增减挂钩试点，争创全国自然资源节约集约示范县。高标准建设农田林网，新增国土绿化1.2万亩，争创省级森林城市。

三、推动政府治理体系和治理能力现代化

深入学习贯彻党的十九届四中全会精神，坚持把转变政府职能摆在更加突出的位置，全面提升政府施政能力和水平，努力建设人民满意的服务型政府。

强化政治意识，始终做到忠诚干事。深学笃用习近平新时代中国特色社会主义思想，树牢“四个意识”，坚定“四个自信”，坚决做到“两个维护”，在思想上政治上行动上同以习近平同志为核心的党中央保持高度一致。严格落实民主集中制，建立不忘初心、牢记使命制度，扛牢意识形态政治责任，把党的全面领导落实到政府工作各领域各方面各环节，确保政令畅通、执行有力。

强化担当意识，始终做到务实干事。持续开展“解放思想、走在前列”大讨论，强力推进

"重点工作攻坚年"，严格落实重点工作和重大项目推进制度机制，推动思想再解放、作风再转变、工作再落实。进一步提升专业能力和专业素养，健全正向激励和容错纠错尽职免责机制，更好保护和调动干部干事创业积极性。

强化法治意识，始终做到依法干事。加强法治政府建设，严格按照法定权限、法定程序行使权力、履行职责、管理事务。认真执行人大及其常委会决议决定，积极支持人民政协履行职责，办好人大代表议案、建议和政协提案。强化制度意识，严格执行制度，坚决维护制度权威。健全重大行政决策法定程序。全面推行行政执法"三项制度"。加强审计监督、统计监督，自觉接受法律监督、民主监督、群众监督和舆论监督。开展法治化营商环境建设年活动，营造公开、公平、公正、透明、可期的法治环境。

强化廉政意识，始终做到干净干事。严格落实全面从严治党主体责任，切实履行党风廉政建设"一岗双责"。持之以恒落实中央八项规定精神，巩固拓展整治"四风"成果。从严从实抓好省委巡视反馈问题整改。树牢"过紧日子"思想，勤俭节约办一切事业。严格执行廉洁从政规定，加强重点领域监管，坚决整治群众身边的不正之风和腐败问题。

各位代表，在扎实完成上述目标任务的同时，市政府将凝聚社会共识、集中社会才智，精心编制"十四五"规划纲要，科学谋划好昌邑未来五年的发展蓝图。

各位代表，追逐梦想勇担当，砥砺奋进再起航。让我们更加紧密地团结在以习近平同志为核心的党中央周围，在市委坚强领导下，不忘初心、牢记使命，凝心聚力、接续奋斗，再掀高质量发展新高潮，再创高质量发展新辉煌！

（市政府办公室）

大事记

1 月

3 日 全市镇（街、区）党（工）委书记和市直有关部门（单位）主要负责人向市纪委全会述责述廉会议召开。市委常委、纪委书记田立军主持会议并讲话。

4 日 审计署环渤海生态环保专项审计配合协调工作调度会议召开。市委副书记、市长李玉祥主持会议并讲话，市领导李鹏、李明杰、孔德奎、曲伟参加会议。

5 日 昌邑市级党政领导班子成员向市纪委全委会述责述廉会议召开。市委书记吕珊珊主持会议并对党风廉政建设工作提出要求；市委副书记、市长李玉祥，市委副书记王龙堂等市级党政领导班子成员作述责述廉报告。

同日 潍坊市红色文化研究会昌邑分会成立暨第一届会员大会举行。市委常委、宣传部部长刘世海出席会议。

同日 潍坊医学院生殖医院、昌邑市人民医院医联体揭牌仪式暨学术讲座举行。副市长赵海龙出席会议。

7 日 由农家书屋杂志社、中国农村传媒网联合主办的“悦读汇——我的书屋·我的梦”图书捐赠活动在昌邑市石埠小学举行。全国政协办公厅正局级巡视员、农家书屋工程发展基金高级顾问卫宏，农家书屋工程发展基金高级顾问刘建辉，中国农村传媒网总执行长郝玉娥；昌邑市副市长赵海龙出席捐赠仪式。

8 日 昌邑市人大常委会副主任、财政经济委员会主任委员高敬东带领部分市人大财政经济委员会组成人员和预算审查监督咨询专家组成员，调查部门预算执行及预算编制情况。

9 日 井冈山干部学院培训部原主任熊钦和到昌邑市党性教育基地调研指导。省领导干部考试题库管理中心主任马宇晓，副科长李亚东；潍坊市委党校专职组织员侯志勇，潍坊学院马克思主义学院党总支副书记王胜；昌邑市委常委、组织部部长胡筱芹陪同调研。

同日 昌邑市组织收听收看全国安全生产电视电话会议。市领导李鹏、李明杰、赵海龙参加会议。

10 日 昌邑市人大常委会党组理论学习中心组举行 2019 年第一次集体学习。市人大常委会党组书记、主任李中福，党组副书记庞明庆，党组成员、副主任夏麦香、戚风乾、王明胜、高敬东参加学习。

12 日 市委副书记、市长李玉祥带领相关部门单位主要负责人到围子街道调研。副市长孔德奎陪同活动。

同日 “美在新时代”庆祝改革开放 40 周年昌邑、奎文、临朐书法篆刻联展在昌邑市举办。中国书协理事、新闻出版委员会副主任李世俊，潍坊市委宣传部副部长张仁科，潍坊报业集团党委书记、董事长、潍坊日报党委书记、社长齐延升，昌邑市委常委、宣传部部长刘世海等领导参加活动。副市长赵海龙主持开展仪式。

13日 市委宣传部组织举办的"迎新春送祝福"新时代文明实践送文化下乡活动在卜庄镇姜泊村举行。市委常委、宣传部部长刘世海参加活动。

14日 新生代企业家座谈会召开。市委常委、统战部部长马永平出席会议并讲话。

15日 2018年度镇（街、区）党（工）委和市委直属党（工）委书记履行全面从严治党责任和抓基层党建工作述职评议会议召开。潍坊市政府党组成员、副市长田民利到会指导；昌邑市委书记吕珊珊主持会议并作点评讲话；市委副书记、市长李玉祥，市委副书记王龙堂，市委常委刘世海、胡筱芹、李鹏、刘煜、刘焕成、马永平参加会议。

同日 十四届市委全面深化改革领导小组第十次会议召开。市委书记、市委全面深化改革领导小组组长吕珊珊主持会议。会议审议并原则通过《昌邑市市级领导领衔推进落实重点改革任务实施办法（试行）（审议稿）》《昌邑市关于推行基层事务事前听证的指导意见（审议稿）》《昌邑市关于进一步加强信访法治化建设的实施意见（审议稿）》；听取潍坊市重点改革考核任务完成情况、改革开放40周年"优秀改革案例"评选情况、2018年度全面深化改革工作情况的汇报。

同日 潍坊市政府党组成员、副市长田民利到昌邑市走访慰问。市委副书记、市长李玉祥，市人大常委会副主任、市总工会主席高敬东分别陪同活动。

15—16日 省商务厅二级巡视员郭服海带领调研组，到昌邑市调研潍坊市农村假冒伪劣食品专项整治工作。潍坊市副市长马清民；昌邑市副市长曲伟陪同活动。

16日 中国共产党昌邑市第十四届委员会第六次全体会议举行。会议由市委常委会主持。市委书记吕珊珊出席会议并讲话。不是市委委员、候补委员的市人大常委会党组副书记、副主任，副市长，市政协党组副书记、副主席；市人武部主要负责人；市纪委监委领导班子成员出席会议。会议听取和讨论市委书记吕珊珊受市委常委会委托作的工作报告，审议通过《昌邑市机构改革实施意见》。

同日 全市领导干部会议召开。市委书记吕珊珊主持会议，市委副书记、市长李玉祥传达《中共潍坊市委潍坊市人民政府关于向潍柴集团和谭旭光同志学习的决定》，市委副书记王龙堂，市人大常委会主任李中福，市政协主席周娟等市级领导班子成员参加会议。

17日 2018年下半年干部光荣退休欢送仪式举行。市委常委、组织部部长胡筱芹出席仪式并讲话。

18日 山东中医药大学金银花新物种盐碱地栽培技术科研及成果转化座谈会在昌邑市举行。山东中医药大学药学院院长、教授、博士研究生导师张永清，昌邑市副市长赵海龙参加活动。

19日 "翰墨颂春天"书画联欢会举行。市委常委、宣传部部长刘世海，市政协副主席李友田出席活动。

22日 市委书记吕珊珊率检查组，到下营镇检查2018年度全面从严治党主体责任落实情况。市政府党组副书记，昌邑滨海（下营）经济开发区党工委书记、管委会主任，昌邑经济开发区党工委书记李明杰出席会议。

23日 市委常委班子2018年度民主生活会召开。潍坊市副市长田民利到会指导；潍坊市委第十督导组有关负责人参加指导；昌邑市人大常委会党组，市政协党组负责人列席会议。

同日 市委副书记、市长李玉祥带领检查组，到柳疃镇检查2018年度全面从严治党主体责任落实情况。

同日 市政府党组2018年度民主生活会召开。市委副书记、市长李玉祥主持会议，市领导李鹏、李明杰、王树国、孔德奎、曲伟参加会议，市领导赵海龙列席会议。市纪委、市委组织部相关负责人到会指导。

24日　“花开新时代”2019昌邑市春节联欢晚会在昌邑剧院举办。市领导吕珊珊、李玉祥、王龙堂、李中福、周娟等与全市各界干部群众观看演出。

同日　市委副书记王龙堂到围子街道，检查2018年度全面从严治党主体责任落实情况。

同日　昌邑市十八届人大常委会第十四次会议举行。市人大常委会主任李中福，副主任李建军分别主持会议。市人大常委会党组副书记庞明庆，副主任夏麦香、戚风乾、王明胜、高敬东出席会议。市委常委、纪委书记、市监察委员会主任田立军，副市长孔德奎，市法院院长列席会议。

同日　昌邑市人大常委会党组2018年度民主生活会召开。市人大常委会党组书记、主任李中福主持会议，党组副书记庞明庆，党组成员、副主任夏麦香、戚风乾、王明胜、高敬东出席会议。副主任李建军列席会议。市纪委、市委组织部相关负责人到会指导。

同日　昌邑市政协党组2018年度民主生活会召开。市政协党组书记、主席周娟主持会议；党组副书记张天辉，党组成员、副主席孙孝工、李友田出席会议；副主席冯义军、吴红玉、李敏、孙永涛列席会议；市纪委、市委组织部有关人员到会指导。

25日　昌邑市政协十三届二十三次主席会议召开。市政协主席周娟，党组副书记张天辉，副主席冯义军、孙孝工、吴红玉、李友田、李敏、孙永涛出席会议。

同日　“翰逸神飞”王圣鹏2019昌邑书画精品展开展。市领导刘世海、赵海龙出席开展仪式。

同日　中国农业发展银行山东省分行处长李长红一行到昌邑市调研。市委常委、副市长李鹏陪同活动。

26日　全市经济工作会议召开。市委书记吕珊珊主持会议并讲话；市委副书记、市长李玉祥总结2018年工作，安排部署下步工作。市委副书记王龙堂，市人大常委会主任李中福，市政协主席周娟等市级领导班子全体成员，市人民法院院长、检察院检察长，市人武部主要负责人，其他在职副县级以上领导干部参加会议。

同日　全市机构改革动员大会召开。市委书记吕珊珊出席会议并讲话，市委副书记王龙堂主持会议，市人大常委会主任李中福，市政协主席周娟等市级领导班子成员出席会议。

同日　全市组织工作会议召开。市委书记吕珊珊出席会议并讲话，市委副书记王龙堂，市领导刘世海、胡筱芹、田立军、李鹏、刘煜、刘焕成、马永平出席会议。

27日　昌邑市纪委十四届五次全体会议召开。市委书记吕珊珊出席会议并讲话；市委副书记、市长李玉祥，市委副书记王龙堂，市人大常委会主任李中福，市政协主席周娟等市级领导班子成员参加会议。市委常委、市纪委书记、市监察委员会主任田立军主持会议并代表市纪委常委会作工作报告。

同日　潍坊市农信联社纪委书记曹洪启一行到昌邑调研。市委书记吕珊珊，市领导李玉祥、刘煜一同调研。

同日　“雅风在焉”迎新春书法展开展。山东省书法家协会副主席徐华志，昌邑市领导周娟、刘世海、孙孝工、李友田出席开幕式。

同日　全市“学习强国”学习平台推广使用工作调度会议召开。市委常委、宣传部部长刘世海出席会议并讲话。

28日　潍坊市十七届人大四次会议昌邑代表团召开代表团全体会议。市委书记吕珊珊主持会议并讲话；市委副书记、市长李玉祥，市人大常委会主任李中福、副主任李建军，市法院院长，市检察院检察长出席会议。

同日　潍坊市委第九巡察组巡察昌邑经济开发区党工委暨对都昌街道党工委巡察“回头看”工作动员会议召开。市领导田立军、李明杰参加会议。

同日　昌邑市组织收听收看全省安全生产电视会议。市领导李鹏、孔德奎参加收看。

1月29日至2月1日　潍坊市十七届人大四次会议召开。参加会议的昌邑代表团举行全体会议，审议政府工作报告，审议市人大常委会、市中级人民法院、市人民检察院工作报告。潍坊市委常委、统战部部长王兆辉参加审议，潍坊市副市长田民利列席会议。

同月　市政协副主席李友田带领文化艺术界政协委员、政协书画联谊会会员以及昌邑市书法家协会会员，开展“写春联、送祝福”文化惠民活动，为村民免费书写春联。

同月　北孟镇、下营镇军营村、龙池镇齐西村、龙池镇岱邱村、北孟镇魏马村获“2018年度省级文明村镇”称号；市政协办公室、市委统战部、国家税务总局昌邑市税务局获“2018年度省级文明单位”称号；围子街道金口社区获“2018年度省级文明社区”称号。

同月　人力资源和社会保障部公布2018年度享受国务院政府特殊津贴人员名单，昌邑一中校长张景和名列其中。

同月　山东省政府办公厅印发《关于公布第三批化工园区和专业化工园区的通知》，昌邑龙池化工产业园名列其中。

同月　昌邑市潍水风情自行车健身步道获“全省最美健身游路线奖”。

同月　由山东满国康洁环卫集团、昌邑市环境卫生管理局、昌邑市质量技术监督局、山东省质量技术审查评价中心共同起草的《城乡社区环卫清洁服务要求》项目被国家标准化委员会列入2018年度第四批推荐性国家标准计划。

同月　山东潍水田园综合体一期项目列入2019年省重点建设项目。

同月　昌邑市石埠青山庄园红岫家庭农场董事长刘丽红、青青草农业科技有限公司总经理张英分别获评“2018年度山东省乡村旅游创业之星”。

同月　昌邑市绿美园林绿化工程有限公司徐国良获“潍坊市有突出贡献中青年专家”称号。

2月

1日　市领导吕珊珊、李玉祥、王龙堂、李中福、周娟、刘煜、孔德奎、王树国分别到潍坊军分区、80集团军、潍北综合训练场、武警中队、军休所走访慰问。

2日　首届昌邑市下营月牙湖“筑梦新时代彩灯迎新春”新春大型灯会开幕式暨群星演唱会在昌邑滨海国家湿地公园举办。

同日　山东电视台《山东新闻联播》播出龙池剪纸贺新春的消息。龙池剪纸艺人创作十二生肖、人物肖像、民俗建筑、红色故事等1000余幅剪纸作品，表达对祖国、对未来的美好祝福与期待。

3日　市委书记吕珊珊，市委副书记、市长李玉祥分别带队到市供电公司、人民医院、佳乐家超市交通店、昌邑石化、市消防大队、石化热力公司、市公安局、市广播影视中心、武警中队、看守所、自来水公司第二水厂、汽车站走访慰问春节期间坚守一线的值班人员。

同日　昌邑市广播电视台记者采制的新闻“昌邑今年打造海洋生物主题花灯会”在中央电

视台《新闻联播》播出。

5 日　市委副书记、市长李玉祥发表新春贺词，给全市人民拜年。

7 日　致公党潍坊市委，昌邑市侨联、市慈善总会联合主办的“回馈桑梓·敬老助学”侨乡爱心义拍慈善活动举行。中国致公党中央副秘书长卢国懿，潍坊市侨联党组书记、主席李家松，潍坊致公党市委委员、高新区主委马伟红，潍城区主委满洪涛，委员代春雷；昌邑市委副书记、市长李玉祥，副市长孔德奎参加活动。

11 日　全市农村工作会议召开。市委书记吕珊珊主持会议并讲话；市委副书记、市长李玉祥总结 2018 年全市农业农村工作，并安排部署 2019 年工作。市委副书记王龙堂，市人大常委会主任李中福，市政协主席周娟等市级领导班子全体成员，市法院院长、市检察院检察长，市人武部主要负责人，其他在职副县级以上领导干部参加会议。

同日　昌邑市组织收听收看山东省“担当作为、狠抓落实”工作动员大会。吕珊珊、李玉祥、王龙堂、李中福、周娟等市级领导班子成员参加会议。

同日　市人大常委会第三十次主任会议召开，市人大常委会主任李中福主持会议。市人大常委会副书记庞明庆，副主任李建军、夏麦香、戚风乾、王明胜、高敬东出席会议。

同日　全市人才工作调度会议召开。市委常委、组织部部长胡筱芦出席会议并对全年人才工作提出要求。

同日　市政协开展走访联系政协委员活动。市政协领导班子成员分组走访部分委员企业和所联系社区、村（居）等，了解情况，倾听委员诉求，帮助解决发展中遇到的困难和问题。

同日　昌邑《海盐如何焗出鲜香味道》编入央视七套播出的《乡土——家乡的味道》春节特别节目中。

13 日　潍坊市委常委、秘书长刘建国带领调研组，到昌邑市浩信集团调研高端免维护轮端一体化智能制造项目。市委书记吕珊珊，市领导刘煜、孔德奎陪同活动。

同日　园区建设及军民共建工作调度会召开，市委书记吕珊珊主持会议。听取下营化工园、龙池化工园 2 个省级化工园区在基础设施配套、项目招引、项目推进等方面的情况汇报，研究服务部队建设等。

14 日　省农业农村厅党组副书记、副厅长王登启带领调研组，到昌邑市调研环卫一体化工作情况。潍坊市副市长马清民；昌邑市委副书记王龙堂，副市长曲伟陪同调研。

15 日　国网潍坊供电公司、昌邑市人民政府共同推进新旧动能转换加快昌邑市坚强智能电网建设会谈暨合作协议签署仪式举行。国网潍坊供电公司总经理王训杰；昌邑市委书记吕珊珊，市领导李鹏、刘煜、孔德奎参加活动。

16 日　市委书记吕珊珊带领相关部门单位主要负责人到包靠的下营镇调研。市领导刘煜、李明杰参加调研。

同日　“瑞雪迎春——左新民、任世海、张明刚写实水彩展”开展。市委常委、宣传部部长刘世海参加活动并致辞，副市长赵海龙主持活动。

18 日　全市宣传思想工作会议召开。市委书记吕珊珊出席会议并讲话，市领导刘世海、刘煜、赵海龙参加会议。

同日　“己亥迎春——孙膑庙民俗文化庙会”在龙池镇瓦城社区举办。山东大学文化遗产研究院副院长、教授、博士生导师、中国民俗学会副会长、山东省民俗学会会长张士闪，潍坊市文化和旅游局四级调研员李义龙，昌邑市副市长赵海龙出席活动。

19 日　“我们的中国梦·文化进万家——2019 全市民间文艺展演暨‘多彩非遗拜大年’”活动举行。市委常委、宣传部部长刘世海，副市长赵海龙，市政协副主席李友田出席开幕式并观看民间文艺展演和非遗项目展示。

同日　昌邑市党外人士座谈会召开，会议听取对《政府工作报告（征求意见稿）》的意见建议。市委常委、统战部部长马永平主持会议，副市长曲伟出席会议，市政协副主席孙永涛等15名各界党外代表人士参加会议。

20日　潍坊市地方金融监督管理局局长程鹏带领调研组到昌邑市调研。市委副书记、市长李玉祥，副市长孔德奎陪同活动。

同日　市人大常委会主任李中福到下营镇调研并走访联系人大代表。市人大常委会办公室、下营镇有关负责人陪同活动。

21日　市人大常委会主任李中福到石埠经济发展区、饮马镇调研指导工作并走访联系人大代表。市人大常委会办公室、石埠经济发展区、饮马镇有关负责人陪同活动

同日　扫黑除恶专项斗争宣传工作推进会议召开。市委常委、政法委书记刘焕成出席会议并讲话。

25日　全市“工作落实年”动员部署暨“双招双引”对外开放推进会议召开。市委书记吕珊珊出席会议并讲话；市委副书记、市长李玉祥主持会议；市委副书记王龙堂，市人大常委会主任李中福，市政协主席周娟，市领导刘世海、胡筱芹、田立军、李鹏、刘煜、刘焕成、马永平等市级领导班子成员参加会议。会上，表彰2018年度先进单位和先进个人，表彰2018年度“丝绸之乡文化奖”，并为获奖单位和个人代表颁奖。

同日　2018年度全市镇（街、区）党（工）委书记党管武装工作述职会议召开。市委书记、市人武部党委第一书记吕珊珊出席会议并讲话，市委副书记、市长李玉祥，市委副书记王龙堂出席会议。

26日　中国灌溉排水发展中心副主任邓少波，中国工程院院士李圭白带领调研组，在省水利厅、省水发集团、潍坊市水利局相关领导陪同下，到昌邑市调研农村饮水安全保障工作。市委副书记、市长李玉祥，副市长曲伟陪同活动。

同日　市人大常委会党组理论学习中心组举行2019年第二次集体学习。市人大常委会党组书记、主任李中福，党组副书记庞明庆，党组成员、副主任夏麦香、戚风乾、王明胜、高敬东参加学习。

同日　市政协十三届二十五次主席会议召开。市政协主席周娟，党组副书记张天辉，副主席冯义军、孙孝工、吴红玉、李友田、李敏、孙永涛出席会议。

同日　市政协举行党组理论学习中心组集体学习。市政协党组书记、主席周娟，党组副书记张天辉，党组成员、副主席孙孝工、李友田，党组成员姜利国参加学习。市政协副主席冯义军、吴红玉、李敏、孙永涛列席会议。

同日　全市国土绿化暨农村改厕会议召开。市委常委、副市长李鹏出席会议并讲话。

同日　第四次经济普查入户登记工作推进会议召开。市委常委、副市长，市第四次经济普查领导小组组长李鹏出席会议并讲话。

27日　昌邑市组织收听收看潍坊市委政法工作暨防范化解重大风险工作会议。市委书记吕珊珊，市委副书记王龙堂，市人大常委会主任李中福，市政协主席周娟等参加会议。

同日　市委书记吕珊珊到市信访局调研并看望慰问信访战线干部职工。

同日　潍坊市文化和旅游局党组书记、局长田素英，四级调研员李义龙，潍坊十笏园文化运营管理有限公司总经理李伟一行，到昌邑市调研指导工作。副市长赵海龙陪同调研。

同月　山东潍水田园综合体、昌邑市梨花水镇（一期）项目入选山东省乡村振兴重大项目库（第一批）。

同月　昌邑市龙池镇入选“2018中国乡村振兴先锋榜十大榜样”。

3 月

2 日　“奇好潍坊　大美昌邑”新年迎春油画作品展开展。潍坊市文联副主席冯传增，昌邑市委常委、宣传部部长刘世海，中央美术学院教授、油画家王少伦，山东大学艺术学院副院长、省美术家协会副主席李平，潍坊学院美术学院教授、潍坊市美术家协会副主席、潍坊市油画协会主席周赤舟参加活动。

同日　2019 年昌邑市“青春志愿行　共创文明城”主题志愿服务活动启动。市委常委、宣传部部长刘世海出席启动仪式并致辞。

3—4 日　市委书记吕珊珊带队分别调研奎聚街道、卜庄镇、下营镇和龙池镇。市委副书记王龙堂，市领导刘世海、刘煜参加活动。

5 日　市委书记吕珊珊带领相关部门单位负责人调度春季植树造林工作。市领导胡筱芹、刘煜、赵海龙参加活动。

同日　市人大常委会组织全体机关干部集中收看十三届全国人大二次会议开幕。市人大常委会主任李中福，党组副书记庞明庆，副主任李建军、夏麦香、戚风乾、王明胜参加收看。

6 日　市人大常委会第三十一次主任会议召开，市人大常委会主任李中福主持会议。市人大常委会副主任李建军、夏麦香、戚风乾、王明胜出席会议。

同日　市政协十三届二十六次主席会议召开。市政协主席周娟，党组副书记张天辉，副主席冯义军、孙孝工、吴红玉、李敏、孙永涛出席会议。

7 日　市委全面深化改革委员会第一次会议召开。市委书记吕珊珊主持会议并讲话，市委副书记、市长李玉祥出席会议，有关市级领导列席会议。

同日　潍坊市义务植树活动在昌邑市举行。潍坊市委书记、市人大常委会主任惠新安，市委副书记、市长田庆盈等潍坊市级领导班子成员；昌邑市委书记吕珊珊，市委副书记、市长李玉祥等市级领导班子全体成员参加植树活动。

8—9 日　韩国新罗大学校长朴泰学一行，到昌邑市出席昌邑市人民政府、韩国新罗大学共建国际校区签约仪式，研讨科技文化合作事宜。签约仪式上，市委书记吕珊珊为朴泰学颁发昌邑市开放发展创新发展顾问聘书，市委副书记、市长李玉祥和朴泰学分别致辞并签订合作协议。

8 日　全市统战工作会议召开。市委副书记王龙堂出席会议并讲话，市委常委、统战部部长马永平主持会议。

同日　全市各界妇女庆“三八”暨“同心共筑家国梦”好家风分享汇在市广播影视中心演播大厅举行。市委副书记王龙堂出席会议并讲话，市领导田立军、李鹏、夏麦香、吴红玉参加活动并为受表彰代表颁奖。

12 日　山东省土地发展集团有限公司潍坊分公司总经理、山东鲁坤鸢都土地发展有限公司董事长丁爱辉一行到昌邑调研。市委书记吕珊珊，市委常委、副市长李鹏陪同活动。

同日　市委书记吕珊珊同农发行潍坊市分行行长曲天军一行，交流进一步支持区域性乡村振兴工作。市领导李鹏、刘煜、孔德奎参加活动。

同日　市人大常委会组织召开减税降费座谈会。市人大常委会主任李中福参加会议并讲话，市人大常委会副主任高敬东，市人大常委会办公室、研究室、财经委、市财政局负责人，部分潍坊市、昌邑市人大代表参加会议。

同日　2019 年植树节免费发放树苗活动举

办。市委常委、副市长李鹏，市人大常委会副主任王明胜，市政协副主席冯义军参加活动。活动向市民发放核桃、玉兰等树苗5000余棵。

12—13日　市人大常委会副主任戚风乾带领部分市人大内司委委员和法工委负责人调研市监察委员会工作情况。

13日　潍坊市政协文化文史和学习委员会副主任孙克森一行，到昌邑市调研营商环境。市政协副主席李敏陪同活动。

14日　市人大常委会主任李中福到下营镇调研，调度包靠的重点项目。

14—15日　市人大常委会副主任王明胜带领市人大农业与农村委员会组成人员调研全市省级“森林城市”创建工作。

同日　昌邑市组织收听收看潍坊市解放思想、优化环境、加快高质量发展研讨交流会议。市委副书记王龙堂，市人大常委会主任李中福，市政协主席周娟等市级领导班子成员参加会议。

同日　市政协主席周娟到柳疃镇重点调度包靠的丝绸小镇龙韵水街项目。

同日　昌邑一中新时代文明实践站揭牌仪式、昌邑一中美术教育展览馆开馆仪式暨母校情愫——康红光书法艺术展开展仪式在昌邑一中举行。市委常委、宣传部部长刘世海，副市长赵海龙出席活动。

同日　潍坊市人大常委会机关二级调研员郑文东、信访室主任杨官松到昌邑市调研走访包靠的企业。市人大常委会党组副书记庞明庆陪同调研。

同日　国家“十三五”重点专项–H型高血压与脑卒中精准防控惠民工程启动仪式举行。副市长赵海龙出席启动仪式。

19日　市人大常委会机关党支部2018年度组织生活会召开。市人大常委会党组书记、主任李中福，副书记庞明庆，党组成员、副主任夏麦香、王明胜、高敬东以普通党员身份参加会议。

同日　潍坊市发改委主任肖培玲一行，到昌邑市实地走访调研包靠的山东金典化工有限公司，并与企业负责人座谈。市委常委、统战部部长马永平陪同调研。

同日　全市检察工作会议召开。市领导刘焕成、戚风乾、王树国、李友田出席会议。

20日　市委书记吕珊珊到都昌街道调研。市委副书记王龙堂，市领导刘煜、刘焕成、王树国参加活动。

同日　市人大常委会主任李中福到都昌街道参加代表小组活动。

同日　省农业农村厅调研组到昌邑市专题调研对虾育种工作。副市长曲伟陪同活动。

21日　市人大常委会组织驻昌邑市的潍坊市人大代表开展小组活动。市人大常委会主任李中福，副主任李建军参加活动。潍坊市人大常委会人事代表工作室负责人应邀参加活动。

同日　潍坊市人大常委会副主任、教科文卫委主任委员张新强带领调研组，到昌邑市调研红色文化资源保护情况。市人大常委会主任李中福，副主任夏麦香，市政府党组副书记李明杰陪同调研。

同日　潍坊市文联党组成员、调研员，省民协副主席、潍坊市民协主席王治喜到柳疃镇调研丝绸文化工作情况。市委常委、宣传部部长刘世海陪同调研。

同日　潍坊市危险化学品安全监管工作会议在昌邑市召开。潍坊市应急管理局副局长张则永主持会议，昌邑市委常委、副市长李鹏到会致辞。

同日　华晨彩装微商城发展会在华晨集团举行。副市长孔德奎参加活动并致辞。

22日　市委书记吕珊珊到柳疃镇调研工作。市领导刘煜、刘焕成、孔德奎参加活动。

同日　市人大常委会第三十三次主任会议召开，市人大常委会主任李中福主持会议。市人大常委会党组副书记庞明庆，副主任李建军、夏麦香、戚风乾、王明胜、高敬东出席会议。会议议定3月下旬召开市十八届人大常委会第十五次会议，并提出建议议程、日程。

同日 市政协机关党支部组织生活会召开。市政协党组书记、主席周娟，党组副书记张天辉，党组成员、副主席孙孝工、李友田参加会议。

同日 共青团潍坊市委书记、潍坊市青年联合会主席刘艳芳带领青年联合会经济、金融、商务、科技等界别部分委员，到昌邑市调研经济社会发展情况。市委常委、宣传部部长刘世海陪同活动。

同日 昌邑市组织收听收看省政府组织召开的全省危险化学品涉爆粉尘等重点行业领域安全生产视频紧急会议。市委常委、副市长李鹏参加会议。

同日 临朐县人大常委会副主任郭宝花带领考察组一行14人，到昌邑市考察创建全国义务教育优质均衡发展县工作。市人大常委会副主任夏麦香陪同活动。

23日 昌邑市组织收听收看全省重点工作推进会——新旧动能转换项目落地现场观摩全体会议。市级领导班子成员参加会议。

24日 副市长赵海龙带领相关部门单位，现场调度创建国家卫生城市工作。

25日 省政府副省长刘强，省政府副秘书长卢杰，省应急厅厅长赵豪志等一行13人，在潍坊市委副书记、市长田庆盈等陪同下，到昌邑市督导检查化工园区和危化品企业安全生产工作。市委副书记、市长李玉祥，市领导李鹏、李明杰陪同活动。

26日 昌邑市十八届人大常委会第十五次会议召开。市人大常委会主任李中福，副主任夏麦香分别主持会议。市人大常委会党组副书记庞明庆，副主任戚风乾、王明胜出席会议。市委常委、纪委书记、市监察委员会主任田立军，市委常委、副市长李鹏，市法院院长列席会议。

同日 市政协十三届二十七次主席会议召开。市政协主席周娟，党组副书记张天辉，副主席孙孝工、吴红玉、李友田、李敏、孙永涛出席会议。

27日 潍坊市副市长马清民到昌邑市督导水利设施灾后重建工程建设及河道清违清障工作。市人大常委会主任李中福，副主任李建军参加活动。

同日 市政协十三届十一次常委会议召开。市政协领导班子成员、常务委员出席会议。

同日 市政协主席周娟到下营镇走访调研包靠的企业。

27—29日 市政协党组副书记张天辉，副主席冯义军、孙孝工、吴红玉、李友田、李敏、孙永涛分别走访调研鑫冠化工、昌邑海能化学有限责任公司、硕昌农牧有限公司和奥通药业等35家包靠企业。

28日 潍坊市禁毒工作现场推进会议在昌邑市召开。潍坊市委常委、政法委书记、市禁毒委副主任孙起生，潍坊市副市长、公安局局长、市禁毒委副主任吴磊出席会议。潍坊市禁毒委员会各副主任、委员，潍坊市公安局有关警种部门主要负责人和禁毒办全体人员，各县市区、市属开发区政法委书记，公安局局长，禁毒办主任、副主任140余人参加会议。

同日 昌邑市组织收听收看全国森林草原防灭火和防汛抗旱工作电视会议。市委常委、副市长李鹏参加会议。

29日 市委书记吕珊珊调研围子街道。市委副书记王龙堂，市领导李鹏、刘煜、孔德奎、曲伟参加活动。

同日 市扶贫开发领导小组工作会议召开。市委副书记、市长李玉祥主持会议并讲话，市委副书记王龙堂，市领导胡筱芹、刘煜参加会议。

同日 市人大常委会第三十四次主任会议召开，市人大常委会主任李中福主持会议。市人大常委会党组副书记庞明庆，副主任李建军、夏麦香、戚风乾、王明胜、高敬东出席会议。会议议定3月30日召开市十八届人大常委会第十六次会议，并提出建议议程和日程。

同日 昌邑市组织收听收看全省和潍坊市春季农业生产暨农业机械化转型升级工作视频会议。副市长曲伟参加会议。

30日 全市安全生产紧急会议召开。市委副书记、市长李玉祥主持会议并讲话，市领导李鹏、李明杰、王树国、赵海龙、孔德奎、曲伟参加会议。

同日 市十八届人大常委会第十六次会议召开。市人大常委会主任李中福，副主任戚风乾分别主持会议。市人大常委会党组副书记庞明庆，副主任李建军、夏麦香、王明胜、高敬东出席会议。市委常委、纪委书记、市监察委员会主任田立军，副市长曲伟，市法院院长，市检察院检察长列席会议。

同日 全市创建国家卫生城市推进暨培训会议召开。副市长赵海龙出席会议并讲话。

31日 昌邑市2019年重点项目春季集中开工暨开济化学项目奠基仪式举行。市委副书记、市长李玉祥出席并致辞，市委副书记王龙堂主持仪式，市人大常委会主任李中福，市政协主席周娟等市级领导班子成员参加活动。

同日 市政协十三届十二次常委（扩大）会议召开。市政协领导班子成员、政协常委参加会议。

同日 副市长曲伟到柳疃镇督导检查水毁修复工程进度。

同月 市人大常委会副主任高敬东带领市人大财政经济委员组成人员调查全市“双招双引”工作情况。

同月 昌邑市环保局沿海所所长刘子成获全国“2018年环境执法大练兵表现突出个人”称号。

同月 昌邑市文化执法局获“2018年全省扫黄打非工作先进集体”称号。

同月 昌邑义工联合会被评为全省扫黄打非先进基层示范点。

同月 昌邑市交通街、通大街、滨河西路、奎聚路、北海路5条道路被评为省级城市道路深度保洁示范路。

4月

1—3日 中国人民政治协商会议第十三届昌邑市委员会第三次会议在市会议中心召开。231名代表参加会议。市委副书记、市长李玉祥，市委副书记王龙堂应邀出席大会并在主席台前排就座。市政协主席周娟，市政协党组副书记张天辉，市政协副主席冯义军、孙孝工、吴红玉、李友田、李敏、孙永涛出席大会并在主席台前排就座。李玉祥代表市委向大会表示祝贺并讲话；周娟代表政协第十三届昌邑市委员会常务委员会作工作报告。会议补选姜利国为政协第十三届昌邑市委员会秘书长，王元江、时岐亭、郭富祥为政协第十三届昌邑市委员会常务委员。

2—4日 昌邑市第十八届人民代表大会第三次会议在市会议中心召开。大会主席团常务主席李中福、王龙堂、庞明庆、李建军、夏麦香、戚风乾、王明胜、高敬东参加会议。市委副书记、市长李玉祥作政府工作报告；李中福受昌邑市第十八届人民代表大会常务委员会委托作工作报告。会议补选刘新民、李茂源、李治国、李鲁波、张亭、张晓忠、赵锡鹏、徐芸中、高爱莲为昌邑市第十八届人民代表大会常务委员会委员。

2 日　昌邑市组织收听收看潍坊市道路交通安全工作视频会议。副市长王树国出席会议并讲话。

3 日　昌邑市组织收听收看全省森林草原防灭火工作电视会议。副市长李鹏出席会议并讲话。

4 日　全市村庄清洁行动攻坚月活动推进会议召开。市委副书记王龙堂出席会议并讲话，市领导孔德奎、曲伟参加会议。

同日　十四届市委第九轮巡察工作动员部署会议召开。市委常委、组织部部长、市委巡察工作领导小组副组长胡筱芹主持会议，市委常委、市纪委书记、市监委主任、市委巡察工作领导小组组长田立军出席并讲话。会议公布《十四届市委第九轮巡察工作方案》《十四届市委第九轮巡察工作巡察组组长授权名单》。

7 日　第十届山阳梨花节暨第一届梨花水镇嘉年华举行。市委常委、宣传部部长刘世海出席并致辞，市领导夏麦香、赵海龙、李友田参加活动。

8 日　市委国家安全委员会第一次全体会议召开。市委副书记、市长李玉祥主持会议并讲话，市委副书记王龙堂，市领导刘世海、李鹏、刘煜、马永平、王树国、孔德奎参加会议。

同日　市委海洋发展委员会第一次全体会议召开。市委副书记、市长李玉祥主持会议并讲话，市委副书记王龙堂，市领导李鹏、刘煜、李明杰出席会议。

同日　市委财经委员会第一次全体会议召开。市委副书记、市长李玉祥主持会议并讲话，市领导李鹏、刘煜、孔德奎、曲伟参加会议。

9 日　市人大常委会党组理论学习中心组举行 2019 年第三次集体学习。市人大常委会党组书记、主任李中福，党组副书记庞明庆，党组成员、副主任戚风乾、王明胜、高敬东参加学习。

同日　市人大常委会主任李中福与新当选的市人大常委会委员集体谈话。

同日　潍坊市工商联党组成员、副主席刘杰然一行 7 人到柳疃镇调研。副市长孔德奎陪同活动。

10 日　潍坊市人大常委会机关离退休干部职工在潍坊市人大常委会副秘书长、办公室主任王增宝陪同下，到昌邑市参观考察文化产业项目并开展支部主题党日活动。

同日　市委党校 2019 年春季开学典礼举行。市委常委、副市长李鹏出席开学典礼并作党课辅导。

10—11 日　市人大常委会主任李中福到奎聚街道、卜庄镇督导人居环境整治工作。

11 日　省应急管理厅副厅长赵卫东到昌邑市调研。市委副书记王龙堂，市领导刘煜、马永平陪同活动。

同日　市委常委、副市长李鹏带领相关部门负责人现场督导调度村庄清洁行动攻坚月活动和农村改厕、违法用地整改工作。

同日　“健康昌邑·光明行动”大型义诊救助活动在饮马镇杨楼村启动。市政协副主席李友田参加活动。

12 日　潍坊市第十一环保督查督导组到昌邑市，向市委、市政府反馈 2018 年 12 月 6—27 日进驻昌邑市开展督查督导的督导意见。潍坊市第十一环保督查督导组副组长冷明辉出席反馈会并通报督导意见；市委副书记、市长李玉祥作表态讲话；市委副书记王龙堂主持会议。

同日　潍坊职业学院党委书记马跃启带队，到昌邑市考察城市建设、学校建设方面的经验做法并对接相关企业。市领导李玉祥、李中福、刘煜陪同活动。

同日　全市关心下一代工作会议召开。市委副书记、市关工委主任王龙堂出席会议并讲话，市领导王明胜、王树国、吴红玉参加会议。

同日 省政协常委、农业和农村委员会主任潘振文带领调研组，到昌邑市专题调研实施品牌战略，推动农业现代化工作。市政协副主席冯义军参加活动。

13日 市委副书记、市长李玉祥带领相关部门单位负责人现场调度全国文明城市和国家卫生城市创建工作。副市长赵海龙参加活动。

同日 市委副书记、市长李玉祥到柳疃镇，调度人居环境整治工作并走访部分企业家。

15—16日 市人大常委会主任李中福、副主任高敬东带队，到浙江省东阳市、桐乡市乌镇对标学习。

15日 省政协副主席吴翠云到昌邑市调研田园综合体建设和重大项目联系点发展情况。潍坊市政协主席苏立科，副主席孙忠礼，秘书长许华陪同。市领导李玉祥、周娟、刘煜、孙孝工参加活动。

同日 昌邑市组织收听收看国务院安委会召开的全国“防风险保平安迎大庆”消防安全执法检查专项行动动员部署会议。市委常委、副市长李鹏参加会议。

同日 潍坊市人大常委会委员、市人大城环资委副主任委员张志勇带领调查组一行12人，到昌邑市调查潍坊市2018年度环境状况和环境保护目标完成情况，并以“沿海污染防治”为主题开展风筝都环保世纪行活动。市人大常委会副主任戚风乾，副市长孔德奎陪同活动。

同日 副市长曲伟到柳疃镇，调度人居环境整治工作。

15—18日 市政协主席周娟到饮马镇、北孟镇现场督导农村人居环境整治村庄清洁行动。市领导胡筱芹、马永平、曲伟参加活动。

16日 市委副书记、市长李玉祥带领相关部门负责人到下营镇，调研农村人居环境整治及企业生产经营有关情况。市领导李明杰参加活动。

同日 全市用电大客户网络会议召开。副市长孔德奎出席会议并讲话。

18日 全市第四批包村联户和选派第一书记工作总结表彰暨开展“服务一线集中攻坚”行动动员部署会议召开。市委副书记、市长李玉祥出席会议并讲话；市委副书记王龙堂，市人大常委会主任李中福，市政协主席周娟，市领导胡筱芹、刘煜、马永平参加会议。

同日 潍坊市委常委、市纪委书记、市监委主任张晓峰，到昌邑市调研党风廉政建设和反腐败工作。市委副书记、市长李玉祥，市领导田立军、李明杰陪同调研。

同日 市委政法工作暨全市防范化解重大风险和扫黑除恶专项斗争工作会议召开。市委副书记、市长李玉祥出席会议并讲话；市委副书记王龙堂，市人大常委会主任李中福，市政协主席周娟，市领导胡筱芹、李鹏、刘煜、马永平、孔德奎、曲伟参加会议；市委常委、政法委书记刘焕成主持会议。

同日 市委常委、组织部部长胡筱芹带领奥友生物、绿美园林等重点企业负责人，到浙江大学举办人才项目对接洽谈会。

19日 市人大常委会主任李中福到下营镇走访调研包靠企业。市政府党组副书记、滨海（下营）经济开发区党工委书记、管委会主任李明杰陪同调研。

同日 潍坊市委编办主任鞠增玉一行10人到昌邑市与市委编办党支部开展共建活动。市领导马永平陪同活动。

同日 湖南省株洲市人大常委会考察组一行7人，到昌邑市考察学习民营经济发展工作。市人大常委会副主任高敬东陪同活动。

20日 市委副书记、市长李玉祥带领有关部门负责人现场调度全国文明城市、国家卫生城市创建和农村人居环境、铁路沿线环境整治工作。市领导刘焕成、马永平、赵海龙、曲伟参加活动。

同日　全市新时代文明实践中心建设工作调度会议召开。市委常委、宣传部部长刘世海出席会议并讲话。

21日　2019年“读经典　学新知　共建书香昌邑”全民阅读启动仪式举行。

同日　昌邑市2019“万步有约”职业人群激励大奖赛启动仪式暨“健康昌邑”生态健步走比赛在海马广场举行。全市1000余人参加启动仪式。副市长赵海龙出席启动仪式。

22—23日　市委副书记王龙堂带领有关职能部门主要负责人到石埠经济发展区、围子街道现场督导农村人居环境整治工作。

22—26日　市政协组织部分驻昌潍坊市政协委员、市政协常委和委室负责人，到浙江省浦江县、义乌市、东阳市开展“对标学访”考察活动。市政协副主席冯义军，党组成员、秘书长姜利国参加活动。

23日　潍坊市政协副主席刘树亮率领调研组，到昌邑市专题调研农业“新六产”发展工作。市委副书记、市长李玉祥，市政协主席周娟等陪同调研。

同日　市委副书记、市长李玉祥为全市村级党组织书记培训班的参训学员作辅导报告。市委常委、组织部部长胡筱芹主持会议。

24日　市人大常委会第三十五次主任会议召开，市人大常委会主任李中福主持会议。市人大常委会党组副书记庞明庆，副主任李建军、王明胜、高敬东出席会议。

同日　潍坊市发改局重大项目办到昌邑市，专题答复在2019年潍坊市政协十三届三次会议上，驻昌潍坊市政协委员联名提出的《关于加快新旧动能转换，提高发展质量的建议》集体提案的办理情况。市政协副主席孙孝工参加座谈。

25日　全市扶贫开发领导小组第二次全体（扩大）会议召开。市委副书记、市长李玉祥出席会议并讲话，市委副书记王龙堂，副市长曲伟参加会议。

同日　昌邑市组织收听收看潍坊市政务热线工作会议。市领导刘煜、王树国参加会议。

25—26日　市委常委、组织部部长胡筱芹带领有关镇（街）、市直部门和重点企业负责人，到北京开展招才引智“北京行”活动。

26日　昌邑市组织收听收看潍坊市金融创新发展现场调度推进会议。市委副书记王龙堂，市领导田立军、马永平、李明杰参加会议。

同日　潍坊市委副秘书长王秀泉带领考察组，到昌邑市观摩重点项目建设，考察加速新旧动能转换方面的经验做法。市委副书记王龙堂，市委常委、办公室主任刘煜陪同活动。

同日　广饶县委副书记陈伟颂带队，到昌邑市考察实施乡村振兴战略、农村人居环境整治等方面的经验做法。副市长曲伟陪同活动。

27日　昌邑市在市文化馆举办博陆飞雪——“奇好潍坊”昌邑梨花节写生专题展。市委常委、宣传部部长刘世海出席并致辞。

同日　第36届潍坊国际风筝会昌邑分会场千人风筝放飞活动举办。市领导刘世海、高敬东、李友田出席活动。

同日　副市长赵海龙带领有关部门单位负责人检查督导国家卫生城市创建工作。

28日　昌邑市组织收听收看潍坊市生态环境保护工作会议。市委副书记、市长李玉祥，市委副书记王龙堂，市人大常委会主任李中福，市政协主席周娟等市级领导班子成员参加会议。

同日　2019年第一期“潍水大讲堂”举办，邀请浙江大学国家大学科技园宁波分园管委会原主任陆敏，围绕“双招双引”促进地方经济转型发展作专题报告。市级领导班子全体成员参加会议。

同日　市政协举行党组理论学习中心组集体学习。市政协党组书记、主席周娟，党组副书记张天辉，党组成员、副主席孙孝工、李友田，党组成员、秘书长姜利国参加学习。市政协副主席冯义军、吴红玉、李敏、孙永涛列席会议。

同日 市政协十三届二十九次主席会议召开。市政协主席周娟，党组副书记张天辉，副主席冯义军、孙孝工、吴红玉、李友田、李敏、孙永涛，秘书长姜利国出席会议。会议传达有关工作安排，安排部署政协工作。

同日 昌邑市旅游行业协会成立大会举行。冯立春当选昌邑市旅游行业协会会长。

29日 省科协办公室主任袁慎庆带领调研组，到昌邑市开展党建工作学习调研活动。市委副书记王龙堂陪同活动。

同日 全市镇（街、区）人大工作交流会议在北孟镇召开，观摩学习北孟镇民生实事项目代表票决制经验做法，交流开展“一地一亮点”工作情况。市人大常委会主任李中福出席会议并讲话，副主任高敬东主持会议。

同月 市人大常委会主任李中福、副主任高敬东带领市人大常委会考察组，考察全市优化营商环境工作情况。

同月 2019年第一次“委员活动日”活动举行，市政协领导张天辉、冯义军、孙孝工、吴红玉、李友田、李敏、孙永涛分别带领相关委室负责人参加。

同月 昌邑市文山中学被省教育厅授予“山东省体育专项（足球）特色高级中学”称号。

同月 昌邑市实验教学研究中心获全国城市教育装备工作创新优秀案例奖。

同月 昌邑市柳疃镇建成山东省第一个乡镇碑林。

同月 昌邑市龙港新材料有限公司与中国工程院蹇锡高院联合建立的院士工作站，通过山东省科技厅批准。昌邑市院士工作站有8处。

5月

4日 市委副书记、市长李玉祥带领相关部门单位、街道负责人现场调度全国文明城市和国家卫生城市创建工作。副市长赵海龙参加活动。

5日 升国旗仪式在市级机关综合服务中心A座楼前举行。市委副书记、市长李玉祥，市委副书记王龙堂，市人大常委会主任李中福，市政协主席周娟等市级领导班子成员参加升旗仪式。

同日 市人大常委会组织部分市人大常委会委员、人大农委委员和潍坊市、昌邑市人大代表考察潍河防洪除险加固工程建设情况。市人大常委会主任李中福参加考察并讲话，市人大常委会副主任王明胜，副市长曲伟参加活动。

6—7日 昌邑市观摩验收开展村庄清洁行动攻坚月活动情况。市委副书记、市长李玉祥，市委副书记王龙堂，市政协主席周娟，市领导胡筱芹、田立军、刘煜、马永平、李明杰、曲伟等参加活动。

6日 “筑梦新时代·奋斗正青春——我为龙乡添光彩”主题演讲比赛在龙池镇举办。市委常委、办公室主任刘煜参加活动。

6—9日 市人大常委会副主任夏麦香带领执法检查组，执法检查《山东省物业管理条例》贯彻实施情况，并带领检查组和部分街道、部门、物业企业的负责人，到奎文区考察学习住宅小区物业管理工作。

7日 内蒙古赤峰市巴林左旗旗委副书记秦怀东带领考察团，到昌邑市考察城乡环卫一体化等方面的经验做法。市委常委、统战部部长马永平陪同活动。

同日 市人大常委会党组副书记庞明庆到

“第一书记”所在村徐家鄌水村和“双联双增”结对帮扶村小逄翟村走访调研。

同日 潍坊市政协、卫健委领导到昌邑市答复驻昌邑市潍坊市政协委员提出的《关于加快养老服务机构发展的建议》提案办理情况。市政协副主席吴红玉参加座谈。

同日 市政协副主席孙孝工带领政协机关包村“第一书记”，走访调研所包靠的都昌街道中裴村、角埠村和家庄村。

8日 全市扶贫开发领导小组第三次全体（扩大）会议召开。市委副书记、市长李玉祥主持会议并讲话；市委副书记王龙堂，市领导胡筱芹、田立军、刘煜、高敬东、曲伟参加会议。

同日 市委第十轮巡察工作动员部署会议召开。市委常委、组织部部长、市委巡察工作领导小组副组长胡筱芹主持会议，市委常委、市纪委书记、市监委主任、市委巡察工作领导小组组长田立军出席会议并讲话。会议公布十四届市委第十轮巡察工作方案、十四届市委第十轮巡察工作巡察组组长授权名单。

9日 山西省灵丘县县长罗永山带队，到昌邑市考察学习农村生活垃圾治理、城乡环卫一体化工作。副市长赵海龙陪同活动。

10日 全市创建国家卫生城市推进暨培训会议召开。市委副书记、市长李玉祥主持会议并讲话，副市长赵海龙针对创建国家卫生城市提出工作意见，市领导夏麦香、孙永涛参加会议。

同日 全市新时代文明实践“文明信用创评”现场推进会议在卜庄镇大陆村举行。市委常委、宣传部部长刘世海出席会议并讲话。

同日 全市交通运输行业“擦亮交通名片 展示文明新风”暨新时代文明实践站揭牌仪式举行。市领导刘世海、夏麦香、赵海龙、冯义军参加活动。

同日 2019年庆祝“5·12”国际护士节颁奖晚会举办。市领导刘世海、高敬东、赵海龙、李友田出席活动。

同日 山东科技职业学院红色基因传承教育基地、思想政治教育基地暨党校现场教学基地揭牌仪式举行。山东科技职业学院副院长娄风来，昌邑市委常委、组织部部长胡筱芹出席揭牌仪式。

12日 “文山潍水”2019昌邑国际半程马拉松赛暨潍坊市全民健身月启动仪式在市文化广场举行。省田径运动管理中心副主任、田径运动协会副理事长潘艺鸥，省科学健身指导中心主任吴耀宇，潍坊市体育局党组书记、局长沃付贤；昌邑市委副书记、市长李玉祥，市领导夏麦香、赵海龙、李友田出席开幕式并为比赛鸣枪发令。

13日 潍坊市统计局局长孙淑芳带领调研组，到昌邑市调研第四次经济普查及加强统计基层工作力量等工作落实情况。市委副书记、市长李玉祥，市委常委、副市长李鹏参加活动。

同日 昌邑市第四届乡村旅游节暨第四届龙乡文化节新闻发布会召开。昌邑市委常委、宣传部部长刘世海，副市长赵海龙，龙池镇党委书记朱永红分别介绍相关情况并回答记者提问；潍坊市政府新闻办主任李传江主持发布会。

同日 市委第十一轮扶贫领域专项巡察动员部署会议召开。专项巡察10个镇（街、区）扶贫工作。市委常委、组织部部长、市委巡察工作领导小组副组长胡筱芹主持会议，市委常委、市纪委书记、市监委主任、市委巡察工作领导小组组长田立军讲话。

14日 市委常委、组织部部长胡筱芹带领组织部有关科室负责人到柳疃镇调研。看望潍坊市乡村振兴帮扶工作队成员并交流座谈乡村振兴工作。

15日 潍坊市副市长马清民带队，到昌邑市检查水利灾后重建工程和农村人居环境整治工作。市委副书记、市长李玉祥，副市长曲伟陪同活动。

同日 全国政协原常委、省政协原副主席、省中医药大学原校长王新陆，省政协原常委、人资环委原主任郑金兰一行，到昌邑市调研中医药工作。

同日 潍坊市副市长田民利到昌邑市调研企业发展情况。

同日 潍坊市投资促进局调研组到昌邑市调研双招双引、重点项目建设工作。市委常委、办公室主任刘煜陪同调研。

16日 市城乡规划委员会2019年第一次会议召开。市委常委、副市长、市城乡规划委员会副主任委员李鹏参加会议。

同日 潍坊市人大常委会委员、市人大城环资委副主任委员张志勇带领调研组，到昌邑市立法调研《潍坊市海岸带保护条例（草案）》。市人大常委会副主任夏麦香，副市长赵海龙陪同活动。

同日 全市消防工作会议召开。副市长王树国参加会议并讲话。

同日 市政协组织部分政协常委、委员和市直有关部门负责人，到胶州市开展“对标学访”考察活动。市政协副主席孙孝工、李友田参加活动。

16—17日 山东省第三届乡村治理论坛举办。围子街道的《推行决策事前听证，下好隐患化解“先手棋”》获乡村治理优秀案例推广奖（B类），《乡村振兴 文化先行——昌邑市围子街道组织编纂村志的探索》被评为乡村治理文化类十佳案例，《“党支部＋农户＋合作社”养殖新模式助推乡村振兴》被评为乡村治理优秀案例。

18日 市委理论学习中心组开展2019年第4次集体学习研讨。会议采取领学的方式集体学习《以习近平总书记总体国家安全观为指引，谱写国家安全新篇章》部分内容及省委书记、省人大常委会主任刘家义在山东省做好防范化解重大风险工作视频会议上的讲话精神，惠新安在潍坊市金融创新发展现场调度推进会议上的讲话精神。市委副书记、市长李玉祥主持会议并讲话，市委理论学习中心组成员参加学习研讨。

20—24日 昌邑市第二十二届中小学艺术节表演类作品巡回评选活动结束。此次活动以“阳光下成长”为主题，集中展评器乐、声乐、舞蹈、朗诵、戏剧等200余个节目。

21日 市人大常委会第三十六次主任会议召开，市人大常委会主任李中福主持。市人大常委会党组副书记庞明庆，副主任夏麦香、戚风乾、王明胜、高敬东出席会议。

22日 潍坊市档案馆馆长张志霄带领调研组，到昌邑市调研档案基础业务工作与新档案馆建设情况。市委常委、办公室主任刘煜陪同调研。

同日 高密市人大常委会副主任施玉梅带领考察组一行14人，到昌邑市考察旅游文化产业发展情况。市人大常委会副主任夏麦香陪同活动。

同日 昌邑市人大常委会首次使用任前法律知识在线考试系统。对市人民法院院长提请市人大常委会任命的10名审判人员进行任前法律知识考试。市人大常委会副主任戚风乾到考试现场巡考。

同日 全市人大代表建议政协委员提案交办会议召开。市领导高敬东、赵海龙、孙孝工出席会议。

同日 辽宁省葫芦岛市政协副主席张飚带领考察组，到昌邑市考察学习地下水资源管理方面的经验做法。潍坊市政协常委、人口资源环境外事委副主任张文，昌邑市政协副主席孙永涛陪同活动。

23日 市政府廉政工作会议召开。市委副书记、市长李玉祥出席会议并讲话，市领导李明杰、赵海龙、曲伟参加会议。

同日 市人大常委会党组理论学习中心组举行2019年第四次集体学习。市人大常委会党组书记、主任李中福，党组副书记庞明庆，党组成员、副主任夏麦香、戚风乾、王明胜、高敬东参加学习。

24日　2019年第二期“潍水大讲堂”举办。邀请北京华汉旅规划设计研究院首席专家博士曾博伟、中国旅游协会亲子游与青少年营地分会秘书长张林林，分别以新时期全域旅游的发展和任务、亲子文旅撬动的乡村振兴为主题作专题辅导讲座。副市长赵海龙主持讲座，市级领导班子成员，市法院院长、市检察院检察长，其他在职副县级以上领导干部参加讲座。

同日　市十八届人大常委会第十七次会议举行。市人大常委会主任李中福、副主任王明胜分别主持会议。市人大常委会党组副书记庞明庆，副主任夏麦香、戚风乾出席会议。副市长赵海龙，市法院院长，市检察院检察长等列席会议。

同日　2019年民兵应急连拉动点验大会召开。市委常委、办公室主任刘煜出席会议并讲话。

同日　四川省乐山市政协副主席刘淑玉带领考察组，到昌邑市考察学习实施乡村振兴战略、推动农业农村现代化发展情况。潍坊市政协副主席刘树亮，昌邑市政协副主席孙孝工陪同活动。

同日　潍坊市政协民宗委副主任、二级巡视员尹文林带领调研组，到昌邑市调研“意识形态领域宗教工作”开展情况。市政协副主席孙永涛陪同活动。

25日　潍坊市“三个模式”在新时代的新实践调研座谈会与会专家学者，到昌邑市调研潍水田园综合体项目。潍坊市副市长马清民；昌邑市委副书记、市长李玉祥，市委副书记王龙堂，市委常委、办公室主任刘煜参加活动。

同日　“古韵新姿　龙乡绽放”2019昌邑市第四届乡村旅游节暨第四届龙乡文化节开幕。市领导刘世海、刘煜、夏麦香、赵海龙、孙永涛出席开幕式。其间，生态健康医养综合体PPP项目签约和山东颐龙苑智慧康养有限公司揭牌仪式举行。

27日　市政协十三届三十次主席会议召开。市政协主席周娟，党组副书记张天辉，副主席冯义军、孙孝工、吴红玉、李友田、李敏、孙永涛出席会议。

同日　潍坊市生态环境局昌邑分局揭牌仪式举行。潍坊市生态环境局副局长谢振溪，昌邑市副市长孔德奎共同为潍坊市生态环境局昌邑分局揭牌。

同日　昌邑市不动产统一登记电子权证启用仪式举行。

28日　昌邑市组织收听收看全省防汛抗旱工作电视会议和潍坊市防汛抗旱工作暨市防汛抗旱指挥部第一次全体会议。会议结束后，昌邑市防汛抗旱工作会议召开，市委副书记、市长李玉祥出席会议并讲话，市委常委、副市长李鹏主持会议。

同日　2019年第二期科级干部进修班开学典礼举行。市委常委、宣传部部长刘世海出席典礼并授课。

同日　山东昌邑·梨花水镇项目开工仪式在饮马镇山阳村举行。该项目总投资30亿元，是集农文旅、康养医于一体的大型文旅综合体入选山东省第一批乡村振兴重大项目库、山东省文化产业项目库。市领导胡筱芹、赵海龙出席开工仪式。

同日　副市长赵海龙到市中小学生综合实践基地调研指导工作。

29日　昌邑市组织收听收看全省、潍坊市安全生产电视会议。会议结束后，昌邑市召开安全生产会议，市委副书记、市长李玉祥，市领导李鹏、王树国、赵海龙参加会议。

同日　市政协组织部分政协常委、委员和驻昌潍坊市政协委员考察潍河防洪除险加固工程建设情况。市政协主席周娟，副市长曲伟，市政协副主席孙孝工参加活动。

同日　潍坊市人大常委会研究室主任蔡相山带领研究室党支部一行8人，到昌邑市开展“党员活动日”活动。市人大常委会副主任王明胜陪同活动。

同日　“银龄安康”工程工作会议召开。副市长赵海龙出席会议并讲话。

30日　潍坊市副市长马清民带领潍坊市水利局相关负责人，到昌邑市检查灾后水利工程清零暨河湖清违清障工作。市委副书记、市长李玉祥，副市长曲伟陪同活动。

同日　市政协组织部分政协常委、委员，驻昌潍坊市政协委员专题调研优化营商环境促进民营经济高质量发展情况。市政协副主席冯义军参加活动。

31日　市委副书记、市长李玉祥到奎聚小学、育秀学校、实验幼儿园走访慰问。副市长赵海龙参加活动。

同日　潍坊市医疗保障局党组书记、局长陈延爱带领调研组，到昌邑市调研全民参保集中行动开展情况。市委副书记、市长李玉祥，副市长赵海龙陪同活动。

同日　全市“六一”国际儿童节庆祝大会文艺演出举行。市领导王龙堂、王明胜、赵海龙、吴红玉出席活动。市领导为12名“新时代好少年”颁奖，并向少先队员赠送节日礼物。

同日　市政协组织开展“加强和提升镇村医疗卫生服务水平”对口协商活动。市政协主席周娟，副主席李友田参加活动。

同日　都昌街道中裴村平安健身广场举行开工仪式。市政协副主席冯义军出席仪式并讲话。

同月　市人大常委会主任李中福，党组副书记庞明庆，副主任李建军、夏麦香、戚风乾、王明胜、高敬东等分别到各镇、街道走访贫困户。

同月　昌邑市龙港无机硅有限公司承建的山东省无机硅化物工程实验室被省发改委认定为“山东省工程实验室”。

同月　市政协联合市广播电视台制作的《凡人善举　公益之光》获全省优秀制作奖。

同月　昌邑市广播影视中心获“山东省五四红旗团委”，国家税务总局昌邑市税务局团支部获“山东省五四红旗团支部”，文山中学学生陈华冠获“山东省优秀共青团员”，第二实验小学四（5）飞鱼中队获“山东省优秀少先队集体”，南隅小学少先队大队辅导员史圣杰获“山东省优秀少先队辅导员”，文山小学学生冯德其获“山东省优秀少先队员”称号。

6月

2日　昌邑市组织收听收看全省推进乡村振兴暨脱贫攻坚总结交流会议。潍坊“服务一线集中攻坚”行动乡村振兴服务队队长刘桂浩，昌邑市委副书记、市长李玉祥，市委副书记王龙堂，市人大常委会主任李中福，市政协主席周娟等市领导参加会议。

3日　全市预防学生溺水工作联席会议召开。副市长赵海龙出席会议并讲话。

4日　省总工会副主席魏勇带队到昌邑市观摩调研工会阵地建设情况。潍坊市总工会常务副主席贾平，副主席李瑞堂，昌邑市委副书记王龙堂，市人大常委会副主任、市总工会主席高敬东陪同活动。

同日　市政协组织开展“突出严管严控，打好污染防治攻坚战”专题考察活动。市政协主席周娟，副主席孙永涛参加活动。

4—6 日　省卫健委规划发展与信息化处二级调研员毛新带领国家卫生城市技术评估专家组，到昌邑市检查指导创建国家卫生城市工作。市委副书记王龙堂，副市长赵海龙陪同活动。

5 日　昌邑市组织收听收看全省夏粮收购工作电视会议。副市长李鹏参加会议。

同日　中共昌邑市人大常委会机关总支部委员会党员大会召开。市人大常委会党组副书记庞明庆主持会议，党组成员、副主任夏麦香、戚风乾以普通党员身份参加会议。

同日　潍坊市人大常委会委员、农业与农村委员会副主任委员赵刚毅带领调研组，到昌邑市调研田园综合体工作开展情况。市人大常委会副主任王明胜陪同活动。

6 日　第三十七次主任会议召开，市人大常委会主任李中福主持。市人大常委会党组副书记庞明庆，副主任夏麦香、戚风乾、王明胜、高敬东出席会议。

同日　潍坊市扶贫开发办公室副主任董序亮一行到柳疃镇检查扶贫工作开展情况。副市长曲伟陪同活动。

11 日　潍坊市委常委、统战部部长王兆辉到昌邑市调研乡村振兴、新旧动能转换和在外成功人士回乡投资创业工作。市委副书记、市长李玉祥，市委常委、办公室主任刘煜陪同活动。

同日　潍坊市政协常委、文化文史和学习委员会副主任孙俐君一行 4 人，到昌邑市开展文化和文史工作调研活动。市政协主席周娟，副主席李敏陪同活动。

12 日　市政协党组理论学习中心组第六次集体学习研讨开展。市政协党组书记、主席周娟，党组副书记张天辉，党组成员、副主席孙孝工、李友田参加学习。副主席冯义军、吴红玉、李敏、孙永涛列席会议。

13 日　市人大常委会加强人大代表工作研讨会召开。市人大常委会主任李中福出席会议并讲话，副主任高敬东主持会议。市人大常委会机关委室主要负责人参加研讨会。

同日　昌邑市组织开展以“防风险、除隐患、遏事故”为主题的安全生产月文艺演出活动。潍坊市安监局副局长刘忠恩，昌邑市委常委、副市长李鹏出席活动。

14 日　潍坊市委重大决策推进服务中心主任杜天斌带领调研组，到昌邑市专题调研“工作落实年”推进情况。市委副书记王龙堂，市领导刘煜、刘焕成陪同活动。

同日　市人大常委会党组理论学习中心组举行 2019 年第五次集体学习。市人大常委会党组书记、主任李中福主持学习并讲话，党组副书记庞明庆，党组成员、副主任夏麦香、戚风乾、王明胜参加学习。

同日　河南省襄城县政协主席韩培鑫，副县长田秋琴带队到昌邑市考察“县管校聘”制度改革有关工作。市政协主席周娟，副主席李友田陪同活动。

同日　举办“安全生产月”咨询日活动。市委常委、副市长李鹏，市人大常委会副主任戚风乾，市政协副主席孙孝工参加宣传活动。

15 日　市委副书记、市长李玉祥带领有关部门单位主要负责人，调研全市重点工程、重点项目建设工作。

同日　全市创建全国文明城市工作推进会议召开。市委副书记王龙堂出席会议并讲话，市领导刘世海、李鹏、夏麦香、李友田参加会议。

17 日　潍坊市委脱贫攻坚专项巡察第三巡察组进驻昌邑。按照要求，昌邑市委脱贫攻坚专项巡察组同步进驻围子街道、北孟镇开展巡察。潍坊市委脱贫攻坚专项巡察第三巡察组组长唐伟主持召开巡察进驻沟通会，昌邑市委副书记、市长李玉祥作表态发言。

18 日　中国工程院院士金翔龙带领考察组到昌邑市现场考察蓝色港湾项目申报。市领导李明杰陪同活动。

同日 东营市利津县政协副主席岳春先带领考察组到昌邑市考察田园综合体建设情况。市政协副主席冯义军陪同活动。

20日 市委全面深化改革委员会第二次会议召开。市委副书记、市长、市委全面深化改革委员会副主任李玉祥主持会议并讲话，委员会副主任、委员出席会议，有关市级领导列席会议。

同日 市委理论学习中心组开展2019年第5次集体学习研讨。市委副书记、市长李玉祥主持会议并讲话，市委理论学习中心组成员参加学习研讨。

同日 开展高层建筑消防演练。副市长赵海龙现场观摩演练。

同日 新疆生产建设兵团第六师五家渠市政协副主席马文梅带领考察组到昌邑市考察交流。市政协副主席孙孝工陪同活动。

21日 市政协主席周娟到柳疃镇调度包靠的“丝路原点·锦绣龙河”项目，并走访慰问乡村振兴服务队。市政协副主席李敏参加活动。

同日 市委常委、副市长李鹏带领市应急局相关负责人和安全专家，采取“四不两直”(四不两直是指安全生产暗查暗访制度，分别为“不发通知、不打招呼、不听汇报、不用陪同接待、直奔基层、直插现场”)方式，明察暗访龙池化工产业园危险化学品企业安全生产工作。

同日 市人大常委会党组副书记庞明庆带领机关党总支党员干部到沂南县开展主题党日活动，接受革命传统教育。

22日 省住房城乡建设厅一级巡视员孙松青带队到柳疃镇西傅村调研美丽村居建设工作。潍坊市住建局局长王教法，昌邑市领导李玉祥、李鹏陪同活动。

同日 “颂伟大时代，为祖国喝彩”全市职工庆祝中华人民共和国成立70周年书画展开展。潍坊市总工会副主席李瑞堂，昌邑市领导刘世海、高敬东、赵海龙、吴红玉出席开幕式并观展。

同日 内蒙古锡林郭勒盟政协副主席赵生带领考察组到昌邑市考察教师队伍建设情况。市政协副主席孙永涛陪同活动。

25日 市国防动员委员会第一次工作会议召开。市委副书记、市长、市国防动员委员会主任李玉祥，副市长、市国防动员委员会副主任孔德奎出席会议。

同日 昌邑市组织收听收看全国深化“放管服”改革优化营商环境电视会议。市委副书记、市长李玉祥，市领导李鹏、李明杰、赵海龙、孔德奎参加会议。

同日 昌邑市组织收听收看潍坊市政府廉政工作会议。市政府领导班子成员参加会议。

同日 市人大常委会举办全市环境保护法辅导报告会。市人大常委会主任李中福主持报告会。报告会邀请山东卫蓝律师事务所主任、青岛律师协会生态环境资源委员会副主任孙国再，从当前环境监管面临的严峻形势、基层政府基本职责及问责风险、环境保护基本法律制度、防范环境风险的基本考虑等方面作辅导报告。

同日 市政协十三届三十一次主席会议召开。市政协主席周娟，党组副书记张天辉，副主席冯义军、孙孝工、吴红玉、李友田、李敏、孙永涛出席会议。

同日 昌邑市组织收听收看全省全面推行行政执法“三项制度”电视会议。副市长、市公安局局长王树国参加会议。

同日 临沂市费县县委副书记侯继东带领考察团到昌邑市考察乡村振兴多功能、复合型田园综合体项目建设的经验做法。副市长曲伟陪同活动。

26日 “6·26”国际禁毒日“舞动鸢都·全民禁毒”宣传活动启动仪式在昌邑市举行。潍坊市禁毒委员会副主任、禁毒办主任、潍坊市公安局副局长孙亚峤，昌邑市委副书记、市长李玉祥出席启动仪式并分别致辞；孙亚峤宣布活动正式启动；昌邑市副市长、市公安局局长王树国出席活动。

26—27日 市人大常委会组织调查2018年全市国有资产管理情况和全市行政事业性国有资产管理情况。市人大常委会主任李中福，副主任高敬东参加调查。

27日 省农业农村厅副厅长王晶带领考察组到昌邑市考察指导抗旱保种保苗相关工作。潍坊市农业农村局领导，昌邑市委副书记、市长李玉祥陪同活动。

同日 湖南省常德市鼎城区政协副主席、党组副书记涂国祥带领考察团，到昌邑市参观考察城乡环卫一体化工作。市政协副主席孙永涛陪同活动。

27—28日 省疾控中心病媒生物防制所副所长刘峰带领省级病媒生物防制考评专家组到昌邑市检查指导创建国家卫生城市工作。副市长赵海龙陪同活动。

28日 "庆祝中国共产党成立98周年大会"召开。市委副书记、市长李玉祥出席会议并讲话，市委副书记王龙堂主持会议，市领导李中福、周娟、刘世海、胡筱芹、田立军、刘焕成、马永平等出席会议。会议表彰全市先进基层党组织、优秀共产党员、优秀党务工作者和优秀村（社区）党组织书记。会上，全体入会党员重温入党誓词，市委副书记、市长李玉祥领誓。

同日 市政协十三届十三次常委会议召开。市政协领导班子成员，常务委员出席会议。副市长、市公安局局长王树国应邀到会通报上半年经济社会发展情况。

29日 渤海走廊革命斗争史理论研讨会召开。中央党校原副教育长、中国现代史学会常务副会长、教授、博士生导师柳建辉，中国国家博物馆研究院名誉院长、中国现代史学会原执行会长、研究馆员夏燕月，中国人民解放军军事科学院原军事历史研究部副部长、中华人民共和国国史学会副会长、少将齐德学，中央党史和文献研究院原科研部主任、中国中共党史学会副秘书长、研究员黄如军，中央组织部全国组织干部学院原巡视员、副院长、研究员王文才，中央党校（国家行政学院）党史研究部原第一教研室主任、教授、博士生导师李东朗；昌邑市领导王龙堂、胡筱芹等参加活动。

同日 昌邑市举行"渤海走廊革命斗争陈列馆"开馆式。市委常委、组织部部长胡筱芹主持开馆式。参加渤海走廊革命斗争史理论研讨会的专家及省市等领导嘉宾出席开馆式。

同日 "红心向党·爱我中华——庆祝建党98周年、新中国成立70周年暨渤海走廊革命斗争陈列馆落成书画展"在渤海走廊革命斗争陈列馆举办。发布"远处传来芦笛声"陈列馆馆歌。

30日 中央党校（国家行政学院）原副教育长、中国现代史学会常务副会长、教授、博士生导师柳建辉带领部分党建专家学者，到柳疃丝绸文化博物馆、市党员干部善德教育基地调研。市委常委、组织部部长胡筱芹陪同活动。

同月 潍坊市工业学校毛兴旺、姚文浩两人获全国职业院校技能大赛（中职）比赛"机电一体化设备组装与调试"赛项国赛金牌。

同月 卜庄镇夏店街村、姜泊村被列入第五批中国传统村落名录。

同月 第四届"科德杯"全国大学生无人机航拍竞赛开幕式在天津市宝坻区京津新城举行。昌邑籍、四川传媒学院教师王金鑫被授予第四届"科德杯"全国大学生无人机航拍竞赛——最佳指导教师奖。

7月

2日　市政协党组理论学习中心组开展第七次集体学习研讨。市政协党组书记、主席周娟，党组副书记张天辉，党组成员、副主席孙孝工、李友田参加学习。市政协副主席冯义军、吴红玉、李敏、孙永涛列席会议。

2—4日　市人大常委会副主任王明胜带领部分常委会委员、农委委员，专题调研城区非农业自备井管理情况。

3—5日　市人大常委会组织部分市人大常委会委员、人大教科文卫委委员、市人大代表和教文委负责人考察创建国家卫生城市工作情况。市人大常委会主任李中福，副主任夏麦香；副市长赵海龙参加活动。

3—5日　市政协党组副书记张天辉，副主席孙孝工、李敏、孙永涛分别开展2019年第二次“委员活动日”活动。

4日　聊城市政协副主席马保杰带领考察组，到昌邑市考察“放管服”改革等工作。潍坊市政协副主席李传恒，昌邑市领导李玉祥、周娟、冯义军陪同活动。

同日　全市批而未供土地清理处置专项行动动员部署暨省级环保督察“回头看”反馈矿山地质环境问题整改工作会议召开。市委常委、副市长李鹏出席会议并讲话。

同日　全市城乡居民基本养老保险集中征缴工作会议召开。市委常委、副市长李鹏出席会议并讲话。

5日　潍坊市委书记、市人大常委会主任惠新安到昌邑市调研经济社会发展情况。市委书记吕珊珊，市委副书记、市长李玉祥，市委副书记王龙堂，市人大常委会主任李中福，市政协主席周娟等市领导分别陪同活动。

同日　全市脱贫攻坚工作调度推进会议召开。市委副书记王龙堂，副市长曲伟出席会议并安排相关工作。

同日　由市委宣传部、市文化和旅游局主办，市文化馆承办的第二届昌邑市民文化节“好戏连连看”全市民营文艺团体展演活动在市文化广场落幕。此次展演6月30日开始，演出吕剧《小姑贤》《王小赶脚》《借年后传》、茂腔《张郎休妻》等7场传统剧目。

6日　“时代新人说——我和祖国共成长”演讲比赛决赛举行。市委常委、宣传部部长刘世海参加活动。

同日　龙池镇镇村志志稿专家评审会召开。市委常委、办公室主任刘煜出席会议并讲话。

8日　全市创建国家卫生城市区域网络包靠工作会议召开。副市长赵海龙出席会议并讲话。

9日　全市统战工作推进会议召开。市委常委、统战部部长马永平出席会议并讲话。

同日　市政协副主席冯义军、吴红玉、李友田分别开展2019年第二次“委员活动日”活动。

10日　省发改委党组成员、副主任梁文跃带领调研组到昌邑市调研潍水田园综合体项目建设情况。市委副书记、市长李玉祥，市委常委、副市长李鹏陪同活动。

同日　市人大常委会党组理论学习中心组举行2019年第六次集体学习。市人大常委会党组书记、主任李中福主持学习并讲话，党组成员、副主任夏麦香、戚风乾、王明胜、高敬东参加学习，副主任李建军列席会议。

同日　重庆市开州区临江镇镇长邹品生带领考察组到昌邑市开展东西扶贫协作考察。市委常委、副市长李鹏陪同活动。

10—11 日 中国民协副主席吴元新带领专家组，到昌邑市评审创建“中国丝绸文化之乡”工作。市委常委、宣传部部长刘世海陪同活动。

11—15 日 “不忘初心、牢记使命——政协委员走进革命圣地”专题培训班在河北省正定县委党校举办。市政协主席周娟，党组副书记张天辉，副主席冯义军、李友田、李敏参加培训班。

11 日 省法学会党组成员、专职副会长兼秘书长任伟带领调研组到昌邑市调研督导法学会党组织建设、组织机构建设及服务民营经济发展等工作。市委常委、政法委书记刘焕成陪同活动。

同日 省体育局副局长张炳臣带领调研组到昌邑市调研。副市长赵海龙陪同活动。

12 日 正大集团首席经济学家、清华大学农村研究院副院长何宇鹏带领调研组，到昌邑市调研雅拉生态食品产业园。潍坊市农业农村局局长常祖领；昌邑市委副书记、市长李玉祥，副市长曲伟陪同活动。

同日 全市第五批农村第一书记工作推进会议召开。市委常委、组织部部长胡筱芹出席会议并讲话。

同日 潍坊市人大法制委员会副主任委员胡景东带领调研组一行 11 人，到昌邑市立法调研《潍坊市海岸带保护条例（草案）》。市人大常委会副主任夏麦香陪同活动。

同日 副市长孔德奎到潍水社区居民服务中心陪老人用餐，调研服务中心建设运营情况；到东利农贸市场召开现场会，研究创建国家卫生城市工作。

12—16 日 市政协领导班子成员分别到围子街道、柳疃镇、下营镇、卜庄镇、石埠经济发展区、饮马镇、北孟镇走访贫困户。

13—14 日 原中国风景园林学会副理事长，教授级高级工程师刘秀晨率审核指导组一行，到昌邑市指导国家园林城市创建准备工作并进行模拟演练。市委常委、副市长李鹏陪同相关活动。

15 日 市城市建设发展投资集团有限公司与中圣清洁能源投资（江苏）有限公司战略合作签约仪式举行。副市长孔德奎参加活动。

16 日 潍坊市委书记、市人大常委会主任惠新安，市委副书记、市长田庆盈带领潍坊市乡村振兴暨“双招双引”观摩点评组到昌邑市现场观摩。

17 日 潍坊市人大常委会副秘书长刘棣俭带领调查组一行 11 人，到昌邑市调查安全生产工作情况。市委常委、副市长李鹏，市人大常委会副主任夏麦香陪同活动。

同日 全市脱贫攻坚工作现场推进会议在围子街道办事处召开。副市长曲伟出席会议并讲话。

18 日 安邦咨询研究合伙人、高级研究员、中国宏观经济研究中心主任贺军带领北京安邦咨询公司调研组一行 4 人到下营镇调研。市领导胡筱芹、赵海龙陪同调研。

同日 全市助推乡村振兴职业农民创业大赛暨大学生创新创业大赛决赛举行。潍坊市公共就业和人才服务中心副主任、潍坊创业大学校长孙友欣，昌邑市委常委、副市长李鹏分别致辞并为获奖选手颁奖。该大赛 6 月 1 日启动，蓝藻和伯克霍尔菌生物有机肥高效生产技术项目获一等奖，山东国新试点文化旅游梨花水镇项目及昌邑大姜流通供应链项目获二等奖，薛华殿——昌邑果桑产业化项目、果材兼用核桃项目、康养文旅产业链提升与价值链打造项目获三等奖。

同日 市人大常委会召开全市镇（街、区）人大工作交流会议。市人大常委会副主任高敬东主持会议。

同日 昌邑市组织收听收看全国户籍制度改革推进电视会议。副市长王树国参加会议。

同日 市政协组织开展“实施综合整治利用，推进节约集约用地情况”专题考察。市政协副主席孙永涛参加考察。

19日 潍坊综试区考察团到昌邑市参观考察。副市长曲伟陪同活动。

同日 中共政协昌邑市委员会机关总支部委员会党员大会召开。市政协党组成员、副主席孙孝工出席会议并讲话。

同日 扫黑除恶专项斗争昌邑战役“破袭战”新闻发布会召开。全市破获涉恶类刑事案件118起，打掉涉恶类犯罪团伙21个。

20—21日 青州市、临朐县、诸城市、高密市、昌乐县考察团到昌邑市参观考察。市领导李中福、刘世海、胡筱芹、夏麦香、李明杰、赵海龙、张天辉、冯义军、吴红玉分别陪同活动。

22日 市领导李中福、周娟、李鹏分别带队，到潍坊市各县（市、区）参观学习。市领导胡筱芹、田立军、马永平、李建军、孙永涛参加活动。

同日 昌邑市组织收听收看全省交通运输安全生产电视会议。副市长赵海龙参加会议。

23—24日 寿光市、坊子区、峡山区、潍城区、寒亭区、高新区、奎文区考察团先后到昌邑市参观考察。

23日 市人大常委会第三十八次主任会议召开，市人大常委会主任李中福主持会议。市人大常委会党组副书记庞明庆，副主任李建军、夏麦香、戚风乾、王明胜、高敬东出席会议。市法院院长列席会议。

25日 全市“万名干部下基层”工作动员部署会议召开。市委常委、组织部部长胡筱芹出席会议并讲话。

同日 山东大学公共治理研究院昌邑工作站揭牌仪式举行。山东大学公共治理研究院院长杨大利，昌邑市委常委、组织部部长胡筱芹出席仪式并致辞。

同日 市总工会“关爱职工·夏送清凉”活动启动。市人大常委会副主任、市总工会主席高敬东出席活动。

同日 昌邑市组织收听收看全国推进健康中国行动电视电话会议。副市长赵海龙参加会议。

26—27日 市委、市政府召开全市乡村振兴暨“双招双引”项目观摩点评会议。市委副书记、市长李玉祥，市委副书记王龙堂，市人大常委会主任李中福，市政协主席周娟等市级领导班子成员参加会议。

26日 昌邑市组织收听收看全国安全生产电视电话会议。市委副书记、市长李玉祥，市委常委、副市长李鹏参加会议。

27日 “庆祝新中国成立70周年——王其智伟人肖像艺术展”开展。市委常委、宣传部部长刘世海出席活动并致辞，中国美协会员、国家一级美术师、新中国第一代伟人肖像画画家王其智之子王燕，深圳市书画春天文化传播公司董事长刘金亮等出席活动。

同日 寿光市委常委、副市长张振城带领考察团到昌邑市参观考察。市领导李鹏、刘焕成陪同活动。

29日 2019昌邑市第二届广场舞·秧歌大赛在文化广场落幕。大赛6月启动，有50支队伍参加比赛。评选出秧歌类最佳团体表演奖5个，优秀团体风采奖5个；广场舞类最佳团体表演奖5个，优秀团体风采奖6个。

30日 昌邑市十八届人大常委会第十八次会议举行。市人大常委会主任李中福、副主任高敬东分别主持会议。市人大常委会党组副书记庞明庆，副主任李建军、夏麦香、戚风乾、王明胜出席会议。市委常委、纪委书记、市监察委员会主任田立军，市委常委、副市长李鹏，市法院院长，市检察院检察长列席会议。

31日 市纪委市监委理论学习中心组举行“不忘初心、牢记使命”集体学习研讨。市委常委、市纪委书记、市监委主任田立军出席会议并讲话。

同月 “八一”建军节前夕，市领导李玉祥、王龙堂、李中福、刘煜到80集团军和潍坊军分区走访慰问。市领导王龙堂、田立军、李鹏、戚风乾、李友田分组到市军休所、市武警中队、市人武部、空军廒里靶场、海军通信连等处走访慰问军队离退休干部、部队官兵。

同月 市人大常委会主任李中福、党组副书记庞明庆，副主任李建军、夏麦香、戚风乾、王明胜、高敬东走访包靠的贫困户。

同月 昌邑市被国家知识产权局确定为国家知识产权强县工程试点县（区），建设周期为2019年6月至2021年6月。

同月 昌邑市人民医院获评2019年“星耀中华·最具成长力中国医院改革之星”称号。

同月 第七届山东省非公有制经济人士优秀中国特色社会主义事业建设者表彰大会召开，山东浩信集团有限公司董事长吕继贤被授予“山东省非公有制经济人士优秀中国特色社会主义事业建设者”称号。

同月 潍坊市文化和旅游局公布第五批市级非物质文化遗产代表性项目代表性传承人。昌邑市省级非遗项目小章竹马代表性传承人马兰奎、孙膑崇拜——发大牛代表性传承人吕世敬，潍坊市级非遗项目西河大鼓代表性传承人郝聚成、玉皇会代表性传承人李秀霞入选。

同月 昌邑市饮马学校被中国教育学会体育与卫生分会和中国垒球协会授予“全国软式棒垒球实验学校”称号。

同月 昌邑市都昌街道北海社区、围子街道邢家社区、卜庄镇卜庄社区、饮马镇中心社区4个社区获评第三批省级“四型就业社区”。

8月

1日 市委副书记、市长李玉祥到柳疃镇调研2019年上半年经济社会发展情况。

2日 潍坊市委脱贫攻坚专项巡察第三巡察组向昌邑市委反馈巡察情况。市委副书记、市长李玉祥，市委巡察办主任王升文签收巡察报告等相关材料。潍坊市委脱贫攻坚专项巡察第三巡察组全体成员及昌邑市委、市政府有关领导参加会议。

3日 “祖国在我心中”——庆祝中华人民共和国成立70周年诗书画巡展开展仪式举行。省书法家协会副主席徐华志，昌邑市领导胡筱芹、戚风乾、李友田出席活动。

4日 全市中小学“庆七一”书画比赛颁奖典礼举行。市政协副主席李友田出席颁奖仪式并致辞。

5日 市委理论学习中心组开展2019年第6次集体学习研讨。市委副书记、市长李玉祥主持会议并讲话，市委理论学习中心组成员参加学习研讨。

同日 全市拥军优属拥政爱民工作领导小组全体会议召开。市委副书记、市长李玉祥出席会议并讲话，市委副书记王龙堂主持会议，市领导王树国、孔德奎参加会议。

同日 全市创建国家卫生城市“集中整治提升月”调度会议召开。副市长赵海龙出席会议并讲话。

6日 昌邑市组织副县级以上实职离退休干部参观考察经济社会发展情况。市领导胡筱芹、李建军、冯义军陪同活动。

7日 潍坊市委组织部召开全市干部教育培训工作会议。会上，6个县（市、区）、2个市直部门作发言交流。市委常委、组织部部长胡筱芹代表昌邑市围绕党性教育基地建设“211”工程作典型发言。

同日 市政协副主席李敏带领文化和旅游局负责人，到包靠的围子街道督导创建国家卫生城市工作。

8日 省石化医药工会主席王吉盛带队，到昌邑市调研昌邑石化医药工会联合会工作。市人大常委会副主任、市总工会主席高敬东陪同活动。

同日 江苏省射阳县政协副主席刘锦和带领考察组，到昌邑市考察学习农业产业化龙头企业建设的经验做法。市政协副主席冯义军陪同活动。

9日 市委副书记、市长李玉祥带领各镇（街、区）及公安、住建、交通、水利、农业农村、应急、综合行政执法等部门单位主要负责人，现场督查“利奇马”台风防御工作。

10日 国家防总秘书长、水利部副部长兼应急管理部副部长叶建春率工作组一行，到昌邑市调研指导台风“利奇马”防御工作和潍河险工段加固工程建设情况。山东省副省长刘强；潍坊市委书记惠新安，副市长马清民；昌邑市委副书记、市长李玉祥，副市长曲伟陪同活动。

同日 昌邑市组织收听收看省防台风专题视频会议。市委副书记、市长李玉祥参加会议。

同日 昌邑市庆祝全国第十一个“全民健身日”健身展演活动在市文化广场举行。副市长、市全民健身工作领导小组副组长赵海龙出席活动。

10—12日 受第9号台风“利奇马”影响，昌邑境内平均降水量128.9毫米，最大雨量榆林站点163毫米，大范围暴雨以及上游峡山水库、牟山水库泄洪叠加影响，导致流经昌邑境内的河流尤其是潍河流量大、洪水急，最大瞬时流量2800立方米/秒。

11日 市委十四届八十六次常委（扩大）会议召开。会议专题调度安排防御应对台风和防汛抗灾救灾有关工作。市委副书记、市长李玉祥主持会议并讲话。

11—12日 受台风“利奇马”影响，潍河最大洪峰经过昌邑市，潍坊市委常委、组织部部长刘国伟到昌邑市督导洪峰过境应急措施落实情况，并看望坚守在防汛一线的干部群众。市委副书记、市长李玉祥，市委副书记王龙堂等陪同活动。

12—13日 市政协主席周娟到柳疃镇、卜庄镇等地现场考察防汛工作，实地查看受淹农田以及道路情况，详细了解部分村庄受灾情况。

12日 全市法治政府建设示范创建工作推进会议召开。市委常委、政法委书记、市委全面依法治市办公室主任刘焕成出席会议并讲话。

13日 市委副书记、市长李玉祥带领相关部门负责人到下营镇实地调研汛期安全生产及“双招双引”项目建设工作。市领导李明杰陪同活动。

14日 潍坊市“不忘初心、牢记使命”主题教育专题调研组一行4人到昌邑市调研。市委副书记王龙堂，市委常委、组织部部长胡筱芹，市委常委、市纪委书记、市监委主任田立军等市级领导及相关基层党组织书记参加访谈。

同日 江苏省连云港市政协副主席邸占山带领考察组，到昌邑市考察红色文化和丝绸文化保护传承利用工作。市政协副主席李友田陪同活动。

15日 市委副书记、市长李玉祥带领有关街道及部门单位主要负责人再调度、再部署、再推进国家卫生城市创建工作。副市长赵海龙参加活动。

同日 青岛—昌邑双城文旅战略合作签约仪式在青岛报业传媒集团举行。青岛日报社党委委员、副总编辑张志强，青岛市文旅局新闻出版与版权管理处处长姜楠，《老年生活报》总编辑、总经理曲岱青；昌邑市副市长赵海龙出席签约仪式。

同日　全市金融运行分析调度会召开。副市长孔德奎出席会议并讲话。

同日　山东满国康洁环卫集团有限公司与苏州风图智能科技有限公司举行合资合作签约仪式，共同成立满国风图智能装备有限公司。副市长孔德奎出席活动并致辞。

17日　社会阶层人士统战工作实践创新基地“新联慧·同行新丝路”授牌仪式举行。市委常委、统战部部长马永平出席仪式并致辞。

18日　庆祝“8·19”中国医师节暨全市卫健系统先进集体和先进个人表彰会议举行。市委常委、宣传部部长刘世海出席会议并讲话，市领导高敬东、赵海龙出席会议。

同日　傅小泉艺术馆开馆暨傅小泉书画艺术展举行。市领导刘世海、孙孝工参加活动。

19日　“2019年昌邑籍在外学子暑期家乡行”活动举办。邀请160余名昌邑籍在外大学生参观昌邑经济社会发展，接受爱国主义、市情教育，选聘2名昌邑籍优秀大学生联络员，同时为13名昌邑籍在外优秀大学生颁发助学金，搭建在外学子了解家乡、支持家乡、服务家乡发展的平台。

20日　潍坊市副市长马清民到昌邑市调度抗灾救灾工作。市委副书记、市长李玉祥，市领导李明杰陪同活动。

同日　市人大常委会主任李中福带领班子成员考察人大预算联网平台建设及运行情况。市人大常委会副主任李建军、夏麦香、戚风乾、王明胜、高敬东参加考察。

同日　市人大常委会第三十九次主任会议召开，市人大常委会主任李中福主持会议。市人大常委会副主任李建军、夏麦香、戚风乾、王明胜、高敬东出席会议。

同日　市人大常委会党组理论学习中心组举行2019年第七次集体学习。市人大常委会党组书记、主任李中福主持学习并讲话，党组成员、副主任夏麦香、戚风乾、王明胜、高敬东参加学习。市人大常委会副主任李建军列席。

21日　潍坊市人大常委会副主任毛秀凤带领调研组，到昌邑市调研潍水田园综合体建设情况。市委副书记、市长李玉祥，市人大常委会主任李中福，市领导田立军、王明胜陪同调研。

同日　全市老年人基本信息集中采集工作会议召开。副市长孔德奎出席会议并讲话。

22日　市政协十三届三十二次主席会议召开。市政协主席周娟，党组副书记张天辉，副主席冯义军、孙孝工、吴红玉、李敏、孙永涛出席会议。

同日　《昌邑劳模影像志》编纂工作会议召开。市人大常委会副主任、市总工会主席高敬东出席会议并讲话。

24日　甘肃省甘南藏族自治州政协副主席董振国带领考察组，到昌邑市考察“精准扶贫”和“乡村振兴”情况。潍坊市政协副主席刘树亮；昌邑市政协主席周娟，副主席冯义军陪同活动。

27日　省政协副主席、民建山东省委主委郭爱玲带领视察组，到昌邑市考察督办《关于加快海洋强省建设，推动高质量发展的建议》重点提案。潍坊市政协领导苏立科、刘秀平，昌邑市领导李玉祥、周娟、孙永涛陪同活动。

同日　市政协举办“园艺疗法的功效与机理”专题辅导报告会。邀请清华大学建筑学院绿色疗法与康养景观研究中心主任、景观学系教授、博士生导师李树华，详细介绍园艺疗法的概念、功效和发展历史。市政协副主席冯义军主持报告会。市政协领导班子成员，全市政协委员，驻昌潍坊市政协委员等参加报告会。

同日　潍坊市政协社会法制委副主任柳永春带领调研组，到昌邑市开展“发挥人民调解作用，加强和创新社会治理”调研活动。市政协副主席李友田陪同调研。

27—29日　市人大常委会副主任高敬东带领部分市人大财政经济委员会组成人员，调查全市

2018年市级财政决算和2019年上半年国民经济社会发展计划及预算执行情况。

28日　市人大常委会主任李中福到都昌街道参加代表小组活动，调查市十八届人大三次会议后都昌代表团代表所提建议、批评和意见办理情况。

同日　烟台市总工会党组书记、常务副主席黄亚林一行18人，到昌邑市参观考察工友创业园建设情况。市人大常委会副主任、市总工会主席高敬东陪同活动。

28—29日　市政协副主席冯义军、孙孝工、吴红玉、李友田、李敏分别带队，组织提案委员及相关委室负责人，分别协商督办市农业农村局、住建局、教育和体育局、卫健局、公安局承办的市政协十三届三次会议提案办理情况。

30日　8月山东好人发布仪式暨道德模范与身边好人（潍坊·昌邑）现场交流活动在昌邑市举办。省委宣传部、潍坊市委宣传部有关领导及昌邑市领导参加活动。

同日　昌邑市组织收听收看山东省抗击台风抢险救灾工作表扬奖励大会。会议表扬通报全省抗击台风抢险救灾先进集体、先进个人。市委副书记、市长李玉祥，市委副书记王龙堂，市人大常委会主任李中福等市级领导班子成员参加会议。

31日　2019年“潍水大讲堂”举行，邀请省信访局二级巡视员庞献国作专题辅导讲座。市委副书记王龙堂等市级领导班子成员参加讲座，市委常委、政法委书记刘焕成主持讲座。

同月　省政府副秘书长、省信访局局长王金城带领调研组到昌邑市调研信访工作。潍坊市副市长、市公安局局长吴磊；昌邑市委副书记、市长李玉祥等陪同活动。

同月　由中国手球协会主办的“2019年全国青少年手球U14、U16、U18比赛暨全国中学生手球锦标赛”在福建武夷山举行。昌邑文山中学手球队第七次夺得全国冠军，教师张培龙获“优秀教练员”称号。

同月　昌邑市被中国民间文艺家协会授予“中国丝绸文化之乡”称号。

同月　柳疃镇人民政府被授予“全省抗击台风抢险救灾先进集体”称号，副市长、市防汛抗旱指挥部副指挥、市抗灾救灾指挥部副总指挥曲伟被授予“全省抗击台风抢险救灾先进个人”称号。

同月　昌邑市委组织部制作拍摄的微视频《重逢》，在山东省“中国梦·新时代·祖国颂”百姓宣讲比赛中，获视频类一等奖。《英烈的“儿子”》获山东青年微电影大赛二等奖，《行军日记》获山东青年微电影大赛优秀奖。

同月　昌邑一中学生王金范在第二届全国青年运动会女子社会俱乐部组1500米决赛中获冠军。

9月

1—4日　第二十五届鲁台经贸洽谈会期间，台湾中华两岸创新技术产业交流协会、台湾民宿协会、台湾中国海峡两岸农业协会、茂骐生物科技考察团等台湾参访团到昌邑市参观考察。市委常委、统战部部长马永平陪同活动。

3日　市政协党组副书记张天辉带领提案委员及相关委室负责人协商、督办市交通局提案承办情况。

4日　潍坊市副市长田民利到昌邑市走访所包靠的贫困户。市委书记吕珊珊，市领导刘煜、赵海龙陪同活动。

4—6日　市人大常委会副主任夏麦香带领市

人大教科文卫委组成人员，调查全市义务教育学校教育教学管理工作情况。

5日　市人大常委会组织驻昌邑市的潍坊市人大代表开展小组活动。潍坊市人大常委会副秘书长、人事代表工作室主任毛洪涛应邀参加活动。市人大常委会主任李中福，副主任李建军参加活动。

同日　昌邑市组织收听收看潍坊市安全生产工作电视会议。副市长、市公安局局长王树国参加会议。

同日　市政协副主席孙永涛带领提案委员和相关专委会成员，协商督办市工业和信息化局承办提案情况。

6日　第二届“感动龙乡·十佳楷模”表彰大会在渤海走廊革命斗争陈列馆举行。市委常委、宣传部部长刘世海参加活动并致辞。

同日　潍坊市“中国梦·新时代·祖国颂”百姓宣讲团分别到市财政局、市农村商业银行开展宣讲活动。市委常委、宣传部部长刘世海参加活动。

同日　北京世屹文化传媒集团有限公司董事长徐志鹏，中国艺术经济研究院执行理事长、文化部非物质文化遗产司原司长马文辉，中国艺术研究院建筑艺术研究所原所长、文化部保护非遗专家委员会原专家刘托等，到昌邑市潍水田园综合体考察对接“中国非物质文化遗产交易基地”项目。副市长赵海龙陪同活动。

同日　市政协组织开展“加大劳动维权力度，构建和谐劳动关系”对口协商活动。市政协党组成员、副主席孙孝工参加活动。

7日　民政部社会救助司一级巡视员伊佩庄到昌邑市调研社会救助工作。山东省民政厅社会救助处处长邢洪锐；潍坊市民政局局长王汉成，副局长许珍；昌邑市委书记吕珊珊，市委副书记、市长李玉祥，副市长孔德奎分别陪同活动。

同日　全市第三十五个教师节庆祝大会召开。市领导王龙堂、李中福、周娟、胡筱芹、刘煜、赵海龙出席庆祝大会。市委副书记王龙堂为全市首届10位“感动昌邑”最美教师颁奖。

9日　潍坊市人大常委会党组副书记、副主任孙明亮带领调研组，到昌邑市专题调研机动车污染综合整治工作。市委书记吕珊珊，市委副书记、市长李玉祥，市人大常委会主任李中福，市领导夏麦香、孔德奎参加活动。

10日　“‘丝绸之乡·多彩柳疃’庆祝新中国成立70周年暨2019首届昌邑·柳疃丝绸文化节”开幕式举行。中国民协副主席、中国工艺美术大师吴元新，昌邑市委书记吕珊珊，潍坊市农业农村局党组成员、副局长袁增寿，潍坊市文化和旅游局副局长高东洋，潍坊市海洋发展和渔业局副局长、二级调研员叶林，山东省民协副主席、潍坊市民协主席王治喜；昌邑市领导出席开幕式。下午，2019昌邑柳疃首届丝绸文化高端论坛举行。中国先秦史学会理事、山东省文物专家委员会委员、潍坊市博物馆学会专家委员会主任孙敬明，山东省民协副主席、潍坊民协主席王治喜，潍坊市委党史研究院副院长吕俊峰等出席活动。昌邑市委常委、宣传部部长刘世海主持活动并讲话。

11日　市委书记吕珊珊带领有关街道及部门单位主要负责人，现场调度国家卫生城市创建工作。市领导刘煜、赵海龙参加活动。

同日　国家林业和草原局党组成员、副局长彭有冬带领出席国家林业和草原局科技司组织召开的盐碱地柽柳应用技术研讨会与会人员，到昌邑市考察海洋生态特别保护区柽柳林生态保护工作。潍坊市政协副主席刘树亮；昌邑市委副书记、市长李玉祥，副市长曲伟陪同活动。

同日　市政协十三届三十三次主席会议召开。市政协主席周娟，党组副书记张天辉，副主席冯义军、吴红玉、李友田、李敏、孙永涛出席会议。

同日　潍坊市人民政府新闻办公室组织召开

2019北方（昌邑）绿化苗木博览会、第二十四届中国园林花木信息交流会新闻发布会。副市长曲伟出席发布会并回答记者提问。

同日 德州市总工会党组成员、副主席王荣渭带领考察组，到昌邑市交流考察工友创业园和职工服务中心建设工作。市人大常委会副主任、市总工会主席高敬东陪同活动。

同日 市政协组织开展“加强基层文化建设，助力乡村振兴战略”调研活动。市政协副主席李友田参加活动。

12日 全市“不忘初心、牢记使命”主题教育工作会议召开。昌邑市委书记吕珊珊，潍坊市委第二巡回指导组组长谭炳建出席会议并讲话；昌邑市委副书记、市长李玉祥主持会议；市委副书记王龙堂，市人大常委会主任李中福，市政协主席周娟等市级领导班子成员出席会议。

同日 市委、市人大、市政府、市政协党组理论学习中心组分别开展集体学习研讨，全面启动“不忘初心、牢记使命”主题教育。

同日 昌邑市组织收听收看潍坊市社会心理服务体系建设试点工作启动会议。市委常委、政法委书记刘焕成，副市长赵海龙参加会议。

13日 全市农村人居环境整治暨美丽乡村建设推进会议召开。市委书记吕珊珊出席会议并讲话；市委副书记王龙堂，市领导赵海龙、曲伟参加会议。

14日 “翰墨颂辉煌——庆祝新中国成立70周年‘国青杯’书画作品展”举行。市委常委、宣传部部长刘世海参加活动并致辞。

15日 市委书记吕珊珊到围子街道、石埠经济发展区明察暗访农村人居环境整治暨美丽乡村建设工作。

同日 市委副书记、市长李玉祥到柳疃镇调度人居环境整治工作。

同日 潍坊市委副秘书长王守全带领督查组督查昌邑市2018年省级美丽乡村示范村建设情况。市委副书记王龙堂，副市长曲伟陪同活动。

16—20日 举办“不忘初心、牢记使命”主题教育读书班。市委常委、市人大常委会、市政府、市政协党组成员，市人民法院院长、市人民检察院检察长等参加。16日，举行开班仪式，市委书记吕珊珊作动员讲话，市委副书记王龙堂主持开班式。20日，举行结业仪式，市委副书记王龙堂主持仪式并讲话。潍坊市委主题教育巡回指导组相关领导到读书班指导。

19日 全省广电和传媒管理工作现场观摩活动在昌邑市举行。省广播电视局传媒机构管理处处长李广昌带领全省各地市文化执法部门110余人，在潍坊市文化和旅游局局长田素英，市文化执法支队长庄鹏等陪同下，到柳疃镇、龙池镇无“小耳朵”创建现场观摩。副市长赵海龙陪同活动。

20日 2019北方林木种苗产业发展论坛暨全省林木种苗工作座谈会在昌邑市召开。中国林学会副秘书长刘合胜主持论坛；省自然资源厅副厅长、省林业局副局长马福义，昌邑市委副书记王龙堂分别致辞。论坛为北方耐盐碱抗旱草坪草和生态草繁育基地及北京林业大学草坪草和生态草研究工作站揭牌。

21日 2019北方（昌邑）绿化苗木博览会、第二十四届中国园林花木信息交流会在市绿博园开幕。此届绿博会时间9月21日至10月7日，主题是“传播绿色文化　建设美丽昌邑”，展会期间举办专业产品展览交易会、中华人民共和国成立70周年园林绿化苗木行业发展历程展、2019“一带一路”造园技能（昌邑）国际邀请赛、2019北方林木种苗产业发展论坛等11项活动。

同日 省自然资源厅厅长、省林业局局长李琥带队调研昌邑市自然资源和规划工作。潍坊市副市长田民利；昌邑市委书记吕珊珊，市委副书记、市长李玉祥，市领导刘煜、李明杰、赵海龙陪同活动。

同日 庆祝中华人民共和国成立70周年、人民政协成立70周年书画联展在市文化中心举行。市政协主席周娟，市委常委、宣传部部长刘世海，市政协副主席孙孝工、李友田，陕西省蒲城县政协副主席左高亮等出席活动。

同日 “绿都墨韵·绸乡画语庆祝新中国成立70周年书画名家邀请展”在柳疃镇丝路绸语文化创意园开展。市委常委、宣传部部长刘世海出席活动并致辞。

22日 市委理论学习中心组开展2019年第八次集体学习。重点学习《中共中央关于加强党的政治建设的意见》《习近平关于“不忘初心、牢记使命”论述摘编》，并研讨交流。市委书记吕珊珊主持会议并讲话。

23—25日 市委副书记王龙堂到围子街道开展进村入户调研及走访慰问中华人民共和国成立前老党员、离休干部和百岁老人活动。

23日 市人大常委会党组理论学习中心组举行2019年第九次集体学习。市人大常委会党组书记、主任李中福主持学习并讲话，党组副书记庞明庆，党组成员、副主任夏麦香、戚风乾、王明胜、高敬东参加学习。市人大常委会副主任李建军列席。

同日 市政协党组理论学习中心组开展第十次集体学习。市政协党组书记、主席周娟，党组副书记张天辉，党组成员、副主席孙孝工、李友田参加学习。副主席吴红玉、李敏、孙永涛列席。

同日 昌邑市第二届中国农民丰收节庆祝大会暨第三届卜庄镇大陆梨枣节在卜庄镇大陆村开幕。市委常委、宣传部部长刘世海，市人大常委会党组成员、副主任王明胜，副市长曲伟，市政协副主席冯义军出席开幕式。

24日 潍坊市委常委、统战部部长王兆辉到昌邑市走访慰问包靠的贫困户。市委书记吕珊珊，市委常委、统战部部长马永平陪同活动。

同日 市委书记吕珊珊到北孟镇小南孟村走访。市委常委、统战部部长马永平参加活动。

同日 市委副书记、市长李玉祥到柳疃镇开展进村入户调研及走访慰问老党员、老干部、养老机构和百岁老人活动。

同日 昌邑市组织收听收看全省农村改厕规范升级和后续管护长效机制工作现场会议。市委副书记、市长李玉祥，副市长赵海龙出席会议。会议结束后，李玉祥安排部署推进农村改厕工作。

同日 山东省石油化学工会重点工作现场推进会议在昌邑市召开。中国能源化学地质工会副主席陈志标，中国能源化学地质工会化工医药部部长李旭军；省总工会副主席王际仓，省总工会组织部副部长丁博，省石油化学工会主席王吉盛；昌邑市委副书记王龙堂，市人大常委会副主任、市总工会主席高敬东参加会议。

同日 中国经济体制改革杂志社社长、地方改革创新研究中心主任潘治宏一行4人，到昌邑市调研“探索多种模式破解村集体经济增收难题的创新与实践”等全面深化改革与制度创新工作。

同日 潍坊市人大财经委副主任委员、二级巡视员王发庆带领调研组到昌邑市调研行政事业性国有资产管理、预算联网监督中心建设及乡村振兴战略资金管理使用情况。

25日 昌邑市组织收听收看潍坊市重污染天气应对紧急会议。市委副书记、市长李玉祥，副市长孔德奎出席会议。

同日 市委副书记、市长李玉祥现场调度全市安全生产工作，实地查看三得利棚户区改造项目、昌邑汽车站、荣源纺织、昌邑石化公司。

同日 昌邑市组织收听收看潍坊市国庆70周年消防安保推进会暨大型连锁企业和火灾高风险单位消防安全提醒谈话会。副市长赵海龙参加会议。

26 日 省委第三巡视组巡视昌邑市工作动员会议召开。省委第三巡视组组长岳德川作动员讲话，潍坊市委常委、市纪委书记、市监委主任张晓峰提出要求，昌邑市委书记吕珊珊主持会议并作表态发言。

同日 由昌邑市档案馆、昌邑市侨联主办的“镌刻记忆 致敬祖国——庆祝新中国成立 70 周年昌邑影像图片展”在市文化中心举行。潍坊市侨联主席李家松，党组副书记张再升，二级调研员张京利；潍坊市档案馆馆长张志霄，副馆长邱若铣；昌邑市委副书记王龙堂，市委常委、办公室主任刘煜，市人大常委会副主任李建军，市政协副主席李友田出席展览活动。

同日 “庆祝新中国成立 70 周年暨人民代表大会制度建立 65 周年、地方人大设立常委会 40 周年摄影展”举行。市人大常委会主任李中福，党组副书记庞明庆，副主任夏麦香、高敬东出席活动。潍坊市人大常委会机关二级调研员郑文东等应邀参加活动。

27 日 市委书记吕珊珊以“四不两直”方式走访调研饮马镇西南村和左家营子村。

同日 潍坊市委常委、组织部部长刘国伟到昌邑市走访慰问部分中华人民共和国成立前的老党员、劳动模范、优抚对象。市委书记吕珊珊，市领导胡筱芹、高敬东参加活动。

同日 全市精神文明建设业务工作培训会议召开。市委常委、宣传部部长刘世海出席会议并讲话。

同日 市委常委、宣传部部长刘世海到卜庄走访慰问中华人民中共和国成立前老党员和离休党员，并调研包靠村情况。

同日 全市民族团结进步创建工作调度会召开。市委常委、统战部部长马永平出席会议并讲话。

同日 潍坊市人大常委会委员、法制委副主任委员胡景东带领调研组，到昌邑市调研《潍坊市城市绿化条例（草案）》立法工作情况。市人大常委会副主任夏麦香陪同活动。

28 日 市政协党组书记、主席周娟带领党组副书记张天辉，党组成员、副主席孙孝工、李友田，党组成员、秘书长姜利国及机关党员开展“双报到”活动，并邀请市政协副主席冯义军、吴红玉、李敏、孙永涛共同开展活动。

同日 “青春礼赞 爱在潍水——昌邑市青年集体婚礼”在潍水风情湿地公园举行。市委常委、宣传部部长刘世海出席并致辞。

28—29 日 市委副书记王龙堂，市政协主席周娟分别到围子街道开展进村入户调研走访活动。

29 日 市委书记吕珊珊一行到围子街道走访慰问济贤养老中心的老人和工作人员。

30 日 全市“双招双引”项目百日会战推进工作座谈会召开。市委书记吕珊珊主持会议并讲话，市委副书记、市长李玉祥，市委副书记王龙堂，市人大常委会主任李中福，市政协主席周娟，市领导孔晓明、胡筱芹、刘煜、马永平等出席会议。

同日 市委书记吕珊珊带领相关部门、单位主要负责人，现场调度全市部分重点工程、重点项目建设情况。市委副书记、市长李玉祥，市委副书记王龙堂，市领导胡筱芹、刘煜、孔德奎参加活动。

同日 全市创建国家卫生城市工作推进会议召开。市委书记吕珊珊出席会议并讲话，市领导刘煜、赵海龙参加会议。

同日 2019 年烈士纪念日公祭烈士活动在烈士陵园举行。吕珊珊、李玉祥等市级领导班子成员参加公祭活动。

同月 市委书记吕珊珊带领相关部门、单位负责人到市委党校、潍坊环境工程职业学院调研。市委副书记王龙堂，市人大常委会主任李中福，市政协主席周娟等参加活动。

同月 市政协领导班子成员开展软弱涣散村党组织整顿排查摸底工作。市政协主席周娟，党组副书记张天辉，副主席冯义军、孙孝工、吴红玉、李友田、李敏、孙永涛参加活动。

同月 市人大常委会副主任李建军、夏麦香、戚风乾、王明胜、高敬东分别到各镇（街、区）和市直代表小组，集中开展代表小组活动。

同月 市政协副主席冯义军带队走访慰问政协离退休干部和部分干部遗属。

同月 北孟镇小南孟村入选第二批美丽村居建设省级试点名单。

10 月

1 日 市委书记吕珊珊带领相关部门负责人调研公安工作。市委副书记王龙堂，市领导刘煜、王树国参加活动。

同日 全市各级各部门各单位组织领导班子成员和干部群众收听收看庆祝中华人民共和国成立 70 周年大会、阅兵式和群众游行活动实况，聆听习近平总书记的讲话。

2 日 市委书记吕珊珊带领财政、自然资源、教育和体育、规划编制等部门负责人到龙池镇调研。市领导胡筱芹、刘煜陪同活动。

同日 市委常委、副市长、市委办公室主任刘煜带领有关部门单位主要负责人调度全市重点工程、重点项目建设工作。

4 日 高密市委书记卞汉林带领考察团到昌邑市考察农村人居环境整治工作。市委书记吕珊珊，市委副书记王龙堂，市领导孔晓明、刘煜、曲伟陪同活动。

6 日 姚凤霄新书《一叶慈悲》分享会在新华书店举行。市委常委、宣传部部长刘世海出席活动。

8 日 昌邑市委常委、组织部部长胡筱芹带领“不忘初心、牢记使命”主题教育活动办公室相关人员考察档案馆，参观“镌刻记忆　致敬祖国——庆祝新中国成立 70 周年昌邑影像图片展”。

9 日 市委理论学习中心组开展 2019 年第 9 次集体学习研讨。市委书记吕珊珊主持会议并讲话。

同日 市委党校 2019 年秋季开学典礼举行。市委副书记王龙堂出席开学典礼并讲授专题党课。

同日 潍坊市副市长马清民到昌邑市调研潍水田园综合体文旅融合项目。副市长曲伟陪同活动。

同日 2019 年潍坊市农机科技下乡暨三秋作业现场会在昌邑市举行。副市长曲伟参加活动并致辞。

9—10 日 山东省自然资源厅一级巡视员宋守军一行到昌邑市调研督导“不动产电子权证”平台建设及全覆盖不动产权籍调查示范等工作。市委书记吕珊珊，市委副书记、市长李玉祥，市领导刘煜、赵海龙陪同活动。

10 日 全市全面深化改革工作推进会议召开。市委书记、市委全面深化改革委员会主任吕珊珊主持会议并讲话。市委常委、副市长、市委办公室主任、市委改革办主任刘煜围绕做好当前全面深化改革工作提出意见。

同日 市委书记吕珊珊组织召开全市“不忘初心、牢记使命”主题教育开展工作推进会议。市委副书记、市长李玉祥，市委副书记王龙堂，市人大常委会主任李中福，市领导孔晓明、胡筱芹、刘煜、刘焕成、马永平、戚风乾、李明杰、孔德奎、曲伟、李友田参加会议。

同日　市人大常委会党组理论学习中心组举行2019年第十次集体学习。市人大常委会党组书记、主任李中福主持学习并讲话，党组副书记庞明庆，党组成员、副主任夏麦香、戚风乾、王明胜、高敬东参加学习。

同日　全市“不忘初心、牢记使命”主题教育党支部书记第一期培训班举行。市委常委、组织部部长胡筱芹出席会议并讲话。

11日　潍坊环境工程职业学院与伟东海纳易学教育科技有限公司合作共建签约仪式举行。伟东云教育集团副董事长、伟东海纳易学教育科技有限公司董事长姜正新；昌邑市委书记吕珊珊，市委副书记、市长李玉祥，市领导胡筱芹、赵海龙参加签约仪式。

同日　2019年“慈心一日捐”活动动员会议暨市慈善总会第三届会员大会召开。市委副书记王龙堂出席会议并讲话，市领导庞明庆、孔德奎、李友田参加会议。

同日　全市人才工作领导小组（扩大）会议召开。市委常委、组织部部长胡筱芹出席会议并讲话。

同日　潍坊市档案馆组织系统内党员干部到昌邑市开展“不忘初心、牢记使命”主题教育调研活动。昌邑市渤海走廊革命斗争陈列馆、徐迈事迹陈列馆挂牌为“潍坊市档案馆系统党性教育基地”。潍坊市档案馆馆长张志霄等潍坊市档案馆全体机关党员干部，各县（市、区）档案馆班子成员60余人参加活动。昌邑市委常委、副市长、市委办公室主任刘煜，副市长曲伟分别陪同活动。

12日　昌邑市组织收听收看全省重点水利工作视频会议。市委副书记、市长李玉祥，副市长曲伟出席会议。

同日　昌邑市融媒体中心揭牌仪式举行。潍坊市委宣传部常务副部长、文明办主任刘玉祥，昌邑市委副书记王龙堂出席仪式并致辞；昌邑市委常委、宣传部部长刘世海主持仪式，副市长赵海龙出席仪式。

同日　潍坊市政协副主席赵崇发一行到昌邑市调研环境保护执法等情况。市政协副主席孙永涛陪同活动。

13日　市委书记吕珊珊在全市“不忘初心、牢记使命”主题教育第二期培训班上为村党支部书记作党课辅导。市委常委、组织部部长胡筱芹主持培训活动。

14日　全市经济社会发展形势分析会议召开。市委书记吕珊珊主持会议并讲话；市委副书记、市长李玉祥总结部署各项工作；市委副书记王龙堂，市人大常委会主任李中福等市级领导班子全体成员参加会议。

同日　市委书记吕珊珊带领市级领导班子成员集体参观渤海走廊革命斗争陈列馆。市委副书记、市长李玉祥，市委副书记王龙堂，市人大常委会主任李中福等市级领导班子成员参加活动。

15日　市委书记吕珊珊到“12345”政务服务热线直播现场，接听群众来电，倾听群众呼声。在120分钟的接电时间里，接听市民反映房产证办理、供暖、违章建筑、购房纠纷等方面的问题电话20个。

同日　2019黄元御中医药文化节新闻发布会在潍坊市召开。副市长赵海龙参加发布会。

16日　省委“不忘初心、牢记使命”主题教育巡回指导组到昌邑市调研“不忘初心、牢记使命”主题教育工作情况。市委书记吕珊珊，市委副书记王龙堂，市领导胡筱芹、刘煜陪同活动。

同日　副市长赵海龙带领有关镇（街）及部门（单位）相关负责人，现场调度创建国家园林城市市政基础设施路线。

16—18日　市人大常委会副主任王明胜带领市人大常委会执法检查组执法检查全市贯彻实施《中华人民共和国畜牧法》情况。

17日　市人大常委会召开全市镇（街、区）

人大工作交流会议，总结交流“一地一亮点”工作情况和下步工作打算。市人大常委会副主任高敬东主持会议并讲话。

17—18日 市人大常委会副主任戚风乾带领调查组，调查市政府落实市人大常委会《关于办理〈关于加强城市社区建设，提升社区管理水平的议案〉的决议》情况。副市长孔德奎陪同活动。

18日 “昌邑市青少年党史国史知识竞赛”总决赛落幕。潍坊市关工委副主任王秀河，办公室主任李德战；昌邑市委副书记、市关工委主任王龙堂，市人大常委会副主任李建军，市政协副主席吴红玉等领导出席活动。

同日 西安工程大学、潍坊市九久家纺有限公司校企合作暨西安工程大学九久家纺研究院落户签约仪式举行。市委常委、组织部部长胡筱芹出席仪式并致辞。

同日 创建国家园林城市现场推进会议召开。副市长赵海龙参加会议。

19日 企业家座谈会召开。市委书记吕珊珊主持座谈会并讲话，市委副书记、市长李玉祥通报年内全市经济社会发展情况。

20日 市委副书记、市长李玉祥带领财政、自然资源和规划、住建等有关部门单位主要负责人，现场调度全市重点工程建设。

21日 以“传承发展中医中药，服务保障人民健康”为主题的2019黄元御中医药文化节开幕。

21—22日 市人大常委会副主任、人大城环资委主任委员夏麦香带领专题调研组，专题调研全市固废危废及扬尘污染综合整治工作情况。

22日 省法学会一级调研员孙炳瑞到昌邑市调研法学会工作。市委常委、政法委书记刘焕成陪同活动。

同日 省市域社会治理重点工作交叉调研督导组到昌邑市调研督导。潍坊市委政法委常务副书记秦景岗，潍坊市委政法委副县级干部、三级调研员尹守庆，昌邑市委常委、政法委书记刘焕成陪同活动。

23日 省审计厅党组成员、纪检监察组组长崔良桐到昌邑市调研指导“不忘初心、牢记使命”主题教育工作，潍坊市审计局局长张祖钊陪同。市委书记吕珊珊，市委常委、副市长、市委办公室主任刘煜参加活动。

同日 社区党组织书记领头雁项目路演大赛举行。市委常委、组织部部长胡筱芹出席活动。

同日 省发展改革委重点项目处一级调研员严洁带队到昌邑市调研省重点项目建设情况。副市长赵海龙陪同活动。

24日 全市农村人居环境整治工作推进会议召开。市委书记吕珊珊出席会议并讲话，市委副书记王龙堂主持会议，副市长孔德奎参加会议。王龙堂、孔德奎分别围绕贯彻落实好会议精神提出意见。

同日 重庆市武隆区区长卢红一行到昌邑市考察学习现代服务业及美丽乡村建设工作。市领导李玉祥、孔德奎陪同活动。

同日 市委常委、副市长、市委办公室主任刘煜带领有关镇（街）及部门（单位）相关负责人现场调度国家园林城市创建工作。

25日 潍坊军分区司令员薛晓鹏到昌邑市调研人武部全面建设和国防动员各领域建设情况。市委副书记、市长李玉祥，市委副书记王龙堂，市委常委、统战部部长马永平及人武部负责人陪同活动。

同日 市委常委、副市长、市委办公室主任刘煜带领相关部门（单位）负责人调研环卫工作并走访慰问一线环卫工人。

27日 中国公园协会会长刘佳福率考查组到昌邑市现场考察国家园林城市创建工作。省住建厅总工程师梁泽庆；昌邑市委副书记、市长李玉祥，市领导刘煜、赵海龙参加活动。

28日　市人大常委会党组理论学习中心组举行2019年第十一次集体学习。市人大常委会党组书记、主任李中福主持学习并讲话；党组副书记庞明庆，党组成员、副主任夏麦香、戚风乾、王明胜、高敬东参加学习。

同日　潍坊市委老干部局副局长、三级调研员宋正树带队到昌邑市调研老干部工作。市委常委、组织部部长胡筱芹陪同活动。

同日　潍坊市安委会巡查昌邑市安全生产工作动员会召开。市委常委、副市长、市委办公室主任刘煜主持会议并表态发言。

28—29日　中国工程院院士、中科院生态环境研究中心副主任贺泓带领科研团队，到昌邑市对接洽谈科研分支机构的设立和实施大气污染控制研发平台、大气环境检测平台、环境功能材料产业化基地项目。市委副书记、市长李玉祥，市委常委、组织部部长胡筱芹陪同活动。

29日　市政协十三届十四次常委会议召开。市政协领导班子成员、常务委员出席会议。副市长曲伟应邀到会通报市政协十三届三次会议后提案办理情况。会议传达学习中央政协工作会议暨庆祝中国人民政治协商会议成立70周年大会精神；听取市政府关于市政协十三届三次会议后提案办理情况的通报；听取市水利局、市农业农村局工作情况汇报，并对两部门工作进行民主评议；协商讨论市政协《关于加快我市智能装备制造产业发展，推动工业企业转型升级的调研报告》和《关于加强基层文化建设，助力乡村振兴战略的调研报告》；审议通过《市政协重点协商议题落实推进情况追踪式监督暂行办法》。

同日　市政协组织全体政协常委，到渤海走廊革命斗争陈列馆参观学习。

同日　市领导刘煜召集有关部门（单位）负责人召开会议，调度地方政府债申报项目、档案馆项目、济贤养老项目手续办理以及经济指标等相关工作。

29—30日　市人大常委会副主任、财政经济委员会主任委员高敬东带领调研组，专题调研全市工业企业污染综合整治工作情况。

30日　潍坊市委常委、组织部部长刘国伟一行到昌邑市调研“不忘初心，牢记使命”主题教育开展和经济社会发展情况并召开座谈会。市委副书记、市长李玉祥，市委副书记王龙堂，市委常委、组织部部长胡筱芹分别参加活动。

同日　山东出版集团党委委员、副总经理申维龙率领调研组到昌邑市调研新华书店运营及丝绸文化发展情况。副市长赵海龙陪同活动。

30—31日　市人大常委会副主任、农业与农村委员会主任委员王明胜带领调研组，专题调研全市水环境突出问题污染综合整治工作情况。

31日　市委副书记王龙堂到围子街道联系指导主题教育工作。

同日　2020年度居民基本医疗保险参保缴费工作会议召开。副市长曲伟出席会议并讲话。

同日　昌乐县政协副主席刘乐增带领考察组，到昌邑市考察经济社会发展情况。市政协党组成员、副主席孙孝工陪同活动。

10月31日至11月1日　中国产业发展促进会副会长李小军带领考察组，到昌邑市考察黄元御中医药康养小镇项目工作。市委书记吕珊珊、副市长赵海龙分别陪同活动。

同月　中国中小城市高质量发展指数研究课题组、中小城市发展战略研究院、国信中小城市指数研究院等机构在《人民日报》、新华网、中国中小城市网发布“2019年中国中小城市高质量发展指数课题研究成果”。该研究从中小城市综合实力、绿色发展、投资潜力、科技创新、新型城镇化质量五个方面构建发展评价体系，昌邑市均榜上有名，第九次入围“全国综合实力百强县市”和“全国投资潜力百强县市”，分别由2018年的第75位、54位提升到第74位、51位。第二次入围的“全国新型城镇化质量百强县市”由

2018 年的第 63 位提升到第 62 位。第二次入围的“全国中小城市绿色发展百强县市”“全国科技创新百强县市”，分别保持在第 75 位、第 65 位。饮马镇、柳疃镇再次入围“全国综合实力千强镇”，分别从 2018 年的第 604 位、612 位提升到 599 位、610 位。

同月　市妇联巾帼志愿服务团队获山东省首届巾帼志愿服务“十佳爱心妈妈”（集体）称号。

同月　“昌邑县抗日殉国烈士祠”被国务院公布为第八批全国重点文物保护单位。

同月　昌邑市都昌街道北海社区获评 2019 全国“书香社区”。

同月　“渤海走廊革命斗争陈列馆”被中国环境艺术委员会评为中华人民共和国成立 70 周年·中国红色文化陈列展览精品工程金奖。

同月　昌邑市委组织部报送的小画册《徐迈的党性人生》在“第九届中国作家新创作论坛暨庆祝祖国七十华诞全国优秀文艺作品征评活动”中获图书类金奖。

同月　由安徽省广播电视局、六安市人民政府、中国电影家协会主办的第二届中国红色微电影大赛中，昌邑市的《听老革命讲那过去的事情》获最佳短视频奖，《发射将军李福泽》获最佳微电影奖。

同月　昌邑市山东同大海岛新材料股份有限公司，龙港无机硅有限公司上榜 2019 年山东省技术创新示范企业。

11 月

1 日　昌邑市组织收听收看潍坊市党的建设暨基层党建工作会议。市委副书记王龙堂，市领导刘世海、孔晓明参加会议。

2 日　市委书记吕珊珊带领相关部门（单位）负责人，现场调度部分重点项目、重点工程建设情况。

4 日　市人大常委会党组召开会议，传达学习省委书记刘家义在省委人大工作会议上的讲话及潍坊市委人大工作会议精神。市人大常委会党组书记、主任李中福主持会议并讲话，党组副书记庞明庆，党组成员、副主任夏麦香、戚风乾、王明胜、高敬东参加会议。

5 日　市人大常委会党组理论学习中心组举行 2019 年第十二次集体学习。市人大常委会党组书记、主任李中福主持学习并讲话，党组副书记庞明庆，党组成员、副主任夏麦香、戚风乾、王明胜、高敬东参加学习。

同日　市政协十三届三十四次主席会议召开。市政协主席周娟主持会议并讲话，副主席冯义军、孙孝工、吴红玉、李友田、李敏、孙永涛出席会议。

同日　市政协党组理论学习中心组开展“不忘初心、牢记使命”主题教育专题学习研讨暨 2019 年第十三次集体学习研讨。市政协党组书记、主席周娟，党组成员、副主席孙孝工、李友田参加学习。市政协副主席冯义军、吴红玉、李敏、孙永涛列席会议。

6 日　昌邑市组织收听收看潍坊市农村改厕规范升级和清洁取暖工作暨“双招双引”项目百日会战月度推进视频会议。市委副书记、市长李玉祥，市领导刘煜参加会议。

同日　市人大常委会机关“不忘初心、牢记使命”主题教育党课举行。市人大常委会党组书记、主任李中福以“不忘初心使命，勇于担当作为，做合格机关党员干部”为题，为机关全体党员干部讲党课。市人大常委会党组副书记庞明庆，党组成员、副主任夏麦香、戚风乾、王明胜、高敬东参加党课。

7日　国务院办公厅秘书一局一级巡视员刘维刚带领调研组到昌邑市调研。山东省政府副秘书长张建德；潍坊市政府秘书长、二级巡视员宋均圻；昌邑市委副书记、市长李玉祥陪同活动。

同日　市政协党组成员、副主席李友田以“牢记初心使命，忠诚履职担当，推动新时代政协工作再上新台阶”为主题，给市直教育、体育、医药卫生界活动组和科技、科协、文化艺术界活动组全体政协委员讲党课。

8日　“融媒时代　高歌猛进”昌邑市庆祝第二十个记者节颁奖联欢晚会举行。市委副书记王龙堂，市人大常委会党组成员、副主任夏麦香，副市长赵海龙，市政协党组成员、副主席李友田出席活动。市委常委、宣传部部长刘世海主持颁奖仪式。

同日　市人大常委会党组理论学习中心组举行2019年第十三次集体学习。市人大常委会党组书记、主任李中福主持学习并讲话，党组副书记庞明庆，党组成员、副主任夏麦香、戚风乾、王明胜、高敬东参加学习。

同日　市政协党组召开对照党章党规找差距专题会议。市政协党组书记、主席周娟主持会议并讲话。市政协党组成员、副主席孙孝工、李友田参加会议。潍坊市委主题教育第二巡回指导组成员、潍坊市纪委派驻第十纪检监察组四级调研员刘玉龙到会指导。

同日　市政协党组书记、主席周娟以“追寻人民政协的初心和使命，推动人民政协工作在新征程上实现新作为”为主题，为市政协全体党员干部讲专题党课。市政协领导班子成员及机关全体党员干部参加学习。

同日　2019年“119消防安全宣传月”活动启动仪式举行。市委常委、副市长、市委办公室主任刘煜出席仪式并讲话。

同日　市政协党组成员、副主席孙孝工以“坚定理想信念，守初心担使命，奋力推动新时代政协工作高质量发展”为主题，给市直经济界活动组全体政协委员讲党课。

9日　市委常委会对照党章党规找差距专题会议召开。市委书记吕珊珊主持会议并带头作对照检视。潍坊市委主题教育第二巡回指导组副组长王海峰，成员刘文浩到会指导。

同日　市委书记吕珊珊以“矢志不渝守初心，奋发作为担使命，争做推动高质量发展的带头人”为主题，为全市党员干部讲专题党课。潍坊市委第二巡回指导组副组长王海峰、成员刘文浩到会指导。昌邑市委副书记王龙堂主持党课；市人大常委会主任李中福，市政协主席周娟出席党课。市委常委，市人大常委会、市政府、市政协党组成员，市法院院长、市检察院检察长等参加党课。

同日　市政府党组召开对照党章党规找差距专题会议。市委副书记、市长李玉祥主持会议并带头作对照检视。潍坊市委第二巡回指导组副组长王海峰到会指导。

11日　全市创建全国文明城市迎测动员会议召开。市委副书记王龙堂主持会议并讲话，市领导刘世海、刘煜、夏麦香、李友田出席会议。

13日　全市党的建设暨基层党建工作会议召开。市委书记吕珊珊出席会议并讲话，市委副书记、市长李玉祥主持会议，市委副书记王龙堂，市委常委刘世海、孔晓明、胡筱芹、刘煜、刘焕成、马永平等领导出席会议。

同日　市政协党组理论学习中心组开展“不忘初心、牢记使命”主题教育学习研讨暨2019年第十四次集体学习研讨。市政协党组书记、主席周娟，党组成员、副主席孙孝工、李友田参加学习。市政协副主席冯义军、吴红玉、李敏、孙永涛列席会议。

同日　河南省鹤壁市人大常委会副主任肖海

水带领考察组一行5人，到昌邑市考察乡村振兴战略实施情况。潍坊市人大常委会委员、农业与农村委副主任委员、二级巡视员孙沂，昌邑市人大常委会副主任王明胜陪同活动。

同日 省总工会党组成员、经费审查委员会主任蒋石宝带领调研组，到昌邑市调研产业技能大赛、职工创新工作情况。市人大常委会副主任、市总工会主席高敬东陪同调研。

14日 市委统一战线工作领导小组会议召开。市委副书记王龙堂出席会议并讲话，市委常委、统战部部长马永平参加会议。

同日 昌邑市人大常委会第四十四次主任会议召开，市人大常委会主任李中福主持会议。市人大常委会党组副书记庞明庆，副主任夏麦香、戚风乾、王明胜、高敬东出席会议。

15日 昌邑市组织收听收看省委、省政府召开的重点工作推进落实情况视频会议。市委书记吕珊珊，市委副书记、市长李玉祥，市委副书记王龙堂，市政协主席周娟等市级领导班子成员参加会议。

同日 市政协十三届三十五次主席会议召开。市政协主席周娟主持会议并讲话，副主席冯义军、孙孝工、吴红玉、李友田、李敏、孙永涛出席会议。

同日 山东老年大学副校长宋正宽带领调研组，到昌邑市调研老干部工作。市委常委、组织部部长胡筱芹陪同活动。

同日 昌邑市组织收听收看全省农村人居环境整治工作推进视频会议。副市长孔德奎参加会议。

16日 “潍水大讲堂”专题辅导讲座举办。邀请省农业农村厅党组成员、副厅长褚瑞云作《实施乡村振兴战略　推动山东农业农村高质量发展》的专题辅导报告。市委副书记王龙堂，市政协主席周娟等市级领导班子成员参加讲座。

同日 “潍水清风”最美轮椅姐姐刘晓清书法展开展仪式举行。潍坊市政协副主席刘秀平；昌邑市委常委、宣传部部长刘世海，市政协副主席李友田出席仪式。

17日 市委副书记、市长李玉祥带领相关部门（单位）主要负责人现场调度全国文明城市创建工作。市委副书记王龙堂，市领导刘世海、刘煜、赵海龙、曲伟参加活动。

19日 潍坊市委常委、组织部部长刘国伟带领潍坊督查组到昌邑市专项督查潍坊市委、市政府重点任务目标完成情况。市委书记吕珊珊，市委副书记王龙堂，市委常委、组织部部长胡筱芹分别陪同活动。

同日 市政协副主席孙永涛带领部分政协委员开展“加强城市精细化管理，助力全国文明城市创建”对口协商活动。市委常委、宣传部部长刘世海参加活动。

同日 昌邑市组织收听收看潍坊市冬春季大气污染防治攻坚会议。市领导刘世海、刘煜、马永平参加会议。

20日 昌邑市组织收听收看省委宣讲团中共十九届四中全会精神报告会视频会议。市委书记吕珊珊，市委副书记、市长李玉祥，市委副书记王龙堂等市级领导班子成员参加会议。

同日 市委党校2019年第四期科级干部进修班开学典礼举行。市委常委、市委办公室主任、副市长刘煜出席并作专题授课。

同日 成品油监管联席会议第一次会议召开。副市长赵海龙出席会议并讲话。

同日 市政协组织领导班子成员及机关全体党员干部，到“使命·担当”潍坊党性教育主题展馆开展主题教育活动。市政协副主席孙孝工、李友田、李敏、孙永涛参加活动。

21日 市政协党组理论学习中心组围绕中共十九届四中全会精神专题，开展“不忘初心、牢记使命”主题教育专题学习研讨暨2019年第十五次集体学习研讨。市政协党组书记、主席周娟，党组成员、副主席孙孝工、李友田参加学习。市政协副主席冯义军、李敏、孙永涛列席。

22日 市委理论学习中心组开展第十一次集体学习研讨。市委副书记、市长李玉祥主持会议并讲话。

同日 昌邑市组织收听收看全国、全省安全生产电视电话会议。市委副书记、市长李玉祥，市领导刘煜、刘焕成、赵海龙出席会议。

23日 市委副书记、市长李玉祥带领相关部门（单位）主要负责人现场调度全国文明城市及国家卫生城市创建工作。市委副书记王龙堂，市领导刘世海、赵海龙参加活动。

同日 市委理论学习中心组开展第十二次集体学习研讨。市委副书记、市长李玉祥主持会议并讲话。

25日 潍坊市委副秘书长王守全，昌邑市委书记吕珊珊到龙池镇、柳疃镇明察暗访农村人居环境整治工作。副市长孔德奎参加活动。

26日 市委书记吕珊珊带领相关部门（单位）负责人，现场调度部分重点项目、重点工程建设情况。

同日 市政协邀请市委党校教师范婷作党史、新中国史专题辅导讲座。市政协副主席冯义军、孙孝工、吴红玉、李友田、李敏、孙永涛参加辅导讲座。

27日 青岛市总工会党组书记、常务副主席彭建国带领考察组一行26人，到昌邑市参观考察工友创业园和职工服务中心建设情况。市人大常委会副主任、总工会主席高敬东陪同活动。

28日 昌邑市组织收听收看潍坊市基层卫生综合改革暨紧密型县域"医共体"建设推进会议。市委副书记、市长李玉祥，副市长赵海龙参加会议。

同日 市人大常委会党组理论学习中心组举行2019年第十四次集体学习。市人大常委会党组书记、主任李中福主持学习并讲话，党组副书记庞明庆，党组成员、副主任夏麦香、戚风乾、王明胜、高敬东参加学习。

29日 市总工会第十届委员会第六次全体会议召开。市人大常委会副主任、市总工会主席高敬东出席会议并讲话。

同日 潍坊市副市长马清民带领督导组到昌邑市督查指导河道清违清障工作。市领导李明杰陪同活动。

30日 全市学习贯彻中共十九届四中全会精神宣讲团成立暨宣讲工作动员会议召开。市委常委、宣传部部长刘世海出席会议并部署全市宣讲工作。

同月 市政协召开专题会议，传达学习中共十九届四中全会精神。市政协主席周娟，副主席冯义军、孙孝工、吴红玉、李友田、李敏、孙永涛出席会议。

同月 市政协分组开展2019年度第四次"委员活动日"活动。市政协副主席冯义军、孙孝工、吴红玉、李友田、李敏、孙永涛分别参加所联系工作室、活动组的活动。

同月 第七届亚洲微电影艺术节"金海棠"奖颁奖典礼在云南省临沧市举行。昌邑市党员教育微电影《行军日记》获得"金海棠"最佳作品奖，为作品类最高级别奖项。

同月 昌邑市环卫中心提报的《魅力昌邑 印象环卫》《创新驱动 城乡统筹——全力打造城乡环卫一体化"昌邑模式"》两项案例，分别被中国城市环境卫生协会列入2019年度中国环境卫生管理发展与创新、环卫一体化案例整体解决方案示范案例，并建议在全国环卫行业中推广。

同月 "昌邑大姜"入选中国品牌农产品目录并受邀参加第十七届中国农交会展出。

同月 昌邑一中获"全国青少年校园足球特色学校"称号。

同月 山东立辉重工有限公司获批省级企业技术中心。

同月 昌邑市龙港无机硅有限公司被山东省人力资源和社会保障厅批准公布2019年度博士后创新实践基地设立单位。

同月 潍坊市平安消防工程有限公司、山东华晨彩装科技有限公司两家企业入选山东省2019年企业上云标杆企业。

12月

1日 华晨文创北京旗舰店开业。市委常委、宣传部部长刘世海出席活动并致辞。

2日 国家宪法日“运动健身 法治兴昌”徒步宪法主题宣传暨集中宣传活动举行。市委常委、政法委书记刘焕成出席活动并讲话。市直部门单位300余人参加活动。

3日 市十八届人大常委会第二十次会议举行。市人大常委会主任李中福，党组副书记庞明庆分别主持会议；副主任夏麦香主持环保督察整改专题询问会议。市委常委、副市长、市委办公室主任刘煜代表市政府发言。市人大常委会副主任戚风乾、王明胜、高敬东出席会议；副市长孔德奎列席会议。

同日 昌邑市组织收听收看全省基础教育工作视频会议。副市长赵海龙参加会议。

4日 市人大常委会召开国家宪法日座谈会。市人大常委会主任李中福出席座谈会。

同日 市人大常委会组织驻昌邑市的省和潍坊市人大代表开展人代会前集中考察活动。市人大常委会主任李中福，副主任夏麦香、王明胜、高敬东参加活动。

同日 中国书法家协会第七届楷书委员会2019年工作会议在昌邑市召开。中国书法家协会副主席、楷书委员会主任，山东省文联副主席，山东省书法家协会主席，山东大学艺术学院院长、教授、博士生导师顾亚龙出席会议；昌邑市委常委、宣传部部长刘世海出席会议并致辞，副市长赵海龙陪同活动。

同日 市委常委、副市长、市委办公室主任刘煜到潍坊市政务服务热线受理中心现场接听“12345”热线，了解群众诉求，帮助解决实际问题。

同日 市委书记吕珊珊同山东铁投集团董事长秘书、山东铁路综合开发有限公司董事长、党委书记张宗旺一行，交流深化多领域合作。市领导刘煜、李明杰参加活动。

同日 民政部调研采访组到昌邑市开展民政工作调研，考察采访“体验式监管+嵌入式服务”打好特困供养组合拳工作做法。中国社会报社采编三部主任曾庆民，省民政厅二级调研员郑勇；潍坊市民政局四级调研员朱正武参加调研。昌邑市委常委、统战部部长马永平陪同活动。

同日 潍坊市文化执法支队支队长庄鹏带队到华晨集团检查指导迎接全省版权工作会议现场点筹备情况。副市长赵海龙陪同活动。

6日 市委常委会“不忘初心、牢记使命”主题教育专题民主生活会召开。潍坊市委常委、组织部部长刘国伟到会指导并作点评。市委书记吕珊珊主持民主生活会并代表市委常委会作检视剖析，市人大常委会、市政协党组主要负责人列席会议。

同日 市扶贫开发领导小组第四次全体（扩大）会议召开。市委书记吕珊珊，市委副书记、市长李玉祥，市委副书记王龙堂，市领导孔晓明、胡筱芹、刘煜、曲伟出席会议。

同日 “大颂江山——张明川中国画展”在潍坊十笏园开展。市委常委、宣传部部长刘世海出席开幕式。

7日 市委副书记、市长李玉祥参加柳疃镇领导班子“不忘初心、牢记使命”主题教育专题民主生活会和柳疃镇第一机关党支部“不忘初心、牢记使命”主题教育专题组织生活会。会后，走访慰问包靠的贫困户。

同日 市委副书记、市长李玉祥带领相关部门（单位）负责人现场调度国家卫生城市创建工作。副市长赵海龙参加活动。

同日 2019年“潍水大讲堂”举办，邀请省应急管理厅安全技术服务中心副主任成炳国作专题辅导报告。市委副书记、市长李玉祥，市人大常委会主任李中福等市级领导班子成员参加。市委常委、副市长、市委办公室主任刘煜主持报告会，并安排部署安全生产工作。

7—8日 安丘市、诸城市、滨海区、高新区、坊子区、潍城区、青州市、寿光市考察团到昌邑市参观考察。

9日 市政府党组“不忘初心、牢记使命”主题教育专题民主生活会召开。市委副书记、市长李玉祥主持民主生活会并代表市政府党组作检视剖析。潍坊市委主题教育第二巡回指导组副组长、市人大常委会机关二级调研员王海峰到会指导。

10日 潍坊市委宣讲团学习贯彻中共十九届四中全会精神昌邑宣讲报告会举行。潍坊市委宣讲团成员，潍坊市委副秘书长、政研室主任吕尧良作宣讲报告。市委书记吕珊珊主持宣讲报告会。市委副书记、市长李玉祥，市委副书记王龙堂，市人大常委会主任李中福等市级领导班子成员参加报告会。

同日 市人大常委会党组“不忘初心、牢记使命”主题教育专题民主生活会召开。市人大常委会党组书记、主任李中福主持会议并讲话，党组副书记庞明庆，党组成员、副主任夏麦香、王明胜、高敬东参加会议。潍坊市委主题教育第二巡回指导组成员、潍坊市纪委派驻第十纪检监察组四级调研员刘玉龙到会指导。

同日 市政协党组“不忘初心、牢记使命”主题教育专题民主生活会召开。市政协党组书记周娟主持会议并代表市政协党组作检视剖析，市政协党组副书记张天辉，党组成员孙孝工、李友田、姜利国参加会议。

同日 省体育局党组成员、副局长张炳臣带领调研组到昌邑市调研基层体育工作。市委常委、副市长、市委办公室主任刘煜陪同活动。

12日 全市最低生活保障和特困人员供养审批权限下放工作会议召开。市委常委、统战部部长马永平出席会议并讲话。

同日 昌邑市生活垃圾焚烧发电PPP项目签约仪式举行。市委常委、副市长、市委办公室主任刘煜出席活动。

13日 潍坊市委老干部局二级调研员李志民带领观摩团，到昌邑市老干部综合服务中心观摩指导。市委常委、统战部部长马永平陪同观摩。

同日 市政协2019年度机关委室述职评议会议召开。市政协副主席吴红玉、孙永涛参加会议。

16日 市委书记吕珊珊参加下营镇领导班子“不忘初心、牢记使命”主题教育专题民主生活会和下营镇第一机关党支部“不忘初心、牢记使命”主题教育专题组织生活会。并率检查组检查2019年全面从严治党、党风廉政建设和意识形态工作主体责任落实情况；到下营工业园调研重点项目及企业安全生产工作；走访慰问所包靠的贫困户。市领导李明杰参加活动。

17日 市委副书记、市长李玉祥带领市委检查组，到柳疃镇检查2019年全面从严治党、党风廉政建设、意识形态工作“三个主体责任”落实情况。

同日 市人大常委会召开全市镇级人大代表培训会议，邀请潍坊市人大常委会人事代表工作室副主任于绍津授课。市人大常委会副主任高敬东主持会议。

18 日　山西省临汾市委常委、政法委书记郭行杰带领考察团，到昌邑市考察园区管理、运行机制、营商环境、投融资等方面的工作。市委副书记、市长李玉祥，市委常委、政法委书记刘焕成陪同活动。

同日　市委副书记王龙堂到围子街道检查2019年全面从严治党、党风廉政建设和意识形态工作主体责任落实情况。

同日　驻昌邑潍坊市政协委员活动组2019年度述职会议召开。市政协主席周娟，市委常委、统战部部长马永平，市政协副主席冯义军、吴红玉参加会议。

同日　全市村庄道路硬化工程验收工作部署会议召开。市委常委、统战部部长马永平主持会议。

19 日　西安工程大学副校长李鹏飞到柳疃镇参加西安工程大学九久家纺研究院揭牌仪式。市委常委、组织部部长胡筱芹出席仪式并致辞。

20 日　全省“版权进乡村”行动总结推进会议与会人员到昌邑市现场观摩。中宣部版权管理局局长于慈珂，省委宣传部副部长、省新闻办主任魏长民带队参加活动；潍坊市委宣传部常务副部长刘玉祥，潍坊市文化市场综合执法支队支队长庄鹏；昌邑市委副书记、市长李玉祥，市委常委、宣传部部长刘世海陪同活动。

同日　潍坊市新的社会阶层人士统战工作实践创新基地建设经验交流现场会在昌邑市召开。潍坊市委统战部副部长、市侨办主任刘强出席会议并讲话，昌邑市委常委、统战部部长马永平出席会议并致辞。

23 日　市委副书记、市长李玉祥带领相关部门（单位）负责人，现场调度安全生产工作和重污染天气应急响应情况。市领导刘煜参加活动。

24 日　2019年市级党政班子成员向市纪委全会述责述廉会议召开。市委书记吕珊珊主持会议并讲话。

25 日　昌邑市人大常委会第四十五次主任会议召开，市人大常委会主任李中福主持会议。市人大常委会副主任夏麦香、王明胜、高敬东出席会议。

同日　潍坊市河长制工作考核组到昌邑市考核县级总河长工作。副市长孔德奎陪同活动。

同日　昌邑市武术运动协会成立大会在文山中学举行。

25—26 日　昌邑市组织观摩点评2019年全市新旧动能转换暨“双招双引”项目。26日，观摩点评总结部署会议举行。市委书记吕珊珊，市委副书记、市长李玉祥，市委副书记王龙堂，市政协主席周娟等市级领导班子成员参加观摩。

26 日　高铁配套产业园项目战略合作协议签约仪式举行。山东铁投集团党委书记、董事长姜长兴，山东铁投集团董事会秘书、山东铁路综合开发公司党委书记、董事长张宗旺，大禹伟业（北京）国际科技有限公司董事长黄金星；昌邑市委书记吕珊珊，市委副书记、市长李玉祥，市领导李明杰、孔德奎出席签约仪式。

同日　全市精神文明建设委员会全体会议召开。市委副书记、市文明委主任王龙堂出席会议并讲话，市委常委、宣传部部长、市文明委副主任刘世海主持会议并围绕贯彻落实会议精神提出意见，副市长、市文明委副主任赵海龙参加会议。

同日　昌邑市十八届人大常委会第二十一次会议举行。市人大常委会主任李中福主持会议。

27 日　潍坊市人民检察院党组书记、代理检察长陶卫东到昌邑市调研。市委书记吕珊珊，市委常委、政法委书记刘焕成参加调研。

同日　潍坊市集中销毁毒品活动在昌邑市举行。潍坊市副市长、市公安局局长孙刚；昌邑市委书记吕珊珊，市领导刘焕成、李明杰、王树国参加活动。

同日 昌邑市组织收听收看潍坊市消防重点工作推进会议。会议结束后，市委常委、副市长、市委办公室主任刘煜安排部署全市消防安全风险隐患“大起底、大整治”百日攻坚行动。

28日 2019年度市直部门单位述职评议会议召开。全市111个市直部门单位述职，与会人员评议述职。市委书记吕珊珊，市委副书记、市长李玉祥，市委副书记王龙堂，市人大常委会主任李中福，市政协主席周娟等市级领导班子成员参加会议。

30日 山东浩信昌盛智能铸锻中心全面投产仪式举行。中国机械工业联合会副会长、中国铸造协会会长张立波出席仪式并致辞；昌邑市委书记吕珊珊出席仪式，市委副书记、市长李玉祥会见与会嘉宾并致辞，市领导高敬东、孔德奎、冯义军出席仪式。

31日 中国共产党昌邑市第十四届委员会第七次全体会议举行。市委委员39人，市委候补委员6人，不是市委委员、候补委员的市人大常委会党组副书记、副主任，副市长，市政协党组副书记、副主席；市人武部部长；市纪委市监委领导班子成员列席会议。市委常委会主持全会，市委书记吕珊珊讲话。

同日 昌邑市癌症中心在市人民医院成立。中国工程院院士、山东第一医科大学名誉校长、山东省肿瘤医院院长于金明，昌邑市委书记吕珊珊出席成立大会并为市癌症中心揭牌；副市长赵海龙主持会议。

同日 潍坊市委常委、副市长刘建国到昌邑市调研立辉重工及海上风电项目。市委书记吕珊珊，市委副书记、市长李玉祥，市领导李明杰陪同活动。

同日 全市意识形态工作联席会议召开。市委副书记王龙堂出席会议并讲话，市领导刘世海、刘煜参加会议。

同月 市委副书记王龙堂参加围子街道党政班子“不忘初心，牢记使命”主题教育专题民主生活会，于家部村党支部组织生活会。

同月 市人大常委会主任李中福到下营镇、围子街道走访联系人大代表。

同月 市人大常委会主任李中福，党组副书记庞明庆，副主任夏麦香、王明胜、高敬东分别到奎聚街道、都昌街道、围子街道走访慰问贫困群众，指导精准扶贫工作。

同月 市政协分组对十三届三次会议后提案办理情况开展集中考察，并组织现场评议。市政协党组副书记张天辉，副主席冯义军、孙孝工、吴红玉、李友田、李敏、孙永涛参加活动。

同月 柳疃镇获“省级园林城镇”称号，成为昌邑市首个省级园林城镇。

同月 柳疃镇被山东省文化和旅游厅命名为第二批全省“非遗助力脱贫、推动乡村振兴”典型乡镇。

同月 龙池镇入选山东省“乡村振兴示范乡（镇、街）”。卜庄镇大陆村，围子街道于家部村，柳疃镇西付村，下营镇火道村，都昌街道渔洞埠村，饮马镇山阳村，石埠经济发展区埠头村入选“乡村振兴示范村（社区）”。

同月 昌邑龙池海洋化工产业园被省发展改革委、省海洋局认定为第二批省级海洋特色产业园区。

同月 昌邑市获“全国法治宣传教育先进县（市、区）”称号。

同月 昌邑市获“全国绿化模范单位”称号。

同月 昌邑市被授予“全国纺织产业基地市（2019—2022）”称号。

同月 昌邑市文化和旅游局获由中宣部、农业农村部主办的“2019新时代乡村阅读季”县级优秀组织奖。

同月 渤海走廊革命斗争陈列馆获中华人民共和国成立70周年·中国红色文化陈列展览精品

工程金奖。

同月　昌邑市委组织部拍摄的党员教育电视片《行军日记》获第十五届全国党员教育电视片文艺片“二等奖”;《祖国，我对你说》获全省优秀党员教育电视片“特别奖”。

同月　龙池镇农业农村综合服务中心寇玉湘获评2019年度“全国十佳农技推广标兵”称号。

同月　柳疃镇获评省级创业型乡镇及潍坊市首批法治示范镇。

同月　昌邑市人大常委会机关获省人大常委会授予的“2019年度宣传工作先进单位”称号。

同月　昌邑市档案馆获省档案馆授予的“2019年度档案宣传工作先进集体”称号。

同月　昌邑市应急管理局获“全省县级防震减灾工作年度考核先进单位”称号。

同月　昌邑市新生代企业家联合会被省人力资源社会保障厅、省工商联授予“山东省工商联系统先进集体”称号。

同月　昌邑市义工联合会作品《重逢》获山东省“新时代文明实践”微视频大赛一等奖。

同月　昌邑市龙港无机硅有限公司“环保型纺织品用硅基阻燃剂的研发与产业化”项目获山东省科技进步二等奖。

（姜　肖）

昌邑概况

自然地理

【位置　面积】 昌邑市位于潍坊市东北部，距潍坊市政府驻地30千米。地处北纬36° 26′～37° 11′，东经119° 12′～119° 37′。东与烟台市莱州市、青岛市平度市隔胶莱河相望，东南与潍坊市高密市接壤，西南与潍坊市坊子区毗邻，西接潍坊市寒亭区，北濒莱州湾。

全市土地总面积1627.74平方千米，其中农用地99031.35公顷（耕地73035公顷，基本农田60491.2公顷），占总面积60.84%；建设用地34630.09公顷，占总面积21.28%；未利用地29111.2公顷，占总面积17.88%；人均耕地0.1198公顷。

（宋兆文）

【地形　地貌】 昌邑市北临渤海莱州湾，北部沿海海岸线长59.57千米，浅海面积410平方千米，滩涂面积254平方千米。昌邑市地势总体特征南高北低，北临渤海。南部为埠岭区，中部平原由第四纪沉积物为冲洪积而成，北部由第四纪沉积物海陆相沉积而成的滨海浅平洼地区，丘陵平均海拔50米，北部平原平均海拔不足10米。昌邑市境内河流较多，有大小河流30余条，分为潍河、胶莱河、虞河3大水系，贯穿境内的潍河是市内最大的河流，流域面积6367平方千米。市内在一些小河上建有小型水库3座，塘坝72处；引黄济青输水渠斜穿中北部镇（街），长度48千米。昌邑市的地貌受构造、岩性、气候、河流、海洋内外引力作用的影响，地势自南向北逐渐降低。南部为低山丘陵区，中部为平原区，北部为洼地海滩。丘陵占境域的24.64%，平原占28.68%，洼地海滩占46.68%，其地貌类型主要分为剥蚀残丘区，冲积、洪积平原区，滨海洼地。

（宋兆文）

【河流】 全市有河流（渠道）26条，全部纳入河长制管理。其中，省级2条（潍河、胶东调水工程昌邑段）、潍坊市级河流3条（北胶莱河、虞河、引黄入峡渠道昌邑段）、县级河流9条（蒲河、北胶新河、吴沟河、漩河、丰产河、堤河、佐家河、中李河、南水北调续建配套工程）、镇级河流12条（渔池河、官河、小新河、麻湾河、五里河、夹沟河、瀑沙河、涩河、清泉河、小龙河、拐子河、尹家河）。

潍河　昌邑境内全长64千米，境内主要支流为拐子河。由饮马镇山阳村西南方向进入昌邑境内，于下营镇西流入渤海莱州湾。流经昌邑市饮马镇、石埠经济发展区、围子街道、都昌街道、奎聚街道、柳疃镇、卜庄镇、下营镇8个镇（街、区）。

胶东调水工程昌邑段　昌邑境内全长52.8千米，由都昌街道西永安村进入境内，于饮马镇八里屯村出昌邑市进入高密市境内。流经昌邑市都昌街道、围子街道、石埠经济发展区、饮马镇。

北胶莱河　昌邑境内全长58.3千米，由石埠经济发展区前谢家营村东南进入境内，于下营镇廒里村北入渤海。上游段为昌邑市与高密市的界河，中下游段为昌邑市与平度市、莱州市的界河，主要支流包括渔池河、小新河、漩河等，流经石埠经济发展区、围子街道、卜庄镇、下营镇4个镇（街、区）。

虞河　昌邑境内全长29千米。由都昌街道肖家埠村西进入境内，流经都昌街道、龙池镇，于龙池镇利渔村北入渤海。

引黄入峡渠道昌邑段　昌邑境内全长0.7千米，流经都昌街道乖场村后出境，引黄河水流入峡山水库。

蒲河　位于昌邑市北部，全长23.5千米，发源于卜庄镇六甲村，流经卜庄镇、下营镇，在下营镇入漩河后，流入北胶莱河汇入渤海，流域面积95平方千米。

北胶新河　流经昌邑境内全长15.5千米，分南北两段，南段自北孟镇朱阳前村东至东官庄村东南，北段自石埠经济发展区肖家庄子村东南至库户庄村东。

吴沟河　位于昌邑市饮马镇北部，发源于昌邑市饮马镇吴沟村，流经饮马镇、石埠经济发展区。原吴沟河河道流经饮马镇张家屯村，随着村庄发展，吴沟河穿村而过，且被胶东调水工程截断导致失去河流作用，现状吴沟河自张家屯村南向东，与胶东调水渠道共用5.6千米，于石埠经济发展区郝家屯村东南入北胶新河。

漩河　全长35千米，原发源于昌邑市卜庄镇皂沟子村，自南而北至下营镇廒里村北入北胶莱河。发源于围子街道辛富店村以北。流经围子街道、卜庄镇、下营镇，在下营镇廒里村东北入北胶莱河，流域面积203平方千米。

丰产河　全长22.58千米，南起都昌街道昌寿路桥，北至龙池镇东利渔村以北汇入虞河，流经都昌街道、奎聚街道、龙池镇。

堤河　全长23千米，流经奎聚街道、柳疃镇、龙池镇，堤河自奎聚街道虫埠村东南（城北污水处理厂）始，于龙池镇灶户村西北入渤海，是潍河以西峡山灌区的主要排水干道。流域面积119平方千米。

佐家河　全长10.7千米，由饮马镇杨家庄子村东南进入境内，流经北孟、饮马2个镇，于饮马镇大谢家庄村东南入北胶新河。

中李河　全长4.3千米，由北孟镇前李家埠村北进入境内，流经北孟、饮马2个镇，于北孟镇孙营村西北入佐家河。

南水北调续建配套工程　全长8.1千米，由潍河左岸小营口放水闸起，至城区石渠北端止。

渔池河　全长5.4千米，起点位于北孟镇万合屯村西，终点位于北孟镇东角兰村东南入北胶新河。

官河　全长600米，起点位于北孟镇朱阳前村东南，终点位于北孟镇朱阳后村东。

小新河　全长12.5千米，起点位于北孟镇大望仙庄村西南，终点位于北孟镇宋家村东南。

麻湾河　全长6.1千米，起点位于北孟镇南麻湾村南，终点位于北孟镇田戈庄村西入渔池河。

五里河　全长8.4千米，起点位于北孟镇魏马村，终点位于北孟镇李家庄子村西北入佐家河。

夹沟河　全长11.5千米，起点位于都昌街道单家埠村南，终点位于都昌街道昌寿路桥。

瀑沙河　全长12.9千米，起点位于都昌街道西化埠村，终点位于都昌街道博乐埠村北入丰产河。

涩河　全长19.9千米，起点位于都昌街道南候章村南，终点位于都昌街道渔洞埠村西北入虞河。

清泉河　全长3.7千米，起点位于围子街道东黄埠村东，终点位于围子街道辛富店村东入北胶莱河。

小龙河　全长 8.2 千米，起点位于柳疃镇付戈庄村，终点位于柳疃镇区后西汇入堤河。

拐子河　全长 9 千米，起点位于柳疃镇刘家车道村，终点位于渔尔堡村北入潍河。

尹家河　全长 7.5 千米，起点位于龙池镇瓦城村，终点位于龙池镇官靶路处汇入堤河。

（胡　阳）

【海岸　海域】　昌邑市濒临渤海莱州湾南岸，向陆一侧以省政府批准确定的海岸线为界，向海一侧以国务院批复的县际间海域行政区域界线外端点连线为界，东至昌邑市与莱州市海域行政区域界线，西至昌邑市与潍坊市滨海经济技术开发区海域行政区域界线，海岸线长 59.57 千米，海域总面积 681.68 平方千米。2019 年底，全市确权海域面积 2 万余公顷。

【气候】　2019 年，昌邑市气候总体特征为气温偏高，降水较常年偏少，日照较常年偏少。年初、年底出现持续雾、霾；春末至仲夏持续性高温，出现阶段性少雨干旱；盛夏台风“利奇马”奔袭山东致旱涝急转。

气温　2019 年，平均气温 14.1℃，较常年偏高 1.3℃；年极端最高 38.2℃，出现在 7 月 26 日，较历年极值偏低 3.1℃；年极端最低 -9.2℃，出现在 1 月 16 日，较历年极值偏高 9.8℃；最高气温≥ 35℃的天数为 1 天，最低气温≤ -15℃的天数为 0 天。月平均气温除 4 月和 8 月外，其他月份均较常年偏高。

降水　2019 年，昌邑降水较常年偏少，为 458.8 毫米，较历年最多值（1990 年）偏少 433.2 毫米，较历年最少值偏多 125.3 毫米；4 月、8 月、11 月和 12 月降水偏多，其他月份月降水量均较常年偏少。

以 24 小时降雨量≥ 50 毫米为暴雨标准统计，2019 年，昌邑市出现暴雨天气 1 次，即 8 月 11 日台风“利奇马”登陆，造成全市普降暴雨，城区降水量 99.8 毫米。

风　2019 年，昌邑市年平均风速 2.8 米 / 秒，年最多风向为南东南。大风（风速超过 17 米 / 秒）天气日数为 8 天，较常年值（5.2 天）偏多。全年极大风速最大值出现在 6 月 4 日，风速 27.0 米 / 秒，达到 10 级。

其他天气　2019 年，昌邑市雷暴天气日数 25 天，较常年值（22.3 天）偏多；大雾天气日数 28 天，较常年值（26.5 天）偏多；降雪天气日数 12 天，与常年值（14.3 天）偏少。

2019 年，昌邑市年日照总数 2275.7 小时，较常年（2301.9 小时）偏少 26.2 小时；全年阴天日数 79 天。

2019 年，昌邑市无霜期为 232 天。

（龙晓斌）

自然资源

【土地资源】　2019 年，全市土地面积 162774 公顷，依据市域地貌类型，农作物生产特点、天然资源条件、经济发展条件及发展方向相对一致等因素，将市域划分为 4 个类型。

沿海滩涂地域　位于莱州海湾岸线南侧，市域北部沿海地区，海拔 0 ～ 3.5 米，海岸西起虞河口，东至胶莱河口，全长 59.57 千米。土地面积 43418.99 公顷，占全市土地总面积的 26.7%，区域内有下营镇、种畜场、牧畜场、养虾场、盐场、潍北靶场、空军靶场、潍北农场等。

昌北平洼地域　位于沿海滩涂地域以南，咸淡水分界线以北，海拔 3.5 ～ 6 米。土地面积 48513.33 公顷，占全市土地总面积 29.8%。其中，耕地面积 27022 公顷，占该地域土地总面积的 55.7%；园地 776 公顷，占 1.6%；林地 388 公顷，占 0.8%；居民点及工矿用地 4560.2 公顷，占 9.4%；交通用地 1600.9 公顷，占 3.3%；水域 11594.7 公顷，占 23.9%；未利用土地 2571.2 公顷，占 5.3%。

昌中平原地域　位于市域的中部，南至饮马镇，北至咸淡水分界线，海拔 6 ～ 13 米。地势平坦，土层深厚，土壤肥沃。地域内有奎聚、都昌、围子 3 个街道，卜庄镇和饮马镇北部。土地面积 41720 公顷，占全市土地总面积的 25.6%。其中，耕地面积 27493.5 公顷，占该地域土地总面积的 65.9%；园地 2086 公顷，占 5.0%；林地 876.1 公顷，占 2.1%；居民点及工矿用地 5381.9 公顷，占 12.9%；交通用地 1543.7 公顷，占 3.7%；水域 3629.6 公顷，占 8.7%；未利用土地 709.2 公顷，占 1.7%。

昌南丘陵地域　地处市域南部，最高点为博陆山，海拔 88.05 米。系鲁东丘陵剥蚀残丘区，为缓岗埠岭，地势西高东低。地域内含北孟镇和饮马镇大部。土地面积 29123 公顷，占全市土地面积的 17.9%。其中，耕地面积 18405 公顷，占该地域土地总面积的 63.2%；园地 1194 公顷，占 4.1%；林地 378.6 公顷，占 1.3%；居民点及工矿用地 2795.8 公顷，占 9.6%；交通用地 1252.3 公顷，占 4.3%；水域 4397.6 公顷，占 15.1%；未利用土地 699.7 公顷，占 2.4%。该地域多为土层浅薄，土壤肥力低，地下水资源缺乏，地表水（峡山水库）2016 年后，经常依靠南水北调工程加水补给，用水费用大。域内有低产田 22133.5 公顷，占全域土地面积的 76%。

（宋兆文）

【水资源】　昌邑市多年平均降雨量 595.4 毫米，受季风和地形地貌的变化影响，全市降水年内变化、年际变化和地域变化明显。2019 年，全市降雨量 425.5 毫米。水资源主要包括地表水和地下水两部分。多年平均地表水资源量 1.37 亿立方米，多年平均地下水资源量 1.5 亿立方米，扣除两者之间的重复计算量 0.4 亿立方米，全市多年平均水资源总量 2.49 亿立方米。

地下淡水资源多分布在昌邑市中南部。南部属太河山北部剥蚀残丘，为缓岗埠岭，上部多盖有厚的残积、坡积和洪积形成的含角砾的亚砂土、亚黏土，下部以大理岩、粉砂岩、砂页岩为主，地下水多储存在岩石的裂隙和空隙中，水量少，为弱富水区和贫水区，水质较好，矿化度 0.4 克 / 升。中部为冲洪积平原区，地下是深厚的砂层，地下水丰富，埋深较浅，水质良好，此区面积 496.9 平方千米，占全市总面积的 33.6%。北部为海积平原区，地域广阔，地下水矿化度高，高于 2 克 / 升，深层地下埋藏有少量的承压淡水，此区面积 663.1 平方千米，占全市总面积的 44.9%。

（胡　阳）

【矿产资源】　昌邑市地处沂沭断裂带内，基岩露头极少，多为厚层的第四系覆盖。辖区内矿产资源较丰富，分布较集中。发现石油、天然气、铁、天然卤水、溴、石英、矿泉水、建筑石料等矿产 17 种，矿床（点）43 处，探明储量的矿产 9 种，保有资源储量 24227 万吨，占潍坊市的 12%。2019 年，有各类持证矿山企业 36 家。其中，铁矿 8 家，石英矿 1 家，溴盐化工企业 26 家，矿泉水矿 1 家，从业人员 4966 人。从矿产结构上分析，非金属矿种类较多，储量较大，具有明显优势，其中开采的主要有卤水，主要分布于北部沿海，分三层，开采历史悠久，前景广阔。2019 年，形成年产盐 202.96 万吨，溴 3.54 万吨的能力；

铁矿石，主要分布于中部地区，埋藏在地下深层0～415米，设计年产量445万吨；石英岩，主要分布于饮马镇以北，矿体厚度大，品位高，结构简单，设计年产量10万吨。

（宋兆文）

生物资源

【陆生动物资源】 鸟类　昌邑市野鸟有16个目，44个科，200种。其代表种主要有白鹳、白鹭、草鹭、大麻、黄斑苇、大天鹅、白额雁、鸿雁、普通秋沙鸭、斑嘴鸭、琵嘴鸭、绿头鸭、红脚隼、黄爪隼、苍鹰、普通鵟、鹌鹑、大鸨、黄脚三趾鹑、红骨顶、白骨顶、白鹤、灰鹤、普通燕鸻、灰燕鸻、小杓鹬、斑尾塍鹬、灰鹬、草鹬、泽鹬、红脚鹬、小青脚鹬、乌脚滨鹬、大沙锥、针尾沙锥、长脚鹬、凤头麦鸡、矩翅麦鸡、金斑鸻、白领鸻、金眶鸻、普通燕鸥、红嘴鸥、黑尾鸥、山斑鸠、火斑鸠、大杜鹃、四声杜鹃、长耳鸮、短耳鸮、斑头鸺鹠、普通夜鹰、雨燕、翠鸟、戴胜、三宝鸟、大斑啄木鸟、绿啄木鸟、蚁䴕、小鹡鹛、凤头鹡鹛、云雀、凤头百灵、家燕、金腰燕、树鹨、田鹨、黄鹡鸰、白鹡鸰、小灰山椒鸟、虎纹伯劳、灰伯劳、黑枕黄鹂、黑卷尾、椋鸟、家鸦、大嘴乌鸦、花喜鹊、灰喜鹊、蓝矶鸫、红尾鸫、灰背鸫、红点颏、蓝点颏、大苇莺、芦莺、黄眉柳莺、寿带鸟、大山雀、红胁绣眼鸟、树麻雀、锡嘴雀、黑尾蜡嘴雀、金翅雀、黄雀、三道眉草鹀、燕雀等。1986年后，日本鹦鹉、七彩山鸡等珍稀鸟类亦有养殖。

兽类　有草兔、家蝠、家鼠、麝鼹、大仓鼠、黄鼬、豹猫、狗獾、小家鼠、黑线姬鼠、艾虎、普通刺猬等。1986年后，蓝狐、江龟、变色龙等稀有动物亦有饲养。

两栖、爬行类　有壁虎、丽斑麻蜥、赤练蛇、白条锦蛇、黄脊游蛇、虎斑游蛇、黑斑蛙、金线蛙、大蟾蜍、北方狭口蛙、中华鳖（甲鱼、团鱼、王八）等。蛇系无毒蛇。

昆虫类　有蜜蜂、螳螂、蝗虫、蟋蟀、蝉、蝈蝈、蝴蝶、蚕、土元、赤眼蜂、七星瓢虫、异色瓢虫、中华草蛉、丽草蛉、叶色草蛉、大草蛉、大灰食蚜蝇、黑带食蚜蝇、日本追寄蝇、天牛肿腿蜂、上海青蜂、陆马蜂、茶翅蝽等570余种。

【海洋动物资源】 昌邑市位于莱州湾南岸，海域水较浅，海底平坦宽阔，每年近海及滩涂有潍河等河流带入大量有机物，海水盐度低，水质肥沃，营养盐丰富，各种海洋生物种类繁多，资源丰富，是多种鱼虾蟹贝栖息、繁殖、索饵场所。

浮游类　浮游动物有34种，主要物种有权刺纺锤水蚤、太平洋纺锤水蚤、中华哲水蚤、瘦尾胸刺水蚤、汤氏长足水蚤、双刺唇角水蚤、真刺唇角水蚤、钳形歪水蚤、刺尾歪水蚤、小拟哲水蚤、近缘大眼水蚤、强壮箭虫、夜光虫、桡足类、多毛类幼虫、长尾类幼虫、短尾类幼虫、海蛇尾长腕幼虫、瓣鳃类后期幼虫等。

底栖类　底栖动物83种，主要是软体动物和多毛类。夏秋季节生物量和生物密度高。

游泳类　该区海域地方性游泳生物主要有鱼、虾、蟹类等。有海洋鱼虾贝等180余种，其中有经济价值的40余种。浅海地方性鱼类70余种，主要有刺虾虎鱼、梭鱼、鲻鱼、鲈鱼、鲅鱼、鲳鱼、青鳞鱼、鲚鱼、蛇鲻、鲫鱼、梅童鱼、红娘鱼、鲬鱼、马面豚、条园豚、带鱼、香梭、小黄鱼、黄姑鱼、白姑鱼等。其中，黄姑鱼、白姑鱼、鲈鱼、鲳鱼、毛口鱼、青鳞鱼、鲚鱼、蛇鲻、梅童鱼、红娘鱼、鲬鱼、鳎类、鲆鲽类等鱼类资源衰减严重，1995年后带鱼、小黄鱼、大银鱼等基本绝迹。在近岸浅海及河口附近偶有江豚出现。虾蟹类50余种，主要品种有对虾、背腹褐虾、脊尾白虾、口虾姑、三疣梭子蟹等。

【淡水动物资源】 浮游类　浮游动物有63种，其中桡足类10属11种，技角类11属15种，轮虫20属29种，原生动物8属8种。浮游动物中以原生动物数量最多，其次是技角类。

底栖类　底栖动物有40种，分为肠腔动物门、软体动物门、环节动物门、节肢动物门4个门9个目18个科。有经济价值的种类有环棱螺、椎实螺、扁卷螺旋螺、杜氏蚌、卵形蚌、湖蚌、黄蚬、秀丽白虾、日本沼虾、锯齿溪蟹、绒螯蟹等。

游泳类　鱼类有33种，分属8个科，鲤科从种类到数量都是最多的。鲤科：鲫鱼、鲤鱼、草鱼、黑龙江马口鱼、赤眼鳟、逆鱼、鲢鱼，鳙鱼、麦穗鱼、沙捶棒花鱼、翘嘴红鲌等；鲶科：鲶鱼；鮠科：黄颡鱼、餐条；脂鲤科：短盖巨脂鲤；鲡鱼科：尼罗罗非鱼，鳅科：花鳅、泥鳅；鳗鲡科：鳗鲡；鳢科：乌鳢；虾虎鱼科：吻虾虎鱼。另外还有鳖科：中华鳖。养殖鱼类中主要品种有鲤鱼、鲢鱼、鳙鱼、草鱼、鲶鱼、乌鳢、短盖巨脂鲤、尼罗罗非鱼及中华鳖。

【陆生植物资源】 木本植物　有51个科，90个属，167种。代表树种有梨、苹果、李、花楸、木瓜、合欢、紫荆、皂角、国槐、刺槐、棉槐、紫藤、花椒、臭椿、苦楝、香椿、黄杨、黄栌、火炬树、构骨、卫茅、复叶槭、七叶树、案树、文冠果、枣、葡萄、木槿、青桐、沙棘、紫薇、石榴、常青藤、灯台树、柿树、毛白蜡、连翘、丁香、女贞、楸叶桐、楸树、凌霄、接骨木、金银花、淡竹、银杏、冷杉、雪松、黑松、水杉、侧柏、蜀桧、毛白杨、黑杨、旱柳、枫杨、核桃、白榆、桑树、构树、无花果、白玉兰、鹅掌楸、蜡梅、杜仲、悬铃木、杞柳、蜡条、黄荆、枸橘、枸杞、小叶朴（黑弹树）、柽柳、柘树、山里红、酸枣、棠梨等。（最后8种为野生树种）

草本植物　农作物有小麦、玉米、大豆、高粱、谷子、花生、地瓜、水稻、芝麻、棉花等。瓜菜主要有西瓜、甜瓜、冬瓜、南瓜、西葫芦、丝瓜、黄瓜、葫芦、白菜、菠菜、胡萝卜、水萝卜、青萝卜、茄子、辣椒、葱、蒜、茼蒿、大头菜、芹菜、香菜、韭菜、西红柿、花菜、芥菜、油菜、莴苣、土豆、大姜、小茴香、空心菜、芸豆、扁豆等。野草以碱蓬、黄须菜、苜蓿、甜地丁、蒲、苇、芦、马绊草、结缕草、马鞭草、狗尾草、牛金草、白茅、水稗、三棱、罗布麻、白蒺、马磨、履草、马齿苋、旋覆花、大蓟、苦菜、荠菜、麦蒿为多。另有野生绿豆、小麦，野生大豆、高粱基本绝迹。

药用植物　引种、野生的中草药材有79个科160余种。代表种有大姜、土贝母、冬瓜子、山药、紫苏、益母草、防风、小茴香、白芍、丹皮、白茅根、玉米须、芦根、半夏、苡米、白头翁、地榆、木瓜、苦杏仁、桃仁、百合、麦冬、远志、萱草、芦荟、苍耳、百部草、银杏、茵陈、艾、白菊花、花椒、枸杞子、柏子仁、柿蒂、黑白丑、鸡冠子、霜柔叶、梧桐子、白蒺藜、白屈菜、马齿苋、苦楝子、板蓝根、莱菔子、茜草、香附、党参、大皂角、槐米、合欢花、藕节、大枣、酸枣仁、马兜铃、马蔺子、女贞子、车前子、风眼草、猫眼草、石榴、瓦松、老鹳草、扁蓄、苦丁茶、丁香、金银花、凌霄、杜仲、柽柳、海藻等。

观赏植物　昌邑境内有花卉61个科，180余种。代表种有半枝莲、菊花、大丽花、凤仙花、木槿、扶桑、牵牛、合欢、紫茉莉、枸杞、夜来香、紫藤、结香、美女樱、樱花、冬珊瑚、含羞草、紫荆、金莲花、中华石竹、虞美人、兰草、剑兰、芍药、牡丹、天竺葵、金橘、代代花、四季海棠、吊钟海棠、鸭跖草、百合、文竹、萱草、吊兰、一叶兰、水仙、君子兰、蝴蝶兰、美人蕉、荷花、蟹爪兰、昙花、苏铁、南天竹、罗汉松、无花果、白玉兰、紫玉兰、广玉兰、蜡梅、鸡冠花、景天、月季、玫瑰、贴梗海棠、华北珍珠梅、米兰、黄杨、月季、石榴、杜鹃花、仙客来、茉莉、桂花、丁香、连翘、夹竹桃、一串红、凌霄、紫藤、金银花、马蹄莲、珠兰、散尾葵、龙舌兰、芦荟、紫薇、一品红、文冠果、山茶花、旱伞草、节蓼、棕竹、水葫芦等。

【海洋植物资源】 浮游植物 浮游植物种类较多，完成鉴定的有85种，以近岸广盐种为主。优势种有骨条藻、大西洋尖菱形藻、日本星杆藻和布氏双尾藻等。

底栖植物 浅海底质主要是沙泥质，大型藻类种类较少，以高等种子植物眼子科的大叶藻为主。有藻类25种，其中绿藻5种，褐藻6种，红藻14种。

【淡水植物资源】 浮游植物 淡水水域的浮游植物种类较丰富，鉴别完成的有85种，隶属7个门69个属，其中金藻门15属30种，裸藻门4属4种，绿藻29属29种，蓝藻门11属12种。因水质污染，天气干旱，浮游植物数量锐减，部分种类绝迹。在浮游植物中绿藻的种类、数量占绝对优势。

（温飞燕）

政区 人口 民族

【行政区划】 2019年，昌邑市辖奎聚、都昌、围子3个街道，龙池、柳疃、卜庄、饮马、北孟、下营6个镇，共9个乡级政区。下辖690个行政村（居）。

（姜淑媛）

【人口】 至2019年底，全市常住人口61.85万人。户籍人口585394人，比上年减少1394人，其中男性291396人，女性293998人，性别比99.11（女=100）。全市有17岁以下97975人，占总人口的16.74%；18～34岁116471人，占总人口的19.9%；35～59岁218280人，占总人口的37.29%；60岁以上152668人，占总人口的26.08%。全市总户数192457户，平均每户3.04人。全市城镇人口250495人，占总人口的42.79%。

2019年，全市户籍人口出生4591人，其中男性2402人，女性2189人。出生婴儿性别比为109.73，出生率7.83‰。死亡4463人，其中男性2462人，女性2001人，死亡性别比123，死亡率7.61‰。年内，全市自然增长128人，自然增长率0.22‰。

2019年，全市户籍人口迁入825人，其中省内迁入419人，占迁入人口的50.79%；省外迁入406人，占迁入人口的49.21%。迁出2349人，其中迁往省内1777人，占迁出人口的75.65%；迁往省外572人，占迁出人口的24.35%。年内，机械变动净减额1524人，机械增长率-2.60‰。

（唐俊莲）

【民族】 昌邑市历史上是一个单一汉族县份，无世居少数民族，常住人口中的少数民族，多通过婚嫁、工作分配等到昌邑，居住零星分散，没有形成民族村、社区。2019年，在常住人口中，除汉族外，有满族250人、哈尼族83人、蒙古族93人、白族18人、布依族19人、藏族6人、朝鲜族39人、达斡尔族6人、傣族10人、侗族6人、赫哲族1人、回族37人、景颇族3人、拉祜族15人、黎族2人、傈僳族10人、苗族29人、仫佬族1人、纳西族2人、水族1人、土家族22人、土族1人、佤族8人、维吾尔族2人、锡伯族3人、瑶族6人、彝族49人、仡佬族1人、壮族20人，共29个少数民族，577户772人；流动人口中，有少数民族400人，主要是企业务工人员、清真拉面馆从业人员和季节性商贩等。

（王 前）

经济和社会发展

【经济发展】 2019年，昌邑市地区生产总值444.06亿元，同比增长1.4%（按可比价计算，下同）。按常住人口计算，人均地区生产总值71798元，增长1.3%。第一产业增加值48.23亿元，增长0.3%；第二产业增加值191.46亿元；第三产业增加值204.37亿元，增长8.4%。三次产业构成比例10.9 ∶ 43.1 ∶ 46。全市公共财政预算收入占GDP比重的7.2%；税收占二、三产业增加值比重的23.3%。

年内，非公有制（民营）经济构成面继续扩大，全市民营经济单位6.07万户，增长9%；从业19.76万人；注册资本459.33亿元，增长21.5%。私营企业9457户，增长21.2%;从业6.79万人；注册资本375.59亿元，增长23.9%。个体工商户4.98万户，增长7.2%；从业11.05万人，增长4.3%；注册资本53.88亿元，增长13.2%。农民专业合作社1444户，增长2.6%;成员有1.92万人，增长4.5%；出资总额29.86亿元，增长8.8%。

【乡村振兴】 2019年，全市完成农林牧渔业总产值95.07亿元，增长1%（按可比价计算，下同）。其中，农业产值32.68亿元，增长1.6%；林业产值0.75亿元，增长10%；牧业产值22.16亿元，下降7.7%；渔业产值27.78亿元，增长1.6%；农林牧渔服务业产值11.7亿元，增长16.1%。

全市粮食播种面积8.28万公顷，增长2.7%；产量51.44万吨，增长3.3%。其中，夏粮产量30.19万吨，增长5.6%；秋粮产量21.25万吨，增长0.1%。

引进城市工商资本下乡项目18个，总投资额56.9亿元，全年，完成投资9.57亿元。潍水田园综合体和梨花水镇（一期）项目入选省乡村振兴重大项目库第一批入库项目。完善农田水利设施，规划建设高标准农田建设项目2800公顷。农业产业联合体发展至8家；潍坊市级以上农业产业化重点龙头企业发展至67家，其中国家级1家，省级5家。认证“三品一标”产品4个，种植业有效期内，“三品一标”农产品111个，面积4880公顷。农业生产机械化水平提升，农机总动力99.87万千瓦。

【工业效益】 2019年，全市全部工业增加值170.91亿元。规模以上工业实现总产值557.23亿元；营业收入549.59亿元；利润总额16.11亿元。全市工业用电量40.36亿千瓦时，增长5.3%，占全社会用电量的80.2%。全市统计的27种主要产品中，有15种主要产品生产量同比增加。

全市规模以上工业中，以石油化工、盐及盐化工、纺织印染、机械制造、食品加工为主的五大主导产业实现营业务收入 527.96 亿元，下降 13.5%，总量占全部规模以上工业主营业务收入的 96.1%。

2019 年，全市规模以上高新技术产业产值 145.5 亿元，占规模以上工业总产值的比重为 26.12%。

2019 年昌邑市五大主导产业主要经济指标完成情况统计表

表 1

指标名称	企业个数（个）	总产值		营业收入		利润总额	
		总量（亿元）	增幅（%）	总量（亿元）	增幅（%）	总量（亿元）	增幅（%）
食品加工业	20	28.61	25.1	28.56	14.9	0.14	（-0.03）
纺织印染业	75	67.89	2.2	67.31	5.0	-0.30	（0.41）
机械制造业	35	59.34	-2.4	51.37	-18.0	1.51	11.5
石油化工业	1	259.69	-14.0	251.90	-21.4	5.65	-29.8
盐及盐化工业	79	118.61	-5.0	128.82	-6.6	7.55	0.0
合计	210	534.15	-7.4	527.96	-13.5	14.56	-16.0

注：括号内为上年同期总量（亿元）。

【村镇建设】 2019 年，全市固定资产投资项目 190 个，投资额下降 41.2%，其中第一产业投资增长 17.1%，第二产业投资下降 58.2%，第三产业投资下降 20.2%。房地产开发投资完成 20.73 亿元，增长 16.2%，其中住宅投资 18.65 亿元，增长 20%。商品房销售面积 41.21 万平方米。

完成小城镇建设投资 32.2 亿元，打造省级美丽乡村示范村 12 个，75% 的村庄达到美丽乡村建设 B 级以上标准。城镇化水平进一步提升，全市城镇化率 54.12%，提高 0.76 个百分点。

【消费市场】 2019 年，全市社会消费品零售总额 210.36 亿元，增长 4.1%。限额以上社会消费品零售额 12.75 亿元。其中，住宿和餐饮业零售额 0.83 亿元；批发和零售业零售额 11.92 亿元。限额以上社会消费品销售额 31.53 亿元。

全年，全市进出口总额 71.13 亿元，增长 6.1%。其中，进口额 12.58 亿元；出口额 58.55 亿元，增长 11.9%。

2019 年昌邑市分产品出口情况统计表

表 2

指标名称	出口额（亿元）	占总额比重（%）	同比增长（%）
纺织服装	30.53	52.1	16.9
机电产品	13.56	23.2	-1.3
化工产品	10.87	18.6	15.1
农副产品	2.21	3.8	31.6
其他产品	1.38	2.4	—

外资利用增长幅度巨大。全市实际到账外资 882 万美元，增长 352.7%。境外实际投资额 89 万美元。

【财税金融】 2019年，全市一般公共预算收入32.09亿元，增长10.8%。一般公共预算支出44.34亿元。各项支出中，一般公共服务支出4.18亿元，增长14.7%；公共安全支出2.15亿元；教育支出10.04亿元，增长9860.5%；社会保障和就业支出6.7亿元，增长102.1%；卫生健康支出3.14亿元，增长151.7%；农林水支出4.79亿元，增长552.1%。实现税收总收入92.39亿元，增长53.2%。分产业看，第二产业税收82.53亿元，增长61.4%，其中工业提供税收78.82亿元，增长61.9%；第三产业税收9.83亿元，增长7.8%。第三产业税收占总税收的比重为10.6%。

全市金融机构本外币各项存款余额448.5亿元，较年初增加16.4亿元，增长3.8%，其中住户存款余额359.8亿元，较年初增加36.6亿元，增长11.3%；贷款余额291.8亿元，较年初增加29.4亿元，增长11.2%。

全市179家规模以上企业完成改制，46家企业在齐鲁股权交易中心挂牌，256家企业入驻潍坊五板资本市场综合金融服务平台。

【社会事业】 全市有国家火炬计划重点高新技术企业1家，国家备案高新技术企业22家，较上年增加3家。完成专利申请691项，其中发明专利申请211项；获专利授权623项，其中发明专利授权27项。投资2.1亿元，建设改扩建学校和幼儿园项目15处，全市3～6周岁幼儿入园率99.6%，省优质园17所，占比13.5%；中小学入学率100%，小学巩固率100%，初中巩固率高于99.66%。全市增加城镇就业6356人，增加农村劳动力转移就业7025人，城镇登记失业率1.67%。全市城市低保标准由每人每月510元提高至每人每月580元，农村低保标准由每人每年4100元提高至每人每年5000元。有卫生机构575处，综合医院4处，执业医师986人，全年诊疗305.7万人次，医疗机构总收入7.36亿元。科教文体卫等社会事业稳步发展。全市居民人均可支配收入2.95万元，增长8.3%。其中，城镇居民人均可支配收入3.85万元，增长6.5%；农村居民人均可支配收入2.06万元，增长8.6%。

（魏建昊）

精神文明建设

【概况】 2019年，全市精神文明建设工作突出抓好“创建全国文明城市”和“新时代文明实践”两大重点任务，统筹做好“好人评选”“主题活动”“文明创建”“志愿服务”4项基础工作。全国文明城市测评在全省提名城市中排名第五位，昌邑市入选山东省建设新时代文明实践中心试点县（市、区）。

【文明城市创建】 *改善城市公共秩序* 聚焦昌邑市文明城市创建过程中城市管理“乱”、基础设施“差”、环境卫生“脏”的问题，从群众反映最突出最集中的地方改起。针对城区机动车乱停乱放、非机动车及行人交通违章、商铺门店占道经营等问题，市创城办会同交警、综合执法等部门联合开展城区主次干道交通秩序、经营秩序集中整治活动，坚持“突出重点、条块结合、标本兼治、注重实效”的原则，除陋习、治顽疾，打造文明、有序、畅通的城市街路环境。活动开展后，施划机动车停车位4000余个，施划非机动车停车位8600余平方米，依法处置圈占公共停车位问题2300余起，规范清理广告牌匾1700余处。

优化城市人居环境 结合创建国家卫生城市工作，市创城办加强居民小区、集贸市场、背街小巷、公共厕所等短板问题整改力度，居民小区实施小区墙体粉刷、道路维修、环境治理、公

11月17日，市委副书记、市长李玉祥（前左二）现场调度全国文明城市创建工作（张平平）

益宣传等综合提升，改造升级集贸市场，整改背街小巷实施路面硬化、路灯安装、排水铺设等问题，累计排查整治各类小区256个、集贸市场5个、背街小巷17条，建设公共厕所16座。市创城办依托各城市社区打造居民15分钟生活圈，在居民步行15分钟范围内，涵盖就医、入学、购物、娱乐、休闲等各方面的场所和设施，为全市34个部门（单位）负责的13个社区、330个小区设计《15分钟生活圈示意图》，在各个社区、小区显著位置公示宣传。协调有关职能部门设置育新街便民市场、文昌路便民市场、天水路夜市等，定时定区域开放。公安部门在全市范围开展“亮尾工程”，制作印有文明出行标语提示的反光贴纸，在集市、学校、社区等场所免费发放7300余份，形成“人人参与、车车亮尾”的氛围。

强化全域创建 农村精神文明建设与乡村文化振兴、美丽乡村建设、农村脱贫攻坚等重点任务结合、统筹推进，推动文明城市创建向农村地区延伸拓展，突出文明村创建达标、农村人居环境整治、移风易俗三大工作重点内容，促进农村人居环境提档升级。全市创建县级以上文明达标村592个，创建并推荐省级文明村镇6个、省级文明家园示范村2个，潍坊市级文明村镇9个、文明社区1个，评选美丽庭院示范户2600户、文明信用户27573户，乡村文明行动重点工作电话满意度调查排名全省第二十位。

【文明实践中心建设】 2019年，组织学习习近平新时代中国特色社会主义思想和中共十九大精神、《新时代公民道德建设实施纲要》《新时代爱国主义教育实施纲要》。由市委书记担任中心主任，各镇（街、区）主管部门党组织书记担任分中心主任、实践站站长，定期开展建设管理人员业务培训。按照试点先行、分批推进原则，利用礼堂教室、文体广场、教育基地、纪念场馆等公共服务资源，配齐器材设施，在权属不变的情况下实现联通共享、综合利用。同时，将新时代文明实践站建设作为文明村镇、文明单位、乡村文明家园示范村等评选表彰的前置条件，在市主流新闻媒体、政务微信公众号设立“新时代文明实践”专栏，宣传推介好活动、好经验、好做法。建成昌邑市新时代文明实践中心1处、分中心10处、村（居）新时代文明实践站300余处、市直机关单位文明实践站15处，初步构建形成市、镇、村三级新时代文明实践体系，打造传播思想、政策、道德、文化、技能“五传”的文明实践“立体网”。

开展常规性政策宣讲、文体活动、培训教育、扶贫助困，以“便民惠民”为导向，结合当地特色，找准与群众利益的“共鸣点”，设置活动内容和形式。龙池镇、下营镇以红色文化为特色，打造爱国主义教育基地、党性教育基地等革命教育类实践站15处，吸引参观2.83万人次；柳疃镇、卜庄镇以传统技艺传承、富民兴村为主题，开展柳疃丝绸非遗展示、技艺传习活动17次，评选信用文明户230户，受益群众3400余人；围子街道、北孟镇以良好家风家训传承为主线，开展“道德模范”“身边好人”等评选活动50场次。各镇（街、区）结合实际开展“定格幸福·传承文明”“60+3致富计划”“牵手关爱”等系列特色活动。

昌邑市把志愿者和志愿服务作为新时代文明实践的主体力量和主要活动方式，坚持多方发动，整合社会志愿服务组织，开展实践活动，盘活基层资源、打通服务渠道，形成共建共享的新时代文明服务体系。实践中，面向各单位招募志愿者，在市级层面组建专家、专业、返乡人才、“五老”和百姓宣讲5支志愿服务队伍，结合志愿者自身知识技能特长，做好志愿服务项目的设计和筹划，制作《昌邑市新时代文明实践志愿服务菜单》，按照“群众点单、中心派单、志愿者接单”的模式，开展点对点、面对面的服务活动，实现群众“点单”与志愿服务“送单”统一。全年开展理论宣讲、政策宣传、法律服务、文体服务、科教服务等各类志愿服务活动330余场次，参与志愿者7600余人次，受益群众3.26万人次。

9月13日，全市农村人居环境整治暨美丽乡村建设会议（宋国栋）

【思想道德培育】 2019年，面向群众发掘、宣传基层群众身边的道德典型并推荐上报。昌邑市上榜山东省岗位学雷锋标兵1个，山东好人7人、潍坊市道德模范4人、潍坊好人16人、潍坊市最美志愿者10人、最佳志愿服务组织2个、最佳志愿服务项目5个、最美志愿服务社区2个。8月30日，举办8月山东好人发布仪式暨道德模范与身边好人（昌邑）现场交流活动。

围绕庆祝中华人民共和国成立70周年，组织开展“时代新人说——我和祖国共成长”“身边好人故事汇”等演讲比赛活动，组建“身边好人”故事汇志愿宣讲团，在各镇（街、区）巡回宣讲20余次。在全市范围内开展“昌邑青年志愿服务之星评选”“文明交通”“文明出行——争做文明好司机”等活动，吸引群众参与。在全市组织开展“青春礼赞·爱在潍水”青年集体婚礼，推动移风易俗。建立全市网络文明传播志愿者队伍，配合潍坊文明网平台开展“我的新年愿望”“诵经典·话节日”“文明乡风那些事儿”“我身边的志愿服务故事”特色主题活动，找准与群众需求的“共鸣点”，丰富道德建设内涵。开展未成年人思想道德教育主题实践，在全市开展“新时代好少年”评选表彰、“扣好人生第一粒扣子”“国学小名士经典诵读大赛”、红色讲解员选拔大赛等活动，昌邑市19名学生获评2019年度“潍坊市新时代好少年”，3人代表潍坊参加全省讲解员选拔大赛决赛并获佳绩。

安排部署中国志愿网志愿者注册工作，完成注册85347人，注册志愿服务队伍268支。在全市组织开展创建全国文明城市网格化志愿服务活动和文明交通志愿服务活动，组织全市各级各单位干部职工利用业余时间开展环境卫

8月30日，8月山东好人发布仪式暨道德模范与身边好人（潍坊·昌邑）现场交流活动　（宋国栋）

生清洁、交通秩序引导、经营秩序维护、基础设施巡查等志愿服务，常态化开展“青春扶贫·情暖昌城”“青·约青年联谊活动”“志愿助力‘半马’”“牵手关爱·快乐童年”“金晖助老”等特色活动，引领社会文明新风，市文明办、团委、融媒体中心、义工联合会共同举办“青春志愿行·共创文明城”学雷锋青春快闪活动，被山东省和潍坊多家权威媒体宣传报道。

组织电视、报纸、“两微一端”等市内各类媒体，采取开通专题专栏、公益广告展播等形式，宣传报道全市精神文明建设工作动态。设置景观雕塑和景观小品418处、大型宣传标牌200余处、各类宣传版面2万个，印制发放市民手册、精神文明建设明白纸、致市民朋友一封信、节俭养德桌牌等各类宣传材料10万份。

2019年昌邑市获各级文明单位一览表

表3

称号	单位
潍坊市级文明单位（37个）	昌邑市人民医院、国家税务总局昌邑市税务局经济开发区税务分局、国家税务总局昌邑市税务局柳疃税务分局、昌邑市市场监管局柳疃市场监管所、国家税务总局昌邑市税务局饮马税务分局、昌邑市公安局饮马派出所、昌邑市市场监管局石埠市场监督管理所、昌邑市市场监管局卜庄市场监督管理所、国家税务总局昌邑市税务局下营税务分局、昌邑市行政审批服务局、昌邑市统计局、昌邑市房产服务中心、昌邑市综合行政执法局、共青团昌邑市委员会、昌邑市自然资源和规划局卜庄所、昌邑市土地储备中心、昌邑市自然资源和规划局北孟所、昌邑市公安局柳疃派出所、昌邑市公安局东苑派出所、山东潍坊烟草有限公司昌邑营销部、昌邑市公安局龙池派出所、昌邑市发展和改革局、昌邑市园林绿化中心、中国邮政集团公司山东省昌邑市分公司、中共昌邑市委机构编制委员会办公室、昌邑市民政局、昌邑市审计局、中共昌邑市纪律检查委员会、昌邑市教育和体育局、山东省调水工程运行维护中心昌邑管理站、中共昌邑市委政法委、中共昌邑市委党校、昌邑市妇女联合会、昌邑市人力资源和社会保障局、昌邑市信访局、中国人民银行昌邑市支行、昌邑市疾病预防控制中心
昌邑市级文明单位（62个）	昌邑市人民法院北孟人民法庭、昌邑市公安局奎聚派出所、昌邑市公安局围子派出所、昌邑市路灯所、昌邑市房屋征收与补偿中心、昌邑市革命烈士陵园服务所、昌邑市自然资源和规划局城区所、昌邑市自然资源和规划局龙池所、昌邑市自然资源和规划局柳疃所、昌邑市自然资源和规划局下营所、昌邑市自然资源和规划局饮马所、昌邑市自然资源和规划局石埠所、昌邑市市场监督管理局奎聚市场监督管理所、昌邑市柳疃镇中心卫生院、昌邑市下营镇卫生院、山东省昌邑市公证处、昌邑市文化馆、昌邑市柳疃镇教育管理办公室、昌邑市围子街道办事处教育管理办公室、昌邑市住房和城乡建设局、昌邑市科学技术局、昌邑市档案馆、昌邑市检验检测中心、昌邑市河道服务中心、昌邑市自然资源和规划局围子所、昌邑市市场监督管理局都昌市场监督管理所、昌邑市社会保险中心、昌邑市自来水公司、昌邑市殡仪馆、昌邑市公安局网安大队、昌邑市公安局下营派出所、山东昌邑灶户盐化有限公司、昌邑市万通机动车驾驶员培训有限公司、昌邑市卜庄镇教育管理办公室、昌邑市绿美园林绿化工程有限公司、昌邑市现代农业发展中心、昌邑市文化和旅游局、昌邑市应急管理局、昌邑市林业发展中心、

续表 3

称号	单位
昌邑市级文明单位（62 个）	中共昌邑市委巡察工作领导小组办公室、中国人民解放军山东省昌邑市人民武装部、昌邑市地方金融监督管理局、昌邑市农业农村局、昌邑市文化市场综合执法局、昌邑市图书馆、昌邑市长途运输有限责任公司、山东满国康洁环卫集团有限公司、昌邑市投资促进发展中心、山东兴昌建设工程有限公司、昌邑市粮食储备中心、昌邑市人力资源服务中心、中共昌邑市委市直机关工作委员会、昌邑市工业和信息化局、昌邑市医疗保障局、昌邑市退役军人事务局、中共昌邑市委党史研究中心、昌邑市归国华侨联合会、山东农村商业银行股份有限公司、昌邑市城市建设发展投资集团有限公司、昌邑市昌盛金融控股集团有限公司、昌邑市消防救援大队、昌邑市劳动保障监察大队

2019 年昌邑市获各级文明村镇一览表

表 4

称号	单位
省级文明村镇（34 个）	昌邑市围子街道、昌邑市柳疃镇金家庄村、昌邑市龙池镇龙北村、昌邑市卜庄镇郝家庄村、昌邑市龙池镇、昌邑市卜庄镇、昌邑市北孟镇黑埠头村、昌邑市下营镇、昌邑市龙池镇瓦北村、昌邑市下营镇廒里村、昌邑市饮马镇、昌邑市柳疃镇青阜村、昌邑市龙池镇王家庄子村、昌邑市龙池镇王范庄村、昌邑市饮马镇大谢村、昌邑市饮马镇田家庄子村、昌邑市龙池镇瓦东村、昌邑市石埠经济发展区流河一村、昌邑市卜庄镇姜泊村、昌邑市北孟镇、昌邑市下营镇军营村、昌邑市龙池镇齐西村、昌邑市龙池镇岱邱村、昌邑市北孟镇魏马村、昌邑市奎聚街道郝家城后社区、昌邑市奎聚街道东店社区、昌邑市都昌街道傅徐城后社区、昌邑市都昌街道刘家辛戈社区、昌邑市奎聚街道铁匠营社区、昌邑市石埠经济发展区、昌邑市卜庄镇广刘村、昌邑市下营镇火道村、昌邑市饮马镇山阳村、昌邑市北孟镇小南孟村
潍坊市级文明村镇（11 个）	昌邑市卜庄镇西董村、昌邑市下营镇东营村、昌邑市龙池镇北白塔村、昌邑市石埠经济发展区埠头村、昌邑市龙池镇西白塔村、昌邑市北孟镇太平村、昌邑市饮马镇张家屯村、昌邑市石埠经济发展区西孙家薛庄村、昌邑市奎聚街道薛家园子村、昌邑市奎聚街道张家辛庄村、昌邑市北孟镇东祝仙屯村
昌邑市级文明村镇（47 个）	奎聚街道吴家辛庄村、奎聚街道初曲村、奎聚街道东隅社区、都昌街道东永安村、都昌街道家庄村、都昌街道王耨村、都昌街道岞埠村、围子街道于家郜村、围子街道仓街村、围子街道永富庄村、围子街道张董村、围子街道南朱家寨村、围子街道邢家庄村、围子街道李家村、围子街道六股路村、围子街道姚家郜村、龙池镇东利渔村、龙池镇马渠村、柳疃镇太平集村、柳疃镇西付村、柳疃镇刘家庄村、柳疃镇孙家河滩村、柳疃镇刘家车道村、下营镇吕家村、下营镇北赵村、下营镇裴家村、卜庄镇白衣庙村、卜庄镇毛家寨村、卜庄镇西高戈庄村、卜庄镇刘庄村、卜庄镇丰台村、卜庄镇东峰台村、卜庄镇庙头村、石埠经济发展区沟流村、石埠经济发展区晴埠村、石埠经济发展区西金台西北村、石埠经济发展区石埠北村、石埠经济发展区库户村、饮马镇山阴村、饮马镇杨家楼村、北孟镇塔耳堡村、北孟镇西角兰村、北孟镇老匙沟西村、北孟镇北麻湾村、北孟镇前陈家庄村、北孟镇前朱家庄子村、北孟镇凰瑞埠村

2019 年昌邑市获各级文明社区一览表

表 5

称号	单位
山东省级文明社区（5 个）	昌邑市围子街道滨河社区、昌邑市都昌街道利民社区、昌邑市奎聚街道潍水社区、昌邑市都昌街道西城社区、昌邑市围子街道金口社区
潍坊市级文明社区（2 个）	昌邑市奎聚街道城关社区、昌邑市奎聚街道城北社区
昌邑市级文明社区（3 个）	奎聚街道姜家大湾社区、都昌街道刘埠社区、都昌街道辛置二社区

2019 年昌邑市获各级文明校园一览表

表 6

称号	单位
山东省级文明校园（2 个）	昌邑市第一中学、昌邑市育秀学校
潍坊市级文明校园（6 个）	昌邑市文山中学、昌邑市奎聚街道奎聚小学、昌邑市外国语学校、昌邑市实验中学、昌邑市第一实验小学、昌邑市奎聚街道十字路小学
昌邑市级文明校园（13 个）	奎聚街道石湾小学、都昌街道新村初级中学、都昌街道都昌小学、下营镇九年一贯制学校、文华学校、奎聚街道辛置小学、奎聚街道南隅小学、凤鸣学校、第二实验小学、石埠经济发展区石埠初级中学、潍坊市工业学校、潍水学校、饮马镇饮马学校

（冯晓坤）

组织机构

【市级领导班子】

中国共产党昌邑市委员会

书　记　吕珊珊（女）

副书记　李玉祥

王龙堂

常　委　刘世海

孔晓明（9 月起）

胡筱芹（女）

田立军（9 月止）

李　鹏（8 月止）

刘　煜

刘焕成

马永平

国德军（10 月起）

昌邑市人民代表大会常务委员会

主　任　李中福

副主任　李建军（12 月止）

夏麦香（女）

戚风乾

王明胜

高敬东

昌邑市人民政府

市　长　李玉祥

副市长　李　鹏（8 月止）

刘　煜（9 月起）

党组副书记　李明杰

副市长　王树国

赵海龙

孔德奎

曲　伟（女）

郭宏新（挂职）

中国人民政治协商会议昌邑市委员会

主席、党组书记　周　娟（女）

党组副书记　张天辉

副主席　冯义军

副主席、党组成员　孙孝工

副主席　吴红玉（女）

副主席、党组成员　李友田

副主席　李　敏（女）

副主席　孙永涛

秘书长　孙孝工（兼，4 月止）

姜利国（4 月起）

党组成员　姜利国

中国共产党昌邑市纪律检查委员会机关

书　记　田立军（9月止）

　　　　孔晓明（9月起）

副书记　冯文章

　　　　吴旭东

常　委　孙中华

　　　　翟雪霞（女）

　　　　赵新登

　　　　张传强

市监察委员会（与市纪委合署）

主　任　田立军（9月止）

　　　　孔晓明（9月起，代理）

副主任　冯文章

　　　　吴旭东

委　员　孙中华

　　　　翟雪霞（女）

　　　　付建波

　　　　姜平义

【市委机关】

市委办公室

主　任　刘　煜

市委机要局

局　长　杨文明

市委研究室

主　任　刘兆圣

市委保密办公室

主　任　于大龙

市委改革办公室

主　任　刘　煜（兼）

市扶贫开发领导小组办公室

主　任　卢兴亮（1月起，5月止）

市扶贫开发办公室

主　任　卢兴亮（5月起）

市委、市政府督查室

主　任　马亮亮（女）

市委党史研究室

主　任　郭富祥（1月止）

市委党史研究中心（市地方史志研究中心）

主　任　李周兴（1月起）

市档案馆

馆　长　张艳丽（女）

【市人大机关】

市人大常委会办公室

主　任　李鲁波

人事代表工作室

主　任　张晓忠

调查研究室

主　任　张英俊

法制工作委员会

主　任　闫述增

财政经济工作委员会

主　任　马旭日

教育科学文化卫生工作委员会

主　任　徐安祥

城乡建设与环境资源保护工作委员会

主　任　谢立业

农业与农村工作委员会

主　任　陈光军

信访工作室

主　任　王新强

预算工作委员会

主　任　姜美霞（女）

【市政府机关】

市政府办公室

主　任　明兴谱

市政府研究室

主　任　姜洪义（4月止）

市政府法制办
主　任　刘艳艳（女，4 月止）
市政府应急办公室
主　任　赵永刚（4 月止）
市史志办公室
主　任　于希群（1 月止）
市民生服务热线中心
主　任　于洪池
市智慧昌邑建设办公室
主　任　孙兆兴（3 月止）
市大数据中心
主　任　孙兆兴（3 月起）
市行政审批服务局
局　长　陈玲娟（女）
市政府油区工作办公室
主　任　李杰彪（3 月止）
市石油天然气管道保护服务中心
主　任　汤富坤（3 月起）

【市政协机关】

市政协办公室
主　任　姜利国（3 月止）
　　　　翟海东（3 月起）
研究室
主　任　刘丽丽（女）
委员活动工作室
主　任　王术民（3 月止）
　　　　张晓晓（3 月起，女）
提案委员会
主　任　孙亚奇（女）
文化文史和学习委员会
主　任　陈　铭
经济委员会
主　任　付星波
人口资源环境外事委员会
主　任　李磊山
科教卫体社会法制委员会
主　任　赵　涵（3 月止）
　　　　张东森（3 月起）
机关老干部服务中心
主　任　张宝海（3 月止）

【市纪委监委机关】

办公室
主　任　刘继文
组织部
部　长　郭俊锋（女）
宣传部
部　长　徐桂芹（女）
党风政风监督室
主　任　王　亮
信访室（市国家公职人员违法违纪举报中心）
主　任　卢　涛
案件监督管理室
主　任　孙中华
第一纪检监察室
主　任　姜平义
第二纪检监察室
主　任　朱克松
第三纪检监察室
主　任　孙大鹏
第四纪检监察室
主　任　刘振廷
第五纪检监察室
主　任　李　凯
第六纪检监察室
主　任　朱国庆
案件审理室（政策法规室）
主　任　张传强
市廉政教育中心
主　任　（空缺）

派驻第一纪检监察组

组　长　刘敏善

派驻第二纪检监察组

组　长　王玉杰

派驻第三纪检监察组

组　长　刘万秋

派驻第四纪检监察组

组　长　马福英（女）

派驻第五纪检监察组

组　长　刘立国

派驻第六纪检监察组

组　长　王　辉（女）

【市委部委办局】

市委组织部

部　长　胡筱芹（女）

市委关心下一代工作委员会

主　任　王龙堂（兼）

市委宣传部

部　长　刘世海

市文学艺术界联合会

主　席　高江伟

市社会科学界联合会

主　席　代选庆（1月止）

（空缺）

市委统战部

部　长　马永平

市委台湾工作办公室

主　任　徐学利（1月止）

市政府台湾事务办公室

主　任　（空缺）

市政府外事侨务办公室

主　任　高开令（2月止）

市政府侨务办公室

主　任　（空缺）

市民族宗教事务局

局　长　高凌云（女，3月止）

（空缺）

市委政法委

书　记　刘焕成

市委编办

主　任　魏　宾

市直机关工作委员会

书　记　郑瑞贤（1月止）

杨启乐（1月起）

市委巡察办

主　任　肖　波（3月止）

王升文（3月起）

市委、市政府接待办

主　任　李海亮

市委党校

校　长　吕珊珊（女）

党委书记、常务副校长　车建平

【群众团体】

市总工会

主　席　高敬东

中国共产主义青年团昌邑市委员会

书　记　张　亭

市妇女联合会

主　席　高爱莲（女）

市科学技术协会

主　席　王海连

市残疾人联合会

理事长　陆逢刚（1月止）

李永兴（1月起）

市工商业联合会

主　席　孔德奎

市侨联

主　席　韩旭红（女）

【政法部门】

市人民法院
院　长　徐金江
市人民检察院
检察长　宋教德
市公安局
局　长　王树国（兼）
市司法局
局　长　于卫东

【市政府工作部门】

市发展和改革局
局　长　宋文清
市经济和信息化局
局　长　孙建伟（3月止）
市工业和信息化局
局　长　孙建伟（3月起）
市教育局
局　长　姜正峰（兼，1月止）
市教育和体育局
局　长　姜正峰（兼，1月起）
市科学技术局
局　长　赵卫东
市知识产权局
局　长　任云峰（3月止）
市知识产权保护中心
主　任　任云峰（3月起）
市民政局
局　长　马玉涛
市财政局
局　长　李　鹏（兼，1月止）
　　　　孙效治（1月起）
市城市建设发展投资集团有限公司
总经理　张东森（4月止）
　　　　王　永（4月起）
市昌盛金融控股集团有限公司
董事长　高言峰
市人力资源和社会保障局
局　长　滕林波
市社会保险中心
主　任　王升文（4月止）
　　　　刘培学（4月起）
市国土资源局
局　长　潘永贵（3月止）
市自然资源和规划局
局　长　潘永贵（3月起）
市住房和城乡建设局
局　长　黄国磊
市自来水公司
经　理　韩晓峰
市房产管理服务中心
主　任　齐俊杰（3月止）
市房产服务中心
主　任　齐俊杰（3月起）
市征收办
主　任　王志峰（2月止）
市房屋征收与补偿中心
主　任　焦宗鹏（4月起）
市环卫局
局　长　薛文磊（3月止）
市环境卫生中心
主　任　薛文磊（3月起）
市园林局
局　长　姜成蛟（3月止）
市园林绿化中心
主　任　姜成蛟（3月起）
市综合行政执法局
局　长　王启斌
市交通运输局
局　长　马守玉

市水利局
局　长　郝炳伟
市农业局
局　长　张清涛（3月止）
市农业农村局
局　长　张清涛（3月起）
市商务局
局　长　陈大生
市文化广电新闻出版局
局　长　李志国（1月止）
市旅游局
局　长　李志国（1月止）
市文化和旅游局
局　长　李志国（1月起）
市疾病预防控制中心
主　任　齐　琳
市卫生和计划生育局
局　长　董凤章（1月止）
市卫生健康局
局　长　董凤章（1月起）
市退役军人事务局
局　长　刘旭升
市安全生产监督管理局
局　长　王升涛（3月止）
市应急管理局
局　长　夏小伟（3月起）
市审计局
局　长　王福州（3月止）
　　　　肖　波（3月起）
市市场监督管理局
局　长　宋晓波
市统计局
局　长　李星亮
市医疗保障局
主　任　王升涛（3月起）

市金融工作办公室
主　任　毕德清（3月止）
市地方金融监督管理局
局　长　毕德清（3月起）
市信访局
局　长　张丽芳（女）
市海洋与渔业局
局　长　李永兴（3月止）
市海洋发展中心
主　任　齐庆奎（3月起）
市物价局
局　长　卢兴亮（1月止）

【市政府直属事业单位】

昌邑滨海（下营）经济开发区管理委员会
书记、主任　李明杰
市绿博园生态林场管理委员会
书　记　王传法
主　任　李方明
市潍河生态林场管理委员会
书　记　孙志圣（11月止）
主　任　孟凡广
市海洋生态特别保护区管理委员会
书　记　马玉涛
主　任　吴德刚
市胶莱河生态林场管理委员会
书　记　张所友
主　任　郭光武
潍坊市技师学院昌邑分院
书　记　张亦明
院　长　姜正峰
市绿博会筹委办
主　任　魏　林（4月起，主持工作）
市体育局
局　长　翟拥军（3月止）

市体育发展中心
主　任　翟拥军（4月起）
市林业局
局　长　（空缺）
市林业发展中心
主　任　魏　林（4月起）
市畜牧兽医管理局
局　长　郝甫业（4月止）
市畜牧业发展中心
主　任　郝甫业（4月起）
市农村经济管理局
局　长　翟海东（3月止）
市农机局
局　长　彭文涛（3月止）
市现代农业发展中心
主　任　闫文志（3月起）
市投资促进局
局　长　邵振宇（3月止）
市投资促进发展中心
主　任　邵振宇（3月起，12月止）
赵卫东（12月起）
市地震局
局　长　马振波（1月止）
夏小伟（1月起，主持工作，4月止）
市应急宣教中心
主　任　赵永刚（4月起）
市供销合作社联合社
主　任　宫志强
市机关事务管理局
局　长　王　波（3月止）
市机关事务服务中心
主　任　王　波（3月起）
市文化市场综合执法局
局　长　王振江（3月止）
市文化市场综合执法大队
大队长　王振江（3月起）

市粮食局
局　长　郑雨送（3月止）
市粮食储备中心
主　任　郑雨送（3月起）
市广播影视中心
主　任　张术叁（7月止）
市融媒体中心
主　任　张术叁（7月起）
市沿海经济开发综合执法局
局　长　刘卫兵（4月止）
市沿海经济开发综合服务中心
主　任　刘卫兵（4月起）
市检验检测中心
主　任　王　永（3月止）
葛英虎（3月起）

【上属单位】

潍坊市住房公积金管理中心昌邑分中心
主　任　朱春波
市税务局
局　长　王　宁
市气象局
局　长　赵春生
市公路局
局　长　于会斌（4月止）
市公路事业发展中心
主　任　于会斌（4月起，6月止）
马守玉（6月起，主持工作）
市环境保护局
局　长　董明明（3月止）
潍坊市生态环境局昌邑分局
局　长　董明明（3月起）
市邮政公司
总经理　高少华（9月止）
于子华（9月起）

市供电公司

总经理　张　扬

市盐业公司

经　理　李　秋

移动公司

总经理　王春泽（7月止）

　　　　吕　凯（7月起）

联通公司

总经理　付玉山（3月止）

　　　　王　伟（3月起）

电信公司

总经理　曹高明（12月止）

胶东调水昌邑管理站

主　任　张建国（8月止）

　　　　张少华（8月起，主持工作）

石油公司

总经理　张学庆（10月止）

　　　　张　国（11月起）

烟草公司

总经理　郭　亭

新华书店

经　理　张立群

潍坊市公共资源交易中心昌邑分中心

主　任　赵锡波（3月止）

　　　　陈怀涛（4月起，代管）

【金融、保险】

中国人民银行昌邑支行

行　长　范维强

中国银监会潍坊分局昌邑办事处

主　任　魏中敏（5月止）

潍坊银保监分局昌邑监管组

主　任　魏中敏（6月起）

农业发展银行昌邑支行

行　长　易学庆

昌邑农村商业银行

董事长　岳俊强（1月止）

　　　　李英博（2月起）

民生银行昌邑支行

行　长　梁　宏

兴业银行

行　长　韩鹏寿（4月止）

　　　　刘旭烨（5月起）

农业银行昌邑支行

行　长　宫延庆（7月止）

　　　　孙少伟（7月起）

工商银行昌邑支行

行　长　孙善伟（4月止）

　　　　孙　伟（4月起）

建设银行昌邑支行

行　长　孙欣伟

中国银行昌邑支行

行　长　孟　咏（1月止）

　　　　刘永明（1月起）

邮政储蓄银行昌邑支行

行　长　孙玉成（11月止）

　　　　鞠小阳（11月起）

潍坊银行昌邑支行

行　长　原宏丽（女，1月止）

　　　　李晓辉（1月起）

昌邑北海村镇银行

董事长　刘戌卿

中国人寿保险公司昌邑支公司

总经理　杨星辰

中国人寿财产保险公司昌邑支公司

总经理　宗先杰

中国人民财产保险公司昌邑支公司

总经理　王　飞（3月止）

　　　　刘正茂（3月起）

中国太平洋人寿保险公司昌邑支公司

总经理　高一鸣

中国太平洋财产保险公司昌邑支公司
总经理　于明山（7月止）
　　　　李　明（7月起）

【开发区　镇街区】

昌邑经济开发区管理委员会
主　任　罗志伟

奎聚街道
党工委书记　孙　磊（11月止）
办事处主任　梁永彦

都昌街道
党工委书记　孙秀卿
办事处主任　夏小伟（2月止）
　　　　　　王志峰（2月起）

围子街道
党工委书记　郭兴平
办事处主任　史志强

龙池镇
党委书记　朱永红
镇　长　杨启乐（1月止）
　　　　王　冰（1月起）

柳疃镇
党委书记　许增贤
镇　长　马伟莲（女）

下营镇
党委书记　孙效治（2月止）
　　　　（空缺）
镇　长　付文峰

卜庄镇
党委书记　于遵刚
镇　长　于子华

石埠经济发展区
党工委书记　陆振伟
管委会主任　范新章

饮马镇
党委书记　马守玉（3月止）
　　　　闫胜平（3月起）
镇　长　闫胜平（3月止）
　　　　王永胜（3月起）

北孟镇
党委书记　刘广杰
镇　长　马梓珺

（刘效海　宫婷婷）

中国共产党昌邑市委员会

重要决定、重大决策

【支持检察机关依法开展公益诉讼工作】 1月12日，中共昌邑市委、昌邑市人民政府办公室印发《关于支持检察机关依法开展公益诉讼工作的意见》。贯彻落实中共十九大精神和习近平总书记关于检察机关提起公益诉讼制度的系列重要指示精神，按照相关法律规定和上级部署，结合昌邑市实际，就支持检察机关依法开展公益诉讼工作提出6条意见，分别为提高政治站位，深化对检察机关提起公益诉讼工作的认识；注重源头预防，提升依法行政水平；重视诉前程序，整改落实检察建议；做好应诉工作，自觉履行生效裁判；加强协调沟通，推进公益诉讼工作有序开展；强化组织保障，支持检察机关开展公益诉讼工作，每项内容均作具体说明和安排。

【加强信访法治化建设】 2月2日，中共昌邑市委、昌邑市人民政府办公室印发《昌邑市关于进一步加强信访法治化建设的实施意见（试行）》。贯彻落实中共中央办公厅、国务院办公厅《关于进一步加强信访法治化建设的意见》和省委办公厅、省政府办公厅《关于加强信访工作基层基础建设的意见》精神，提高群众在信访行为中的法治意识，提升依法解决信访问题的质量和效率，强化法治对信访工作制度改革的引领和保障作用，全面提升信访工作法治化水平，结合昌邑市实际，制定此实施意见。意见由指导思想；主要目标；主要内容；组织保障4部分组成，每部分均作具体说明和安排。

【推行基层事务事前听证】 2月13日，中共昌邑市委、昌邑市人民政府办公室印发《昌邑市关于推行基层事务事前听证的指导意见》。根据国务院《信访条例》《山东省信访条例》《山东省信访事项听证办法》等法规规章要求，结合昌邑市实际，制定此意见。意见由把握要求，明确任务目标；周密部署，科学组织实施；多元参与，注重协同配合；强化保障，确保落实到位4部分组成，每部分均作具体说明和安排。

【政法队伍建设】 2月20日，中共昌邑市委印发《关于新形势下进一步加强政法队伍建的实施意见》。深化法治建设实践，打造过硬政法队伍，提升全市政法队伍政治素质、履职能力和整体形象，根据中央关于加强政法队伍建设决策部署和《中国共产党政法工作条例》精神，按照省委、潍坊市委有关要求，结合昌邑市政法工作实际，提出指导思想和总体要求；把思想政治建设摆在首位，确保政治上绝对忠诚可靠；推进履职能力建设，提高职业素养和专业水平；突出抓好纪律作风建设，形成风清气正的政治生态；加强政法系统领导班子和干部队伍建设，提升创造力凝聚力战斗力；建立健全职业保障体系，完善落实从优待警各项政策6条意见，每条意见均提出具体要求，共20项。

【产业工人队伍建设改革】 3月31日，中共昌邑市委、昌邑市人民政府印发关于《昌邑市新时期产业工人队伍建设改革实施方案》。落实中共中央、国务院关于新时期产业工人队伍建设改革部署和上级党委、政府相关要求，加快昌邑市产业工人队伍建设改革，增强产业工人队伍活力和创造力，推进新旧动能转换、乡村振兴和“五个新城”建设，提出总体要求、主要举措、组织实施3项意见，每项意见中均作出安排。

【镇（街）行政管理体制改革】 3月31日，中共昌邑市委、昌邑市人民政府印发关于《深入推进镇（街）行政管理体制改革实施方案》的批复。根据省委办公厅、省政府办公厅《关于推广经济发达镇改革试点经验深入推进乡镇（街道）行政管理体制改革的实施意见》和潍坊市委办公室、潍坊市政府办公室《关于印发〈潍坊市深入推进镇（街）行政管理体制改革实施方案〉的通知》及中共昌邑市委、昌邑市人民政府《关于印发〈昌邑市深入推进镇（街）行政管理体制改革实施意见〉的通知》精神，结合实际，奎聚街道、都昌街道、围子街道、龙池镇、柳疃镇、下营镇、卜庄镇、饮马镇、北孟镇分别制定实施方案。方案包括指导思想、加快推进政府职能转变、规范工作责任、机构设置、人员编制和领导职数、组织实施6项内容，每项内容均作出安排。

【开展第五批市直部门单位包村联户和选派第一书记工作】 4月17日，中共昌邑市委、昌邑市人民政府办公室印发《关于组织开展第五批市直部门单位包村联户和选派第一书记工作的实施意见》。贯彻中央关于打赢脱贫攻坚战和全面加强基层组织建设决策部署，落实上级和昌邑市“工作落实年”有关要求，持续深入做好包村帮扶工作，助力推动乡村振兴走在前列，市委、市政府决定，组织开展第五批市直部门单位包村联户和选派第一书记工作。制定实施意见。意见由目标要求；干部选派；职责任务；管理考核；组织领导5项内容组成，每项内容均作具体说明。

【建立城乡社区“有求必应、一呼百应”“双应”工作机制】 4月17日，中共昌邑市委、昌邑市人民政府办公室印发《关于建立城乡社区“有求必应、一呼百应”“双应”工作机制的意见》。全面提升城乡社区治理水平，强化基层基础，增进民生福祉，促进社会和谐稳定，根据上级关于加强城乡社区治理的相关要求，结合昌邑市实际，提出建立城乡社区“有求必应、一呼百应”“双应”工作机制总体要求；重点任务；保障措施3项意见，每项意见均作具体说明。

【宣传思想工作】 4月18日，中共昌邑市委印发《关于进一步做好宣传思想工作的实施意见》。贯彻习近平总书记在全国宣传思想工作会议上的重要讲话精神，落实省委《关于进一步做好宣传思想工作的实施意见》和潍坊市委《关于进一步做好宣传思想工作的实施意见》，结合昌邑市实际，做好昌邑市宣传思想工作，提出指导思想、工作重点、组织领导3项意见，每项意见均作出安排，并确定牵头单位和配合单位。

【精文简会十项措施】 4月28日，中共昌邑市委办公室印发《精文简会十项措施》。贯彻中央办公厅《关于解决形式主义突出问题为基层减负的通知》、省委办公厅印发的《关于精文简会工作的十五条措施》和潍坊市委办公室印发的《精文简会十项措施》精神，按照市委“工作落实年”要求，改进文风会风，减轻基层负担，就市委精文简会进一步提出明确2019年市委文件、会议控制指标；执行文件配额管理和审批制度；建立文件前置审核机制；规范文件退办机制；确保文件部署落地落实；增强召开会议的计划性；加强会议优化整合；严控会议规格规模；切实保障会议质量；加强对精文简会的组织领导 10 项措施，每项措施均作具体安排，每项措施均安排责任人和责任部门。

【建立市政府向市人大常委会报告国有资产管理情况制度】 7 月 8 日，中共昌邑市委办公室印发《关于建立市政府向市人大常委会报告国有资产管理情况制度的实施意见》。落实中共十八届三中全会关于加强人大国有资产监督职能的部署要求，贯彻党中央和上级党委有关文件精神，结合昌邑市实际，提出建立市政府向市人大常委会报告国有资产管理情况制度指导思想和基本原则；报告方式和重点；审议程序和重点；组织保障 4 项实施意见，每项意见均作具体安排。

【健全完善农村创业体系】 7 月 20 日，中共昌邑市委、昌邑市人民政府办公室印发《关于健全完善农村创业体系的实施意见》。实施乡村振兴战略，激发农民及各方面的创业积极性和农村创造力，强化农村创业服务要素保障，推进以创新促创业、以创业促就业，培育农业农村发展新动能，加快创业型示范城市建设，提出健全农村创业人才聚集和扶持发展体系；健全农村创业主体培育体系；完善农村创业平台提升体系；完善农村创业服务体系；完善农村创业组织领导体系 5 项意见，每项意见均作具体安排，并确定牵头部门和配合部门。

【传承发展中华优秀传统文化】 7 月 25 日，中共昌邑市委、昌邑市人民政府办公室印发《昌邑市传承发展中华优秀传统文化助推高质量发展实施方案》。推进中华优秀传统文化传承和发展，培育和践行社会主义核心价值观，发挥昌邑文化资源优势，增强文化软实力，根据党中央、国务院关于加强中华优秀传统文化传承发展决策部署和省委、省政府有关要求及潍坊市委、市政府印发的《潍坊市传承发展中华优秀传统文化助推高质量发展实施方案》文件精神要求，结合昌邑市实际，制定实施方案。方案包括总体要求；实施传承发展“九大工程”；组织保障 3 项内容，每项内容均作具体安排，并确定牵头单位和配合单位。

【“不忘初心、牢记使命”主题教育】 9 月 11 日，中共昌邑市委印发《关于在全市开展“不忘初心、牢记使命”主题教育的实施意见》。根据习近平总书记在“不忘初心、牢记使命”主题教育工作会议上的重要讲话精神和中央、省委、潍坊市委要求，结合昌邑实际，在全市开展“不忘初心、牢记使命”主题教育，制定实施意见。意见包括明确总体要求；把握主题教育着力点；发挥好市级领导班子和领导干部在主题教育中的表率作用；抓好基层党支部学习教育和检视整改；加强组织领导 5 项内容，每项内容均作出安排。

【落实食品安全党政同责】 9 月 17 日，中共昌邑市委、昌邑市人民政府办公室印发《关于落实食品安全党政同责的实施意见》。按照中央、省、潍坊市关于加强食品安全工作的决策部署和工作要求，加强对食品安全工作的领导，强化食品安全属地管理责任，深化“食安昌邑”建设，着力构建“党政综治、部门合治、行业自治、业态整治、社会共治”的食品安全治理格局，提升食品安全治理能力和保障水平，根据《中共中央办公厅国务院办公厅印发〈地方党政领导干部食品安全责任制规定〉的通知》《中共山东省委办公厅山东省人民政府办公厅印发〈关于食品安全党政同责的意见〉的通知》和《中共潍坊市委办公室潍坊市人民政府办公室印发〈关于落实食品安全党政同责的实施意见〉的通知》精神，结合昌邑市实际，提出落实食品安全党政同责强化党委食品安全工作领导责任；强化政府食品安全属地管理责任；强化部门食品安全责任；保障措施4项意见，每项意见中均作具体安排。

【生态环境保护】 9月28日，中共昌邑市委、昌邑市人民政府印发《关于全面加强生态环境保护坚决打好污染防治攻坚战的实施意见》。意见包括加强生态文明建设，解决环保突出问题、转变经济发展方式，加快全市高质量发展，提出总体要求；打赢蓝天保卫战；打好碧水保卫战；推进净土保卫战；加强生态保护与修复；推行绿色生产生活方式；改革完善生态环境治理体系7项内容，每项意见均作出安排。

【昌邑市乡村振兴战略规划（2018—2022年）】 12月6日，中共昌邑市委、昌邑市人民政府印发《昌邑市乡村振兴战略规划（2018—2022年）》。内容包含目录；前言；规划背景；总体要求；空间布局；发展农业“新六产”推动乡村产业振兴；培育乡村多层次人才推动乡村人才振兴；加快美丽乡村建设推动乡村生态振兴；焕发齐鲁乡村文明新气象推动乡村文化振兴；构建新型乡村治理体系推动乡村组织振兴；保障改善农村民生走共同富裕之路；推进体制机制创新强化乡村振兴制度性供给；强化乡村振兴战略实施保障13项内容。

【防范化解政府隐性债务风险】 12月17日，中共昌邑市委、昌邑市人民政府印发《关于防范化解政府隐性债务风险的实施意见》。打好防范化解重大风险攻坚战，遏制政府隐性债务增长，健全联动防控化解机制，规范政府举债融资，防止发生区域性、系统性金融风险，根据党中央、国务院关于防范化解地方政府隐性债务风险部署要求和省委、省政府及潍坊市委、市政府工作安排，结合昌邑市实际，提出防范化解政府隐性债务风险提出严控增量，遏制隐性债务增长；消化存量，化解隐性债务风险；规范举债行为，保障政府合理融资需求；强化预算约束，构建债务风险防控长效机制；加强监督考核，保持高压监管态势5项意见，每项意见中均作出安排。

【深化市纪委市监委派驻机构改革】 12月18日，中共昌邑市委办公室印发《关于深化市纪委市监委派驻机构改革的实施意见》。贯彻落实党中央关于健全党和国家监督体系、强化派驻监督的决策部署和省委、省纪委省监委以及潍坊市委、潍坊市纪委市监委有关要求，根据《中共潍坊市委办公室印发〈关于深化市纪委市监委派驻机构改革的实施意见〉的通知》和《中共潍坊市委办公室印发〈市纪委市监委派驻机构改革方案〉的通知》精神，结合昌邑市实际，制定此实施意见。意见包括总体要求；全面加强对派驻机构的领导；赋予派驻机构监察职能；强化派驻机构监督首要职责；健全完善派驻机构工作机制；推进市管企业、市管金融企业、市属中职中专纪检监察体制改革；建设忠诚干净担当的派驻机构干部队伍7项内容，每项内容均作具体安排。

【开展民族团结进步创建工作铸牢中华民族共同体意识】 12月19日，中共昌邑市委、昌邑市人民政府办公室印发《关于昌邑市全面深入持久开展民族团结进步创建工作铸牢中华民族共同体意识的实施方案》。加强和改进新形势下民族工作，巩固深化民族团结进步工作基础，引导各族人民紧密联系在一起，共同团结奋斗、共同繁荣发展，根据中共中央办公厅、国务院办公厅《关于全面深入持久开展民族团结进步创建工作铸牢中华民族共同体意识的意见》，中共山东省委办公厅、山东省政府办公厅《关于山东省全面深入持久开展民族团结进步创建工作铸牢中华民族共同体意识的工作方案》，中共潍坊市委办公室、潍坊市人民政府办公室《关于潍坊市全面深入持久开展民族团结进步创建工作铸牢中华民族共同体意识的实施方案》等文件精神，结合昌邑市实际，制定实施方案。方案包括强化宣传教育，铸牢中华民族共同体意识；注重示范引领，打造民族团结进步示范典型；完善创建载体，促进各民族交往交流交融；加强组织领导，为创建提供坚强政治保证 4 项内容，每项内容均作详细安排，并确定牵头单位和配合单位。

（陈正钊）

重要会议

【全市机构改革动员大会】 1 月 26 日，全市机构改革动员大会召开，主要是深入贯彻习近平总书记关于深化党和国家机构改革的重要论述，坚决落实党中央关于机构改革系列部署和省委、潍坊市委工作安排，动员全市上下把思想和行动统一到上级决策部署上来，以高度的政治责任感和使命感，齐心协力、深入扎实做好昌邑市机构改革各项工作，确保完成改革任务。会议强调，要高标准高质量抓好机构改革各项任务落实落地，坚持稳中求进，掌握节奏力度，扎实稳妥有序推进机构改革。要突出坚持和加强党的全面领导，发挥好党委（党组）领导核心作用，不折不扣抓好改革任务落实。要突出机构整合和职能优化，科学界定职能职责关系，优化部门内部机构设置。要突出行政执法体制和审批服务机制改革，继续深入推动城市管理等跨领域跨部门综合执法，着力解决多头多层重复执法问题。要在机构改革中统筹推进审批服务便民化改革，深化"一次办好"改革，全面提升服务效能。要突出统筹协调推进改革，增强改革的系统性、整体性、协同性，使各项改革相互促进、相得益彰。会议要求，要切实加强对机构改革的组织领导。各党委（党组）对本地本部门机构改革任务承担主体责任，党委（党组）书记要当好第一责任人，严格按照方案要求抓好改革推进。要抓实思想政治工作。教育引导干部职工从坚决落实党中央决策部署、严守政治纪律和政治规矩的高度来正确看待改革、积极参与改革，做到思想统一、认识到位，确保改革顺利推进。要严明各项纪律要求。广大党员干部要坚决服从改革、支持改革、配合改革。要统筹做好当前工作。统筹抓好新旧动能转换、乡村振兴、改革开放、双招双引、生态环保、安全生产、民生改善等重点工作，确保两不误、两促进。

【全市组织工作会议】 1 月 26 日，全市组织工作会议召开，主要是深入学习贯彻习近平总书记关于党的建设和组织工作重要思想，认真落实全国、全省和潍坊市组织工作会议精神，紧紧围绕新时代党的建设总要求和党的组织路线，研究部署全市党的建设和组织工作。会议指出，要提高认识，凝聚共识，切实增强做好新时代党的建设和组织工作的责任感、使命感。习近平总书记在全国组织工作会议上的重要讲话，全面总结中共十八大以来党的建设和组织工作取得的实践成果、理论成果，并就党的政治建设、思想建设、组织体系、干部队伍、人才工作、正风肃纪等方面进行全面论述，必须深入学习、准确把握，全力抓好贯彻落实。会议要求，要聚焦加强党的集中统一领导，切实提高思想政治建设的质量和水平。要严抓思想教育，严明政治纪律和政治规矩，严肃党内政治生活，把旗帜鲜明讲政治全面融入各项工作。要聚焦增强政治功能和组织力，切实提高组织体系建设的质量和水平。要树立大抓基层的鲜明导向，突出抓好党支部建设，持续加强党员队伍建设，全面提升各领域党建质量。要聚焦落

1月26日，全市组织工作会议　　（张平平）

实好干部标准，切实提高选人用人工作的质量和水平。要建立健全素质培养、知事识人、选拔任用、从严管理、正向激励“五大体系”，打造忠诚干净担当的高素质专业化干部队伍。要聚焦稳妥有序推进全市机构改革，切实提高做好干部思想政治工作的质量和水平。要教育引导广大党员干部讲政治、讲大局、讲事业、讲奉献，思想统一、认识到位，正确对待进退留转，确保改革顺利推进。要聚焦激发人才创新创造活力，切实提高人才队伍建设的质量和水平。要深入推进人才强市战略，创新招才引智方式，推动人才与产业深度融合，优化人才发展环境，完善人才工作目标责任制，抓好各类人才队伍建设，为推动全市经济社会高质量发展提供智力支撑。

【全市经济工作会议】 1月26日，全市经济工作会议召开，主要任务是总结工作、研判形势、部署任务，动员全市上下进一步振奋精神、担当实干，以新状态、新作为、新成效，奋力谱写新时代昌邑经济社会发展新篇章。会议指出，要统一思想、提高站位谋发展。坚决贯彻落实中央和上级党委决策部署，坚持以习近平新时代中国特色社会主义思想为指导，牢固树立“四个意识”，坚定“四个自信”，做到“两个维护”，严守政治纪律和政治规矩，确保上级号召的坚决执行、落实到位。要准确把握市委、市政府确定的年度工作思路，切实把思想和行动统一到市委、市政府对全年各项工作的部署安排上来，更加注重稳中求进，更加注重践行新发展理念，更加注重求真务实，更加注重工作统筹，全力推动各项工作任务落地落实、开花结果。会议强调，要攻坚克难、防范风险，突出重点、守牢底线，抓紧、抓好、抓实事关战略全局的大事、要事、难事，进一步提高发展的质量和成色。着力做好信访工作，推动全市信访总量持续下降，信访事项群众满意度显著提升。着力做好安全生产工作，扎实抓好冬季安全生产大检查，强化重点行业领域监管，抓好安全生产隐患排查整治，确保不出问题。要坚决贯彻落实“党政同责、一岗双责、齐抓共管、失职追责”“管行业必须管安全、管业务必须管安全、管生产经营必须管安全”等工作要求，确保责任无“空档”、监管无“盲区”。着力做好生态环保工作，持续抓好上级环保督察及“回头看”反馈问题整改，突出抓好成品油市场集中整治，积极推进“四减四增”三年行动。着力做好迎接环渤海生态环保审计工作，确保圆满完成任务。着力做好“大棚房”整治工作，以坚决的态度、严明的责任、有力的措施，不折不扣抓好整改落实。着力做好“双招双引”工作。要以园区建设为载体，做强做优石油化工新材料产业园、雅拉生态食品产业园、智能装备制造产业园、满国康洁环卫产业园“四大骨干园区”。要以项目推进为抓手，紧紧扭住“引”和“建”这两个关键环节，用活用好产业链招、专业化招、社会化招、委托代理招、乡情亲情招等“五种方式”，严格落实“一个重点项目、一名包靠领导、一个牵头部门、一份推进计划”“四个一”工作要求。要以服务提质为保障，进一步精简投资审批流程，提高服务效能，营造“一切围绕项目转、一切围绕项目干”的浓厚氛围。着力做好第四次全国经济普查工作，确保普查质量，推动普查登记工作有序进行。

【全市宣传思想工作会议】 2月18日，全市宣传思想工作会议召开，主要是深入学习贯彻习近平总书记关于宣传思想工作的重要论述、重要指示，全面落实全国、全省和潍坊市宣传思想工作会议精神，研究部署当前和今后一个时期全市宣传思想工作。会议指出，要把握形势，提高认识，切实增强做好新形势下宣传思想工作的责任感和紧迫感。要深刻认识做好宣传思想工作是应对严峻复杂形势的迫切需要，时刻保持清醒头脑，增强政治敏锐性和鉴别力，牢牢把握意识形态工作领导权。要深刻认识做好宣传思想工作是推动经济社会高质量发展的现实需要，进一步创新宣传方式，加大宣传力度，建设具有强大凝聚力和引领力的主流意识形态。会议要求，要突出重点，精准发力，不断提高宣传思想工作的质量和水平。着力抓好思想理论建设，把学习宣传贯彻习近平新时代中国特色社会主义思想引向深入。着力提升舆论引导水平，牢牢掌握意识形态工作领导权。着力深化精神文明创建活动，积极培育和践行社会主义核心价值观。着力推动文化事业和文化产业繁荣发展，努力培育文化发展新优势。要加强领导，落实责任，确保宣传思想工作各项任务落实落地。要把宣传思想工作纳入工作全局，方向上牢牢把握，工作上及时指导，政策上大力支持，投入上切实加强，真正形成上下互通、横向联合、齐抓共管的大宣传工作格局。宣传思想工作队伍要认真学习贯彻习近平总书记关于加强宣传思想战线队伍建设的重要论述，锤炼敢担当、崇实干、善创新的优良作风，在全媒体时代作出新的业绩。

【全市“工作落实年”动员部署暨“双招双引”对外开放推进会议】 2月25日，全市“工作落实年”动员部署暨“双招双引”对外开放推进会议召开，主要是深入贯彻落实省和潍坊市“工作落实年”动员部署会议精神，回顾奋斗历程，表彰先进典型，激昂发展壮志，以思想的再统一、工作的再部署、责任的再落实，为开创新时代昌邑经济社会发展新局面凝聚精神力量、夯实作风保障。会议指出，要靶向施策、精准发力，明确抓落实、促发展的工作重点。在“双招双引”上实现新突破，要下定工作决心，进一步提高工作站位、提升思想境界，用高质量“双招双引”聚集高端资源、拓展发展空间、提升开放发展水平。在“三个模式”创新提升上实现新突破。在产业转型上实现新突破。在环保整治上实现新突破。在民生改善上实现新突破。在改革创新上

2月18日，全市宣传思想工作会议 （张平平）

实现新突破。在环境优化上实现新突破。在风险防控上实现新突破。会议强调，要总结提炼、再鼓干劲，坚定抓落实、促发展的信心决心。前期，上级及昌邑市相继召开经济工作会议、农村工作会议等一系列重要会议，各项工作的思路已清、目标已明，现在的主要任务，就是担当作为、狠抓落实。各级各部门各单位要充分认识狠抓落实的极端重要性和现实紧迫性，盯紧抓实已经定下的目标、部署的任务、安排的项目，努力把“规划图”变成“施工图”，把“时间表”变成“计程表”，确保昌邑在新一轮竞争大潮中抢占先机、赢得主动。要改进方法、健全机制，凝聚抓落实、促发展的强大合力。要振奋精神抓落实，“拉高标杆”激发斗志，“正确用人”激活动力，“奖惩分明”激昂干劲，“容错纠错”激励担当，“严惩诬陷”激扬正气，“关爱基层”激发热情。要提高本领抓落实，做到“善学”“善谋”“善作”“善成”。要压实责任抓落实，建立工作专班制度，完善领导包靠制度，健全责任清单制度。要深入一线抓落实，加快形成“头雁效应”，加强和改进调查研究，加大精文简会力度。要强化督查抓落实，改进督查方式，完善考核机制，加大监督问责力度。要步调一致抓落实，严明政治纪律，严明组织纪律，严明廉洁纪律，推动全面从严治党走向“严紧硬”。

【全市各界妇女庆“三八”暨“同心共筑家国梦”好家风分享汇】 3月8日，全市各界妇女庆“三八”暨“同心共筑家国梦”好家风分享汇举行。会议强调，希望全市广大妇女要坚定理想信念，激扬巾帼之志。认真学习贯彻习近平总书记重要指示精神，进一步巩固和筑牢“听党话、跟党走”的思想根基，积极投身“巾帼心向党 建功新时代”活动，在推动经济社会高质量发展中实现价值、赢得尊重、收获幸福。要紧扣全市大局，奉献巾帼之力，充分把握全市经济工作会议精神，发挥“半边天”的作用，找准服务中心、服务大局的切入点、结合点和着力点，在加快新旧动能转换主战场、维护社会大局稳定最前沿、乡村振兴最基层、文明城市创建第一线，创造巾帼新业绩，贡献巾帼新力量，彰显巾帼新风采。要引领文明风尚，彰显巾帼之美。以实际行动响应习近平总书记的号召，积极践行社会主义核心价值观，坚守社会公德、职业道德、家庭美德，培育良好家风，推动形成向上向善、孝老爱亲、家庭和睦的道德情操。要追求积极向上、文明高尚的生活方式，积极参与社会公益事业和巾帼志愿行动，充分展示美丽女性风采，身体力行地助推和引领昌邑的文明新风。

【全市第四批包村联户和选派第一书记工作总结表彰暨开展“服务一线集中攻坚”行动动员部署会议】 4月18日，全市第四批包村联户和选派第一书记工作总结表彰暨开展“服务一线集中攻坚”行动动员部署会议召开，主要任务是以习近平新时代中国特色社会主义思想为指导，按照“工作落实年”要求，总结表彰昌邑市第四批包村联户和选派第一书记工作，部署开展“服务一线集中攻坚”行动，动员广大党员干部投身基层一线、集中攻坚突破，努力推进高质量发展。会议指出，要提高认识，凝聚共识，深刻领会和把握开展“服务一线集中攻坚”行动的重要意义。开展“服务一线集中攻坚”行动，是践行习近平新时代中国特色社会主义思想的实际行动，是深入开展“工作落实年”的重要举措，是解决城乡治理突出问题的迫切需要，是改进机关作风的有力措施。广大党员干部要在思想上高度重视、政治上提高站位、行动上积极自觉，切实担负起组织赋予的责任和使命。会议强调，要明确目标，强化措施，推动第五批包村联户和选派第一书记工作取得更大成效。要锻造过硬党支部，提升村“两委”成员素质能力，抓好后备力量培养，加强党员队伍管理，真正把党组织的领导核心作用发挥好。要认真开展脱贫攻坚“回头看”，巩固提升工作成果。要发展壮大村集体经济，确保包靠村集体经济年收入达到5万元以上。要改善群众生产生活条件，切实解决好群众出行、供水、供电、房屋、通信、环境卫生等实际问题。要强化村级治理，维护农村社会安全稳定。要创新模式，健全机制，着力构建城乡社区治理新格局。要做实社区网格，深化共驻共建，创新服务机制，构建覆盖广泛、集约高效的城市“双应”服务新格局。要以深入推进“三化”融合模式为抓手，整合各方力量，提升服务质效，强化抓社区带村，打造运转顺畅、充满生机的农村“双应”服务新格局。要突出党组织领导，突出市、镇、社区“三级联动”，突出共治共享，建立权责明确、各尽其责的“双应”责任落实机制。会议要求，要加强领导，压实责任，确保“服务一线集中攻坚”行动各项任务落实落地。各级各部门各单位要强化责任落实，既各司其职又密切配合，形成工作合力。要强化组织保障，积极为潍坊市服务队、督导组和昌邑市包村帮扶工作队、第一书记开展工作创造条件。要强化督导考核，推动包村联户和选派第一书记工作、建立“双应”工作机制各项任务落实到位。要强化宣传引导，在全市营造服务基层、狠抓落实的浓厚氛围。

【潍水大讲堂】 8月31日，在市会议中心第一会议室举办2019年“潍水大讲堂”，邀请山东省信访局二级巡视员庞献国作专题辅导讲座。庞献国结合自己的工作实际，围绕“坚定我国信访制度自信，带着对人民群众深厚感情和强烈的责任做好新时代信访工作”的主题，作了一场深入浅出、通俗易懂的报告。

【“不忘初心、牢记使命”主题教育工作会议】 9月12日，全市“不忘初心、牢记使命”主题教育工作会议召开，主要是深入学习贯彻习近平总书记在“不忘初心、牢记使命”主题教育工作会议上的重要讲话精神，认真贯彻落实中央、省委和潍坊市委关于开展第二批主题教育的会议精神，对昌邑市开展主题教育工作进行部署。会议指出，开展主题教育是一项严肃的政治任务，要深刻认识主题教育的重大意义、任务要求、重点措施，把习近平总书记重要讲话作为开展主题教育的总遵循，从研究方案、制定意见到确定载体，都要严格按照要求、紧密结合实际，确保主题教育沿着正确方向前进。会议强调，要明确目标，确保主题教育取得实实在在的成效。要聚焦理论学习有收获，全面系统学，带着问题学，知行合一学，在学懂弄通做实习近平新时代中国特色社会主义思想上取得新成效。要聚焦思想政治受洗礼，永葆政治忠诚，增强政治定力，严肃政治生活，严守政治纪律，在坚定理想信念、坚决做到“两个维护”上取得新成效。要聚焦干事创业敢担当，保持勇立潮头、敢为人先的进取精神，充满敢于碰硬、勇挑重担的干事激情，增强锐意进取、敢于求变的改革锐气，锤炼真抓实干、狠抓落实的过硬作风，完善担当作为、双向激励的体制机制，在勇于担当作为、狠抓工作落实上取得新成效。要聚焦为民服务解难题，深入联系服务群众，切实维护群众利益，扎实办好民生实事，在强化宗旨意识、践行以人民为中心的发展思想上取得新成效。要聚焦清正廉洁作表率，加强廉政教育，增强斗争精神，整治突出问题，坚守廉洁底线，在加强党的建设、推进全面从严治党上取得新成效。开展主题教育要严格落实领导责任，坚决杜绝形式主义，切实搞好统筹安排，精心组织、周密安排，高标准、高质量抓好每个动作、每个步骤，确保整体效果和质量。

【省委第三巡视组巡视昌邑市工作动员会议】 按照省委关于巡视工作的统一部署，9月26日，省委第三巡视组巡视昌邑市工作动员会召开。会议指出，巡视是党章赋予的重要职责，本质上是政治监督，具有独特的政治优势、政治权威、政治要求，肩负着“两个维护”的特殊历史使命和重大政治责任。昌邑市委和各级党员领导干部一定要提高政治站位，深刻认识开展巡视的重大现实意义，切实把思想和行动统一到党中央重大决策部署和省委要求上来，增强接受巡视监督的政治自觉、思想自觉和行动自觉。会议强调，该轮巡视总的是按照习近平总书记提出的“五个持续”要求，紧扣“六围绕一加强”内容来进行，将重点突出政治立场是否坚定、政治生态是否清明、工作落实是否有力、维护群众利益是否到位、管党治党是否严格五个方面的监督检查。巡视组将按照党章、巡视工作条例和省委实施办法等党内法规开展巡视工作，并对干部群众反映的重要问题线索进行深入了解。会议要求，昌邑市委要把这次巡视作为全面从严治党的政治体检，不断增强接受巡视监督、支持巡视工作的坚定性和自觉性。要紧扣做好巡视“后半篇文章”，严格落实巡视整改主体责任，做到问题不解决不松手、整改不到位不罢休、不获全胜不收兵。要压紧压实管党治党政治责任，强化精准问责，确保党中央重大决策部署落地生根。要把接受巡视与深入开展“不忘初心、牢记使命”主题教育、推进“工作落实年”和加快建设现代化高品质城市结合起来，严格落实“三个区分开来”，推动经济社会高质量发展。

【全市全面深化改革工作推进会议】 10月10日，全市全面深化改革工作推进会议在市会议中心召开。会议传达全省推进改革举措落实落地工作会议和潍坊市全面深化改革工作推进会议精神，研究部署下步改革工作，认真分析形势，聚力突破攻坚，推动全市全面深化改革工作再上新水平。会议指出，要提高站位，在凝聚共识、勇于担当上下功夫。当前，全面深化改革已进入深水区，到了改革冲刺的关键阶段，各级各部门各单位要立足承担改革任务，找短板、理思路、明责任，正确分析形势抓落实，强化时间观念抓落实，树牢主责意识抓落实。要精准发力，在聚焦重点、强力推动上下功夫。要抓实年度任务，对照目标要求，逐项梳理盘点，搞好“回头看”、把准“强弱项”，确保改革任务有序有效推进。要抓实承接试点，相关牵头部门要在抓好试点谋划推进的基础上，按照边试点、边总结、边提升的原则，集中力量抓好试点经验总结和推介推广，真正提炼出一批改革“昌邑路径”“昌邑模式”。要抓实流程再造，对标国内一流标准、先进水平，敢于刀刃向内、自我革命，探索打造一批独创性、特色性，可复制、可推广的制度创新经验，打好流程再造攻坚战。会议强调，要整合资源，在系统集成、培育亮点上下功夫。要加强典型培育，做好改革典型的再梳理、再完善、再提升工作，力争年内打造几个在全市全省全国叫得响的“改革品牌”。要重视总结提升，跳出昌邑看昌邑，在用心调研、潜心总结上下功夫，安排专人做好经验做法的提炼提升，不断提高典型的示范引领作用。要强化向上对接，充分挖掘资源，加大对接力度，创新对接方式，积极主动向上争肯定、争试点、争政策。要强化措施，在督查问效、狠抓落实上下功夫。要勤督勤查，市委改革办要聚焦年度工作要点、重点改革事项、承担试点任务，切实履行好职责，勇于攻坚克难，敢于动真碰硬，以从严督查倒逼改革责任落实。要及时研判，市委改革办要对照任务目标，定期分析、盯紧抓牢，查问题、找弱项，精心研究措施，集中力量攻坚，确保补齐短板、统筹推进。要从严考核，不搞平衡照顾，在全市营造“干与不干不一样、干好干坏不一样”的浓厚改革氛围。

【全市经济社会发展形势分析会议】 10月14

日，全市经济社会发展形势分析会议召开，主要是全面总结前三季度经济社会发展情况，肯定成绩，查摆问题，部署任务，动员全市上下以决战的姿态、冲刺的速度，全力以赴做好第四季度各项工作，坚决打赢打好年底收官之战。会议指出，要着眼于“明大势”，深刻认识到发展趋向稳中有进、发展质量逐步提高、发展后劲非常充足，按照上级党委和市委确定的工作思路，踏踏实实、一步一个脚印地干，斗志昂扬、创先争优地干，振奋精神、乘势而上，力争到年底各项工作都能实现新突破、再上新台阶。会议强调，要着眼于“处要事”，科学摆布时间和精力，确保各项工作统筹推进。要处理好“抓发展”与“守底线”的关系，确保发展既快又好、底线守得更牢。要处理好“抓单点”与“促全面”的关系，做到“点”与“面”相结合、重点突破与整体推进相统一。要处理好“抓速度”与“保质量”的关系，实现速度与质量、规模与效益的有机统一。要处理好“抓当前”与“利长远”的关系，对既定工作规划一张蓝图绘到底，锲而不舍、久久为功。要着眼于“谋大事”，进一步提高站位，聚焦重点工作精准发力。要抓好经济运行，把当前的经济运行情况摸透、把措施办法找准，强化跟踪调度。要抓好动能转换，进一步提升发展质效。要抓好乡村振兴，促进各类要素更多向乡村流动。要抓好项目建设，筑牢发展支撑。要抓好底线防控，不断提高发展的质量和成色。要着眼于“干成事”，以开展“工作落实年”特别是“七赛七比”为契机，结合“不忘初心、牢记使命”主题教育，主动作为促发展，争先创优促发展，正向激励促发展，促进全市广大干部境界格局再提升、工作标准再提高、任务落实再强化，为推动经济社会高质量发展提供坚强保障。

【全市党的建设暨基层党建工作会议】 11月13日，全市党的建设暨基层党建工作会议召开，主要任务是以习近平新时代中国特色社会主义思想为指导，深入贯彻新时代党的建设总要求，认真落实中央、省委和潍坊市委关于党的建设、机关党建和基层党建有关部署安排，研究部署当前和今后一个时期全市党的建设和基层党建工作，推动全市党建各项工作再上新水平。会议强调，要坚持以党的政治建设为统领，提高党员干部政治觉悟和政治能力。要坚持对党忠诚，在思想上、行动上坚决做到“两个维护”。要强化党性观念，严肃党内政治生活，推动形成清清爽爽的同志关系、规规矩矩的上下级关系、干干净净的政商关系。要严守政治纪律和政治规矩，对重大问题旗帜鲜明、立场坚定，对中央和上级决策部署及市委工作安排，坚决贯彻执行，做到令行禁止。要坚持以组织体系建设为重点，提升基层党组织政治功能和组织力。要坚持以深化问题整治为抓手，推动作风建设持续向上向好。要坚持以打造风清气正政治生态为目标，狠抓监督执纪和反腐败斗争。要坚持以党建责任落实为保障，扎实推进全面从严管党治党。会议要求，要坚持以高素质专业化为导向，建设本领过硬、担当作为的干部队伍。要树立正确用人导向，认真落实好干部标准，鼓励年轻干部脱颖而出。要大力提升干部专业能力和专业素养，放眼全市选用专业化干部，深入实施干部素质能力提升工程，帮助干部提升专业能力、培养专业精神。要充分激发干部干事创业活力，既严管约束，又关爱激励，充分调动干部工作积极性。要抓紧抓好党管人才工作，强化人才工作目标责任制考核，统筹各方资源招才引智。就昌邑市正在开展的“不忘初心、牢记使命”主题教育，强调要持续抓好学习教育，加大检视整改力度，认真做好民主生活会准备工作，以强烈的政治担当、奋进的精神状态、务实的工作作风，努力推动全市党建工作高质量发展，为践行新理念、建设新昌邑，率先全面建成小康社会提供坚强保证。

【市直部门（单位）述职评议会议】 12月28日，2019年度市直部门单位述职评议会议召开。会上，全市111个市直部门单位结合自身实际，分组从党建工作、业务工作、“双招双引”工作、安全稳定工作、亮点工作5个方面和党委政府中心工作完成情况、业务工作和支持地方发展实效3个方面分别进行了述职;与会人员对述职部门进行了评议投票。会议指出，召开市直部门单位述职评议会议，是全市“工作落实年”活动的重要内容，主要是聚焦“七赛七比”，全面了解和掌握市直部门领导班子和党员干部履职尽责情况，激励担当作为、推动创先争优，持续激发广大党员干部干事创业的积极性、主动性和创造性，推动市委、市政府各项决策部署落地见效。会议要求，各级各部门要围绕当前重点工作，进一步统一思想，把各方面的力量汇聚到落实市委决策部署上来，形成推动全市经济社会高质量发展的强大合力；要切实增强紧迫感、使命感和责任感，奋力加压、创新实干，担当作为、创先争优，全力推动各项工作再上新台阶、实现新突破。

（陈正钊）

重要活动

【升国旗仪式】 元旦升国旗 1月2日，昌邑市在市级机关综合服务中心A座楼前举行升国旗仪式，激励全市上下不忘初心，牢记使命，始终保持锐意进取、永不懈怠的精神状态和敢闯敢试、一往无前的奋斗姿态，拥抱新时代，担当新使命，迎接新挑战，为昌邑实现更高质量新发展作出应有的贡献。市委书记吕珊珊，市委副书记、市长李玉祥，市人大常委会主任李中福，市政协主席周娟等市级领导班子成员参加升旗仪式。

春节升国旗 2月11日，市级领导班子全体成员，市人民法院院长、市人民检察院检察长，市人武部主要负责人；其他在职副县级以上领导干部；市直有关部门、单位干部代表在市级机关综合服务中心A座楼前参加春节升旗仪式。

劳动节升国旗 5月5日，市级领导班子全体成员，市人民法院院长、市人民检察院检察长，市人武部主要负责人；其他在职副县级以上领导干部；市直有关部门、单位干部代表在市级机关综合服务中心A座楼前参加劳动节升旗仪式。

国庆节升国旗 10月8日，市级领导班子全体成员，市人民法院院长、市检察院检察长，市人武部主要负责人；其他在职副县级以上领导干部；市直有关部门、单位干部代表。市级机关综合服务中心A座楼前参加国庆节升旗仪式。

【市领导走访慰问部队】 1月24日前，市领导分别到潍坊军分区、80集团军、潍北综合训练场、武警中队、军休所等地走访慰问，代表全市人民向全体官兵致以节日的祝福和崇高的敬意。市领导吕珊珊、李玉祥、王龙堂、李中福、周娟、刘煜、孔德奎等到潍坊军分区、80集团军、潍北综合训练场为他们送去节日的祝福和亲切的问候。市领导王树国到武警中队、军休所走访慰问。

【昌邑市党政考察团到南方考察学习】 3月24—28日，王龙堂、胡筱芹、马永平、孔德奎、曲伟、冯义军；各镇（街、区）党（工）委书记，市委研究室、宣传部、市工信局、科技局、财政局、人社局、自然资源和规划局、住建局主要负责人，市发改局、农业农村局、行政审批服务局、投促局分管负责人及相关工作人员到萧山区、富阳区、桐乡市、苏州高新区、常熟市、张家港市、海安市考察学习。

【全市村庄清洁行动攻坚月活动】 5月6—7日，市委常委，市人大常委会主任、市政协主席，市政府党组副书记、副市长；各镇（街、区）党（工）委书记、镇长（主任），市委办公室、市政府办公室、市委市政府督查室、市自然资源和规划局、住建局、交通局、农业农村局、综合行政执法局、环保局、规划编制研究中心、林业发展中心、环境卫生中心、畜牧业发展中心主要负责人到各镇（街、区）开展村庄清洁行动攻坚月活动。

【渤海走廊革命斗争陈列馆开馆式暨“渤海走廊革命斗争史”理论研讨会系列活动】 6月29日，渤海走廊革命斗争史理论研讨会召开。研讨会上，与会人员观看昌邑市党性教育教学片《发射将军李福泽》，并现场演示党性体检系统；与会代表进行研讨发言；并聘请有关人员担任昌邑市党建研究顾问。

【潍坊市乡村振兴暨“双招双引”项目观摩点评】 7月16日，潍坊市委书记、市人大常委会主任惠新安，潍坊市委副书记、市长田庆盈带领潍坊市乡村振兴暨“双招双引”观摩点评组到昌邑市现场观摩。惠新安一行先后到丝绸小镇、康洁环卫新能源智能化环卫装备及垃圾箱注塑生产项目、潍水田园综合体、梨花水镇等项目现场进行了实地观摩。惠新安和与会领导对昌邑市2019年在实施乡村振兴战略、开展“双招双引”、推进高质量发展工作中所取得的成绩给予肯定。

【山东省土地发展集团领导到昌邑市考察】 8月2日，土发集团及昌邑市有关领导到昌邑市考察高铁新城项目、康洁环卫产业园、国家智能铸造产业创新（潍坊）中心、浩信智能工厂一期项目、渤海走廊革命斗争陈列馆、红色文化展览中心、抗日战争纪念馆、齐西古村。

【山东好人发布仪式暨道德模范与身边好人（潍坊·昌邑）现场交流活动】 8月30日，8月山东好人发布仪式暨道德模范与身边好人（潍坊·昌邑）现场交流活动在昌邑市举办。与会领导观看昌邑城市形象宣传片。活动中，省委宣传部精神文明建设二处处长、一级调研员王龙飞，潍坊市委宣传部副部长、市委网信办主任范明涛，昌邑市委书记吕珊珊共同为8月“山东好人榜”揭榜，60名崇德向善、群众公认的身边好人荣登榜单。市委副书记、市长李玉祥致辞。“山东好人”魏铁良为8月“山东好人”代表李纪友、刘国能、陶翠华、刘佳等颁奖，与会“好人”还进行现场交流。

【2019北方（昌邑）绿化苗木博览会第二十四届中国园林花木信息交流会开幕式】 9月21日，2019北方（昌邑）绿化苗木博览会、第二十四届中国园林花木信息交流会在绿博园隆重开幕。来自全国各地的客商宾朋和社会各界群众欢聚在绿博园，共庆2019北方（昌邑）绿化苗木博览会、第二十四届中国园林花木信息交流会隆重开幕。开幕式由市委副书记、市长李玉祥主持。赵树丛、刘均刚、尹伟伦、惠新安、李军、张积军、李琥、杨连清、周金田共同按动启动柱为大会开幕。

2019北方（昌邑）绿化苗木博览会、第二十四届中国园林花木信息交流会以“传播绿色文化　建设美丽中国”为主题，突出专业化、高端化、市场化、国际化等特点。展会设置绿博园、北方花木城两大展区，预计600个展位。绿博园展区为专业展区，分绿化苗木、园林机械及园艺资材展区两部分；花木城展区为开放式展区，分2019“一带一路”造园技能（昌邑）国际邀请赛赛区、园艺花卉展区和农资种子展区三部分，展出内容主要包括绿化种苗、观赏苗木、造型苗木、容器苗木及相关产品，经济林种苗及相关产品，园艺资材、园林机械、森保、园艺养护产品等。展会期间举办专业产品展览交易会、中华人民共和国成立70周年园林绿化苗木行业发展历程展、2019“一带一路”造园技能（昌邑）国际邀请赛、2019北方林木种苗产业发展论坛等11项活动。该届绿博会采取市场化模式运作，共吸引来自全国20个省、市、自治区的600家企业参展，专业观众超过4万人。开幕式当天，签订购销合同1000多个，合同交易额近4亿元。展会于10月7日结束。

【烈士纪念日公祭烈士活动】 9月30日，在市烈士陵园举行2019年烈士纪念日公祭烈士活动，深切缅怀革命先烈的丰功伟绩，隆重祭奠革命先烈的不朽英魂，激励全市上下坚定理想信念，继承先烈遗志，发扬革命传统，凝聚奋进力量，为推动经济社会高质量发展、实现中华民族伟大复兴的“中国梦”而努力奋斗。上午9时，公祭活动在雄壮的国歌声中拉开序幕。公祭仪式由市委副书记王龙堂主持。吕珊珊、李玉祥等市级领导班子成员，有关部门、单位机关干部代表和部分学校学生代表参加公祭活动。

【潍坊市新旧动能转换暨“双招双引”项目观摩点评】 11月30日至12月4日，为深入推进新旧动能转换和“双招双引”，强化重大项目的支撑带动作用，助力生态开放活力精致的现代化高品质城市建设，潍坊市组织对2019年全市新旧动能转换暨“双招双引”项目进行观摩点评。30日，潍坊市委书记、市人大常委会主任惠新安带领潍坊市新旧动能转换暨“双招双引”项目观摩点评组到昌邑市现场观摩。昌邑市委书记吕珊珊，市委副书记、市长李玉祥，市委副书记王龙堂等市领导陪同活动。惠新安一行先后到玉柴北方产业基地项目、昌邑市智能铸锻中心项目、浩信昌盛智能工厂项目、潍坊环境工程职业学院项目等项目现场进行实地观摩，都详细了解昌邑市在项目和园区建设、“双招双引”、新旧动能转换等方面的工作，听取昌邑市推动经济社会高质量发展的情况汇报。

12月4日，潍坊市新旧动能转换暨“双招双引”项目观摩总结点评会议召开，对全年新旧动能转换暨“双招双引”项目进行总结点评，对项目百日会战、全年冲刺收官进行再动员再部署，对明年工作开好局进行早安排早发动，动员各级各方面再接再厉、继续奋斗，确保今年完美收好官，为明年开好局打好基础。

【昌邑市智能铸锻中心全面投产仪式】 12月30日，山东浩信昌盛智能铸锻中心项目全面投产仪式举行。中国机械工业联合会副会长、中国铸造协会会长张立波出席仪式并致辞，昌邑市委书记吕珊珊出席仪式，市委副书记、市长李玉祥会见与会嘉宾并致辞，市领导高敬东、孔德奎、冯义

12月30日，山东浩信昌盛智能铸锻中心项目全面投产仪式 （张平平）

军以及浩信集团部分智能装备供应商、信息化管理系统服务商、战略合作院校部分代表出席仪式。仪式上，中国机械工业联合会副会长、中国铸造协会会长张立波；市委书记吕珊珊；市委副书记、市长李玉祥同部分嘉宾一同按动启动球。市委副书记、市长李玉祥以及美国应达集团中华大区总经理关平、MES科技公司首席信息官林浩烈、潍坊市工信局一级调研员李玉军、中国机械工业联合会副会长、中国铸造协会会长张立波分别致辞。仪式结束后，与会领导共同参观生产线。

（陈正钊）

市委办公室

【概况】 2019年，市委办公室以开展“工作落实年”“七赛七比”为契机，以为领导服务、为基层服务、为群众服务为宗旨，全面展现一流精神风貌、弘扬一流工作作风、争创一流工作业绩。年内，获“全国科技创新百强县市”称号。

【强化理论学习】 开展“不忘初心、牢记使命”主题教育及各类理论学习活动。围绕学习贯彻中共十九大，十九届二中、三中、四中全会精神及习近平总书记系列重要讲话精神等组织开展集体学习活动20余次，提升办公室干部队伍履职尽责能力和服务发展能力。树立“四个意识”，坚定“四个自信”，做到“两个维护”，办公室全体工作人员始终在思想上、政治上、行动上与以习近平同志为核心的党中央保持高度一致。弘扬理论联系实际的学风，督促办公室工作人员把学到的知识应用于工作实践，在干中学、在学中干，学以致用、用以促学、学用相长，提高解决实际问题的能力。

【提升服务效能】 坚持抓重点、破难点、提亮点，组织做好全市先进工作经验和亮点做法的宣传和推广。累计上报各类信息1896条，编发《昌邑信息》20期，在潍坊市级以上媒体、刊物发表典型文章20余篇。其中，《“飞地农业”引发的“乡村蝶变”——山东省昌邑市北孟镇破解村集体经济增收难的探索与实践》在《农民日报》刊发；《昌邑以“飞地农业”破解村集体增收难题》在新华社《高管信息》刊发。围绕年内重点工作，重点是脱贫攻坚、农村人居环境整治、河流清违清障、重点项目建设等，加大督查力度，印发各类督查通知41期，形成督查专报、通报54期。强化上下联系，搞好内外协调，保障几大班子的协调有序、高效运转。牵头举办150余项重要会议和活动，完成各项接待任务。完善包含13项岗位职责、12项工作制度、14项工作规范的《办公室工作规范汇编》，实现流程再造，提升服务效能。做好维护国家安全和财经工作。组织成立市委国家安全委员会及其办公室，召开市委国家安全委员会第一次全体会议，审议通过印发相关制度文件，为日常工作开展提供制度遵循。开展国家安全宣传教育活动，强化民族宗教、安全生产、金融、社会治安等领域风险管控，推动全市社会大局保持和谐稳定。组织成立市委财经委员会及其办公室，召开市委财经委员会第一次全体会议，审议通过并印发相关制度文件，推动工作开展。开展密码通信“精品年”、密码管理“制度年”活动，组织开展紧急重要电报传输办理和应急密码通信实战演练，提高机要密码管理水平和机要人员工作能力。成立中共昌邑市委保密委员会，与全市88个部门（单位）签订2019年保密工作任务书，构建“无缝隙、无盲区”的责任落实体系。举办保密专题辅导讲座，将保密知识教育纳入市委理论学习中心组和党校培训内容，增强全市党员干部的保密意识和保密能力。

【从严治党】 落实全面从严治党市委主体责任，以“严”的标准，“实”的要求，推动管党治党各项任务落地落实。办公室50名党员干部划分为5个党小组，增强党员教育监督管理的针对性和实效性。完善党支部学习、交流、活动等各项制度，健全推进机制，防止“搞形式”“走过场”，推动纸面上的制度变为全体党员干部的思想自觉、行动自觉，提升党员干部政治素质。倡树“绝对忠诚、倾情服务、极端负责、无私奉献、精诚团结”20字精神，借鉴“雅思模式”经验，搭建广大干部“读”“说”“听”“写”锻炼平台，打造科室内部、各科室之间比学赶超的擂台，提升机关工作效能、提高干部队伍素质。组织办公室党员干部参加联系服务群众“集中回访月”活动，走访群众705户，为群众解难题、办实事，提升群众满意度。改进文风会风，印发《精文简会十项措施》，实行发文配额管理，严格文件、电报审核及备案审查，精文简会工作取得成效。落实党风廉政建设责任制和《办公室工作规范》各项制度，坚持用制度管人管事，做到严格要求、严格约束、严格监督，办公室整体工作水平提高。班子成员落实领导干部廉洁从政各项规定，执行中央八项规定精神，做到清正廉洁、清白做人、干净干事。涉及全局性的重大问题，坚持“集体领导、民主集中、个别酝酿、会议决定”的原则，召开办公室室务会议集体讨论决定，领导班子科学决策、民主决策的能力和水平提高。召开市委办公室机关党支部专题组织生活会及民主评议党员会议，班子成员开展批评与自我批评。落实意识形态工作责任制，坚决抵制各种错误思潮和错误倾向。年内，会同市委宣传部印发《关于进一步做好宣传思想工作的实施意见》等5个意识形态工作方面的通知、文件，推动意识形态各项工作任务落实落地。

【政策研究】 以文辅政 优质高效作为文稿起草的目标，树立精品意识，在起草重大材料时，注重加强对新知识、新政策的掌握和运用，做到吃透上情、把握下情、了解外情，做到问题抓得准、对策拿得准、语言表述准，确保起草的文稿有思想、有观点、有深度、有新意，实现理论性、思想性、实践性和创新性高度统一。全年，组织撰写领导讲话、汇报材料、典型发言等300余篇，起草各类通知、文件300余个。

深入调研 聚焦经济社会发展中的痛点、难点、堵点问题，开展调查研究，坚持“走出去、沉下来”，分析研究，查实情、出实招，提出前瞻性强、可操作性强的应对措施，做到问题抓得准、原因表述准、对策拿得准。年内，围绕优化营商环境、传承发展红色文化、村级集体经济增收、滨海开发等重点工作组织开展专题调研10余次，形成高质量的调研报告，为领导科学决策提供参考。其中，《坚持问题导向做好“五篇文章”以扎实成效为创新提升“三个模式”贡献昌邑力量》在全国城市党刊第二十七届年会上被评为“优秀调研文章一等奖”。

经验推广 全年，组织撰写理论调研文章20余篇，在《农民日报》、新华社山东分社《高管信息》《山东通讯》《潍坊通讯》等潍坊市级以上刊物、媒体上刊发，宣传昌邑市的好经验、好做法，提升昌邑的知名度和美誉度。总结的探索“四种模式”破解村集体经济增收难题相关做法被省委改革办作为十大地方案例之一报送中央改革办；《“飞地农业”引发的“乡村蝶变”——山东省昌邑市北孟镇破解村集体经济增收难的探索与实践》在《农民日报》刊发；《昌邑以“飞地农业”破解村集体增收难题》在新华社《高管信息》刊发。

党内法规制度建设 推进市委法律顾问工作，按程序确定杨伟程等13名律师、学者入选市委法律专家库，在潍坊市各县（市、区）率先建立市委法律顾问制度。坚持有件必备、有备必审、有错必纠，做好党内规范性文件备案相关工作。全年，形成党内规范性文件备案材料28份，做到及时报送、及时审查备案。落实上级关于文件精简的工作要求，实行文件配额管理和审批制度，制发文件审批单，严格审批拟制发文件名称、规格，压减发文数量，提升发文质量。全年，审核发文120件，比上年精简279件，精简幅度69.9%，超额完成公文精简的任务目标。

【全面深化改革】 **动能转换** 把握深化供给侧结构性改革，把加快新旧动能转换、推动高质量发展放到更加突出的位置，构建现代产业体系，提高经济发展质量、效益。石油化工新材料产业园，纳入山东省高端化工产业发展规划，编制完成山东化工原料基地项目建设方案。下营、龙池化工产业园通过省级化工园区认定，17个化工项目通过潍坊市发改委审批立项。智能装备制造产业园，浩信昌盛智能制造一期项目建成投产；国家智能铸造产业创新（潍坊）中心、浩信启迪涡轮增压器壳体等项目加快建设；浩信集团在德国博世供应商大会上获"全球优秀供应商"奖。满国康洁环卫产业园，满国康洁集团获批筹建全国首家省级城乡环境清洁服务标准化技术委员会，并被评为省重点服务业企业和山东"企业上云"标杆企业；环卫产业智能创新中心入选首批省级服务业创新中心。筛选形成总投资995亿元、121个项目的新旧动能转换重大项目库。潍水田园综合体被评为2019年省级重点建设项目，玉柴高端发动机等14个项目被评为潍坊市级重大重点项目。山东化工原料基地升级改造项目入选山东省新旧动能转换项目库第一批优选项目，永富弹簧智能家电配套产业园项目、海天生物海水淡化及资源综合利用项目、海洋牧场与三峡300兆瓦海上风电融合试验示范项目入选山东省第二批优选项目。明兴生物科技有限公司微生物研发公共服务平台入选省级服务业创新中心，华晨集团研发中心等4个项目入选省服务业重大项目库，33个项目入选潍坊市新旧动能转换项目库。加快构建涵盖人才引育、科技创新、项目引进、产业发展等全方位、全链条、立体化的人才政策体系。1—11月，引进高端技术人才（团队）47人，其中引进有合作项目"两院"院士2人。自主培育泰山产业领军人才2人，省"外专双百计划"专家1人，2人获"首届世界风筝都·潍坊国际人才创新创业大赛"优胜奖，组织评选昌邑市首席技师、专业技术拔尖人才、乡村之星、潍水和谐使者42人。获批新建院士工作站2处。申报的龙港阻燃、同大新能源、廒里盐化等5处潍坊市级工程技术研究中心，新奥化工、得和明兴、家园化工等4处潍坊市级重点实验室获批。三力本诺、润德生物等3个项目获批山东省重大创新工程；同大海岛、海丰水产等3个项目获批省重点研发计划；龙港无机硅、奥友生物、东元连海、恒昌新材料等5个项目获批省科技创新发展资金。昌邑市获评"全国科技创新百强县市"。

乡村振兴 坚持把推动乡村振兴放在全面深化改革的优先位置，统筹谋划、创新路径、整体推进，打造乡村振兴"昌邑样板"。培育壮大万亩高端苗木、10万亩优质大姜等"10个万亩级产业"，建设潍水田园、梨花水镇等10个田园综合体和特色小镇。潍水田园综合体入选省2019年重点建设项目，完成投资2.26亿元。总投资30亿元的梨花水镇入选省第一批乡村振兴重大项目库、潍坊市十佳特色小镇及潍坊20个市级田园综合体创建名单，康养总部医院等子项目全面开工建设；饮马镇山阳村被确定为省发改委乡村振兴联系点，该村推动三产融合发展的经验做法得到省委书记刘家义、副省长于国安的批示肯定，并要求省农业农村厅推广。总投资20亿元的丝绸小镇，建成“丝路绸语”文化创意园、烟柳水岸等项目，推动丝绸文化与现代农业、休闲旅游、文化创意、民俗体验、纺织产业融合发展。柳疃镇入选山东省“非遗助力脱贫，推动乡村振兴”典型乡镇（街道）名单。建设占地173.33公顷的众村“飞地”创业产业园，推动34个村实现集体增收、村民致富，相关做法在《农民日报》、新华社山东分社《高管信息》刊发推介。推动工商资本下乡，昌邑市被列为省农发行系统实施乡村振兴战略试点，到位资金15亿余元；引进城市工商资本下乡项目18个，总投资56.9亿元。深化农村生活垃圾治理，城乡环卫一体化“昌邑模式”在全国推广；城乡环卫一体化两项案例被中国城市环卫协会列入2019年度中国环境卫生管理发展与创新、环卫一体化案例整体解决方案，在全国环卫行业推广。开展村庄清洁行动攻坚月等活动，全市690个村投入机械5600余台次、劳力7.5万人次，清理农村生活垃圾和农业废弃物10.3万堆，绿化面积71.6万平方米。全市村庄道路“户户通”比例75%。80%的村庄达到美丽乡村建设B级以上标准，打造省级美丽乡村示范村12个，年内获批省级美丽乡村示范村4个。实施乡村记忆工程，建成村史馆29处、历史文化展示点102处，龙池镇“建馆修志”推进乡村文化振兴的做法入选“2018中国乡村振兴先锋榜十大榜样”。实施党性教育基地建设“211”工程（200处红色村史馆、10个专题展馆、1个主体展馆），相关做法被中央电视台及《光明日报》《农民日报》《经济日报》等主流媒体报道推介。建成渤海走廊革命斗争陈列馆，获中华人民共和国成立70周年·中国红色文化陈列展览精品工程金奖。深化村级党员管理项目化、群众服务网格化、各类组织管理功能化“三化”融合模式，协同推进城乡社区“有求必应、一呼百应”“双应”服务体系建设，全市1.7万名农村党员认领项目5400余个，提升农村组织领导力和服务带动力，相关经验做法被中共中央组织部宣传推广。其中，“三化融合”模式入围全国第五届基层党建创新案例评选活动。编纂村志的探索、“党支部＋农户＋合作社”养殖模式，分别入选省第三届山东乡村治理论坛乡村治理十佳案例和优秀案例。

民生改善 聚焦群众关心关注的痛点难点堵点，优化方案、集中攻坚，增强群众改革获得感、满意度。深化教育综合改革。推进职业教育教学改革，整合康洁集团产业优势、新加坡联合环境公司资金优势和潍坊市技师学院昌邑分院教育优势，筹建潍坊环境工程学院，纳入省高校设置十三五规划，通过省教育厅专家组设立验收，并投入使用。打造“一三四五”职业教育“昌邑模式”，放大职业教育办学能力，潍坊市工业学校被省教育厅确定为第三批示范性中等职业学校建设项目，相关做法先后在《中国教育报》《现代教育报》《山东青年报》等国家和省主流媒体宣传推广。全面推行小学课后延时看管服务，落实保障经费219万元，参与服务的小学生2.28万人，实现小学全覆盖。相关做法获省政府副秘书长辛树人批示肯定，并在《山东政务信息》、省教育厅官网等推介推广。推进“厕所革命”，完成10个镇（街、区）统一改厕45294户。探索建立农村改厕后续管护机制，建立健全集资金保障、设施配套、运行制度、管护队伍于一体的规范化、制度化管护运营体系，在柳疃镇、下营镇试点建成粪便储存、处理站，并在全市推广；16处镇（街、区）管护服务站建设完成，并配套完善管护队伍、流程、制度等，构建覆盖全市镇（街、区）的改厕后续管护服务网络。相关做法在潍坊农村改厕规范升级视频会议上作典型发言，并在《大众日报》等媒体刊发推广。深化村级事务“事前听证”制度，获山东省第三届乡村治理论坛乡村治理优秀案例推广奖。建立“1+4+3”群众诉求服务机制，打造功能齐全、设置合理、方便群众的一体化服务平台，提升基层治理规范化水平。相关做法被法制网和民主与法制网、《民主法制时报》等宣传推广，并被潍坊市委政法委《政法动态》刊发推介。探索实施党建引领和法律义工+法学会工作等做法，建立市、镇、社区三级覆盖的义工服务网络，相关做法在《民主与法制时报》、新华社《高管信息》以及中央、省、潍坊市三级法学会媒体刊发推广。推行医共体建设，成立以昌邑市人民医院为龙头，乡（镇）卫生院、社区卫生服务中心等基层医疗机构为成员的县域医共体，市、镇、村三级医疗机构服务功能和运行管理达标率100%。推进家庭医生签约服务，组建家庭医生签约服务团队503个，贫困人口和计划生育特殊家庭实现签约服务全覆盖。推行基层卫生人才“县管乡用”“乡管村用”管理机制改革，在下营镇和龙池镇开展试点。举办2019黄元御中医药文化节暨中医药传承与发展高峰论坛，线上线下参与10万余人。推进职业健康工作，推行职业健康“三个一”工作经验在全省职业健康工作会议上进行交流发言，并在全省推广。

制度创新　创新村集体经济增收机制，为破解村集体经济增收难题，探索建立以“双联双增、众村飞地、强村帮带、项目带动”等多种模式引领，促进村集体经济增收、助推乡村振兴的有效路径，相关做法由省委改革办作为省十大地方改革案例报送中央改革办，并在《山东通讯》、潍坊市委改革办《工作简报》刊发推广。其中，“众村飞地”模式被评为山东省第三届乡村治理论坛经济类十佳案例，被《农民日报》《山东通讯》、新华社山东分社《高管信息》刊发推广。创新特困人员救助供养机制。探索建立“体验式监管+嵌入式服务”模式，推出民政工作人员到养老机构陪餐、居家陪餐陪护等制度，提升特困人员救助供养工作水平。相关做法在民政部《中国社会报》、省民政厅《社会救助工作动态》以及全省社会救助工作经验交流会上发文推广，并获2019年度山东省社会救助领域优秀创新案例。推行不动产“电子权证”制度，利用信息化手段，革新发证模式，在全省首创县级市“不动产电子权证”平台，推行“电子权证+纸质权证”双证模式，不动产登记办结时间由5个工作日缩短至2个小时，减少群众、企业或银行工作人员往返不动产登记中心3次，精简材料10余份。相关做法被副省长于国安批示肯定，省自然资源厅进行专题调研。推动车驾管“放管服”改革，在全省率先研发“一窗办”车驾管业务外挂系统，实现审验驾驶证、补领行驶证等18类业务“一证即办、一窗通办”；在潍坊市率先建成机动车“通道式”查验区，并建成潍坊市首家24小时服务“无人车管所”，服务大厅单笔业务平均受理时间，由排队办结30分钟缩短至2分钟；机动车新车挂牌业务，由跑半天缩短至20分钟。相关做法先后在《山东通讯》《机构与行政刊物》《中国交通频道》等推介推广。在全省率先研发，搭建基于区块链技术的业务共享载体，建立标识统一、架构科学的电子材料系统，同步开设“邑办理”网上服务，减材料、减环节、减时限，提升政务服务效能。数据库录入各类有效电子证照8万余张，10余个电子证照有效共享，全年减少提交证照复印件1万余份。相关做法在《山东新闻》等媒体推广，并被潍坊市职能办作为优秀创新案例推荐至省政府办公厅参加案例评选。

推进机制　深化“一图一台一网”“三个一”工作机制的基础，推进改革落实落地。全面深化改革和制度创新工作作为“一把手”工程，主要负责人亲自抓，重点改革亲自部署、重大方案亲自把关、关键环节亲自协调，并建立市级领导领衔重点改革事项、深改委会议定期听取重点改革任务牵头部门情况汇报等工作制度。全年，召开深改组会议1次、深改委会议2次，全市改革推进会议1次，专题调度会议3次；制定重点改革方案46个；听取市委改革办专题汇报2次；到省委改革办汇报对接工作2次。建立“一季一考评”机制。全面深化改革工作大比重纳入镇（街、区）科学发展考核和市直部门年终绩效考核，对潍坊市重点改革事项、省以上试点任务、自选创新事项以及试点争取、典型推广等重点内容，每季度进行专项调度、综合评价，评价情况纳入年终考核、全市表彰，改革工作完成情况作为年终市直部门单位述职评议的重要内容，倒逼责任落实。年初经济工作会议上，表彰市委组织部、围子街道等9个部门（单位）；发放考核工作专题督查通报2期，其中市委书记吕珊珊在《第二期考核工作督查通报》上作出批示；争取国家级试点6项、省级试点11项；承接石化医药工会、版权进乡村等省级现场会、专题会议等3个，为省级现场会提供现场7次。建立“一部门一创新”机制。制定《制度创新实施意见》，梳理确定10个方面、62项制度创新任务，细化分解到责任部门（单位），在此基础上，紧扣重点领域和关键环节存在的体制机制弊端，建立“一部门一创新”工作机制，初步筛选确定69项自主创新事项，进行重点包靠、重点调度，确保制度创新有目标、有计划、有包靠、有成效。先后有石化医药工会建设等8项创新工作做法在省级以上会议上作典型发言或经验交流；推行不动产“电子权证”制度等3个创新工作做法获省级以上领导批示肯定。建立“一月一调研”机制。发挥典型带动引领作用，坚持每月选取一个典型案例实地调研，提炼形成典型案例材料，加强复制推广，向上推广推介，提升昌邑改革品牌。整理形成车驾管服务“放管服”改革、“飞地农业”新模式、探索多种模式破解村集体经济增收难题等典型案例10个，其中2个案例作为潍坊市重要制度创新成果报送省委改革办参评，1个案例被潍坊市职能办推荐至省政府办公厅参加优秀案例评选，1个案例被省委改革办推荐至中央改革办。建立改革论坛制度，贯彻潍坊市委改革办关于建立改革论坛制度的部署，制定《昌邑“改革论坛”工作方案》，加大宣传力度。举办专题培训、讲座、论坛等44个，在省级以上报纸、电视等主流媒体专题刊发、播出经验做法130余篇。

【督查工作】 建立“三项机制” 规范全市各类督查检查考核，建立备案审批、一线督查、督考联动三项机制。2019年，发放督查通知41期，比上年同期减少49期，减少54.4%，减轻基层负担。

建立备案审批机制。统筹安排2019年市级督查检查考核事项，确定全面从严治党、推动高质量发展、综合考核等7个大类、32项市级督查检查考核事项。从开展依据、内容、对象、方式、时间等方面把关市直部门以市委、市政府名义开展的督查检查考核活动，除纳入全年督查检查计划的事项外，未经允许不得开展，最大限度

11月2日，市委书记吕珊珊（右二）调研重点项目重点工程　（张平平）

减少和避免多头、重复和扎堆督查检查考核情况的发生。

建立一线督查机制。工作中推行一线督查法，减少材料调度、增加现场督查频率。4月，采取“四不两直”的方式一线督查人居环境整治工作，帮助发现问题420余个，全部反馈镇（街、区），并逐一现场查看整改情况，确保整改到位。工作中，推行一线促进展、实地找问题、现场看整改工作方法，开展扶贫、防汛、人居环境整治、重点项目建设等现场督查活动，减轻基层上报材料、陪同检查等方面的负担，提升整改实效，减基层负担的同时不减督查质量。

建立督考联动机制。发挥督查、考核一口管理、合署办公的优势，建立“督考合一”的工作落实和目标考核评价体系，实行资源信息共享，实现督查、考核无缝融合。上级及市委、市政府安排部署的重点工作，督查结果即考核结果，以真督实查确保结果真实有效，实现督查考核相互促进的工作机制，提升工作权威，在全市形成“抓平时、促落实”的导向。

抓好“三个重点” 2019年，昌邑市委市政府督查室不断创新机制、强化措施，推动督查工作提质提速提效。发布督查通知41期，形成通报、专报53期。

加大对上级决策部署落实情况的督查力度，重大紧急督办事项，做到即批即办。全年，办理上级督查通知、专项督查、领导批示等70余件次，办结率和按时上报率100%，实现无遗漏、无逾期、无催办。完善潍坊市“工作落实年”暨“双招双引”对外开放推进会议确定2项任务的分解、督办，推动工作落实；办理潍坊市级人大代表建议1件，完善《潍坊市政府工作报告》涉及昌邑市57项重点任务和32件民生实事的推进落实；组织迎接省委、省政府重点决策部署督查和潍坊市委、市政府重点任务目标完成情况督查，形成、提报汇报材料3篇；牵头组织迎接国务院大督查系列活动，制定专项方案，组织开展自查自纠；督查调度昌邑市对标先进工作，上报工作进展；办理上级转办舆情45件，全部按期办结。《昌邑市念好“高、准、狠、实”四字诀不折不扣抓工作落实》《昌邑市推行“磁铁式”服务持续优化营商环境》等经验文章被潍坊市委督查室刊发推广。2月，市委市政府督查室被评为潍坊市政府系统督查工作先进单位。

完善“全年抓主线，阶段抓重点，关键破难点”的督查工作运行机制，围绕市委、市政府重点工作，分析研判制约工作落实的关键点和急难事，找准“硬骨头”的关键受力点，加大督促检查力度与密度，全力推动、精准突破。在督查推进过程中，坚持问题不解决不松手、任务不清零不罢休，靠上、盯上、跟上。完善《市委常委会工作要点》《市政府工作报告》等市委、市政府重大决策的督办力度，分解任务191项，定期调度进展，加快任务落实；完善人居环境整治、脱贫攻坚工作督导包靠工作，拿出专门力量包靠都昌、围子、柳疃等5个镇（街、区），实现从督查员到包靠人的角色转变；完善中央“八项规定”精神贯彻落实，形成落实情况报告2期；开展督查调研，结合安保督导开展一线调研，形成《关于商务系统企业情况的报告》；组织开展2019年度市直部门述职评议；牵头制定“五问大讨论”工作方案，在全市组织开展大讨论、大整改、大提升活动；结合“不忘初心、牢记使命”主题教育，制定《关于对形式主义、官僚主义，层层加重基层负担，文山会海突出，督查检查考核过多过频问题的专项整治实施方案》《关于对违反中央八项规定精神突出问题的专项整治实施方案》，并推动落实。

年内，共确定创建全国文明城市、人居环境整治、教育工作综合督导等12项涉及民生工作重点督查工作事项，督查过程中，逐项落实责任单位，倒排工期，定期督导，总结推广先进经验，研究破解难题对策，推动工作开展。至年底，12项督查重点工作均按期落实到位。跟进督查2016—2018年大走访群众反映的9700余个问题解决情况，逐一销号，剩余15个解决中的问题实行一抓到底。全年办理人大代表建议95件、政协委员提案113件，代表委员满意度100%。做好群众信访问题化解，推动市领导公开接访群众反映问题的解决。做好走访企业反映问题的解决，逐一明确责任单位，并形成共性问题、个性问题“两张清单”，年内，解决127个问题，12个因不符合政策未解决。

考核工作　结合减负工作要求和上级考核要求，探索建立精简化、模块化、写实化的考核机制，科学设置考核指标。牵头制定《2019年度镇街区经济社会发展综合考核办法》和《2019年度市直部门（单位）绩效考核办法》，发挥考核“指挥棒”作用，从严落实减负要求，“减负不减重点”。在镇（街、区）层面，设置党的建设、新旧动能转换、双招双引、乡村振兴、打好三大攻坚战等模块，并在指标体系、分值分配及结果运用等方面大幅修订往年做法，为镇（街、区）提供方向与遵循。市直部门方面，进一步体现落实导向，以实绩论英雄。完善与潍坊市考核工作的向上对接工作，做好潍坊指标分解调度，将潍坊考核体系分解为42项具体指标，逐一落实包靠领导和责任单位，压实工作责任。健全考核指标调度机制，定期调度各项指标，了解掌握考核指标第一手资料，找不足，补短板。优化考核正向激励制度，组织表彰奖励2018年作出突出贡献的单位和个人，激发各级各部门创先争优积极性。组织全市111个市直部门（单位）述职评议，结果全市通报并纳入年度考核，激励各市直部门（单位）担当作为、创新突破，引导部门（单位）增强创先争优意识。制定2019年度考核办法时，赋予重点工作落实和改革创新、创先争优等事项更高分值，并对考核优秀部门予以适当经费补助。突出底线思维，参照上级考核办法设置底线约束事项，为各级各部门工作开展画明红线，确保不逾矩、不越轨。

（陈正钊）

组　织

【概况】 2019年，中共昌邑市委组织部（以下简称市委组织部）坚持以习近平新时代中国特色社会主义思想为指导，贯彻中共十九大和十九届二中、三中、四中全会精神，全面落实全国、全省和潍坊市组织部长会议部署要求，以党的政治建设为统领，以“工作落实年”为抓手，推动组织工作高质量发展，为践行新理念、建设新昌邑，率先全面建成小康社会提供组织保证。市委组织部获评全国“组织系统信息报送先进单位”，被确定为“中组部组工信息调研点”；被省精神文明建设委员会授予“省级文明单位”称号。

【“不忘初心、牢记使命”主题教育】 聚焦主题主线，一体推进学习教育、调查研究、检视问题、整改落实4项重点措施，在中央巡回指导组调研潍坊座谈会和潍坊主题教育推进会上作典型发言。强化组织领导，先后召开市委常委会议2次、主题教育领导小组办公室会议3次，研究具体推进措施。派出10个巡回指导组，分类分级制定主题教育工作任务及时间进度推进表，明确内容安排、完成时限。落实“基层减负年”各项要求，纠“四风”、转作风，把更多精力用于服务群众、推动发展。坚持读原著、学原文、悟原理，引导各级党组织开展集体学习5次，围绕10个方面的内容进行深入交流。开展学习研讨400余场次，组织百姓宣讲活动160余场次，举办干部主题教育读书班2批和党支部书记培训班2期。举办“初心使命怎么践、争创一流怎么办、担当落实怎么干”大讨论、“我的入党故事”征文比赛等活动，营造忆初心、担使命的氛围。针对重点工作落实和群众反映强烈的热点难点问题，市委常委开展调查研究，带动全市党员干部到社区、村、企业等实地调研，形成优秀调研报告510余份。集中研讨交流调研成果，市级领导班子成员提出的90余条建议中，有10余条建议纳入市委决策。将专题党课作为检验学习教育、调查研究成效的重要标尺，为各级党员干部讲专题党课530余场次。各级党组织召开座谈会554次，开展谈心谈话6807人，设立意见箱273个，征求意见建议1019条。市级领导检视问题142项；各部门各单位在报纸公示群众关注度高、近期可以解决、能够尽快见效的180个问题。召开对照党章党规找差距专题会，高质量开好专题民主生活会和组织生活会，各级党员干部普遍经受一次党内生活锻炼。9项专项整治任务细化分解成53个具体问题，逐一制定整改方案，明确牵头单位、责任人员、进度时限，以钉钉子精神推动整改。对公示的180项突出问题，督促引导各级党组织加快整改进度。开展漠视侵害群众利益问题专项整治，查处违反中央八项规定精神问题35起，给予党纪政务处分18人，查处形式主义、官僚主义问题19起，给予党纪政务处分39人。确定为民服务项目273个。

【干部队伍建设】 贯彻新时期好干部标准，坚持一切出于公心、一切为了事业、一切按规矩选干部，严管与厚爱结合、激励与约束并重，全面激发干部队伍的生机活力、激情干劲。推动新思想入脑入心，把学习贯彻习近平新时代中国特色社会主义思想作为重中之重、作为全市各级培训中心内容，优化集体学与个人学、系统学与跟进

12月，昌邑市文山诗书社获得“山东省离退休干部先进集体”称号奖牌（颜鑫）

学、线上学与线下学培训路径，建立分级分类党员全员进党校培训体系，举办科级干部进修班4期、“潍水大讲堂”6期。组织赴高校举办专题培训班9期，培训各类人员9900余人次。完成第一轮党员全员进党校培训任务，推动党的创新理论往深里走、往实里走、往心里走。树立事业为上用人导向，破除论资排辈、平衡照顾的观念做法，以业绩论英雄、凭实绩定去留，健全完善一线培养考察干部机制和述职评议长效机制，提拔重用表现突出的干部，调整在其位不谋其政、工作消极应付、不敢担当、遇到矛盾绕道走的干部。结合市直部门述职评议和机构改革，全年调整干部7批次273人，提拔重用49人，调动干部担当作为、狠抓落实的工作积极性。强化干部储备培养力度。坚持好中选优、优中选强，注重工作实绩和发展潜力，选拔使用优秀年轻干部。持续抓好“公开招录补充一批、按需分类筛选一批、一线识别储备一批”后备干部培养“三个一批”工程，发现储备后备干部33人。构建跨层次跨部门跨领域交流锻炼机制，结合“万名干部下基层”活动，选派41名干部到乡村振兴和经济发展一线服务锻炼，推动干部在实践实干中提升本领。分类制定离退休干部党建工作和离退休干部党组织书记考核标准，发挥“指挥棒”作用，激发离退休党组织活力；成立市党建研究会离退

休干部研究分会，专门开展“专题调研月”活动，破解工作难题；组织人员到烟台、青岛等地开展对标学习，找差距、定目标、细措施、奋力赶超；印发《关于推进离退休干部党建重点工作的通知》，配齐配强工作力量，强化运转经费保障。加强活动阵地建设，打造“本色家园·诗乡文兴”离退休干部党性教育基地，文山诗书社被授予“省离退休干部先进集体”，市老年大学通过省级示范标准化老年大学验收。连续三年举办全市干部荣退仪式。培育选树魏铁良、王文浩等一批老党员、老干部先进典型，一大批经验做法在省级以上内刊和媒体宣传推介。坚持以组织担当促进干部担当，召开庆祝建党98周年大会，表彰各类人员100人。组织开展评选树优活动，马智英获评山东省“人民满意公务员”；柳疃镇人民政府被评为“省抗击台风抢险救灾先进集体”。拉长监督制约链条，建立干部监督联动协作机制和领导干部诚信评价机制，及时全面掌握干部队伍“八小时”内外表现，相关做法被《中国组织人事报》《山东组工信息》等刊发，并入选潍坊市十大守信和信用创新案例网络评选。推进组织系统信访“三个三”工作机制，相关做法在潍坊市干部监督会上作典型发言。

【基层党组织政治功能和组织力】 坚持抓党建与促发展结合，推动基层党组织建设。以上率下压实党建责任。树立“抓好党建就是最大政绩”理念，完善述职评议考核，分层制定党建工作“三个清单”，照单抓工作、对单查落实、按单追责任；先后召开专题调度会12次、业务研讨会6次，“下沉一线”督查指导50余次，约谈30余人次；围绕巡视巡察整改破难题、强措施、建机制，落实支部生活日、党员积分制管理等制度，发放督导事项清单48期，促进党建各项工作落实落地。组织振兴助推乡村振兴。深化完善“三化”融合模式，提高党员群众参与度，增强基层党组织组织力，该做法入选全国基层党建创新案例。建立“1名市级领导班子、1名镇街区领导班子成员、1个市直部门单位、1个工作队、1名第一书记”“五个一”包靠机制，推动15名市级领导联系帮扶29个软弱涣散村，推动解决问题600余个。探索双联双增、众村飞地、强村帮带、项目带动“四种模式”，破解村集体经济增收难题，相关做法被省委改革办作为十大地方案例之一报送中央改革办。党建引领创新基层治理。探索实施城乡社区有求必应、一呼百应“双应”工作机制，招考50名社区专职工作者，统筹推动104个市直单位、4847名在职党员下沉网格，开展共驻共建活动1241个，总时长13.5万小时，提升治理水平，在中央到潍调研党的建设和基层社会治理工作座谈会上作经验介绍。实施社区“领头雁”培育计划，组织98名社区党组织书记到外地考察学习，开展“社区治理项目”专题培训3期，遴选优质项目20个，安排专人“一对一”全程指导，以项目带动提升社区工作专业化水平。靶向发力建强领头人队伍。实施村党组织带头人队伍整体优化提升行动，举办乡村振兴“头雁论坛”22期，精选32名“80后”优秀村党支部书记开展对标学习，建立跟踪培养档案。实施农村优秀后备人才“递进培养计划”和优秀人才“回引计划”，充实后备人才1500余人、在外优秀人才1100余人。选派驻村第一书记51人，开展“服务一线集中攻坚”行动，协调落实帮扶资金1300余万元，培育致富项目29个。品牌创建带动整体提升。实施“两新”组织品质提升行动，统筹开展各类主题活动600余场次，参与党员职工1.2万人次，遴选专兼职党建指导员134人，选派第一书记22人，用好“两新党建”APP完善管理考核，推动“两新”组织党建工作提质增效。以标准化规范化为抓手，结合机构改革，理顺管理体制，抓实“双报到”工作，推动机关党建走在前做表率。坚持党建引领志愿服务体系建设，5200余名党员带动4万名义工常年参与九城同创、脱贫攻坚等中心工作，成为推动基层治理的强大力量。推进党性教育基地建设“211”工程，建成主体馆1个、专题馆8个、村史馆38个，接待市内外培训团体2750余批次、18万人次；“渤海走廊革命斗争陈列馆”获评中国红色文化陈列展览精品工程金奖（山东唯一），潍坊市委主要领导现场调研；举办“渤海走廊革命斗争史”理论研讨会，推进红色基因传承。组织红色轻骑兵队伍，将“红色课堂”送到基层，开展各类送教活动150余次，开发的党员教育片和教材获全国性大奖9个，在“两微一端”推送红色故事及信息2.1万条，打造全域党性教育的“昌邑品牌”。

【集聚人才】 聚焦全市产业发展、现实发展需求，坚持“搭载体、聚人才、促发展”工作思路，改进人才供给侧，推进“潍水英才”聚集计划，打造区域性人才新高地，人才发展量增质提。坚持党管人才原则，完善人才工作目标责任制考核，强化“一把手”抓“第一资源”责任意识，健全市委统一领导，组织部门牵头抓总，有关部门各司其职、密切配合，社会力量广泛参与的人才工作格局。深化人才工作联动机制，理顺发改、科技、工信、人社等主要职能部门工作关系，建立涵盖政策制定、活动组织、配套服务、综合管理、资金保障5个方面联动事项责任清单，形成统分结合、上下联动、协作高效、整体推进的人才工作运行机制。坚持精准化、品牌化、常态化“三化”引才模式，开展“产业专家昌邑行、重点企业高校行”等系列专场对接活动，搭建人才企业双向对接平台，先后到北京、上海、南京等地精准对接人才、项目，开展各类招才引智活动30余次，达成人才项目合作意向40余项；各镇（街、区）、市直各部门联合开展各类活动50余次，引进“两院”院士等省级以上高端技术人才（团队）74人，其中有合作项目“两院”院士2人、国家级领军人才工程专家5人。提升引才聚才硬实力。立足产才融合，建立党建引领的园区、产业、人才、平台“四位一体”融合发展机制，打造以博士创业园为主体，以纺织印染、高端化工等领域产业研究院为支撑的聚才新平台。依托“双千双百”四大产业园区，与中国农科院、中国海洋大学、湖北大学等科研院所共建研发机构11处，与中科院生态环境研究中心、西安工程大学达成共建新型产业研究院意向，完成潍坊环境工程职业学院一期建设，增加潍坊市级以上创新平台27个，推动技术与产业、人才与平台向深度融合方向发展。持续推进高端产业人才引领、基础性人才集聚、高技能人才支撑、企业经营管理人才提升“四大工程”，自主培育潍坊市级以上重点人才38人，组织评选昌邑市首席技师、专业技术拔尖人才、乡村之星、潍水和谐使者等本土人才42人，组织培训企业家、企业经营管理人才240余人次。打造人才生态最优区。持续用好招才引智、科技创新、招商引资、工业经济发展4个“黄金10条”，在项目资助、股权投资、贷款贴息等方面给予政策扶持，构建上下呼应、相互衔接的人才发展政策体系。编印、发放各级人才政策汇编3300余册，在全市党组织书记培训班、各机关、企业支部生活日活动上宣讲，将人才政策覆盖全部党支部，增强人才政策“软渗透”。健全完善各项奖励政策和激励办法，做到人才工作优先投入、人才政策优先落实，拨付各类人才奖励补助资金1500余万元，激发人才创新创业的积极性、能动性。

【关心下一代工作】 精准开展主题教育活动。举行“人文昌邑·书香校园”捐赠图书活动，全市各中小学收到各类捐赠图书15万余册，书款5.7万元，总价值超300万元。组织优秀“五老”志愿者、潍坊非物质文化传人李增芬，历时三年创作《弟子规》系列剪纸作品100余幅，并通过多种途径筹资8万元编印成书发放至各中小学，同步开展“文化遗产进校园巡展活动”。联合6个部门举办全市青少年党史国史知识竞赛，编印发放《知识竞赛题库》1.2万册，活动被中央、省市各级关工委和媒体刊发宣传。在市区以东建立“青少年红色教育大讲堂”，开展“听老革命讲那过去的事情”“我的假期红起来”等主题活动60余次；在市区以南组建青少年传统文化实践基地，开展各类公益讲座、亲子活动等30余场次，有4000余名家长、孩子参加；在市区以北投资300余万元建立青少年法治基地，接待7000余名学生参观学习。各镇（街、区）建立“全市关心下一代红色活动教育基地”30处，组织“五老”红色教育宣讲团，走进32所中小学效开展宣讲；制作红色精神图文展板50幅，巡展单位和学校72处，参观听讲1.95万人次。搭建“渤海走廊·红色班会”教育平台，至年底，举办117场次、受教育师生7600人次。开展特色关爱活动，按照“学校为主、‘五老’为辅”的原则，深化“五老”入校助力延时看管服务，组织120余名“五老”志愿者进校园开展延时服务400余人次，4000余名中小学生受益。成立老年大学“四点半学校”，针对培养青少年阅读兴趣爱好设立“读书吧”，定期举办读书班、读书会、朗诵等活动。与市广播电台共同举办“四点半之声”专题广播栏目，制作播出130余期，组建小记者团和特约听评员“编外宣传员”队伍120人，是宣传各级关工委工作、展示“五老”和青少年风采、推动关心下一代工作的重要平台。

（张海源）

宣　传

【概况】 2019年，中共昌邑市委宣传部（以下简称市委宣传部），承担举旗帜、聚民心、育新人、兴文化、展形象的使命任务，为全市经济社会更高水平更高质量发展提供思想保证、精神动力、舆论支持和文化条件。年内，市委宣传部获评“山东省基层理论宣讲先进单位”，昌邑市被省文明委列入“全省新时代文明实践中心建设试点县”，被中国民协命名为“中国丝绸文化之乡”。

【理论学习】 *党委理论学习中心组学习*　制定发放《市委理论学习中心组2019年理论学习安排意见》《全市党委（党组）理论学习中心组2019年理论学习安排意见》等文件，规范指导全市党委（党组）理论学习中心组学习。推进《习近平新时代中国特色社会主义思想学习纲要》学习宣传工作，推动习近平新时代中国特色社会主义思想深入人心。市委理论学习中心组开展集体学习研讨12次，其中结合“不忘初心、牢记使命”主题教育集体研讨交流5次。举办市委理论学习中心组暨全市领导干部舆论引导专题讲座1次。“七一”前夕，市委理论学习中心组被潍坊市委宣传部确定为学习“习近平新时代中国特色社会主义思想典型”，被各大媒体宣传报道。建立党委（党组）理论学习中心组学习巡听制度。6月，市委宣传部联合市委办公室、市委组织部、市委市直机关工委、市委党校4个部门，巡听全市28个党委（党组）理论学习中心组学习，强化学习效果。

意识形态工作责任制　落实党管意识形态主体责任，强化政治担当，准确把握意识形态领域发展新趋势，与经济建设、政治建设、文化建设、社会建设、生态文明建设和党的建设结合，纳入年度镇（街、区）经济社会发展综合考核和市直部门（单位）绩效考核，作为纪检巡察、干

部考核、述职述廉的重要内容。落实网络意识形态工作责任制，召开市委网络安全和信息化委员会第一次全体会议，印发相关文件。在西安交通大学组织举办意识形态和新时代文明实践工作专题培训班1期，提升全市党员干部做好新形势下意识形态工作的本领和水平。组织召开市意识形态工作联席会议3次，系统总结工作，分析研判形势，安排部署下步任务。向潍坊市委专题汇报昌邑市意识形态领域情况，并在党内进行通报。加强哲学社会科学领域学术活动管理，系统排查相关活动，规范申报审批手续。开展中央巡视和省委巡视反馈意见整改落实“回头看”工作，结合全市实际对整改落实工作进行再调度、再推进。配合省委巡视组开展意识形态工作专项巡视和问题整改工作，制定思想建设方面“即知即改”工作方案，推动巡视整改走深走实。

“学习强国”学习平台推广使用　将“学习强国”学习平台推广使用作为加强全市党委（党组）理论学习中心组学习、意识形态工作责任制落实的重要工具。推动各级层层建立完善学习组织架构，全市党员参与度100%，党员群众参与度居潍坊各县市前列。做好平台供稿工作，在全国、省及潍坊市平台签发稿件393篇。

理论宣讲工作　开展“中国梦·新时代·祖国颂”百姓宣讲活动，举办全市百姓宣讲比赛，推荐4名选手、1部微视频参加潍坊市级比赛，获一等奖1项、二等奖1项、三等奖2项。组织潍坊市百姓宣讲团昌邑巡回宣讲活动。微视频《重逢》获山东省百姓宣讲比赛一等奖第一名，并代表山东参加中宣部评奖，获评全省优秀理论宣讲微视频。召开全市学习贯彻中共十九届四中全会精神宣讲团成立暨宣讲工作动员会议，部署安排全会精神宣讲工作。全年开展各类宣讲活动770余场次。

【舆论宣传】 在潍坊市级及以上主流媒体发表稿件1100余篇。其中，在《农民日报》刊发头版头条《在田野乡间描绘最美画卷——山东省昌邑市加快实施乡村振兴战略掠影》，在《大众日报》刊发重点稿件《新“靠山吃山记”》，在新华网刊发《盐碱荒地变枣园：种的不是枣树，是担当》等新闻报道，在《大众日报》《潍坊日报》《潍坊晚报》等报刊刊发专版42个，发挥新闻舆论的引领推动作用。利用各种宣传阵地，调动一切宣传资源力量，组织省、潍坊市及昌邑市三级主流媒体围绕乡村振兴战略、优化营商环境、龙乡文化节、渤海走廊斗争陈列馆开馆、绿博会、黄元御文化节等新闻采风7次，构建多形式、多层次、多维度的宣传格局。开展全国网络媒体潍坊行走进昌邑活动，邀请人民网、新华网、光明网、澎湃新闻等24家网络媒体到智能装备制造产业园和康洁环卫产业园实地采访，发表新闻稿件51篇。制作完成《“新时代·新昌邑”城市形象宣传片》，完成央视《中国影像志昌邑篇》的补充拍摄工作。

【文明创建】 文明城市创建　开展重难点问题集中整治行动，全面整改提升城市人居环境。推进老旧小区、集贸市场等群众反映强烈重点难点区域整改工作，累计整治老旧居民小区256个、集贸市场5处、背街小巷37条，建设公共厕所16座。协调公安、综合执法等部门开展城区主次干道交通秩序经营秩序集中整治活动，破解交通市容管理难题。常态化开展创城巡查工作，累计巡查站点964处，发放整改问题通报42个，“文明昌邑”微信公众号刊发文章119篇，印发创城工作动态15期。开展群众性精神文明建设工作，研究制定《昌邑市文明单位动态管理办法（试行）》，动员更多部门（单位）和党员干部参与创城、支持创城。11月底，接受省测评组实地测评。

新时代文明实践工作　贯彻落实山东省、潍

坊市新时代文明实践工作部署要求，坚持高标准定位，提出“三级百所五传六有四统一”思路标准（即市镇村三级体系，百所传习中心，内容五传，场所六有，室内风格四统一），抓好顶层设计，坚持试点先行。在全市建成各级新时代文明实践中心（站）300余处，开展各类传习活动300余场次，参与群众3.5万人次。其中，与党校、妇联联合开展的农村党员群众培训，与农商行联合开展的新时代文明实践公益讲堂等特色活动吸引万名党员群众参与。在《潍坊日报》刊发《昌邑新时代文明实践“花开千重”》，宣传推介昌邑市经验做法。开展移风易俗宣传活动，与民政局联合印发《关于在全市开展深化殡葬改革推动移风易俗宣传月活动的通知》，把补齐移风易俗工作群众知晓率偏低的短板作为宣传工作的重点，要求各镇（街、区）开展集中宣传活动，印发宣传材料11万份，制作移风易俗宣传横幅、版面850余处。

公民思想道德建设　8月，承办山东好人发布仪式暨道德模范与身边好人现场交流活动，表彰2018年“昌邑好人之星”及“昌邑好人”60人。联合报社、电视台发掘、宣传基层群众身边的道德典型，并推荐上报。昌邑市共上榜山东省岗位学雷锋标兵1个、山东好人7人、潍坊市道德模范4人、潍坊好人16人，潍坊市最美志愿者10人、最佳志愿服务组织2个、最佳志愿服务项目5个、最美志愿服务社区2个。依托市妇联评选美丽庭院示范户2600户。围绕庆祝中华人民共和国成立70周年，组织开展“时代新人说——我和祖国共成长”“身边好人故事汇”等演讲比赛活动，组建“身边好人”故事汇志愿宣讲团，在各镇（街、区）巡回宣讲20余次。在全市范围内开展“昌邑青年志愿服务之星评选”“文明交通”“文明出行——争做文明好司机”等活动，吸引逾万名群众参与。在全市组织开展“青春礼赞·爱在潍水”青年集体婚礼，弘扬文明新风、推动移风易俗。建立全市网络文明传播志愿者队伍，配合潍坊文明网平台开展“我的新年愿望”“诵经典·话节日”“文明乡风那些事儿”“我身边的志愿服务故事”特色主题活动。组织开展“弘扬时代新风·展示文明形象”演讲比赛。开展未成年人思想道德教育主题实践活动，在全市开展“新时代好少年”学习宣传活动、“扣好人生第一粒扣子”主题实践活动、传承红色基因系列教育活动等。组织参加“潍坊市新时代好少年学习评选”“国学小名士经典诵读大赛”等系列比赛，昌邑市推荐的选手均获奖项。强化各级各部门（单位）做好文明创建各项重点工作，举办全市精神文明建设业务工作培训会议。开展乡村文明行动，以乡风文明促进乡村振兴，昌邑市2个村庄被评为省级文明家园示范村，获得省扶持资金20万元。广泛开展志愿服务活动，借助智慧公益云平台（e志愿平台），动员全市各机关事业单位党员干部和义工1万余人进行注册和志愿活动认领。安排部署“中国志愿服务网”志愿者注册工作，完成注册8.53万人，注册人员占全市总人口数量的15%。在全市组织开展创建全国文明城市网格化志愿服务活动和文明交通志愿服务活动，组织全市各级各单位干部职工利用业余时间开展环境卫生清洁、交通秩序引导、经营秩序维护、基础设施巡查等志愿服务活动。

【文化建设】　开展2018年度“丝绸之乡文化奖”评选工作，评选出文化建设领域最具代表性、典型性和影响力的个人、作品、企业、单位等奖项42个。举办昌邑柳疃第二届桑葚采摘节暨第一届群众文化艺术节和2019首届昌邑·柳疃丝绸文化节。开展非遗展示、文艺演出、高端论坛、桑葚采摘等活动，传承发展丝绸文化。组织申报“中国丝绸文化之乡”，8月13日，经专家组评审中国民间文艺家协会命名昌邑市为“中国丝绸文化之乡”，中国民协副主席吴元新在2019首届昌邑·柳

9 月 10 日，2019 首届昌邑·柳疃丝绸文化节（宋国栋）

疃丝绸文化节上为昌邑市授牌。12 月，在昌邑市召开中国书法家协会第七届楷书委员会 2019 年工作会议，20 余名楷书委员会委员出席会议。

围绕庆祝中华人民共和国成立 70 周年，创作出版广播剧《谢你无声》、散文集《一叶慈悲》等重点文艺作品，姚凤霄散文《脊梁》在《安徽文学》发表，李洪修年画作品《春之歌》、刘顺常油画作品《东风吹来满眼春》入选第十三届全国美术作品展。在潍坊文联《文联信息》发表信息 7 篇。微电影《英烈的“儿子”》被潍坊市确定为重点文艺作品，获得扶持资金 2 万元。第五届“风筝都”文化奖评选中入选作品数量在潍坊各县市中名列前茅。5 件文化作品获优秀文化作品奖，1 人获文化建设突出贡献奖，1 人获优秀文化人才奖。1 人获第三批“潍坊民间艺术大师”称号。

统筹文化部门、文艺协会和民间文化团体力量，围绕二月兰笔会、绿博会、山阳梨花节、龙乡文化节、黄元御中医药文化节等文化节会，组织开展系列文化活动，提升“文山潍水”文化旅游活动品牌的影响力、知名度。围绕庆祝中华人民共和国成立 70 周年举办“王其智伟人肖像艺术展”、文艺晚会、“绿都墨韵·绸乡画语——庆祝新中国成立 70 周年书画名家邀请展”“潍水清风——最美轮椅姐姐刘晓清书法展”等庆祝活动 20 余次。举办昌邑少儿春晚、百姓春晚、“坚定文化自信推动文艺振兴——民间文艺惠民展演”“文化惠民·送戏下乡”等大型群众文化活动 40 余次。推动宣传文化部门“深入生活、扎根人民”、文化下乡主题实践活动常态化制度化，形成市级重大文化活动年年办、特色文化活动月月有的文化格局。

2019 年，市镇两级建设重点文化项目 14 个，

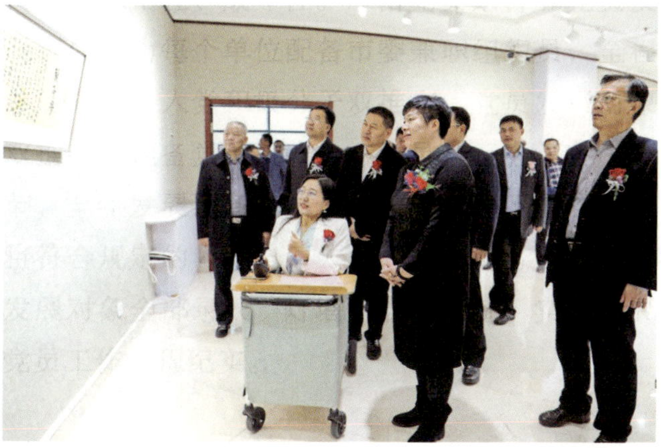

11 月 16 日，“潍水清风”最美轮椅姐姐刘晓清书法展开展仪式（宋国栋）

12 月 4 日，中国书法家协会第七届楷书委员会 2019 年工作会议（宋国栋）

总投资95.25亿元，重点抓好梨花水镇、丝绸之乡文化品牌打造提升、青山秀水旅游度假区等项目的推进工作。利用省文博会、潍坊文展会等平台，集中宣传全市文化产业发展成果，组织梨花水镇项目参展第十二届潍坊文展会，举办第十二届潍坊文展会昌邑分会场。组织华晨集团、新大印刷、陈元年鲁笔等参展第八届山东省文博会，昌邑市绿博会、梨花水镇、昌邑丝绸等15个节会（项目、产品）在省文博会集中宣传推介。引进昌邑一得阁文化艺术有限公司，实现与知名文化品牌合作。

（李国辉）

统一战线

【概况】 中共昌邑市委统一战线工作部（以下简称市委统战部）是市委主管统一战线工作的职能部门，为正科级，列市委工作机关序列，加挂昌邑市人民政府台湾事务办公室（以下简称市台办）、昌邑市人民政府侨务办公室（以下简称市侨办）牌子，保留昌邑市民族宗教事务局（以下简称市民宗局）牌子。年内，市委统战部被中央统战部、中国统一战线杂志社评为“2019年度中国统一战线宣传先进单位”，被省委统战部评为“全省统战宣传工作先进单位”“全省统战信息工作县级先进单位二等奖”，被潍坊市委统战部评为“全市统战宣传工作先进单位一等奖”“全市统战信息工作先进单位二等奖”；撰写的《凝聚侨心侨力助推高质量发展》获评“全省统战工作实践创新成果奖”。

【统战工作格局】 结合机构改革，整合对台事务、侨务、民族宗教等工作，增设内设科室，争取人员编制，推动统战部门职能优化协调高效运转。落实“三带头”“四纳入”要求，持续完善“党委统一领导、统战部牵头协调、有关方面各负其责”的大统战格局。调整市委统一战线工作领导小组和市委对台工作领导小组，更新充实领导小组主要负责人和成员单位。分别召开全市统战工作会议、半年推进会议和领导小组会议，市委常委会3次专题研究统战工作，推动解决统战领域重点难点问题。

【履职尽责】 与“不忘初心、牢记使命”主题教育结合，落实领导班子理论学习制度，树立“四个意识”，增强“四个自信”，在政治立场、政治方向、政治原则、政治道路上同以习近平同志为核心的党中央保持高度一致。落实全面从严治党主体责任，落实“三会一课”制度，组织机关干部开展主题党日9次，提升机关党的建设整体水

2月19日，召开党外人士座谈会（马丽娟）

平。深化机关工作制度建设，健全完善廉洁勤政规定、“首问”负责等21项工作制度。重视培养统战干部，开展对标寻访活动，先后组织统战干部到青岛、淄博学习3次，开展业务培训2次。

【党外代表人士队伍建设】 强化教育培训。将党外干部培训纳入全市干部培训总体规划，推荐4名优秀代表人士参加省、潍坊市委统战部组织的培训班，举办2019年统战成员能力提升培训班。牵头做好市政协委员增补工作；重用2名党外干部。搭建参政议政平台。召开党外代表人士座谈会2次，协商政府工作报告等，听取党外代表人士的意见建议，增强党外代表人士的大局意识、服务意识和责任意识。培育选树典型。挖掘党外代表人士中的典型人物，加大宣传力度，发挥示范引领作用，陈江波等党外代表人士的先进事迹在省委统战部微信公众号刊发。打造联谊交流新平台。建成潍坊8个县市首个“统战之家”。

【服务高质量】 推动市委、市政府制定《关于构建亲清新型政商关系的实施意见》，并牵头开展专题调研，到镇及工业园区，走访企业46家，召开座谈会4次，收集意见建议56条，形成调研报告1篇；建立健全市级领导、镇（街、区）和市直部门联系包靠企业制度，全市61项重点工程项目实行市级领导包靠，每周至少调研1次，每月现场办公1次，每季度分析总结1次，推动项目工程投产达效。年内，各级各部门召开企业家座谈会100余次。实施企业家素质能力提升工程。组织非公有制企业负责人10余人参加潍坊市工商联大讲堂，组织30余名优秀新生代企业家到厦门大学参加能力提升培训班，提升昌邑市企业家的创新意识和管理水平。组织企业家代表到丝绸小镇、康洁新能源智能装备项目等市重点项目实地观摩，提高和激发全市新生代企业家队伍创新创业干劲，推动新生代企业家健康成长。组织新生代企业家参观渤海走廊革命斗争陈列馆和红色文化展览中心，加强“不忘初心、牢记使命”理想信念教育。做好昌邑籍在外知名人士联系服务工作。开展“在外昌邑籍知名人士”走访活动，抓住清明、中秋等传统节日和在外知名人士因事回乡等时机，采用上门走访、举办座谈会、组织回乡行活动等形式增进沟通交流，加大精准服务力度。年内，组织18名昌邑籍在外商界代表参加潍商大会，举办昌邑籍在外知名人士“回乡行”活动。开展理想信念教育实践活动，引导企业家自觉做新时代中国特色社会主义事业优秀建设者，1名企业家被授予“山东省非公有制经济人士优秀中国特色社会主义事业建设者”称号。

【新的社会阶层人士统战工作】 发挥党员先锋模范作用，构建“实践创新基地+统战联络员+党员先锋人物”的工作模式。利用“山东统一战

7月14—20日，全市统一战线代表人士能力建设培训班　（王丹）

线”“昌邑统战”微信平台等媒体宣传市义工联合会、市新的社会阶层人士联谊会等先进集体和个人事迹，提高新的社会阶层人士爱国爱党、服务社会的热情。探索“队伍不断壮大、阵地不断拓展、载体不断创新”的新的社会阶层人士“三位一体”立体化统战工作新模式，打造“新联慧·爱在潍水”等7处新的社会阶层人士统战工作实践创新基地和活动基地。12月20日，在昌邑市召开潍坊市新的社会阶层人士统战工作实践创新基地建设经验交流现场会。组织“新阶层·党旗红”主题爱国日活动，参观红色教育基地，了解党的历史，做到“两个维护”，坚定“四个自信”；组织“辉煌七十年，共筑中国梦”红歌演唱会、“同行新丝路·向党新阶层”户外互动等联络联谊活动20余次；引导参与扶贫助困、灾后重建等活动。

【对台工作】 以鲁台会为平台，实现对台经贸工作新突破。坚持把功夫下在会前、下在平时，按照“讲求实效、分类推介、创新突破”原则，8月，组织海美塑品公司等企业到台湾考察。举办昌邑投资说明会等活动，宣传推介昌邑市优势产业、优势项目，实现对台精准招商、精准合作，深化对台合作的深度和广度。鲁台会期间，昌邑市洽谈合作项目3个，其中签约项目2个，在谈项目1个；协议意向项目15个，其中由木荣资本有限公司和山东满国康洁环卫装备有限公司投资5亿元的环卫设备设施研发生产、制造项目在鲁台会重点项目签约仪式上签约。加大对台宣传力度，突出宣传亮点。鲁台会期间，集中发放《投资昌邑》《企业重点人才政策摘录》等宣传材料500余份，扩大昌邑在台湾的知名度。拓宽昌台宣传渠道，重点加强与中国台湾网、《海峡时空》《台湾工作通讯》、两岸关系等知名媒体的联系，利用国省市台办官网宣传平台，撰写稿件，全年在各级涉台媒体发表稿件6篇。实施“一市一品牌、一县一特色”工程，以昌台交流特色为重点，推动昌台两地人员交流，提升交流参访质量和效益。全年组织商务赴台交流团组2个，邀请台方到昌邑考察团组200余人次。鲁台会期间，邀请台商6个考察团组到昌邑市参观考察，座谈交流特色小镇建设和休闲观光农业。考察团与部分企业达成初步合作意向。制定印发《涉台突发事件应急预案》，建立健全台胞投资服务、台资项目包靠、台胞走访、台商投诉协调处理等工作机制，完善台商投诉案件服务流程。公布公开投诉电话，台商台胞投诉的每个案件，均做好调查、协调处理。2019年，受理求助2件，结案率100%，满意率100%，无台胞投诉案件发生，实现“零投诉”的目标。以“进台企、话亲情、助发展，建平安台企”为主题，以与台企联谊活动为主要形式，秉持“两岸一家亲”理念，持续开展“台资企业走访季”活动，宣传普及《中华人民共和国台湾同胞投资保护法》和《山东省台湾同胞投

9月2日，鲁台经贸洽谈会　　（马丽娟）

资保护条例》。《中华人民共和国台湾同胞投资保护法》和《山东省台湾同胞投资保护条例》全文通过昌邑电视台和昌邑市人民政府门户网站向社会公布，做到惠台法律法规“广而告之”。走访过程中，以破解台资企业生产难题为重点，加强政策法规宣传，召开台资企业座谈会，听取台资企业意见建议，梳理台资企业生产经营中遇到的困难和问题，为台资企业提供生产服务和专业辅导，解决台资企业生产经营中的难题，推进台资企业持续健康发展。

【侨务工作】 2019年，全面统计华人、华侨和归侨基本情况并建立信息库。同时，健全人员动态变化月报送制度，每月月底前统计新增人员情况，建立完善侨情动态台账。开展侨法宣传活动，维护涉侨人员合法权益。利用政府网站、普法宣传活动、走访归侨侨眷等形式，宣传《中华人民共和国归侨侨眷权益保护法》《中华人民共和国归侨侨眷权益保护法实施办法》《山东省归侨侨眷权益保护条例》等涉侨法律法规。全年，发放明白纸、宣传手册1200余份，增强归侨侨眷依法维权意识，提高全社会对侨务工作的认识和重视。与市司法局联合在城区选取2家律师事务所、1家法律援助中心以及归侨侨眷集中的都昌街道、卜庄镇司法所，设立5处“为侨法律服务站”，接待来访来电咨询17人次，发挥律师专业优势，为归侨侨眷提供高质量、快捷的法律服务。编制完成《昌邑市涉外涉侨突发事件应急预案》，保障涉侨人员的人身财产安全和合法权益，建立健全昌邑市处置涉侨突发事件应急机制。落实贫侨帮扶政策，为全市47名符合条件的贫困归侨发放生活补助，年发放资金13.5万元，定期走访贫困归侨侨眷，帮助解决生活困难。打造为侨服务平台。在市民之家和政务服务平台上，公示回国华侨定居、归侨侨眷身份认定、三侨考生审核等业务，实行“一次办好”“只跑一次腿”，方便办事群众。年内，办理三侨考生身份认定审核1例。在奎聚、都昌、卜庄3个镇（街）建设侨务社区，依托社区资源，有针对性地开展侨务工作。其中，都昌街道北海社区获“全国社区侨务工作示范单位”称号。定期走访侨资企业，召开座谈会2次，走访侨胞20余人次，面对面为他们解决生产生活实际困难，实现零距离服务。开展联络联谊活动，搭建平台，发挥侨力。采取电话、微信以及当面拜访等形式，经常与昌邑市开办侨资企业的王立智、张守智、王效宗、孙健等华人华侨沟通联系，引导侨领、知名侨眷发挥作用，传播中华传统文化，宣传家乡经济社会发展情况。年内，侨眷代表陈江波带头联合20余名海外侨胞、侨眷举办侨乡爱心义拍慈善活动，筹得善款80万元。加强与海外华侨华人的联谊，接待回乡华侨，向其介绍家乡发展情况，展示家乡发展前景，激发华侨支持家乡建设的热情。全年接待孙秀源夫妇等7名华侨回乡探亲参观，增进与海外华人华侨的联络，宣传推介昌邑市经济社会发展成果。5月，组织4家企业参加“海外华商博士潍坊行”，与海外华商博士现场对接洽谈生物医药、新材料、新能源等高端项目。10月，组织2家侨资企业参加第十届华交会并签约。

（付晓红　李振英）

机构编制

【概况】 2019年，昌邑市委机构编制委员会办公室（以下简称市委编办）以“工作落实年”为抓手，全面完成机构改革任务，推进重点领域改革，统筹配置各类编制资源，为深化改革和发展提供体制机制保障。2019年潍坊市机构编制系统绩效管理工作评价中，被评为“优秀”等次。先后获得“2019年度潍坊市机构编制信息调研工作先进单位”“《机构与行政》宣传工作先进单位”“三八红旗集体”等称号，获评五年一届的“山东省机构编制系统先进集体”。

【党政机构改革】 重新架构党政机构框架，制定35家部门“三定”规定，明确部门职能，厘清职责边界，按照时间节点完成机构组建、领导班子配备、人员转隶等改革任务。规范40个议事协调机构设置，加强重点领域统筹协同。按照议事协调机构管理办法要求，规范议事协调机构的设立、调整、撤销、清理程序。开展实地调研论证，确保20家市委、市政府直属事业单位由党政机关代管后体制理顺、正常履职、稳步运行。

【事业单位改革】 95个事业单位的行政职能全部划归机关，采取整合、撤并等方式调整规范事业单位154个，盘活事业编制152人，重新核定109家涉改事业单位主要职责、领导职数、人员编制等，完成承担行政职能事业单位改革。推动公益类事业单位改革，梳理事业单位信息，建立基础数据和历史沿革台账，分3次到32个部门、109家事业单位开展调研，收集问题建议40余条并进行专题研讨，听取涉改部门意见建议，梳理形成事业单位主要职责、内设机构、人员编制初步框架，区分单位类别、行业特点，分类制定改革预案，提前做好改革准备工作。

【镇（街）行政管理体制改革】 逐一批复镇（街）行政管理体制改革方案，构建“7+5”党政工作机构加事业单位组织架构，明确党政工作机构和事业单位职责，增加编制98人。采取制定重点任务分工、建立专项工作台账等方式，督促各牵头部门先后完善差异化考评体系、财政体制、政府购买服务等配套政策，建立“一个中心”管服务、“一个平台”管执法、“一个网格”管治理的镇（街）便民服务体系。

【规范“属地管理”工作】 制定规范“属地管理”实施意见，打造51项清单事项“施工图”“说明书”。依托昌邑民生热线服务平台建立“乡呼县应、上下联动”响应平台，健全平台“呼叫员”“响应员”联络制度和周调度制度。完善清单动态管理等6项工作机制，实现对“属地管理”工作的全程跟踪、督导评估和优化完善。召开业务培训会，系统培训属地管理“1+1+6”工作内容，扩大工作知晓度，确保规范“属地管理”工作落地生效。

【综合行政执法改革创新】 通过“三定”规定明晰行政主管部门与综合行政执法部门的职责分工。结合部门权责清单编制工作，重点细化综合行政执法部门及行政执法权划转部门的2100余项事项，厘清管理职能与处罚职能的关系。建立由市政府主要领导任召集人、市分管领导任副召集人、相关部门和镇（街）主要负责人为成员的综合行政执法体制改革工作部门联席会议制度，统筹协调解决综合行政执法部门与行政主管部门需协作配合的事项。在自然资源和规划、农业农村等重点领域探索建立联合执法专班，建立执法协作机制，明确责任，规范流程，实现对违法违规行为的“快、准、狠”打击。

【机构编制审批】 贯彻落实控编减编和财政供养人员只减不增精神，注重发挥评估作用，开展新增机构编制业务受理前评估。涉及工作任务增加的，能依托现有机构解决的不加挂牌子，能采取加挂牌子解决的不新设机构，确需新设机构的，坚持“撤一建一”或“撤多建一”的原则从严审批；涉及编制增加的，首先从部门内部挖潜、激发用人活力等方面想办法，从严从紧控制机构编制，连续7年实现财政供养人员负增长。科学编制用编计划，结合党委政府中心工作，实现用编进人计划的80%向基层、民生保障等重点领域倾斜，发挥机构编制保障作用。

【机构编制智慧管理】 整合机构编制管理、统计分析、事业单位监管数据，推行大数据管理模式，机关网站维护实现常态化，推进"智慧编办"建设，助推机构编制管理提质增效。做好山东省机构编制协同办公平台、机构编制综合管理信息系统升级测试及数据反馈工作。以实名制"集中维护月"活动为契机，集中维护全市400余家部门单位的数据，修改完善机构信息2000余条、人员信息3万余条，同步更新完善机构编制统计资料册，提升数据精准质量。强化数据统计分析功能应用，为机构编制事项调整、机构编制评估工作以及相关单位提供基础信息表格150余次。结合机构改革情况，对全市中文域名注册和续费情况全面梳理摸底，及时调整台账。计算年度中文域名费用，为到期域名续费，用好用活"财政统一支付"资金，保障域名注册管理工作的持续性和有效性。做好2020年用编进人计划提报，配合做好事业单位公车改革、"吃空饷"问题专项治理等工作。

【机构编制监督检查】 依托实名制系统、四部门平台等加强机构编制业务日常跟踪管理，杜绝超编进人现象发生。坚持问题导向，运用机构编制评估、跟踪问效、机构编制审计、专项督查等措施，做好机构编制大督导大调研工作。联合市委组织部、市人社局等部门成立4个督导调研组，采取部门自查、实地督导、综合评定、结果反馈等方式，全面梳理、综合评定涉及改革的32个党政部门、109个事业单位及10个镇（街、区）的机构改革实施情况、"三定"规定落实情况、编委编办批复文件落实情况、事业单位登记履职情况等四大类14小项，全面摸排公益类事业单位情况，梳理问题清单20余条，建立问题台账，逐项明确整改措施和时限，实行销号管理，助推机构编制事项落实落地，巩固机构改革成果。

【政府购买服务】 落实政府购买服务工作要求，做好政府购买服务主体和服务事项的审核，先后为民政、住建、医保等部门购买基本养老服务、公共工程安全监管等专业性或阶段性工作项目。配合做好纪检监察全覆盖、森林公安管理体制调整、退役军人服务保障体系建设、环保机构监测监察执法垂直管理等工作。

【日常监管】 指导完成2018年度法人年度报告公示。督促、指导312家事业单位法人按时完成年度报告，并对年度报告进行形式上的全面审查，作为开展"双随机"抽查及各项考核的重要依据。督促57家存在变更事项的事业单位提前完成变更登记，确保年度报告信息的准确性。开展"双随机"抽查。分2次开展14家事业单位"双随机、一公开"检查工作，随机抽查事业单位法人登记事项、年度报告、履职情况，发现问题及时指出并督促整改。督促做好事业单位注销登记。梳理出已撤销未进行注销登记事业单位24家，发布告知书，督促其按规定开展注销登记。开展异常信息管理。落实山东省事业单位法人异常信息管理办法，记录事业单位异常情况，开展异常信息管理，促使事业单位诚信自律、依法规范开展业务活动。

【绩效考核】 确定2018年度事业单位的绩效考核等级，321家事业单位中确定A级单位66家、B级甲等单位128家、B级乙等单位127家，无C级事业单位，考核结果以事考委文件发放，督促组织、人社等部门落实考核结果运用。发布通知，督促310家事业单位按时提报2019年度业务工作目标，对目标进行多次对接、调版，印发正式文件。参考潍坊市做法重新修订考核方案，连续五年落实绩效考核全覆盖。联合组织、人社、财政等联席会议成员单位，对纳入考核的310家事业单位通过平时考核、实地考核、领导评价、主管部门评价和服务满意度测评等方式开展绩效考核，确定2019年事业单位绩效考核成绩。

【业务范围清单化】 结合2019年事业单位改革和职责修订，梳理完善事业单位业务范围清单，明确事业单位的职责任务和业务范围，理顺政府部门与事业单位、事业单位与市场和社会组织等之间的关系，构建职责清晰、权责一致、服务高效的事业单位公益服务体系。

【行政许可事项移交】 做好事业单位登记许可业务移交，设立业务移交过渡期，主动靠前安排业务熟、素质高的工作人员进驻审批大厅教办、代办相关业务。承接人员完全独立办理业务后，签订《事项划转交接书》，逐项办理移交手续，理清交接责任，确保事项交接不出纰漏。事项划转交接后，强化服务意识，及时跟进、指导或现场帮办相关业务，确保划转事项正常运转。

【规范权责清单】 印发工作方案，细化部门主要职责，做好权责清单与“三定”规定的衔接。组织36个部门认领权责清单5000余项，实现权力、责任清单“两单”融合和“三级四同”，推进部门履职尽责。明确编制范围、清单事项和时间节点，开展政府部门职责边界清单梳理编制工作。在部门提报的基础上，依据部门“三定”规定和法律法规规章逐项论证，明确涉及各部门的具体职责，梳理出职责边界事项清单70项。

【办事流程再造】 对标浙江丽水，开展部门间办事流程再造工作。印发工作方案，召开培训会议，调动部门（单位）重塑办事流程的积极性和主动性。本着“全面梳理、能合则合、能减尽减”的原则，梳理70个部门（单位）的部门间办事事项，重塑85项办事流程，压减办事材料37份，压缩办事时间55%，提升机关服务效能。

【党建工作】 制定2019年党建工作要点，建立抓党建工作“三个清单”，实行清单化学习制度。与潍坊编办党支部开展支部共建活动，落实支部“三会一课”要求。对照党员发展流程，做好发展党员工作，全年发展确定预备党员1人、入党积极分子2人。贯彻落实中共十九大和十九届二中、三中、四中全会精神，学习习近平新时代中国特色社会主义思想，开展“不忘初心、牢记使命”主题教育，利用室务会、理论中心组、工作例会等时机，采取“学习交流日”“党员干部讲堂”、邀请党校老师授课等方式，用活“学习强国”“灯塔大课堂”等媒介，做实党建学习，引导全体机关干部提高政治站位，增强党性修养，提升干部队伍整体理论水平。

【文化生活】 开展“机关岗位练兵”“观摩全市科学发展和乡村振兴重点项目”“学雷锋志愿服务”“徒步行”“趣味运动会”“庆祝新中国成立70周年诗歌联欢会”“党员双报到”等系列活动，组织机关干部到渤海走廊革命教育基地、善德教育基地参观学习，承办潍坊机构编制系统第三届乒羽篮比赛，增强干部的主人翁意识和干事创业的热情。

【信息宣传调研】 两次推进《中国共产党机构编制工作条例》及机构编制政策业务学习进党校，增强领导干部的机构编制法制意识。提高信息调研宣传工作站位，全年撰写信息稿件300余篇，在各级各类媒体网站发表160余篇。结合机构改革、主题教育等，开展调研20余次，形成调研报告10篇，在《机构与行政》发表经验类文章4篇，《推进综合执法体制改革研究》获评潍坊机构编制调研成果一等奖。

【包村扶贫】 做实包村帮扶工作，争取社会资金改扩建帮扶村小区东大门，增设安全减速带，维修路灯、破损路面、井盖等，解决村民出行不便问题。推进旧村改造工作，全年拆迁9户32间，全程无矛盾、无纠纷。帮扶村获评“2019年度城乡环卫一体化先进社区”。组织帮扶11个村14名贫困户，与贫困户周联系、两月走访，协调解决相关困难问题。组织全办人员参与扶弱助贫活动，与10名春蕾贫困儿童结成对子，发放善款4000元，冬衣送暖活动中捐赠棉衣20件。

（赵伟艳）

市直机关党建

【概况】 2019年，市委市直机关工委贯彻落实市委“工作落实年”有关部署要求，坚持把机关党的建设放到市委、市政府中心工作中思考、审视和把握，把握“围绕中心、建设队伍、服务群众”这一核心任务，突出重点、务实担当、狠抓落实，推动机关各项工作不断迈上新台阶。

【制度落实】 建立完善党建工作责任体系，坚持“书记抓、抓书记”，组织开展市直部门（单位）党组织书记述职评议考核工作；从严肃党内组织生活入手，执行“三会一课”、组织生活会、民主评议党员、谈心谈话、请示报告等制度，开展主题党日活动，增强党内政治生活的政治性、时代性、原则性、战斗性。严格党员条件和党员发展程序，为每个单位配备市委兼职组织员，全程参加并指导入党积极分子双推会、党员发展对象双推会、预备党员接收会、党员转正会等各个环节，全年发展预备党员131人。指导下属党组织将符合规定的入党申请人、入党积极分子、党员发展对象全部录入“灯塔”党建系统，实现发展党员工作全程纪实。

【组织建设】 科学设置调整机关党组织，调整理顺机关党委21个、机关党总支28个、机关党支部445个，将市委管理的14个党委划归机关工委管理，理顺机关工委工作机制，明确机关工委职能。指导督促市直机关党组织按时完成换届选举工作。配强党务工作力量，机关党组织书记由部门（单位）党组（党委）书记兼任，下属支部的支部书记由班子成员中的党员干部兼任，选配素质过硬、责任心强的年轻干部，专职负责机关党建工作，加强机关党组织专职党务工作力量。

【搭建平台载体】 与市委组织部联合召开全市机关党建工作培训会议，组织部分单位党务干部到肥城市参观学习，提升专职党务干部的业务水平。联合市委党校组织市直党员进党校培训7期。组织召开机关党建工作座谈会，共同探讨创新机关党建发展的新思路、新举措、新途径，明确下步努力方向和工作重点。开展机关党组织、在职党员“双报到”工作，确定“双报到”联络员104人、报到联系服务社区11个，根据社区需求和部门优势资源，确认和提交“三张清单”和“为民服务项目表”，督促指导各机关党组织组建党员志愿服务队，到社区开展为民服务活动。在市直机关党组织开展“机关党建示范点”创建活动，以点促面，打造特色，促进市直机关党建水平整体提升。组织开展走访慰问生活困难党员、老党员和精准帮扶困难户。开展“不忘初心、牢记使命”主题教育，把握目标要求、突出工作重点，高标准完成主题教育各项任务。

【坚持民主集中制】 把坚持民主集中制原则作为加强领导班子建设的一项重要内容，教育引导领导班子和领导干部身体力行，以身作则，率先垂范，坚持集体领导制度，实行集体领导和个人分工负责结合。增强学习的自觉性，促进班子成员熟悉和掌握民主集中制的基本理论、基本内容和基本要求，为贯彻执行民主集中制奠定思想理论基础。按照集体领导、民主集中、个别酝酿、会议决定的原则决定重大事项，提高科学决策、民主决策的能力和水平。研究“三重一大”事项，落实会前沟通酝酿、充分征求意见等规定，执行主要负责人末位发言制，且每人充分发表意见。讨论预备党员接收和转正事项，按照逐个讨论表决的要求，酝酿讨论并进行表决，规范做好会议记录。

【强化意识形态】 学习习近平总书记关于意识形态工作的重要论述，并纳入2019年机关工委理论中心组学习计划，通过学习夯实意识形态工作的理论基础，提升意识形态工作的能力和水平。开展研讨交流，掌握总书记重要论述的思想内涵，实现总书记关于意识形态的重要论述进脑入心。把意识形态工作放在更高的位置，与具体业务同部署、同落实、同督导。年初，制定印发《中共昌邑市委市直机关工委关于意识形态工作责任制实施意见》，从主要职责、责任追究等方面压紧压实党工委主体责任，实行党组织书记意识形态工作述职制度，一把手负总责，班子成员结合分工、各负其责。开展网络舆论斗争，对大是大非问题、政治原则问题始终同党中央保持高度一致。分析网上斗争的特点和规律，旗帜鲜明地同各种错误思潮和思想观点做斗争。

【党建工作】 明确党风廉政工作职责 机关工委书记是机关工委抓党风廉政建设第一责任人，年初，主持召开机关工委党风廉政工作会议，每季度召开一次专题会议，分析问题不足，研究部署党风廉政工作。与领导班子成员签订党风廉政建设责任状，层层压实责任，保证党风廉政建设各项工作任务的落实。班子成员根据分工按照“一岗双责”的要求，担负职责范围内全面从严治党的领导责任，敢抓善管，业务工作跟党风廉政两手抓、两手都要硬。

制度建设 落实机关干部廉政承诺制度、服务承诺制度、严肃规范行政权，健全和完善经费开支、公车使用、厉行节约等规章制度，从制度上堵塞问题漏洞。建立警示教育常态化机制，每年至少集中开展1次廉政专题学习，让党员干部真正受警醒、明底线、守规矩。

正风肃纪 把履行党风廉政建设责任制情况，作为部门、（单位）党组织书记工作述职的重要内容。加强反腐倡廉教育作为“三会一课”和政治理论学习的重要内容，采取案件通报、典型案例剖析等形式强化岗位廉政教育。12月，举办市直机关党风廉政建设专题报告会，邀请市纪委监委领导作专题辅导报告。协助市纪委加大违纪党员重点是侵害群众切身利益违纪行为的查办力度。

源头治理 开展廉政风险防控工作，细化党务工作职权目录、流程图，完善廉政风险点查找、防范措施，持续强化权力监督制约，以制度落实的实效筑牢预防腐败的“防火墙”。发现的廉政风险信息，视情节严重程度、不同情况实行分层次处理，化解廉政风险。

（于西宁）

巡　察

【概况】 2019年，市委巡察机构深化政治巡察，推动全面从严治党向纵深发展。全年，开展三轮常规巡察和一轮扶贫领域专项巡察，覆盖16个市直部门（单位）和10处镇（街、区），发现各类问题1059个，全部反馈整改；移交问题线索154条，给予第一形态处理人员271人，给予党纪政务处分60人。

【强化各方责任】 强化党委主体责任　2019年，市委常委会专题研究巡察事项2次，书记专题听取巡察情况汇报3次，市委书记对巡察发现重点问题和线索，直接表态、明确处理意见，对巡察工作开展提出具体要求。落实《中共昌邑市委巡察工作规划（2017—2021年）》，明确巡察工作的“时间表”和“路线图”，统筹推进党委一届任期巡察全覆盖等重要事宜。

强化领导小组实施责任　市委巡察工作领导小组贯彻市委工作要求，组织实施巡察工作，召开领导小组会协调有关事宜、解决难点重点问题，召开市委巡察工作领导小组会议3次。采取听取情况汇报、查阅资料、个别谈话、实地查看整改现场等方式，监督检查此届市委巡察的61个部门（单位）党组织的整改情况，巩固巡察成果。

强化巡察办统筹协调责任　梳理完善《昌邑市委巡察机构工作制度汇编》和《中共昌邑市委巡察工作指南》，印发至每名巡察干部，规定学习、党课、保密等机关日常管理，再明确、再细化工作流程和标准。整理日常巡察工作经常用到的政策法规依据，编印成《昌邑市巡察工作政策依据汇编（一）》，分发到各组参考使用。巡察办强化服务保障职能，筹备领导小组会议、动员部署会议10余次，起草规范性文件、领导讲话30余份，完善内部管理、机关党建制度14项，编印学习资料8册，总结提炼“7+50+126”巡察问题清单，协调纪检监察机关、组织、政法、宣传、信访等部门提供被巡察单位有关信息100余次。

强化巡察组监督责任　市委各巡察组履行监督职责，依规依纪依法开展工作、实施监督。年内，开展个别谈话688人次，查阅各类资料2108卷（份），组织民主测评、发放调查问卷2068份，随机测问新理论、新知识94人次，提出边巡边改建议183条，根据巡察情况，向职能部门反馈意见建议6条。

5月8日，召开十四届市委第十轮巡察工作动员部署会议　（周瑶）

【扶贫领域专项巡察】 按照潍坊和昌邑市委巡察工作要

求部署，巡察机构聚焦民生保障等重点领域，将全市各级党组织脱贫攻坚政策落实情况纳入巡察监督重点。5月，在潍坊市开展脱贫攻坚专项巡察，涉及昌邑市10个镇（街、区），覆盖全部省定贫困村。巡察过程中，巡察组聚焦脱贫攻坚中党员干部教育监管不力，着力发现贪污挪用、截留私分、虚报冒领等扶贫领域违纪违规问题，此轮专项巡察发现问题，全部反馈至被巡察单位整改；移交问题线索，由纪检监察机关核查后，运用监督执纪“四种形态”处理相关责任人。

【实施“巡审联动”】 打破常规巡察方式，采取先巡后审、先审后巡、巡审同步等方式，实施“巡审联动”。在昌邑市脱贫攻坚专项巡察中，巡察组、审计组同步进驻、混合编组，巡察各镇（街、区）和部分村级党组织。巡察组依规依纪巡察，审计组依法独立审计，双方发现问题线索相互参考、共同使用，建立不同监督力量之间优势互补、信息共享、高效有序的工作方式。试点期间，采取巡审会商等方式整合、印证问题线索，涉及合同履行、库存管理、收入使用等方面，相关问题线索全部移交纪检监察机关核查。

【“巡镇带村”工作试点】 发挥主观能动性，以完成省委巡视、潍坊市委巡视巡察联动任务为契机，巡察饮马镇、下营镇党委和所属村级党组织。按照市委《关于对村（社区）和站（所）党组织开展巡察工作的指导意见（试行）》要求，坚持群众导向、问题导向，聚焦“乡村振兴”战略，突出打好“三大攻坚战”，结合扶贫领域腐败和作风问题专项治理、扫黑除恶专项斗争，做到哪里问题集中就延伸巡察到哪里，推动解决群众身边不正之风和腐败问题，推动解决基层群众反映最强烈、对党的执政基础形成危害的突出问题。巡察发现问题线索移交纪检监察机关和组织部门，发现问题反馈至被巡察单位落实整改。

【持续发力整改】 强化整改落实　落实巡察报告底稿制度，发现的问题线索，按规定程序移交纪检监察机关、组织部门和有关职能部门（单位）办理，巡察办建立工作台账，定期与承办部门对账销号，确保处理到位。巡察发现的问题，坚持反馈给被巡察单位党组织和领导班子，督促被巡察单位对照反馈意见，建立问题清单、任务清单、责任清单。

凝聚整改合力　按程序向被巡察党组织及主要负责人进行反馈，领导小组成员全程参加反馈，增强针对性、严肃性、权威性；向市委、市政府有关领导反馈分管领域巡察情况，督促推动解决分管领域存在问题，形成上下思想统一、步调一致整改合力。

强化监督检查　派驻纪检监察组与巡察机构通力协作，形成巡察组、纪检监察组（室）线索查办、问题整改交流配合机制，实现问题整改督查常态化。年内，先后组成9个检查组，分2次对反馈意见整改落实情况进行专项检查，覆盖全部已巡察单位，推动整改任务见底清零。

（高　翼）

党校教育

【概况】 2019年，中共昌邑市委党校（以下简称市委党校），举办科级干部进修班4期、全市基层妇女干部培训班1期、党员发展对象培训班2期，培训轮训党员干部1000余人。举办党员进党校培训班24期，培训7000余人，完成第一轮党员进党校培训全覆盖任务。年内，市委党校被评为潍坊市级文明单位。

【宣讲宣传】 2019年，开展新时代文明实践理论宣讲、“不忘初心牢记使命”主题教育宣讲以及中共十九届四中全会精神宣讲活动，做到弘扬主旋律，传播正能量，“新时代文明实践理论宣讲走基层活动”被评为潍坊市最佳志愿服务项目。利用在有关市直部门、各镇（街、区）和社区建立起的700余个可视系统，上传更新外请专家教授、党校教师的20余个精品课程，实现上下同步教学，解决基层师资水平不高和年老体弱党员群众外出培训不便问题。年内，各基层党校培训228期，培训3.27万人，完成基层党校培训全覆盖。有5个课题获得潍坊市委党校立项，潍坊市社科联重点课题立项1项，形成昌邑市情调研报告12篇。在《学习时报》发表稿件2篇，在《山东党校通讯》发表稿件5篇，在《潍坊党校通讯》发表稿件10篇，刊发党校微信公众号38期，发布信息124条。

【思想理论建设】 反对和抵制各种错误思潮，发挥意识形态引领作用。创新学习机制，丰富学习途径，使用“学习强国”和“灯塔—党建在线”2个平台，全面加强教职工意识形态安全教育，提高政治敏锐性和政治鉴别力；严肃讲台纪律，坚持所有课程必须经过试讲和评议才能进课堂，严把课堂教学政治关、学术关，用学术讲政治；肩负舆论引领的责任，辨析和引导各种社会思潮，不当旁观者，敢于发声亮剑，善于解疑释惑，发挥党校作为党的重要思想理论阵地和意识形态主阵地的作用。

【课程设置管理】 突出主业主课　坚持把党的理论和党性修养教育作为主业主课，加强对习近平新时代中国特色社会主义理论的学习，分专题授课，开设习近平党建思想和生态文明思想等专题，强化习近平新时代中国特色社会主义思想的学习。结合上级党委政府的中心工作。围绕乡村振兴、新旧动能转换、优化营商环境、强化“双招双引”等学习培训，引导党员干部吃透精神，在开展工作中做好结合文章，注重党员干部自身需求。结合党员干部从政从业实际，加强沟通协调能力、增强执行力等学习教育，提高党员干部综合工作能力。

教学方式　在培训班上，引导学员加强研讨交流，通过相互学习，增强培训效果。开展现场教学，增强感染力。每期培训班均组织党员干部到市内和省内红色教育基地、革命传统教育基地和政德教育基地开展现场教学，采取实地听讲解、重温入党誓词、情景模拟再现等方式，增强现场教学的感染力。组织参训党员干部到市善德教育基地、市检察院预防职务犯罪警示教育基地开展廉政警示教育。

11月12日，第23期党员培训班入党宣誓仪式　（周瑶）

师资力量　邀请高等院校、上级党校的专家教授到党校授课，提升培训层次。每期培训班均邀请市委领导和有关部门领导讲课，形成制度性安排，增强学员全局观念。由党校教师、先模人物、基层人员讲课，提升学员理论与实践结合的能力。

从严管理　创新班级管理方式，采取授班旗、重温入党誓词等方式增强培训仪式感，创新开展“十个一”培训模式。从严管理常抓不懈，落实“十不准”要求，每期培训班党校均安排2名教师全程靠班管理并跟班学习，每天坚持4次点名制度，随时通报参训动态。实施百分制考核。按照“德、能、勤、绩、廉”等情况，进行每名参训党员干部量化打分，并把量化评分情况计入个人结业考核登记表，记入干部个人档案。

（汲淑艳）

档　案

【涉改单位档案管理】　1月28日，制定《昌邑市市级改革档案处置与管理工作方案》，全市68个涉改单位分为四大类，重点清点和监督检查涉改单位历年归档文件材料，该整理的整理、该移交的监督移交、该进馆的进馆，跟进服务、接收涉改单位档案入馆2279卷，1707盒（5.1万份），印模101个。

【文件归档】　4月10日，发布《关于做好2018年度归档文件整理工作的通知》，档案部门成立3个指导小组，逐个单位指导、归档。镇（街、区）采取以小组为单位，每天在1个镇（街、区）集中归档，其他镇（街、区）的档案工作人员全程参与；市直部门采取统一到档案馆指导归档的办法。

【精准扶贫档案管理】　配合全市脱贫攻坚任务要求，抽调8名业务骨干成立3个指导小组、1个巡查小组，到10个镇（街、区）组织开展档案业务技能培训，指导扶贫攻坚“五个档案”规范管理，帮助基层扶贫干部进行各类档案的规范整理，全市10个镇（街、区）、693个有贫困户的村整理完成镇、村、贫困户、项目、照片等扶贫攻坚档案7605盒（袋）。

【档案服务】　全年，接待查阅利用档案368人次，提供档案资料1268卷（册），免费复印打印档案材料6340余份。每月编撰《大事记》，发放全面记录机构改革情况的内部资料《机构改革增刊》；出版《2006年11月至2015年大事记》；在潍坊市级以上档案网站发表信息20篇，《今日昌邑》

10月11日，潍坊市档案系统“党性教育基地”挂牌仪式　（张祥征）

发表稿件3篇，《昌邑信息》刊登档案信息2篇；为镇（街、区）、市直部门单位免费订阅《山东档案》80余份。

10月11日，市委副书记、市长李玉祥（中）调研档案馆新馆建设(张祥征)

【档案馆库安全】 基础设施实现库房报警系统与馆长、科长、值班电话同步报警、同步接收，确保第一时间发现问题，第一时间反应处置。制定《档案馆安全应急预案》，从组织领导及分工、突发事件处置办法、善后工作等详细规定，定期开展库房应急演练，在温比亚、利奇马台风登陆前，用沙袋封堵低洼地带，加强库房内外巡查。容灾备份保电子档案安全。12月，形成的电子档案数据异地备份于省电子文件（档案）中心。探索防止电子档案数据流失、失真管理办法，确保电子档案真实性、原真性、完整性、安全性，勤服务促基层单位档案安全完整。利用档案科学化管理测评、文件归档整理、档案检查等手段，提高基层单位从思想上重视档案管理工作，促进档案的完整、安全。

【重要活动】 组织部分业务骨干到江苏南京市建邺区档案馆、苏州昆山市档案馆、太仓市档案馆、常熟市档案馆寻标对标，组织全体党员干部到渤海走廊革命斗争陈列馆、徐迈事迹陈列馆等参观。昌邑市档案馆爱国主义教育基地全年接待2000余名各界群众参观，国庆节期间在爱国主义展厅举办的“篆刻记忆、致敬祖国——新中国成立70周年影像图片展”，充分发挥爱国主义教育基地弘扬社会正能量、展示昌邑经济社会发展新成果、凝聚各方力量的作用。潍坊市档案馆组织全体机关党员干部，各县（市、区）档案馆班子成员60余人到昌邑开展“不忘初心、牢记使命”主题教育调研活动。昌邑市委常委、市政府副市长、市委办公室主任刘煜，市政府副市长曲伟分别陪同活动。与会人员参观徐迈事迹陈列馆、渤海走廊革命斗争陈列馆，并将徐迈事迹陈列馆、渤海走廊革命斗争陈列馆作为“潍坊市档案馆系统党性教育基地”。

【党建工作】 始终将党的建设放在工作首位，履行党建“第一责任人”职责，以“不忘初心、牢记使命”主题教育和“两学一做”学习教育常态化制度化为抓手，学习宣传贯彻习近平新时代中国特色社会主义思想和中共十九大以及十九届四中全会精神，通过读原著、学原文、悟原理，深刻理解其核心要义、精神实质、丰富内涵。坚持周四集中打扫展厅、库房卫生；开展双联双增、联系贫困户、大走访大调研活动，组织全体党员干部到渤海走廊革命斗争陈列馆、徐迈事迹陈列馆等参观受教育，把“两个维护”体现在贯彻党中央决策部署的行动上，体现在履职尽责、做好本职工作的实效上，体现在党员、干部的日常言行上。机构改革后，根据单位职能调整情况，重新规范科室职能，公布任命中层干部，将2名中层干部吸纳为党支部成员，加强科室负责人思想、组织、作风、制度、执政能力等方面的培养和要求，提高政治素养。建立健全党建规章制度，签订党建工作目标管理责任书，定期同支部成员谈话谈心。

（李文静）

党史史志研究

【志鉴编修】 2019年，启动《昌邑年鉴（2019）》编纂工作，12月上旬正式出版刊行。《昌邑年鉴（2018）》获第六届全国地方志优秀成果奖。根据《潍坊市推动乡村文化振兴工作方案》和山东省《关于做好乡镇村志编修工作的意见》，全面谋划全市镇村志编纂工作。按照“试点先行、总结经验、典型引路、稳妥实施、逐步推开”的思路，开展镇村志编修工作，10个镇街志编修工作稳步推进，16个村启动村志编修。12月上旬，《龙池镇志》及《瓦东村志》正式出版，《龙池镇志》纳入中国名镇志文化工程，按要求编纂提升。出版《昌邑丝绸志》，挖掘昌邑丝绸文化，推动乡村文化振兴，促进经济发展。

【方志馆建设】 在昌邑市柳疃丝绸博物馆连体改造3000余平方米的方志馆，该馆从地名渊源、典故、文物、名人、民俗文化、地情风貌、馆址建设等方面展示昌邑历史文化的发展。方志馆完成改造、布展，待验收合格后向公众开放。

【党史编研成果】 2019年，出版《昌邑改革开放实录》（第一辑），展示改革开放后昌邑人民的奋斗史和发展史。《昌邑改革开放实录》（第二辑）组稿征集进展顺利。《中国共产党昌邑历史》（第二卷）进入出版印刷阶段。该书遵循“求真存实、立准立好”的方针，反映从中华人民共和国成立到中共十一届三中全会召开的29年间，昌邑党组织艰苦创业的奋斗历程，多角度展示昌邑社会主义革命和建设时期取得的成就、成功经验和挫折教训，留存史料、资政育人。7月，启动《改革开放以来山东历任市、县委书记口述历史》征编工作，为改革开放史研究提供第一手资料，为党员干部、群众和青少年提供新时期红色读本。《红色印记——中共昌邑历史简明读本》获潍坊市第二十七次社会科学优秀成果奖。

【宣教工作】 打造“渤海走廊”党性教育基地。配合昌邑市委组织部，把铭记党的历史、汲取先辈智慧、传承红色文化作为发展方向，坚持

9月10日，《昌邑丝绸志》出版

（王帝）

10 月 18 日，“昌邑市青少年党史国史知识竞赛”总决赛现场　　（王帝）

“高点定位、突出特色、注重质效”的原则，挖掘昌邑红色资源，着力打造以党员干部教育为主、覆盖社会各界的综合性教育基地——“渤海走廊”党性教育基地。规划“1·10·200”红色展馆群总体布局，即建设“渤海走廊革命斗争陈列馆”1 个主体展馆，10 个专题展馆，按照每年 40 个的标准，用 5 年时间建设 200 处红色村史馆，28 处教学点对外开放。与市关工委联合举办“2019 年昌邑市青少年党史国史知识竞赛”，各学校参与其中，选出 70 支代表队参加比赛。知识竞赛推动昌邑市党史国史主题教育实践活动的开展，引导青少年践行社会主义核心价值观，培养广大青少年爱党、爱国、爱家的思想情感和高尚品德。开通“昌邑党史方志”微信公众号，打造党史方志工作宣教平台，讲述革命老区红色故事，宣传老区革命精神。

（王　帝）

互联网管理工作

【概况】 2019 年，昌邑市互联网舆情中心完成 2019 年度目标任务，列全市 310 家事业单位绩效考核第二位，并获“2019 年度全市事业单位年度考核先进单位”、昌邑市“关心国防建设先进单位”称号，2 人被评为“潍坊十佳好网民”，1 人被评为“潍坊市十佳网络意见领袖”，1 篇新闻报道获潍坊市委宣传部评选的优秀深度报道三等奖。

【网络意识形态责任制】 落实网信值班制度，处置网络舆情。在全国、省、潍坊市和昌邑市两会，青岛海军节，庆祝中华人民共和国成立 70 周年，台风“利奇马”登陆等活动、节日期间，加强值班力量，确保第一时间发现、第一时间研判、第一时间处置。与公安、信访等部门配合，开展网络生态治理、2019“清朗”专项行动、严厉打击网络淫秽色情等违法违规行为专项行动，清理整治百度贴吧等媒体各类有害信息 281 条，净化网络环境。年初，召开全市网络生态治理动员会议，安排部署网络生态治理专项行动。发挥网络舆论引导作用，加强网络舆论引导员队伍建设，运用“昌邑发布”等官方微信公众号回应网民关切，协调各职能部门发布正面信息，健全舆情处置机制，会同有关部门形成齐抓共管的格局。强化党管媒体责任意识，加强对属地内新媒体管理。11 月，发布通知，集中登记报备全市网站、APP、新媒体账号，加大属地内网络媒体管理力度，促进网络媒体健康有序发展。全年全市进行登记备案微信公众号142个，单位微博9个，网站20家，其他账号5个。强化昌邑市网信队伍建设，定期召集网信工作人员进行业务研判，不断增强其舆情分析和处置能力，组织相关人员到淄博、泰安等地参加培训学习。

【昌邑亮点宣传】 协调有关单位，组织和参与"新春走基层"、2019年山阳梨花节、第四届乡村旅游节暨第四届龙乡文化节、2019昌邑市首届国际半程马拉松赛、2019北方（昌邑）绿化苗木博览会、第二十四届中国园林花木信息交流会和2019黄元御中医药文化节等宣传活动，邀请新华网、大众网、鲁网、齐鲁网、潍坊新闻网等潍坊市级以上网络媒体宣传报道上述活动。全年，在潍坊市级及以上网络媒体发表各类新闻稿400余篇。

7月1日，组织昌邑市融媒体中心、潍坊日报社昌邑分社以及昌邑市互联网文化协会、逛街网等新媒体集中报道"山西老人徒步行纪念昌邑夏店村老革命张青树"活动。11月6日，全国网络媒体潍坊行走进昌邑，组织人民网、新华网、光明网、澎湃新闻等24家网络媒体到智能装备制造产业园和康洁环卫产业园实地采访，发表新闻稿件51篇。同月11日，发布专门通知部署全市创建全国文明城市宣传工作，协调发布各类宣传信息76条。在新华网发表《山东昌邑散热器行业未来发展趋势论坛举行》《山东省昌邑市下营月牙湖大型灯会2月2日启幕》等稿件。

利用"昌邑发布"微信公众号和微博发布信息63条，并编写上报山东手机报昌邑专刊信息400余篇。安排专人参与"学习强国"平台供稿工作，投稿23篇。推进网络扶贫宣传工作，全年，在国家、省、市等各级媒体发表网络稿件31篇。

【网络安全管理】 发挥昌邑市委网络安全和信息化委员会及其办公室的职责，组织召开昌邑市委网络安全和信息化委员会第一次全体会议，印发相关政策文件，明确昌邑市有关单位的网络安全职责定位，加强网络安全和信息化工作，保障全市网络运行和信息安全。向全市各部门（单位）发布软件安全风险提示、互联网应用清理整顿等通知。开展多次网络安全检查，将网络隐患消除在萌芽状态，筑牢全市网络安全阵地，全年未发生重大网络安全事件。做好"国家安全日""网络安全周"宣传工作，组织各部门运用单位微信公众号及个人账号转发相关文章391条。

（陈　轩）

昌邑市人民代表大会

重要会议

【昌邑市第十八届人民代表大会第三次会议】 4月2—4日，在市会议中心召开。有代表名额242人，实有人大代表239人，实到227人。会议听取审议昌邑市人民政府市长李玉祥代表昌邑市人民政府向大会作政府工作报告，市人大常委会主任李中福作的昌邑市人民代表大会常务委员会工作报告，市人民法院院长徐金江作的昌邑市人民法院工作报告，市人民检察院检察长宋教德作的昌邑市人民检察院工作报告。会议表决市十八届人大三次会议选举办法草案，书面印发昌邑市2018年国民经济和社会发展计划执行情况与2019年计划草案的报告、昌邑市2018年预算执行情况和2019年预算草案的报告。会议补选刘新民等9人为昌邑市第十八届人民代表大会常务委员会委员。大会表决通过市人大有关专门委员会组成人员的人选名单，通过关于昌邑市人民政府工作报告的决议、关于昌邑市2018年国民经济和社会发展计划执行情况与2019年计划的决议、关于昌邑市2018年预算执行情况和2019年预算的决议、关于昌邑市人大常委会工作报告的决议、关于昌邑市人民法院工作报告的决议、关于昌邑市人民检察院工作报告的决议。根据宪法宣誓制度有关规定，大会依法补选的市人大常委会委员和表决通过的市人大有关委员会组成人员分别进行宪法宣誓。市政府党组副书记、副市长，市政协党组副书记、副主席，市人民法院院长，市人民检察院检察长，出席市政协十三届三次会议的全体委员，其他在职副县级领导干部，市委各工作部门主要负责人，各群团组织主要负责人，市直有关部门、单位主要负责人，省、潍坊市驻昌有关单位主要负责人，各镇（街、区）镇长（主任），大会秘书处各组负责人列席会议。

【市十八届人大常委会第十四次会议】 1月24日召开。市人大常委会主任李中福、副主任李建军分别主持会议。会议听取审议市人大常委会副主任高敬东作的关于补选杨炳文为潍坊市第十七届人民代表大会代表的说明，并进行投票选举。选举结果经潍坊市人大常委会代表资格审查委员会审查，并报潍坊市人大常委会批准，确认代表资格有效。会议听取审议市政府副市长孔德奎宣读的市长李玉祥关于人事任免事项的提请和市人社局主要负责人关于提请任命人员的相关情况介绍，并采取无记名投票表决的方式，依法决定人事任免事项。李中福向被任命人员颁发任命书。此次会议任命人员进行宪法宣誓，被任命人员作表态发言。会议议定市人大常委会2019年工作计划，审议通过市人大常委会任命人员履职评议工作办法。常委会组成人员在审议中认为，2019年的工作计划，工作安排部署坚持新发展理念，思路清晰，与时俱进，履职重点突出，重点是加大民生工作的监督力度，围绕生态环保、教育卫生等民生事项，督促相关部门及时解决群众关注的热点难点问题，满足群众对美好生活的向往。市人大常委会党组副书记庞明庆，副主任夏麦香、戚风乾、王明胜、高敬东以及市人大常委会委员出席会议。市委常委、纪委书记、市监察委员会主任田立军，市政府副市长孔德奎，市人民法院院长，市人大专门委员会和常委会工作机构负责人，市政府办公室、市检察院负责人，各镇（街、区）人大（办）主要负责人，拟提请任命人员列席会议。

【市十八届人大常委会第十五次会议】 3月26日召开，市人大常委会主任李中福、副主任夏麦香分别主持会议。会议听取审议市政府关于省级森林城市创建工作情况的报告、关于“双招双引”工作情况的报告。常委会组成人员在审议中认为，市政府以创建省级森林城市为总抓手，开展植树造林，绿化国土，全市森林资源持续增长，生态环境改善。“双招双引”工作方面，市政府及相关部门把高质量招商引资、招才引智放在经济发展首位，坚持以项目建设为重点，抓招商，立足产才融合发展，加大精准引才育才用才力度。会议审议通过市人大常委会关于表彰2018年度市级优秀人大代表的决定并进行表彰。市人大常委会党组副书记庞明庆，副主任戚风乾、王明胜及市人大常委会委员出席会议。市委常委、纪委书记、市监察委员会主任田立军，市委常委、市政府副市长李鹏，市人民法院院长，市人大专门委员会和常委会工作机构负责人，市政府办公室、自然资源和规划局、投资促进发展中心、各镇（街、区）人大（办）负责人，拟表彰的优秀人大代表列席会议。

【市十八届人大常委会第十六次会议】 3月30日召开。市人大常委会主任李中福、副主任戚风乾分别主持会议。会议审议通过关于接受马梓珺等人辞去市人大代表职务的决定草案、市十八届人大三次会议筹备工作情况的报告、补选代表的代表资格审查报告，拟定市十八届人大三次会议议程草案、主席团、秘书长名单草案，议定市人大常委会在市十八届人大三次会议上的工作报告。会议经过审议，决定昌邑市第十八届人民代表大会第三次会议于4月2—4日召开。不是昌邑市十八届人民代表大会代表的市政府党组副书记，市政府副市长，市政协党组副书记，市政协副主席，市人民法院院长，市检察院检察长，其他在职副县级干部；市委各工作部门主要负责人；各群团组织主要负责人；市直有关部门、单位主要负责人；省、潍坊市驻昌有关单位主要负责人；大会秘书处各组负责人列席会议。出席市政协十三届三次会议的委员、各镇（街、区）镇长（主任）列席第一次全体会议。会议听取审议市人大常委会副主任高敬东宣读的主任会议关于人事任免事项的提请和市人大常委会人事代表室负责人关于被提请任命人员的相关情况介绍，市政府副市长曲伟宣读的市长李玉祥关于人事任免事项的提请和市人社局主要负责人关于被提请任命人员的相关情况介绍，被任命人员作供职报告，并采取无记名投票表决的方式，依法决定人事任免事项。李中福向被任命人员颁发任命书。此次会议任命人员进行宪法宣誓，被任命人员作表态发言。市人大常委会党组副书记庞明庆，副主任李建军、夏麦香、王明胜、高敬东及市人大常委会委员出席会议。市委常委、纪委书记、市监察委员会主任田立军，市政府副市长曲伟，市人民法院院长，市检察院检察长，市人大专门委员会和常委会工作机构负责人，市政府办公室、人社局、各镇（街、区）人大（办）负责人，拟提请任命人员列席会议。

【市十八届人大常委会第十七次会议】 5月24日召开。市人大常委会主任李中福、副主任王明胜分别主持会议。会议听取审议市人大常委会执法检查组关于检查贯彻实施《山东省物业管理条例》情况的报告、市人大常委会视察组关于全市优化营商环境工作情况的视察报告、关于市十八届人大三次会议确定的《关于加强城市社区建设，提升社区管理水平的议案》处理意见的报告，并作出相应决议。听取市政府关于创建全国文明城市情况的报告、市政府2018年度环境质量状况和环境保护目标完成情况的报告。会议听取市人大常委会部分任命人员的履职报告，并进行满意度测评；听取审议市人民法院院长关于人事任免事项的提请和提请任命人员的相关情况介绍，并采取无记名投票表决的方式，依法决定人事任免事项。李中福向被任命人员颁发任命书。此次会议任命人员进行宪法宣誓。被任命人员代表作表态发言。市人大常委会党组副书记庞明庆、副主任夏麦香、戚风乾及市人大常委会委员出席会议。市政府副市长赵海龙，市人民法院院长，市检察院检察长，市人大各专门委员会和常委会工作机构负责人，市政府办公室、市监察委员会、行政审批服务局、环保局、创城办、房产服务中心、各镇（街、区）人大（办）负责人，市人大常委会部分任命人员，拟提请任命人员，部分市人大代表列席会议。

【市十八届人大常委会第十八次会议】 7月30日召开。市人大常委会主任李中福、副主任高敬东分别主持会议。会议听取审议市人大常委会视察组关于全市创建国家卫生城市工作情况的视察报告、市人大常委会调研组关于城区非农业自备井管理情况的调研报告、市政府关于2018年度全市行政事业性国有资产管理情况的专项报告，审议市政府关于2018年度全市国有资产管理情况的综合报告，听取市政府关于全市上半年经济运行情况的报告、市人民法院关于换届后人大交办转办信访事项办理情况的报告。会议审议通过市人大常委会关于接受刘载琨辞去市人大代表职务的决定；听取审议部分驻昌邑市的潍坊市人大代表述职，并进行评议；听取审议市人民法院院长关于任命人民陪审员的提请及情况说明，并采取无记名投票表决的方式，依法决定人事任命事项。市人大常委会党组副书记庞明庆、副主任李建军、夏麦香、戚风乾、王明胜，以及市人大常委会委员出席会议。市委常委、纪委书记、市监察委员会主任田立军，市委常委、市政府副市长李鹏，市人民法院院长，市检察院检察长，市人大各专门委员会和人大常委会工作机构负责人，市政府办公室、财政局、卫健局、水利局、各镇（街、区）人大（办）负责人，部分驻昌邑市的潍坊市人大代表，部分市人大代表列席会议。

【市十八届人大常委会第十九次会议】 9月29日召开。市人大常委会主任李中福、副主任李建军分别主持会议。会议听取审议市政府党组副书记李明杰关于人事任命事项的提请和市监察委员会负责人关于人事任命事项的提请，采取无记名投票表决的方式，依法决定人事任命事项。决定任命刘煜为市政府副市长，任命孔晓明为市监察委员会副主任。会议审议通过市人大常委会关于接受田立军辞去市监察委员会主任职务请求的决定和关于接受李鹏辞去市政府副市长职务请求的决定；听取审议市人大常委会副主任高敬东关于主任会议的提请，经过表决，决定孔晓明代理市监察委员会主任。李中福为此次会议被任命人员颁发任命书，被任命人员进行宪法宣誓和表态发言。会议听取审议市政府关于市十八届人大三次会议后代表建议批评和意见办理工作情况的报告、关于义务教育学校教育教学管理工作情况的报告、关于昌邑市2019年上半年国民经济和社会发展计划执行情况的报告、关于昌邑市2018年市级财政决算（草案）的报告和昌邑市2019年上半年预算执行情况的报告、关于昌邑市2018年度市级预算执行和其他财政收支的审计工作报告、关于昌邑市2019年预算调整方案（草案）的报告。会议经过审议，表决通过昌邑市人大常委会关于批准昌邑市2018年市级财政决算的决议、关于批准昌邑市2019年预算调整方案的决议。市人大常委会副主任夏麦香、戚风乾、王明胜、高敬东以及市人大常委会委员出席会议。市政府党组副书记李明杰，市人民法院院长，市监察委员会、市检察院负责人，市人大各专门委员会和人大常委会工作机构负责人，市政府办公室、发改局、财政局、教体局、人社局、审计局、各镇（街、区）人大（办）主要负责人，部分市人大代表列席会议。

【市十八届人大常委会举行第二十次会议】 12月3日召开。市人大常委会主任李中福、党组副书记庞明庆分别主持会议，副主任夏麦香主持环保督察整改专题询问会议。会议听取审议市政府关于全市环保整治工作情况的报告、市人大常委会执法检查组关于检查全市贯彻实施《中华人民共和国畜牧法》情况的报告和市政府关于落实市人大常委会《关于办理〈关于加强城市社区建设，提升社区管理水平的方案〉的决议》情况的报告。听取市人大常委会部分任命人员的履职报告，并进行满意度测评。听取部分驻昌邑市的潍坊市人大代表的述职，并进行评议。会议审议通过市人大常委会关于调整市十八届人大常委会代表资格审查委员会组成人员的决定，听取市人民检察院检察长宋教德关于提请免去检察人员职务的报告，并表决通过相关人事免职事项。会议专题询问市政府环保督察整改工作。专题询问中，9名市人大常委会委员和3名人大代表围绕环保督察整改工作的热点难点，有针对性地询问14个问题，潍坊市生态环境局昌邑分局、发改局、工信局、公安局、自然资源和规划局等部门单位回答询问。会议以无记名投票、打分的方式，满意度测评环保督察整改工作情况。市委常委、市政府副市长、市委办公室主任刘煜代表市政府作发言。市人大常委会副主任戚风乾、王明胜、高敬东及市人大常委会委员出席会议。市政府副市长孔德奎，市人民法院院长，市检察院检察长，市人大各专门委员会和常委会工作机构负责人，市人大城乡建设与环境资源保护委员会委员，市政府办公室、监察委员会、潍坊市生态环境局昌邑分局、发改局、工信局、公安局、民政局、工信局、公安局、民政局、自然资源和规划局、住建局、交通运输局、水利局、农业农村局、商务局负责人，各镇（街、区）人大（办）主要负责人，部分市人大常委会任命人员和潍坊市、昌邑市人大代表列席会议。

【市十八届人大常委会举行第二十一次会议】 12月26日召开。市人大常委会主任李中福主持会议。会议听取审议市政府关于昌邑市2019年预算调整方案（草案）的报告，审查市政府提出的2019年预算调整方案，决定批准2019年预算调整方案。会议审议通过市人大常委会关于接受李建军辞去市人大代表职务请求的决定、关于接受钟耕民等人辞去潍坊市人大代表职务请求的决定。会议听取审议市人大常委会副主任高敬东作的关于补选刘国伟等人为潍坊市第十七届人民代表大会代表的说明，并进行投票选举。选举结果经潍坊市人大常委会代表资格审查委员会审查，并报潍坊市人大常委会批准，确认代表资格有效。市人大常委会副主任夏麦香、戚风乾、王明胜、高敬东，以及市人大常委会委员出席会议。市人民法院院长，市检察院检察长，市人大常委会各工作机构负责人，市财政局主要负责人列席会议。

（王廷亮）

重要工作

【助推改革发展】 助推市委决策落实 根据市委工作安排，常委会确定全年工作计划、每月工作要点，总结工作，坚持作出决议决定、开展重要工作和重大活动向市委请示报告制度，始终把人大工作的全过程置于市委的领导之下，传达学习市委的重要会议、重要文件，跟进落实重要决定、重大部署，请示报告重要活动、重点工作。全面贯彻党中央和省委的重要决策部署，进一步拓宽人大监督工作的思路和渠道，全面建立预算联网监督平台、国有资产报告制度、人大任命人员履职评议监督工作机制。

开展主题教育 开展“不忘初心、牢记使命”主题教育，围绕守初心、担使命，找差距、抓落实的总要求，坚持不划阶段、不分环节，衔接学习教育、调查研究、检视问题、整改落实四项重要措施，整体推进，贯穿始终。聚焦学习贯彻习近平总书记关于“不忘初心、牢记使命”的重要论述，集中研讨交流党的政治建设、全面从严治党等 8 个专题。紧扣“不忘初心、牢记使命”主题，坚持开门搞活动，征求各方面意见建议，查摆问题，并对征集到的意见建议和查找出的突出问题，逐一进行排查梳理，剖析问题产生的原因，研究制定整改方案、落实整改措施。

参与中心工作 常委会领导班子成员落实市委工作要求，参与、支持全市改革发展重点项目建设及阶段性重点工作。采取集中调度、分别调研等形式，坚持到包靠的重点项目进行现场调度，推动工作落实。增强做好“双招双引”工作的紧迫感和责任感，调动干部积极性，完成年度目标任务。开展包村联户工作，组织机关干部入村调研，协调市环境卫生中心帮助奎聚街道徐家鄑水村清理沉积垃圾，投资 7 万元，清理垃圾 2500 余立方米，协调徐家鄑水村出村路由 4 米增宽至 5.5 米。

【维护民生民利】 生态环境建设 环保整治工作列入监督议题，首次开展专题询问。组织 3 个调研组，由常委会领导班子成员分别带队，采取听取汇报、察看现场、座谈交流、走访了解的形式，调研工业企业污染综合整治、水环境突出问题污染综合整治、固废危废及扬尘污染综合整治 3 个专题，了解昌邑市环保整治工作情况。询问会议上，常委会委员和人大代表围绕提升危废固废处置和监管能力、工业企业煤炭压减、河流流域水环境保护、整治建筑扬尘污染、推广应用新能源城市公共交通、水源地规范化建设和保护等问题提出询问，9 个应询部门（单位）负责人回答问题，询问全程电视录播。“一府两院”根据常委会审议意见，制定工作方案，明确责任分工，逐项抓好整改落实。常委会听取市政府 2018 年度环境质量状况和环境保护目标完成情况的报告，推动生态环境质量持续改善。

民生问题 组织调查义务教育学校教育教学管理工作，听取审议专项工作报告，建议不断加大教育投入，调整优化学校布局，缩小城乡校际差距，提升教育教学质量，推进实现义务教育统筹发展、协调发展、优质均衡发展。听取审议省级森林城市创建、创建国家卫生城市、城区非农业自备井管理等情况的报告，督促市政府及有关部门加大民生事项投入力度，采取措施，解决群众关心的实际问题。

科学发展 提升“双招双引”工作质量，听取审议“双招双引”工作的报告，建议把高质量招商引资、招才引智放在经济发展首位，坚持以项目建设为重点抓招商，立足产才融合发展，加大精准引才育才用才力度。优化营商环境，听取审议全市优化营商环境工作情况的视察报告，建议不断深化“一次办好”改革，加快推进政府职能转变。依法听取审议2018年全市行政事业性国有资产管理情况的专项报告，审议市政府关于2018年度全市国有资产管理情况的综合报告，听取市政府关于全市上半年经济运行情况的报告。

【推进民主法治】 依法履行法定程序 依法行使重大事项决定权、人事权，通过法定程序把市委决策意图转变为地方国家意志。坚持党管干部原则和人大依法任免结合，完善人事任免程序，坚持法律知识考试、供职报告、投票表决、表态发言、颁发任命书等制度，增强被任命人员的责任意识和法治意识。全年，依法决定任免国家机关工作人员44人、人民陪审员149人。

法律监督 检查贯彻实施《山东省物业管理条例》情况，要求以建设和谐物业小区为目标，规范物业服务，围绕“依法行政、规范发展、整体推进、共建和谐”的总体思路，加强各项法律、法规的贯彻落实。组织检查畜牧法贯彻实施情况，建议立足全市畜牧业发展优势资源，多措并举，促进传统畜牧业向生态化、现代化转型，逐步提高标准化、自动化、信息化程度。开展规范性文件备案审查工作，市政府报送的规范性文件逐一进行备案审查。促进法院信访办理工作，听取市人民法院关于换届后人大交办转办信访事项办理情况的报告，按照“源头预防、综合防治、多元息访”原则，完善工作机制，加强管理调度。推动人大信访工作法治化，按照“分别受理、综合分析、统一交办、限期反馈、严格督查”的办访方式，受理群众来信来访56件次，并进行转办、督办，维护群众合法权益。

公共财政 加强预算审查监督，改进预决算审查监督方式，依法管好人民的“钱袋子”。听取审议2019年上半年国民经济和社会发展计划、财政预算执行情况的报告，要求细化预算编制，优化支出结构，确保重大改革及重点领域资金需求。听取审议审计工作报告，跟踪监督审计发现的问题，督促抓好整改落实，确保财政资金使用安全，促进经济社会稳定发展。组织预算审查监督咨询专家组成员调研部门预算，做好年度预算初审，增强预算编制的科学性、可行性。依法审查批准2018年市级决算和2019年预算调整方案。

【代表工作】 议案建议落实 市十八届人大三次会议审议代表提出的“关于加强城市社区建设，提升社区管理水平的议案”，并作出决议。确保议案决议落到实处，常委会在听取审议市政府的议案办理工作方案的基础上，采用听取专题汇报，走访调查、召开座谈会、实地察看现场等方式跟踪监督。年底，听取审议议案决议落实情况报告。市政府制定工作方案，强化组织领导，明确办理职责，落实办理任务，营造社区意识、加强社区规划及基础设施建设和社区服务机制建设、社区人才队伍建设等措施。重点督办加强城市社区建设、提升社区管理水平，规范义务教育学校教育教学管理等10件与市委中心工作密切相关、人民群众普遍关注的建议，听取承办部门汇报，组织代表实地察看，面对面、点对点加强落实。代表所提94件建议全部按程序办理。

加强服务保障 坚持常委会组成人员分工联系代表制度，了解代表的工作生活和履职情况，听取他们的意见和建议。采取为代表发放信函等形式，向代表通报常委会重要工作安排和重要活动情况，拓宽代表的知情知政渠道。举办专题讲座，邀请省律师事务所法律专家领导就“环境保护法”、潍坊市人大常委会人事代表室领导分别作辅导报告。坚持优秀人大代表评选制度，表彰评选出的上年30名优秀人大代表。

拓展履职平台　常委会坚持把代表小组活动作为代表闭会期间的重要内容，坚持每季度集中开展一次代表小组活动，统一部署活动时间和活动主题，及时跟上服务指导，定期通报活动情况，确保代表活动质量。结合开展的“不忘初心、牢记使命”主题教育，深化“双联双创”活动，市人大代表与8600余名群众建立联系制度，定期或不定期走访了解生产生活情况，帮助解决实际困难和问题。扩大代表对中心工作和常委会工作的参与，组织代表参加全市的重大会议和常委会组织的视察、调查、执法检查等活动300余人次。2019年，指导奎聚街道加强人大代表小组活动室建设，指导柳疃镇探索推行人大代表约见制度，指导北孟镇推行民生事项人大代表票决制工作，拓宽代表履职途径，激发代表履职热情。

【强化自身建设】 加强思想建设　坚持把思想政治建设放在首位，组织常委会组成人员和机关干部，学习贯彻中共十九大和十九届历次全会以及习近平总书记系列重要讲话精神，系统学习宪法法律和人大业务知识，坚持用科学理论武装头脑，指导实践。采取个人研读、集体交流、专题辅导、参加培训等形式，学习现代经济、科技和社会管理等方面的知识，增强常委会组成人员和机关干部的政治意识、法治意识、群众意识、责任意识，增强做好人大工作的自信心。

调研视察　督促常委会组成人员、人大代表和机关干部抓住事关全局的重大问题，组织开展调研、视察活动20余次，形成一批有分析、有建议、有深度的调研或视察报告，为市委决策和政府工作提供参考。以开展“不忘初心·牢记使命”主题教育活动为契机，结合人大工作实际，查摆问题，整改落实，促进干部作风转变，提高干部队伍整体素质。开展主题教育，增强机关党员干部自觉践行初心使命的意识，形成人大机关廉洁自律和联系服务群众的长效机制，主题教育激发出的干事热情和进取精神转化为推进人大机关工作的动力。

党建工作　贯彻党建工作责任制，落实全面从严治党要求，把机关党建工作作为重要政治责任，建立统一领导、分级负责、职责明确的党建工作责任机制，规范提高机关党建工作。做好机关党总支部、党支部换届工作，按照规定程序，完善基层党的组织机构。落实“三会一课”制度，以党员大会、支部会议、党小组会议、讲党课的形式，学习党的路线方针政策、习近平总书记系列重要讲话精神等。创新活动载体，组织到沂南县开展主题党日活动，增强党建工作实效。

工作交流　加强与上级人大机关的沟通，密切与其他县（市、区）人大的工作交流，年内，接待上级人大和各地人大调研、视察活动10余次。做好常委会机关与市委、市政府等机关之间的协调，促进常委会决策事项和工作意图的施行。组织召开镇（街、区）人大工作交流会，强化与镇（街、区）人大的沟通联系，促进镇（街、区）人大工作发展。

宣传信息　鼓励和提倡机关干部撰写宣传稿件，宣传人大工作及其理论的新进展、新成果，宣传人大代表的先进事迹和履职经验。2019年，在潍坊市级以上新闻媒体发表稿件70余篇，获山东省、潍坊市人大宣传工作先进单位。根据常委会工作需要，开展人大工作理论研究，形成调研课题《关于加强和改进人大代表建议办理工作的实践与思考》，获潍坊人大理论研究会二类课题。举办庆祝中华人民共和国成立70周年和地方人大设立常委会40周年摄影展、征文等活动。

（王廷亮）

重要活动

2月20日，市人大常委会主任李中福到下营镇调研并走访联系人大代表。市人大常委会办公室、下营镇有关负责人陪同活动。

同月21日，市人大常委会主任李中福到石埠经济发展区、饮马镇调研指导工作并走访联系人大代表。市人大常委会办公室、石埠经济发展区、饮马镇有关负责人陪同活动。

3月12日，市人大常委会组织召开减税降费座谈会。市人大常委会主任李中福参加会议并讲话，市人大常委会副主任高敬东，市人大常委会办公室、研究室、财经委、市财政局负责人，部分潍坊市、昌邑市人大代表参加会议。

同月14—15日，市人大常委会副主任王明胜带领市人大农业与农村委员会组成人员调查全市省级“森林城市”创建工作情况。

同月19日，市人大常委会机关党支部召开2018年度组织生活会。市人大常委会党组书记、主任李中福，副书记庞明庆，党组成员副主任夏麦香、王明胜、高敬东参加会议。

同月20日，市人大常委会主任李中福到都昌街道参加代表小组活动。

同月21日，市人大常委会组织驻昌邑市的潍坊市人大代表开展小组活动。市人大常委会主任李中福、副主任李建军参加活动。潍坊市人大常委会人事代表工作室负责人应邀参加活动。

同月21日，潍坊市人大常委会副主任、教科文卫委主任委员张新强带领调研组，到昌邑市调研红色文化资源保护情况。市人大常委会主任李中福、副主任夏麦香，市政府党组副书记李明杰，市人大常委会办公室、教文委、市文化和旅游局负责人陪同调研。

同月22日，临朐县人大常委会副主任郭宝花带领考察组一行14人，到昌邑市考察创建全国义务教育优质均衡发展县情况。市人大常委会副主任夏麦香陪同活动。

4月10日，潍坊市人大常委会副秘书长、办公室主任王增宝陪同潍坊市人大常委会原主任孙嘉炼、潍坊市人大常委会原党组书记、第一副主任王治华等一行27人到昌邑市参观考察文化产业项目，并开展支部主题党日活动。市委副书记王龙堂，市人大常委会主任李中福，市委常委、组织部部长胡筱芹，市委常委、办公室主任刘煜，市人大常委会党组副书记庞明庆，市人大常委会办公室、机关老干部服务中心负责人陪同活动。

同月15日，潍坊市人大常委会调查组一行12人，到昌邑市调查潍坊市2018年度环境状况和环境保护目标完成情况，并以“沿海污染防治”为主题开展风筝都环保世纪行活动。市人大常委会副主任戚风乾、市政府副市长孔德奎陪同活动。

同月19日，市人大常委会主任李中福到下营镇走访调研包靠企业。市政府党组副书记、滨海（下营）经济开发区党工委书记、管委会主任李明杰，下营镇党委副书记、镇长付文峰，人大主席王亚鹏分别陪同调研。

同月19日，湖南省株洲市人大常委会考察组一行7人在潍坊市人大财经委负责人的陪同下，到昌邑市考察学习民营经济发展工作。市人大常委会副主任高敬东陪同活动。

5月5日，市人大常委会组织部分市人大常委会委员、人大农委委员和潍坊市、昌邑市人大代表视察潍河防洪除险加固工程建设情况。市人大常委会主任李中福参加视察并讲话，市人大常委会副主任王明胜、市政府副市长曲伟参加活动。

同月6—9日，市人大常委会副主任夏麦香带领执法检查组，检查昌邑市《山东省物业管理条例》贯彻实施情况，并带领检查组和部分街道、部门、物业企业的负责人一行15人，到奎文区考察学习住宅小区物业管理工作。

同月16日，潍坊市人大常委会调研组，到昌邑市开展《潍坊市海岸带保护条例（草案）》立法调研。市人大常委会副主任夏麦香、市政府副市长赵海龙陪同活动。

同月22日，市人大常委会首次使用任前法律知识在线考试系统，对市人民法院院长提请市人大常委会任命的10名审判人员进行任前法律知识考试。市人大常委会副主任戚风乾到现场巡考。

同月22日，高密市人大常委会副主任施玉梅带领考察组一行14人，到昌邑市考察旅游文化产业发展情况。市人大常委会副主任夏麦香陪同活动。

同月29日，潍坊市人大常委会研究室主任蔡相山带领研究室党支部一行8人到昌邑市开展"党员活动日"活动。市人大常委会副主任王明胜一同参加。

6月5日，潍坊市人大常委会委员、农业与农村委员会副主任委员赵刚毅带领调研组，到昌邑市调研田园综合体工作开展情况。市人大常委会副主任王明胜陪同活动。

同月13日，市人大常委会召开加强人大代表工作研讨会。市人大常委会主任李中福出席会议并讲话，副主任高敬东主持会议。市人大常委会机关委室主要负责人参加研讨会。

同月25日，市人大常委会举办全市环境保护法辅导报告会，邀请山东卫蓝律师事务所主任、青岛律师协会生态环境资源委员会副主任孙国再，作贯彻落实好环境保护法辅导报告。市人大常委会主任李中福主持报告会，驻昌邑市的省、潍坊市人大代表，全体市人大代表，部分镇人大代表参加报告会。

同月26—27日，市人大常委会组织调查2018年全市国有资产管理情况和全市行政事业性国有资产管理情况。市人大常委会主任李中福、副主任高敬东参加调查。

7月2—4日，市人大常委会副主任王明胜带领部分常委会委员、农委委员，调研城区非农业自备井管理情况。

同月3—5日，市人大常委会组织部分市人大常委会委员、人大教科文卫委委员、市人大代表和教文委负责人考察昌邑市创建国家卫生城市工作情况。市人大常委会主任李中福、副主任夏麦香，市政府副市长赵海龙参加活动。

同月12日，潍坊市人大法制委员会副主任委员胡景东带领调研组一行11人，到昌邑市开展《潍坊市海岸带保护条例（草案）》立法调研。市人大常委会副主任夏麦香陪同活动。

同月17日，潍坊市人大常委会副秘书长刘棣俭带领调查组一行11人，到昌邑市调查安全生产工作情况。市委常委、市政府副市长李鹏，市人大常委会副主任夏麦香陪同活动。

8月28日，市人大常委会主任李中福到都昌街道参加代表小组活动，调查市十八届人大三次会议后都昌代表团代表所提建议、批评和意见办理情况。

同月27—29日，市人大常委会副主任高敬东带领部分市人大财政经济委员会组成人员，调查全市2018年市级财政决算和2019年上半年国民经济社会发展计划及预算执行情况。

9月5日，市人大常委会组织驻昌邑市的潍坊市人大代表开展小组活动。潍坊市人大常委会副秘书长、人事代表工作室主任毛洪涛应邀参加活动。市人大常委会主任李中福、副主任李建军参加活动。

同月4—6日，市人大常委会副主任夏麦香带领市人大教科文卫委组成人员调查全市义务教育学校教育教学管理工作情况。

同月24日，潍坊市人大财经委副主任委员、二级巡视员王发庆带领调研组到昌邑市调研行政事业性国有资产管理、预算联网监督中心建设及乡村振兴战略资金管理使用情况。

同月26日，由市人大常委会办公室与市总工会主办、市工人文化宫和昌邑市摄影家协会协办的“庆祝新中国成立70周年暨人民代表大会制度建立65周年、地方人大设立常委会40周年摄影展”在市文化中心开展。市人大常委会主任李中福，党组副书记庞明庆，副主任夏麦香、高敬东出席活动。潍坊市人大常委会机关二级调研员郑文东等应邀参加活动。

同月27日，潍坊市人大常委会委员、法制委副主任委员胡景东带领调研组，到昌邑市调研《潍坊市城市绿化条例（草案）》立法工作情况。市人大常委会副主任夏麦香陪同活动。

10月18日，市人大常委会副主任戚风乾带领调查组，调查市政府落实市人大常委会《关于办理〈关于加强城市社区建设，提升社区管理水平的议案〉的决议》情况。市政府副市长孔德奎陪同活动。

同月16—18日，市人大常委会副主任王明胜带领市人大常委会执法检查组检查全市贯彻实施《中华人民共和国畜牧法》情况。

同月30日，市人大常委会副主任、财政经济委员会主任委员高敬东带领调研组，调研全市工业企业污染综合整治工作情况。

同月31日，市人大常委会副主任、农业与农村委员会主任委员王明胜带领调研组，调研全市水环境突出问题污染综合整治工作情况。

11月6日，市人大常委会机关举行“不忘初心、牢记使命”主题教育党课。市人大常委会党组书记、主任李中福以“不忘初心使命，勇于担当作为，做合格机关党员干部”为题，为机关全体党员干部讲党课。市人大常委会党组副书记庞明庆，党组成员、副主任夏麦香、戚风乾、王明胜、高敬东参加党课。

同月8日，市人大常委会党组举行“不忘初心、牢记使命”主题教育对照党章党规找差距专题会议。市人大常委会党组书记、主任李中福主持学习并讲话，党组副书记庞明庆，党组成员、副主任夏麦香、戚风乾、王明胜、高敬东参加。潍坊市委主题教育第二巡回指导组成员、潍坊市纪委派驻第十纪检监察组四级调研员刘玉龙到会指导。

同月13日，河南省鹤壁市人大常委会副主任肖海水带领考察组一行5人，在潍坊市人大常委会委员、农业与农村委副主任委员、二级巡视员孙沂陪同下，到昌邑市考察乡村振兴战略实施情况。市人大常委会副主任王明胜陪同活动。

12月4日，市人大常委会组织驻昌邑市的省和潍坊市人大代表开展人代会前集中视察活动。市人大常委会主任李中福，副主任夏麦香、王明胜、高敬东参加视察活动。

同日，市人大常委会召开国家宪法日座谈会。市人大常委会主任李中福出席座谈会，市人大监察和司法委员会委员、市司法局有关负责人参加座谈。

同月10日，市人大常委会党组召开“不忘初心、牢记使命”主题教育专题民主生活会。市人大常委会党组书记、主任李中福主持会议并讲话，党组副书记庞明庆，党组成员、副主任夏麦香、王明胜、高敬东参加会议。潍坊市委主题教育第二巡回指导组成员、潍坊市纪委派驻第十纪检监察组四级调研员刘玉龙到会指导。

同月17日，市人大常委会召开全市镇级人大代表培训会议，邀请潍坊市人大常委会人事代表工作室副主任于绍津授课。市人大常委会副主任高敬东主持会议。镇级人大代表、街区人大干部及市人大常委会机关干部参加会议。

（王廷亮）

人事任免

【选举任命】 1月24日，昌邑市第十八届人民代表大会常务委员会第十四次会议，补选杨炳文为潍坊市第十七届人民代表大会代表，报潍坊市人大常委会代表资格审查委员会审查。

同日，昌邑市第十八届人民代表大会常务委员会第十四次会议，根据市人民政府市长李玉祥的提请，决定任命陈玲娟为市行政审批服务局局长。

3月30日，昌邑市第十八届人民代表大会常务委员会第十六次会议，根据市人大常委会主任会议的提议，任命李鲁娜为市人大常委会人事代表工作室副主任，臧传英为市人大常委会围子街道工作办公室主任。

同日，昌邑市第十八届人民代表大会常务委员会第十六次会议，根据市人民政府市长李玉祥的提请，决定任命姜正峰为市教育和体育局局长；孙建伟为市工业和信息化局局长；孙效治为市财政局局长；潘永贵为市自然资源和规划局局长；张清涛为市农业农村局局长；李志国为市文化和旅游局局长；董凤章为市卫生健康局局长；刘旭升为市退役军人事务局局长；夏小伟为市应急管理局局长；肖波为市审计局局长；王启斌为市综合行政执法局局长；王升涛为市医疗保障局局长；毕德清为市地方金融监督管理局局长；张丽芳为市信访局局长。

4月4日，昌邑市第十八届人民代表大会第三次会议，补选刘新民、李茂源、李治国、李鲁波、张亭、张晓忠、赵锡鹏、徐芸中、高爱莲为昌邑市第十八届人民代表大会常务委员会委员。

同日，昌邑市第十八届人民代表大会第三次会议，表决通过昌邑市第十八届人民代表大会监察和司法委员会、社会建设委员会主任委员、副主任委员、委员，名单如下：

监察和司法委员会（11人）主任委员戚风乾；副主任委员有李茂源、刘振国、闫述增；委员有马增亮、邢吉胜、李旭忠、李治国、李振成、郝茂森、姜龙波。

社会建设委员会（11人）主任委员王明胜；副主任委员有赵锡鹏、陈光军；委员有王敬武、孙俊成、孙德东、杨永正、张亭、苑东晓、徐相涛、高爱莲（女）。

同日，昌邑市第十八届人民代表大会第三次会议，表决通过：夏麦香任昌邑市第十八届人民代表大会城乡建设与环境资源保护委员会主任委员。

5月24日，昌邑市第十八届人民代表大会常务委员会第十七次会议，根据市人民法院院长徐金江的提请，任命杨波为市人民法院审判委员会委员、立案庭庭长；徐伟锡为市人民法院审判委员会委员、刑事审判庭庭长；于兹良为市人民法院审判委员会委员、民事审判一庭庭长；范钦鑫为市人民法院审判委员会委员；卢栋为市人民法院民事审判二庭庭长；徐俊峰为市人民法院行政审判庭庭长；张玉刚为市人民法院北孟人民法庭庭长；张子奇为市人民法院围子人民法庭副庭长；刘国华为市人民法院柳疃人民法庭副庭长；赵允勇为市人民法院北孟人民法庭副庭长。

9月29日，昌邑市第十八届人民代表大会常务委员会第十九次会议，根据市人民政府市长李玉祥的提请，决定任命刘煜为市人民政府副市长。

同日，昌邑市第十八届人民代表大会常务委员会第十九次会议，根据市人大常委会主任会议的提议，任命孔晓明为市监察委员会副主任、代理主任。

12月26日，昌邑市第十八届人民代表大会常务委员会第二十一次会议，补选刘国伟、韩鹏、丁新杰、李英博4人为潍坊市第十七届人民代表大会代表，报潍坊市人大常委会代表资格审查委员会审查。

【辞职免职】 1月24日，昌邑市第十八届人民代表大会常务委员会第十四次会议，根据张越的请求，决定接受其辞去潍坊市第十七届人民代表大会代表职务。

同日，昌邑市第十八届人民代表大会常务委员会第十四次会议，根据市人民政府市长李玉祥的提请，决定免去许增贤市财政局局长职务。

3月30日，昌邑市第十八届人民代表大会常务委员会第十六次会议，决定接受马梓珺、付文峰、刘培学、王冰、徐龙春、肖波、孙效治、闫文志、郑雨送、马守玉、王永胜、冯立谦、门修杰、高锡鹏、孙正凯、潘锦16人辞去昌邑市第十八届人民代表大会代表职务的请求。门修杰的市十八届人大常委会委员职务、市人大财政经济委员会副主任委员职务，潘锦的市十八届人大常委会委员职务、市人大内务司法委员会副主任委员职务，徐龙春的市人大民族侨务外事委员会副主任委员职务，孙正凯的市人大教育科学文化卫生委员会委员职务相应终止，报昌邑市人民代表大会备案。

同日，昌邑市第十八届人民代表大会常务委员会第十六次会议，根据市人大常委会主任会议的提议，免去刘培学的市人大常委会围子街道工作办公室主任职务。

同日，昌邑市第十八届人民代表大会常务委员会第十六次会议，根据市人民政府市长李玉祥的提请，决定免去王福州的市审计局局长职务。根据市人大常委会人事任免办法的规定，姜正峰的市教育局局长职务、孙建伟的市经济和信息化局局长职务、潘永贵的市国土资源局局长职务、张清涛的市农业局局长职务、李志国的市文化广电新闻出版局局长职务、董凤章的市卫生和计划生育局局长职务、王升涛的市安全生产监督管理局局长职务、毕德清的市金融工作办公室主任职务、高凌云的市民族宗教事务局局长职务自然免除。

4月4日，昌邑市第十八届人民代表大会第三次会议，表决通过：庞明庆不再担任昌邑市第十八届人民代表大会城乡建设与环境资源保护委员会主任委员职务。

5月24日，昌邑市第十八届人民代表大会常务委员会第十七次会议，根据市人民法院院长徐金江的提请，免去范钦鑫的市人民法院北孟人民法庭庭长职务。根据市人大常委会人事任免办法的规定，杨波的市人民法院审判监督庭庭长职务、于兹良的市人民法院民事审判第四庭庭长职务、张玉刚的市人民法院民事审判第三庭副庭长职务自然免除。

7月30日，昌邑市第十八届人民代表大会常务委员会第十八次会议，决定接受刘载琨辞去昌邑市第十八届人民代表大会代表职务的请求。

9月29日，昌邑市第十八届人民代表大会常务委员会第十九次会议，决定接受田立军辞去市监察委员会主任职务的请求，报昌邑市人民代表大会备案。

同日，昌邑市第十八届人民代表大会常务委员会第十九次会议，决定接受李鹏辞去市人民政府副市长职务的请求，报昌邑市人民代表大会备案。

12月3日，昌邑市第十八届人民代表大会常务委员会第二十次会议，根据市人民检察院检察长宋教德的提请，免去付建波、姜平义、刘振廷、张景平、郑海香、姜山波、刘日、马志军、杨扬的市人民检察院检察员职务。

同月26日，昌邑市第十八届人民代表大会常务委员会第二十一次会议，决定接受李建军辞去昌邑市第十八届人民代表大会代表职务的请求。李建军的市人大常委会副主任职务、市人大民族侨务外事委员会主任委员职务相应终止，报昌邑市人民代表大会备案。

同日，昌邑市第十八届人民代表大会常务委员会第二十一次会议，决定接受钟耕民、刘艳芳、李建军3人辞去潍坊市第十七届人民代表大会代表职务的请求，报潍坊市人大常委会备案。

（王廷亮）

昌邑市人民政府

重要会议

【全市农村工作会议】 2月11日，全市农村工作会议召开，主题是深入贯彻中共十九大精神和习近平总书记关于“三农”工作的重要指示精神，全面落实中央、省和潍坊市农村工作会议精神，总结交流全市2018年农业农村工作，安排部署2019年工作任务，动员全市上下把准形势，担当作为，狠抓落实，积极探索乡村振兴“昌邑路径”，为打造乡村振兴“潍坊模式”升级版贡献昌邑力量。会议指出，要加快美丽乡村建设，把农村环境打造好。要深入开展农村人居环境整治，加快工作推进，着力打造农村人居环境整治“昌邑样板”。要深入开展美丽宜居村庄建设，打造好30个潍坊市级美丽宜居村庄，使全市80%以上村庄达到美丽乡村建设B级以上标准。要持续抓好农村改厕，真正将好事办好、实事办实。要深入实施乡村记忆工程，形成良性乡村文化生态。要提升基层党建工作质量，把基层基础夯实好。要发展壮大村级集体经济，深入实施发展壮大村级集体经济三年行动计划，大力发展“飞地农业”、用好用活土地流转等村级集体经济“增收11法”，全面提升村集体经济实力。会议强调，要抓牢“人、地、钱”关键要素，把重点问题解决好。要加强农村人才队伍建设，深化农村土地改革，加强资金支撑保障。要坚决打好扶贫脱贫攻坚战，把政治任务落实好。要在巩固提升脱贫攻坚成果上下功夫，持续抓好问题整改，探索建立稳定脱贫长效机制，与实施乡村振兴战略有效衔接。会议要求，要聚焦加快农业高质量发展，培强优质大姜、高端苗木等10个万亩级产业；推进潍水田园综合体、梨花水镇等特色小镇建设，高水平打造潍河乡村振兴示范带；把科技创新摆在突出位置，积极发展智慧农业和农村电商，助力农业增效、农民增收；把“标准化”理念融入现代农业发展，培强产业发展新动能。要聚焦提升农村居住环境，着力在加快改善农村人居环境、提升农村设施服务、培育文明乡风、加强乡村治理上下功夫，让广大农民获得感、幸福感更加充实。要聚焦深化农村改革，有效激发农业农村发展新活力。要聚焦打好精准脱贫攻坚战，让贫困群众过上幸福美满新生活。要聚焦夯实基层基础，加快构建农村组织新体系。

【全市第四次经济普查入户登记工作推进会议】 2月26日，全市第四次经济普查入户登记工作推进会议召开。会议通报昌邑市第四次经济普查入户登记阶段存在问题、下步措施及国家统计局对7起第三次农业普查造假作假典型案件处理情况。会议指出，要充分认清各级高度重视经济普查工作的严肃态势，要从讲政治的高度出发，从有利于全市经济发展大局的高度出发，进一步提高对做好经济普查重要性的认识，以高度的责任感和使命感，全力以赴高质量完成好普查登记任务；要充分认清入户登记面临的严峻态势，严格执行普查方案，保质保量按照时间节点完成入户登记工作；要充分认清国家打击统计数据造假的严厉态势，确保普查过程依法依规、数据真实可靠。会议强调，市镇两级普查机构和普查人员要认真履行独立调查、独立报告的职责，把贯彻落实《中华人民共和国统计法》《全国经济普查条例》贯穿普查工作始终，不折不扣地执行普查方案、全面加强过程质量控制，严格执行普查法律法规，确保普查数据真实准确。要牢固树立红线意识和底线思维，严格执行《第四次全国经济普查方案》，切实做到工作程序合规、数据来源有据、审核把关到位。各镇（街、区）要结合实际，认真抓好落实，真实、全面地把经济发展成果反映全、反映实、反映好。

【全市国土绿化暨农村改厕工作会议】 2月26日，全市国土绿化暨农村改厕会议在市会议中心召开。会议指出，要以习近平新时代中国特色社会主义思想和中共十九大精神为指导，站在增强“四个意识”、坚决落实“两个维护”的高度，深入学习贯彻习近平生态文明思想，以更高的站位、更宽的视野、更大的格局来审视国土绿化工作，不断增强做好国土绿化工作的责任感和使命感。会议强调，要加快推进大规模国土绿化行动，进一步筑牢生态屏障、夯实生态根基、增加生态容量，提升生态优势。各级各有关部门要突出重点，高质量推进国土绿化工作。狠抓落实，确保全面完成国土绿化工作任务。要结合“工作落实年”，进一步转变工作作风，以苦干实干的劲头，勇于担责担难担险，靠脚踏实地、埋头苦干打开工作局面，切实把国土绿化工作抓紧抓实、抓出成效。

【全市创建国家卫生城市推进暨培训会议】 5月10日，全市创建国家卫生城市推进暨培训会议召开，主要任务是分析查摆存在的问题，对国家卫生城市创建工作进行再培训、再安排、再部署，动员全市上下迅速行动、集中力量、集中时间打一场攻坚战，再掀国家卫生城市创建新高潮。会议邀请济南市疾病预防控制中心主任医师、全国爱卫会专家委员会委员、国家卫生城市技术评估与暗访专家库成员辛正就创建工作进行指导培训。会议指出，2019年是创建国家卫生城市最关键的一年。全市上下要进一步增强责任感、压力感和紧迫感，统筹谋划、协调推进，凝聚共识、合力攻坚，再掀创建工作新高潮。要进一步明确目标任务，对照创建标准找差距，针对问题差距补短板，抓紧行动，快速突破，确保按期保质保量完成各项创建目标任务。要树牢“为人民创城、让人民得实惠”的工作理念，坚持全民动员、全民动手、全社会参与，让广大市民群众通过参与创建、支持创建，享有更多获得感、幸福感。要坚持问题导向，提升标准境界，严格按照国家卫生城市创建标准，扎扎实实抓好问题整改落实，进一步提升创建工作水平。要严格落实街道属地责任和部门监管责任，盯紧目标任务，强化督导检查，层层传导压力，确保各项工作有人管、有人干、干得好。

【市政府廉政工作会议】 5月23日，市政府廉政工作会议召开，主要是学习贯彻国务院和省政府第二次廉政工作会议精神，研究安排政府廉政工作任务，动员各级各部门各单位进一步提高政治站位，深入落实全面从严治党要求，巩固发展反腐败斗争压倒性胜利，一体推进不敢腐、不能腐、不想腐，大力加强廉洁政府建设，努力营造更加风清气正的政治生态和干事创业的发展环境。会议指出，要着重突出政治建设，始终把旗帜鲜明讲政治摆在首位，严守政治纪律和政治规矩，树牢“四个意识”，坚定“四个自信”，坚决做到“两个维护”，深学笃用习近平新时代中国特色社会主义思想，深入贯彻落实上级和市委决策部署，严格履行管党治党政治责任，更加自觉在思想上政治上行动上同以习近平同志为核心的党中央保持高度一致。会议要求，要持续转变政府职能，围绕贯彻省优化营商环境十大行动和潍坊市十项措施，坚持以企业为本、以项目为号令、以便民为目标，继续深化“一次办好”改革，积极构建“亲”“清”新型政商关系，努力打造精简高效的政务生态和服务发展的最优营商环境。要始终坚持严字当头，以最严的标准、最坚决的态度、最有力的措施，切实把公共资金、公共资源交易、公共资产、公共工程等重点领域监管抓牢抓实。

【全市拥军优属拥政爱民工作领导小组全体会议】 8月5日，全市拥军优属拥政爱民工作领导小组全体会议召开。会议指出，各级各部门各单位要进一步提高政治站位，切实增强做好双拥工作的使命感和责任感，始终把双拥工作摆在事关全局的重要位置，以更强的责任担当、更严的标准要求、更实的工作作风，推动双拥工作各项任务部署在昌邑落地生根，持续巩固和发展军政军民团结的大好局面。会议强调，要突出重点，精准发力，进一步提高做好新时代双拥工作的标准成效。要全力服务支持强军改革，加强协调支持和沟通问需，当好实现强军目标的坚强后盾。要着眼军人就业创业、子女教育、公共服务、社会保障等方面的需求，严格落实政策，倾心尽力搞好优抚安置，充分保障好军人权益。要坚持军民互动、全民参与，营造双拥工作浓厚氛围，汇聚全社会广泛共识。会议要求，要压实责任，健全机制，着力构建党委领导、政府负责、部门协同、社会参与的双拥工作体系，加快形成纵向到底、横向到边、齐抓共管的双拥工作新格局，汇聚起军地军民共建的强大合力。

（肖　遥　张　强）

重要活动

【综合整治活动】 2月12日，市领导李鹏、潘永贵、张所友，市建设局、农业农村局、文化和旅游局、综合行政执法局、规划局、农开办、环卫局主要负责人；市自然资源和规划局、环卫局分管负责人，在石埠经济发展区、饮马镇、北孟镇分别召开会议，安排部署“大棚房”问题清理整治、农村改厕、农村人居环境综合整治有关工作。

【植树节义务植树活动】 3月7日，潍坊市义务植树活动在昌邑市饮马镇博陆山西侧举行。潍坊市委

3月7日，植树活动　（张平平）

书记、市人大常委会主任惠新安，市委副书记、市长田庆盈等潍坊市级领导班子成员及昌邑市委书记吕珊珊，市委副书记、市长李玉祥等市级领导班子全体成员一起参加植树活动。惠新安强调，要深入践行“绿水青山就是金山银山”的理念，厚植生态优势，共建绿色家园。要时刻保持高度警觉，加强隐患排查，全力抓好森林防火各项工作。要把植树造林作为高质量推进生态文明建设的重要内容，着力调动广大市民的积极性，形成全民参与生态文明建设的浓厚氛围。植树活动结束后，惠新安一行到饮马镇山阳村进行实地调研，听取山阳村产业转型和梨花水镇规划建设情况汇报。惠新安对山阳村果断关停矿山开采企业，依托“山阳大梨”品牌、千亩梨园和博陆山等资源推动农旅融合发展的做法给予充分肯定。他强调，要加强政策支持和要素保障，确保梨花水镇规划的重点项目顺利推进；要发挥好经济强村和村党支部书记的作用，带动周边村共同发展，努力打造生产生活生态融合和三次产业融合发展的典型，为全市乡村振兴作出新的探索实践。

【韩国新罗大学国际校区项目签约仪式】 3月7日，在市会议中心第五会议室举行。市委常委、组织部部长胡筱芹主持签约仪式。会上，观看昌邑市经济社会发展情况专题片；观看新罗大学宣传片；昌邑市委书记吕珊珊致辞；韩国新罗大学校长朴泰学致辞；昌邑市委书记吕珊珊为韩国新罗大学校长朴泰学颁发“昌邑市开放发展创新发展顾问”聘书；昌邑市人民政府市长李玉祥与韩国新罗大学校长朴泰学签订《昌邑市人民政府　韩国新罗大学合作协议》；昌邑市人民政府副市长赵海龙与韩国新罗大学访问教授、潍坊众联国际电子商务研究院有限责任公司法人代表陈君恒签订《昌邑市人民政府　潍坊众联国际电子商务研究院有限责任公司合作协议》。签约仪式结束后，朴泰学一行还到柳疃丝绸文化博物馆、华晨集团创客工坊等进行参观考察。

【调研国家卫生城市创建工作】 4月13日，市委副书记、市长李玉祥带领相关部门单位负责人现场调度全国文明城市和国家卫生城市创建工作。市政府副市长赵海龙参加活动。李玉祥先后到都昌街道东大营村、宏大农贸市场、奎聚街道原东隅村养殖场、都昌街道马家村、造纸厂宿舍、华海贸易广场、饮料厂宿舍区、润发百货公司宿舍区、东利商城等地进行实地查看，详细了解创建工作情况，现场协调解决问题，并对下步工作进行安排部署。

9月15日，市委副书记、市长李玉祥、市政府副市长赵海龙，奎聚街道、都昌街道党工委书

4月13日，市委副书记、市长李玉祥（前左一）调研全国文明城市和国家卫生城市创建工作　（张平平）

记、分管负责人，市政府办公室主要负责人以及市住建局、卫健局、环境卫生中心主要负责人、分管负责人参加调研。调研项目（地点）有中学路绿化带中学路与新兴街西南角大杂院、新兴街与新昌路西南、东南角各一大杂院、中台村路南、路北、五里村、黑埠村、金丝达宿舍、天歌KTV、高道沿街楼、西埠社区、西城商业街、富昌街与建设路西南角、老妇幼保健院西邻南北路（刘辛）。

12月7日，市委副书记、市长李玉祥带领相关部门单位负责人对国家卫生城市创建工作进行现场调研。副市长赵海龙参加活动。李玉祥先后到东利商城、都昌街道东大营村、宏大农贸市场、奎聚街道五里村、东苑市场、东隅社区、昌邑石化宿舍、华海贸易广场、同晖家园等地进行实地查看，详细了解创建工作情况，现场协调解决问题，并对下步工作进行安排部署。李玉祥指出，当前国家卫生城市创建已经到了最关键的攻坚阶段，各级各相关部门单位要树牢全市“一盘棋”思想，进一步增强责任感和紧迫感，提振精神，强化措施，汇聚合力，确保圆满完成目标任务。

【潍坊环境工程职业学院与伟东海纳易学教育科技有限公司合作共建签约仪式】 10月11日，潍坊环境工程职业学院与伟东海纳易学教育科技有限公司合作共建签约仪式在技师学院昌邑分院606会议室举行。市委常委、组织部部长胡筱芹主持签约仪式。会上，观看昌邑市经济社会发展情况专题片；昌邑市委副书记、市长李玉祥致辞；伟东云教育集团副董事长、伟东海纳易学教育科技有限公司董事长姜正新介绍伟东云教育集团及伟东海纳易学教育科技有限公司情况；潍坊市技师学院昌邑分院院长、昌邑市教育局局长姜正峰介绍昌邑教育及环境学院建设情况；海纳易学教育科技有限公司总经理周卫明介绍合作举办三个专业群情况；山东息壤教育投资有限公司总经理高言峰与海纳易学教育科技有限公司总经理周卫明签订《山东息壤教育投资有限公司与成都伟东海纳易学教育科技有限公司专业合作共建协议》。签约仪式后，姜正新一行还到柳疃丝绸文化博物馆、浩信集团、智能装备制造产业园、康洁环卫产业园进行实地调研。

【“文山潍水”2019昌邑国际半程马拉松赛暨潍坊市全民健身月启动仪式】 5月12日，“文山潍水”2019昌邑国际半程马拉松赛暨潍坊市全民健身月启动仪式在市文化广场举行。省田径运动管理中心副主任、田径运动协会副理事长潘艺鸥，省科学健身指导中心主任吴耀宇，潍坊市体育局党组书记、局长沃付贤及昌邑市委副书记、市长李玉祥，市领导夏麦香、赵海龙、李友田出席开幕式并共同为比赛鸣枪发令。以“文山潍水”冠

5月12日，“文山潍水”2019昌邑国际半程马拉松赛暨潍坊市全民健身月颁奖仪式（张平平）

名的昌邑国际半程马拉松赛途经秀美的潍水风情湿地公园、壮观的万亩花海和美丽的山楂园，被省体育局授予“全省最美健身游路线”。本次比赛共设置男子组、女子组21.0975公里半程马拉松比赛，男子、女子组6公里迷你马拉松比赛和以家庭为单位的3公里亲子跑，吸引来自中国、美国、哥伦比亚、菲律宾、墨西哥、南非等国参赛选手共计6000余人参加。最终，来自埃塞俄比亚的阿布拉汉、来自肯尼亚的阿拉坎那和山东的曹天祥分获半程马拉松比赛男子组前三名；来自肯尼亚的萨鲁米以及山东的丛林、何兆香分获半程马拉松比赛女子组前三名。

【“舞动鸢都·全民禁毒”宣传活动启动仪式】 6月26日，国际禁毒日“舞动鸢都·全民禁毒”宣传活动启动仪式在昌邑市举行。潍坊市禁毒委员会副主任、禁毒办主任、潍坊市公安局副局长孙亚峤，昌邑市委副书记、市长李玉祥，副市长、市公安局局长王树国出席活动。启动仪式上，李玉祥、孙亚峤分别致辞，孙亚峤宣布活动正式启动，参加活动人员还一起观看了文艺演出。“舞动鸢都·全民禁毒”宣传活动，通过多样化的展现手法和丰富多彩的节目，并通过网络直播等形式进一步扩大影响力，在全社会掀起全民识毒、拒毒、防毒、禁毒的热潮，推动“健康人生、绿色无毒”禁毒理念更加深入人心，营造更加浓厚的“全民参与、共管共治”禁毒氛围。

【全市乡村振兴暨“双招双引”项目观摩点评】 7月26—27日，市委、市政府召开全市乡村振兴暨“双招双引”项目观摩点评会议。会议利用两天的时间，对10个镇街区2019年乡村振兴和“双招双引”项目进行观摩点评。大家边听边看、边思边议，表示将以此次观摩点评为契机，深入贯彻落实“工作落实年”“七赛七比”部署要求，相互学习借鉴好经验好做法，担当作为，加压奋进，不断推动各项工作上档升级、全面突破。现场观摩结束后召开总结部署会议。会议强调，干好全年各项工作、完成全年目标任务已经到了加压奋进、快马加鞭、进位争先的关键时期，各级各部门各单位要进一步提高紧迫感和责任感，明确目标任务，压实工作责任，一刻也不放松把下半年各项工作抓紧抓实抓出成效。要提高站位，把准方向，确保上级部署的各项工作任务在昌邑不折不扣落地落实。要科学分析，精准调度，精准发力，狠抓猛促，确保圆满完成全年目标任务。要精准发力，强化考核、精准破题，尽快实现高质量“双招双引”新的突破。会议要求，要突出重点，真包实靠，加强协调推进，强力攻坚突破，确保工程项目顺利推进、早日达效。要从严整改，强力攻坚，深入开展“亮剑2019”生态环境综合治理攻坚行动，全面完成潍坊市确定的环境保护目标任务和环保攻坚重点任务。要兜牢底线，补齐短板，扎实做好信访积案化解、扫黑除恶、禁毒、安全生产、脱贫攻坚、农村人居环境整治等工作，维护好安全稳定的社会环境。

【督查“利奇马”台风防御工作】 8月9日，市委副书记、市长李玉祥带领各镇街区以及公安、住建、交通、水利、农业农村、应急、综合行政执法等部门单位主要负责人，现场督查“利奇马”台风防御工作。李玉祥先后到金口橡胶坝、潍莱高铁跨潍河大桥施工现场、利民街地下商场、丰产河昌寿路桥、王氏义沟入堤河闸、潍河辛安庄防潮蓄水闸、北海防潮堤、蒲东大坝2号闸等地现场督查调度，现场研究部署防御台风工作。李玉祥强调，各级各部门各单位要进一步提高政治站位，坚决贯彻上级部署要求，坚持把确保人民群众生命财产安全作为首要目标，把防御“利奇马”台风工作作为当前第一位的任务，动

8月9日，市委副书记、市长李玉祥（右二）带队现场督查“利奇马”台风防御工作 （宋国栋）

员一切可以动员的力量，利用一切可以利用的资源，时刻高度重视、高度警惕，严阵以待、严防死守，确保不出问题、万无一失。李玉祥要求，要全力做好预警预报工作，密切监视台风动向和天气变化，适时启动应急响应。要全力做好防范处置工作，全面做好各项应急抢险救援准备。要全力做好应急值守工作，市镇村三级党员干部要严守岗位，24小时联络畅通、随时待命。要全力做好组织宣传工作，广泛宣传发动群众共同做好防御台风准备，充分保障人民群众生命财产安全。

【全市第三十五个教师节庆祝大会】 9月7日，全市第三十五个教师节庆祝大会在昌邑剧院举行。与会人员集体观看“我们都是追梦人”——全市庆祝第三十五个教师节文艺演出。演出现场对全市首届10位感动昌邑最美教师进行表彰，市委副书记王龙堂为获奖教师进行颁奖。此外，市委、市政府决定授予100人“昌邑市2018—2019学年度优秀教师”荣誉称号、30人“昌邑市2018—2019学年度优秀教育工作者”称号，授予20个单位“昌邑市尊师重教先进单位”称号、20人“昌邑市尊师重教先进个人”称号。会前，市领导分别走访慰问昌邑一中、职教中心的退休教师，深入了解广大教师的工作、生活及家庭等情况，认真倾听他们的意见建议，帮助他们解决工作和生活中的实际困难。

【“一带一路”造园技能（昌邑）国际邀请赛开幕式】 9月18日，2019“一带一路”造园技能（昌邑）国际邀请赛开幕式在中国（昌邑）北方花木城时代广场举行。昌邑市政府副市长曲伟主持开幕式。市委副书记王龙堂致辞；中国风景园林学会园林工程分会秘书长商自福致辞；世界技能大赛专家Raili Lass致辞；裁判员代表宣誓；Raili Lass、王振海、商自福、韦一、王龙堂按电子触摸球为大会开幕。造园技能（昌邑）国际邀请赛是2019北方（昌邑）绿化苗木博览会的专业活动之一，20支国内外造园强队同场竞技、深化交流、展现风采。

【北方林木种苗产业发展论坛暨全省林木种苗工作座谈会】 9月20日，2019北方林木种苗产业发展论坛暨全省林木种苗工作座谈会在昌邑市召开。该次论坛是绿博会活动内容之一，主要是为林木种苗产业的发展分析把脉，探讨在新形势下如何推进林木种苗产业转型升级、提质增效。

2019北方林木种苗产业发展论坛　中国林学会副秘书长刘合胜主持论坛，市委副书记王龙堂，省自然资源厅副厅长、省林业局副局长马福义分别致辞，论坛还为“北方耐盐碱抗旱草坪草和生态草繁育基地”及“北京林业大学草坪草和生态草研究工作站”揭牌。北京林业大学教授刘勇、韩烈保分别作演讲，介绍当前林木种苗产业及草业现状，分析行业发展的最新动态和科学技术，描绘行业在新形势下的发展前景。播放《林木种苗专题宣传片》。主旨演讲林木种苗产业发展技术问题，中国草业发展现状，解读颁布的《山东省种子条例》。

全省林木种苗工作座谈会 山东省自然资源厅林业改革发展处处长姜华先主持会议。山东省林木种苗和花卉站站长姜岳忠传达国家林木种苗会议精神。省自然资源厅副厅长、省林业局副局长马福义讲话。

【黄元御中医药文化节暨中医药传承与发展高峰论坛系列活动】 10月20—23日，昌邑市举办2019黄元御中医药文化节暨中医药传承与发展高峰论坛系列活动。

10月20日，在金陵御景湾三楼文汇厅举行2019黄元御中医药文化节暨中医药传承与发展高峰论坛战略合作协议签订仪式。潍坊市卫健委党组成员、副主任王鸿勇主持签约仪式。市政府副市长赵海龙致辞；山东中医药高等专科学校党委书记张立祥致辞；山东中医药高等专科学校党委书记张立祥与昌邑市人民政府副市长赵海龙签订中医养生公益大讲堂合作协议；山东华德颐康城市发展有限公司董事长韩传明与奎聚街道党工委书记孙磊签订康养项目合作协议；潍坊华仁有限公司董事长刘东峰与山东华德颐康城市发展有限公司总经理韩兴隆签订金银花种植合作协议；国家非遗项目《平氏浸膏制作技艺》传承人、吉林省长春市九台区正泰中医药文化科技发展有限公司董事长吴淑琴与昌邑市卫健局局长董凤章签订合作协议；山东中仁康尔健康管理服务有限公司董事长曹本科与昌邑市卫生健康局局长董凤章签订智慧社区中医药养老服务协议；亳州佰世信中药饮片有限公司总经理朱景涛与昌邑市艺源中草药专业合作社总经理宫慧芳签订收购合作协议。

10月21日，在绿博园朝阳广场举行2019黄元御中医药文化节开幕式。市政府副市长赵海龙主持开幕式。昌邑市委副书记、市长李玉祥致辞；潍坊市中医药学会副会长、潍坊市中医院党委书记、理事长牟作峰致辞；潍坊市卫生健康委党组成员、副主任、博士、硕士生导师王鸿勇致辞；山东省卫生健康委中医药管理处处长贾青顺致辞；中华中医药学会副秘书长孙永章同致辞；主席台领导共同启动开幕式。开幕式结束后，主席台领导及随员，参观中医药成就展、中草药画展、镇（街、区）特色展，药食同源展、中药材展、膏方制作展，看望义诊专家；现场工作人员组织观众继续观看文艺演出。

同日，2019黄元御中医药文化节中医药传承与发展高峰论坛在昌邑市会议中心第四会议室举行。

10月22日，中医养生公益大讲堂开讲仪式在会议中心第四会议室举行。市政府副市长赵海龙主持开讲仪式，邀请山东中医药高等专科学校领导授课。

【“119消防安全宣传月”活动启动仪式】 11月8日，“119消防安全宣传月”活动启动仪式在昌邑市文化广场雕塑南侧举行。市委常委、市政府副市长、市委办公室主任刘煜出席仪式并讲话。市消防大队大队长鲁扬主持启动仪式。启动仪式上，与会人员共同观看全市消防工作宣传片；与会代表作表态发言；宣读《2019年全市消防安全宣传月活动实施方案》。活动现场，与会领导现场观摩消防宣传展板及消防产品、各类消防车辆及器材展示，并观看消防科目演练，对消防装备器材基本情况、消防知识等进行深入了解。现场活动结束后，市消防大队安排消防车在市区开展巡回宣传活动。

【城区集中供热入户巡查走访活动】 11月20日，市领导李玉祥、刘煜及明兴谱，市住建局、房产服务中心主要负责人、分管负责人，市委市政府督查室、奎聚街办、市东城热力有限公司、恒瑞热力公司主要负责人走访城市金典小区、翠峰御景小区、东昇花园小区、新兴家园小区，开展城区集中供热入户巡查走访活动。

【昌邑市生活垃圾焚烧发电PPP项目签约仪式】 12月12日，昌邑市生活垃圾焚烧发电PPP项目签约仪式在昌邑宾馆二楼电视电话会议室举行。市委常委、市政府副市长、市委办公室主任刘煜出席活动。市住建局局长黄国磊主持签约仪式。市环卫中心主任薛文磊介绍项目情况。天津泰达环保有限公司党总支书记滕丹致辞。市委常委、市政府副市长、市委办公室主任刘煜致辞。会上，市环境卫生中心与生活垃圾焚烧发电项目公司签订生活垃圾焚烧发电PPP项目合同。

12月12日，昌邑市生活垃圾焚烧发电PPP项目签约仪式　（宋国栋）

【全市新旧动能转换暨"双招双引"项目观摩点评】 为深入推进新旧动能转换和"双招双引"，强化重大项目的支撑带动作用，助力全市经济社会高质量发展，12月25—26日，昌邑市组织对2019年全市新旧动能转换暨"双招双引"项目进行观摩点评。

25日，观摩点评会议的入会人员，分两次集中收看全市新旧动能转换暨"双招双引"项目观摩点评镇（街、区）全面情况介绍。与会人员对各镇（街、区）共35个重点项目进行现场观摩。

26日，市委、市政府在会议中心第四会议室召开全市新旧动能转换暨"双招双引"项目观摩点评总结部署会议，市委书记吕珊珊主持，对各镇（街、区）投票评议。

（肖　遥　张　强）

12月25—26日，昌邑市领导观摩点评2019年全市新旧动能转换暨"双招双引"项目　（张平平）

市政府办公室

【职能转变和放管服改革】2019 年，昌邑市贯彻落实上级决策部署，聚焦企业和群众办事中的“难点、堵点、痛点”，转变政府职能，提升政务服务效能，推动“一窗受理·一次办好”改革提速增效，打造“审批事项少、办事效率高、服务质量优、群众获得感强”的营商环境。

以“责任落实”为抓手，强化三项机制，形成深化改革新常态。健全事项动态调整机制，根据上级要求完成全市权责清单规范编制工作，全市 34 个部门编制、认领权责事项 5095 项。根据法律法规规章立、改、废、释做好事项调整，承接落实上级下放权限。年内，对应调整市级行政权力事项 2 次，其中承接 15 项、增加 4 项、取消 20 项、调整 2 项，共 41 项。健全事中事后监管机制。推行“双随机、一公开”，编制报送 2019 年“双随机、一公开”抽查工作计划，涉及食品安全、知识产权保护、产品质量及特种设备监管等 64 项内容，双随机抽取确定市场主体 1105 户。强化对标提升机制，组织全市 30 余个市直部门（单位）以“一次办好”改革为突破口，按照“行业领域同类，基础条件相近，可学可比可赶”原则，对标寻标并制定整改提升计划。3 月，昌邑市党政考察团先后到常熟市、张家港市等 3 个区 4 个市考察学习优化营商环境先进改革经验和做法，对照分析查找自身问题和差距，优化全市营商环境。

以“模式创新”为核心，突出三个模式，构建提质增效新框架。推行“一窗式”服务，在市政务服务大厅设立投资项目、民生服务、社会事务等 6 大功能区，全面开展“一窗式”服务。即办件“马上办”，在前台直接办结；承诺件实行“前台综合受理、后台分类审批、窗口统一出件”，减少企业群众跑窗口的次数和排队时间，提升服务效能。开展“上门式”服务，依托政务服务直通车创新开展“服务企业年”活动，打造行走的便民服务窗口，解决企业遇到的实际问题。开展“兜底式”服务，设立“兜底服务窗口”，由市行政审批服务局负责人轮流值班，因政策、历史等一时无法办理的业务和办理主体不明、未纳入大厅办理的事项等，坚持首问负责和兜底负责。设置政务服务“好差评”环节，利用群众线上评价反馈督促提升综合业务能力和服务水平。

以“提升效率”为根本，突出三项改革，提升干事创业成效。以工程建设项目为抓手实施流程再造。推行“套餐式”服务，将挖掘城市道路与工程建设涉及城市绿地、树木审批两个事项合并办理，实施一表申请、统一受理、联合踏勘，审批时限由 25 个工作日压缩至 10 个工作日，提速 60%。实施“一表申请”，工程质量安全监督与施工许可证核发合并办理，推行一份办事指南、一张申请表单、一套申报材料，申请材料由 23 项精简至 8 项，审批时限由 3 个工作日压缩至 1 个工作日，提速 70%。以激发市场活力为着力点简化企业开办流程。推行企业登记注册全程电子化，申请人无须到政务服务大厅，在网上即可完成全程无纸化登记，降低企业办事成本；压缩企业开办时间，取消企业名称预先核准，材料齐备、符合法定形式的新开办企业登记申请，1 个工作日内完成营业执照办理、公章刻制、银行开户、涉税办理、社保登记等事项；推行“政银合作”，在全市 73 个银行网点设立“企业和个体工商户登记注册服务处”，银行工作人员以“帮办员”身份全程免费帮助企业申请开办业务。建立

“不动产电子权证”平台，提升效率。建设全省首个县级市“不动产电子权证”平台，实现2个小时内不动产登记办结的“昌邑速度”。不动产登记办结时间由5个工作日缩短至2个小时，由月均办理2000件增加至月均办理8000件，办结效率提升4倍。

【调查研究】 调研推进乡村振兴、保障改善民生、加快项目建设、“一次办好”改革等重点工作，先后撰写《关于进一步提升城市规划建设管理水平的调研报告》《关于全市重点工程重点项目推进情况的调研报告》等多篇调研报告，其中《关于深化“放管服”改革持续优化发展环境的调研报告》获评省政府系统优秀调研成果三等奖，《关于深入推进“一次办好”改革优化营商环境的调研报告》获评潍坊市政府系统优秀调研成果一等奖第一名，《关于全市教育优质均衡发展情况的调研报告》《关于实施乡村振兴战略的调研报告》《关于昌邑市建设梨花水镇的调研报告》分别获评潍坊市政府系统优秀调研成果二等奖和三等奖，调研成果连续3年获评省级奖项。

【政务公开】 2019年，利用政府门户网站公开政府信息3643条，其中市直各部门主动公开政府信息3334条，各镇（街、区）公开政府信息309条。采用政府公报的形式，定期刊发市政府和市政府办公室重要政策法规、规范性文件以及人事任免、工作计划等各类政府文件，发布政府文件36个，其中《昌邑市人民政府公报》公开20个，编辑出版4期，印发400份，公众可在客运站、图书馆、政务服务中心等公共场所免费查询。

行政执法公示、三大攻坚战纳入重点领域信息公开专栏，规范行政处罚、行政强制、行政检查、行政征收征用、行政许可等行政执法行为，实现执法信息公开透明。公开财政预决算信息252条，其他财政信息15条，公开行政执法类信息14264条，公开重大建设项目和公共资源配置信息645条，公开“三大攻坚战”信息308条。

重点解读规范性文件，解读政府文件、政府办公室文件中涉及面广、社会关注度的文件，收集整理相关解读材料，利用政府网站、政务新媒体等渠道，以短视频、动漫等多种形式展现，帮助群众理解和知晓文件内容，发布各类政策解读类信息150余条。全年，收到政府信息公开申请件56件，均答复申请人。

加强完善公共查阅场所、公开载体建设，以基层政务公开为重点，坚持贴近群众、贴近生活、贴近实际，打造群众“喜闻乐见”的体验区，自下而上推动全市政务公开质效提升，建成全市首个社区消防知识科普体验室，成为社区普及消防知识、提高全民消防安全意识和自防自救能力的新窗口。加强政务新媒体建设，建立健全新媒体管理工作规范，定期检查新媒体发布情况。加强政务新媒体运用，在发布政策解读类、工作动态类信息的同时，开设昌邑医保、邑办理等网上办事服务平台，向公众推送办理结果。年内，微信发布信息1852条，微博发布信息352条，其中政策解读类信息184条，办事服务类信息560条。加强机构建设和人员保障，成立昌邑市政府办公室政务公开科，具体负责信息公开平台建设和管理，保障信息发布及时、平台运行正常。

（张　超）

民生热线

【概况】 2019年，昌邑民生热线处理群众有效诉求事项50521件。其中，承接潍坊市“12345”政务热线转办事项28919件（电话26658件、省级政务热线1985件、微平台139件、市领导接听78件、人民网地方领导留言板34件、市长信箱21件、领导交办2件、新闻媒体2件）；全市受理的诉求事项2158件（人民网地方领导留言板47件）；“12319”数字化城市管理系统受理事项19444件。潍坊工单按时办结率100%，群众满意率（考核指标）83.53%，居潍坊8个县市第一名。寿光市、昌乐县、高密市、龙口市政务热线到昌邑市考察学习。

【督办落实】 建立经验分享制度。组织承办单位献言建策，分享热线办理先进经验做法，采取月分析、季度通报等形式予以刊发，带动热线整体工作提升。开展“不满意工单回头看”。定期梳理不满意工单发至各责任单位，排查和分析形成“不满意”的原因，有针对性地再次开展工作，提升群众满意度。同时，要求各单位加大对已办理工单的自查自访力度，确保“已解决”的问题落到实处，推进“正在解决”的问题，给群众做出承诺的，按时落实到位，化解群众不满意事项600余件。采取电话、书面、现场、会议、批示等方式，加大督办落实力度，解决一批疑难复杂事项。年内，开展电话督办929件、书面督办262件、现场督办127件、会议督办21件、领导批示9件。实行争议事项联合认定机制，统筹协调监察、编办、司法等部门，联合认定争议事项，解决推诿扯皮问题。全年，争议事项联合认定小组认定事项10件，均落实具体牵头或责任单位。落实党政主要领导接听潍坊政务服务热线制度，高标准筹备接听方案，跟进领导接听后续工作的督办落实，解决一大批疑难复杂问题，提升群众满意度。3月28日市委副书记、市长李玉祥，7月3日市委常委、副市长李鹏，10月15日市委书记吕珊珊，12月4日市委常委、副市长刘煜，12月24日市委副书记、市长李玉祥分别到潍坊市政务热线受理中心现场接听群众来电，潍坊传媒网进行专题报道，所有接听件均在规定时限内办理完毕。

10月15日，市委书记吕珊珊（中）现场接听群众来电　（杨蕊）

【服务能力】 加强对群众反映问题的大数据总结、归纳、分析，向市委市政府报送社情民意，为领导科学、民主决策提供参考依据。全年，

4 月 29 日，民生热线召集部门单位现场处办群众反映诉求事项 （刘菲菲）

众满意率偏低、推诿扯皮等现象采取发放书面通报、约谈等形式，指导热线办理工作，提出意见，促进责任单位热线办理质量提升。发布书面整改通报 3 次，约谈 2 次。按照潍坊市热线办要求，采取“不满意工单复核”“省工单情况归集”等方式办结群众诉求事项，提升工作成效，提高群众满意率。全年，复核通过事项 932 件，归集事项 274 件。

编写通报 4 期、月分析 8 期、周报 6 期；加强群众诉求回复情况深度分析，实行数据动态监控，建立民生热线工作微信交流群，将“群众满意率”在群内每日一通报，承办单位实时了解办理情况，及时整改落实，有效提升考核指标。配合开展“流程再造”，“流程再造”通过热线平台运行，协调市编办、镇（街、区）、市直部门的流程再造工作，发挥社情民意主渠道作用。

【考核问责】 2019 年，继续将民生热线办理满意度列入对镇（街、区）、市直部门单位年度综合考核，通过考核，倒逼热线办理工作开展，确保群众诉求高质量、高效率、高满意率办理。加强定期通报，开展不满意工单每半月一通报一调度，每月、每季度编发《民生热线月分析》《民生热线季度通报》，排名通报热线承办单位满意率、办结率等指标，不按时办理、效率低下、群

【队伍建设】 在日常培训的基础上，采取“请进来”的方式，丰富培训内容。2019 年，邀请单位业务骨干走进热线大厅开展《交通安全法规知识专题培训讲座》《今冬供暖总体准备情况及预警问题专题讲座》等培训，拓展话务员业务水平，提升服务质量。组织各镇（街、区）、市直部门（单位）开展省热线工单信息归集工作业务培训，提升省级热线工单有效处办率和群众满意率。加强网络单位联络员业务培训，针对机构改革后调整、成立的部门（单位），组织联络员集中培训，加强与热线中心沟通交流，尽快熟悉掌握热线办理要求，提高热线办理工作水平。开展走进网络单位活动，总结宣传推广热线工作好的经验做法，发挥示范带动作用，提高全市热线办理整体水平。

（杨　蕊）

大数据

【概况】 2019 年，昌邑市的大数据工作突出建设数字政府、发展数字经济、构建数字社会三大重点，以城市大数据平台（城市大脑）为抓手，以政务信息资源共享、电子政务外网建设为契机，

加快智慧城市项目建设，优化完善智慧城市平台功能，推进政务信息资源整合和部门业务专网、机房整合，发展数字经济。入围省级新型智慧城市2020年预试点。

【大数据平台建设与资源整合共享】 丰富智慧昌邑指挥中心功能，加强信息化和智慧城市建设组织管理，将各部门（单位）的信息系统及应用平台接入“智慧昌邑”平台，推进数据资源开放共享、互联互通，汇集社会治理、城市管理、经济运行等各领域的数据，打造智慧城市运行管理大数据平台。推进政务信息资源整合共享，提高资源共享利用率。针对部门提出的资源共享需求，与资源提供部门对接，以点带面，扩大资源共享范围。

【政务辅助平台建设】 完善“昌邑智慧城市”公众号。将与市民生活相关的政务服务资源、公共服务资源和便民服务资源整合进平台。联合地方银行、房产中心、小区物业、软件开发企业，打造全市统一的网上物业管理平台。以应急管理平台的IM即时通信、Ding功能为基础，打造全市的政务辅助管理平台——“昌邑快文”。梳理全市部门自建的特色政务服务、便民服务系统，实现与“爱山东”APP的对接，做好办事入口的汇聚整合和优化，推动实现更多与群众日常生产生活相关的民生事项“掌上办、快速办”。

【政务新媒体登记检查】 梳理全市各级各部门各单位政务新媒体统一登记，按照上级标准，检查更新情况，督促整改检查中发现的问题，关停无力维护、功能单一的政务新媒体账号，消除“僵尸”账号，发挥政务新媒体的作用。

【政务信息资源开放共享】 完善全市统一电子政务网络　优化电子政务外网网络结构，加深网络深度，在实现县、乡全部覆盖的基础上，扩大公共服务域覆盖范围，提升网络支撑能力，实现电子政务外网县、乡、社区三级政务部门全覆盖；加宽网络宽度，实现全市各级各部门各单位办公网络全部统一使用电子政务外网。推进各级各类业务专网迁移整合。将全市各级各部门的各类业务专网（含国家、省垂直部署的业务专网）分类迁移到市电子政务外网，实现全市一张网运行，与国家、省和潍坊市统一网络，促进政务信息资源共享畅通。实现互联网出口整合。依托电子政务外网公共服务域，建设昌邑市独立互联网出口接入平台，取消各部门、各镇（街）、社区的互联网出口。

做好资源整合工作　制定《昌邑市政务信息资源共享管理办法》，详细规定政务信息资源的定义、分类，各部门的权利义务，资源共享原则、办法、流程，使用管理以及后期保障等各方面，形成可行性强，可操作性高，可持续性长

11月13日，全市政务信息资源目录调整工作培训会议　（郝晓笛）

管理机制。召开专题培训会议2次，统计涉及全市53个部门1000余条信息资源目录。结合政务信息资源整合共享工作成果，提高资源共享利用率，采取点穴式工作方法，针对部门提出的资源共享需求，逐个对接资源提供部门，研究解决问题的办法，以点带面，扩大资源共享范围。持续推进营商环境优化，逐步实现政务服务“一次办好”，让“数据多跑腿，群众少跑路”，为企业群众办事提供便利，提升群众满意度。

【省级新型智慧城市申报】 昌邑市入选2020年省级四星级新型智慧城市建设预试点。数字山东建设专项小组办公室通过《数字山东建设专项小组办公室关于公布2019年山东省新型智慧城市建设试点名单的通知》文件公布申报结果。

【智慧应急平台建设】 智慧应急可视化指挥平台是统筹规划，协调联动各单位和职能部门信息化平台的力量，统一管理、统一指挥、统一调配危机公共事件，提高城市预防、协同和解决突发事件能力。危机公共事件借助平台提供相应紧急救援服务，为全市的公共安全提供保障。平台基于GIS场景地图，形成城市信息，提供道路分布、政府、消防、公安、具备应急资源的企业等静态目标的位置信息，同时通过平台可快速跟踪救援资源情况、事件发展状况及路线规划等，集中监控和可视化调度指挥2000米范围内的视频监控点、传感器监控点、物资点等。智慧应急可视化指挥平台是真正基于“一张网”的网格化服务管理模式，建立一个联动平台，夯实一张综合网格，整合一队救援力量。平台从源头上监控，从日常上防范，杜绝管理盲区，精准做好应急救援指挥。

（孙兆兴　郝晓笛）

信　访

【概况】 2019年，全市信访工作贯彻落实中共十九大和十九届历次全会精神，围绕为中华人民共和国成立70周年大庆营造良好环境这条主线，夯实信访基层基础，深化信访制度改革创新，推进信访矛盾化解攻坚，提升信访工作效能和群众满意度，全市信访形势平稳向好。群众来信、来访、网上投诉总量同比下降6.9%；中华人民共和国成立70周年大庆、全国两会等重大活动期间实现“六个不发生”；10年以上信访积案“清零”，5年以上信访积案化解90%，完成山东省交信访积案化解任务；迎接省观摩检查组检查。昌邑市信访局被评为山东省信访工作先进集体。

【源头预防】 弘扬发展“枫桥经验”，完善矛盾纠纷排查化解机制，推动信访工作重心下移、关口前移，提高信访问题的预测预防能力。按照网格化管理模式，发挥宣传窗、连心桥、服务器“三大作用”，获取各类矛盾纠纷信息和群众诉求，将问题化解在萌芽状态，最大限度减少矛盾上行。全年，累计排查各类矛盾纠纷隐患1200余个。市委办公室制定《昌邑市关于推行基层事务事前听证的指导意见》，在全市推进基层决策事前听证工作，搭建集参政议事、表达诉求、调处矛盾等功能于一体的基层协商民主平台，把听证作为开展基层重大决策的前置环节、作为回应群众关切的重要途径、作为调处矛盾纠纷的有效手段，通过分类分级、多元参与、规范实施，提升基层社会治理水平，把大量信访隐患和矛盾纠纷化解在萌芽状态，从源头上预防和减少信访问题的发生。全市因基层决策引发的初信初访减少

22%，越级上访减少 21%。

【信访渠道】 市委、市府办公室印发《关于市级领导公开接待群众来访安排的通知》，市级领导按照日程安排，在工作日到信访局全天候、面对面接待群众来访，解决群众反映问题。当场不能解决的，交办相关责任单位限期办理，确保所有案件“事事有回音、件件有结果”。全年，市级领导接待群众来访 343 批次、2007 人次。10 月 29 日，《大众日报》报道该项工作。网上信访主渠道作用彰显。引导和帮助群众通过网络平台提出诉求、反映问题，加快推进“面对面”到“键对键”信访方式转变，初步打造“信访网上反映、事项网上办理、结果网上评价、问题网上督查、形势网上研判”的“一网式”信访工作新模式。年内，收到群众网上投诉 1375 件次，均得到妥善处理。

【群众满意度】 以“人民满意窗口”创建为引领，优化工作作风，提升规范办理水平，提高信访问题解决效率，做到让群众“最多访一次”。及时、完整、准确录入信访信息，按照国务院《信访条例》《山东省信访条例》要求做好信访事项转送、交办、办理、答复各环节工作，实现办理过程和处理结果可查询、可跟踪、可督办。落实信访事项复查复核规定，细化完善操作规程，履行审查、纠错等职责。信访事项及时受理率、按期办结率（按期答复率、按期复查复核率）100%，群众初信初访一次性结服率 80%。信访事项登记、受理、交办时间以及责任部门受理、办理时间等环节均提速 20%。诉求简单明了的信访事项，重点是事实清楚、责任明确、争议不大、易于解决的，或涉及群众日常生产生活、时效性强、应即时处理的，遵循依法合规、简易务实、灵活高效的原则办理，压缩办理时限，满足群众期望和要求。加大信访事项督查督办力度，建立常态化的信访事项办理督查、巡查、评查机制，督查督办办理进度较慢、群众评价不满意的信访事项。

【信访积案】 山东省信访局交办昌邑市 10 年以上信访积案 3 起，5 ～ 10 年信访积案 10 起，2 ～ 5 年信访积案 206 起。其中，省领导杨东奇、孙立成包靠 10 年以上积案，潍坊市领导包靠 10 起 5 ～ 10 年积案，昌邑市相应落实市级领导包靠。市委书记吕珊珊、市长李玉祥、时任市委副书记王龙堂分别包靠 3 起 10 年以上积案。昌邑市自行排查信访积案 60 起，分别由 19 名市级领导包靠。各市级领导、各责任单位约见信访人，了解信访积案基本情况和信访人诉求情况，逐案研究制定化解方案，综合施策，持续攻坚，维护群众合理合法权益。省交 3 起 10 年以上积案实现“清零”，10 起 5 ～ 10 年积案化解 90%，206 起 2 ～ 5 年积案化解 94.7%，排查积案化解 41 起。

8 月 27 日，省政府副秘书长、省信访局局长王金城（右二）到昌邑市调研信访工作（刘建宁）

【法治化建设】 制定《昌邑市关于进一步加强信访法治化建设的实施意见（试行）》，引导各级各部门坚持以法治思维引领信访工作，以法治方式解决信访问题，以法治意识引导群众表达诉求，通过依法规范逐级走访秩序、依法精准落实诉访分离、依法分类处理信访诉求、依法化解信访突出矛盾，全面提升信访工作法治化水平，推动信访秩序好转。规范信访秩序，打造依法信访良好环境。发挥律师法律知识丰富、立场公正的优势，安排经验丰富的律师在接访大厅轮值，引导律师参与信访问题咨询、化解和代理涉法涉诉信访案件工作，引导信访群众理性表达诉求、依法维护权益。开展依法信访宣传活动，利用报纸、电视、网络等宣传载体，集中宣传国务院《信访条例》《山东省信访条例》和依法逐级走访等制度规定，教育引导群众依法理性反映诉求。可以通过诉讼程序解决但尚未进入诉讼程序的投诉请求，尊重信访人的选择，不以“诉讼与信访分离”为由拒绝受理。信访人坚持通过诉讼途径解决的，信访部门准确区分，政法部门健全司法和行政执法机关与信访部门之间的衔接配合机制，加强诉访对接，引导司法机关将涉法涉诉类信访事项导入法律程序，依法公正处理。加大政策落实力度，深入调查研究，分析解决政策落实过程中出现的问题，完善相关政策措施。突出多元参与，健全疑难复杂信访问题联合接待、听证评议等制度，组织专家学者、律师和基层法律服务工作者、心理咨询师、党代表、人大代表、政协委员、村民代表等参与信访工作重点是听证工作，调处化解矛盾纠纷，促进信访问题解决。市委政法委、市人民法院、市检察院、市公安局、市司法局、市信访局6个部门联合制定《关于依法处理信访活动中违法犯罪行为的通告》，依法打击在问题解决到位、思想教育到位、帮扶救助到位基础上，仍然在信访活动中以访谋利、寻衅滋事、严重扰乱社会秩序的行为，构成犯罪的，依法落实刑事处罚措施，教育引导群众依法信访、有序信访。

【“五化工程”】 组织到浙江杭州、江苏南京等地学习“人民满意窗口”创建工作先进经验，推进以接访场所标准化、服务作风最优化、联合接访制度化、基础业务规范化、领导接访常态化“五化工程”为主要内容的人民满意窗口创建工作。依托接访大厅建设群众诉求接待服务中心，设置导访候访、登记分流、窗口接待、视频接访、教育疏导、法律服务等功能分区，健全丰富服务内容。投资10万余元打造全彩LED电子屏，加强信访法治宣传教育。开展“亮党员身份、亮岗位职责、亮服务承诺”活动，接访干部着装整洁、举止得体、服务周到，做到微笑服务、温馨服务、诚信服务、亲情服务。建立服务评价制度，设立群众意见箱，由信访群众填写《服务评价卡》，评价工作人员服务态度。建立“1+1+2+N”联合接访机制，两个“1”即纪检监察部门、政法部门常驻接访，应当由纪检监察、政法机关处理的，现场精准分流，分别导入相应渠道；“2”即信访任务较重的住建、自然资源部门常驻接访；“N”即其他有信访任务的部门轮值接访。制定完善《依法分类处理信访诉求工作规程》《接访工作流程》等制度规定，对信访事项登记、录入、转送、受理、答复、复查复核等环节工作作出细化规定，为各级各部门做好群众来访接待办理工作提供一站式、流程式的操作指南。党政主要领导带头，19名市级领导在工作日轮流到群众诉求接待服务中心公开接待群众来访，听取群众诉求，协调解决问题。市级领导累计接待群众来访343批次、2007人次。10月29日，《大众日报》15版报道该项工作。

（刘建宁）

人 事

【机构改革人员转隶】 市人力资源和社会保障局（以下简称人社局）与市委组织部、市委编办成立机构改革人员转隶工作专班，开展行政机构和事业单位改革人员转隶工作，涉及人员 1002 人，其中在职 531 人，离退休 388 人，遗属 54 人，专项公益性岗位 29 人。

【公务员考录和事业单位招聘】 配合组织部开展 9 名乡（镇）公务员的考录工作。监督指导教育部门组织春季和夏季 2 次教师招聘考试，最终聘用到编制教师 101 人，人员控制总量 78 人，聘用制教师 160 人。指导卫计局、人民医院招聘 74 名控制总量内人员，最终实际招聘 27 人；人民医院计划 12 月招聘 60 名控制总量内人员，将招聘简章报潍坊市人社局审核备案，实际招聘 12 人。为市政务服务中心选聘 13 名工作人员。安置完成 2 名优秀退役运动员到城区学校。组织招聘 2019 年潍坊市技师学院昌邑分院、潍坊环境工程职业学院工作人员，有 38 人进入政审阶段，实际招聘 35 人。计划招聘 2019 年综合类事业单位工作人员 60 人，实际招聘 58 人。

【绩效工资】 推进完善各级各类事业单位绩效工资政策，在基层事业单位全面实施绩效工资制度，确定区域内事业单位绩效工资水平，按有关政策规定为基层各类事业单位核定绩效工资总量。印发《关于深化中小学绩效工资制度改革的指导意见（试行）》《昌邑市中小学绩效工资分配办法》，明确绩效工资任务目标、责任分工、推进措施和完成时限。

【工资业务】 调整昌邑市乡（镇）工作补贴，审批 3000 余人。机关公务员晋升级别（档次）和事业单位工作人员增加薪级工资审批 1.17 万人，其中机关和参照管理单位人员 2200 余人，事业人员 9400 余人。至年底，为 166 名干部工人办理退休审批手续。完成调动、职务晋升人员等日常工资业务的调整工作。为 38 名符合条件的遗属办理生活困难补助；1 月调整遗属生活困难补助标准，每人每月平均提高 105 元，审批全市 1300 余名享受遗属补助的人员。

【专业技术人才】 2019 年，组织专业技术人员继续教育报名 8656 人次。为 615 人评定初级专业技术资格，协同其他主管部门呈报各系列中级专业技术资格申报材料 174 人次，为 214 人申报副高级专业技术资格评审材料，为 5 人申报正高级专业技术资格。落实《关于印发推进乡村振兴若干措施的通知》，在乡（镇）事业单位从事专业技术工作 10 年以上申报中级职称，从事专业技术工作 20 年以上申报副高级职称，从事专业技术工作 30 年以上申报正高级职称，可不受单位岗位结构比例限制，直接推荐评审（年内，为 2 名技术人员申报正高级职称，为 34 名专业技术人员申报副高级职称，为 6 名专业技术人员申报中级职称）。组织各类专业技术资格、执业（职业）资格考试报名资格审核 900 余人次。评选昌邑市第九批专业技术拔尖人才，有 14 人入选，激发人才干事创业的激情和自我创新、自我发展、自我提升的内生动力，提高本土专业技术人才的竞争力。增加博士、硕士及副高级以上职称高层次人才 390 人，获评享受政府特殊津贴专家 1 人，为张景和等 12 人发放“山东惠才卡”；为王敬伟等 23 人发放“鸢都惠才卡”。编印《促进民营企业高质量发展政策汇编》，落实全日制本科及以上毕业生以及其他国家、省重点人才到昌投资创业的优惠扶持政策，鼓励、引导更多优秀的人才到昌邑创业发展。4月，组织昌邑市多家重点企事业单位负责人到北京开展招才引智活动，签约合作项目3个，达成合作意向11项。8月，组织昌邑籍在外学子暑期家乡行活动，带领昌邑籍应届大学生、研究生到昌邑市著名企业和文化历史教育基地参观学习，选聘2名昌邑市在外优秀大学生为联络员，并为部分优秀大学生颁发助学金。带领昌邑市重点单位到北京对接北汽福田股份有限公司总裁梁兆顺及中科院教授高召顺2位高层次人才，达成合作协议。

【职业技能人才】 鉴定各类人才1584人，其中技师48人，高级技师15人。组织17名技能人才参加人力资源师考试，组织53名高级工、技师参加电工技师、高级技师全市统一鉴定。组织35名高级工进行“潍坊市青年技师素质提升计划”培训，对150名企业职工进行新型学徒制培训。增加潍坊市首席技师1人，潍坊市有突出贡献技师3人，潍坊市技术能手5人，昌邑市首席技师8人。为山东浩信集团申报潍坊市企业技能人才自主评价基地1处。为范满国等10名高层次人才发放“山东惠才卡”，为王敬伟等23人发放“鸢都惠才卡”。为山东华晨彩装科技有限公司申报2019年度留学人员来鲁创业启动支持计划人选。

（朱克亮）

审批服务

【概况】 市行政审批服务局深化“一窗受理·一次办好”改革，优化工程建设项目办理，项目审批提速70%，相关经验被《潍坊信息》刊发。基于区块链技术的电子证照共享系统代表潍坊改革典型案例报送省政府办公厅，省大数据局派人进行专题调研。

【行政许可权改革】 2019年，市行政审批服务局分批次承接改革方案中要求划转的25个部门（单位）的168项行政许可事项，承接率99.25%。划转的行政许可事项，依法履行职责，并对行政审批行为承担相应法律责任。依法需要现场踏勘、审图和验收的事项，会同有关职能部门根据法律法规、规章和相关行业标准制定实施办法；组织现场踏勘、技术审查、听证论证需要相关专业人才、技术条件支持的，有关职能部门配合完成。

【质效提高】 创新政务服务模式，实行政务服务

8月15日，“政银合作”发出第一份营业执照　（姜宏远）

大厅“一窗受理”、关联事项“一链办理”、政务服务“一网通办”、代办“一次办好”，优化审批流程，简化审批环节、压缩审批时限、提高办事效率。聚焦企业需求，在全程电子化登记的基础上，推行“政银合作”，实现企业登记注册就近办。对于材料齐备、符合法定形式的新开办企业登记申请，实现营业执照办理、银行开户、涉税办理等事项1个工作日内完成，激发市场活力。年内，增加企业2147家，同比增长35.1%。工程质量安全监督手续与施工许可证核发合并办理，审批材料压减65%，办理时限提速70%。挖掘城市道路与工程建设涉及城市绿地、树木审批合并办理，审批材料压减67%，办理时限提速60%。开展“一件事”主题服务。以办好企业和群众眼中的“一件事”为标准，实行套餐式一站办理。申请人只需带一套材料，填一张表单，报送一个窗口，形成一个链条上的多个具有密切关联的事项联合办理的服务模式。

【信息化建设】 结合实施流程再造，探索搭建基于区块链技术的业务共享载体，建立标识统一、架构科学的电子证照共享系统，同步开设“邑办理”网上服务。相关部门（单位）将证照资料纳入证照库，为各制证系统、业务系统提供统一开放的集成服务，实现电子证照信息“一次生成、多方复用、一库管理、互认共享”，解决不同业务或同一业务不同环节相关材料的重复提交、重复查验等问题，实现减材料、减环节、减时限。年底，基于区块链技术的电子证照共享系统进入试运行阶段。其中，电子证照库录入各类有效电子证照8万余张，实现身份证、营业执照、建设工程规划许可证、建筑工程施工许可证等10余类电子证照的有效共享，200余项业务不需再提交身份证复印件和营业执照复印件，材料压缩40%。

【审批服务便民化】 依托政务服务直通车，创新开展“服务企业年”活动，打造行走的便民服务窗口，打通服务群众“最后一公里”。上门服务50余次，现场发放各类证照340余份。创新设置“好差评”环节。办理业务的群众使用“好差评”平台线上评价线下服务，发现群众和企业在办事过程中的堵点和难点，实现对业务流程、服务方式等方面的精准性动态调整，全面提高综合业务能力和服务水平。开启“吐槽找茬”和“金点子”征集服务。企业、群众在大厅办事过程中碰到的任何“痛点”“堵点”“难点”问题均可“吐槽找茬”，并通过“金点子”征集活动广泛征集企业群众的意见建议。推进无否决权机制，让企业群众少跑腿、不添堵、办成事。

【事中事后监管】 审管分离的行政许可事项，按照“谁审批谁负责、谁主管谁监管”的原则，科学确定市行政审批服务局与承担管理职能部门的职责定位，厘清权责关系。建立审管互动和信息双向反馈机制，将行政审批信息推送至监管部门和执法机构，监管部门和执法机构将政策、监管和执法信息推送到市行政审批服务局。

（郭　琪）

机关事务

【概况】 2019年，市机关事务服务中心围绕党委政府的中心工作，立足部门实际，履行管理、保障、服务职能，按照“管理规范化、服务人性化、节能常态化”的要求，转变服务理念、加强队伍建设，推进各项后勤服务保障工作高效开展。为市级机关高效运转提供保障，完成年初确定的各项工作任务。

【办公用房管理】 继续调整部分办公用房。研究制定整合调配方案，统一调配管理全市办公用房，统一整合使用清理腾退的办公用房。全市办公用房符合标准，无超标使用办公用房情况。

【公务用车管理】 建立公车平台，市机关事务服务中心优化用车程序、召开用车会议培训用车政策、建立联系人制度等多种措施，不断提升工作效率。加强平台制度建设，对平台工作人员采取半军事化管理，提升平台服务水平。合理调配车辆保障绿博会等大型活动的车辆使用。

【公共机构节能】 促进节能措施落实，推进全市公共机构节能工作，各项能耗指标下降。推荐昌邑市实验中学为潍坊市节约型公共机构示范单位创建，带动发挥节能示范作用。

【后勤保障服务】 班子成员带领各科室负责人开展综合办公区巡查，重点检查大院内的卫生保洁、设施设备、食堂管理、车辆停放、大院环境等工作，发现问题做到及时分解、落实责任、认真整改，并做到当日事当日毕。做好消防、电梯、水电（含中央空调）、设施设备的日常维修保养，确保设备安全运行。设立“7123196”“7211578”维修热线和24小时值班制，随叫随到，一站式即时服务，确保机关综合办公区设施设备保障高效顺畅。成立机关综合办公区安全工作领导小组，召开会议专题研究安全工作。市机关事务服务中心与相关部门签订安全生产目标责任书和消防安全目标责任书，使每个部门明确自己的责任，自觉做好安全工作，将安全工作落到实处。做好地震、消防安全宣传，增强工作人员安全意识。定期邀请市安监局、公安局消防大队等相关职能部门进行市级机关综合服务中心A座大楼内各单位及电梯、配电室、空调机组、机关食堂等安全大检查，整改检查中发现的安全隐患，隐患整改率100%。加强市级机关综合服务中心大楼的管理工作，做好综合办公区的后勤服务保障工作，多次组织召开牵头部门（单位）会议，商讨机关综合办公区后勤管理工作，听取他们的意见建议。采取分管领导带领科室人员上门征求意见、意见箱公开征求意见等方式，征集对后勤服务的意见建议，汇总解决，提高服务满意度。

【文明城市创建】 在创城工作中，市机关事务服务中心把创建全国文明城市工作摆上重要议事日程，结合工作实际，制定工作方案，把各项目标任务层层分解，责任到人，促进落实，为市级机关提供优质高效服务和保障，全力助推文明城市创建工作。

【反腐倡廉】 党总支把反腐倡廉工作纳入领导班子、领导干部的目标管理，坚持把反腐倡廉工作和日常工作一起部署、一起研究、一起落实。促进单位反腐倡廉工作和党风廉政建设的健康发展。创新纪检监察工作制度，执行领导例会制度，班子议事规则、领导班子值班制度，加强对日常各项工作的督导检查，把纪检监察与经常性的督查督办工作结合，分析评估整改落实情况，强化督促整改措施的落实。开展反腐倡廉警示教育活动，采取观看影碟、召开座谈会、参观教育基地等形式进行警示教育。

（王长征）

外 事

【概况】 5月，成立中共昌邑市委外事工作委员会及办公室（以下简称市外办），随即召开第一次全体会议，会议审议通过并印发《中共昌邑市委外事工作委员会工作规则》和《中共昌邑市委外事工作委员会办公室工作细则》，明确由市委书记任委员会主任，市长任副主任，相关市领导和有关部门负责人任委员。市外办践行“外事外民”理念，融入全市开放发展大局中，推进该领域相关工作。

【因公出国】 落实上级因公出访各项规定，按照2019年度昌邑市县级领导出访计划，审核报送因公出访团组材料。全年，昌邑市因公出国团组1批6人次，到日本、俄罗斯开展经贸洽谈及招才引智活动，该团组遵守各项外事规定，推动昌邑市与日、俄相关政府机构及大型企业及院校在经贸合作、智能制造、教育科技、人才交流培养等领域深度合作，完成各项出访任务。

【外事为民】 做好企业邀请外国客户到昌审核备案工作。实地走访调研企业，审核相关资质，做好政策咨询和答疑，为企业材料初审备案并送达潍坊外办审批提供一站式服务，实现“只跑一次腿”。全年，市外办为10家外贸进出口企业办理邀请审核备案25批次，邀请巴基斯坦、尼日利亚、伊拉克等7个国家的客商37人到访。多渠道宣传推介APEC商务旅行卡。组织5家企业参加省外办APEC商务旅行卡推介会（潍坊站），现场为申办企业答疑解惑，提升APEC商务旅行卡的知晓度。为企业申请减免申办材料1项，全年，审核报送2批次，办结1批次，有3家企业进行办理，做好APEC商务旅行卡申办“白名单”推荐工作，向市外办推荐4家规模以上外向型企业，争取纳入“白名单”，实现企业直报市外办。开展预防性领事保护宣传活动。暑期出境游高峰期前，市外办联合市文明办、市文旅局开展“安全文明出境游暨领保伴你行宣传月”活动，通过文明昌邑、文旅昌邑、中国昌邑等微信公众号、网站等新媒体平台发布文明旅游、平安留学、“12308”领保热线宣传图片和视频；在城区主干道旁悬挂领事保护宣传横幅，在全福元、公安局出入境大厅等人流密集场所摆放宣传版面16块、发放宣传资料1000余份；在中小学校主题班会、家长会播放宣传片，并到承揽出境游业务的大型旅行社、外向型企业开展实地宣传，提升出境游客、留学人员、企业外派人员的安全意识，提高市民海外风险预防意识和自我保护能力。

【联系外商】 走访昌邑市重点外资企业，听取他们对外事工作的意见建议，密切与外企外商的联系。推荐对昌邑市经济社会发展和对外交流合作作出突出贡献的外籍人士参评山东省友好使者、潍坊市荣誉市民，昌邑市推荐上报的博士林玉程（新加坡）获“潍坊市荣誉市民”称号，该称号由潍坊市第十七届人民代表大会常务委员会第十八次会议通过，潍坊市外办分管领导将荣誉证书送达。

【经验宣传】 与省市外办对接业务，促进外事资源下沉，为地方经济社会发展贡献力量，市外办服务企业的相关做法——《深入践行“外事为民”服务理念助力打造最优县域营商环境》，被山东省外办选登在《外事要报》（第19号），在全省外事系统宣传推广。

（逄佩佩）

社会信用体系建设

【概况】 社会信用体系建设是事关改革发展稳定的一项重要的基础性工作，加快社会信用体系建设是推动经济转型发展的必然要求，是加强和创新社会治理的重要举措，对于优化营商环境、构建和谐社会具有重要的意义。制定《2019年昌邑市社会信用体系建设工作要点》《关于建立守信联合激励和失信联合惩戒制度加快推进社会诚信建设的意见》《关于在行政管理事项中使用信用记录和信用报告的实施意见》《昌邑市守信激励创新试点方案》。

【政务诚信】 建立公务员诚信档案，将公务员信用记录作为干部考核、任用和奖惩的重要依据。城市信用状况监测方面，“信用中国”官网显示，12月，昌邑市信用指数在全国375个县级市中位列第三十名。

【商务诚信】 在生产、流通、税务、价格、工程建设、招标投标、交通运输、电子商务、中介服务业、会展广告10个领域建立信用记录；相关信用信息在信用门户网站公示；认定的红黑名单归集至信用信息共享平台。同时在上述10个领域建立并实施信用分级分类监管制度。

【社会诚信】 在医药卫生和计划生育、社会保障、劳动用工、教育、文化体育旅游、知识产权、环境保护和能源节约、社会组织、重点职业人群、互联网应用及服务10个领域建立信用记录；在信用门户网站公示相关信用信息；认定的红黑名单归集至信用信息共享平台，在上述10个领域建立并实施信用分级分类监管制度。

【司法公信】 建立律师、公证员、基层法律服务工作者、法律援助人员、司法鉴定人员等职业人群以及律师事务所、公证机构、基层法律服务所、司法鉴定机构等单位的诚信档案并实施分级分类监管。公开审判信息和强制执行案件信息，执行检务公开、司法行政信息公开。认定和归集共享司法领域“红黑名单”，法院系统提报黑名单7个。

【公共信用信息共建共享】 建成本级信用信息共享平台，与市公共信用信息平台共享数据。实现25个本级部门和单位（含水、电、气、交通、电信、银行等单位）向市级公共信用信息平台常态化提供信息。建成信用昌邑网站，网站内容时效性强；网站全量公示行政许可和行政处罚信息、发布红黑名单，实现双公示、信用信息查询等功能。每周按时报送双公示信息；该项工作2016年3月开展后，坚持每周一调度，每周四按时向潍坊市信用办报送“双公示”信息。至2019年底，汇集全市43个单位行政许可类信息7.2万条，处罚类信息4200余条；其中，2019年报送许可类信息12124条，处罚类信息818条。全年向潍坊市信用办供稿150篇，其中被“信用潍坊”官网和“诚信潍坊”公众号采用78篇（次），被“信用山东”官网采用62篇（次）。

【公共信用信息和产品应用】 探索试点信用场景应用。为个人和企业提供“互联网+信用+教育”“互联网+信用+医疗”“互联网+信用+养老”以及“信易贷”“信易批”“信易租”“信易游”“信易行”等创新服务，在“信易贷”“信易批”“信易游”“信易行”等8个领域开展试点。

【信用监管】 实施信用承诺制度，在信用网站公示企业信用承诺书612份，政府部门政务诚信承诺书43份。建立守信联合激励和失信联合惩戒制度；在10个领域建立联合奖惩制度，并组织有关部门、机构实施；在教育、劳动就业创业、社会保险、医疗卫生、社会服务、住房保障、文化体育、交通运输、商务、旅游等10个公共服务领域，为诚实守信主体提供更为便捷的公共服务。

（冯立群　宿方明）

扶贫开发

【概况】 2019年，昌邑市全面对标中央和省、潍坊市关于脱贫攻坚的部署要求，坚持精准扶贫精准脱贫基本方略，推动脱贫攻坚各项任务落地落实。在2019年度考核中，脱贫攻坚考核指标位列潍坊第四名，考核等次为“好”。

【扶贫干部“落实”】 按照帮扶责任人必须是党政机关、事业单位在职在编党员干部、包靠帮扶对象不超过5户的原则，配备帮扶责任人1007人，实现全市脱贫享受政策的3512户贫困户帮扶全覆盖。同时，为全市690个村配备包村干部449人，全市49个产业扶贫项目，实现市直部门、镇（街、区）干部双包靠，全市项目责任人98人。开展遍访贫困对象行动。围绕2019年度收入情况、“两不愁三保障”、饮水安全是否达标以及扶贫政策是否落实到位等，全面了解贫困户的愿望诉求，研究帮扶措施，帮助解决实际困难，巩固扶贫成效，打赢精准脱贫攻坚战。年内，全市参加遍访6554人次，遍访8029户，发现问题2567个，对存在的问题，压实责任，立行立改，务求实效，2567条问题全部整改。

【产业扶贫“支柱”】 加强产业扶贫项目运行管理。加强已建成的42个扶贫项目的运营管护，5月，开展产业扶贫项目规范提升专项行动，对2015年后建成的42个产业扶贫项目进行“全面体检”，解决项目运营管理过程中存在的问题。11月，抽调镇（街、区）具体负责扶贫项目的工作人员组成检查小组，对全市建成的42个扶贫项目，按照《产业扶贫项目对照检查表》进行全面自查自纠、抓好问题整改，提高项目质量效益和抵抗风险能力。实施新产业扶贫项目，把产业扶贫作为脱贫攻坚的必由之路和主攻方向。2019年，整合省、市、县三级扶贫资金729万元，结合各镇（街、区）贫困状况，因地制宜，科学合理分配项目资金，实施7个扶贫产业项目。年内实施的7个产业扶贫项目，从审批备案、组织实施、竣工验收、后续管护等各个环节把关，提高项目运营维护水平。

【行业社会“协同”】 各行业部门发挥各自优势，为脱贫攻坚提供动力。交通扶贫投入650余万元为10个省定贫困村硬化道路13.6千米，全面完成省定扶贫村道路硬化及客车通达任务。文化扶贫发挥公益电影在扶贫攻坚中的作用，采用有奖观影、上门服务等形式，优先保障10个省定贫困村群众的观影权益，丰富省定贫困村群众的精神文化生活。为全市368户未安装有线电视的建档立卡贫困户免费安装有线电视，同时确保全市建档立卡贫困户三年内免费收看有线电视。为5738名贫困人员代缴医疗保险103.28万元，为5000余人次贫困人员减免费用22万余元。医疗、临时救助方面，救助1108人次，支出资金89.24万元。做好残疾人精准扶贫救助，为132名贫困户办理残疾证。发挥各类志愿服务组织作用，组织各类志愿服务团队、社会各界爱心人士开展扶贫志愿服务。开展“春蕾计划”公益事业，募集社会各界捐款27万余元，救助全市400余个贫困家庭的少年儿童；开展“金晖助老”专题活动，投入资金6万余元，帮扶全市100名建档立卡贫困老年人。

【贫困户家居环境整改】 巩固提升脱贫质量，提高贫困群众的获得感和满意度，在完成上级督查考核和审计调查反馈问题整改的基础上，在全市组织开展以建档立卡贫困人口全面“回头看”、扶贫项目和资金管理自查整改等为主要内容的脱贫攻坚巩固提升集中行动。着重对住房安全疑似存在问题、居住环境脏乱差的贫困户建立台账。排查出住房安全存在问题、居住环境脏乱差的贫困户，统一进行施工，做到贫困户房前屋后干净整洁，家具、物品摆放有序，床铺衣被干净卫生，同时为有需求的贫困户添置生活用品，全面改善贫困户的生活条件和居住环境，市镇两级财政拨付2025万元，为2465余户贫困家庭治理居住环境。

【扶贫对象动态调整及信息录入】 提高扶贫数据的精准度，为2020年全面打赢脱贫攻坚战奠定数据基础，重视2019年扶贫对象动态管理及信息录入工作，市级层面成立工作专班，每周调度各镇（街、区）工作进展情况，协调解决问题，加快工作推进。加强1800余名镇（街、区）扶贫专干、帮扶责任人、包村责任人、村干部的业务培训。10月底，全市7678户建档立卡贫困户全部完成详细信息采集，走访中新发现即时帮扶贫困群众26户、40人，同步完成信息采集。11月底，完成全部数据录入。

【社会兜底保障】 加大政府兜底措施，符合政策贫困户，实现有多少兜底多少，确保不漏一村、不漏一户、不漏一人。全面摸排低保户、五保户认定，残疾证办理，因贫辍学，严重精神病免费救助等情况，建立台账，及时审核，以最短时间按照程序为符合标准贫困户办理相关手续，同时排查有线电视安装、饮水安全、医疗保障、疑似危房、厕所改造等，整改存在的问题。2019年，为贫困户安装自来水188户，安装有线电视368户，集中供养失能半失能贫困人员50人，集中收治严重精神障碍贫困户14人，帮助办理残疾证132人、低保户43户、五保户17户。

（张　蕾）

中国人民政治协商会议昌邑市委员会

机构设置和重要工作

【机构设置】 中国人民政治协商会议第十三届昌邑市委员会，有委员240人，常委会组成人员46人。市政协第十三届委员会下设办公室、研究室、委员活动室3个办事机构，提案工作专门委员会、文化文史和学习工作专门委员会、经济工作专门委员会、人口资源环境外事工作专门委员会、科教卫体社会法制工作专门委员会5个专门委员会。

【重要工作】 1月11日，由西安市阎良区委、区政府、区政协主办的“沧桑移民史，百年秦鲁情”关中山东移民绘画展在陕西省图书馆开展。昌邑市政协主席周娟受邀出席并致辞。

1月15—25日，市政协副主席李友田带领10余名文化艺术界政协委员、政协书画联谊会会员及昌邑市书法家协会会员，开展“写春联、送祝福”文化惠民活动，为村民免费书写春联，送上新春祝福。

1月18日，市政协主席周娟，市委常委、政法委书记刘焕成，市人大常委会副主任戚风乾一行到奎聚街道，与社区干部一起走访慰问辖区内的老党员、齐鲁文化之星、劳动模范、贫困户、优抚对象、烈军属、立三等功军人等。

1月27日，“雅风在焉”迎新春书法展在市政协书画联谊会艺术中心开展。市政协主席周娟出席开展仪式，市委常委、宣传部部长刘世海，泰安军分区原政委蒋芳喜，山东省书法家协会副主席徐华志出席开展仪式并致辞，市政协副主席孙孝工、李友田出席开展仪式。

1月28—31日，潍坊市政协十三届三次会议举行。1月27日下午，驻昌潍坊市政协委员集合到潍参会。市政协党组书记、主席周娟强调：潍坊市政协十三届三次会议，是在全市上下深入学习贯彻习近平新时代中国特色社会主义思想和中共十九大精神，召开的一次重要会议。各位委员使命光荣，责任重大，要以饱满的精神状态，全身心地投入到会议中，积极主动地宣传推介昌邑，自觉维护昌邑良好的形象，认真履行委员职责，不辜负全市广大干部群众的期望和重托，确保圆满完成会议期间各项任务。

2月12日，市政协开展走访联系政协委员活动，市政协领导班子成员分组走访部分委员企业和所联系社区、村（居）等，了解情况，倾听委员诉求，帮助协调解决发展中遇到的实际困难和问题。

3月13日，潍坊市政协文化文史和学习委员会副主任孙克森一行到昌邑调研营商环境。市政协副主席李敏陪同活动。

3月15日，市政协主席周娟到柳疃镇调度包靠的丝绸小镇龙韵水街项目。柳疃镇负责人陪同活动。

3月27日，市政协主席周娟到下营镇走访调研包靠的企业，围绕优化营商环境、服务企业发展，征求有关企业意见建议。

3月27—29日，根据市委办公室《关于做好企业走访调研和联系包靠工作的通知》要求，市政协党组副书记张天辉，副主席冯义军、孙孝工、吴红玉、李友田、李敏、孙永涛分别走访调研鑫冠化工、昌邑海能化学有限责任公司、硕昌农牧有限公司和奥通药业等35家包靠企业，了解企业生产经营现状，摸清企业面临的问题，征求对全市营商环境的意见建议。

4月11日，“健康昌邑·光明行动”大型义诊救助活动在饮马镇杨楼村启动，市政协副主席李友田参加活动。此次“健康昌邑 · 光明行动”大型义诊救助活动由市政协联合市民政局、市残联、市卫健局、市人民医院等单位共同发起，计划利用两年时间，对全市55岁以上老年人、残疾人和低保户免费进行白内障筛查，并确定2000名符合条件的患者实施免费手术。

4月11—12日，市政协党组副书记张天辉，副主席孙孝工、吴红玉、李敏，分别到所联系市直政协委员界别活动组和镇（街、区）政协委员活动室开展“委员活动日”活动，传达上级重要会议精神，参观重点工程、重点项目建设情况，召开座谈会。

4月12日，省政协常委、农业和农村委员会主任潘振文带领调研组到昌邑市专题调研实施品牌战略，推动农业现代化工作。市政协副主席冯义军参加活动。调研组先后调研山阳文旅田园综合体、潍水田园综合体和宏大农产品批发市场等地，听取负责人品牌运营、传播、营销等方面的项目介绍。调研组围绕现代化农业发展现状、农业金融、农产品质量安全等问题进行交流，并提出意见建议。

4月15日，省政协副主席、党组副书记吴翠云到昌邑市调研田园综合体建设和重大项目联系点发展情况，潍坊市政协主席、党组书记苏立科，副主席、党组副书记孙忠礼，秘书长许华陪同。市领导李玉祥、周娟、刘煜、孙孝工参加活动。吴翠云带领调研组实地调研饮马山阳文旅田园综合体、潍水田园综合体、浩信集团。吴翠云指出，昌邑市在深入实施乡村振兴战略过程中有基础有优势，要进一步提升境界、理清思路、补齐短板，通过增强田园综合体、特色小镇等平台的承载带动能力，强化产业支撑，挖掘特色亮点，加快文旅融合，全力打造乡村振兴特色样板。

4月15日，省政协副主席、党组副书记吴翠云（前排右二）到昌邑市调研田园综合体建设和重大项目联系点发展情况　（董峰）

4月15日、18日，市政协主席周娟先后到饮马镇、北孟镇，督导农村人居环境整治村庄清洁行动，听汇报、看进度、查问题，了解农村人居环境整治示范村建设及生活垃圾清理、村庄绿化美化等工作开展情况，并与镇、村干部交谈，询问工作推进中存在的困难和问题，指导村庄加快工作进度、提高环境整治工作质量。

4月18日，市政协组织机关干部到都昌街道角埠村开展乡村清洁行动义务劳动，以实际行动助力农村人居环境整治工作。

4月17—19日，市政协副主席冯义军、李友田、孙永涛分别到所联系市直政协委员界别活动组和镇（街、区）政协委员活动室开展“委员活动日”活动，传达上级重要会议精神，参观重点工程、重点项目建设情况，召开座谈会。

4月23日，潍坊市政协副主席刘树亮带领调研组到昌邑市，调研发展农业“新六产”工作。市委副书记、市长李玉祥，市政协主席周娟，市领导曲伟、孙孝工陪同调研。调研组一行到潍水田园综合体、饮马山阳文旅田园综合体实地调研，听取相关情况汇报。并召开座谈会，就新形势下如何破解发展瓶颈、促进农业“新六产”健康发展，同部分特色村负责人和相关企业家代表进行交流，提出意见建议。

5月15日，全国政协原常委、省政协原副主席、省中医药大学原校长王新陆（前排右二）到昌邑市调研中医药工作　　（任龙龙）

4月24日，潍坊市发改局重大项目办负责人到昌邑专题答复政协提案办理情况。市政协副主席孙孝工、昌邑市发改局重大项目办有关负责人参加座谈。

4月22—26日，市政协副主席冯义军带队，到浙江省浦江县、义乌市、东阳市开展优化营商环境、政协工作“一村一委员”等工作对标学访活动。

5月7日，市政协副主席孙孝工带领政协机关包村“第一书记”，到所包靠的都昌街道中裴村、角埠村和家庄村走访调研，总结上一轮包村帮扶工作，安排新一轮包村工作，了解情况，制定帮扶计划。

5月7日，潍坊市政协卫健委领导到昌邑市答复提案办理情况。围绕驻昌邑市潍坊市政协委员提出的《关于加快养老服务机构发展的建议》，详细答复提案办理情况。市政协副主席吴红玉、昌邑市卫健局有关负责人参加座谈。

5月15日，全国政协原常委、省政协原副主席、省中医药大学原校长王新陆，省政协原常委、人资环委副主任郑金兰一行到昌邑市调研中医药工作。调研组先后到市人民医院、柳疃万亩桑园、龙池中草药种植示范园等地调研。市领导周娟、刘煜、赵海龙、孙孝工陪同活动。

5月16日，市政协组织部分政协常委、委员和市直有关部门负责人，到胶州市开展“对标学访”考察活动。考察组先后到胶州市胶东街道办事处麻湾社区、市规划馆、行政审批服务大厅等地考察学习。市政协副主席孙孝工、李友田参加活动。

5月22日，辽宁省葫芦岛市政协副主席张飚带领考察组，到昌邑市考察学习地下水资源管理方面的经验做法。考察组一行实地参观地表水净化水厂工程、柳疃污水处理厂中水回用项目、华宝纺织工业用水循环利用项目等现场，采用实地察看、现场询问、听取介绍等方式，了解昌邑市地下水资源管理保护工作的措施和做法。潍坊市政协常委、人口资源环境外事委副主任张文，昌邑市政协副主席孙永涛陪同活动。

5月24日，潍坊市政协民宗委副主任、二级巡视员尹文林带领调研组，到昌邑市开展“意识形态领域宗教工作”调研活动。调研组一行先后到绿博园基督教堂、西黄埠天主教堂、夏店慈云院念佛堂、峻青文学艺术馆、善德教育基地等实地调研，了解昌邑市宗教活动场所管理特别是意识形态领域宗教工作开展情况，听取宗教场所负责人和信教群众的意见建议。昌邑市政协副主席孙永涛陪同活动。

5月24日，四川省乐山市政协副主席刘淑玉带领考察组，到昌邑市考察学习实施乡村振兴战略、推动农业农村现代化发展情况。考察组一行到潍水田园综合体，听取该项目负责人发展规划情况介绍，实地参观齐鲁智农谷数科展示中心、现代农业温室项目等。潍坊市政协副主席刘树亮，昌邑市政协副主席孙孝工陪同活动。

5月29日，市政协组织部分政协常委、委员和驻昌潍坊市政协委员考察潍河防洪除险加固工程建设情况。考察组实地查看潍河金口橡胶坝上游右岸治理工程、潍河城东橡胶坝右岸上下游水毁修复工程、张董至夏家庄险工治理工程、潍河城北橡胶坝下游左岸水毁修复工程等现场，并听取水利局关于工程建设情况介绍。市政协主席周娟，市政府副市长曲伟，市政协副主席孙孝工参加活动。

5月下旬，市政协领导班子成员按照市委统一部署，分别到奎聚街道、柳疃镇、下营镇、卜庄镇、石埠经济发展区、饮马镇、北孟镇走访贫困户。

5月30日，市政协组织部分政协常委、委员，驻昌潍坊市政协委员调研优化营商环境促进民营经济高质量发展情况。调研组先后参观华晨集团、浩信集团、市行政审批服务大厅，听取企业负责人和市行政审批服务局负责人有关情况介绍。实地调研结束后，召开座谈会，听取各职能部门优化营商环境工作情况汇报，与会委员结合自身实际，围绕改进审批服务流程、推进网上审批、加强政策指导服务、突破发展制约瓶颈等方面提出意见建议。市政协副主席冯义军参加活动。

5月31日，市政协组织开展“加强和提升镇村医疗卫生服务水平”对口协商活动。与会人员考察奎聚李家埠社区卫生服务中心、柳疃镇中心卫生院、柳疃镇东陈村卫生室等地，了解镇、村（社区）医疗卫生机构的人才结构、科室建设、设备设施及取消药品加成后的运营情况等。考察结束后，召开协商座谈会，听取市卫健局关于全市镇村医疗卫生服务情况汇报，并进行座谈交流。市政协主席周娟、副主席李友田参加活动。

5月31日，由市政协发起，中国平安财产保险股份有限公司潍坊中心支公司承建的都昌街道中裴平安健身广场，举行开工仪式。市政协副主席冯义军出席并讲话。

6月4日，市政协组织开展“突出严管严控，打好污染防治攻坚战”专题考察活动，考察组先后实地察看城区建筑施工扬尘治理、柳疃污水处理厂中水回用项目、海昌路改建工程、海天生物废气及扬尘治理、东江环保危废处理项目等现场，并召开座谈会，详细了解昌邑市实施污染防治的基本情况、取得的成效以及当前存在的困难和问题。市政协主席周娟、副主席孙永涛参加活动。

6月11日，潍坊市政协常委、文化文史和学习委员会副主任孙俐君一行，到昌邑市调研文化和文史工作。市政协主席周娟、副主席李敏陪同活动。调研组一行实地参观以红色教育为主题的龙池文化展览中心，详细了解昌邑市在传承红色文化、发掘特色文化资源禀赋等方面的经验做法。并围绕文化文史工作进行座谈交流，听取昌邑市工作情况汇报，安排部署潍坊市政协《我与政协同行——庆祝人民政协成立70周年》文史资料和“庆祝新中国和人民政协成立70周年书画摄影作品展”两项重点工作，调度相关作品征集情况。

6月14日，河南省襄城县政协主席韩培鑫、县政府副县长田秋琴等一行9人，到昌邑市学习考察“县管校聘”制度改革等有关工作。市政协主席周娟、副主席李友田陪同活动。考察组一行实地参观昌邑一中，并围绕“县管校聘”制度改革、提升教育教学质量进行座谈交流。

6月18日，东营市利津县政协副主席岳春先带领考察组到昌邑市考察田园综合体建设情况。市政协副主席冯义军陪同活动。考察组先后到卜庄大陆梨枣田园综合体、饮马山阳文旅田园综合体和潍水田园综合体等地实地考察，听取相关负责人工作汇报，探讨交流田园综合体规划设计、发展模式、政策支持、产业融合等方面情况。

6月20日，新疆生产建设兵团第六师五家渠市政协副主席马文梅带领考察组到昌邑考察交流。市政协副主席孙孝工陪同活动。考察组实地考察康洁环卫产业园、浩信集团高端免维护轮端一体化智能制造项目等地，听取相关负责人情况介绍，了解昌邑市城乡环卫一体化、高端装备产业发展等方面经验。并围绕加强政协委员管理、创新政协工作等进行交流探讨。

6月21日，市政协主席周娟到柳疃镇调度包靠的“丝路原点·锦绣龙河”项目，并走访慰问乡村振兴服务队，市政协副主席李敏参加活动，柳疃镇负责人陪同活动。周娟实地察看柳疃镇龙溪湿地、“丝路绸语”文化创意园等项目规划建设情况，听取相关负责人工作汇报，并与潍坊驻柳疃镇乡村振兴服务队成员座谈交流。

6月22日，内蒙古锡林郭勒盟政协副主席赵生带领考察组到昌邑市考察教师队伍建设情况。市政协副主席孙永涛陪同活动。考察组一行先后到市实验中学、凤鸣学校实地考察，听取学校负责人情况介绍，了解昌邑市在教师队伍建设方面的经验，并交流探讨学校建设、校园文化、师资配备、职称评聘、教育教学等方面问题。

6月27日，湖南省常德市鼎城区政协副主席、党组副书记涂国祥率领考察团，到昌邑市参观考察城乡环卫一体化工作。市政协副主席孙永涛陪同活动。考察团一行先后实地察看平安街环卫机械化作业、文昌路垃圾转运站、柳疃乡村连片治理、姜家寨村污水处理及厕所改造、康洁环卫产业园等现场，听取有关部门和单位开展清扫保洁服务运行、垃圾清运中转处理、公厕管理运行、环卫部门改革队伍管理等情况介绍。随后召开座谈会，互相交流城乡环卫市场化和一体化方面的经验和做法。

6月29日，昌邑市在渤海走廊革命斗争陈列馆举办“红心向党·爱我中华”——庆祝建党98周年、中华人民共和国成立70周年暨渤海走廊革命斗争陈列馆落成书画展，并将老将军、老领导和书画家的作品结集成册，弘扬革命传统，激励

6月29日，渤海走廊革命斗争陈列馆举办“红心向党·爱我中华”书画展
（魏莎）

广大党员干部不忘初心、牢记使命、砥砺前行。此次书画展由政协昌邑市委员会、中共昌邑市委组织部、中共昌邑市委宣传部主办，山东省将军书画院、民盟山东省委文史委、山东省欧联齐鲁设计院、山东龙师文化传媒有限公司协办，中共昌邑市龙池镇委、龙池镇人民政府、渤海走廊革命斗争陈列馆承办。

7月4日，聊城市政协副主席马保杰带领考察组，到昌邑市考察“放管服”改革等工作。潍坊市政协副主席李传恒，市领导李玉祥、周娟、冯义军陪同活动。考察组一行实地察看大数据中心、市民之家、不动产登记中心、公安局车辆管理所业务大厅，听取有关部门和单位关于“放管服”改革及优化提升营商环境工作的基本情况、主要做法及成效。交流探讨行政许可事项划转、工程建设项目审批制度改革、“互联网＋政务服务”“一窗受理”、审管联动等问题。

7月3—9日，市政协党组副书记张天辉，副主席冯义军、孙孝工、吴红玉、李友田、李敏、孙永涛分别开展2019年度第二次“委员活动日”活动。采取集中学习和现场观摩结合的方式，组织委员开展界别活动。

7月11—15日，市政协“不忘初心、牢记使命——政协委员走进革命圣地”主题教育培训班在河北正定县委党校举办。此次培训班采取专题教学和现场教学结合的方式，聆听党校老师的授课，现场参观全国先进基层党组织、全国文明村塔元村，革命圣地西柏坡，中央统战部旧址等，重温入党誓词、接受红色教育，引导全体学员在寻根问本中重温初心，在学思践悟中担当使命。

7月12—16日，市政协领导班子成员进村入户，走访困难群众，详细了解基本情况、致贫原因、享受扶贫政策情况等，倾听他们的困难和诉求，一起研究有针对性的脱贫措施，帮助贫困群众解决实际问题，并鼓励他们树立信心，克服困难，争取早日实现脱贫。

7月18日，市政协组织开展“实施综合整治利用，推进节约集约用地”专题考察，察看永富弹簧产业园低效用地再利用、德澳精细化工多层厂房建设等现场，并召开座谈会，听取工作情况汇报，围绕节地提效、综合整治利用、管理创新、挖潜节约集约用地等进行座谈协商。市政协副主席孙永涛参加活动。

7月22日，市政协主席周娟，副主席孙永涛分别参加二组、三组的到县（市、区）学习观摩活动。活动主要观摩点评重点项目，大家边听边问、边看边议、边学边思，结合昌邑市实际，对照存在问题，找出工作差距，借鉴先进经验，改进工作方法，切磋推动高质量发展的新思路、好办法，把学习观摩成果转化为推进工作的动力。

8月4日，全市中小学“庆七一”书画比赛颁奖典礼举行，市政协副主席李友田出席颁奖仪式并致辞。

8月7日，市政协副主席李敏带领文化和旅游局负责人，到包靠的围子街道督导创建国家卫生城市工作，指导相关单位查缺补漏。

8月8日，江苏省射阳县政协到昌邑市考察学习农业产业化龙头企业建设的经验做法。市政协副主席冯义军陪同活动。考察组一行先后到潍坊丸和食品有限公司、宏大农产品批发市场等地实地参观，听取负责人关于合作模式、品牌运营、研发营销等方面的情况介绍，并交流现代化农业发展现状、农业金融、农产品深加工等问题。

8月12日、13日，市政协主席周娟现场考察防汛工作，到柳疃镇、卜庄镇等地实地查看受淹农田及道路情况，了解部分村庄受灾情况。要求各相关部门和镇（街、区）加强防汛监测预警，细化防汛应急处置措施，组织技术人员指导开展灾后自救。

8月14日，江苏省连云港市政协副主席邸占山带领考察组，到昌邑市考察红色文化和丝绸文化保护传承利用工作。市政协副主席李友田陪同活动。考察组一行先后实地察看徐迈事迹陈列馆、柳疃丝绸博物馆、丝路绸语文化创意园等现场，听取相关负责人关于红色文化挖掘、丝绸文化传承与发展的基本情况介绍。探讨交流发挥红色文化教育作用、探索“文化+”产业发展模式、打造文化旅游名片等。

8月24日，甘肃省甘南藏族自治州政协考察组，到昌邑市考察学习“精准扶贫”和“乡村振兴”情况。潍坊市政协副主席刘树亮；昌邑市政协主席周娟、副主席冯义军陪同活动。

8月27日，潍坊市政协社会法制委副主任柳永春带领调研组，到昌邑市开展“发挥人民调解作用，加强和创新社会治理”调研活动。市政协副主席李友田陪同调研。调研组一行先后到围子街道群众诉求服务中心、石埠老郭工作室、潍水田园综合体现场调研，听取相关负责人情况介绍，详细了解昌邑市在发挥人民调解作用，加强和创新社会治理方面的经验做法，并座谈交流人民调解组织网络建设、调解人员业务水平、调解工作方法以及调解过程中的困难和问题等方面情况。

8月27日，省政协副主席、民建山东省委主委郭爱玲带领视察组，到昌邑市视察督办《关于加快海洋强省建设，推动高质量发展的建议》重点提案。潍坊市政协领导苏立科、刘秀平及昌邑市领导李玉祥、周娟、孙永涛陪同活动。郭爱玲一行围绕重点提案中“加快建成绿色可持续的海洋生态环境”建议落实情况，先后到昌邑海洋生态特别保护区、东江环保危废处置项目、下营工业园污水处理厂等进行现场视察，详细听取相关工作情况汇报。

8月28日、29日，市政协副主席冯义军、孙孝工、吴红玉、李友田、李敏分别带队，组织提案委员及相关委室负责人，分别协商督办市农业农村局、住建局、教育和体育局、卫健局、公安局承办的市政协十三届三次会议提案办理情况。

9月3—5日，市政协党组副书记张天辉、副主席孙永涛带领提案委员及相关委室负责人协商督办市交通局、市工业和信息化局承办提案情况。

9月6日，市政协组织开展“加大劳动维权力度，构建和谐劳动关系”对口协商活动。市政协党组成员、副主席孙孝工参加活动。与会人员实地考察柳疃镇劳动人事争议调解中心等地，听取市人社局、市总工会负责人关于构建和谐稳定劳动关系、维护职工合法权益的情况汇报，委员们围绕进一步构建和谐劳动关系、维护职工合法权益提出意见建议。

8月27日，省政协副主席、民建山东省委主委郭爱玲（前右二）带领视察组，到昌邑市视察督办《关于加快海洋强省建设，推动高质量发展的建议》重点提案 （董峰）

9月11日，市政协组织开展“加强基层文化建设，助力乡村振兴战略”调研活动，市政协副主席李友田参加活动。调研组一行先后到柳疃镇综合文化站等地现场调研，了解昌邑市基层文化建设基本情况、取得的成效及存在的主要困难和问题，并围绕传承孝德文化、加强文旅融合、留存乡村记忆等提出意见建议。

9月21日，庆祝中华人民共和国成立70周年、人民政协成立70周年书画联展在市文化中心举行。市政协主席周娟，市委常委、宣传部部长刘世海，市政协副主席孙孝工、李友田及蒲城县政协副主席左高亮等出席活动。此次书画展以庆祝中华人民共和国成立70周年、人民政协成立70周年为主题，以弘扬中华民族精神、实现伟大“中国梦”为主旋律，利用书画艺术表现形式，歌颂中华人民共和国成立70年取得的成就，展示人民政协70年的光辉历程。

9月28日，市政协党组书记、主席周娟带领领导班子成员及机关党员到都昌街道西城社区开展“双报到”活动，实地了解社区运行情况，并与街道、社区负责人进行座谈交流。座谈结束后，全体党员、干部到华海贸易广场进行义务劳动，为创建卫生城市贡献自己的力量。

9月29日，市政协组织机关全体党员干部开展党性教育培训，机关全体党员干部参观渤海走廊革命斗争陈列馆、陈干将军生平陈列馆，重温红色历史，追寻革命初心。

9月下旬，市政协副主席冯义军带队走访慰问政协离退休干部和部分干部遗属，为老干部们送去节日祝福和问候，听取老干部们对政协工作的意见建议。

9月下旬，市政协领导班子成员开展软弱涣散村党组织整顿排查摸底工作，按照分工，集中走访围子街道、卜庄镇、北孟镇、奎聚街道等镇（街）的235个村，了解村两委班子配备、基层党组织建设、村级集体经济发展、人居环境整治、城乡环卫一体化以及脱贫攻坚、改厕等重点任务完成情况，研究各村遇到的困难和问题，并结合各村实际，与大家共同谋划下一步的发展思路和发展举措。

10月1日，市政协领导班子成员和全体机关干部收听收看庆祝中华人民共和国成立70周年大会、阅兵式和群众游行活动电视直播，聆听习近平总书记的重要讲话。

10月29日上午，市政协组织全体政协常委，到渤海走廊革命斗争陈列馆参观学习，推进政协系统“不忘初心，牢记使命”主题教育往深里走、往心里走、往实里走。

10月31日，昌乐县政协副主席刘乐增带领考察组，到昌邑市考察经济社会发展情况。市政协党组成员、副主席孙孝工，党组成员、秘书长姜利国陪同活动。考察组一行实地察看梨花水镇项目、潍水田园综合体、青山矿坑复绿项目、国家智能铸造产业创新（潍坊）中心、浩信昌盛智能工厂潍柴集团配套加工缸体总成项目、潍水风情湿地公园等现场，听取有关部门（单位）关于项目建设及发展情况介绍，交流乡村振兴、民生事业发展、新旧动能转换、企业科技创新等方面。

11月1日，市政协全体机关干部走上街头开展义务劳动，全面创建文明城市，引导辖区群众参与创城工作。

11月19日，市政协副主席孙永涛带领部分政协委员，开展“加强城市精细化管理，助力全国文明城市创建”对口协商。市委常委、宣传部部长刘世海参加活动。委员们一行到市图书馆、君悦花园、汽车站、人民医院等现场实地察看。每到一处，委员们均听取相关情况介绍，了解创建存在的问题，与有关部门负责人现场互动协商、沟通交流、形成共识。

11月20日，市政协组织领导班子成员及机关全体党员干部，到“使命·担当”潍坊党性教育主题展馆，开展主题教育活动。市政协副主席孙孝工、李友田、李敏、孙永涛，秘书长姜利国参加活动。

11月19—28日，市政协由分管领导带队，分组开展2019年度第四次“委员活动日”活动。市政协副主席冯义军、孙孝工、吴红玉、李友田、李敏、孙永涛分别参加所联系工作室、活动组的活动。活动中，市政协委员们集体学习中共十九届四中全会精神，中央、省委、潍坊市委政协工作会议精神及政协全国委员会办公厅发布的《关于重申政协委员应依照章程正当履职的通知》；研讨“双招双引”等全市重点工作，结合工作室、活动组实际开展观摩交流。

11 月 25 日，市政协全体机关干部走进党员“双报到”社区，开展义务劳动，清理垃圾、发放创城倡议书，推进创城工作开展。

12 月中旬，市政协由班子成员带队，分组集中考察十三届三次会议后提案办理情况，并组织现场评议。市政协党组副书记张天辉，副主席冯义军、孙孝工、吴红玉、李友田、李敏、孙永涛参加活动。

12 月中旬，市政协领导班子成员分别到围子街道、下营镇、卜庄镇、石埠经济发展区、饮马镇、北孟镇走访贫困户，落实市级领导脱贫攻坚责任。

12 月 18 日，市政协帮扶修建的都昌街道中裴村平安健身广场项目正式投入使用。市政协副主席冯义军出席启用仪式。

重要会议

【市政协全委会议】 中国人民政治协商会议第十三届昌邑市委员会第三次会议 4 月 1—3 日，在市会议中心召开。会议听取并讨论市委副书记、市长李玉祥讲话；听取并审议十三届市政协常委会工作报告和提案工作报告；列席市十八届人大三次会议，听取并协商讨论市政府工作报告及相关报告；举行大会发言；补选政协第十三届昌邑市委员会秘书长、常务委员；审议并批准市政协提案审查情况报告，审议通过大会政治决议。

【市政协常委会议】 市政协十三届十一次常委会议 3 月 27 日，在市级机关办公大楼 B 座召开。市政协领导班子成员、常务委员出席会议。会议传达学习全国政协十三届二次会议精神；听取市政协十三届三次会议筹备工作情况汇报，审议通过关于召开市政协十三届三次会议的有关事项；审议政协常务委员会工作报告和提案工作报告，并推举报告人；审议通过各专门委员会工作报告；审议通过《市政协 2019 年工作要点》和《市政协 2019 年度协商工作计划》；审议通过授权事宜和有关人事事项；表彰 2018 年政协工作先进单位和先进个人。

市政协十三届十二次常委（扩大）会议 3 月 31 日，在会议中心召开，市政协领导班子成员、政协常委，各讨论组召集人，临时党支部负责人，镇（街、区）政协委员联络工作室主任，大会秘书处各组负责人参加会议。宣布市政协十三届三次会议临时党委组成人员名单和各临时党支部书记名单，市政协主席周娟就开好市政协十三届三次会议提出要求。

市政协十三届十三次常委会议 6 月 28 日，在市级机关办公大楼 B 座召开。市政协领导班子成员、常务委员出席会议。市政府副市长、市公安局局长王树国应邀到会通报上半年经济社会发展情况。会议传达学习全国政协主席汪洋在全国地方政协工作经验交流会上的讲话精神和潍坊市政协十三届十三次常委会议精神；听取市政府关于上半年经济社会发展情况的通报；围绕加快推进昌邑市医养结合服务体系建设，分别听取市卫健局、民政局工作情况汇报，并就调研报告落实情况进行满意度测评；协商讨论市政协《关于优化营商环境·促进我市民营经济高质量发展的调研报告》；市税务局主要负责人围绕“减税降费政策解读”进行专题辅导。

市政协十三届十四次常委会议　10月29日，在市级机关办公大楼B座召开。市政协领导班子成员、常务委员出席会议。市政府副市长曲伟应邀到会通报市政协十三届三次会议后提案办理情况。会议传达学习庆祝中国人民政治协商会议成立70周年大会精神；听取市政府关于市政协十三届三次会议后提案办理情况的通报；听取市水利局、市农业农村局工作情况汇报，并进行两部门工作民主评议；协商讨论市政协《关于加快我市智能装备制造产业发展，推动工业企业转型升级的调研报告》和《关于加强基层文化建设，助力乡村振兴战略的调研报告》；审议通过《市政协重点协商议题落实推进情况追踪式监督暂行办法》。

【市政协主席会议】　市政协十三届二十三次主席会议　1月25日，在政协会议室召开。会议听取市政协十三届十一次常委会议议程、日程安排和授权事宜情况汇报；听取十三届三次会议议程和日程安排等事项汇报；审议政协常委会工作报告和政协常委会提案工作报告；研究政协十三届三次会议提案征集情况；研究市政协十三届三次会议大会发言题目及人选；审议《市政协2019工作要点》和《市政协2019年度协商工作计划》；安排部署下步政协工作。

市政协十三届二十四次主席会议　2月2日，在政协会议室召开。传达全市领导干部会议精神；安排春节期间值班工作。

市政协十三届二十五次主席会议　2月26日，在政协会议室召开。会议专题传达全市“工作落实年”动员部署暨“双招双引”对外开放推进会议精神，学习讨论市委书记讲话，安排部署市政协贯彻落实工作。

市政协十三届二十六次主席会议　3月6日，在政协会议室召开。会议专题传达学习省委书记刘家义、潍坊市委书记惠新安、潍坊市市长田庆盈关于优化营商环境的批示精神，传达市委常委会议要求，部署政协系统围绕优化营商环境履行职能工作。

市政协十三届二十七次主席会议　3月26日，在政协会议室召开。会议传达学习全国政协十三届二次会议、潍坊市政协十三届十二次常委会议精神，研究关于召开市政协十三届三次会议的决定，听取市政协十三届十一次常委会议和市政协十三届三次全体会议议程、日程安排及有关筹备工作汇报，研究常委会议授权事宜，审议通过有关人事事项，研究2018年度政协工作先进单位和先进个人名单，并安排部署下步工作。

市政协十三届二十八次主席会议　3月30日，在政协会议室召开。会议研究有关人事事项（市政协十三届十一次常委会议未尽事宜）。

市政协十三届二十九次主席会议　4月28日，在政协会议室召开。会议传达全市第四批包村联户和选派第一书记工作总结表彰暨开展“服务一线集中攻坚”行动动员部署会议精神，安排政协机关包村帮扶工作；传达潍坊市政协助推营商环境建设暨2019年重点调研工作动员会精神、政协信息工作暨政协理论研讨会精神和文化文史工作会议精神，研究市政协贯彻落实情况；安排部署下步工作。

市政协十三届三十次主席会议　5月27日，在政协会议室召开。会议传达潍坊市政协委员活动组常任制召集人座谈会议精神及贯彻落实情况；听取优化营商环境、促进民营和外资经济高质量发展，突出严管严控、打好污染防治攻坚战，加强和提升镇村医疗卫生服务水平，潍河防洪除险加固工程建设情况等调研考察协商活动方案汇报；研究“红心向党”——庆祝建党98周年暨“渤海走廊”纪念馆落成书画展筹备情况；安排部署下步工作。

市政协十三届三十一次主席会议　6月25日，在政协会议室召开。会议研究市政协十三届十三次常委会议议程和日程安排；协商讨论市政协《优化营商环境，促进民营经济高质量发展调研报告》；研究市政协2019年第二次“委员活动日”工作方案；听取市政协“不忘初心　牢记使命”政协委员走进革命圣地专题培训班、“加强基层文化建设，助力乡村振兴”调研和“实施综合整治利用，推进节约集约用地”考察等活动筹备情况汇报；安排部署下步工作。

市政协十三届三十二次主席会议　8月22日，在政协会议室召开。会议传达全省中华人民共和国70周年安保工作动员部署视频会议精神；研究《市政协重点协商议题落实推进情况追踪式监督暂行办法》；听取市政协十三届三次会议提案办理协商督办活动、“加大劳动维权力度，构建和谐劳动关系”对口协商工作有关汇报；集体观看廉政警示教育片《贪欲之祸》。

市政协十三届三十三次主席会议　9月11日，在政协会议室召开。会议传达山东省“不忘初心、牢记使命”主题教育第一批总结暨第二批部署会议和潍坊市“不忘初心、牢记使命”主题教育工作会议精神，并就政协贯彻落实进行安排部署。

市政协十三届三十四次主席会议　11月5日，在政协会议室召开。会议专题传达学习潍坊市委政协工作会议精神，研究有关贯彻落实意见。

市政协十三届三十五次主席会议　11月15日，在政协会议室召开。会议传达学习《中共中央关于新时代加强和改进人民政协工作的意见》和中共十九届四中全会精神；研究市政协2019年度第四次“委员活动日”活动实施方案、市政协“加强城市精细化管理助力全国文明城市创建”对口协商活动方案和市政协十三届三次会议提案办理情况考察及评议活动方案。

【市政协其他重要会议活动】 2018年度民主生活会　1月24日召开。市政协党组书记周娟主持会议；党组副书记张天辉，党组成员孙孝工、李友田、姜利国出席会议；市政协副主席冯义军、吴红玉、李敏、孙永涛列席会议；市纪委、市委组织部有关负责人到会指导。会议通报2017年度市政协党组民主生活会、2018年巡视巡察整改专题民主生活会、环保督查“回头看”专题民主生活会整改措施落实情况。会上，周娟代表市政协党组围绕“思想政治、精神状态、工作作风”3个方面，查找存在的突出问题，提出整改措施。随后，周娟带头，党组成员逐一开展批评和自我批评。

党组理论学习中心组集体学习　2月26日举行。市政协党组书记、主席周娟，党组副书记张天辉，党组成员、副主席孙孝工、李友田，党组成员姜利国参加学习。市政协副主席冯义军、吴红玉、李敏、孙永涛及机关各委室负责人列席。会上传达学习省政协十二届二次会议精神和潍坊市政协十三届三次会议精神；集体学习中共山东省委书记刘家义在省政协十二届二次会议开幕会上的讲话和参加省十三届人大二次会议潍坊代表团审议时的讲话精神；与会人员研讨交流学习内容。

组织生活会　3月22日召开。市政协党组书记、主席周娟，党组副书记张天辉，党组成员、副主席孙孝工、李友田以普通党员身份参加会议。支部各位党员围绕组织生活会主题，对照检查，开展批评和自我批评，提出整改措施和努力方向。

十三届三次会议总结会议　4月8日召开。会议总结市政协十三届三次会议筹备召开情况，各委室负责人按照分工，总结秘书处各组工作情况，为组织筹备政协全委会议提供参考借鉴。

党组理论学习中心组集体学习 4月28日举行。市政协党组书记、主席周娟，党组副书记张天辉，党组成员、副主席孙孝工、李友田，党组成员、秘书长姜利国参加学习。市政协副主席冯义军、吴红玉、李敏、孙永涛及机关各委室负责人列席。会上传达学习《中共昌邑市委常委会2019年工作要点》；观看《砥砺前行—山东正风肃纪反腐2018》《谁是网络间谍的受害者》《祸起“间”职》学习视频；与会人员围绕学习内容研讨交流。

党组理论学习中心组集体学习研讨 6月12日举行。市政协党组书记、主席周娟，党组副书记张天辉，党组成员、副主席孙孝工、李友田参加学习。市政协副主席冯义军、吴红玉、李敏、孙永涛及机关各委室负责人列席。会上，大家集体学习习近平总书记在“不忘初心、牢记使命”主题教育工作会议上重要讲话精神；习近平总书记在解决“两不愁三保障”突出问题座谈上的讲话；全国政协主席汪洋在全国地方政协工作经验交流会上的讲话；全省“不忘初心、牢记使命”主题教育工作会议及省委书记刘家义讲话精神，并研讨交流学习内容。

第七次集体学习研讨 7月2日举行。市政协党组书记、主席周娟，党组副书记张天辉，党组成员、副主席孙孝工、李友田参加学习。市政协副主席冯义军、吴红玉、李敏、孙永涛及机关各委室负责人列席。

中共政协昌邑市委员会机关总支部委员会党员大会 7月19日召开。与会人员按照《中国共产党党章》《中国共产党基层组织选举工作暂行条例》等有关规定，以无记名投票的方式，选举产生中共政协昌邑市委员会机关总支部委员会委员。随后，总支部委员会委员召开会议，姜利国当选书记，翟海东当选副书记。

“园艺疗法的功效与机理”专题辅导报告会 8月27日举办。此次专题辅导报告会邀请清华大学建筑学院绿色疗法与康养景观研究中心主任、景观学系教授、博士生导师李树华，围绕园艺疗法与康复景观设计、植物景观与生态修复设计等方向，详细介绍园艺疗法的概念、功效和发展历史，通过大量的实践案例和研究数据，使与会人员认识园艺疗法的功效和机理。市政协领导班子成员、全市政协委员、驻昌潍坊市政协委员、市政协全体机关干部，潍水田园综合体及绿美园林部分职工，昌邑市部分苗木种植带头人等参加此次专题报告会。

第九次集体学习研讨 9月12日举行，启动市政协党组“不忘初心、牢记使命”主题教育。集体学习习近平总书记在“不忘初心、牢记使命”主题教育工作会议上的重要讲话精神和省委、潍坊市委、昌邑市委对主题教育工作的部署要求，研究部署市政协党组主题教育工作。党组成员围绕学习内容展开研讨交流。

“不忘初心、牢记使命”主题教育工作会议 9月12日召开。传达市委“不忘初心、牢记使命”主题教育工作会议精神，动员部署市政协机关主题教育工作。市政协党组成员、副主席孙孝工，市委第二巡回指导组组长刘新民出席会议并讲话，市政协党组成员、秘书长姜利国主持会议，市政协全体机关干部参加会议。

第十次集体学习研讨 9月23日举行。市政协党组书记、主席周娟，党组副书记张天辉，党组成员、副主席孙孝工、李友田，党组成员、秘书长姜利国参加学习。市政协副主席吴红玉、李敏、孙永涛列席。学习采取党组成员分头领学的方式进行，传达学习全国政协工作会议暨庆祝中国人民政治协商会议成立70周年大会精神及习近平总书记重要讲话精神、《中共中央关于加强党的政治建设的意见》和《习近平关于“不忘初心、牢记使命”重要论述选编》。党组成员分别围绕加强党的政治建设和坚定理想信念进行研讨交流。

“不忘初心、牢记使命”主题教育专题学习研讨暨2019年第十三次集体学习研讨　11月5日举行。市政协党组书记、主席周娟，党组成员、副主席孙孝工、李友田，党组成员、秘书长姜利国参加学习。市政协副主席冯义军、吴红玉、李敏、孙永涛列席。会前，与会人员自学《习近平关于“不忘初心、牢记使命”重要论述选编》《习近平新时代中国特色社会主义思想学习纲要》《中国共产党章程》《关于新形势下党内政治生活的若干准则》等相关内容。会上，集体研读《习近平关于“不忘初心、牢记使命”重要论述选编》相关内容；党组班子成员研讨交流政治纪律和政治规矩。交流结束后，观看《永远在路上》《榜样4》等警示教育视频。

市政协专题会议　11月7日召开。传达学习中共十九届四中全会精神。市政协主席周娟，副主席冯义军、孙孝工、吴红玉、李友田、李敏、孙永涛，秘书长姜利国出席会议。

同日，市政协党组成员、副主席李友田以“牢记初心使命，忠诚履职担当，推动新时代政协工作再上新台阶”为主题，给市直教育、体育、医药卫生界活动组和科技、科协、文化艺术界活动组全体政协委员讲党课。

对照党章党规找差距专题会议　11月8日召开。围绕“守初心、担使命，找差距、抓落实”的总要求，对照党章和《关于新形势下党内政治生活的若干准则》《中国共产党纪律处分条例》等有关党内法规，全面查找问题，检视反思。市政协党组书记、主席周娟主持会议并讲话。市政协党组成员、副主席孙孝工、李友田，党组成员、秘书长姜利国参加会议。潍坊市委主题教育第二巡回指导组成员、潍坊市纪委派驻第十纪检监察组四级调研员刘玉龙到会指导。

同日，市政协党组书记、主席周娟以“追寻人民政协的初心和使命，推动人民政协工作在新征程上实现新作为”为主题，为市政协全体党员干部讲专题党课。市政协领导班子成员及机关全体党员干部参加学习。

同日，市政协党组成员、副主席孙孝工以“坚定理想信念，守初心担使命，奋力推动新时代政协工作高质量发展”为主题，给市直经济界活动组全体政协委员讲党课。

“不忘初心、牢记使命”主题教育专题学习研讨暨2019年第十四次集体学习研讨　11月13日举行。市政协党组书记、主席周娟，党组成员、副主席孙孝工、李友田，党组成员、秘书长姜利国参加学习。市政协副主席冯义军、吴红玉、李敏、孙永涛列席。

“不忘初心、牢记使命”主题教育专题学习研讨暨2019年第十五次集体学习研讨　11月21日举行。市政协党组书记、主席周娟，党组成员、副主席孙孝工、李友田，党组成员、秘书长姜利国参加学习。市政协副主席冯义军、李敏、孙永涛列席。集体研读中共十九届四中全会相关内容。

党史、新中国史专题辅导讲座　11月26日，市政协邀请市委党校教师范婷作党史、新中国史专题辅导讲座。市政协副主席冯义军、孙孝工、吴红玉、李友田、李敏、孙永涛，秘书长姜利国以及政协机关全体党员干部参加。

“不忘初心、牢记使命”主题教育专题学习研讨暨2019年第十六次集体学习研讨　11月28日，市政协党组理论学习中心组围绕党史、新中国史专题，开展“不忘初心、牢记使命”主题教育专题学习研讨暨2019年第十六次集体学习研讨。市政协党组书记、主席周娟，党组成员、副主席孙孝工、李友田，党组成员、秘书长姜利国参加学习。市政协副主席冯义军、吴红玉、李敏、孙永涛列席。集体研读习近平总书记在庆祝中国共产党成立98周年大会上的讲话。党组班子成员依次研讨交流党史、新中国史。

主题教育专题民主生活会　12月10日召开。

潍坊市委主题教育第二巡回指导组领导全程参加指导。市政协党组书记周娟主持民主生活会并代表市政协党组作检视剖析，市政协党组副书记张天辉，党组成员孙孝工、李友田、姜利国参加会议。周娟代表市政协党组作检视剖析，重点查找六个方面的问题，并联系思想和工作实际，挖掘问题根源，提出整改措施。市政协党组书记、主席周娟带头，党组班子成员逐一进行个人检视剖析，相互开展批评与自我批评。

“不忘初心、牢记使命”主题教育专题组织生活会　12月10日召开。市政协党组书记、主席周娟参加并作点评讲话。市政协党组副书记张天辉，党组成员孙孝工、李友田、姜利国一同参加。市政协机关党支部书记代表支部班子作检视剖析，全体党员开展批评与自我批评，并进行民主评议工作。

2019年度机关委室述职评议会议　12月13日召开。市政协副主席吴红玉、孙永涛，秘书长姜利国，机关全体干部参加会议。机关各委室负责人汇报交流2019年工作情况，坚持问题导向查找薄弱环节，并提出2020年工作思路和努力方向。述职结束后，与会人员进行此次述职现场评议打分。

驻昌邑潍坊市政协委员活动组2019年度述职会议　12月18日召开，总结交流全年履职情况，动员部署下步工作。驻昌邑潍坊市政协委员活动组召集人、市政协主席周娟，市委常委、统战部部长马永平，市政协副主席冯义军、吴红玉参加会议。述职会议上，驻昌邑潍坊市政协委员立足本职工作，结合提交提案、调研视察、公益活动等履职工作，全面总结2019年的履职情况，汇报下步工作打算。

各专门委员会工作

【提案工作】　昌邑市政协十三届三次会议期间，收到委员提案143件。其中，11件不符合立案条件，建议转有关部门处理；内容相近并案处理19件；实际立案113件，全部按期办复。委员对提案办理结果满意率98%。全委会期间，选出10件重点提案，呈报市委书记、市长阅批。加强培训辅导、注重选题引导、审查把关等措施增强委员履职意识，提高提案质量。实施分工联系提案承办单位制度，由市政协主席、各位副主席带队，分别到市住建局、教体局等7个承办提案数量较多的单位，7—8月，采取听汇报、看现场、面商交流等多种形式开展提案办理协商、督办活动；11—12月，考察提案办理情况，发挥示范引领和辐射带动作用。政协提案委引导各承办单位遵循先协商后办理、先协商后答复的协商程序，把沟通协商作为提案办理的必经环节，在广泛征求委员意见的基础上，搭建提案办理协商平台，搭建带案考察协商、现场调研协商、约见协商等非会议协商平台，扩大提案办理参与面和协商面，解决提案承办中存在的“被动办案、闭门办案”等问题。建立转化机制，跳出提案办提案，探索建立提案、专题协商、调研考察、大会发言相互转化机制。优秀的提案建议，转化为调研考察等活动，深度调研，在此基础上召开专题协商会，向党委政府提出更加翔实可操作的意见建议；继续将符合实际、可行性强的大会发言转化为提案，纳入办理答复程序，跟踪督办。提案委采取发放调查函等形式，让政协委员和承办单位对提案质量和办理质量进行“背对背”双向评议，提高提案工作质量。

【文史资料编辑】　注重搭建平台、整合资源。做好《我和我的祖国——庆祝新中国成立 70 周年昌邑侨界风采录》文史资料征集编纂出版工作，全书 20 余万字，采用图片和文字结合的方式，记叙侨胞相互支持帮助，兴办各项事业。在全省政协文史工作会议上，省政协评比表彰全省各级政协文史书刊，昌邑市《昌邑（柳疃）丝绸史》文史专辑获二等奖。配合潍坊市政协征集《我与政协同行——庆祝人民政协成立 70 周年》文史资料，经过整理修改报送 20 余篇，其中 7 篇入选潍坊文史专辑。完成潍坊市政协庆祝中华人民共和国和人民政协成立 70 周年书画摄影作品展作品征集工作，昌邑市入展书法绘画摄影作品 17 幅，多幅作品获奖。加强专委会组织建设，注重发挥政协特约文史研究员优势和作用，重视与文化、史志、档案等部门及社会各界的沟通联系，调动和利用社会各界力量，抢救整理散佚于民间的史料，推动昌邑文史资料编纂工作开展。

【经济工作】 组织开展优化营商环境、促进民营经济高质量发展专题调研活动。3 月，组织部分驻昌潍坊市政协委员、市政协经济工作专门委员会副主任、部分市政协委员和相关委室人员，到有关企业，调研全市营商环境建设情况，并组织部分政协委员和市直有关部门负责人，到浙江省浦江县、义乌市、东阳市及山东省胶州市考察学习。根据委员提出的意见建议，市政协经济委据此形成调研报告，提交市政协十三届十三次常委会议协商讨论通过后，报送市委市政府。组织开展加快昌邑市智能装备产业发展、推动工业企业转型升级专题调研活动。贯彻习近平总书记在中央政治局第九次集体学习时的重要讲话精神，加快昌邑市智能装备产业发展、推动工业企业转型升级，组织部分委员和相关部门分管负责人，采取看、听、议结合的方式，到有关企业，围绕加快昌邑市智能装备产业发展、推动工业企业转型升级进行专题调研，形成专题调研报告，报告报送市委市政府后，市委、市政府主要领导做出批示。协助分管领导联系走访都昌、柳疃的政协委员企业，同他们交流谈心，倾听他们的呼声，了解他们在生产中遇到的困难和问题，委员们提出 20 余条意见建议，整理后归纳为 6 条，并将这些意见建议报送上级。

【人口资源环境工作】 6 月，人资环外委组织开展“突出严管严控，打好污染防治攻坚战”专题考察活动，实地考察三得利片区建筑施工扬尘治理、柳疃污水处理厂中水回用项目、海昌路施工、东江环保危废处理项目等现场，听取潍坊市生态环境局昌邑分局工作情况汇报，与会委员围绕打赢污染防治攻坚战建言献策。助推全国文明城市创建，11 月，市政协与市委宣传部联合开展对口协商活动委员们到市图书馆、君悦花园、汽车站、人民医院等现场实地察看，了解创建存在的问题，与有关部门负责人现场互动协商、沟通交流、形成共识，针对考察中发现的问题，委员们从建立长效机制、加大宣传力度、老旧小区整改提升、提高公众参与度等方面献智献策，推动化解一系列问题。建言土地资源节约集约利用，科学配置土地资源，节约集约利用土地，是深化供给侧结构性改革的重要举措，7 月，人资环外委组织开展“实施综合整治利用，推进节约集约用地情况”专题考察。实地察看永富弹簧厂低效用地再利用、德澳精细化工多层厂房建设、都昌棚户区改造等现场，听取市自然资源和规划局工作情况汇报。围绕节地提效、综合整治利用、管理创新等方面提出“要科学制定用地规划，增强规划的约束力，做到有规必依、违规必究；增强‘红线’意识，强化服务意识，提高工作效率和服务水平；挖掘土地潜力，鼓励建造标准式和多层厂房，提高利用率和产出率”等意见建议，为全市经济高质量发展提供保障。

【科教文卫体社会法制工作】 组织开展加强和提升镇村医疗卫生服务水平对口协商活动。5月，采取看、听、议的方式，先后考察李家埠社区卫生服务中心、柳疃镇中心卫生院、柳疃镇东陈村卫生室等地，听取市卫健局工作情况汇报，并进行昌邑市基层医疗服务现状、如何提高服务水平以及医疗卫生服务中普遍存在的问题等方面互动交流和协商讨论，为提高全市基层医疗卫生服务水平建言献策。组织开展加强基层文化建设，助力乡村振兴战略调研活动。9月，组织部分政协委员、市直有关部门负责人，到柳疃镇综合文化站、丝路绸语文化创意园，龙池镇综合文化站等进行现场调研，听取市委宣传部、市文化和旅游局的工作情况汇报，围绕健全机制、监管结合、加强队伍建设以及文旅融合等方面提出意见建议。形成的调研报告获市委主要领导签批，并以市委正式文件的形式印发至各级各部门予以落实。开展"健康昌邑·光明行动"大型义诊救助活动，真正将义诊活动打造成一项聚党心、暖人心的惠民工程。开展"写春联、送祝福"文化惠民活动，为村民免费书写春联、福字1000余幅。举办"同心筑梦，协力前行"双城书画联展。以庆祝中华人民共和国和人民政协成立70周年为契机，与蒲城县政协共同举办书画联展，征集两地书画名家作品70余幅。举办"雅风在焉"迎新春书法展。丰富春节期间的文化活动，春节前夕，与山东省书协、市委宣传部共同举办"雅风在焉"迎新春书法展，展出书法作品100余幅，继承传统艺术，增强原创能力，丰富春节文化活动。

1月27日，举行"雅风在焉"迎新春书法展开展仪式 （宋国栋）

（董　峰）

纪检监察

综 述

【概况】 2019 年，全市各级纪检监察组织强化政治监督，严明政治纪律和政治规矩，以破除形式主义官僚主义为重点，加强监督检查党的路线方针政策和重大决策部署贯彻落实情况，确保政令畅通、令行禁止。协助市委制定党风廉政建设责任书，开展述责述廉，进行廉政谈话，压紧压实管党治党政治责任，推动全面从严治党向纵深发展。立足惩前毖后、治病救人，运用监督执纪“四种形态”，做到监督常在、形成常态。坚持标本兼治，一体推进不敢腐、不能腐、不想腐，在严厉惩治、形成震慑的同时，扎牢制度笼子、规范权力运行，强化警示教育、筑牢思想防线。纠治“四风”，做到敢管敢严、长抓长严，巩固作风建设成果。开展扶贫领域“提质增效”、民生领域“重点攻坚”、扫黑除恶“全面破袭”整治行动，解决群众身边腐败和作风问题；结合“不忘初心、牢记使命”主题教育，牵头开展漠视侵害群众利益问题专项整治，增强人民群众获得感、幸福感、安全感。坚持以队伍建设为保障，深化政治建设，强化学习培训，加强严管厚爱，锻造忠诚干净担当的纪检监察铁军。

【中国共产党昌邑市纪委十四届五次全会】 1 月 27 日，中国共产党昌邑市纪委十四届五次全体会议召开。市委书记吕珊珊出席会议并讲话。市委常委，市人大常委会、市政府、市政协及市人民法院、市检察院领导，市纪委委员出席会议，有关方面负责人参加会议。会议学习贯彻中共十九大和十九届二中、三中全会精神，贯彻落实习近平总书记重要讲话和十九届中央纪委三次全会、省纪委十一届四次全会、潍坊市纪委十二届四次全会精神，总结 2018 年全市党风廉政建设和反腐败工作，研究部署 2019 年工作任务。全会审议通过市委常委、市纪委书记、市监委主任田立军代表市纪委常委会所作的《强化政治担当、忠实履行职责，谱写新时代昌邑纪检监察工作新篇章》工作报告。

【派驻机构全覆盖】 4 月 7 日，印发《关于全面落实市纪委市监委向市一级党和国家机关派驻纪检监察机构的方案》，对全市机构改革后系统规模较小、监督对象较少、业务相近或相关的部门及其管理机构，综合设置派驻机构 6 个；对系统规模较大、直属单位较多、监督对象较多、业务具有相对独立性的部门（单位），单独设置派驻机构 6 个，分别为驻市法院纪检监察组、驻市检察院纪检监察组、驻市公安局纪检监察组、驻市教育和体育局纪检监察组、驻市交通运输局纪检监察组、驻市卫生和健康局纪检监察组。各派驻纪检监察组监督联系市一级部门（单位）84 个，实现市一级党和国家机关派驻监督全覆盖。协调编制部门，多渠道划转、增加派驻机构行政编制 24 个，派驻机构编制总数 42 个。

【派驻机构改革】 12月18日，印发《关于深化市纪委市监委派驻机构改革的实施意见》，明确建立市纪委常委会统一领导、市纪委市监委统一管理，市纪委副书记（常委）、市监委副主任（委员）分管，相关职能部门分工负责、协调配合的派驻工作领导体制。赋予派驻机构监察职能。从明确监督首责、聚焦监督重点、创新监督方式、完善监督制度、加大问责力度5个方面，规范和压实派驻机构的监督责任。对市管企业、市属中职中专、市管金融企业纪检监察机构的机构设置、领导体制、职能权限、职责履行、干部选任等事项提出指导意见。

重要工作

【"不忘初心、牢记使命"主题教育】 开展"不忘初心、牢记使命"主题教育。坚持规定动作和自选动作结合，一体推进学习教育、调查研究、检视问题、整改落实四项重点措施，推动主题教育走深走实。加强学习教育，组织全体科级以上干部举办为期5天的读书班1期，开展集中学习研讨11次、初心使命大讨论1次、对照党章党规找差距专题讨论1次，纪委领导讲党课9次。举办纪检监察系统"不忘初心、牢记使命"主题演讲比赛，先后组织收听收看中纪委、潍坊市纪委业务培训光碟9次。组织观看《王尽美》《发射将军李福泽》《榜样4》等教育影片，剖析违纪违法党员干部案例，开展党员干部革命传统教育和警示教育。领导班子成员带头到基层、到一线，实地查访、组织座谈、个别访谈，摸出实情，找出问题，共梳理问题29个，确立调研课题9个，形成调研报告9篇。开展结对联系贫困户，走访帮扶群众100余户，现场解疑释惑22个。检视问题，采取上门走访、谈心谈话、召开座谈会、书面征求、设置意见箱等形式，征求意见建议。开展自我剖析和问题检视，组织市纪委监委机关全体干部撰写检视剖析材料，列出问题清单，逐条逐项整改。采取书面征求意见、班子成员间谈心谈话、分管领导与部门负责人谈话的方式，查摆出班子和每位成员个人存在的问题。召开对照党章党规找差距专题会议，班子成员查找差距和问题100余个。班子民主生活会，检视5个方面17个问题，党员组织生活会查摆问题30余个。征集和查摆的问题，均制定整改方案整改。

【全面从严治党】 推进党风廉政建设和反腐败工作，及时向市委汇报中央和省委、潍坊市委关于党风廉政建设的新要求，协助市委把思想和行动统一到中央和省委、潍坊市委的部署要求上，把党风廉政建设和反腐败工作纳入经济社会发展和党的建设总体布局。强化领导班子及成员的主体责任和"一岗双责"，协助市委与10个镇（街、区）、92个市直部门（单位）党组织签订《2019年度党风廉政建设责任书》，传导压力、落实责任。聚焦"关键少数"，开展市级党政领导班子成员向市纪委全会述责述廉，与10个镇（街、区）和9个市直部门党政主要负责人开展廉政谈话，反馈问题81个，提出整改措施95条，推动提升"一把手"全面从严治党主体责任意识。贯彻落实《中国共产党问责条例》，制定印发《2019年度镇街区开展党内问责工作考核办法》，坚持失责必问、问责必严，问责党组织10个，党员干部77人，党纪处分28人，推动落实管党治党责任。

【群众身边腐败和作风问题整治】 完善来信、来访、电话、网站、微信“五位一体”信访举报体系，建立信访预警研判、信访举报超期未结约谈机制，实行领导班子成员和机关全员“接访日”制度，制定《关于提升纪检监察信访举报工作质效的十条举措》，全年受理群众信访举报件同比下降25.8%，化解重点信访积案10起。整治群众身边腐败和作风问题，维护群众利益，查处各类问题171件、党纪政务处分143人。围绕解决人民群众的操心事、烦心事、揪心事，开展扶贫领域“提质增效”、民生领域“重点攻坚”、扫黑除恶“全面破袭”3个专项整治行动，查处扶贫领域问题38件、党纪政务处分25人，涉恶腐败和“保护伞”问题11起、党纪政务处分16人。市纪委监委党风政风监督室被评为“潍坊市扫黑除恶专项斗争先进团队”。结合“不忘初心、牢记使命”主题教育，牵头开展漠视侵害群众利益问题专项整治，制定《关于对漠视侵害群众利益问题的专项整治的实施方案》，明确14个方面整治重点，与有关主责部门协作配合，重点督促解决教育、医疗卫生、生态环保、食品药品安全等民生领域突出问题，查处漠视侵害群众利益问题58个，党纪政务处分34人。

【纠治“四风”】 贯彻落实中央“基层减负年”和省委、潍坊市委、昌邑市委“工作落实年”要求，打击“四风”问题，巩固作风建设成果。从严明政治纪律的高度整治形式主义官僚主义，重点解决贯彻中共中央决策部署空泛表态、应景造势，服务经济社会发展不担当不作为，对人民群众利益不负责不维护，文风会风和检查调研浮于表面等问题，发现和查处形式主义官僚主义问题77起、党纪政务处分46人。纠治享乐主义奢靡之风，坚持日常监督和专项督察结合，抓住关键时间节点正风肃纪，开展专项检查、交叉查访、日常明察暗访等，查处顶风违纪、隐形变异的享乐奢靡问题19起，党纪政务处分29人。畅通“四风”问题线索举报渠道，开通“四风”问题随手拍举报平台，使群众成为问题监督者、线索提供者。

【惩治腐败】 坚持以标本兼治为目标，一体推进不敢腐、不能腐、不想腐。坚持高压惩治腐败，强化不敢腐的震慑，突出重点削减存量，零容忍遏制增量，全市纪检监察组织立案325件，给予党纪政务处分377人，其中科级干部6人；采取留置措施4人，移送检察机关5人。实施“铁案工程”，力求全部案件均取得政治效果、纪法效果和社会效果的最大统一，经得起实践、人民和历史的检验，推荐的案件被评为潍坊市优质案件三等奖。加强制度建设，深化标本兼治，针对办案中发现的突出问题，发放纪检监察建议书6份；注重以案促改，推进标本兼治，《坚持“三回三让”做好审查调查“后半篇文章”》的做法，被潍坊市纪委监委推介。加强警示教育，利用微信、网站发布“廉情”128次、300余条；采取观看警示教育片、案件庭审旁听等形式，警示教育党员干部1万余人次。

【监督职责】 运用监督执纪“四种形态”批评教育帮助和处理党员干部1655人次，注重用好第一种形态，约谈函询、批评教育1276人次，占总人次的77.1%；运用第二、第三种形态，给予党纪轻处分、组织处理、党纪重处分、重大职务调整332人次，占20.1%；运用第四种形态，处理严重违纪违法涉嫌犯罪47人次，占2.8%。深化巡察监督，发挥巡察“利剑”的震慑作用。按照“六围绕一加强”和“五个持续”要求，发现问题，纠正政治偏差。先后开展十四届市委第九、第十轮常规巡察，覆盖16个市直部门（单位）；1轮扶贫领域专项巡察，覆盖10个镇（街、区），巡察中发现问题线索154条、立案40起，给予党纪政务处分60人。配合市委做好省委巡视和潍坊市委巡视巡察联动相关工作，办结234起巡视巡察转交件。

【党风廉政宣传教育】 用好用活线上线下廉洁教育融媒体平台，发挥微信公众号“潍水清风”、昌邑网上廉政教育3D展馆、昌邑纪检监察网等网络宣传媒介作用，持续宣传习近平新时代中国特色社会主义思想、中共十九大和十九届四中全会精神，营造风清气正的政治生态和社会环境。年内，“潍水清风”微信公众号更新信息67期、200余条，关注5000余人；网上廉政教育3D展馆点击率2万余人次。提升改造市廉政教育基地，更新完善版面60余幅，接受党政机关、事业单位、企业党员干部参观2500余人次。强化警示教育，组织全市各级党员干部观看《刚愎自用的代价》《贪欲之祸》等多部警示教育片，受教育党员干部9500余人次。开展“乡村振兴·清风随行”行动，组织开展“书写经典、唱响时代、传承廉德”廉洁主题艺术作品创作征集评选展示活动，征集廉洁文化书法、绘画、剪纸等文艺作品50余幅；开展农村党员干部“廉洁履职提示牌进村委”“会前党纪法规一刻钟”“清风进社区”等活动，推动廉洁教育向农村基层延伸。

【队伍建设】 开展“不忘初心、牢记使命”主题演讲比赛、“传承红色基因、擦亮初心底色”主题党日、“我为昌邑添光彩”创城实践等活动，锤炼党性、强化担当。在潍坊市纪检监察系统“不忘初心、牢记使命”主题演讲比赛中，获优秀组织奖，2名干部获个人二等奖。加强专业化能力建设，强化学习培训，提升精准监督和执纪执法水平。举办培训班4期，“走出去”对标学访3次，开办“潍水清风讲堂”24次，开展“应知应会”学习测试7次、“以干代训”12人，在潍坊市纪检监察应知应会知识大赛中，获三等奖。坚持正视问题、刀刃向内，召开专题组织生活会，对照全省纪检监察干部“十严禁”要求检视问题、整改落实；组织纪检监察干部全员报告个人有关事项，并逐级开展“家访”，加强严管厚爱，坚决防止“灯下黑”。

（周　瑶）

群众团体

昌邑市总工会

【概况】 2019年，昌邑市各部门、各镇（街、区）、工业园区、化工园区均建立基层工会组织，全市工会会员8.4万人。市总工会在全总职工互助保障工作考核中获“优秀”等次；被省石化医药工会授予“工会工作先进单位”称号，在省石化医药工会系统羽毛球比赛中获团体第四名，1项经审项目被省总工会认定为“优秀审计项目”；在潍坊市第二届工会财务人员业务技能竞赛中获团体二等奖、优秀组织奖，在潍坊市职工篮球比赛中获第四名、乒乓球比赛中获优秀组织奖，在第四届潍坊市职工创新创业大赛中获优秀组织奖，有1名选手获创新二等奖，1名选手获创业优秀奖，在经审工作规范化建设考核中获特等奖。

【劳模精神】 6月14日，市总工会启动第二十一届全市职工技能（技术）比赛，比赛设9个大项20余个小项，每月确定一个主题，进行一场比赛。全年举办教育教学技能、卫生医疗检验、医药化工、检验检测、消防技能等6项比赛，万名职工参与。有2个班组被授予全国、省工人先锋号；1人被授予富民兴鲁劳动奖章；14人被授予潍坊市劳动模范，2人被授予潍坊（金牌）工匠。启动《昌邑劳模影像志》编纂工作；播放公益宣传片《工会在行动》。组织参加潍坊市第八届职工技术创新成果评选，推荐职工优秀技术创新成果6项。

12月18日，市总工会劳模编纂办公室工作人员在研究讨论劳模事迹材料（中间为市总工会生产宣教部部长、主任科员孙兆坤） （徐延波）

【权益维护】 发挥“三员”队伍作用，完善工会监督、职工参与的安全工作机制；举办建筑行业“查保促”安全生产知识竞赛。加强厂务公开民主管理，工会与行政沟通协商机制建设覆盖建会企业超过90%。深化工资集体协商，签订工资集体协议625份，覆盖企业986家；举办工资集体协商培训班22期，培训职工代表300余人次。关心关爱女职工，组织女职工健康查体1.8万人次；邀请专家讲课4场；发放《山东省女职工劳动保护办法》等5000余册；建设“爱心妈妈小屋”12家；选取20家不同类型的基层工会进行工会经费收管用审计。维护职工的生命健康权益、民主政治权益、合法经济权益。发放帮扶资金、助学金、清凉物资等25万余元；帮助1000余名职工实现再就业；职工互助保障参保人数1.6万人次，受益职工565人次，受益金额50万余元。培训下岗失业职工、农民工1000余人次；发放《农民工进城务工知识问答》等2000余份，为农民工提供法律咨询或援助1000余人次；组织一线职工疗休养3次，惠及职工104人；建设农民工“户外驿站”12家，为农民工提供法律援助1000余人次。建设村级工会、农民专业合作社工会17家，发展农民工会员1万余人。

5月31日，省总工会机关党委副书记孟令强率领工作组到孟南山蔬菜专业合作社了解省级工友创业园的建设情况〔省总工会机关党委副书记孟令强（右二），市总工会副主席于守君（左二）〕　（徐延波）

【职工文化建设】　举办以庆祝中华人民共和国成立70周年为主题的系列职工文体活动12场次。“齐鲁工惠”APP注册认证和网上职工活动推进，工会会员注册认证率60%；举办网上职工普惠活动10次，参与会员1万余人次。市工人文化宫列入省总工会第二批工人文化宫改造提升计划。争取省总工会补助改造资金500万元；争取全国总工会补助改造资金100万元。

【组织建设与创业园】　成立工会联合会，制定《昌邑市新时期产业工人队伍建设改革实施方案》，确定“以产业工会为平台，以提升产业工人队伍思想素质、技术技能为核心，推进新旧动能转换”贯彻落实思路。在保安公司、养老院、物流运输、农产品加工等行业建立工会组织20家；在产业成规模、农民工集中的自然村，成立村级工会4家，发展农民工会员4000余人。在全市建立工友创业园工作台账，选取规模较大、效益较好、影响较广的成立专业合作社工会联合会，召开全市工会创业园工会成立观摩会议，成立工会组织12家。在创业园工会的基础上，同步成立农民工服务站。分类打造，培植典型。在蔬菜种植业、苗木业、石化医药业等行业中，分别选取1～2家创业园，市总工会通过人员包靠、资金支持、技术指导等措施，帮助进行规范化打造，确保每个行业均有自己的特色和品牌。市总工会打造工友创业示范园10家。依托各行业打造的工友创业园示范点，召开同行业工友创业推进现场会，推广工友创业的成熟经验。由创业成功的工友定期举办培训班，引导周边村民创业，提高他们的生产技术水平，带动村民致富。昌邑饮马山阳特色茌梨农民专业合作社和昌邑孟南山蔬菜种植专业合作社被命名为省级工友创业园，1人被命名为省级农民工之星；4家被命名为潍坊市级工友创业园。

【石化医药工会】 8月6日，成立下营、龙池2家化工产业园工会联合会，建成以市石化医药工会联合会为核心，2家区域化工产业园工会为辅的“一体两翼”石化医药工会组织框架，实现全市化工企业工会组织全覆盖。在集体协商中，提出“点面结合、整合资源、行业谈标准、企业谈细节、企业与行业齐头并进”的工作思路，完成两个化工产业园区“1＋3”协商谈判及合同签订工作。组织开展劳动竞赛，从化工企业的实际出发，突出规范操作，在班组赛、企业赛的基础上，参加全行业的业务技术比赛，实现从竞赛项目、时间、组织形式由上级工会确定到产业工会自主安排、上级工会指导验收认定的转变。9月24日，承办省石化医药工会重点工作现场推进会议，昌邑总工会作典型发言。中国能源化学地质工会主席张波、省总工会副主席王际仓分别作出批示。《山东工人报》在头版头条宣传报道，全总《工会工作通讯》《工人日报》刊发推广经验。

【《昌邑劳模影像志》编纂】 8月21日，成立由市人大常委会副主任、总工会主席高敬东任主任，常务副主席王圣仟任常务副主任，其他班子成员任副主任的编纂委员会。抽调人员组成编纂办公室，市总工会副主席姜在兴兼任办公室主任，办公室设在市工人文化宫，实行集中办公。明确收录范围，核实信息。编纂收录1979—2019年，694名本级政府集中表彰的劳动模范。对接各镇（街、区）、基层单位实地核实姓名、籍贯、电话等劳模信息，确定此次编纂收录688人。加强培训研讨，提高编纂工作能力。邀请上级专家为编纂人员作劳模事迹材料和照片拍摄两个方面的培训；定期组织全体编纂人员汇报工作，研讨回顾；编纂办每天召开一次晨会，交流前一天的工作进度、难点和经验，从事迹材料撰写、编辑到图片资料的拍摄、审核等方面，逐步研讨出各行业先模人物的写作方向和策略，巩固成功写作经验，共同破解难题。

（李翠莲）

共青团昌邑市委员会

【概况】 2019年，共青团昌邑市委员会（以下简称团市委）领导班子学习贯彻习近平新时代中国特色社会主义思想和中共十九大精神，紧扣团的根本任务、政治责任和工作主线，坚持围绕中心、服务大局，聚焦主责主业，深化改革攻坚，落实从严治团，凝心聚力、团结拼搏，各项工作取得新成绩，实现新突破。

【青少年理想信念教育】 昌邑团市委带领团员、青年丰富学习方式，提高理论素养。深入学习习近平新时代中国特色社会主义思想，宣传学习习近平总书记在中共中央政治局第十四次集体学习时的重要讲话和在五四运动100周年大会上的讲话，引导广大团员青年树立“四个意识”，坚定“四个自信”，做到“两个维护”。丰富活动内容，强化对青少年的政治引领。结合“3·5”学雷锋日、五四运动100周年、中华人民共和国成立70周年、少先队建队70周年等时间节点，开展“青春心向党·建功新时代”“争做新时代好队员”“我与祖国共奋进 国旗下演讲”“国旗下成长成才”等主题实践教育100余场次，参与青少年5万人，教育和引导广大团员青年树立理想信念。常态化开展“青年大学习”网上学习教育活动，全年，组织网上学习36期，5万余人次参与答题。开展“我的假期红起来”主题教育活动，先后组织400余名学生，走进红色教育基地、科技创新基地、军营、科普教育基地等开展活动5期，丰富青少年假期生活，教育和引导广大青少年坚定不移听党话、跟党走。评选表彰20名“新时代昌邑最美青年”、20名“青年志愿服务之星”，引导广大青年自觉向榜样看齐，突出榜样带动作用。

【青年建功新旧动能转换】 在实施青年建功新旧动能转换行动中，围绕项目建设和招商引资年，组织实施“请进来、走出去”战略。3月22日，邀请时任潍坊团市委书记刘艳芳带队，60名潍坊青联委员到昌邑调研经济社会发展情况，宣传昌邑产业优势、资源优势、区位优势。依托“共青团与人大代表、政协委员面对面”活动，开展青年创业调研，摸清创业青年的现状和需求，牵头对接相关部门、金融机构等，解决青年创业过程中的困难和问题。开展昌邑籍优秀大学生“家乡行”活动，组织40余名昌邑籍大学生参观昌邑市经济社会发展、了解就业创业优惠扶持政策，引导大学生回乡创业就业。实施乡村人才振兴战略，实施“村村都有好青年”选培计划，全市10个镇（街、区）全部召开村两委会议、阳光议事日，推荐表决村级好青年候选人，选举产生好青年630人，镇级乡村好青年100人，全部建立好青年台账，发放张贴好青年宣传海报。采取建立大团委工作群、召开座谈会、建立微信交流平台、参观红色教育基地、参与人居环境政治及走访困难户活动等形式，组织乡村好青年在农村有所作为。实施青春创业活动，围绕新旧动能转换，实施“鲁青基准贷”创业贷款扶持计划，搭建银企沟通桥梁，帮助青年解决创业资金难题，全年有6家企业递交创业贷款申请表，银行及时放款。深化青春扶贫行动，开展“金晖助老——青春扶贫志愿者行动”和“牵手关爱行动”，分别聚焦65周岁以上建档立卡贫困老人和建档立卡贫困青少年群体，为“一老一小”两大群体提供关爱服务。金晖助老志愿者行动，200名志愿者为100名贫困老人发放床单、洗衣液等生活用品，并为老人免费理发、清扫卫生、整理家务等300余次。开展“牵手关爱行动”，组织30名困难青少年开展感受城市活动。常态化参与希望工程助学活动，为44名贫困学生发放学习用品、衣服、生活用品等价值2.7万元的物资。开展青春志愿行动，围绕“五个新城”建设，组织全市各级团组织开展植绿护绿、爱水护水、垃圾清理、孝老爱亲等主题活动150余场次，引导青少年自觉践行环保理念。投身创建全国文明城市的工作大局，成立青年志愿者服务队，在全市53个重点路口设置“交通文明岗”，开展文明引导。参与绿博会、半程马拉松赛等重大活动，参与志愿者200余人次，服务总时长3000小时。

【共青团建设】 强化思想建设，引导团员青年坚决拥护以习近平为核心的党中央权威，听党的话、做党的事，讲政治，高举团旗跟党走。加强团干部队伍建设，注重抓好团干部这个“关键少数”，推动作风建设常态化，打造一支信念坚定、本领过硬、作风优良的团干部队伍。强化组织建设，实施“精准嫁接”工程，在社会组织、非公企业成立党组织的基础上，同步建立团组织，实现党团建设一体化，打造党建带团建模式。在新生代企业家联合会、市义工联合会、新嘉集团、鼎立核桃合作社等20余个“两新”组织中，建立团的基层组织。坚持抓好团员队伍建设，在团员发展过程中，坚持政治引领“一条主线”，把好入口关和数量关，规范团员发展流程。在工作中，开展团员教育管理、推动团员注册志愿者、团员积分制等实践教育，增强团员先进性和责任感。强化团前教育，规范执行“三会两制一课”制度，提高发展质量和日常教育管理水平，提升团的凝聚力和战斗力。推进“智慧团建”，培训各社区、各学校团组织负责人，建立“日调度”工作机制，每日调度工作进展，沟通解决困难问题。全市有基层团组织 83 个，团干部 189 人，基层团组织和团干部的录入率 100%。加强反腐倡廉建设，纠正“四风”。团市委组织党员干部学习讨论习近平总书记的重要指示，结合学习贯彻中共十九大精神和习近平新时代中国特色社会主义思想，领会指示的内容和精神实质，树立“四个意识”，提高政治站位和政治自觉。以纠正“四风”行动为总抓手，加强团市委反腐倡廉建设。团市委班子带头加强理想信念和廉洁从政教育，强化党员领导干部廉洁自律意识，将党性党风党纪学习教育和警示教育纳入党支部和团干部学习培训的重要内容。约谈、诫勉谈话存在苗头性、倾向性问题的党员干部，防止小问题演变成大问题，筑牢抵御腐败的思想防线。

（姜晓盼）

昌邑市妇女联合会

【概况】 2019 年，昌邑市妇女联合会（以下简称妇联）先后被评为全市“七五”普法中期先进集体、市直部门绩效考核一等奖、尊师重教先进单位、潍坊市级文明单位等。

【宣传教育】 开展各类教育活动，推动学习宣传贯彻工作深入。三八妇女节期间，联合市纪委举行“庆三八”暨“同心共筑家国梦”好家风分享汇，以家风故事、朗诵、小品、歌曲等各种形式，讲述传承好家风的意义和不同家庭在传承好家风时的感人故事。国庆节期间，组织全市各行各业 300 余名妇女共同唱响爱国歌曲，庆祝中华人民共和国成立 70 周年。开展党组织和在职党员“双报到”活动。组织单位党员在奎聚街道潍水社区集中开展“双报到”进社区活动，采取参观党性教育基地、发放宣传资料、卫生清理志愿服务、走访慰问困境妇女儿童、提供各类培训等系列“双报到”服务活动，增强党员的责任意识和服务意识。开展“不忘初心牢记使命”主题教育，聚焦“守初心、担使命，找差距、抓落实”的总要求，结合工作实际，边调研边学习边对照检查，推动“不忘初心、牢记使命”主题教育落细、落小、落实。

9 月 27 日，全市各行各业 300 余名妇女共同唱响爱国歌曲，礼赞中华人民共和国成立 70 周年（姚宏臻）

【巾帼风采】 推进美丽庭院创建工作，发放倡议书、明白纸、环保购物袋，举办“舞前十分钟美丽庭院我来说”、新农村新生活—美丽庭

5月8日，春蕾计划结对仪式（姚宏臻）

院创建培训，联合电视台拍摄相关专题片，开展“美丽庭院·我的家”文字和摄影作品评选，宣传美丽庭院创建。至年底，与电视台合作拍摄6期美丽庭院示范户典型，开展30余场现场指导与培训，500余场“舞前十分钟——美丽庭院我来说”宣讲活动，征集300余幅“美丽庭院·我的家”作品，配套落实示范户台账制度，督导调研制度，召开动员推进会3次和调研督导40余次，全年建成美丽庭院示范户2694户，超额完成潍坊市妇联1600户的创建任务。年底代表潍坊接受省妇联的第三方评估考核。促进妇女就业创业，推出新农村新生活培训“自助餐”，建立培训讲师和培训课程数据库，举办培训30余期，培训人员1780余人次。联合相关单位举办“春风送岗位—昌邑市2019年春季人才交流大型招聘会”，组织应往届女大学生、下岗失业女工等800余人参加招聘活动，携手阳光大姐家政服务公司、卜庄润天草制品公司等4家企业设立女性就业咨询服务台，推介家政服务、手工布艺、草编制品、有机果蔬等特色妇女创业项目，为妇女群众送岗位、送信息。申请省级巾帼创业贴息资金6.89万元。丰富巾帼创业者联谊会活动，组织开展以“乡村振兴 巾帼先行”“不忘初心、牢记使命”等为主题的会员活动，引导会员出题目、谋思路，为乡村振兴贡献力量，全年开展会员活动4次。参与文明城市创建，在市妇女儿童活动中心打造新时代文明实践巾帼大讲堂，组织开展各类培训和文明实践活动20余场次。开展“同植巾帼林 共创文明城”“倡健康生活，扬时代新风”新时代文明实践·妇女健身活动等各类活动，为文明城市创建贡献巾帼力量。

【妇女儿童权益维护】 开展“建设法治中国·巾帼在行动”活动。开展“幸福家庭、与法同行”三八维权宣传月活动，宣传男女平等基本国策、婚姻法、反家暴法等法律法规，发放资料1万余份。发挥妇女儿童法律援助中心和妇女儿童维权三道防线作用，全年，处结来电来信来访215人次，处结率100%。开展婚姻家庭辅导工作，按照“七有”标准，完善婚姻家庭辅导中心建设，并延伸该项工作至镇村两级。举办婚姻家庭调解“两进一到”培训活动3场，提升志愿者调解水平，全年调和637对，调和率41.9%。开展各类公益活动，持续开展“春蕾计划”公益活动，全年募集爱心善款27万余元，资助春蕾学生475人。开展“冬衣送暖”活动，为340余名困境儿童发放全新的过冬棉衣。市妇联巾帼志愿服务团队获山东省巾帼志愿服务“十佳爱心妈妈”集体称号。启动“两癌”检查工作，检查范围从上一轮的农村适龄妇女扩展至全市适龄妇女，全年累计检查1.6万人，超额完成潍坊市1.2万人的任务目标。同时，为“两癌”贫困母亲争取上级救助，为9名“两癌”贫困母亲争取救助金5.6万元。提升家庭教育工作水平，依托各镇（街、

5月31日，市领导参加六一节前走访（最后一排中间为市长李玉祥）（姚宏臻）

区）家庭教育指导站，开展家庭教育培训，全年开展培训10场，受益家长2000余人。《山东昌邑妇联积极推动家教工作》在《中国妇女报》刊发。

【基层妇联组织建设】 融入“三化”融合模式。以发挥基层妇联功能为切入点，以美丽庭院创建、寻找最美家庭等活动为载体，引领基层妇联干部融入村级党组织“三化”融合模式。提升基层妇联干部素质，举办基层妇联组织成员素质提升培训班，集中培训妇联业务、妇女儿童维权等知识，提升基层妇联干部的服务水平和履职能力。激发基层妇联组织“细胞活力”，推动妇联组织建设向新领域、新阶层、新群体拓展和创新组织覆盖。2019年，建设基层妇联组织17个，妇女微家6个。建立妇联执委活动日制度，开展活动10余次。《灵活多样建组织　因地制宜织密织牢基层妇联组织网络》在《山东妇女儿童工作简报》刊发。

（李雯雯）

昌邑市科学技术协会

【概况】 2019年，昌邑市科学技术协会（以下简称市科协）围绕市委、市政府的中心工作任务，廉洁勤政、克难攻坚、团结奋斗，在全市普及科学技术知识，倡导科学方法，传播科学思想，弘扬科学精神，推进各项工作。

【科普活动】 开展“全国科技工作者日”系列活动。走访慰问基层企业科技工作者代表，了解他们的心声、帮助解决工作生活中遇到的困难，为科技工作者创造良好的科研环境。举荐科技人才，组织申报潍坊市第十届青年科技奖，昌邑市人民医院刘国正获奖。9月14—20日，昌邑市科协联合市直有关部门（单位），围绕“礼赞共和国、智慧新生活”主题，为在校中小学生组织策划“气象科普知识进校园”系列科普活动。弘扬科学精神，普及科学知识，营造讲科学、爱科学、学科学、用科学的氛围，激发全社会的创新热情和创造活力，提升全民科学素质。

“科普知识进校园”系列科普活动在昌邑市实验中学开幕，与昌邑市气象局、昌邑市实验中学联合举办气象科普图书进校园、气象科普知识讲座、智慧科普展、揭开气象神秘面纱四项活动。

9月16日，由昌邑市科学技术协会主办，昌

9月20日，全国科普日　　（栾明菲）

邑市气象局、昌邑市实验中学承办，开展以“礼赞共和国　智慧新生活”为主题的2019全国科普日活动。气象科普知识讲座，采取讲座的形式，运用多媒体教学、现场互动、版面展示等形式，向学生讲解气象日主题的相关知识、天气预报的制作流程及气象灾害防御措施等。在这个过程中学生们记录笔记，通过寓教于乐的方式了解气象知识，激发他们对气象科普知识的学习兴趣，增强热爱气象科学、探索自然奥秘的兴趣，同时提高他们对气象灾害的认识和防御能力。气象科普图书进校园活动，气象局工作人员向学校图书馆以及优秀学生代表，赠送气象知识手册、气象防灾减灾手册等气象科学书籍和科普材料。赠书仪式结束后，采取现场学习提问互动的方式为学生们答疑解惑，采取趣味问答等形式，提升中学生科技素质和灾害风险防范意识，提高学生自救互救的趋利避害能力。气象局工作人员和实验中学教师组织带领学生到昌邑市气象局参观观测场，向学生讲解百叶箱、温度、湿度、能见度、降雨、降水天气现象等观测器材及气象要素测量原理，简要介绍天气预报原理、气象现代化的自动探测设备、风云4号卫星云图和多普勒气象探测雷达图像，演示红外卫星云图、多普勒雷达图像，数值预报图等。现场参观解答疑问。智慧科普展活动中，展示、现场指导使用3D打印机，倡导大家废物利用，低碳生活。学生作品展示，相互交流，鼓励孩子们大胆发挥想象力，激发热爱科学精神，勇于探索自然奥秘。

【落实“十三五”科学素质纲要】 增强服务全民科学素质提高的能力，履行全民科学素质工作领导小组办公室职责，牵头推动全市“十三五”科学素质纲要工作实施。完善公民科学素质建设联合协作机制，加强与市直有关部门联系，促进科普工作制度化、规范化，形成科普工作新合力。利用科普宣传栏、科普日等活动做好“十三五”纲要知识的宣传学习。组织实施市“十三五”纲要方案，采取公众号宣传等形式，加强科普信息化建设；加强未成年人科学素质提升工作，参加第三十四届潍坊市青少年科技创新大赛和第十九届潍坊市青少年机器人竞赛；开展“全国科技工作者日”“科技下乡”志愿服务等系列活动，宣传科普事业，促进科普工作发展。重点发展昌邑市辣椒产业协会和家禽养殖协会2处农技协；以昌邑市家禽养殖协会为龙头，聘请专家学者担任教师，建立“昌邑市科普大讲堂”，定期举办家禽养殖方面的科普培训活动，助力科技精准扶贫。全年，培训农村干部、青壮年劳动力7500人次。

【组建企业科协】 推进企业科协组织建设，激发科协组织活力，采取单独组建、区域联建、行业统建、依托组建等多种方式，发展企业科协。争取党委政府、相关部门和所属企事业单位对建立企业科协的政策和经费支持，强化项目引导，做实工作抓手，形成各方力量协同推进企业科协发展的局面。年内，建立昌邑新澳化工有限公司、山东北澳化工有限公司、山东德澳精细化学品有限公司、昌邑市龙港无机硅有限公司4处企业科协；建立企业科协9处；创建潍坊市级科普教育基地2处。加强全市数字科普终端整改维护，保证数字科普电视安全开播和较高的开机率；每季度更换一次科普村村通挂图，全市有427处科普村村通宣传栏，巩固农民身边的科普阵地；协调10处镇（街、区）政府配备科协专职干部负责科协工作。发挥“昌邑科普”微信公众号、数字科普终端等平台载体作用，扩大公众对科学素质纲要的知晓度和覆盖面。

（栾明菲）

昌邑市工商业联合会

【概况】 2019年，市工商联贯彻落实习近平新时代中国特色社会主义思想和中共十九大精神，开展“不忘初心、牢记使命”主题教育，围绕市委、市政府中心工作，把握“两个健康”工作主题，整合资源、深化服务、拓展平台。

【培训服务】 先后组织60余人次参加省、潍坊市“工商联大讲堂”系列培训；8月，组织优秀企业家参加潍坊工商联举办的“迎建国七十周年　不忘初心感党恩”专题培训班暨第五届潍坊新生代企业家商会论坛，在学习交流中提高思想觉悟，在主题教育中体会精神内涵；10月，组织40名企业家到厦门大学举办“新生代企业家能力提升培训班”，拓宽企业家创新发展思路，助力经济社会高质量发展。

【经贸交流】 联合统战部邀请12名在外昌邑籍知名人士参加潍商联盟大会暨昌邑市“回乡行”活动；组织会员参加海外华商博士投资创业合作恳谈会，协助2家企业做好联络对接和项目推荐工作；与吉林桦甸区工商联、新疆五家渠市工商联开展经贸交流并缔结为友好工商联。邀请英国鲁商联盟会到昌邑考察交流。与北京、上海、济南、青岛潍坊商会和湖北山东商会等加强联系，建立互动共赢工作机制。

【参政议政】 引导提高社会担当，新生代企业家参加创城公益活动、村级扶贫和春蕾女童帮扶活动。发挥工商联界别政协委员的作用，组织政协委员开展界别座谈、撰写提案。开展“送政策上门精准对接”活动。到下营、柳疃工业园走访调研，进行政策咨询服务。

【组织建设】 推进“四好”基层商会建设，推动商会建设纵深、常态开展。组织30余名新生代企业家联合会会员观摩全市重大项目，激发全市新生代企业家队伍创新创业干劲。组织商会会员参加青岛市潍坊商会举办的中国独角兽商机共享大会。与市委组织部联合开展新生代企业家“能力提升年”活动。市新生代企业家联合会2019年获省人力资源和社会保障厅和省工商联联合表彰的“山东省工商联系统先进集体”称号。

（翟亚丽）

昌邑市归国华侨联合会

【概况】 2019年，昌邑市侨联贯彻落实中共十九大、十九届四中全会及中国侨联十代会、省侨联九代会精神，以贯彻落实习近平总书记关于侨务工作的重要论述精神为着力点，以“不忘初心牢记使命”主题教育为抓手，以政治性、先进性、群众性引领侨联工作，坚持为大局服务和为侨服务相统一，树立目标导向、问题导向，创新工作机制，优化组织架构，搭建服务平台，凝聚侨心侨智侨力，助推昌邑经济发展，昌邑市侨联被省人力资源和社会保障厅、省侨联授予“侨联系统先进集体”称号。

【党的领导】 组织侨界委员到“渤海走廊”革命斗争陈列馆、昌邑县抗日殉国烈士祠等党性教育基地，重温入党誓词，开展革命传统教育现场教学，加强党员干部党性和道德教育，引导党员干部坚定理想信念。严肃党的组织生活，开展“不忘初心、牢记使命”主题教育活动，落实“三会一课”、组织生活会、民主评议党员、谈心谈话、评先评优等基本制度，坚持经常性教育和集中性教育结合，抓紧抓实基层党组织建设。加强党员干部纪律教育，约束领导班子和全体党员。落实“双报道”活动，到所联系的社区走访贫困户，赠送鸡蛋、油等日常用品。与妇联联合看望春蕾女童，赠送资金800元。结合创城活动，利用八小时之后的时间到联系社区帮助打扫卫生，发放宣传材料，提高市民整体素质。

【对侨服务】 结合侨联的工作性质、实际情况，坚持六化并举，让广大归侨侨眷和海外侨胞“知家、想家、爱家、回家、发家”。参政议政“常态化”，把侨界群众参政议政工作列入重要议事日程，引导侨界政协委员参与政协活动，开拓政治视野。围绕为侨服务主题，每年组织侨联界政协委员走访归侨侨眷20户以上，掌握侨界群众的呼声、意见。组织侨联界人大代表、政协委员座谈，了解侨意，为人大代表、政协委员撰写建议、提案提供依据。

春节期间，由致公党潍坊市委、昌邑市侨联和昌邑市慈善总会联合主办的“回馈桑梓·敬老助学”侨乡爱心义拍慈善活动，捐赠资金40万元。在北京工作的昌邑籍爱心人士分别捐出书画艺术品，在晚会现场拍卖，并将拍卖所得款项全部捐献给市慈善总会，用于慈善公益活动。旅美侨胞王立智，捐赠15万元设立“王立智助学金”，按照每人每年2500元的助学金标准，帮助10名家庭困难的高中学生完成学业。陈江波先生设立的“昌邑市慈善总会树仁爱心基金”资助的5名学生分别被复旦大学、北京航空航天大学、山东大学等重点大学录取。8月，在昌邑一中举行“纪念陈隽先生奖学金”“履铭助学金”发放仪式，活动发放奖学金、助学金2.5万元，有20名学生受益。

侨胞联谊“经常化”，坚持“请进来”与“走出去”结合，坚持“国内、海外工作并重”和“老侨、新侨工作并重”的原则，深交老朋友，广交新朋友，根据世情、国情、侨情的变化，以亲情、乡情、友情为纽带，拓展海外联谊工作。接待海外华侨华人，介绍昌邑的经济社会发展情况，增进与世界各国人民的相互了解和友谊。利用中秋节、春节等时机，组织华侨华人用视频相互传递祝福；制作祝福卡片通过微信公众号发放；走访昌邑市海外侨领家属、有影响力的侨属、困难归侨侨眷50余户，发放慰问金及慰问品。

侨情普查“台账化”，与市委组织部联合，在全市范围内摸排调查侨情、海外人才情况。年内，与昌邑统战部联合，完善工作台账，为侨务和海外人才引进工作提供信息支撑，登记侨胞 142 人。市侨联安排专人定期与侨胞联系，排解侨胞家属生活中的困难，展示招才诚意，吸引更多海外侨胞、海外人才回乡建设。

组织延伸“基层化”，构建“侨联 + 侨胞 + 侨星”的工作模式，成立潍坊（昌邑）侨星志愿者服务队和侨心艺术团，建设创新创业联盟和基地，扩大联系面、增强凝聚力，举办各类文化交流和公益活动 20 余次，组织为广场洗脸的主题活动，每月组织志愿者维护广场的卫生，清除口香糖等。利用植树节、清明节、助残日等时机，开展“共植侨星林、凝心聚力谋发展”及清明节祭扫烈士墓、为残疾人义诊等活动，增强侨联的凝聚力，为侨胞共享家乡发展机遇搭建平台。设立“为侨法律服务站”，接待来访来电咨询 30 余人次，协调解决矛盾纠纷案件 5 件。

宣传影响“多样化”，加强侨界群众意识形态工作教育，增强责任意识。由市政协主办，市侨联编写《我和我的祖国——庆祝新中国成立 70 周年昌邑侨界风采录》，宣传昌邑市的华侨历史及侨领人物，展示老一辈华侨爱国爱乡的传统，展现昌邑新侨风采；利用“昌邑侨联”微信公众号，推出工作动态、侨史故事等版块，加强工作信息报道，在各级新闻媒介宣传侨联工作，在各类新闻、报纸发表稿件 40 余篇。组织全市 2000 余名小学生参加由中国侨联、中国广播电台等 9 部门组织的华人小学生作文大赛，分别获得一、二、三等奖。建设侨乡文化教育阵地，依托昌邑丝绸博物馆，建设侨胞之家。作为归侨侨眷联谊、学习、交流的场所，利用有形化的阵地、人性化的服务、特色化的品牌活动，把为侨界群众扶贫助困、文化宣传、权益保障等工作做实做好，提升为侨服务的各项能力。

（陈光伟）

昌邑市文学艺术界联合会

【概况】 2019 年，昌邑市文学艺术联合会（以下简称市文联）工作以满足群众文化需求为导向，坚持常规工作有创新，重点工作求突破，推动各项工作取得成效。

【文艺创作】 围绕庆祝中华人民共和国成立 70 周年，创作出版广播剧《谢你无声》、散文集《一叶慈悲》等代表的重点文艺作品。李洪修年画作品《春之歌》、刘顺常油画作品《东风吹来满眼春》入选第十三届全国美术作品展。姚凤霄作品《潍坊的绿蓝紫》在庆祝中华人民共和国成立 70 周年“我和我的祖国”主题征文大赛中获二等奖。《歌声里奋进的中国》获“我爱祖国”庆祝中华人民共和国成立 70 周年全国优秀散文大赛一等奖。张世奇作品《文字在大地上自由行走》获“双王城杯”大地文学奖暨自然资源文学创作论坛优秀个人奖，入选中国自然资源作家协会签约作家。作协 40 余名会员在省市各种征文中获奖，100 余篇文章发表在国内文学大刊及网络、公众号上。

【文化活动】 组织举办第六届著名作家走进昌邑二月兰采风活动，全国政协委员、中国作家协会副主席徐贵祥等 10 名作家到昌邑参加笔会，实地采风，创作宣传昌邑，推介昌邑。梨花节期间，组织 15 位潍坊知名油画家到博陆山写生创作并举办博陆飞雪——“奇好潍坊”昌邑梨花节写生专题展。第六个中国文艺志愿者服务日，在昌邑市民俗文化传承基地举办“到人民中去”“建设美丽宜居小镇，助力乡村文化振兴”大型民间文艺惠民展演活动，活动为期3天，以多种形式为基层群众送文化、送祝福。推动宣传文化部门“深入生活、扎根人民”、文化下乡主题实践活动常态化制度化，形成市级重大文化活动年年办，特色文化活动月月有的文化格局。统筹文化部门、文艺协会和民间文化团体力量，围绕绿博会、龙乡文化节、黄元御中医药文化节动等文化节会，组织开展系列文化活动，提升昌邑市文化品牌影响力、知名度。围绕庆祝中华人民共和国成立70周年举办“王其智伟人肖像艺术展”“绿都墨韵·绸乡画语——庆祝新中国成立70周年书画名家邀请展”“美术作品百幅联展”“潍水清风——最美轮椅姐姐刘晓清书法展”等庆祝活动20余次。举办昌邑少儿春晚、百姓春晚、“坚定文化自信　推动文艺振兴——民间文艺惠民展演”“文化惠民·送戏下乡”等大型群众文化活动60余次。在昌邑市召开中国书法家协会第七届楷书委员会2019年工作会议。

【后备人才培育】 加大基层文化人才库建设，重视培养民间文化传承人和基层文化骨干带头人。促进本土文学创新创作，全面提高群众文化修养，培育一批具有一定艺术造诣和影响力的文艺人才。作协开办昌邑文学大讲堂并举办4次文学沙龙，倡导文学正解，研究探讨，共同进步；组织会员参加山东散文学会创作大会，开拓视域，举行顾城诗歌研讨会、顾城旧居采风活动，寻找文学渊源；举办姚凤霄《一叶慈悲》新书分享会，立足传承历史文化，培养本土作家。民协创办“民俗文化传承基地”和“文艺志愿服务工作委员会”及多支文艺志愿服务小分队，扩大民间文艺工作的覆盖面和影响力。激励基层艺术团体和民间艺人的艺术创作，鼓励他们推出反映改革开放和时代风貌、反映农民生产生活尤其是脱贫富民和乡村振兴的优秀文艺作品。

（赵晓丹）

昌邑市社会科学界联合会

【概况】 2019年，昌邑市有省级社科普及教育基地1处、社科普及示范镇（社区、村）5个，潍坊市级社科普及教育基地7个、社科普及示范镇（社区、村）8个。以“渤海走廊”革命斗争陈列馆建成开馆为契机，将前期建成的8个专题展馆、26个红色村史馆、20个现场教学点和300余个新时代文明实践中心（分中心、站）串联成线，与各社科普及教育基地、示范镇（社区、村）建设结合，打造“十分钟”社科普及圈，推动社科普及基地全覆盖。在城区主要道路和城乡人流量大的区域依托公交站点、道路护栏、灯杆广告设立社科普及栏2400余处，在各公园建成主题雕塑20余块外，利用电台、电视台、网络和“学习强国”学习平台及“今日新昌邑”“文明昌邑”“昌邑党建”等市内一批权威微信公众号等开展社科知识点推送。

【社科普及活动】 举办“诵经典　话节日”“青少年党史国史知识竞赛”“国学小名士经典诵读大赛”等特色主题活动，山阳梨花节、龙乡文化节、丝绸之乡文化节等系列文化活动和300余场次各类新时代文明实践活动，参与社科普及工作的党员群众活跃度提升。5月，依托“第四届乡村旅游节暨第四届龙乡文化节”开展的社科普及周活动吸引党员群众1万余人参与。注重依托各类讲堂定期开展社科普及活动，将社科成果普及转化与党的各项路线方针政策的宣传统一推进。在社会科学领域学术活动管理的基础上，“潍水大讲堂”举办“新旧动能转换”“全域旅游”等主题讲座8场，以“龙乡大讲堂”“柳乡大讲堂”等40余处品牌大讲堂为代表的各镇（街、区）和市直部门（单位）社科普及平台矩阵开展各类活动300余场次，受教育党员干部群众2.1万人次。

【人才培养】 充实壮大“社科研究人才库”，组建以政治强、业务精、作风正、水平高的党员干部、专家学者、社科研究工作者为骨干力量的社科普及专家队伍和以思想觉悟高、知识范围广的“五老”（老模范、老干部、老教师、老专家、老战士）为主体的社科普及志愿服务队伍70支，定期到党校、基层单位、社区、企业、学校等现场授课。开展“丝绸之乡文化奖”评选、征文比赛、组织推荐潍坊市社会科学研究拔尖人才和社会科学规划重点研究课题等。年内，有3人获评潍坊市级中青年社会科学拔尖人才，2篇论文获评潍坊市级优秀社科论文，60篇征文结集成册，挖掘培养当地社科研究人才2000余人。

【科普成果】 3月，组织申报2019年度潍坊市社会科学规划重点研究课题，为经济社会发展提供理论服务和智力支持。5月，推荐徐迈事迹陈列馆、卜庄历史文化研学小镇为潍坊市第五批社会科学普及教育基地宣教基地。6月，组织参加潍坊市委宣传部、潍坊市社科联举办的“庆祝新中国成立70周年”征文活动，昌邑市推荐论文《再塑田园牧歌式美丽乡村探索—以潍水田园综合体为例》入围优秀论文。9月，推荐卜庄镇为潍坊市第四批社会科学普及示范镇，饮马镇兴会庄子村、围子街道于家部村为潍坊市第四批社会科学普及示范村。11月，组织参评潍坊市第二十七次社会科学优秀成果奖评选活动，《昌邑市志1986—2005》《红色印记—中共昌邑历史简明读本》两项优秀成果获评三等奖。12月，获评“2018—2019年度山东省社会科学普及工作先进集体”。

（王文君）

昌邑市残疾人联合会

【概况】 2019年，昌邑市残疾人联合会（以下简称市残联）坚持以习近平新时代中国特色社会主义思想为指导，学习贯彻落实中共十九大精神和习近平总书记视察山东重要讲话、重要指示批示精神和对潍坊工作重要指示批示精神以及对残疾人事业的重要论述，推进“不忘初心、牢记使命”主题教育，围绕残疾人基本需求，推进残疾人社会保障、精准康复服务、教育就业等各项工作。

【残疾人社会保障】 全年，审核“两项补贴”900余万元，为2881名新增残疾人办理“两项补贴”。配合协调人社局、医保局为全市6000余名重度残疾人代缴养老保险和医疗保险；为158名残疾学生和89名贫困残疾人子女发放助学补贴39万元，实现残疾学生和贫困残疾人子女助学工作全覆盖；为9名残疾人大学生发放励志助学金4.4万元。根据“阳光家园”托养服务的相关要求确定昌邑市精神卫生中心、饮马卫生院、昌邑市特殊教育学校3家机构为残疾人托养服务寄宿制机构，与机构签订服务合同并按规定开展履约管理及绩效评价，为56名智力、精神和重度残疾人提供托养服务；为27名残疾人发放机动轮椅车燃油补贴7020元。

【残疾人证办理】 全年，办理残疾人证5923人，其中重新评定换证3035人，新办证2888人。6项措施加强残疾人证办理工作。为到期残疾人证办理换证手续，不影响优惠政策落实。加大残疾人优惠政策宣传（印制优惠政策手册1万余份，并全部发放到村社区和残疾人手中），提高优惠政策知晓率，引导残疾人办理残疾人证；简化流程，方便残疾人，确保办证实现“一次办好”，提高办证效率。与扶贫等部门提前筛查，做好各项资料准备、沟通协调等基础工作，保证及时为贫困疑似残疾人办证。在办证过程中，办理残疾人证的评定费用全部免除，提高办证积极性。为长年卧床的残疾人开通绿色通道，主动服务，上门为286人办理残疾人证。

【残疾人精准康复服务】 年初，召开残疾人精准康复服务工作会议，做好工作部署，做好精准康复服务需求筛查、辅助器具发放和监督管理工作。全年，为5884名残疾人提供服务，其中为714名残疾人免费发放轮椅、助行器、护理床等辅具，功能康复支持性服务5170人，康复服务率100%，康复覆盖率42.9%。实施残疾儿童的康复救助，年初按照康复机构准入标准进行现场勘察和评估，确定昌邑市妇幼保健院儿童康复中心为残疾儿童康复救助定点机构，摸底、筛查、登记符合条件的残疾儿童，根据实际情况，实施在院治疗、异地康复、“机构+家庭+社区”康复等多种训练救助形式。有康复需求的89名残疾儿童全部安排在院训练，其中市妇幼保健院儿童康复中心有脑瘫4人、孤独症24人、智力残疾45人；异地康复有脑瘫6人、听力言语2人、孤独症4人、智力残疾2人；“机构+家庭+社区”康复2人。残疾儿童康复分类提高救助标准，脑瘫儿童康复训练救助标准由每人每年1.5万元提高至每人每年2.5万元，其他残疾儿童每人每年1.5万元。组织实施残疾人肢体功能重建与畸形矫正康复救助项目。该项目由市残联、市卫健局、市人民医院联合君泰安德肢残康复救助基金共同实施。项目为1000余名肢残群众筛查登记，其中353名肢残患者由北京康复专家诊治，为61名贫困肢残患者免费实施手术救治，减免手术费50余万元。实施复明工程，实现白内障救治无障碍，做到发现一例，手术一例。全年，为1000余名贫困白内障患者减免费实施复明手术，其中60人全部免费。

【残疾人教育就业】 2019年，扶持自主创业7人，扶持市级优秀残疾人就业基地1家，发放扶持资金8.5万元。全市增加城镇残疾人就业40人。依托潍坊北海高级技工学校，邀请专家教授到北孟镇、围子街道、都昌街道等地，举办残疾人农村实用技术培训班6期。培训班课程内容以农村实

11月14日，市残联在围子街道举办残疾人实用技术培训班　（陈清清）

用技术为主，包括土豆、大姜、花卉等高效作物种植、畜禽养殖、电子商务等。培训内容符合残疾人特点，适合残疾人居家就近开展，满足农村贫困残疾人自主创业、致富增收的愿望。全市有117名残疾人就近参加培训。

【残疾人无障碍改造】 残疾人家庭无障碍改造围绕解决“出行难、如厕难和洗澡难”，兼顾残疾人个性化需求，制定一户一方案，改造45户建档立卡重度残疾人家庭。此项工程改造从根本上改善残疾人家庭的生活条件，让他们过上“行得通、出得去、能如厕、能洗澡”的品质生活。

【残疾人数据信息更新】 以在全市残疾人基础数据库中持有第二代中华人民共和国残疾人证的残疾人为主要对象，以全国残疾人基本服务状况和需求专项调查涉及的残疾人基本状况42项调查指标和村（社区）基本公共服务11项调查指标为基础，收集、审核上传一年之内残疾人个人基础信息的变动情况、残疾人享受基本服务的落实情况、村（社区）残疾人基本公共服务的改进情况、残疾人基本服务需求的变化情况等动态。完成调查10958人，调查正常10841人，入户10818人，入户调查率99.79%，电话调查23人；录入采取电脑端751人，安卓4022人，微信小程序6185人，实现APP录入94.35%。

【党建工作】 贯彻落实中共十九大精神和中央、省、潍坊和昌邑市委关于党建工作的部署要求，落实从严治党、党风廉政建设、意识形态工作主体责任，做到抓班子、带队伍、建机制、强基础，以“推进学习型党组织建设，建设过硬党支部”作为党组织书记抓基层党建突破项目。到即墨区残联开展对标学访活动，推进“两学一做”学习教育常态化制度化。抓好“灯塔党建在线”“学习强国”学习活动，组织党员干部到李福泽事迹陈列馆、渤海走廊革命斗争陈列馆、市党史党性教育基地参观学习，接受教育。开展“不忘初心、牢记使命”主题教育，检视剖析出12个问题，落实责任并整改，解决残疾人办证提速、惠残政策宣传等问题。

（初小辰）

昌邑市计生协会

【概况】 2019年，昌邑市计划生育协会以强化基层为重点，深化计生协改革，落实各类项目，建组织、搞活动、办实事，聚焦生育关怀与家庭健康，创新工作品牌，提升服务能力，推动落实“六项重点”任务。年内，获省计生协好新闻三等奖，书画类优秀奖2个。

【救助慰问】 在全系统开展“人口关爱基金募捐”活动，收到捐款8.9万元。搞好困难计生家庭的节日走访慰问活动，救助、走访189户计划生育困难家庭，每户给予1000元的现金救助，救助金额18.9万元。救助贫困大学生6人，金额1.2万元。

【特别扶助】 逐个审核各镇（街、区）报送的特别奖励扶助人员，执行国家、省、潍坊市计生特别扶助政策，确保特扶金及时、全额发放到位。年内，享受特扶1075人，其中死亡标准833人，伤残标准242人，金额888.64万元。

【失独家庭】 做好失独家庭的安抚和一次性失独抚慰金救助工作，建立失独家庭帮扶台账，定期更新。失独计生家庭失去子女30日内，由市卫健局负责发放一次性抚慰补助金，市级财政承担所需资金。全年，发放37个失独家庭、63人一次性失独抚慰金32.25万元。办理失独计生家庭住院护理补贴保险，市财政拨款21.5万元，为年满49周岁的失独人员统一办理每人200元住院护理补贴保险。年内，失独家庭住院护理补贴保险出险64人，入院天数为550天，赔付金额6.4万元。关爱计生特殊家庭“三个全覆盖”。分别是“双岗”联系人制度全覆盖，全市“双岗”联系人1420人；就医“绿色通道”全覆盖，计生协为全市1324名计生特殊家庭成员全部办理方便就医卡，全市的医疗机构均为就医“绿色通道”定点医院，有157人在各级定点医疗机构凭方便就医卡享受优先优惠政策。家庭医生签约服务全覆盖。为失独家庭成员建立健康档案，配备签约家庭医生，每年进行一次免费查体，为每户失独家庭发放一张亲情牵手联系卡。计生特殊家庭成员签约人数1075人，签约率100%。

【健康教育】 打造高规格青春健康俱乐部。市计生协会联合文教、卫生、共青团、妇联等10个部门，在潍坊市工业学校建设国家级青春健康教育基地。针对青少年因缺乏性与生殖健康知识而导致婚前性行为意外妊娠，通过人生技能培训、性教育和青春阳光服务，开展青少年性与生殖健康教育，促进青少年健康成长。6月17日，潍坊市计生协会组织专家服务团到昌邑市开展百场健康教育公益讲座进社区宣传服务周活动。分别在都昌街道刘辛社区、饮马镇饮马社区开展健康教育宣讲活动。

【宣传服务】 开展“奔健康”生态健步走比赛、“健康教育大讲堂”、宣传服务进集市等活动。联合市妇幼保健院、人民医院组成专家服务团到各镇（街、区）社区开展健康教育宣讲活动，受益群众1400余人。在5个社区开展“母子健康手册进社区”为主题的世界人口日集中宣传活动，受益群众800余人。

（李　梅　胡颖飞）

昌邑市红十字会

【概况】 2019年，市红十字会宣传落实《中华人民共和国红十字会法》，以科学发展观为统领，学习贯彻落实中共十九大精神，贯彻落实红十字会各项工作要求，弘扬“人道、博爱、奉献”精神，坚持以人为本、依法建会，开展宣传活动，履行职责，开展备灾救灾工作，实施人道救灾、救护、救助工作。

【无偿献血】 市红十字会利用街头宣传咨询、电视广播、橱窗宣传栏等形式，开展无偿献血、预防艾滋病知识等宣传活动。3月13—21日，组织卫健系统开展无偿献血工作，献血176人次，献血总量4.23万毫升，潍坊市中心血站献血车每周固定时间到昌邑市采血点，全市医疗临床用血100%来自无偿献血。

【造血干细胞捐献】 5月22日，昌邑市第一例涉外造血干细胞捐献者田俊茹在山东第一医科大学第一附属医院（山东省千佛山医院）捐献造血干细胞，用于救治一名美国患者。副省长、省红十字会会长孙继业看望慰问捐献者，省政府办公厅二级巡视员、省红十字会副会长张连三，省红十字会常务副会长李全太，潍坊市红十字会常务副会长张善绘，山东第一医科大学、省千佛山医院领导陪同看望。孙继业为其颁发造血干细胞捐献荣誉证书、慰问金。

【世界急救日宣传】 9月9日，组织昌邑市人民医院、昌邑市妇幼保健院等市直医院和乡（镇）基层医疗机构在街头开展2019年“世界急救日”主题宣传及义诊活动，向市民普及急救知识。年内，采取多种形式，推进宣传工作，发挥红十字会特殊作用，参与全市的艾滋病防治工作。

【疾病救助与红十字精神】 帮助患重大疾病的困难家庭，帮助多个白血病儿童及先天性心脏病儿童申请救助。采取多种形式宣传“人道、博爱、奉献”的红十字精神。发放预防艾滋，日常自救及器官、遗体捐献手册、材料1000余份。加大宣传力度，提高人们对器官、遗体捐献的认识。接受器官、遗体捐献咨询数10人次。协助人民政府开展无偿献血宣传推动工作，参与、推动无偿献血工作。开展捐献造血干细胞捐献宣传、组织捐献工作。

（张正君　于素娟）

军 事

中国人民解放军昌邑市人民武装部

【概况】 2019年，人武部围绕主责主业，着眼有效履行使命，推进作风建设，坚持抓学习强素质、抓基层打基础、抓重点求突破、抓全面创一流，转作风、抓整改、促建设，完成各项工作任务。

【思想政治建设】 深化科学理论武装，落实党委中心组理论学习制度，学习贯彻落实习近平新时代中国特色社会主义思想和习近平强军思想，增强“四个意识”、坚定“四个自信”、做到“两个维护”，跟进领悟转化运用。贯彻军委主席负责制，在掌握体系、维护核心、引领发展上下功夫见成效，做到学懂、弄通、做实。采取上级同步与自主安排结合、授课辅导与参观见学结合等方式，开展“传承红色基因、担当强军重任”主题教育、“不忘初心、牢记使命”主题教育和经常性思想教育，确保教育实效，打牢听党指挥、献身强军事业的思想政治根基。根据上级巡视巡察反馈问题，制定《昌邑市人武部巡视巡查反馈问题整改实施办法》，列出清单、对账销号，自觉对照反思、举一反三抓整改，确保整改见底、问题归零，集中整改和常态抓建，强化政治意识、纯正政治生态。

【战备训练】 修订完善应急作战方案预案，组织海上民兵分队针对性训练。加强指挥手段建设，升级改造视频会议系统，协调市政府推进应急机动指控系统建设。7月上旬，采取“实战化教学、封闭式管理、连队式生活”模式，组织基干民兵到昌乐县民兵训练基地集中轮训，完成军事理论、实弹射击、体能、手榴弹投掷、战场救护与防护、战术基础动作、队列、政治教育、盾牌操作与使用等课目的教育训练，提高军事专业技能。8月11—12日，参加抗击“利奇马”台风行动，组织奎聚、都昌、围子、华晨、同大民兵到寿光抗洪抢险，组织北孟、石埠民兵在辖区内抗洪抢险。9月，组织民兵，承担2019中国（昌邑）北方绿化苗木博览会安保任务。11月上旬，省军区防空分队实弹战术演习期间，组织龙池、柳疃民兵参加各类保障工作。11月上中旬，组织民兵交通运输分队和海上民兵分队进行专业训练，组织市领导、国动委单位成员、专武干部和应急分队、交通运输分队实弹射击训练。11月下旬，组织召开军地情报会商会，参加山东省军区首长机关课题演练。

【国防动员】 调整国防动员各类组织，明确责任分工，健全规范秩序。按照国防动员系统职能要求，谋划推进转型，在思维理念、动员指挥、学习教育、人才培养、安全管理、纯正风气等方面寻找新思路、新举措。提高兵员质量、无责任退兵、廉洁征兵，征兵工作突出抓好动员、体检、政审、走访、训练、定兵、启运7个环节，把好政治、身体、学历3个关口，逐项工作落实制度，逐个新兵审核把关，逐级人员压实责任。8月下旬，按照“模拟化组织、正规化训练、封闭式管理、全程化淘汰”的原则，在潍坊市工业学校组织双合格应征青年役前教育训练，提前体验军营生活、感受训练管理氛围、了解部队纪律要求、端正入伍动机，落实军事训练、政治教育、复查复考、廉洁倒查、组织鉴定、服役承诺6项规定内容。

【依法治军】 落实上级指示、规定，结合实际制定具体落实措施。定期组织条令条例、党的纪律等法规制度学习培训和考试，提高法治意识和思维层次。开展“百日安全活动”，定期组织安全大检查。

【建强基层】 建强基层武装阵地，推进市民兵训练基地建设。市委、市政府将民兵训练基地建设列入市级领导包靠重点工程，建设指挥楼、综合楼、射击馆等。开展民兵营连基层建设、基层武装部建设达标活动，规范基层武装部“三室一库”、民兵营连“部室家”等基础设施。注重加强专武干部队伍建设，采取以工代训、集体办公、会议集训、业务培训等多种方式，军分区组织基层武装部部长资格认证，考核和资格认证全市专武干事，全部合格。先后组织基层武装部长、干事5次集中办公，提高专武干部的任职能力。

（杨　青）

双拥工作

【概况】 2019年，成立市委副书记、市长任组长，41个部门（驻昌部队）主要领导为成员的双拥工作领导小组，明确各成员单位职责，形成市委抓领导、政府抓主导、武装部抓协调，各镇（街、区）抓落实，军地齐参与、部门同协作的双拥工作机制。坚持军地合署办公，建立市级退役军人服务中心1个，镇（街）退役军人服务站10个，村级（社区）退役军人服务站788个，配备服务保障人员958人，形成上下一条线、纵横连成片、层层有人抓、事事有人管的双拥服务网络。压实双拥政治责任，印发《昌邑市双拥工作领导小组成员单位职责》，细化分解《双拥工作考评细则》，双拥工作成效纳入经济发展考核内容，作为各级领导班子和领导干部政绩考核依据。8月5日，召开市双拥工作领导小组全体会议，安排部署全市推进双拥工作并提出明确要求。

【拥政爱民】 6月下旬，人武部领导到昌邑市委党校为昌邑市科级干部培训班进行国防教育辅导授课，辖区驻军单位利用建军节、国庆节等时机，邀请地方领导参观营区、体验军事生活，增强领导干部的国防意识。8月11日，组织北孟、石埠民兵在辖区内抗洪抢险，加固泥河昌邑段西岸堤坝、昌邑潍河地域橡胶坝，2000余户群众、333.33公顷农田免于受灾，挽回经济损失1100余万元。开展国防教育进党校、进社区、进企业、进学校活动。联合团市委组织市中小学生到驻军单位观摩队列、参观内务、枪支装备等，体验军营生活，培养居安思危、常备不懈的国防意识。庆祝中华人民共和国成立70周年，推进国防教育进校园，联合昌邑市教体局在凤鸣学校举办昌邑市中学生“爱我国防”演讲比赛，选拔人员参加潍坊市比赛，取得1个二等奖、7个三等奖。通过活动，培养学生的家国情怀，引导学生树立“国无防不立、民无兵不安”的国防意识，激发学生关心国防、热爱国防、建设国防、保卫国防的政治热情。参与打赢脱贫攻坚战行动，帮扶贫困村，办实事解难事，巩固脱贫攻坚成果，拨付专项扶贫经费10万元，修整改造古河村2条进出村道路，提升村委办公条件，慰问贫困户25户。组织全体干部职工参与全市“慈心一日捐活动”。驻军单位开展“做新时代雷锋传人”活动，到市养老院进行义工活动，开展慰问、义务诊疗、理发、维修物品等活动。年内，协调办理14名军人子女入学入托。

【红色基因传承】 军地各级坚持把宣传教育作为双拥共建的基础工程，依托各种宣传教育基地，开展教育活动。昌邑市双拥工作领导小组依托市革命烈士陵园、抗战殉国烈士祠等红色教育基地载体，利用清明节、建军节、烈士纪念日等重要节点，组织全市党员干部、驻昌部队官兵开展“缅怀革命先烈，传承红色基因”主题教育活动及“9·30烈士纪念日”公祭活动，讲好党的故事、革命的故事、根据地的故事、英雄和烈士的故事，夯实爱国主义教育基础。市委、市政府按照“特事特办、难事快办”思路，坚持工作向部队聚焦、资源向部队倾斜、合力向部队汇集，为战斗力建设铺就“快车道”。建立能动包干机制，围绕部队提出的议题逐个“过筛子”，精准发力，结合市领导分工，明确责任人，“一对一”落实包办，部队满意率100%。妥善处理国防大学与山东潍昌盐场土地移交问题，成立由市副书记任组长、退役军人事务局等多部门参加的专项工作组，移交部队土地333.33公顷。投入资金为廒里靶场营区引接市政供热，解决廒里靶场供暖问题。推动潍坊海警局昌邑工作站改革任务进行，拨付双拥专项经费建设工作站基础设施，提高驻军官兵工作生活条件。动员协调各方力量，投入土地置换资金，腾退土地33.07公顷，廒里靶场土地确权领证事宜进展。守护备战交通动脉，协助海军通信连营区外道路硬化整修，确保部队出行道路畅通。

【抚恤优待政策落实】 落实优抚政策，安置军转干部、退伍军人和随军家属。落实烈士褒扬政策，按标准足额发放烈士遗属抚恤金和部分烈士子女生活补助金，确保各项抚恤优待政策落到实处。依托“双报到”，先后6次进社区，宣传烈士英雄事迹，宣讲《烈士褒扬条例》；投资60余万元升级改造昌邑市革命烈士陵园，规范参观纪念流程，合理布局烈士纪念堂内展品，设置老弱、残疾等特殊群体专属通道、厕所等设施，提升服务质量。提高优待抚恤标准，加大重点优抚对象生活保障力度，落实优抚对象抚恤补助标准自然增长机制，各类优抚对象抚恤补助标准均达到国家最新规定标准。年内，市委、市政府为立功受奖现役军人发放奖励；在春节、建军节期间走访慰问优抚对象，发放慰问金、慰问品17.8万元。采取政府安置与自主就业、自谋职业结合的办法，实行“三公开一监督”的阳光安置政策，完成复退军人接收安置任务。符合政府安置条件的48人中，有9人选择自谋职业，发放自谋职业一次性经济补助136.4万元；24人安置在事业单位，15人安置在企业，安置率100%。开展退役士兵职业技能培训，培训知晓率100%、意愿参训率100%，培训合格率和就业率90%。

（杨　青）

人民防空

【概况】 2019年，市人防工程服务中心转变职能，调整业务范围核心，承办上级行政职能业务。党员干部不忘初心，牢记使命，敢于担当，自觉做到“四不”（不计得失、不讲条件、不撂挑子、不做逃兵。）坚持高标准定位，强化工作措施，提升业务服务水平，在人防工程建设管理和服务方面初步实现学标超标，走在市县前列的工作目标。

【廉政建设】 全省人防系统腐败问题专项治理第二轮指导推进会议后，昌邑市人防系统排查问题，强化措施并整改，推进专项治理活动。排查出 25 项权力清单、6 大类 26 项责任清单、5 大类 7 项问题清单、20 大类 129 个廉政风险点，公布排查出的问题，防微杜渐堵塞漏洞，排查出的自身存在的问题全部整改完成。

【依法行政】 组织全体人员学习行政许可、行政处罚、行政诉讼等法规和人防专项法律法规，派出专人参加省、市组织的行政执法培训，提高行政执法水平，工作中做到公正执法文明执法，落实行政执法“三项制度”，自觉接受群众监督，杜绝不作为乱作为。执法前找住建局法律顾问咨询把关，执法过程中律师事务所派人协助全程录像取证，防止行政执法瑕疵，全年行政执法 20 次无差错。与市行政审批服务局加强合作，依法追缴历史遗留欠账，追缴人防工程易地建设费。

【工程建设服务和监督】 人防工程建设做到服务与管理并重，先服务后监督，强化服务，帮企业排忧解难，解决技术难题。承办上级行政职能，加强工程质量监督管理，消除质量隐患，制订市人防工程管理规定，与地面建筑联测联验，把关验收程序，杜绝建成后长期不验现象。提供人防工程建设服务和加强人防工程质量监督、解决拟补单位人员专业不足问题，公开招标购买服务，择优选定一家专业人防工程质量监理企业，公开续招两家人防工程专业图审公司。

【通信演练和组织指挥建设】 昌邑“6·15”警报试鸣准时拉响。4 月 29 日，市政府召开昌邑市人防基本指挥所协调会议，确定建设昌邑市人防基本指挥所。会后，按照相关规定和建设程序，潍坊市人防办批准昌邑市的选址申请，潍坊市行政审批服务局对项目进行立项，住建局牵头组织通过指挥所项目的可行性研究和专家评审，招标后完成施工图设计并通过图纸审查。

法　治

政法委与综治

【概况】 2019年，市委政法委以“工作落实年”和“不忘初心、牢记使命”主题教育为契机，围绕市委决策部署，立足职能、忠诚履职，推进平安昌邑、法治昌邑、过硬队伍建设和深化司法体制改革。

【维护社会稳定】 坚决维护政治安全，落实各项安保任务，完成青岛海军节、中华人民共和国成立70周年大庆等重要节点安保工作任务，实现“七个坚决防止”任务目标，市委政法委被省委、省政府评为“全省新中国成立70周年安保维稳工作先进集体”。

【服务经济发展】 建立企业报案“绿色通道”，第一时间接警、第一时间侦破、最大限度挽损各类涉企案件。2019年，破案70余起，抓获犯罪嫌疑人24人，挽回损失1000余万元，挽损率同比上升23%。组建打击侵犯知识产权、扰乱市场秩序罪案专门办案团队，实行专业化、精英化办案模式，办理侵犯知识产权、制售假冒伪劣商品等涉产权保护犯罪案件4件、19人。深化实施包保服务企业制度，政法各部门领导班子成员到企业走访调研，帮助解决问题，听取意见建议，走访调研企业100余家，征集意见建议120条。推进“放管服”改革，将车管所作为“放管服”改革的先行试点，服务规范度居全省前列，在昌邑市召开潍坊市车驾管深化“放管服”改革现场观摩会，潍坊市电动自行车登记挂牌工作将昌邑市作为试点，潍坊昌邑改革办先后予以肯定并推介，省委机关刊物《山东通讯》刊发有关做法。

【化解社会矛盾】 创新发展新时代“枫桥经验”，在基层治理中探索实施基层决策事前听证机制，搭建集参政议事、表达诉求、调处矛盾等功能于一体的基层协商民主平台，变“被动应付”为“超前预防”，变“冷眼旁观”为“置身其中”，变“单兵作战”为“组团协作”。实施后，全市累计组织事前听证1300余次，预防化解矛盾纠纷1000余起，群众满意率98%，从源头上预防和减少矛盾纠纷，提升基层社会治理水平。创新建立群众诉求接待中心，探索“1+4+3”群众诉求服务模式，排查辖区内社会矛盾纠纷和群众诉求，及时发现不稳定苗头性因素并化解。相关经验做法在法制网、民主与法制网以及《民主与法制时报》等主流媒体刊发。

【平安昌邑建设】 推进以党建为引领，以综治中心标准化建设、网格化服务管理和“雪亮工程”建设为重点的“1+3”社会治理体系建设。全市10个镇（街、区）及所辖690个村（社区）均完成综治中心建设工作，镇、村两级网格化服务管理中心建设实现全覆盖。推进“雪亮工程”建设，全市社会面监控探头联网总数1.72万个，市综治中心公共视频监控平台与市公安局公共视频监控平台实现互联互通，1.31万路视频资源实现联网共享。重新划分城区网格，配强城区网格员队伍，提升网格员专业化水平。贯通网格员APP和综治信息系统，疏通各个层级间的信息传输网络和服务管理网络。推进全市扫黑除恶专项斗争，全市破获各类涉恶类犯罪案件194起，抓获涉恶类犯罪嫌疑人186人。其中，刑事拘留117人，打掉涉恶类犯罪团伙26个，抓获团伙成员121人（打掉恶势力犯罪集团4个，恶势力犯罪团伙2个）。

4月17日，市委政法工作暨全市防范化解重大风险和扫黑除恶专项斗争工作会议　（张鲁）

7月11日，省法学会专职副会长兼秘书长任伟（左三）一行到昌邑市调研　（张鲁）

【法治昌邑建设】 开展信访积案化解攻坚活动，省交3起10年以上积案实现“清零”，10起5～10年积案化解9起，化解率90%，206起2～5年积案化解195起，化解率94.7%，完成省交信访积案化解任务。设立家事审判合议庭，健全家事调解员、家事观察员、家事调查员、心理辅导员的“四员”队伍，联络妇联、教育、民政等部门，构建家事纠纷联动调处机制，促进家庭邻里和睦。潍坊市中级人民法院在昌邑市召开调研观摩会进行推广。夯实基层公共法律服务实体平台建设，社区司法行政工作室、农村社区新型调解组织、“一村（社区）一法律顾问”100%覆盖，打通法律服务为民“最后一公里”。探索实施党建引领和法律义工+法学会工作等做法，依托法学会工作站和社区法律服务诊所，建立市、镇、社区三级覆盖，服务延伸至社区的义工服务网络，打响“爱心小屋”、王文浩工作站等系列法律义工品牌。相关经验做法在《民主与法制时报》和中央、省、潍坊市三级法学会媒体刊发。7月11日，省法学会专职副会长兼秘书长任伟一行到昌邑市调研。

【政法队伍建设】 开展“工作落实年”和“不忘初心、牢记使命”主题教育，推进“两学一做”

学习教育常态化制度化，开展政治轮训、邀请专家授课，组织广大政法干警学习习近平新时代中国特色社会主义思想和中共十九届四中全会精神，贯彻落实《中国共产党政法工作条例》，增强广大干警的政治自觉。在全市政法系统组织开展执法司法工作“三评议”活动，更新完善982人的社会评议员库并开展社会评议，组织专业队伍评查案件33起，组织100名员额法官、员额检察官、办案民警相互评议，提升全市执法司法工作水平。突出典型引领，涌现出以“全国模范法官”谢啸林为代表的一批先进个人典型。

（徐立峰）

法治政府建设

【概况】 2019年，昌邑市政府以习近平新时代中国特色社会主义思想为指导，贯彻落实中央、省、潍坊市法治建设工作部署，推进法治政府建设各项工作任务落到实处，在全社会营造“尊法、学法、守法、用法”的法治氛围。

【建章立制】 2019年，昌邑市成立中共昌邑市委全面依法治市委员会，下设执法、司法、守法3个协调小组，并设立办公室，设在市司法局，推进全面依法治市工作，构建“党委领导、政府负责、社会协同、公众参与”的法治建设工作格局。其中，法治政府建设作为主要工作内容被纳入2019年度全面依法治市年度工作要点，细化任务分工，压实工作责任，从顶层设计层面夯实法治政府建设的组织领导，建立法治政府建设“谁主管、谁负责、谁交账”责任机制，明确法治政府建设的“路线图”与“时间轴”。

市委、市政府履行推进法治政府建设第一责任人职责，树立“首位”意识，在市委常委会议和市政府常务会议上听取法治政府建设、综合行政执法体制改革、行政执法监督体制改革等工作汇报，审议研究《昌邑市法治政府建设实施纲要》《昌邑市综合行政执法体制改革实施意见》《昌邑市重大行政执法决定法制审核实施办法》《昌邑市2019年度法治政府建设情况报告》等多项文件。制定印发《昌邑市法治政府建设实施纲要（2016—2020年）》《昌邑市2019年法治政府建设重点工作计划》等文件，全面部署法治昌邑建设。落实法治政府建设年度报告制度，法治政府建设工作列入镇（街、区）和市直部门科学发展综合考核。

建立健全科学民主决策制度，执行重大行政决策程序规定，遵守重大行政决策“五步走”法定程序。制定《昌邑市重大决策社会稳定风险评估提醒制度》《昌邑市重大决策社会稳定风险评估备案制度》《昌邑市重大行政决策程序规定（试行）》和《市政府重大行政决策合法性审查办法（试行）》等制度，推进政府决策的科学性、合法性。把建立完善法律顾问制度作为推进依法行政、建设法治政府的重要举措，制定《关于建立政府法律顾问制度的意见》《昌邑市人民政府法律顾问工作规则》，组建政府、党委法律顾问专家库，实现重点部门、重点领域法律顾问全覆盖。

【依法行政】 履行政府职能，推进行政决策科学化、民主化、法治化。健全重大行政决策制度体系，落实《潍坊市重大行政决策程序规定（试行）》，审核重大行政决策合法性，推进重大行政决策科学化民主化法治化。全年履行4项市政府重大行政决策项目合法性审查程序，邀请公众参与、专家论证，评估项目风险，最终出具合法性审查意见。创新行政规范性文件管理制度，实行规范性文件制发主体清单管理，凡未纳入清单的部门（单位）均不得制发规范性文件，从源头防止乱发文件、越权发文等问题，提高规范性文件权威性。抓好规范性文件合法性审查制度、“三统一”制度、备案审查制度及定期评估制度的落实。坚持全面审查原则，细化规范性文件制作流程，完善配套文书，加强规范性文件征求意见情况网上反馈。年内，经过履行合法性审核程序，并出具合法性审核意见，经登记编号公布的市政府规范性文件2件，及时报送备案。完善党委政府法律顾问制度机制，提升顾问层次，根据涉法事务类别，建立对应服务小组，推动法律顾问事前、事中、事后全程服务涉法事务，发挥法律顾问队伍作用，为政府涉法事项提供法务支持。政府法律顾问及专家律师参与决策论证、政府合同、文件审查、信访案件处理、行政复议诉讼案件研究等50余人次，发挥法律保障作用。

坚持公正文明执法，制约和监督行政权力。推进落实行政执法“三项制度”，印发《昌邑市人民政府办公室关于印发〈全面推进落实行政执法公示制度执法全过程记录制度重大执法决定法制审核制度实施方案〉的通知》，明确要求各行政执法部门（单位）推进落实“三项制度”，规范行政执法行为，确保严格规范文明执法。加强行政执法主体和人员的清理工作，提升执法效能。印发《关于开展全市行政执法主体和行政执法人员清理工作的通知》，全面清理全市各行政执法机关、设立在该行政区域内实行垂直领导的行政执法机关及其行政执法人员。清理后保留县级行政执法主体68个；注销处理全市离开行政执法岗位的102名行政执法人员持有的《山东省行政执法证》，其中县级行政执法人员70人，镇级行政执法人员32人。加强执法监督投诉案件办理和执法案卷评查工作，提高群众对行政执法的满意度。抽调业务骨干组成行政执法案卷评查小组，组织2019年度重点领域执法案卷的评查活动，对照案卷评查标准，评查涉及公安局、市场监管局、综合行政执法局、交通局、生态环境局、行政审批服务局等重点执法单位，发现问题及时反馈至相关单位，并督促整改。

加强行政执法队伍管理和培训。建立行政执法证件管理微信工作群，发布系统操作指南，审核新申领和年审证件的人员，确保行政执法证件办理符合规定条件。实行行政执法人员资格认证和证件管理制度，未经统一培训和上机考试不合格的，取消执法资格。组织召开全市领导干部依法行政专题培训暨行政执法人员公共法律知识培训会议，邀请知名律师现场讲授，各镇（街、区）分管负责人，市政府有关部门（单位）分管负责人、法制科室负责人以及待参加公共法律知识考试的执法人员450余人参加培训会议，提高政府工作人员法治思维和依法行政能力。

【普治并举】 将宪法宣传作为法治宣传的首要任务落实，开展宣传活动，弘扬宪法精神，培育宪法成为全民共同的法治信仰。在国家机关普遍开展宪法宣誓、学习培训、座谈交流、演讲比赛等活动，引导广大机关干部将学习宪法作为履职尽责的基本功和必修课，增强尊崇宪法、学习宪法、遵守宪法、维护宪法、运用宪法的自觉性和坚定性。推进宪法进学校、进课堂，采取主题板报、征文演讲、知识竞赛、法治辩论赛、模拟法庭、情景剧、专题讲座等多种形式，开展校园宪法宣传活动，寓法于教、寓法于乐，培育校园宪法文化。将宪法宣传同乡村振兴、精准扶贫等中心工作结合，围绕基层群众需要，开展免费赠送宪法文本活动，并组织村（居）法律顾问，到村（居）开展一次宪法宣讲。

落实“谁执法谁普法”工作责任制，完善普法责任制清单，将习近平新时代中国特色社会主义法治思想、扫黑除恶专项斗争、创建文明城市、优化营商环境等内容列入年度普法工作计划，修订完善全市“谁执法谁普法”普法责任制清单。创新法治宣传方式，加快法治宣传固定阵地建设，各镇（街、区）普遍建成法治文化主题公园（广场）建设，“一镇一品、一园一韵”的法治文化格局初步形成，引进普法机器人，省司法厅予以推广。开通抖音号开展普法宣传，吸引粉丝1.5万人，获赞7.6万次，打造“普法公交车”，群众可“乘一站车，学一路法”。开展“法律七进”活动，推行按需普法、阵地普法、节日普法、流动普法等“精准普法”工作模式，组织开展“3·15”“6·25”“全国扶贫日”“8·1”“法治宣传教育月”等大型法治宣传活动200余次；建成法治文化主题酒店；在车站、市审批大厅建设法治宣传角。

推进公共法律服务体系建设，群众共享法治红利。开展“公共法律服务体系建设提升年”活动，整合法学会、公证、律师、司法鉴定、行政复议、基层法律服务等资源，增加和完善昌邑市公共法律服务中心职能作用，打造“一站式”为民法律服务平台；创新打造公共法律服务“指尖平台”，建设法律服务“微超市”，推行“码”上服务，上墙公示注册合格的法律服务工作者的基本信息、擅长领域、电话号码和微信二维码。夯实基层公共法律服务实体平台建设，社区司法行政工作室、农村社区新型调解组织、“一村（社区）一法律顾问”覆盖率100%，将群众法律难题解决在“家门口”，打通法律服务为民“最后一公里”。推进法律援助工作网络建设，在各镇（街、区）、重点领域、部门建设法律援助联系站点，打造昌邑市“一小时法律援助工作圈”。推进公证改革步入“深水区”，以“放管服”改革为契机，在土地流转、旧村改造、家庭赡养等方面事项流程再造，提高办事效率，缩短办证时间，让群众享受到更加优质的法律服务。

坚持共建共治共享，推进社会治理提档升级。加强法治建设，坚持以法治县（市、区），法治镇（街）创建为重点，以法治机关、法治企业、法治学校、民主法治示范村（社区）等创建为基础，打造一批规格高、有亮点、重实效的示范单位，发挥典型带动作用，促进开展全市法治创建活动。2019年，昌邑市围子街道邢家村通过全国民主法治示范村（社区）复审，奎聚街道东店社区、围子街道围子村、柳疃镇刘家村等9个村（社区）通过省民主法治示范村（社区）复审；在潍坊市法治镇街评选中，柳疃镇、龙池镇进入复审。打造“法律义工”特色品牌，以法学会为平台，参与棚户区改造、征地拆迁、城中村改造、城市建设等重点项目、重点领域的“访民情、听民意”大调查活动，预防和化解矛盾纠纷689件，提高项目推动的质量和效率，并先后打响“爱心小屋”“老郭工作室”王文浩工作站等系列法律义工品牌，累计解答法律问题5万余个，化解矛盾纠纷356起。

（李　倩）

公　安

【概况】 2019年，市公安局坚持“五大警务”发展理念，以中华人民共和国成立70周年大庆安保为主线，以构建现代警务运行机制为目标，坚定“五大警务”理念，聚焦合成作战、基层基础、执法规范、服务民生“四大主题”工程，统筹推进事关昌邑公安长远发展的重大战略和重点工作，推动昌邑公安全方位、深层次进步。

【安保工作】 围绕各类重大敏感节点，完成各级“两会”、青岛海军节、中华人民共和国成立70

周年大庆等系列重大安保活动，被潍坊市局授予“全市公安机关新中国成立70周年大庆安保突出贡献奖”。发扬斗争精神，打击犯罪，巩固良好治安态势，破获25起8类暴力案件。扫黑除恶工作被潍坊授予“全市扫黑除恶专项斗争优秀团队”。“云剑”追逃行动考核居全市第二。探索完善“三长盯案”机制，侵财类案件破案率创历史新高。禁毒工作在潍坊科学发展观考核中居全市第一，在昌邑市召开潍坊禁毒工作现场会，推广昌邑做法。全省量刑最重的“5·19”食品领域案件，获评公安部十佳精品案例。

【固本强基】 完成三年基层基础建设，71个攻坚项目全部达标。以视频监控为核心的信息化建设提速攻坚，技防网络进一步织密。推进人防队伍网建设，开展联勤联防。创建“枫桥式公安派出所”，各派出所创新基层治理模式，推进形成共建共治共享格局。

8月14日，昌邑市政府副市长、公安局党委书记、局长王树国到公安部经侦局汇报工作 （公安部经侦局）

10月1日，昌邑市委书记吕珊珊（前排左二）到昌邑市公安局交通警察大队车辆管理所调研 （姜子初）

【改革创新】 启动大数据合成研判作战中心，支撑警务实战，《人民公安报》《公安内参》进行报道，经验成果获全国“数据警务智慧公安”征文二等奖、全省科技进步三等奖。建成全国第一家县级经侦联勤中心，全国海量数据资源汇入昌邑市公安局，为实现“全国打、打全国”“全局用、用全局”提供现实条件。在全省建成空间集中、功能齐全、衔接流畅的执法办案管理中心，树立全省执法规范标杆。深化公安“放管服”改革，车驾管工作经验被省委机关刊物《山东通讯》刊发，通过ISO9000质量认证，打造车驾管领域全国行业标准。

【管党治警】 引导全警增强“四个意识”、坚定“四个自信”、做到“两个维护”，提振履职质态。推进“两个职务序列”改革，足额发放重大安保活动临时补助，解决干部压级问题，提拔正、副科级干部8人，调整中层干部66人。

【监区监管】 保障在押人员合法权益，将监所建设为展示法治文明的窗口。邀请人大代表、政协委员、特邀监督员考察检查看守所，接受社会各界的监督。推进监所医疗卫生社会化，为被监管人员提供平等的医疗服务，完善“所院协作”机制，畅通被监管人员就医“绿色通道”，保障在押人员合法权益。开展“两保障两并重”教育。树立“尊重和保障人权”的法制观念，提升公安监管执法公信力。加强监所文化建设，用良好的监区文化氛围和监区文化生活陶冶在押人员的情操。定期开展大课教育，培养在押人员树立正确的世界观、人生观、价值观。组织开展朗诵、歌咏等比赛活动，培养在押人员的学习兴趣，从思想上树立起热爱生活的理念，丰富他们的精神文化生活。

（徐晓磊）

检　察

【概况】 2019年，昌邑市人民检察院落实“讲政治、顾大局、谋发展、重自强”的检察工作总要求，坚持高点定位、勇争一流目标，更新司法理念、强化责任担当、忠实履行职责，各项工作在改革中稳进、落实、提升，为服务保障经济社会高质量发展作出贡献。连续12年被评为全国检察宣传先进单位，连续17年保持“省级文明单位”称号，年内，被表彰为全省检察机关先进集体。在潍坊市检察机关工作绩效考核中获14个基层检察院总评第三名。

【服务社会】 制定并落实服务保障打好“三大攻坚战”的实施意见，发挥打击、预防、监督、保护等检察职能，提供精准化、能动化服务。围绕防范化解金融风险，打击恶意逃废银行债务行为和各类非法金融活动，依法惩治金融诈骗、非法吸收公众存款、组织领导传销活动等犯罪12件、20人。围绕精准脱贫攻坚，打击虚报冒领、套取侵吞、挤占挪用扶贫资金等犯罪，推动司法救助与精准脱贫衔接，救助因案致贫10人、5.5万元，做好包村联户和派驻第一书记工作，结对帮扶贫困户27户。围绕助力污染防治，与生态环境部门协作联动，依法打击污染环境犯罪6件、8人。

服务新旧动能转换重大工程，投入“三打”

9月11日，组织开展“检察护航民企发展”检察开放日活动　（缪欣）

12 月 27 日，潍坊市人民检察院党组书记、代理检察长陶卫东（前左一）到昌邑市调研检察工作情况、经济社会发展情况（张平平）

“三清”“三治”优化营商环境专项行动，依法严惩妨碍破坏重大项目建设犯罪 7 人。实施乡村振兴战略，惩治危害农村稳定、破坏农业生产和侵害农民利益的犯罪 23 人。建设海洋强市，组织开展海洋生态保护专项监督活动，打击破坏海洋资源和污染海洋环境犯罪 4 人。

执行办理涉民营企业案件 11 条执法司法标准，加强民营企业家人身、财产安全司法保护，办理侵害民营企业权益案件 32 件、49 人。组建法律咨询服务团，开展“检察护航民企发展”检察开放日活动，解答法律咨询 42 条，帮助解决涉法涉诉问题 16 个。办理的 1 起维护民营企业合法权益案件被省检察院评为 2019 年度典型案件。

坚持以人民为中心的发展思想，把群众的痛点、难点作为检察工作的要点、重点，回应群众司法需求。加强弱势群体和困难群众司法保护，重点打击侵害农民工、老年人、妇女儿童等弱势群体合法权益犯罪 66 件、87 人，帮助农民工追索欠薪 46.5 万元。开展“四下基层”活动，为群众提供法律服务 360 余人次，帮助解决实际困难 26 个。发挥“12309”检察服务中心作用，提供案件查询 113 次，公开重要案件、法律文书和程序性信息 1525 份。

【法律监督】 维护政治安全和社会稳定，落实打好扫黑除恶专项斗争“昌邑战役”重大部署，按照“是黑恶犯罪一个不放过，不是黑恶犯罪一个不凑数”要求，坚持有黑必扫、有恶必除，加快办案节奏，依法批捕涉恶犯罪 5 件、9 人，起诉 4 件、17 人。发挥批捕、起诉检察职能，参与平安昌邑建设，审查逮捕 264 人、审查起诉 816 人。完成全国两会、中华人民共和国成立 70 周年大庆等安保任务。

履行惩治职务犯罪检察职责，与市监委协作配合，形成惩治职务犯罪工作合力，依法履行决定采取强制措施、审查起诉、出庭公诉等职责。全年，受理职务犯罪案件 5 件、5 人，依法决定逮捕 2 件、2 人，提起公诉 4 件、4 人，持续在反腐败斗争中发挥检察作用。

开展公益诉讼工作，树立“双赢、多赢、共赢”理念，聚焦生态环境和资源保护、食品药品安全、国有财产保护及国有土地使用权出让等重点领域，办理公益诉讼案件 18 件。落实“通过诉前程序维护公益目的是司法最佳状态”的要求，发出诉前检察建议 15 件，相关部门全部采纳整改。针对破坏海洋生态环境、危害食品药品安全犯罪，依法提起刑事附带民事公益诉讼 3 件，维护国家和社会公共利益。

强化刑事检察监督，依法监督立案 5 件，监督撤案 6 件，不捕不诉 97 人，追捕追诉 39 人，刑事抗诉 5 件。强化民事、行政检察监督，办理各类民事、行政检察监督案件 23 件，提出再审检察建议2件。强化刑事执行监督，办理羁押必要性审查28件，纠正违法26件，监督收监执行判实刑未羁押人员42人。强化控告申诉检察监督，处理群众来信来访223件，所有群众来信均做到“7日内程序回复，3个月内办理过程或结果答复”，涉检信访继续保持去省进京零上访。强化未成年人检察监督，联合市教体局共同开展落实“一号检察建议”暨送法进校园活动，《构建娱乐场所长效监管机制，净化未成年人成长环境》的做法被省院作为典型事例新闻发布，第二检察部被表彰为全省“青少年维权岗”。

5月10日，召开市检察院内设机构改革大会　　（桂召学）

【队伍建设】 强化思想政治建设，把习近平新时代中国特色社会主义思想作为根本遵循，把检察工作置于党的绝对领导之下，树牢“四个意识”，坚定“四个自信”，做到“两个维护”。落实《中国共产党政法工作条例》《政法机关党组织向党委请示报告重大事项规定》，向市委、市委政法委报告重大事项、重大案件和重要部署13次，确保检察工作的正确政治方向。推进“不忘初心、牢记使命”主题教育，增强守初心、担使命的思想自觉和行动自觉。结合“工作落实年”活动，弘扬“不争第一就是在混”的精神，开展寻标对标，提升标准境界，树立实干担当、积极作为的责任意识。

提升党建工作水平，树立“抓好党建是最大政绩”的理念，履行管党治党政治责任，探索打造“党旗红＋检察蓝”党建工作品牌，形成“强党建带队建促业务”的氛围。落实《中国共产党支部工作条例（试行）》，推进基层党组织标准化建设，持续加强党员队伍管理，提升党建工作水平，院党组被表彰为潍坊市“学习型党组织建设示范点”。加强意识形态阵地建设和管理，传播检察好声音，弘扬法治正能量，微博平台获“全国检察微博二十强”，微信作品获全省检察机关一等奖。

筑牢拒腐防变防线，履行全面从严治党、全面从严治检责任，落实中央八项规定精神和实施细则要求，加大正风肃纪力度，规范检察权运行机制，明确检察权力清单，防止检察权被滥用。坚持关口前移、抓早抓小，抓实纪律作风建设，严守底线红线，全年未发生检察人员违规违纪案件。

强化履职能力建设，坚持抓班子带队伍，严肃党内政治生活，严格落实民主集中制，增强班子凝聚力和战斗力。突出实案实战实训，开展多层次、全员化教育培训和素能研修，提升干警综合素质，推动各项工作提档升级。2019年，有31个集体和个人获市级以上表彰，5起案件被评为省市级精品案件、典型案件，1名干警被省委、省政府授予“山东省人民满意公务员”称号。

（桂召学）

法　院

【概况】 2019年，市人民法院新收各类案件9375件，办结9492件，同比分别增长23%和24.5%。

【审判职能】 贯彻总体国家安全观，坚持宽严相济刑事政策，审结各类刑事案件604件，判处717人，分别上升28.5%和21.3%。参与扫黑除恶专项斗争，坚持院庭长带头办案，审结恶势力团伙犯罪案件5件、20人，均判处有期徒刑刑罚。推进刑事庭审实质化，落实庭前会议、非法证据排除和法庭调查“三项规程”。坚持依法保护产权、倡导诚实守信，处结借款、保险、股票、买卖等各类商事案件2268件，为公民、法人挽回经济损失1.9亿元。依法保障和服务民生，审结婚姻家庭、交通事故、人身损害赔偿等各类民事纠纷案件2966件。其中，审结道路交通事故案件736件，追回经济损失9578万元。审结民间借贷纠纷案件627件，涉案标的额957万元，依法保护合法有序的民间借贷关系。审结商品房买卖、房屋租赁等案件54件，保障人民群众居住、生活基本需求。依法审理涉及农村土地承包、流转、农产品流通、规模化经营等涉农案件，服务乡村振兴战略。服务生态文明建设，依法惩治污染环境、破坏生态的违法行为，以实际行动践行“绿水青山就是金山银山”理念。依法审理劳动争议、农民工追索劳动报酬、追索赡养费、扶养费、抚育费案件，保障弱势群体合法权益。

【服务经济建设】 围绕市委、市政府工作部署，研究制定服务保障经济发展实施意见，增强司法服务针对性。发挥规范市场秩序职能，依法保障实体经济发展，营造公平公正的法治环境。依法审理涉及物权、股权等纠纷案件，加大产权司法保护力度。关注司法领域反映的经济社会问题，借款、担保合同中出现的法律问题，及时向各金融机构提出司法建议，防范金融风险，推进金融改革发展提供法律服务。推进供给侧结构性改革，加大“僵尸企业”处置力度，以法治化、市场化手段推进企业优胜劣汰。持续加大执行工作力度，执结各类案件3596件，同比上升46.3%，为群众兑现合法债权5.38亿元。集中开展“凌晨突击”“执行会战”等专项行动，用足用活查封、扣押、拘留等强制措施，全面清理涉民生、涉金融案件，攻克一批“钉子案”“骨头案”。强化执行措施适用，拘传、拘留被执行人197人，拍卖、变卖被执行人财产201次，纳入失信“黑名单”407人，2名被执行人犯非法处置查封财产罪被判处有期徒刑。开展涉金融案件专项执行行动，执结案件441件，为昌邑市金融机构追回债权1.18亿元。

【营造法治化营商环境】 践行“法治是最好的营商环境”理念，加大服务民营经济、外经外贸企业力度，建立涉及盐及盐化工、纺织印染、机械加工等企业纠纷案件“绿色通道”，优先立案、快速审判、及时执行。依法保障民营经济发展，区分罪与非罪、经济纠纷与经济犯罪的界限，优化营商环境。在审判活动中防范企业资金链断裂引发连锁反应，依法慎用查封、扣押、冻结等强制措施，考量职工安置、企业发展和社会稳定，争取最佳司法效果。履行司法审查职能，依法审理征地拆迁、工商管理、治安处罚等行政案件，助推法治政府建设和“放管服”改革；完善行政争议协调处理机制，加大对土地征用、房屋拆迁、资源保护等领域纠纷的协调和解力度，促进行政争议实质性化解，支持行政机关依法行

9 月 11 日，人民陪审员就职宣誓及培训会议（卢栋）

人民法庭审结各类民事案件 1975 件，占全院民事案件总数的 45%。

【司法作风建设】 落实中央八项规定精神及其实施细则精神，开展多轮次、常态化的审务督察和明察暗访活动，发现、督促整改纪律作风问题。提升干警司法能力，开展庭审观摩、案例研讨和优秀文书评选等活动，加大审判实务培训力度，提升法官适用法律、做群众工作和解决实际问题的能力。坚持全面从严治党、从严治院，开展“廉洁司法、担当作为”集中警示教育和“查问题、正风纪、树形象”纪律作风整顿，定期发送廉政短信，组织观看警示教育片，通报违纪违法典型案例等，增强干警廉洁司法、担当作为意识。健全廉政风险防控体系，着重加强重点岗位、重点人员的业内、业外监督，用好监督执纪“四种形态”，挺纪在前，抓早抓小，打造忠诚干净担当的法院队伍。

政，保护行政相对人的合法权益。加强非诉行政执行工作，支持城建、交通、环保等部门的行政执法工作。参与社会治理创新，开展“法治六进”活动，举办普法讲座、法律咨询 12 次，开展专题宣传活动 6 次。加大司法公开力度，完善流程信息、庭审直播、裁判文书、执行信息、微博直播等全方位公开平台，发布审判流程信息和执行信息，公开裁判文书 3520 篇，庭审直播 269 场次。

【诉讼服务】 加快推进一站式诉讼服务中心建设，整合功能，集中办理送达、保全、坚定、评估等辅助性、事务性工作，方便当事人“一站通办”“一次办好”。推进网上立案工作，当事人足不出户即可完成提交材料、缴纳费用等事项。完善多元纠纷解决机制，对接各类调解组织，推动行政争议审前和解中心建设和道交一体化等专业化纠纷平台应用，为群众化解纠纷提供更多便利。畅通群众诉求表达渠道，落实办案法官、庭长、分管院长、院长梯次信访化解责任，信访总量同比下降。实施特困刑事被害人、申请执行人救助制度，缓减免诉讼费用 17 万元。加强人民法庭建设和管理，优化人民法庭职能配置，3 处

【司法改革】 规范民商事办案流程，推动审判流程优化重塑，推进案件繁简分流、轻重分离、快慢分道，加快公平正义的实现速度。推行新的办案模式，组建速裁团队 2 个，实现调裁一体、简案快办。推进人民法庭职能转型，围子法庭专业化审理金融案件。制定法官权力清单，落实独任法官、合议庭办案责任制，让审理者裁判、由裁判者负责。坚持放权与监督结合，强化院庭长监督管理职责，明确干预过问案件和正当监督管理的界限，实行案件监管全程留痕制度，防止司法权力滥用。完成内设机构改革任务，院机关内设机构由 20 个精简至 11 个，实现扁平化管理。加

强干警绩效考核，激励法官多办案、快办案、办好案。年内，员额法官人均结案 206 件，各类案件平均办案天数同比减少 12 天。

【党建工作】 坚持抓党建带队建促审判，落实党建工作主体责任，确保党建、意识形态、党风廉政建设与审判执行工作同谋划、同部署、同推进、同考核。推进党建工作创新，坚持“支部建在庭上”，组织开展“我为党徽添风采、公平正义铸党魂”党建品牌创建、党员“双报到”等活动，将党建工作与业务工作全面融合。落实意识形态工作责任制，落实“三同步”原则，加强对法院网站和“两微一端”的监督把关，维护司法领域的意识形态安全。

组织开展“不忘初心、牢记使命”主题教育，组织到党性教育基地参观学习、举办专题辅导讲座、组织专题调研等，引导广大干警学懂弄通做实习近平新时代中国特色社会主义思想，树牢“四个意识”，坚定“四个自信”，做到“两个维护”。贯彻《中国共产党政法工作条例》，落实重大事项请示报告制度，及时向市委、市委政法委报告重要工作、重大事项和复杂敏感案件。配合市委巡察工作，市委巡察反馈问题，逐项列出清单，明确责任领导、责任部门、整改措施和时限，确保各项整改任务落地生根、落地见效。

（卢　栋）

司法行政

【概况】 2019 年，昌邑司法局落实中央、省、市政法工作会议、司法行政工作会议精神，围绕市委、市政府的中心工作，发挥司法行政、法律服务、法治宣传、法制保障的职能优势，开展人民调解、法治建设、社区矫正及安置帮教、法律援助等工作，维护社会稳定。

【普法宣传】 探索打造“精准普法”工作模式，针对不同普法对象的特点和需求，编制个性化“普法菜单”，采取喜闻乐见的普法形式，激发不同普法对象的学法热情，让普法宣传真正入心入脑。引进普法机器人，运用“人工智能”开展校园普法宣传，校园普法实现“要你学”到“我要学”的转变，此做法作为典型经验被省司法厅推广；开通普法公交车，开展“流动普法窗口”创建工作，群众“乘一站车，学一路法”；围绕中心大局开展普法宣传，开展“法治春风来、博陆梨花开”“普法宣传走进绿博园”“梨枣节法治宣传专项行动”等活动，被省普法办推广点赞；围绕精准扶贫和乡村振兴工作，开展“普法公益电影百村行”活动，其做法被潍坊市局和省厅宣传推介；创新普法宣传方式方法，打造互联网 + 普法宣传，拓展抖音、快手等宣传渠道，其中利用抖音推出宣传“微视频”100 余部，吸引粉丝 1.5 万人，获赞 7.5 万次。昌邑市被潍坊市推荐获评全国“七五”普法中期先进县（市、区）。

【为民办事】 2019 年，建立行业性专业性调解组织 7 处，开展全市矛盾纠纷排查工作，各级人民调解委员会排查各类矛盾纠纷案件 1958 件，调处 1924 件，调解成功率 98.3%。打造特色人民调解品牌，挖掘老模范资源优势，在全市推广“老郭工作室”“文浩律师工作室”建设。发挥人民调解“第一道防线”作用，维护退役军人合法权益，坚持“三个一”理念推广建设“老兵调解室”，《潍坊晚报》予以报道。

增设智能化、便民化设备，提高基层司法所的规范化、信息化程度，完成 10 个镇（街）公共法律服务中心及98个社区的98个司法行政工作室的建设工作，实现镇（街）公共法律服务中心和村（社区）司法行政工作室全覆盖。10个省定贫困村的司法行政工作室建设全部完成，全市98个社区、690个村居全部聘请法律顾问。都昌司法所、围子司法所、柳疃司法所、龙池司法所、卜庄司法所被评为“全省规范化司法所”。人民陪审员的选任工作由司法行政机关牵头完成，人大常委会任命149名人民陪审员持证上岗。矛盾纠纷调解网格“规范化”，年内，开展人民调解组织标准化、规范化建设。3月，成立物业、环保两家行业性专业性调委会，昌邑市行业性专业性调委会扩大至7家，实现矛盾纠纷多发易发领域行业全覆盖。5月，印发《关于开展“防风险、保稳定、促和谐”人民调解专项活动的实施方案》，完善人民调解工作网络，强化网格管理，构建起五级调解网络纵向支撑，行业性专业性调解组织横向延伸，特色调解组织补充完善的立体式调解网络。以“大学习、大调研、大改进”为契机，到基层村（社区），摸底人民调解组织建设情况，以纪念“枫桥经验”40周年为契机，推进人民调解组织标准化、规范化建设，落实人员、场所等保障，95%的村调委会完成规范化建设。探索“特色调解”工作模式，在全市推广建设“老郭调解室”“文浩律师工作室”等调解组织，吸收“五老”人员、和事佬等民间力量参与人民调解工作，完善律师参与涉法涉诉矛盾纠纷调解、听证会，推进人民调解“第一道防线”作用有效发挥。年内，调解矛盾纠纷2000余件，矛盾调解成功率98%。

【服务社会经济发展】 法律援助工作发挥法律援助职能作用，加强监督管理，优化案件结构，深化便民服务，服务于保障和改善民生。全年，受理承办各类法律援助案件300件，办结案件220件。受援人涵盖老年人、妇女、未成年人、残疾人、农民工等不同人群，维护受援人的合法权益和社会稳定。发挥法律服务在优化营商环境工作中的作用，开展“企业法律体检”“送法进企业”“法律顾问百企行”等活动，取得“法治润企　法治护企　法治促企”的成效。探索建立优化营商环境“常态化”工作机制，编制企业法律服务“菜单”，实现“企业按需点单，法治服务上门”，相关做法被潍坊市司法局推广。

【帮教监管】 提高社区矫正智能化、科技化和信息化水平。加强对社区服刑人员的常态化管理，强化网络新型媒介管理方式的应用，在服刑人员和社区矫正工作人员之间建立微信群，辅助矫正工作人员更好的联系服刑人员并通过新型媒体对社区矫正人员进行法制宣传。强化社区服刑人员教育管理工作，提高矫正水平。加强社区服刑人员法律法规教育学习和衔接处理工作。针对服刑人员所犯罪名制作相关法律法规PPT、宣传材料等教育学习材料，让社区服刑人员学法、懂法、服法、用法。加强与派出所、社区、村委会的衔接，核对社区服刑人员基本信息，做到及时通报给辖区派出所和社区、村居。

【行政复议】 发挥行政复议在化解社会矛盾中的作用。综合运用公开听证、实地调查、调查和解、专家会审等办案手段，公开公正处理案件，坚决纠正违法或不当的行政行为，妥善化解行政争议。年内，全市行政复议立案申请55件，立案审查55件，审结案件数量49件，直接纠错8件，间接纠错18件，发挥行政复议的内部纠错作用。行政复议案件实时录入山东省行政复议办案平台，提升案件信息化管理。

【制度建设】 执行民主集中制，坚持“三重一大”集体决策，落实一把手“五不直接分管”，建立“集体领导、正职监管、副职分管、民主决策、相互制约、相互监督”的权利制衡机制。建立合理分工机制。司法局分工主要遵循“一把手”不分管股室，尤其不直接管“人、财、物”，如大额度资金使用审批变“一支笔”为“多支笔”；着眼便于协调，不“齐抓共管”、分工交叉，权重适当搭配。建立科学决策机制，制定《司法局内部职责分工》《司法局党支部职责》《司法局党支部工作制度》等制度，明确职责，做到在其位谋其职，贯彻民主决策，提高工作效率。建立民主参与机制，建立健全《司法局会议制度》《司法局领导班子务虚会制度》，规定有重大事项定期召开班子成员碰头会，落实精准扶贫措施和重要经费支出等，实行班子集中研究、集体决定，坚持专人负责，定期审核，民主理财，发扬民主。

（牟俊卿）

经济管理

发展改革

【概况】 2019年，市发改局围绕市委、市政府中心工作，推进“工作落实年”各项重点工作任务，完成各项工作。

【宏观调控】 启动“十四五”规划编制前期工作；牵头编制《昌邑市新旧动能转换重大工程实施规划》和《昌邑市乡村振兴战略规划（2018—2022）》。加强经济运行分析，编制完成并组织实施《昌邑市2019年国民经济和社会发展计划》，跟踪研判地区生产总值、固定资产投资等主要经济指标。

【新旧动能转换】 调整新旧动能转换重大工程建设领导小组，成立新旧动能转换领导小组及十大产业专班，成立市新旧动能转换综合试验区建设办公室。制定监测台账，围绕创新引领动能转换等8个方面，每季度调度工作开展情况，动态监测全市新旧动能转换工作情况，明确优势和短板，突出产业链条打造、集群培育、政策配套及“四新四化”发展，推进新旧动能转换重点事项实施。建立新旧动能转换项目库，储备第三轮新旧动能转换项目121个，总投资995亿元，其中4个项目入选省优选项目，33个项目入选潍坊新旧动能转换项目库。产业转型升级作用明显，下营、龙池化工产业园通过省级化工园区认定，推进乙烯项目，浩信共享工厂列为省铸造行业共享工厂体系建设试点，华晨科创工坊、凯泰超纤、华宝高档纺织原料等项目转型升级，雅拉生态食品产业园具备连续化、规模化生产和高端牛肉供给能力，满国康洁环卫集团成为省重点服务业企业和山东“企业上云”标杆企业，“双千双百”产业园区集聚带动能力增强。

【乡村振兴战略】 潍水田园综合体和梨花水镇

9月30日，潍坊发改委主任孙守良（右二）为昌邑市农产品调查户授牌 （高丽媛）

（一期）项目入选省乡村振兴重大项目库第一批入库项目，潍水田园综合体项目获批农发行中长期贷款资金7亿元，至年底到位4亿元；潍水田园农村产业融合发展示范园列入首批潍坊市级示范园创建名单。报送乡村振兴“十百千”工程示范乡、村全部认定材料，联合组织部、宣传部等10部门出具评估认定报告；与省市专家对接，争取昌邑市示范创建通过省级认定。推进2017年千亿斤粮食（新增）项目，完成工程形象进度91.7%。

【服务业发展】 2019年，全市规模以上服务业实现营业收入14.2亿元，同比下降6.1%。其中，规模以上交通运输仓储邮政业营业收入1.86亿元，同比下降34.1%；规模以上其他营利性服务业营业收入0.14亿元，同比下降11.7%。服务业实现税收9.83亿元，同比增长7.8%。全市实现社会消费品零售总额210.36亿元，同比增长4.1%，其中实现限额以上社会消费品销售额31.53亿元，同比下降13.7%。市金融机构本外币各项存款余额448.5亿元，较年初增加16.4亿元，增长3.8%。其中，住户存款余额359.8亿元，较年初增加36.6亿元，增长11.3%；贷款余额291.8亿元，较年初增加29.4亿元，增长11.2%。青山智谷电商平台、华海贸易广场“互联网+”产业园等电商平台运营良好，利用海盈跨境通综合服务电商平台为40余家企业提供一站式服务，形成跨境电商聚集区，坚持线上线下渠道双向拓展，激发外贸新动能。举办第二届国际半程马拉松比赛、第四届乡村旅游节暨第四届龙乡文化节等系列活动，提升节会知名度、影响力。满国康洁环卫集团相继承接国内25省、自治区，120余个市（县、区）城乡保洁，成立600余个项目部，国内托管合同额187亿元。

【资源争取】 潍水田园综合体一期项目入选2019年省重点建设项目，获得土地指标13.33公顷。浩信昌盛高端免维护轮端一体化智能制造项目入选2019年潍坊十大重大项目，梨花水镇、玉柴高端发动机等13个项目入选2019年潍坊市重点项目。山东华晨彩装科技有限公司昌邑华晨集团研发中心等4个项目入选省服务业重大项目库。山东国新视点文化旅游开发有限公司梨花水镇项目（一期）等11个项目入选市服务业重点项目库。为昌邑市龙港·育秀园A区一期项目等4个项目争取上级无偿资金1480万元。为昌邑市华晨悦胜纺织有限公司、昌邑市成强纺织有限公司争取棉花进口配额6677吨。昌邑市龙港无机硅有限公司承建的山东省无机硅化物工程实验室获批2019年山东省工程实验室；山东立辉重工有限公司技术中心认定为省级企业技术中心；山东得和明兴生物科技有限公司微生物研发公共服务平台入选2019年度省级服务业创新中心。海景光伏扶贫项目纳入第二批国家可再生能源电价附加资金补助目录，获得15兆瓦国家能源电价补贴。昌邑石化、柳疃热电分别获得2019年度关停机组补偿发电量计划1.16亿千瓦时、0.69亿千瓦时。申报2019年燃煤锅炉电能替代项目奖励用户1家、潍坊电动公交汽车集中式充换电设施用电价格奖励用户1家、银东直流跨省区交易用户1家。山东浩信昌盛智能制造产业园增量配电业务试点，列入国家第四批增量配电业务改革试点名单。

【重大项目建设】 省、市、县三级新旧动能转换项目、重点工程项目继续实行月调度机制，推进重点项目建设。省重点潍水田园综合体一期项目完成投资6.8亿元；浩信昌盛高端免维护智能制造项目完成投资15.3亿元；13个潍坊市重点项目完成投资37.7亿元；谋划储备“四个一批”重大工程包项目190个，总投资1038亿元。优选项目、重点企业、重大项目纳入“山东省新旧动能转换重大项目管理服务平台”和“潍坊市企业和重大项目智能化管理服务平台”，协调解决企业及项目建设中的困难和问题，全程服务项目建设。落实“四个一”领导包靠责任机制，潍莱高铁、都昌棚户区改造、凯泰超纤面料等61个市级领导包靠项目完成投资103.7亿元。

【产业转型升级】 开展煤炭消费减量替代，摸底排查煤耗5000吨以上的重点煤炭消费企业4次，督导有关企业进行整改。推进散煤清洁化治理和煤炭清洁高效利用工作，调整协调小组组成单位和人员，传达清洁煤炭和节能环保炉具推广计划，以政府采购方式确定3家清洁煤炭供应商，签订供煤合同；开展散煤治理专项整治行动，根据群众举报和执法检查，取缔61处煤炭经营网点；加强煤炭质量检测监控，会同潍坊市质检所抽检全市煤炭经营网点的35个样品。推进燃煤机组关停，多次发布关停通知，协调有关乡（镇）督导企业明确关停任务，制定关停方案。加强电力行业监管，印发有序用电方案、事故拉闸序位方案等文件；组织开展电力行业安全隐患大排查大整治、节能宣传周和低碳日宣传、电力行业“防风险保平安迎大庆”消防安全隐患排查整治和迎接庆祝中华人民共和国成立70周年电力安全生产专项整治等行动。加快新能源产业发展，新能源产业聚集区规模以上新能源企业7家，落户项目15个，总投资105.32亿元；累计建成风电场4处，总装机容量19.65万千瓦；建成地面光伏电站4处，总装机容量11.5万千瓦；分布式光伏发电项目累计备案30余万千瓦。充电桩累计安装128个，城投集团与中皓新能源集团达成合作协议，引进中皓新能源智慧体验中心项目，在昌邑市分期安装600个充电桩。渤海湾（一期、二期）光伏扶贫项目通过潍坊市级验收；申报充电基础设施2018年国家奖补资金29.47万元。

【信用体系建设】 开展信用建设主题集中宣传活动，向主流媒体报送信用宣传新闻稿件100余篇；组织市直部门1000余人参加信用知识普及答题活动，组织600余家企业及40余个市直部门签订诚信承诺书。发布《昌邑市守信激励创新试点方案2019》，制定《2019年昌邑市社会信用体系建设工作要点》《关于建立守信联合激励和失信联合惩戒制度加快推进社会诚信建设的意见》《关于在行政管理事项中使用信用记录和信用报告的实施意见》《昌邑市守信激励创新试点方案》。调度报送行政许可和行政处罚“双公示”信息1.27万条；发布信用“红名单”2批689个、信用“黑名单”2批155个。探索试点信用场景应用，为个人和企业提供“互联网+信用+教育”“互联网+信用+医疗”“互联网+信用+养老”以及“信易贷”“信易批”“信易租”“信易游”“信易行”等服务，在“信易贷”“信易批”“信易游”“信易行”等8个领域开展试点。

【优化营商环境】 深化“放管服”改革，启用全省县级市首个不动产统一登记电子权证平台，打造“2240”昌邑新速度。推动区块链技术应用，自主研发、搭建基于区块链技术的业务共享载体，录入各类有效电子证照8万余张，10余项电子证照可共享，200余项业务不需再提交证照复印件。推出挖掘城市道路与工程建设涉及城市绿地、树木审批“套餐式”服务，实现“一窗办理”“联合踏勘”，申请材料压缩67%，审批时限提速60%。自主研发“一窗办”车驾管业务外挂系统，建设潍坊市首家24小时服务的“无人车管所”。上级取消下放的41个事项全部承接落实到位，初步建立与潍坊市级公共信用信息平台的互联共享机制。提高企业用电便利度，政企客户同步实现“一证（营业执照或组织机构代码证）办电”。提升精准服务企业能力，制定《关于聚焦企业关切进一步优化营商环境的实施意见》。针对首次贷款（首贷）难和民营、小微企业融资难、融资贵的问题，引进蚂蚁金服，扩大普惠金融投放范围，拓宽企业融资渠道。持续开展降低企业成本专项行动，降低企业成本12亿元。

（冯立群）

市场监管

【概况】 2019年，将市科学技术局的知识产权职责，市商务局的打击侵犯知识产权和假冒伪劣商品、反垄断相关职责，市物价局的价格监督检查及反垄断相关职责划入市场监督管理局（以下简称市场监管局）。围绕“双随机、一公开”工作，发布抽查任务，涉及市场主体1173户。推荐3件商标参与注册国际商标，培育2件地理标志证明商标，2个项目获潍坊市专利奖、1个项目获潍坊市标准创新奖。获批“国家知识产权强县工程试点县”。牵头开展在食品安全方面“漠视侵害群众利益”问题专项整治及在“不忘初心　牢记使命”主题教育中整治食品安全问题联合行动。组织认领市场监管权责清单，认领梳理797项权责清单事项。发挥市场食品和餐饮安全监管、药品和医疗器械监管、化妆品和保健品监管、特种设备监管、商标和广告监管、知识产权保护、质量和标准化管理、促进个私经济发展、公平交易执法及网络监管等综合职能作用，打击经济违法违章行为。

【食品安全监管】 牵头创建省级食品安全先进市。食品安全群众总体满意度、创建工作知晓率、创建工作支持率均超过90%。食品检验量每年5.3份/千人，依法应查办的食品安全违法案件查办率、监督抽检不合格产品核查处置完成率、应公开的监督执法和行政处罚信息公开率100%。开展在食品安全方面“漠视侵害群众利益”问题专项整治及“不忘初心　牢记使命”主题教育中整治食品安全联合行动。检查学校食堂、供餐单位及校园周边食品经营者1000余户次，网络餐饮业户800余户次，下线入网业户500余户，培训人员500余人。跟踪管理琨福和宏大2家规范化农贸市场，指导华海市场参与第二批规范化农贸市场创建，提高市场规范化经营水平。在市内大中型商超、实施统一采购的连锁超市等单位推行鲜鸡蛋“双证制”。组织全市7家大中型超市、3处较大型农贸市场及学校食堂、大型餐饮企业进行培训。开展食品工厂规范化创建，根据昌邑市重点品种分布及风险程度，打造肉制品生产企业样板2家。规模以上企业为山东硕昌农牧有限公司，规模以下企业为潍坊百聚源食品有限公司。培育规范化生产典型，推广先进企业规范化生产经验，组织全市同类企业学习观

8月2日，执法人员检查超市食品质量安全　（杨莎莎）

摩样板企业，复制样板企业做法，推进“食品工厂规范化”建设。开展快检托管，督导琨福和宏大2家批发市场续签2019年度检测托管协议。指导昌邑市绿环蔬菜专业合作社与格林检测公司首次签订托管协议，3家农产品批发市场托管快检室检测蔬菜水果等食用农产品9.32万批次。安排专门人员，每日通过“潍坊透明快检室”软件平台，审查快检数据实时上传情况，同时进行不定期实地检查，督促快检室正常运行。持续开展校园周边食品安全专项整治。落实全市184家校园周边食品经营业户的责任，加强日常动态管理。联合教育部门，制定发放“致学生及家长的一封信”“致食品经营业户一封信”3万余份。召开全市校园周边食品安全集中培训会议，开展校园周边食品销售者风险分级评定并按照等级监督检查。开展生产企业肉制品和非洲猪瘟防控专项整治，进一步整治肉制品中食品添加剂使用不规范、生产环境脏乱差、擅自委托加工、进货查验不严格等问题。责令2家生产过程不规范企业、1家生产环境脏乱差企业整改，避免重大问题的发生。监督检查生猪产品集中交易市场、商超、食品生产企业等经营加工单位。重点检查经营者“两证两章一报告”及查验制度落实情况。对6家以猪肉为原料的食品生产企业召开专题工作会议，规范生产。开展食用农产品、桶装饮用水、风味饮料、食品安全风险隐患排查等多项专项检查。推进食品抽检，全年完成抽检计划3277批次。

9月6日，开展食品药品领域警示教育工作会议　（杨莎莎）

【餐饮服务业监管】 开展餐饮服务食品安全监管。实施餐饮服务食品安全量化分级管理，完善餐饮服务量化分级公示制度，做到餐饮服务提供者量化分级评定率100%。开展学校食堂餐饮质量提升“三大工程”。全市有64家学校食堂参与完成“阳光厨房”行动，103家学校食堂安装快检设备，91家学校食堂实现大宗物品集中采购。从源头上筑牢学校食堂食品安全防线。全市持证餐饮单位量化分级809个，量化分级率100%（A级餐饮单位39家，B级餐饮单位265家，C级餐饮单位505家）。将网络订餐、养老机构、机关、企业、社会组织等单位的食堂纳入“明厨亮灶”实施范围。全市学校食堂（含托幼机构）明厨亮灶率100%，餐饮服务单位明厨亮灶率超过30%。联合市教体局举办全市中小学（幼儿园）食品安全管理工作培训会，提高学校食堂食品安全管理水平。做好重大活动餐饮服务食品安全保障监管。保障昌邑市两会、中高考、学业水平考试等重大活动食品安全，实现“零事故、零投诉”。加强重点领域食品安全监管，会同市教体局、卫健局检查工作落实情况，限期整改完成存在问题的9所学校食堂。开展网络餐饮规范提升行动，摸底排查全市300余家网络餐饮单位，推动全市网络订餐健康有序发展。定期约谈“美团”“饿了么”平台办事机构负责人，要求上线餐饮业户必须持有效食品经营许可证，取得食品经营许可证3个月后进行等级评定，公示量化分级信息。

【药械化妆品市场管理】 强化药品、医疗器械和化妆品市场管理。开展药品经营使用环节日常监督检查，检查药品经营企业213家、药品使用单位10家。开展中药饮片质量集中整治和农村药品市场安全、执业药师“挂证”行为、疫苗使用管理等10项专项整治工作，检查单位200余家，移交执法大队处理50余家。开展药品经营质量管理规范认证跟踪检查，跟踪检查36家企业，收回药品质量管理规范认证证书2家，撤销药品质量管理规范认证证书1家。开展药品不良反应监测，参加潍坊市组织的药品不良反应监测培训班，提高工作人员业务能力。报送报表评价审核，全年评价审核报表674例。强化医疗器械市场管理，检查医疗器械经营企业80家，一级以上医疗机构14家，全年发布责令整改27家。开展医疗器械专项整治，安排部署无菌和植入性医疗器械专项整治，医疗器械经营质量管理规范提升活动，装饰性彩色平光隐形眼镜和避孕套经营企业专项检查。收到三级监管医疗器械经营企业和医疗机构自查报告36份。开展可疑医疗器械不良事件监测工作，评价医疗器械不良事件307例。开展违法宣称非特殊用途化妆品清查行动、化妆品“线上净网　线下清源”风险排查处置行动。推进化妆品不良反应监测，开展化妆品监督抽检工作，完成化妆品7批次抽样送样。

【特种设备监管】 提高特种设备安全监察员的持证率，组织执法大队和各市场监管所人员参加省局举办的“特种设备安全监察员（B类）取证考核班”。组织持证监察员28人次参加在潍坊和泰安举办的知识更新培训。更新知识结构，适应特种设备安全监察工作的新常态。检查计划名单内中的240余家特种设备相关单位进行全面检查，实现全覆盖、全闭环，全面消除存在的特种设备隐患。强化学校、医院、车站、商场、体育馆等公众聚集场所涉及公共安全的锅炉、电梯、压力容器、压力管道、大型游乐设施等特种设备使用单位检查力度。重点检查电站锅炉范围内管道、危险化学品行业特种设备的隐患治理。聘请安全专家排查化工领域特种设备隐患。开展锅炉“煤改气”领域特种设备的排查整治。2019年，昌邑市在“山东省特种设备安全监督管理系统”有各类在用设备6113台，其中压力容器4091台、锅炉212台、电梯1255台。增加各类特种设备1650台，增长率36.97%，其中增加锅炉110台，增长率107.84%。增加压力容器993台，增长率32.05%。增加电梯305台，增长率32.11%。

【商标广告监管】 2019年，普查全市地理标志产品、地理标志证明商标并建立档案。申请“昌邑生姜”“昌邑黄姜”地理标志证明商标，申请报送“潍子核桃”地理标志产品。全市地理标志证明商标18件、地理标志保护产品3件。组织6家企业（协会）参加潍坊市地理标志研讨会。开展千百企业商标规范提升活动。全年普通商标注册申请800余件，总注册量3300余件，驰名商标9件，国际马德里商标10件。规范指导企业申办马德里国际商标品牌。指导规范山东硕昌农牧有限公司、潍坊凯德塑料机械有限公司、昌邑环卫等涉外商标，培育“新美泰”涉外商标申报马德里商标。开展广告专项整治，以主要干道两旁、公交车载广告、建筑工地围栏等公共户外场所为主，打击非法广告，净化广告消费环境。约谈与指导广告经营单位负责人。加大互联网广告治理力度，开展互联网广告监测工作，全年监测互联网广告违法线索6条、户外广告线索9条。立案查处广告违法案件4件，处理广告类投诉10件。

1月14日，开展迎接省成品油市场集中排查整治工作验收会议

（杨莎莎）

【知识产权和标准服务】 获批国家知识产权强县工程试点县，建设期2年。组织企业申报国家、省、市各级专利奖。两家企业在潍坊市专利奖中获2项二等奖。潍坊金丝达新能源科技有限公司的省专利导航项目完成验收。推进知识产权创造量质齐升。全市专利申请量691件、专利授权量623件，其中发明申请211件、发明专利授权27件。发放省、市及全市专利补助资金33.6万元。强化知识产权优势企业培育，增加5家贯标企业，4家通过省知识产权优势企业培育认证的贯标企业获得奖励。推荐知识产权质押贷款。全市企业专利质押融资1.27亿元，争取省市两级专利质押贴息、政策贴息31.23万元。指导市城乡环卫服务按国际标准在国外运行。报送城乡社区环卫服务示范（国家标准）获立项。指导潍水田园综合体形成标准规范。杨金华公司获潍坊市标准创新奖奖励。加大知识产权宣传培训，提升社会知识产权意识。利用宣传周组织开展知识产权宣传活动，悬挂条幅、发放宣传单、电视媒体等，向公众普及解读知识产权相关政策。走访各镇（街、区）、重点企业、学校，举办培训班、座谈会等，拉近知识产权与大众的距离，了解知识产权助力经济发展的效益和前景。开展“春笋行动”“蓝天行动”“铁拳行动”等专项活动维护知识产权。

【质量抽检】 开展成品油生产企业专项检查。加强监督检查山东昌邑石化有限公司，加大该公司车用汽油和柴油抽样检查力度。抽取车用汽油5个、车用柴油5个，经检验合格。委托省专家检查该公司，根据现场检查提出的意见整改完毕。加强工业产品生产许可证证后监管。2019年自查报告公示全部提交。专家检查1家食品相关产品生产企业、1家危化品包装企业、2家危化品生产企业。开展检验检测机构监督检查，监督检查10家涉环境检测类认证机构和其他8家检验检测机构。配合省、市级资质认定监督检查，省市级资质专家检查4家机动车检测机构、2家环保检测机构、1家综合性实验室。开展认证认可监督检查，检查3C认证企业1家、管理体系认证1家。抽检在营加油站57个，抽取车用尿素、成品油样品160批次。完成抽检在营加油站100%和加油站经营油品100%的两个全覆盖计划目标。由省市场监管局、省质检院组织检查36家社会加油站经营的所有油品，全部合格。配合上级部门消费领域抽检工作，加强学生用品、纺织品、化肥、车用尿素、液化石油气等产品的质量抽检。全年抽检计划3277批次，主要包括食用农产品1505批次、糕点194批次、酒类196批次、速冻食品224批次、肉制品137批次、调味品112批次、食用油油脂及其制品60批次、饮料50批次、粮食加工品51批次。

【计量民生】 开展能源计量现场审查。现场审查全市5家重点耗能企业能源计量。监督检查加油机专项计量，完成全市59家加油站、870台次在用加油机的专项检查。开展全市90余家化工企业安全防护类计量器具专项监督抽查，全年检定安全防护用计量器具9000余台/件。完成52家生产企业的102批次的定量包装商品监督检查。全年检定、校准计量器具2.5万台/件。推行民用“四表”校检，推进粮食、种子、大姜、土豆、农膜等农副产品收购、供应中的计量器具的检定，完成贸易结算用强检计量器具检定1.11万台/件。做好定量包装商品日常计量监督检验，帮助销售单位提高对定量包装商品工作的认识。开展农资类产品计量监督检验，计量专项监督检查全市农资类定量包装商品生产销售企业、农资批发市场以及经营门店生产销售的种子、化肥、饲料等农资类定量包装商品。完成定量包装商品监督检验106批次。提高计量检测能力，完成F1等级毫克组砝码标准装置、F1等级克组砝码标准装置、F2等级公斤组砝码标准装置、精密压力表标准装置、燃油加油机检定装置、可燃气体检测报警器检定装置6项社会公共计量标准的到期复查换证。完成二氧化硫气体检测仪检定装置、氨气检测报警器检定装置2项社会公共计量标准的建立。加大计量宣传力度，利用“3·15”等活动宣传计量工作，免费为消费者检定血压计、体重秤等计量器具140余台/件，开放实验室1次，发放宣传材料260余份，解答消费者计量咨询100余人次。“5·20”世界计量日期间，开展进企业、进社区活动，帮助20余家企业解决在计量器具方面的难题。开展强检计量器具备案工作，网上备案169家强检计量器具使用单位，备案强检计量器具6589台/件。

【消费者权益保护】 投诉举报受理中心全年受理投诉举报2880起。政务热线工单限时办结率超过90%，群众满意率超过80%。被授予2018年度全市民生热线工作先进单位，1人被授予先进个人称号。与市消费者协会开展“2019年度3·15国际消费者权益日纪念”活动，设立两个分会场现场受理投诉、解难答疑，发放1600余册宣传手册。组织开展流通领域家用电器，内墙乳胶漆商品质量抽样检测、安全帽产品质量安全专项监督检查和开展明码标价市场巡查活动。加强电力和医药领域的价格监管，向昌邑市出租车公司、公交车营运公司、昌邑汽车站、各大超市、药房及医药公司发放《关于保持市场价格稳定提醒函》，要求各单位在节日期间执行国家、省、市的价格法律法规和相关政策规定，加强企业内部价格管理，维护消费者权益。加强网络云平台监管。全年处理涉及网络购物的消费者投诉举报92起。

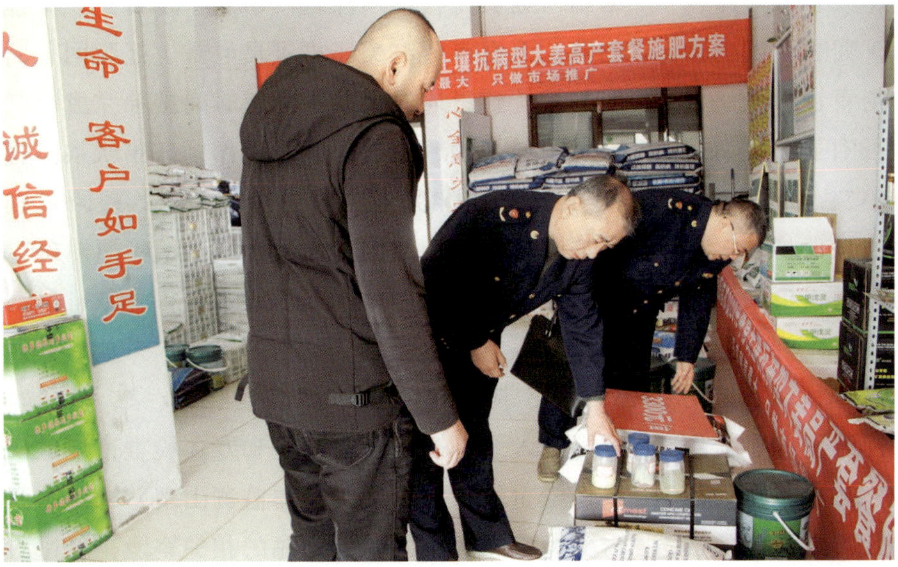

3月19日，执法人员检查农资物品质量 （杨莎莎）

【部门协作执法】 发挥职能作用，配合相关部门做好维稳协作执法工作。参与扫黑除恶专项斗争，与公安机关签订《关于在查处经济违法犯罪活动中加强协作联动的意见》，建立健全信息共享、联动协查和联动保障机制，开展调查研究、联合执法、双向移送、日常协调等工作。开展打击和防范经济犯罪宣传和咨询活动，在活动现场设立咨询台和展板，讲解市民的提问，发放宣传材料 500 余份。加大打击传销和规范直销，与公安机关实行信息互通互报，协同配合作战。继续做好流通领域烟草市场秩序整治，与市烟草专卖局召开联席会议，开展“齐鲁利剑”专项活动，检查烟草经营业户 90 余户，查处无证经营烟草案件 42 起，维护烟草市场秩序。配合市金融部门开展非法集资风险排查整治行动。在全市范围内开展集中打击制售封建迷信用品的专项整治行动、查缴非法政治性出版物、有害出版物专项行动等。

【促进个私经济】 成立个私经济发展促进科。组织小微企业负责人参加省局新升级小微企业培训班。指导开展小个专党建，排查摸底非公经济组织党建工作，梳理全市个体私营企业党建工作情况。配合党委组织部门、非公有制经济组织和社会组织党建工作机构推进小微企业、个体工商户和专业市场的党建工作。

【公平交易】 强化反不正当竞争执法，以房地产、涉医涉药等行业、领域为整治重点，依法整治社会关注度高、人民群众反映强烈的虚假宣传、商业贿赂、有奖销售等不正当竞争突出问题，查处微信刷单虚假宣传案件 1 起。加强保护知名企业、知名商标、知名品牌。回访昌邑市申报的知名企业 12 家、知名品牌 20 个，补充完善企业保护档案，建立政企联合打假维权工作机制。走访供水、供电、公共交通、有线电视等行业企业用户或服务对象，了解经营者、消费者意见、诉求，加强与公用企业业务主管部门及其行业协会的沟通，引导企业加强自律、公平竞争。开展严厉打击制售假冒伪劣商品行动等系列专项打假维权行动，重点查处一批侵犯他人注册商标专用权，仿冒知名商品特有的名称、包装等行为的侵权案件。加强打击传销工作力度，调查处结涉嫌传销行为的举报 17 起。开展“六进”活动，发放宣传材料 500 余份，悬挂各类宣传标语 12 条。配合教育部门辅导各学校学生，教育其树立健康学习的生活理念，自觉远离传销组织和行为。推进扫黑除恶专项斗争各项活动，成立专项斗争领导小组，制定《扫黑除恶专项斗争实施方案》《“扫黑除恶专项斗争集中宣传发动月”活动实施方案》《扫黑除恶专项斗争 2019—2020 年宣传发动工作实施方案》，进行 2 次行业形势分析研判，任务细化分解、落实到人。将商贸集市、批发市场、建材市场、歌厅娱乐场所、车站码头、旅游景区等作为重点深入摸排线索。多方式、多渠道营造强大宣传声势和氛围，提高知晓度和关注度。

【网络市场监管】 完善潍坊市行政处罚与行政强制权力网络运行系统。根据全市行政处罚和行政强制权力事项网上运行系统上线运行培训工作会议要求，梳理和填报行政处罚与行政强制权力事项 1220 条。推进“互联网 + 监管”事项清单梳理编制，逐项完善事项梳理、事项基本要素、流程配置。根据市政府关于推进昌邑市“互联网 + 监管”系统建设通知要求，按照时间接单完成监管事项清单认领、梳理、编制工作，全年认领监管事项目录清单 206 项，编制检查实施清单 190 项。完善网络经营主体数据库，健全档案立“户口”。登记市场经营主体 5.93 万户，其中企业 10844 家，个体工商户 4.84 万户。研判建档和人工搜索建档 580 家，其中官网 230 家，网店 349 家，自建经营平台 1 个。开展网络巡查和专项检查，规范网络经营主体行为。针对定向监测出现“未见本平台的亮标亮照问题”等问题的相关企业，经过人工搜索重新建档，将平台显示的违法网店链接列入灰名单。组织实施2019网剑行动，督促经营者按照《中华人民共和国电子商务法》和其他有关法律法规规章的要求守法诚信经营，全年研判处置违法线索140条，涉嫌未亮标亮照、合同违法、广告违法等问题，检查网络经营主体383户次，实地检查网站、网店经营者222户，督促指导网络不规范经营行为176户。

（冯景仁　刘德珂）

检验检测

【概况】 2019年，市检验检测中心围绕市委、市政府思路举措，落实习近平总书记视察山东重要讲话、重要指示批示精神和食品安全城市创建工作，树牢“四个意识”，坚定“四个自信”，做到“两个维护”，加强“食品安全城市”建设，创新完善检验检测新方法与新技术，各项工作有序开展，中心实力增强，全年完成检验样品5021批次。

【检验检测考核验证】 2019年，检验检测中心完善管理体系内容变更，标准查新变更，实施新方法、新技术，完成检验任务5021批次，其中食品类4329批次，综合类692批次。政府性任务4780批次，其中市场监督管理局监督抽查和委托检验3285批次，市农业局农产品检验579批次、化肥检验5批次，公安局检验26批次，畜牧业发展中心检验310批次，水利局水质检验256批次，经济和信息化局煤质检验319批次。4月，完成山东省农业厅的农产品农残检验能力考核验证。6月，完成山东省市场监督管理局的农药残留食品添加剂、重金属的检验能力考核。服务10个镇（街、区）的快检工作，检验快检样品3252批次。保障高考学子和监考老师的饮食安全，高考期间为高考备餐的4个餐厅快检样品52批次。

8月28日，实验员实际操作　　（刘真真）

【对标学习】 2019年6月，检验检测中心领导班子与业务骨干到菏泽市经济开发区的菏泽市产品检验检测研究院、山东精准产品质量检测有限公司东分部两处检验检测机构寻标对标交流学习。双方交流两处机构的机构组成、能力建设、业务开展等方面问题。

【安全培训】 开展消防安全知识培训，强化工作人员安全意识，查改实验室各处消防安全隐患，投资2万元在气瓶室安装固定装置、防爆门各一套。夏季高温，在大仪器恒温室安装大匹量空调一台，在电源控制室整修电路、安装大功率断电保护装置。此次消防安全整改把安全隐患降到最低点。11月，迎接潍坊市市场监管局组织开展的2019年飞行检查，通过检查组考核。

【党建工作】 学习中共十九大和十九届历次全会精神，推进思想建设、组织建设、作风建设，推进“两学一做”学习教育常态化、制度化，固定好每周五下午为中心学习日，组织全体党员干部学习1000余人次。开展“不忘初心、牢记使命”主题教育活动，制定实施方案、学习计划、问题清单、整改措施、领导班子讲党课等主题整改活动，在中心凝聚起精神动力和技术支持，将教育成果与业务工作结合。2019年，在中心微信公众号发表党建及业务信息21篇。制定完善机关管理制度汇编，增加中心发票报销及实验耗材规定，落实机关考核制度。创新组织生活，打造学习型党支部，“学习强国”排行榜检验检测中心在市直部门中居前列，激发年轻党员的创新创造活力，鼓励年轻高学历党员讲党课，利用党的创新理论结合业务工作讲解新知识。7月，接收1名预备党员为中国共产党正式党员，发展2名业务骨干为入党积极分子。

（刘真真）

物价管理

【概况】 2019年，市物价管理部门全面推进价格机制改革，落实各项物价收费政策，规范民生领域的各项收费标准，为全市的经济发展凸显自身价值。

【价格改革】 推进教育收费改革，规范学前教育收费，备案登记97家公办幼儿园及34家非营利性民办幼儿园的收费情况，配合潍坊市发改委规范全市5所非营利性民办学校收费情况，据实制定公寓收费标准。推进天然气价格改革，在前期成本监审的基础上，组织召开天然气价格改革听证会，调整全市民用天然气价格，天然气基准销售价格由2.5元/立方米调整为2.85元/立方米，制定发布全市管道天然气价格上下游联动办法。推进物业服务收费改革，研究制定全市普通住宅前期物业公共服务费及机动车停放费基准价格，物业服务改为星级管理，并先后备案金域观邸北区、恒辉康桥嘉苑、书香苑等4家住宅小区的物业服务收费情况。规范停车服务收费、户外广告资源有偿使用费、有线数字电视收费、村镇生活垃圾处理费、城市生活垃圾处理费等，制定发布昌邑市经营服务性收费目录清单及服务业收费目录清单，组织开展行政事业性收费统计报告工作，完成数据统计上报。

【减税降费】 贯彻落实减税降费政策，依法降低非居民用热（高温水、蒸汽）基准价格上浮幅度，减轻企业用热负担。完善电动公交汽车集中式充换电设施用电价格政策。联合供电公司现场勘验全市长途汽车运输有限责任公司、太亮运输公司公交汽车集中式充换电设施，向上申报，为两家企业申请到电量奖励政策，减轻企业用电负担100余万元。联合市财政局审核东城热力有限公司及中邦热力有限公司供热成本，为其争取财政补贴提供有效依据。

【价格监测】 强化价格监测，按时申报日常监测数据，确保数据真实准确。监测居民生活消费品、原粮购销、农村居民服务、特色农产品等100余个品种的价格，未发生迟报、漏报、错报现象；节假日和灾害天气期间，增加价格监测频次，掌握市场价格及供求情况，引导居民合理消费；完善价格监测点，扩大监测范围，增加新能源价格监测点4处。市发改局被潍坊市发改委推荐为全省价格监测工作先进单位，1人被推荐为全省价格监测工作先进个人。组织开展生猪市场价格情况调研，3月生猪价格上涨，掌握生猪生产情况，研判后期生猪猪肉价格走势，组织生猪调研2次，选择部分有代表性的生猪养殖户、屠宰企业及批发零售户，采取问卷调查、座谈交流等方式调研，为上级价格决策提供依据。提高数据采集质量，工作人员坚持到农户、田间地头采集第一手资料，保持各项数据的完整性和连续性。全年完成农户种植意向调查、农户存售粮情况调查、农户购买农资情况调查、小麦玉米棉花成本预测、小麦玉米棉花成本直报等农产品成本调查工作。开展成本监审工作，监审昌邑市美澳天然气公司配气价格成本，并据此拟定天然气配气价格、居民用天然气终端销售价格方案。监审昌邑市五所非营利性民办学校收费成本，为制定收费标准提供准确依据。

【价格认证】 2019年，配合“扫黑除恶”等各项活动，发挥价格认定部门职能优势，办理涉及毁财、盗窃、寻衅滋事、假冒伪劣种子、盗采矿产资源等案件的价格认定业务74件，认定总额115.7万元，为司法机关办理案件提供价格依据。

【价格争议调解】 健全价格矛盾调解联动机制，融入矛盾大调解体系中，在价格认定过程中将价格争议调解工作融入实际工作中，围绕市委市政府中心工作、大局工作和社会热点、难点问题，主动作为，在专业角度上调解征地过程中出现的补偿标准中价格方面的问题。与有征迁任务的镇（街）形成联动，组成联合工作组对征迁中有关补偿标准的异议进行政策解答，同时接受价格咨询并出具各类价格证明80余份。

【关注民生】 4月，联合财政、民政、人社等部门启动联动机制，向低收入群体发放价格临时补贴。4—12月，发放价格临时补贴202.4万元，缓解物价上涨对低收入群体生活的影响。联合市场监管局及国网昌邑供电公司成立工作专班，制定实施方案。9月6日，召开清理规范转供电环节加价工作会议，组织开展实地走访，走访转供电单位53家，非直抄用户159家，确保电价政策落实到位，改革红利惠及终端用户。根据潍坊市五部门要求，结合实际确定收储时机，并协调商务、财政、畜牧等部门开展收储。同月10日，与潍坊市振祥食品有限公司签订存储协议，完成170吨的冻猪肉储备任务。按时启动价格联动机制，发放价格临时补贴。年内，参与潍莱高铁部分民事、龙池园区配套道路工程、水利设施修复、潍河应急工程、武装部民兵训练基地、城东污水处理厂、大莱龙铁路扩能提升等市重点工程清点任务。全年，审核第三方报告19份，出具追加拨款的意见2份，涉及金额3200余万元。

【信息宣传】 2019年，在国家发改委价格认证中心网站、山东价格鉴证网、中国发展网等发表各类信息7篇，宣传价格认定的工作性质和职能，体现发改系统在社会中的重要作用，推动价格认证中心的发展。

（冯立群）

统　计

【概况】 2019年，市统计局坚持以党的建设为统领，围绕依法依规实事求是这条主线，推进统计改革创新，聚焦主业提高统计数据质量，提升统计服务水平，依法治统，夯实统计基层基础，全市统计工作取得进步。

【主题教育】 全体统计干部职工树立“四个意识”，坚定“四个自信”，做到“四个服从”。把讲政治、讲纪律、守规矩贯穿到统计工作各方面、全过程，加强意识形态工作和思想政治建设，压实管党治党责任，营造干事创业环境，推进党建与业务融合。开展“不忘初心、牢记使命”主题教育，强化主体责任，成立主题教育领导小组，制定实施方案，召开动员部署会议，读原著学原文、组织中心组学习、举办读书班、交流调研成果等，推动学习往深里走、往实里走，强化理想信念和使命担当。学习党史、新中国史、统计史，各班子成员和支部书记讲党课，开展革命传统教育，重温入党誓词、重问入党初心。召开专题民主生活会、组织生活会，开展批评和自我批评，受到一次严肃的党内政治生活锻炼。全体党员干部征求多方意见，建立问题清单，促进问题整改。整个主题教育呈现学做结合、查改贯通，规定动作扎实、自选动作管用的特点。压实管党治党责任，落实党建工作责任制，组织党组理论中心组学习和党支部“三会一课”活动，做好党费收缴、支部组织生活会、书记述职和民主评议党员工作。开展党建材料弄虚作假问题专项治理、“发现榜样”等活动。组织全体党员到社区开展“双报到”活动。全体人员参与“学习强国”“灯塔党建”学习，参与率100%。加强党风廉政建设，突出“两个责任”落实。通报违纪典型案例、发布廉政提醒，开展公务员“吃空饷”和党员干部违规兼职问题专项治理。贯彻落实《统计数据质量管理办法》通知有关规定，正本清源，防止“数字上的腐败”。

【经济普查】 全市登记一套表调查单位528家，非一套表调查单位9298家，清查个体户40718户，登记抽样个体户1660家。结合昌邑市实际，把握普查窗口期，动员社会力量，完成普查入户登记、数据汇总评估、审核验收、质量检查等各阶段工作任务。按照“假的一个不要，真的一个不少”要求，依法依规，把关普查数据质量，做好数据处理，评估普查数据质量，做到单位不重不漏，数据客观真实，一次性通过国家、省、潍坊市三级事后质量抽查。通过第四次全国经济普查，摸清全市经济发展底数，优化经济结构，提升统计数据质量。

【1%人口抽样调查】 2019年，开展全国人口变动调查和全省1%人口抽样调查，选聘调查指导员和调查员47人，抽样小区38个，居民家庭2328户。全面扫描抽中小区，逐户访查，做好现场登记和社区表填报工作。查准人口总量，流动人口、出生人口、死亡人口无漏报，未出现挑户、跳户现象，通过潍坊市质量验收。

【常规统计监测】 完成常规统计调查和监测任务。组织实施农业、畜牧业、工业、能源、投资、房地产、建筑业、贸易、服务业、社会、科技、人口、工资、旅游、文化产业、健康服务业、企业电子商务交易、四众平台、重点互联网平台、信息化等领域各项常规统计任务；完成地区生产总值、高技术制造业增加值、高端装备业增加值等核算工作；完成县乡卡联网直报及企业景气、企业用工、劳动力、住户调查、海洋经济、统计信息系统基本建设情况、企业创新、工业生产者价格等调查工作任务。聚焦主业提高数据质量，全市统计系统加强数据质量管理，坚决防范和惩治统计造假弄虚作假。各专业执行联网直报各项规定，严守“四条红线”，坚持联网直报即报即审，强化数据质量审核评估，实现基础数据真实准确。建立数据质量控制长效机制，修订完善《统计数据质量管理办法》，采取业务培训、报表查询、现场督导等形式，给基层单位讲解统计指标、规范报表要求。投资专业推行“一项目一档案”，住户调查推行电子记账，工业、贸易、服务业进行统计数据与税务平台数据比对核查，通过规范工作流程，实现源头报送、评估评审等数据生产过程的全面管控，确保基础数据客观合理、宏观数据衔接匹配，与客观发展实际情况相符。做好基本单位名录库和企业一套表管理工作，开展基本单位名录库维护和一套表调查单位审核确认工作，线上审核比对与线下重点核查、随机抽查结合，及时将够规模、有资质的企业纳入，不够标准的清理，规范一套表调查单位审批程序。

【统计改革】 贯彻落实山东省委《关于深化统计管理体制改革提高统计数据真实性的实施意见》、省政府办公厅《关于进一步加强统计基层基础建设的通知》、潍坊市委市政府《关于进一步加强统计工作的意见》、昌邑市人民政府办公室《关于进一步加强统计基层基础建设的意见》精神。落实党政同责、强化统计问责、提高基层统计能力、健全统计执法监督体系。全面启动地区生产总值统一核算改革，以第四次全国经济普查为契机，做实地区生产总值核算基础资料，为地区生产总值统一核算提供结构数据，促进核算结果更精准、更科学。第四次全国经济普查结束后，潍坊市统计局统一核算各县（市、区）普查年度地区生产总值，修订2018年生产总值初步核算数，调整三次产业结构。推进统计方法制度创新，结合实际，建立推动高质量发展的统计指标体系，全面准确反映高质量发展情况。建立全市新旧动能转换监测指标体系和“十大产业”统计监测指标体系；完善“四新”产业统计分类标准；健全R&D经费统计体系；改进工业新经济统计；配合工信局，综合评价规上工业；开展电子商务和互联网经济统计调查；强化人口动态统计监测。

【统计服务】 注重分析研判预警，挖掘数据背后规律，分析月度、季度、年度经济运行情况，分析与解读重点指标数据。完善以GDP核算为龙头的预警机制，与相关部门搞好沟通衔接，跟进监测、做好预警，全面反映经济运行新变化新特点，提升统计服务的专业化水平。围绕全市中心工作搞好统计服务，聚焦新旧动能转换，围绕四新经济、乡村振兴战略、科技创新、绿色发展、海洋强市建设等方面内容，开展统计监测工作，提供统计基础数据和统计服务，反映相关政策落实情况和取得的实效，为全市科学决策提供依据。搞好社情民意调查，发挥社情民意调查的沟通桥梁作用，围绕民生、就业、医疗、教育、环保等社会热点焦点问题，做好党委、政府委托的社情民意调查。服务“双招双引”，发挥统计职能，甄别“十强产业”和“交通运输”两类“双招双引”考核项目基本信息和行业分类，核实企业和项目基本信息，指导“十强”产业责任部门协同各镇（街、区）做好有关项目的入库纳统工作。做好观摩项目跟踪服务和入库管理，搜集项目变动信息，确保应统尽统，不重不漏。做好企业总部（分支机构）申报认定工作，组织各镇（街、区）、市直部门向潍坊市申报当年引进的企业总部（分支机构），审核把关申报材料，年内67家企业总部（分支机构）通过潍坊市的认定。做好统计产品提供工作，围绕社会经济发展，搜集整理统计数据，印发《统计月报》《统计手册》《统计公报》《统计年鉴》等统计资料，为各级各部门、社会公众提供统计服务。加大统计信息宣传力度，围绕市委市政府中心工作和社会公众关心的统计数据，扩大政务信息公开和资源共享范围，打造“数据速递”“指标解读”“统计入门”“统计观点”等栏目，与广大群众实现网上交流和微信互动，创新沟通形式，扩大服务范围，满足人们的需求。承办潍坊市统计局在昌邑市举办的“统计开放日”活动，宣传中华人民共和国70周年经济社会发展成就。建立健全统计信息考核机制，将统计信息的撰写发表纳入工作人员绩效考核中，在统计媒体和各类报刊发布信息分析材料200余篇，加大向市委市政府的信息报送力度，提高辅助决策水平。完成百强县测评材料的搜集整理及申报工作，昌邑市入围“全国综合实力百强县市”和“全国投资潜力百强县市”9次，入围“全国新型城镇化质量百强县市”“全国中小城市绿色发展百强县市”“全国科技创新百强县市”2次。

【部门统计】 加强统计调查项目审批和备案管理，指导和服务部门统计的业务，推进部门依法统计、规范统计。把握全市经济运行态势和社会发展状况，整合政府综合统计与部门统计资源，强化国民经济核算、固定资产投资等主要经济指标预警、监测及分析工作水平，理顺压实各主管部门在统计工作中的责任，形成部门协作、齐抓共管的工作机制，按照《山东省部门统计工作规范化管理办法》要求，制定昌邑市《全市统计工作联席会议制度》，成立由市发改、财政、公安、人社、工信、科技、教育和体育、自然资源和规划、住建、交通、卫生健康、文化和旅游、商务、农业农村、统计、金融、税务等部门组成的联席会议，各成员单位动态监测、统计分析、统计预测和统计监督全市国民经济和社会发展情况，各部门引用国民经济统计数据，保持与统计部门数据协调一致。部门间形成统计信息共享机制。

【统计法治】 提高统计普法实效，将统计法律法规知识列入党校主体班次必修课内容，提高领导干部依法组织统计工作的水平和能力。加强基层统计工作人员的法治宣传教育和培训力度，开展法律宣讲 7 场、400 余人，编印《统计法律法规选编》，向市直部门、镇（街）、四上企业发放 800 余册。利用传统媒体和自媒体阵地，创新普法方式，丰富宣传载体，推进统计法律法规进机关、进乡村、进社区、进学校、进企业、进单位“六进”活动。学习贯彻《防范和惩治统计造假、弄虚作假督察工作规定》，做好统计督察的准备和配合工作。清理违反《统计法》精神的做法，落实国家统计局《关于全面清理纠正违反统计法精神文件和做法的通知》，凡涉及统计数据的文件，坚决做到“四个不得”，确保各级统计机构、统计人员独立行使统计调查权、报告权和监督权。违反《统计法》精神的有关文件和规定一律宣布失效，停止执行。加强执法检查，抓好统计执法检查工作常态化管理，综合运用“双随机”抽查、专项检查等多种方式，提高执法检查的针对性和有效性。做到有案必查、违法必究，维护统计法律法规的严肃性和权威性。工业、贸易、服务业等专业对企业进行多次专业数据质量核查，纠正企业统计不规范行为。先后两次核查全市万吨以上重点能耗企业，按照不漏不瞒要求，依法依规查处企业违规违纪行为，摸清煤耗能耗底数，处罚 4 家企业。

【统计基层基础建设】 贯彻落实《山东省人民政府关于进一步加强统计基层基础建设的通知》，全市 10 个镇（街、区）全部设立统计工作机构，配备专职统计人员 38 人。稳定基层统计工作队伍，激发工作活力，市统计局联合组织、人社、财政等部门制定《昌邑市基层统计人才培育工程实施办法》，在镇（街、区）推选 20 名从事统计工作 2 年以上，且正在从事统计工作的品德优秀、能力突出、素质全面的模范典型，纳入基层统计人才培育工程。入选人员每月发放 200 元的补助，优先参加市统计局组织的教育培训和考察交流，同等条件下，优先受聘到统计中、高级专业技术岗位。通过政策激励，调动基层统计人员的积极性，稳定基层统计队伍，坚定他们扎根基层的决心和信心。加强基层业务知识培训，开展统计新知识、新技能和职业道德教育培训，打造一支业务精通、作风扎实、适应统计改革和发展需要的基层统计干部队伍。年内，组织两次镇（街、区）及基层统计人员培训，培训注重实用性与操作性结合，主要针对镇（街、区）、村居及企业等统计人员业务技能、法律法规等知识培训，提高统计人员综合能力。建立岗前培训制度，要求新上岗统计人员必须事先参加培训，要求企事业单位、社会团体和其他组织应当为本单位统计人员接受培训和教育提供条件。加强基础技术保障，完成省、市、县统计专网割接，实现办公设备IP地址实名制，按照信息系统安全等级保护规定，开展第三次信息系统安全等级保护测评和备案工作，完善技术防护措施，确保统计全网络和信息安全，“两会”和国庆70周年期间等关键时期未发生网络安全事件。

（魏建昊）

审　计

【概况】 2019年，昌邑市审计局以习近平新时代中国特色社会主义思想为指导，践行习近平总书记提出的“以审计精神立身、以创新规范立业、以自身建设立信”的要求，围绕中心工作，履行审计监督职责。完成审计项目69个，节约财政资金1.7亿元。

【跟踪审计】 在各项审计中关注国家相关政策措施的落实情况，将其作为发挥审计作用的着力点、增长点。围绕新旧动能转换、营商环境改善以及保障改善民生等重点工作，开展支持十大产业发展、推进“一次办好”和减税降费、国有企业发展质量状况、灾后重建、齐鲁惠民“一本通”审计核查、城乡污水处理情况、抗灾救灾情况等重大政策措施落实跟踪审计，促进重大政策措施落实到位，促进昌邑经济社会发展。

【财政预算执行审计】 强化财政预算执行审计，将全部财政资金纳入审计监督范畴，强化预算管理、预算执行和资金效益的审计力度。开展2018年市级预算执行审计，并延伸对商务、卫健、统计、农业4个部门预算执行审计，针对审计发现的未编制国有资本经营预算、非税收入应缴未缴国库、部分专项资金拨付不及时等问题提出建议，增强预算管理绩效。

【经济责任审计】 搞好传统经济责任审计内容，实施新旧动能转换重大工程、推动高质量发展，促进领导干部主动作为、主动担当、依法作为。2019年，任期经济责任审计23个镇（街）部门的27名领导干部，发现6大方面47类问题，涉及问题金额1578万余元，提出审计建议49条，向纪委移送违规线索2起。组织开展自然资源资产离任审计，突出生态环境问题与领导干部履职尽责情况的关联，关注领导干部履行自然资源资产管理和环境保护责任情况，推动生态文明建设落到实处。

【政府投资审计】 探索投资审计模式，实现投资审计转型，按照审计监督与结算审查同步实施的原则，全程跟踪审计监督竣工结算审查。2019年，审计政府投资项目26个，审计项目建设资金10.99亿元，核减金额1.71亿元，审减率15.56%。发现问题129个，提出审计建议12项。加强审计整改力度，进行全市十八大以后452个项目1251个问题的整改情况“回头看”，强化审计整改严肃性。

【招商引资与扶贫】 完成市委市政府安排的工作任务。引进总部经济类“青岛昌泰超纤国际贸易有限公司”，完成招商引资任务4000万元；引进乾隆杯酒业高端技术人才1人；包靠省级贫困村围子街道戚家村，协助该村争取资金80余万元，筹集捐助资金5万元，硬化全村道路，修建健身场地，安装体育器材、路灯，种植绿化苗木，整村实现硬化、净化、绿化、美化、亮化同步提升；开展精神文明创建提升活动，以活动带动文明审计，提升审计形象；包靠下营镇人居环境整治工作，出动168人次开展督查，推动工作开展；参与文明城市、卫生城市创建工作。

9月28日，市委审计委员会全体会议 （张平平）

【组织建设】 年内，开展民主生活会1次、组织生活会1次、支委会12次，组织民主评议党员活动1次、支部生活日12次、主题党日12次，增强机关党员干部政治觉悟。开展“不忘初心、牢记使命”主题教育，结合两学一做学习教育，组织机关干部集中学习9次，党组读书班开展交流研讨8次，形成《调查研究报告》5篇，开展谈心谈话42人次，检视剖析问题77条，提出批评意见40条，组织机关干部集中观看《榜样》《发射将军李福泽》《泰山挑山工》等，先后到卜庄镇和龙池镇参观党史党性教育基地。开展学习教育，明确落实全面从严治党要求的方向，增强履行从严治党主体责任的自觉性，严明工作纪律，转变工作作风。把党风廉政建设贯穿到各项工作之中，党组成员执行“一岗双责”，采取审计组进点前进行廉政教育，审计实施过程中执行“八不准”等方法，做到一手抓业务，一手抓廉政。组织审计干部学习《中国共产党纪律处分条例》《审计“八不准”工作纪律》等，打牢思想基础，增强审计干部遵纪守法的自觉性。

（陈伟伟）

应急管理

【概况】 2019年，全市建立双重预防体系的企业有327家，创建为三级以上安全生产标准化企业的企业有1191家。一处社区（围子街道金口社区）被国家减灾委员会等四部委命名为2019年度全国综合减灾示范社区，市应急管理局获全省20个县级防震减灾工作年度考核先进单位之一。

【行政审批】 从改善营商环境、构建亲清政商关系入手，编制权责清单，明确办事流程。重新梳理行政许可、公共权力等事项流程，将378项权责事项纳入清单，简化办事流程，压缩办理时限，完善网上办理，方便群众和企业干事创业。建立许可期满预警机制。针对持有危险化学品安全生产（经营）许可证的250余家企业，年初采取书面预警的方式提醒企业做好延期换证工作。将新建改建扩建生产储存危险化学品的建设项目安全条件审查、非煤矿矿山金属冶炼建设项目和生产储存危险化学品烟花爆竹的建设项目安全设施设计审查、危险化学品经营许可、烟花爆竹经营许可等4项行政许可事项以及生产经营单位生产安全事故应急预案备案、经营第三类易制毒化学品备案、危险化学品重大危险源备案核销等行政权力事项全部纳入市应急管理局驻政务服务中心窗口，按照“一次办好”改革的要求，优化办事流程，简化申请材料，压缩办理时限。全年，办理烟花爆竹经营（零售）许可234个，危险化学品经营许可证32个，生产经营单位安全生产应急预案备案202个，危险化学品重大危险源备案企业53家，第三类非药品类易制毒化学品经营备案10个。驻政务服务中心窗口工作人员被评为“业务能手”。

【重点领域监管】开展安全隐患大排查大整治。组织开展安全生产“大快严”“三严三评”“两重点一重大”化工企业、锅炉及工业生产用设备设施、民政服务机构、人员密集场所消防安全、暑期防溺水、重要天气影响期间、涉氨制冷、粉尘涉爆安全检查等专项集中检查（行动），检查生产经营单位3600余家，排查整改各类隐患5900余条，发布执法文书450余份。在昌邑市召开潍坊市危险化学品安全监管工作会议。迎接中华人民共和国成立70周年安全生产专项整治工作，全市出动检查组48个（次），执法人员1600余人（次），检查生产经营单位2741家（高危企业224家次），排查整改隐患3108条。开展安全评估工作，市财政投入140万元，聘请中介服务机构8家，开展全市169家化工企业和450家生产加工型企业“诊断式”安全评估工作，排查整改隐患5900余条。

【基层组织建设】宣传贯彻《山东省实施〈地方党政领导干部安全生产责任制规定〉细则》和昌邑市贯彻落实意见，制定《昌邑市市级党政领导干部安全生产责任清单》，市级领导以上率下，定期督导、检查、调研分管行业、领域、部门的安全生产工作，帮助解决问题；按照省、潍坊市工作要求，将市政府安全委员会提升为市安全生产委员会，下设16个安全生产专业委员会，在市级层面实现党政同责、一岗双责、以上率下、齐抓共管，在监管层面实现“管行业必须管安全，管业务必须管安全，管生产经营必须管安全”。建立督导工作机制，重大活动，市安委会均派出11个督导组包靠式督导检查全市10个镇（街、区）和市直部门迎接工作开展情况，及时发现问题、解决问题。强化教育培训工作，举办各类安全生产培训班42期，全市培训“三项岗位”人员3800余人，企业自主培训2.1万人。加强预案管理、应急演练和应急值守，组织地震避险和危险化学品、非煤矿山、人员密集场所逃生、消防等各类应急演练263次、参演和观摩人数3.1万人次，承办潍坊市非煤矿山应急救援能力暨双重预防体系建设现场观摩会。组织开展“5·12”防灾减灾日和第十八个“安全生产月”系列活动，发放宣传材料9.1万份。“利奇马”过境前后，以市安全生产委员会办公室的名义发布《关于做好第9号台风“利奇马”防御工作的通知》，安排部署全市企业台风过境前后的安全生产工作，全市非煤矿山等重点企业进行停产撤人，确保生产安全。同时，投入48万余元，支持支援寿光抢险救

12月23日，市委副书记、市长李玉祥（右三）带领相关部门单位负责人，现场调度安全生产工作和重污染天气应急响应情况　　（宋国栋）

灾工作。

【执法监察】 推行“四不两直”（不发通知、不打招呼、不听汇报、不用陪同和接待、直插基层、直奔现场）检查方式，以执法监察队伍为主体，执法、监管、专家三位一体，配套联动，加强一线执法，加大执法监察频次和密度。依法严肃处理非法生产、存在重大隐患又拒不整改或整改不到位的生产经营单位。全年执法检查生产经营单位380余家，发布执法文书450余份，立案35起，行政处罚99万元。健全完善督查问责常态化工作机制，不间断地督导检查、警示约谈、挂牌督办等，督促监管部门和生产经营单位履行职责、抓好整改。做好群众举报和信访工作，处理各类信访、举报127件，反馈率100%。

（黄宁波）

【消防安全】 2019年，全市未发生较大及以上火灾事故。市政府召开全市消防工作会议，在全市部署开展四项消防安全专项整治行动。城区新建一处城市一级消防站，下营、龙池化工园区建设两处特勤消防站。新建103具市政消火栓。各级和各行业主管部门开展学校、燃气、养老服务机构、化工、纺织印染等行业领域消防安全专项检查，消除一大批火灾隐患。市政府开展高层建筑、人员密集场所、易燃易爆场所大型消防演练。消防救援大队联合市总工会开展专职消防队和微型消防站技能比武竞赛。市政府举行“119消防安全宣传月活动启动仪式”，消防救援大队组织各类培训活动100余场，实现对各镇（街、区）和重点行业领域的全覆盖。

（黄宁波）

国有资产管理

【概况】 2019年，市财政局加强对国有资产的管理制定稳妥可行管理办法，为国有资产的持续增加，发挥职能作用。

【行政事业单位资产管理】 加强资产日常管理工作，办理资产处置事宜51次，涉及资产价值3021万余元，依据制定的《昌邑市行政事业国有资产租赁转让管理暂行办法》，规范经营性资产行为，市环卫局、商务局和市场监管局房屋等资产租赁纳入统一监管，收入及时足额入库。5月底，完成全市148家行政事业单位资产年报工作，1月开始，部署全市所有行政事业单位资产月报工作，每月按时完成审核报送。

【国有企业资产管理】 根据山东省人民政府办公厅《关于印发省属经营性国有资产统一监管实施计划的通知》、潍坊市人民政府办公室《关于印发市属经营性国有资产统一监管实施方案的通知》精神，制定《市属经营性国有资产统一监管实施方案》。8月，完成昌邑市11家一级国有独资企业经营性国有资产统一监管。完成教育服装厂的公司制改造，指导组建昌邑市融创视听文化传媒有限公司。加强市属国有企业的重大事项审批。全年审批城投集团、金控集团、大昌测绘公司等单位的土地转让、股权划转、对外投资、人员招聘、资产购置和资产处置、招投标等20余项重大事项。摸底全市国有企业涉改车辆，为昌邑市制定车改方案提供参考。摸排清理昌邑市国有企业拖欠民营企业、中小企业账款，保障农民工工资妥善发放。

（张兴涛）

农 业

综 述

【概况】 2019年，全市以创新提升“四种模式”（双联双增、众村飞地、强村帮带、项目带动）为统领，抓重点、补短板、强弱项，推进乡村振兴与脱贫攻坚。做强产业项目全面融入潍坊综试区建设，打造200平方千米潍河绿色发展长廊，培育壮大万亩高端苗木等“10个万亩级产业”，建设潍水田园、梨花水镇等10个田园综合体和特色小镇，柳疃镇示范区被列入2019年乡村振兴齐鲁样板潍坊市级示范区创建名单。潍水田园综合体入选省2019年重点建设项目。总投资20亿元的丝绸小镇，建成“丝路绸语”文化创意园、烟柳水岸等项目，推动丝绸文化与现代农业、休闲旅游、纺织产业等融合发展。获批筹建省级现代农业产业园，争取补助资金3000万元。

【支持新产业】 加快工商资本下乡进程，全年，完成投资9.57亿元。昌邑市被列为省农发行系统实施乡村振兴战略试点，争取支持乡村振兴投资100亿元，到位23.8亿元。探索发展“飞地农业”，建设占地173.33公顷的众村“飞地”创业产业园，推动集体增收、村民致富，相关做法在《农民日报》、新华社山东分社《高管信息》刊发推介。开展“双联双增”行动，实施强村富民项目23个，增加村集体收入120余万元，探索“双联双增、众村飞地、强村帮带、项目带动”四种模式破解村集体经济增收难题相关做法被省委改革办作为十大地方案例之一报送中央改革办。加快培育新型经营主体，潍坊市级以上农业产业化重点龙头企业发展至67家、农业产业化联合体8家。

【美丽乡村建设】 推进农村人居环境整治，完成村庄清洁行动攻坚月活动。加快推进“厕所革命”，完成无害化卫生厕所改造4.59万户。加强美丽乡村建设，“户户通”完成率72.3%，80%的村庄达到美丽乡村建设B级以上标准，“大棚房”问题全部清零。在2019年全省城乡环卫一体化暗访考核中，昌邑市成绩位居全省前列。在2019年省城乡居民评价中，昌邑市“居住环境”方面成绩列潍坊市内县（市、区）第一名。龙池镇被认定为山东省乡村振兴示范镇，围子智能动力小镇晋升为潍坊市培育类特色小镇第一名，卜庄镇姜泊村、夏店街村被列入第五批中国传统村落名录，北孟镇小南孟村入选省级第二批美丽村居试点村庄，刘家车道村、后官村等4个村获批2019年度省级美丽乡村示范村。

【乡村文化】 实施乡村记忆工程，建成历史文化展示点102处，340余个村庄完成村志编修，龙池镇“建馆修志”入选“中国乡村振兴先锋榜十大榜样”，齐西村获评第七批中国历史文化名村。加强历史文化保护工作，建成山东省第一个乡镇碑林——柳疃碑林。昌邑县抗日殉国烈士祠入选第八批国家级重点文物保护单位。加快推进党性教育基地建设“211”工程，全年建成村史馆38处、

4月7日，第十届山阳梨花节暨第一届梨花水镇嘉年华一景　（刘方世）

专题展馆8处、主体展馆1处，接待市内外培训团体2750余批次、18万人次。渤海走廊革命斗争陈列馆获评中国红色文化陈列展览精品工程金奖。举办2019国际半程马拉松赛、第十届山阳梨花节暨梨花水镇嘉年华等节会赛事，昌邑乡村旅游节暨龙乡文化节获潍坊市优秀群众文化活动品牌。

【稳固基层基础】 完善党员管理项目化、群众管理网格化、各类组织管理功能化"三化"融合模式，实施社区"领头雁"培育工程，增强基层党组织组织力，"三化"融合模式入选全国基层党建创新案例。探索实施城乡社区"有求必应、一呼百应""双应"工作机制，提升治理、服务精细化水平。实施高端人才引领、新型职业农民培育、青年人才储备"三项工程"，引进省级以上涉农领域高端人才15人。探索实施基层决策事前听证机制，相关经验做法在新华社山东分社《高管信息》和省、潍坊市政法动态刊发。

【精准脱贫攻坚】 开展建档立卡贫困户幸福指数提升等"五个专项行动"，建档立卡贫困户全部兜底脱贫，10个省定贫困村全部摘帽。统筹市镇财政2025万元，整改提升2465户贫困户住房修缮和居住环境脏乱差问题，49个产业扶贫项目建成投入使用。推进结对帮扶，市级领导带头联系包靠，镇、村党组织书记遍访贫困户，配备帮扶责任人1021人，实现全市脱贫享受政策的贫困户帮扶全覆盖。

（于宝华）

【农村经济管理】 2019年，市现代农业发展中心贯彻落实中共十九大精神和党在农村的各项方针政策，按照"围绕中心谋发展，凝心聚力促和谐"的工作思路，抓住推进农村土地承包经营权确权登记颁证、农村土地流转、农村财务监督管理、农民专业合作社建设等工作重点，大胆创新，开拓进取。昌邑市被农业农村部列为"全国农业社会化服务管理平台示范县"；丰瑞农业科技、圣达农机被评为省级农业生产性服务示范组织；昌邑市凤翔家庭农场、延波家庭农场被评为省级示范家庭农场；昌邑市有9家家庭农场获评潍坊市级示范家庭农场，10家农民合作社获评潍坊市级示范合作社；昌邑市的村企社共建经验，成为《创新实践"2+6"农业适度规模经营的潍坊模式》的典型案例；农村大众、学习强国学习平台报道昌邑市创新农村"三资"网络化监管；昌邑市受邀参加潍坊市政府新闻办召开的新闻发布会，介绍"村企户"共建模式的经验做法；基于"土地股份制"的农业社会化服务新模式入选《潍坊国家农业开放发展综合试验区创新案例汇编》；在农村集体产权制度改革工作中，代表潍坊市接受省厅检查组的检查验收。

【集体产权改革与财务管理】 贯彻落实中央和省、市委的决策部署，以资产变股权，农民变股民为目标，明确思路，把握基本原则，把农村集体产权制度改革作为农村改革的重要内容，稳妥推进。年内，全市690个村全面完成清产核资、成员身份确认、资产量化、股权设置、成立（股份）经济合作社等工作，683个村完成农村集体经济组织登记赋码，进行股权证书印制工作。农村财务审计和农村财务公开坚持以日常审计和第三方审计结合，常审常抓，细审细抓，让审计结果具有法律效力，提高审计公信力。农村财务公开，按照“8+N”公开模式，每月的8日在村固定的财务公开栏进行逐项公开，接受群众监督。

【农村土地流转】 依法进行农村土地流转，根据相关法律法规做好农村土地流转的政策指导和业务协调工作，指导各镇（街、区）坚持“依法、自愿、有偿”的原则，引导和指导土地流转合同的签订，确保流转程序的合法性、合同的规范性及流转手续的完备，推进土地有序流转。6月，全市家庭承包经营耕地5.74万公顷，土地经营权流转2.74万公顷，占家庭承包耕地面积的47.7%，签订流转合同4.92万份。结合昌邑市实际，开展土地流转经营权证颁证业务。为15家农业龙头企业、新型农业经营主体和土地流转大户等办理土地流转经营权证，涉及流转农户832户，土地总面积325.86公顷，为流转土地抵押贷款提供基础支持，为促进土地适度规模经营起到引领作用。

【培育新型农业经营主体】 培育发展家庭农场、农民合作社、土地股份制企业等新型农业经营主体，完善丰富多种形式的农业经营主体。探索“村企社（户）”共建模式，构建利益联结体，增强新型农业经营主体的活力。推进土地流转和土地托管，盘活农业经营生产要素。引导合作社参与农业开发改造项目，推行订单作业、一条龙作业、土地托管、承包作业等服务模式。2019年底，全市农民合作社国家级示范社3家，省级示范社17家，潍坊市级示范社61家；示范家庭农场省级4家，潍坊市级35家。

（何秉桦）

种植业

【概况】 2019年，全市粮食总播种面积8.28万公顷，总产量51.44万吨，其中小麦种植面积4.53万公顷，平均单产443.83千克/亩，总产量30.19万吨；玉米播种面积3.75万公顷，平均单产377.71千克/亩，总产21.25万吨。全市棉花种植2220公顷，产量0.29万吨；花生种植0.18万公顷，产量0.77万吨；蔬菜种植0.95万公顷，产量59.02万吨，其中大姜种植0.56万公顷，产量37.77万吨；马铃薯种植0.25万公顷，产量14.09万吨。

落实强农惠农政策，落实耕地地力保护补贴面积4.32万公顷，落实补贴资金8107.5万元。完成小麦良种统一供种面积1.85万公顷，补贴资金277万元。组织坚持按照“政府引导、市场运作”原则，落实政策性农业保险政策，减少自然灾害对农业生产的影响，2019年政策性农业保险投保面积5.48万公顷，其中小麦投保面积3.38万公顷，棉花投保面积413.33公顷，玉米投保面积1.94万公顷，大豆投保面积1186.67公顷，马铃薯投保面积15.57公顷。作物受灾定损面积总计0.83万公顷，累计理赔金额852.35万元，其中小麦受灾面积0.55万公顷，理赔金额454.81万元；玉米受灾面积0.27万公顷，理赔金额384.93万元；棉花受灾面积13.33公顷，理赔金额0.87万元，马铃薯受灾面积2.67公顷，理赔金额4.08万元。组织实施2018年中央财政农业生产救灾资金项目，为受灾农户和镇街免费发放生物有机肥646.5吨、高压远程水泵100台，累计资金198.1万元。投资309.24万元，建设粮食水肥一体化示范区3个，共计187.87公顷；生物有机肥物化补助13.33公顷以上109户种粮大户，补助资金185万元。完成2018年昌邑市饮马镇农业产业强镇示范建设项目一期工程，完成投资1390万元，以延伸小麦产业链作为主抓手，打造小麦“育种、种植、存储、加工”于一体的全产业链条，建设小麦育种基地现代化提升、加工基地改造、社会化服务建设、文化教育基地建设四大板块，提升小麦价值链，实现小麦产业融合发展。

【依项目育人】 利用城市工商资本这个乡村振兴的最大增量，制定扶持政策，构建政策配套、渠道顺畅、保证有力的下乡机制。年内，引进城市工商资本下乡项目18个，总投资额56.9亿元，全年完成投资9.57亿元。带动高新技术、先进理念、人才资金等要素向农业农村流动，发展多种形式适度规模经营，激活培育多元新型经营主体。培育壮大农业农村人才队伍，寇玉湘被评为全国十佳农技推广标兵，培育新型经营主体带头人308人、现代青年农场主30人、农业职业经理人9人，引进韩国博士金利烨并获得潍坊国际人才创新创业大赛现代农业领域一等奖，引进中国农科院蔬菜花卉研究所专家团队和农业企业共同研发技术，实施“千人联千社，培强新主体”合作社提升活动，100名农业专业技术人员与100家涉农企业对口衔接。

【农业提质增效】 完成两区划定任务，强化基础设施建设，开工建设0.28万公顷高标准农田，完善农田水利设施，发展节水灌溉农业。强化技术示范带动，建成小麦、玉米品种展示示范区40公顷，建成高效农业发展攻关区、示范区、辐射区0.75万公顷，建成粮食水肥一体化示范区3处186.67公顷，玉米化肥减量增效万亩示范区2处773.33公顷，集成推广绿色高质高效生产技术模式，推广测土配方施肥技术9.67万公顷，技术覆盖率95%，增加推广水肥一体化技术0.13万公顷，使用有机肥、缓释肥、水溶肥等新型肥料0.5万公顷，减少化肥投入1040吨，化学农药使用量同比减少2%。强化植保能力建设，防治小麦返青期茎基腐病0.67万公顷，全年累计作物统防统治面积5.04万公顷，绿色防控面积3.3万公顷，主要作物农药利用率40%，防治成本降低10%。强化项目政策扶持，组织实施2019年小麦良种统一供种工作，完成2019年大豆1万亩扩种任务。核定小麦种植面积4.53万公顷，落实支持耕地地力保护补贴资金8280.5万元，组织政策性农业保险投保5.48万公顷，作物定损0.83万公顷，承保保险公司理赔852.35万元，依托项目为受灾农户和镇街免费发放生物有机肥646.5吨、高压远

12月19日，潍水田园综合体——无土栽培、立体化种植技术　（赵涵）

程水泵100台。2019年，全市粮食总产51.44万吨，同比增长10%。

【农产品质量安全】 开展2019年春季全市农资市场专项检查治理和农产品安全问题专项整治行动，检查农资经营业户和农产品生产企业500余家，提出整改意见300余条，扣押没收过期、限制用农资4700余件。结合昌邑市农业实际，制定印发50余种农作物标准化生产技术规程并加以推广，全市蔬菜水果标准化生产程度85%。产品所用农药间隔期不达标不准收获，产品在基地速测不合格禁止流入市场。开展基层质量安全监管体系能力提升行动，2个镇（街）农产品质量安全监管办公室被评为山东省第一批示范乡镇（街道）农产品质量安全监管机构。全年，监测抽查样品680个，合格率100%。认证“三品一标”产品97个，超额完成潍坊经济社会发展综合考核任务。全市有效期内“三品一标”农产品认证个数111个，面积0.49万公顷，占全市蔬菜水果总面积的66.78%。

（于宝华）

畜牧业

【概况】 2019年，全市生猪存栏量23.2万头，其中能繁母猪存栏2.7万头，出栏量40万头；家禽存栏748万羽，出栏7000万羽；奶牛存栏1164头，生产优质牛奶0.4万吨;全市肉牛存栏900头，出栏872头，羊存栏2.14万只，出栏2.85万只；肉类总产量13.5万吨，其中猪肉产量5.08万吨，禽肉产量8.4万吨。2月，市畜牧业发展中心被昌邑市委、市政府授予2018年度“市直部门绩效考核三等奖”，在2019年度市直部门述职评议中被评为“良好等次”。

【动物疫病防控】 发放重大动物疫病免疫疫苗，全年防疫发放禽流感疫苗1180.4万毫升、口蹄疫243.44万毫升、小反刍兽疫3.7万头份，100%完成昌邑市的强制免疫任务；年内，疫控中心开展检测375批次，采集并检测畜禽样品9580份。其中，禽血清2100份、禽棉拭子420份、猪血清1080份、牛血清280份、羊血清720份、猪全血3070份、环境样品1910份。开展非洲猪瘟流行病学调查工作，排查猪场1.54万场次，生猪282.27万头次，未发现非洲猪瘟疫情，昌邑市动物疫病趋势平稳，除部分地区和季节偶有零星发病，未发现大规模疫病和重大动物疫病。

【畜产品质量安全监管】 加强检疫监督，强化流通环节监管，推行病死畜禽无害化处理工作，完善“场户送交、统一收集、集中处理、全程监管、保险联动”的病死畜禽无害化处理运行模式。加强公安、市场监管、综合执法等部门联动机制，开展兽药残留、非法添加、违禁使用、私屠滥宰及注水和注入其他物质、制假售假等突出问题专项治理行动，打击违法违规行为。针对重点时段、重点区域、重点产品和薄弱环节，强化“双随一公开”检查，加大监督抽检力度，严控质量安全风险，及时消除安全隐患。科学制定抽检计划，委托第三方检测机构，明确各层级、各环节抽检重点，坚持高频率、高密度、全覆盖式抽检，提高抽检问题发现率和处置率。动物产地检疫生猪35.9万头，家禽3.01亿羽；动物产品检疫禽肉12.12万吨，猪肉8788.57吨。无害化处理病死猪22.53万头，家禽1480.91吨。瘦肉精监督抽检养殖环1.9万份，屠宰环节5293次，全部为阴性。全年进行畜产品安全抽样检测样品558批次，其中猪肉94批次，禽肉243批次，鸡蛋129批次，奶34批次，尿液58批次。

【畜牧业治理】围绕现代绿色畜牧业发展，优化调整产业结构，促进产业链循环。实施畜禽粪污治理设施配建工作，探索建立“以地定养、以畜定种、以肥养地、种养结合”模式，推广普及“设备租赁、产品偿还”畜禽粪污资源化利用新模式，全市规模化养殖场的粪污设施配套率100%，网格化管理畜禽粪污工作，实现畜牧生产的零排放和零污染，助推畜牧生态市建设。

【重点项目】争取上级扶持资金、项目和政策，重点投向粮改饲、畜禽粪污资源化利用、基层农技推广等关键领域，坚持招商引资、招大引强。山东民和牧业项目总投资10亿元，分三期建设，一期建设肉类熟制品工厂1座，建筑面积1.6万平方米；二期建设方便食品厂1座，建筑面积2万平方米；三期建设果蔬制品加工车间、AD/FD脱水蔬菜加工车间各1座，建筑面积2.8万平方米，建设保鲜加工及冷冻生产线4条，办公区，主体车间，冷库的建设基本完成。总投资额5亿元、年出栏25万头生猪的新希望六和新好牧业养殖项目落户昌邑市。双胞胎集团生猪养殖项目，项目前身为同力宝养殖有限公司养殖场，该公司建设完成，项目一期投资5000万元，引时种猪3600头，年提供仔猪7万头。年销售收入5000余万元。

（王明亮）

渔业水产

【概况】昌邑市濒临莱州湾南岸，海岸线长59.57千米，海域总面积681.68平方千米。昌邑市拥有海洋捕捞渔船94艘，海水养殖面积2.55万公顷。2019年，水产品总产量20.07万吨，其中海洋捕捞产量1.22万吨，海水养殖产量18.69万吨（鱼类1.01万吨，虾蟹海参0.53万吨，贝类17.15万吨）；淡水养殖产量0.16万吨。实现渔业产值26.87亿元。

【渔业资源修复】2019年，全市争取增殖放流资金1500万元，放流品种包括中国对虾、海蜇、三疣梭子蟹、半滑舌鳎、褐牙鲆和黑鲷6个品种，放流数量4.14亿单位，放流任务完成，改善昌邑市近岸水域生态群落结构，增加渔业资源群体数量，提高渔民收入、增加就业岗位、带动渔业经济发展。

【渔业科技】全年，组织举办各类培训班4期，免费培训渔民300余人次；发放《海参池塘健康养殖技术》《大菱鲆健康养殖技术》《半滑舌鳎健康养殖技术》养殖系列丛书及渔药使用手册、惠渔政策文件等材料500余份；聘用指导员29人，遴选示范户280户；筹措资金组织渔民100余人参加国家、省、市的技术培训。建立渔业示范基地两处和渔业信息技术管理平台2处；引进新品种澳洲红螯螯虾试养成功；创新日本对虾工厂化滤床丰产养殖新技术试验并申报3项技术专利。

【水产品质量安全】坚持“安全、生态、高效、品牌”的发展理念，强化水产品质量安全监管责任，提升全市水产品质量水平。完成农业部，省级、市级水产品质量安全监督抽检、苗种检测、海水贝类产品卫生监测243批次抽检任务。完成市级水产品质量安全追溯试点抽检600批次，确保昌邑市水产品质量安全。建立水产品质量安全可追溯体系，将昌邑市规模化水产养殖企业、合作社纳入渔业监测平台管理，生产管理、产品销售实现远程监管，部分企业、合作社多宝鱼实行二维码挂牌销售、追溯管理，打造昌邑多宝鱼品牌。

【渔政管理】 贯彻落实省厅及市局关于伏季休渔会议精神，所辖区域实行“港口排查及海上巡查”的全方位的综合管理。执法人员到渔村、港口、码头、市场、油库等渔业活动频繁的场所，发放伏季休渔通知书和《致休渔渔民公开信》，采取悬挂横幅、张贴标语、通告、宣传车等方式，宣传渔业捕捞许可管理制度，增强渔民群众保护渔业资源的意识。加大海上执法检查力度，执法巡查重点时段、重点海域。伏休期间，派出执法人员 245 人次，参加省、市联合海上执法行动 7 次，出动执法船只海上航行 39 航次，航程 3735 海里，航时 251 小时，查处违规行为 14 起，其中移交海警 1 起，移交莱州渔政 1 起。开展“绝户网”等违规网具专项整治执法检查。伏休期间派出执法组 39 次，查获地笼等绝户网 1249 顶，开展电鱼专项执法行动，派出执法人员 120 人次，行动期间收缴电鱼工具 3 套，批评教育从事非法电鱼人员 5 人，养护海洋渔业资源。

【惠渔政策落实】 申报发放渔用燃油补贴，审查把关全市捕捞及养殖渔船，为 71 艘渔船申报渔业油价补助 398 万余元。开展渔业互助保险工作，为 11 艘渔船办理渔船入保手续，为 43 艘渔船办理雇主责任险及附加医疗险，收取保费 63.6 万元，办理理赔案件 2 起，赔偿受损渔民 1.5 万元。

【项目申报实施】 开展海洋牧场建设项目、水产种业建设项目。实施总投资 1180 万元的昌邑市东北部海洋牧场项目。加快推进邦普种业科技有限公司水产遗传育种中心（国家级）建设，对接引进北方水产种业研发中心，打造国内领先的南美白对虾育种育苗基地。该项目列入《山东海洋强省建设行动方案》，形成培育 500 个家系构建和 8 万对南美白对虾种虾的育种能力，打破国外垄断。推进下营中心渔港建设。以《全国沿海渔港建设规划（2018—2025 年）》支持升级改造昌邑下营一级渔港为契机，争取用海指标和上级资金，推进下营中心渔港建设，11 月初，整治维护项目实施方案通过专家评审。

（陆　静）

水　利

【概况】 2019 年，市水利局以“工作落实年”为抓手，围绕昌邑市委、市政府的中心工作，加强各部门合作，以实际行动推进水利各项重点工程和重点工作。

【河道堤坝除险加固】 组织实施 1.7 亿元的 34 项河道除险加固工程。成立 5 个工作联系组，实行“一线工作法”，全程跟踪督导工程设计、招标、施工、验收。倒排工期、挂图作战，投足人力物力，5 月底完成全部工程。其中，堤防填筑修复 4 处，长 5.2 千米；险工治理护坡 18 处，长 15.96 千米；渠道维修 2 处，长 0.3 千米；道口封堵 2 处；塘坝维修 1 座；橡胶坝坝袋更换 1 座；闸门维修 1 座；闸门更换 5 座。在“利奇马”台风登陆期间，加强与上级部门和上游地区的沟通协调，关注雨情、水情和汛情。实时发布应急预警；统筹调度人员、物资及各闸坝运行；在确保行洪安全的基础上，拦蓄水8000余万立方米。除潍河外，北胶莱河、堤河下游及泥河、夹沟河多处出现险情，积极调度人员、调配物资进行抢险救灾，将灾害损失降到最低，维护群众生命财产安全。

【河道清违清障】 坚持问题导向，组织开展清违清障和“回头看”专项行动，清理省、市河长办反馈的问题。完成问题整治990处，清理河道树木10万余棵，拆除房屋430余间，清理垃圾堆180余处、鱼棚357处，清理河道管理范围内违法占地面积126.67公顷。其中，潍河下游鱼棚清理被山东省水利厅作为清违清障工作典型事例报送水利部。

【资金争取】 助力乡村振兴。配合完成胶东战略水源地工程建设，可为昌邑市潍河及附近地下水提供有效补源。组织实施国家级地下水超采区试点县项目，通过项目实施整修易涝河道1条，建设20万立方米蓄水工程1座，建设扬水站及节水灌溉高标准农田1处，建设地下水观测井7眼。实施投资495万元的2019年度移民后期扶持工程，惠及4个镇（街）8个移民村0.6万人。推进峡山灌渠节水改造工程，通过省发改委立项，争取峡山水库农灌用水2000余万立方米，用于北部镇村秋种，灌溉农田1.33万公顷。

【水政执法】 组织开展河湖采砂专项整治行动，打击非法采砂行为，取缔无证无照洗砂、存砂、卖砂点（主要是麻刚砂及土砂）42处；接处警35起，立案查处非法盗采河砂行为10件；查处挖断河道内运砂路30余条次，封堵道口6处；查处扫黑办和潍坊市水利局等上级部门转来的案件线索6起。加大日常巡查监管力度，分别在石埠和饮马设置巡查点，增配河道巡逻员10人，昼夜巡查，杜绝乱采乱挖现象。处理其他各类水事违法案件16起，案件办结率100%。

【主题教育】 把“工作落实年”活动和主题教育作为深化水利改革发展的引擎和驱动，推动各项工作高标准推进；抓好整改落实和学习成果转化，以解决事关群众切身利益的问题为导向，研究急需解决的难题，建立近期解决问题、联动整改、即知即改问题清单，以结合水利工作，研究具体的推进办法，突出攻坚韧劲，抓实整改落实，激发和调动全局党员干部担当作为、开拓进取、加快发展、创争一流的积极性、主动性。配合“一次办好”改革，做好水利行政审批服务，办结审批事项94件，满意度100%；选派“第一书记”包靠都昌街道渔洞埠村，落实直接帮扶资金7万元，该村被评为“山东省乡村振兴示范村”；动员全系统党员干部参与全国卫生城市、文明城市创建工作；开展“双招双引”，完成招商引资任务8225万元，山东省化工研究院院长、泰山学者冯维春与山东晨宏科技有限公司达成合作协议，并研发新产品2个。

【抗旱防汛】 争取峡山水库农灌用水，从水库放水2000余万立方米，用于北部镇村秋种，灌溉农田1.33万公顷。加强灾害预防，清除河道防汛行洪安全隐患。完成总投资4824万元的18项修复工程，堤防填筑修复5.2千米，渠道维修0.3千米，险工治理7.12千米。加强河道防洪治理主体工程建设，完成总投资1.19亿元的16项防洪治理工程，险工治理护坡8.84千米；橡胶坝坝袋更换1座；闸门更换1座；道口封堵2处。清理河道内民房、看护房、影响行洪树木、生活垃圾等涉河违法问题。按照防汛准备原则，健全完善物资储备，存有各类发电机组6台，空气压缩机、钻机、吊车、钻孔机等各类机械8台，编织袋14万条，土工布5000平方米，木桩1400根，电缆2000米，保证汛情出现时能“拿得出、用得上”，满足抢险救灾工作的需要。调整充实防汛专业队伍和群众性抢险队伍，解决“空档”问题；加强业务培训和应急演练，增强抢险队伍战斗力。日常维护管理闸坝，落实闸坝运行管理责任和人员，加强运行管理和维修养护，各闸坝日常管理范围内均设置警示牌和警示标语；加密日常巡查维护频度，发现异情及时上报并且每天做好观察记录；执行调度规程，根据上游来水流量实时调节闸坝高度，严禁各闸坝超汛限水位运行，确保工程作用长效发挥，提高水利设施的防洪抗灾能力。抓应急处置，科学调度指挥到位，加强雨情、水情、工情等的统计分析、上传下达、实时调度和督促检查，实行全天候值班备勤，执行领导带班、多人值班的24小时值班制度，及时传递雨情、汛情、险情，提前做好防汛抗洪准备工作。依靠搭建的防汛会商系统，做到点对点精准指挥，提前转移重点区域人员，有效躲避灾害，避免或减少人员伤亡，减少洪涝灾害造成的损失。8月9日下午3点，潍河上游牟山、峡山水库开始预泄洪水。峡山水库最大泄洪流量1000立方米/秒，牟山水库最大泄洪流量1800立方米/秒，叠加最大泄洪流量2800立方米/秒，超2018年最大泄洪流量600立方米/秒。同月10日开始，受台风“利奇马”影响，全市平均降雨量140.3毫米，最大雨量点170毫米。此次强台风，市防汛抗旱指挥部实时发布应急预警，启动防台风Ⅲ级应急响应并根据天气变化提升为Ⅱ级，发布台风信息快报3期，启动昌邑市气象局气象灾害（台风）Ⅲ级应急响应，发布台风雷电、暴雨预警信息5次，各类紧急通知18份，为地方政府和相关部门防洪抢险以及水利工程的调度决策提供科学依据。清理潍莱高铁、济青高速改扩建施工围堰，加强全市26条河流的巡河查险工作，发现问题及时上报。加密与上游水库、闸坝管护单位联系。12日，河东、河西引水总干开启闸门，启动干渠分洪机制，最大限度减轻潍河受水压力，12日3时10分，洪峰经防潮蓄水闸入海。在每个险工险段、闸坝、新建成和在建的水利工程，水利局和各镇（街、区）均安排专业队伍值守，潍河所有低洼道口全部堵复。

【胶东调水】 2019年，胶东调水工程昌邑管理站围绕保障胶东4市用水安全目标，多措并举，按照上级统一调度，优化值班管理，科学调整运行工况；强化水质检测，严防水质污染；加强工程巡视，实行预案管理，保障调水安全。2019年调度运行第一阶段为1月1日至8月23日，第二阶段为11月20日至12月31日，王耨泵站总过水量5.85亿立方米。

引黄济青改扩建工程是推进调水工程补短板、调水系统强监管，提升调水保障能力的重要举措。引黄济青改扩建二期工程（昌邑段）总投资1.61亿元，其中输水河投资9869万元（建筑物金属结构更换、27236米渠道衬砌板拆除重新

11月25日，王耨泵站建设变电站，泵站值班人员通水值班巡视（左起：包汉国、王海龙、刘吉明、窦寰）　（孟嵩岩）

铺设)，泵站工程投资6198万元(新建35千伏变电站、更换4～8号机组、金属结构、高低压开关柜、电缆、自动化调度系统等)。

【供水管理】 2019年，昌邑市自来水公司围绕市委、市政府决策部署和公司工作要点，按照“工作落实年”具体要求，深化“服务提升年”活动，完成售水总量1739万立方米，销售收入4725万元，全年完成代收水资源费1050万元，污水处理费594万元。被评为潍坊市青年志愿服务先进集体、昌邑市文明单位、昌邑市民生热线办理先进单位、三八红旗先进集体。城区及沿海供水管网建设及改造PPP项目完成投资8100万元，安装管线35千米。投资420万元组织实施城区及北部沿海支管线延伸和维护改造，完成103具消防栓安装任务，优化管网布局，公共供水管网覆盖率100%。解决一水厂关停后的供需矛盾，投资350万元扩容改造两个水厂。打井7眼补源，改善水质，技术改造优化水源分区，保证24小时供水水量、水压达标。在北部乡(镇)增设远传监测压力点2处，管网水质在线监测点2处，随时监测压力和水质变化情况，建立潍坊市市政局水质信息采集系统，为供水调度和水质监测提供依据。完成第三水源地突发环境事件应急预案编制备案工作，从源头上保证水质安全达标。深化“服务提升年”活动，加强职工文明礼仪和业务知识培训。对标学访江南水务和寿光水司，完善智慧水务管理平台中地理信息、客户服务、供水调度等系统。开展城区供水管网大普查，设置管网途经路段走向标志，保证管网安全运营并为地理信息系统提供数据支撑；按照《潍坊市供水企业质信评价办法》抓好内部管理，细化工作流程，提升企业运营水平。落实“一次办好”，客服报装流程由12个工作日缩减至7个工作日。探索供水直管到户和二次供水管理经验，做好民生实事，完成都昌棚户区、南苑小区等4200户户表改造。加强与用户沟通，推进亲情化服务，召开市区物业企业用户座谈会，走访沿海4镇用水户，征求意见，反馈意见满意度98%。

【潍河管理】 年初中心班子集体研究决定开展“河道内非法开采砂资源专项整治年活动”，加大检查、巡查力度和密度，不间断夜间巡查，突出三个重点(重点时段、重点河段、重点人员)，加强与国土、公安等有关部门配合联动，依法打击河道内非法开采河沙行为。采取24小时值班制度，重点加大夜间巡查力度，全体人员分成5个小组，会同治安三中队夜间不间断巡查。1—6月，接出警28次，查扣盗采河砂车辆机械10台次。打击盗采河砂行为，4月，执法人员在巡查中发现柳疃中闫村东河道内有人下船采砂，河道服务中心立即采取措施会同公安治安大队利用2天时间依法扣押、登记保存采砂船，并将案件移交公安机关调查处理。借助智慧河长所设18处监控摄像头，时时监控重点部位重点河段，与公安护砂大队、各沿河镇(街)派出所沟通协调，互通信息，提高出警的速度和力度。牵头清理全市范围内的存砂点，切断违法销售河砂渠道，全市清理违规存(售)砂点36处。

整治中央扫黑除恶督导“回头看”和水利部暗访反馈昌邑市“盗采河砂”问题。6月6日至7月15日，联合公安、交通、自然资源等7个部门和各镇(街、区)，在全市开展为期40天的“打击盗采河砂、侵占河滩违法犯罪”专项整治行动。行动依据有关法律法规按照“政府统一领导、部门依法监管、联合执法打击、落实属地管理”的原则，分调查摸底(6月7—9日)、集中整治(6月10—30日)、检查抽查(7月15日前)进行。集中整治行动摸清全市河道要砂现状和非法采砂情况，震慑盗采河砂中的涉黑涉恶行为，清理整治非法变卖河滩地、荒滩地行为。在全市建立“河长挂帅、部门协同、惩防结合”的采砂管理长项机制。

潍河抢险补救工程有22个工地同时开工。河道服务中心配合水利局检查督导各个施工现场，对施工企业进行安全生产教育，签订《河砂不外流责任书》。黄水东调二期工程在施工期未按规定要求存放河砂，将部分河砂运出河道存放，河道服务中心发现后要求施工企业将河砂运回河道，杜绝砂资源流失。同时检查督导济青高速护建工程跨潍河段、潍莱高铁跨潍河工程，帮助施工企业完善汛期施工方案和度汛方案，确保施工安全和汛期行洪安全。根据《山东省发展和改革委员会关于潍河水利工程供水价格的批复》规定，从潍河内取水的供水企业收取水费，上半年收水费73.7万元。年内，河道服务中心帮扶卜庄镇王家庄村，派出有工作经验与责任心的党员担任第一书记。根据王家庄子的村情，河道服务中心多方筹措资金8万元，修缮村庄道路、改善村容村貌。

（胡　阳　郎咸华）

林　业

【概况】 2019年，完成造林0.13万公顷，新建改造提升苗木1300公顷。苗木产业转型升级，推进高端化、产品标准化、经营集团化、会展专业化、“苗文旅”一体化提升，全市苗木企业300余家，苗木规模8000公顷，存圃量1.7亿株，年产值超过16亿元，申报苗木新品种6个，其中3个通过现场审定。加强监测预警、检疫御灾，做好林业有害生物防控工作，推进双招双引工作。被全国绿化委员会授予“全国绿化模范市”称号。

【植树造林】 完善潍河生态长廊绿化、北部沿海防护林、农田林网、绿化重点村庄提升、退耕还林还果等重点工作，组织实施青银高速、潍莱高速、荣乌高速公路沿线绿化林带改造提升工程，打造多树种、多色彩、多层次、多功能的生态景观长廊，完成成片造林1300公顷，建设和完善农田林网面积2300公顷，高标准农田防护林建设工程新增333.33公顷，退耕还林还果60公顷，森林生态廊道建设工程37公顷，四旁植树120万株。3月12日，在昌邑市举行潍坊市植树节义务植树现场会，潍坊市委书记惠新安等市级领导班子成员参加活动。

【林业产业】 苗木产业与乡村振兴、国土绿化和产业转型发展结合，苗木产业转型升级，推进高端化、产品标准化、经营集团化、会展专业化、“苗文旅”一体化提升，坚持立足特色，重点改造提升奥孚苗木、新嘉园林、昌邑花木场、爱国苗木有限公司，完成新建改造提升苗木1300公顷。年内，申报苗木新品种6个，其中“粉伴”“向麟”“矮魁”3个苗木新品种通过现场审定，申报3个新品种“碧玉”“红艳”“红秀”，申报材料送至国家林业和草原局。

【林业资源管护】 加大美国白蛾、悬铃木方翅网蝽、松材线虫等林业有害生物的监测和防控力度，并与镇（街、区）签订《2019年重大林业有害生物防控责任书》，开展飞机防治重大林业有害生物工作2.83万公顷。维护完善、改造提升林业有害生物监测点9处，培训专职虫情监测员9人，实现全市林业有害生物监测全覆盖。加强林地管理工作，采取新增造林与林木采伐限额相挂钩机制，确保昌邑市森林覆盖率、林地保有量等指标不减少。两次大范围监督检查全市各镇（街、区）的重点林带和潍水风情湿地公园、海洋生态特别保护区安全生产方面，针对排查中发现的安全隐患，督促整改、落实。市政府与各镇（街、区）签订森林防火责任状，加大防火巡查力度，消除安全隐患。昌邑滨海国家湿地公园规划调整工作通过省和国家林草局专家验收。

【双招双引】 引进教育部新世纪优秀人才、北京林业大学草坪研究所所长韩烈保，在昌邑市设立北方林业大学草坪草和生态草研究工作站，并在昌邑市鼎立薄壳核桃种植专业合作社建立北方耐盐碱抗旱草坪草和生态草繁育基地；邀请森林培育专家、中国工程院院士尹伟伦到昌邑市考察指导；引进山东农业大学园艺科学与工程学院院长长江学者郝玉金，指导昌邑市鼎立薄壳核桃种植专业合作社建设苹果优良品种引进与现代化栽培示范基地；引进泰安市泰山高效生态农业科技产业研究院院长、国务院政府特殊津贴专家冯殿齐与潍坊市鼎立食品有限公司合作开展泰山植物引进选育与产业化开发项目。

【主题教育】 全体干部职工以“不忘初心 牢记使命”主题教育活动为载体，学习贯彻中共十九大精神和习近平治国理政新理念新思想新战略，增强政治意识、大局意识、核心意识、看齐意识。党总支履行从严治党的主体责任，把落实主体责任情况纳入年度班子民主生活会和述职述廉会议报告的重要内容。贯彻落实党风廉政建设责任制的各项规定，遵守关于廉洁自律的各项规定和《党员领导干部廉洁从政若干准则》的规定。

（温飞燕）

农业机械

【概况】 2019年，昌邑市农业机械总动力99.87万千瓦，农用拖拉机保有量2.17万台（大中型拖拉机5899台）；联合收割机保有量2270台（小麦联合收割机1104台、玉米联合收割机1166台）；播种机4782台（免耕播种机2615台）；秸秆粉碎还田机1025台；其他收获机械1396台（马铃薯收获机804台、花生收获机572台、青饲料收获机12台）；拖拉机配套农具1.71万部（大中型3829部）。小麦、玉米生产实现全过程机械化；马铃薯耕作、播种、收获全部实现机械化；花生耕作、播种实现机械化；大姜耕作、开沟实现机械化；棉花实现机械化播种、覆膜，机械化采摘实现破题；全市农机化综合水平96.97%。年内，全市农机化总投入3283.6万元，其中农业机械购置投入3003.6万元；实现农机服务收入2.88亿元，农机作业服务收入2.14亿元。被国家农业农村部评为“全国基本实现主要农作物生产全程机械化示范县”；承办潍坊市农机科技下乡暨三秋作业现场会；举办全市“三夏”机械化生产现场会；落实农机购置补贴资金900万元，补贴农业机械723台套；组织昌邑市昌荣机械制造的潍河系列农业装备参加2019中国国际农业机械展览会，提高昌邑市本土品牌的知名度；组织昌邑市翱蓝无人机、圣达农机等参加山东省农业机械博览会。

【农机作业与创建机械化示范县】 2019年，组织上阵各类机械2.1万台套，其中各类拖拉机1.4万台，小麦联合收割机1200余台，玉米联合收获机1300台，玉米播种机5600余万台。机收小麦4.29万公顷，机播玉米4.17万公顷，机收玉米3.95万公顷。创建全国主要农作物生产全程机械化示范县。摸底调查全市机械化状况及烘干、高效植保情况。制定《昌邑市现代农业发展中心关于加快推进全市主要农作物生产全程机械化发展的实施方案》。6月12日，组织全市“三夏”机械化生产暨创建全国主要农作物生产全程机械化示范县现场推进会，举办相关培训班，培训镇（街）农机站、村委成员、合作社成员、农机大户等相关人员220余人。组织整理6.2万字的全国主要农作物生产全程机械化示范县的申报材料，编写9.7万字的《昌邑市小麦玉米生产全程机械化实用技术指南》，整理筛选相关图片、报纸等3000余张（份）。制定昌邑市200万元的粮食烘干机械补助方案，并组织落实，补贴烘干机械15台，落实资金119.9万元。加强与农业农村局、财政局、各乡（镇）有关部门及各农机合作社的协调沟通，构建上下联动、多方协作、合力推进的工作机制，保证创建工作推进。

6月12日，全市“三夏”机械化生产暨创建全国主要农作物生产全程机械化示范县现场推进会（宋国栋）

6月13日，青阜农业公社现代大型联合收割机麦收现场（范晓明）

【智能农机三秋作业现场会】 10月9日，在昌邑市龙池镇龙北村举行。活动有20家农机企业参加，参展机具种类有收获机械、耕整地机械、播种类机械、植保类机械、智能化管理机械五大类。现场会中，有山东北斗智慧信息产业有限公司的北斗智能技术，雷沃、约翰迪尔、国丰、金大丰等新型玉米联合收获机、玉米籽粒直收机、玉米茎穗兼收机，福田欧豹系列、约翰迪尔系列、潍河系列、悍沃系列等动力机械，有智能深松联合作业机、智能玉米（小麦）精密播种施肥机等智能农业装备，有悍马农装的智能深松驱动耙、立旋整地双镇压小麦精量播种机、植保无人机（翱蓝大中小多旋翼）、自走式喷杆喷雾机等新技术新机具。参展人数500人次，发放宣传资料3000余份，技术咨询600余人次。

【深松作业及项目建设】 2019年，上级分配给昌邑市的深松作业任务4000公顷。其中，非补助任务3300公顷，补助任务670公顷，补助资金30万元。把3300公顷的非补助深松作业任务分解到各镇（街、区），实行镇（街、区）政府盖章把关全部完成。与市财政局联合制定《2019年农机深松耕整地作业补助工作实施方案》，明确农机深松整地作业的指导思想、目标任务、技术路线、时间进度、实施方式和保障措施。加强监督检查，推行深松作业科技检测，实施深松补助作业的机械全部加装深松检测仪，实现科技检测。到现场加强监控，确保项目规范落实到位。

【农机购置补贴】 2019年，上级分配给昌邑市农机购置补贴资金900万元，全部落实完毕。其中新机购置补贴使用764.2万元，补贴机具684台套。在具体补贴工作中，市现代农业发展中心使用手机软件网上报名，方便群众，做到让群众少跑腿，让用户得到实惠。落实农业农村部、财政部印发的《2018—2020年农机购置补贴实施指导意见》，建立健全农机购置补贴监督检查制度。保证国家农机购置补贴政策的贯彻落实，规范工作人员办理财政补贴机具手续，严格核验程序和过程，方便农民群众购买质量过关、服务及时的补贴农机具。召开全市农机购置补贴工作会议、电视宣传、报纸报道、张贴通知等，宣传购机补贴政策。建立“三次公示、四个严把”工作机制。“三次公示”，即对2019年农机补贴政策、范围、补贴标准、补贴程序等内容，统一印发《通告》予以公示；取得补贴资格的农民，将其姓名、籍贯、所购机具类型、享受的补贴额度等信息分乡（镇）、分村庄予以张贴公示；享受补贴的农户名单在补贴专栏和政府网站上同步公示。“四个严把”，即严把机具质量关，确保机具状况良好；严把机具牌证关，做到一车两证手续齐全；严把统一关，做到农户（单位）姓名与农机购置补贴资金申请表上的单位姓名统一，申请表上要求的补贴标准与所供产品一致；严把人机合影与标识喷涂关，按标准喷涂标识补贴机具。

【农机报废更新补贴政策】 2019年，落实农机报废更新补贴资金135.96万元，报废、更新农业机械各35台。根据相关政策，筛选2家旧机回收公司，农户自己选择旧机回收公司，避免出现回收垄断现象。

【农机跨区作业】 促进广大农机手增收致富，进行农机跨区作业工作，现代农业发展中心加大工作力度，采取提前安排、严格发放条件、简化办法流程、做好录入备案等措施，发放联合收割机跨区作业证。全年免费发放联合收割机跨区作业证55张。

【农机统计】 召开各乡（镇）统计人员和有关单位参加的农机统计年报会，部署安排年报和相关工作任务。与上级业务部门对接，结合各镇（街、区）上报数据和全市实际情况，权衡和调整全部统计数字。春耕、三夏、三秋等农忙时节，随时掌握全市农机作业进展情况，利用全国农机化综合管理系统系统、业务邮箱以及微信群等，整理上报有关数据。

（何秉桦）

海洋生态特别保护区

【概况】 2019年，保护区管委会履行职责，以修复海洋生态环境目标，按照海洋生态保护管理科学化、安全生产标准化、行政执法规范化和队伍建设正规化的要求，做好各项管理工作。

【项目建设】 总投资766万元的昌邑海洋生态特

别保护区管控能力提升项目全部建设完工，项目完成建设管护房1处、巡护监视瞭望塔1处、整修巡护道路10千米、建设砂石路3千米，编制科普宣传资料1套，栽植柽柳5万余株；购置消防装备800余台套；开展保护区专项监测评价等。根据《山东省海域使用金支出项目管理办法》要求，海洋保护区管委会会同昌邑市财政局、昌邑市海洋与渔业局完成项目的县级自验。

年内，保护区管委会申报昌邑海洋生态特别保护区湿地植被生态修复和昌邑海洋生态特别保护区防潮坝湿地生态修复项目，获上级扶持资金2445万元。项目通过种植柽柳等耐盐碱植被，可修复湿地面积158公顷，重建滨海植被群落，促进滨海生态系统的连续性和多样性，形成昌邑市独特的滨海湿地特色。

8月24日，海洋生态特别保护区现状　　（章彦华）

【环境监管】 推进保护区管护工作开展，实行巡查报告制度，动态监管管辖区域内海洋环境生态情况；加强工作督查，实行层层管理、专人负责。结合保护区区域特点，海监保护区大队完善保护区巡查方案，明确巡查区域、巡查路线（航线）、巡查频率，巡查方式方法和巡查要求等内容，执法巡查人员每月全面巡查保护区不少于2次。

【防火安全】 坚持以“预防为主，积极消灭”的原则，增强防火、灭火的综合能力，全面控制各种火源，杜绝火灾隐患。提高认识，增强防火责任感，制定防火应急预案。不间断护林防火巡护，每天安排人员进行日常护林防火巡护。与当地驻军沟通，合理利用区内监控设备实时监控保护区，在保护区内安装10余处防火宣传栏、宣传石碑等。做好风力灭火机、便携式高压森林灭火水泵、灭火水枪等防火、灭火物资储备。举行森林防火培训及演练，提高队伍的扑火技能和整体作战能力，强化全体干部职工和护林员的扑火安全与紧急避险意识。

（章彦华）

4月6日，巡护检查　　（魏亚光）

工 业

综 述

【概况】 2019年，全市242家规模以上工业增加值同比下降7.8%；工业总产值557.23亿元，同比下降7.1%；工业营业收入549.59亿元，同比下降13.2%；实现利润16.11亿元，同比下降9.5%。全社会用电量50.35亿千瓦时，同比增长5.39%，其中工业用电量40.36亿千瓦时，同比增长5.29%，占全社会用电量的80.15%。营业收入过亿元工业企业66家，其中昌邑石化251.9亿元，其他过20亿元的企业1家；10亿～20亿元企业3家。利润过千万的工业企业35家，其中过亿元的企业2家，0.5亿～1亿元企业9家。

【技术改造和项目建设】 落实《山东省实施新一轮高水平技术改造三年行动计划》及《新一轮高水平技术改造省级激励实施办法》。引导企业增加高新技术、节能环保等短板领域的投资，用足用好上级财税政策支持，争取更多项目纳入上级盘子。抓好66个重点技改项目建设。3个项目列入2019年省重点技术改造导向计划。玉柴机器、浩信昌盛等13个项目列入潍坊市“优势产业集群+人工智能”重点项目。28个项目列入2019年省技术创新计划。强化创新引领，为企业高质量发展积蓄新动能。3家企业认定为省制造业单项冠军企业、2家企业认定为全省技术创新示范企业、2家企业被评为山东省高端装备制造业领军（培育）企业、2家企业被认定为2019年潍坊市智能制造标杆企业、2个项目认定为2019年潍坊市智能制造试点示范项目。昌邑市康洁环卫工程有限公司、山东康迈信机械、山东亿润新能源科技、山东同大新能源4家企业被认定为2019年潍坊市工业设计中心。山东浩信机械有限公司钢箍制动鼓项目获得潍坊市第四届“市长杯”工业设计大赛三等奖。

（吴梦嵋）

信息化

【两化融合】 以“两化”（智能产业化、产业智能化）深度融合推动企业转型升级。加大政策宣讲、培训提高企业信息化意识，提升化工、机械等传统企业智能制造理念、工业互联网思维，明晰高质量发展路径。建成山东海天生物化工有限公司制造执行系统（MES）项目、山东汉兴医药科技有限公司分布式控制系统（DCS）项目、山东昌邑石化有限公司智能仓储管理项目等“两化”融合重点项目。全市拥有省级以上两化融合管理体系贯标试点企业8家，其中昌邑石化、金典化工、康洁环卫集团、亿润新能源通过国家评定。邀请海尔数字科技、三一重工、石化盈科、金蝶中国的行业专家调研、对接昌邑市纺织服装、机械装备、化工等行业企业，提出信息化、数字化改造解决方案。

【共享“工业云”】 华晨集团基于中国移动云平台打造个性化制衣科创工坊项目，引入电子试衣与3D人体扫描等云计算和大数据技术，实现服装智能穿戴和人体尺码数据的智能采集，推动传统纺织产业智慧化升级。浩信昌盛有限公司共享工厂项目，采用ERP、PLM、MES及DNC等信息化系统云端部署，将供应链、产品设计、生产制造执行、智能终端生产设备连成一体，实现铸造及机加工全过程可视化。共享智能铸造产业创新中心（潍坊）有限公司，围绕铸造行业产业链、资金链、创新链，搭建一个开放、共享、线上线下相结合，服务铸造行业、区域制造业的工业互联网平台——绿色智能铸造工业互联网平台（共享工业云），为昌邑市周边100余家传统铸造企业提供资源、技术等共享云服务，推动昌邑市铸造行业整体转型升级，向绿色化、高端化、品牌化迈进。汉兴医药、共享中心等4个项目列入潍坊市2019年工业互联网发展重点项目。共享智能铸造产业创新中心（潍坊）有限公司列入2019年山东省产业互联网平台奖补示范项目，财政奖励77万元。潍坊市平安消防工程有限公司、山东华晨彩装科技有限公司列入2019年度企业上云标杆企业。全市上云企业130家。

（梁振宇）

传统产业转型升级

【概况】 化工产业，依托下营、龙池两个省级化工园区，做强优势产业、做优特色园区，实现集约集聚发展。2019年，昌邑石化通过省化工重点监控点认定，全市石油化工产业实现总产值、营业收入、利润分别为259.69亿元、251.90亿元、5.65亿元；79家规模以上盐及盐化工企业实现总产值、营业收入、利润分别为118.61亿元、128.82亿元、7.55亿元；纺织产业，主要是延伸产业链、提升产品档次、发展自主品牌，开拓国内外市场。年内，昌邑市再次通过中国纺织产业基地市复评（2019—2022）。华晨集团探索产业升级路径，打造自主品牌，逐步发展成一家纺纱、织布、染整、服装一体化的纺织服装品牌企业。同大海岛、创信超纤、凯泰超纤等骨干企业带动下游超纤染整后处理产业发展。富润科技、荣源印染的印花产品档次提升，产品转向中高档印染布，为国内主要家纺企业配套。昌邑纺织产业区域品牌优势凸显，形成大中小企业协作发展的全产业链化、品牌化、开放化、绿色化格局。75家规模以上纺织印染企业实现总产值、营业收入分别为67.89亿元、67.31亿元，同比分别增长2.2%、5.0%；机械制造业，围绕产业链拉伸、延长，发展壮大汽车配件、弹簧、散热器等产业。引进共享、潍柴、玉柴等大企业进行合作，逐步向智能化、数字化、绿色化方向转型。山东浩信昌盛汽车零部件智能制造有限公司建设的共享工厂“浩信智能铸造产业创新中心”列入山东省铸造行业区域性共享工厂建设试点。35家规模以上机械制造企业实现总产值、营业收入、利润分别为59.34亿元、51.37亿元、1.51亿元。食品产业，围绕做强龙头企业、强化产业项目支撑，延伸产业链条、完善配套和园区建设，推动产业转型提升。20家规模以上食品加工企业实现总产值、营业收入、利润分别为28.61亿元、28.56亿元、0.14亿元。

【昌邑石化】 山东昌邑石化有限公司为中国化工集团权属企业，公司是以原油和燃料油为原料生产国家标准汽柴油、液化气、丙烯、聚丙烯、苯、甲苯、二甲苯、MTBE、石油焦、硫磺等10余个品种的特大型石化企业，原料油一次性加工能力1000万吨/年，综合加工能力600万吨/年，配套设施齐全，产品质量均达到国家标准，是中国化工集团的龙头企业和重要的油品、化工原料基地。公司连续13年主营业务收入超过100亿元，列中国化工企业500强第二十三位、潍坊市工业百强企业第三位，入选国家第二批两化融合体系贯标试点单位。2019年，通过省化工重点监控点认定。昌邑石化生产装置实现安全平稳运行，公司以效益为中心，以降本增效为目标，细化生产经营过程管理和绩效管理，强化安全生产、预算管理、对标管理、工艺节能及设备等精细化管理，生产经营精益管理水平提升；公司全年未发生安全环保及重大人身伤害、死亡事故，完成大检修任务，首次实现装置“三年一修”；开展装置竞赛、与先进炼化企业对标达标以及持续改进、技术攻关、工艺优化和节能技改等工作，持续优化各项主要技经指标，炼油专业对标持续排名油气第一，年内，实现综合加工量529万吨，实现工业总产值260亿元，实现营业收入252亿元、实现利税51亿元。

【山东浩信集团】 山东浩信集团主要从事商用车、乘用车、工程农业机械底盘类零部件和发动机零部件的研发与制造，是中国商用车制动鼓、轮毂产品专业研发制造基地，缸体、缸盖制造基地，年产60万吨，是潍坊市工业企业五十强之一、全国铸造百强企业之一、中国铸造行业单项冠军企业、中国绿色铸造企业。拥有山东省企业技术中心、博士后创新实践基地和山东省汽车制动件精密铸造技术工程实验室，先后获“中国驰名商标”“山东省高新技术企业”“省级文明单位”等称号。集团重视自主创新和研发平台建设，拥有现代化的企业技术中心和产品试验室，有中高级研发人员300余名。申报发明、实用新型、外观专利147项，授权的专利项目132项。年内，集团实现销售收入58亿元，较上年增长8.6%。缴纳税金2.11亿元，其中昌邑区域全年上缴税收1.45亿元，同比增长5.4%。

【山东海天生物化工有限公司】 山东海天生物化工有限公司坐落于山东省潍坊市昌邑滨海（下营）经济开发区，是以纯碱、小苏打、小苏打日用品（日化用品）的研发、生产、销售为一体的化工型企业。公司纯碱生产能力150万吨/年、小苏打生产能力20万吨/年，总资产40余亿元。公司有员工1200余人，其中有科研人员132人，拥有高级工程师职称4人。在知识产权方面，公司获得14项专利，其中发明专利4项。在纯碱生产节能领域，公司参与起草制定1项山东省地方标准并发布实施。在小苏打日化产品的生产上，公司制定3项企业标准，获得11份中国日用化学工业研究院分析测试中心、国家洗涤用品质量监督检验中心（太原）出具的产品质量检测报告。在研发成果上，公司取得6份山东省科学院情报研究所出具的鉴定查新报告。公司取得40余项科技成果并全部完成转化。2019年，实现营业收入26.52亿元，缴纳税金2.37亿元。

【华晨集团】 华晨集团是一家集纺纱、织布、染整、服装于一体的服装品牌创新科技企业，下设纺纱、织布、面料、服装科技等多家子公司，拥有从设计研发到精益生产，从终端销售到品牌运作完整的产业链体系。集团产品主要包括各类中高档纯棉、混纺纱线、仿蜡染服装面料、高端绿色手绘丝绸时尚服装、高端个性化私人定制服装，拥有发明专利、实用新型专利、服装版权设计96项。集团投资1亿元建设建筑面积5000平方米的科创工坊项目。项目分为品牌展示、手绘创意、服装及花型设计、数据采集、研发试制、市场运营6大板块，打造引领全市纺织产业转型升级的示范平台。突出模式创新，集产品设计研发、数据采集、电商运营、艺术展示等功能于一体，运用“互联网+社群电商”“互联网+私人订制”发展模式，配备“三维数码测量”“试衣魔镜”等客户体验设备，组织开展线下社群活动、线上手机终端APP推广使用，向不同行业的社群消费者提供采集数码试衣、私人定制、艺术欣赏等服务。注重品牌引领，以集团自身专业设计团队和具备完全自主知识产权的众多设计花型为基础，展示“I·RASA”“自向”“灵心彩绸”“灵心彩装”“青云染”五大自主品牌的设计、研发、制造全过程，为消费者提供不同品牌和各种样式、色调、图案的搭配方案。2019年，集团实现销售收入13亿元，缴纳税金4159万元，实现利润4198万元。

【山东同大集团】 山东同大集团是企业改制后组建的集研发、生产、销售、服务于一体的多元化经营的企业集团，主持起草国家标准1项、行业标准3项；承担国家火炬计划4项、省部级科研30余项，获得国家科技进步奖3项、省科技进步奖10余项，拥有国家专利60余项，建有“博士后科研工作站”。“同大”商标被评为中国驰名商标、山东著名商标，1种产品被评为中国名牌，1种产品被评为国家免检产品，6种产品被评为国家级重点新产品，3种产品被评为山东名牌。山东同大海岛新材料股份有限公司新型着色高仿真超纤材料制作技术的研究及应用列2019山东制造·硬科技Top50品牌榜。2019年，实现主营业务收入7.37亿元，利润2040万元，缴纳税金3435万元。

（范向娟）

中小企业

【概况】 2019年，全市规模以上中小工业企业235家，实现工业总产值223.4亿元、营业收入225.8亿元、利润7.1亿元。培育建设山东棉纺城企业创业基地，昌邑市东方创业谷创业孵化基地，承接上级服务资源和服务功能，培育孵化小微企业，举办各类培训和服务对接活动。2019年，昌邑市东方创业谷被认定为省级中小企业公共服务示范平台。

【产业集群认定】 开展产业集群认定，优化产业集群发展规划，促进产业迈向高端化。全市认定潍坊市级以上产业集群3个（纺织印染、机械制造、盐及盐化工产业集群），其中纺织印染产业集群是国家级及省级产业集群；认定市级以上特色产业镇5个（柳疃镇、下营镇、围子街道、饮马镇、卜庄镇），其中省级特色产业镇3个。引导民营企业增加研发投入，建设创新平台，提高企业核心竞争力和自主创新能力。2019年，组织认定潍坊市级“一企一技术”研发中心2家，省级“专精特新”中小企业2家、市级14家，潍坊市级隐形冠军企业4家；全市有省级“一企一技术”研发中心11家、市级13家；省级“专精特新”中小企业17家、市级34家；省级隐形冠军5家、市级8家；省级瞪羚企业2家。

（范向娟）

电　力

【概况】 2019年，国网山东省电力公司昌邑市供电公司坚持“强基础、补短板、促提升”的工作思路，服务全市经济社会发展和新旧动能转换，践行人民电业为人民的企业宗旨。全年，完成售电量42.81亿千瓦时，同比增长6.97%；主营业务收入22.86亿元，平均电价604.40元/千千瓦时；综合线损率3.30%；电费回收和上缴率100%。昌邑电网拥有220千伏变电站3座，110千伏变电站19座（客户站3座），35千伏变电站76座（客户站62座），变电总容量362.43万千伏安，10～110千伏线路2944.7千米。网供最高负荷64.6万千瓦，日最高供电量1327万千瓦时。获潍坊市“厚道鲁商”品牌企业、昌邑市突出贡献企业等称号，在昌邑市2019年度市直部门（单位）述职评议中获评优秀。

【安全管控】 国网昌邑市供电公司抓好安全生产，推进“党建+安全”创新实践，设立党员兼职督查岗218个，时时处处查违章，全面实现党员“零违章”。开展电气设备火灾隐患治理，完成30座变电站消防隐患治理。发现并处理500千伏潍崂线、35千伏宋湾线异物搭挂等隐患，输电线路保持“零外破”。创新采用绝缘自粘带局部绝缘化技术压降配网故障，配网故障在连续4年降幅30%的基础上再压降28.8%，连续2年人身触电伤害案件“零发案”。连续4年政企联合开展全市安全用电检查，排查整改客户安全用电隐患1271处，促成17座35千伏客户站委托公司专业化检修维护。强化应急协同联动，24小时内恢复受台风“利奇马”影响的258个台区、1.47万客户供电。完成青岛重大活动、中华人民共和国成立70周年庆祝活动等保电任务。

【电网支撑力】 国网昌邑市供电公司持续优化电网发展环境，促成国网潍坊市供电公司与市委市政府举行会谈并签署战略合作协议。对接昌邑市城乡发展规划和区域性用电需求，完成2019—2035年26项35～110千伏项目清册编制和城区网格化配电网规划，变电站建设全部纳入国土空间规划。推进电网建设“1226工程”，获批220千伏灶户输变电等7个规划许可证，做通220千伏眉村线路工程等6项民事工作，竣工投产110千伏廒里输变电、35千伏丈岭站主变增容工程，220千伏灶户输变电、110千伏都昌主变增容4项工程按里程碑计划推进。完成24个包、164个单体配农网建设工程，建设10千伏

5月10日，供电公司员工检修35千伏丈岭站　　（田文革）

线路186千米，建设改造低压线路173.6千米，增加配变146台、容量4.34万千伏安，户均容量提升至2.63千伏安。完成柳疃热电厂关停线路改造等3项市政工程。

6月19日，供电公司彩虹党员服务队帮助企业排查安全隐患　（田文革）

【服务影响力】 国网昌邑市供电公司与市政府沟通对接，促请市政府召开全市用电大客户联络会议、“简化获得电力”信息共享推进会。选派3名业务骨干入驻市行政审批大厅，完成供电“一链办理”部署。服务全市新旧动能转换，跟踪服务14项潍坊市级重大重点项目和110项昌邑重点工程项目，明确“一对一”客户服务经理，组建大项目服务微信群，完成110千伏浩信昌盛工程等76个项目送电或临时用电接入工作。利用营商环境项目包专项资金，投资263万元建设15项小微企业配套工程，解决小微企业负荷接入受限等问题。秉承“不停电就是最好的服务”理念，累计开展带电作业1104次，多供电量223万千瓦时，减少停电10.9万时户。完成2019年一般工商业电价降价任务，为企业节约用电成本710万元。推进华宝纺织配电柜改造、海能化学锅炉改造等15个电能替代项目，替代电量2.2亿千瓦时。建成1处“三型一化”营业厅，三星级供电所实现全覆盖，柳疃供电所获评国网五星级供电所。

【党建工作】 国网昌邑市供电公司联合昌邑市委组织部、市公司党建讲师团以及昌邑市“渤海走廊”红色教育基地举办专题讲座，提升学习质效，打造主题教育“昌邑样板”。开展“献礼伟大祖国，践行初心使命”等主题党日活动，参观学习渤海走廊革命斗争陈列馆、重温入党誓词，提升全体党员党性。建立“三级九项”清单，压实“1+5”党建责任链条，实施党支部“分类管理”，促进党支部登高进阶。承担并实践市公司“党支部分类管理”课题研究，打造党员责任区23处、示范岗49个、突击队3个。搭建青年员工发展“四维空间”，创新“风车149”班组文化载体，实现“金种子”培训学员优秀率、职称申报通过人数占比等3个全市第一，4名员工获“山东好人”“潍坊市劳动模范”等称号。完成职工健康查体1400余人次，常态开展“素食日”“高血压饮食干预周”等活动，开展健康讲座、瑜伽培训等文体活动20余次。开展壹元爱心汇抗灾救助、结对助学等公益活动，筹集善款8.5万元。公司获“昌邑市包村联户工作先进单位”。

（付晓蒙）

滩涂开发与建设

蒲东防潮大坝和潍东大坝是昌邑市北部沿海经济综合开发和人民生产、生活的屏障。受特大风暴潮的侵袭，防潮大坝及有关设施多处受损。平时搞好常态化巡查，对大坝石砌部分的裂缝、塌陷等隐患，及时发现，提前预防，及时排除。2019 年，市沿海服务中心投资 12 万余元对大坝出现的裂缝，进行除草、抹缝、堵洞处理，增强坝体抵御风暴潮的能力。制订防汛防台风暴潮预案，如遭遇风暴潮，立即启动防风暴潮预案，保障防汛政令和信息的畅通。在防汛期间，市沿海服务中心实行 24 小时值班制度，确保防汛政令畅通，为市防指挥部传递准确信息。

2019 年，9 号台风“利奇马”影响昌邑市期间，瞬时风力十级以上，最高潮位 4.2 米，市沿海服务中心落实省、潍坊和市委市政府的各项部署要求，立足单位职能，坚守防潮大坝，按照《2019 年防风暴潮应急预案》开展防御风暴潮工作。实施 24 小时不间断巡查，调配储备抢险物资及抢险车辆，发现险情及时抢修，处理险情 26 处，把灾害损失降到最低。关注坝内排水沟渠水位，利用坝外潮水间隙及时开闭防潮大坝排水闸排水，防止坝内内涝淹没盐田，确保防潮大坝和坝内企业及人民生命财产安全。

市沿海服务中心渤海扬水站拥有 35 千伏变电站 1 座、大型全调节轴流泵 3 台等设备，主要任务是为海天生物化工有限公司和 960 公顷海水养殖供应海水。受海潮侵蚀，部分主要部件超出安全使用年限，设备老化严重，存在安全隐患。扬水站停止运转，海天生物化工公司必然全面停产，海水养殖业户也会遭受损失。沿海服务中心采取多项措施，与相关企业沟通，利用海天生物化工有限公司车间维修的间隙，维修扬水站高压先循环水泵、高低压气机及管道、抽真空泵、电路电缆等，保养维护三台机组，安全运行隐患消除，确保海天生物化工公司及海水养殖业户的正常生产用水供应。全年渤海扬水站安全运行 920 泵时，提水 7800 万立方米，无重大和责任事故发生。

年内，市沿海服务中心按照全市包村工作要求，坚持把包村扶贫工作作为包村工作的重要举措，为群众办实事，立足实际制定包村帮扶方案。利用 1 个月的时间，走访 94 户，重点走访老党员、低保户和贫困户，筹措资金 5 万元，为帮扶的下营镇东辛店村安装路灯 22 盏，解决村内亮化问题；修建一条长 300 米、宽 5 米的生产路并清理村后排水沟，疏通沟渠。9 号台风“利奇马”影响昌邑市期间，整个村未发生内涝。

（毕信本）

石油天然气管道保护服务

【机构调整】 2019 年 3 月，根据《中共昌邑市委昌邑市人民政府关于昌邑市机构改革的实施意见》，原昌邑市人民政府油区工作办公室行政职能划入市发展和改革局，更名为市石油天然气管道保护服务中心，作为市政府直属事业单位，由市发展和改革局代管。7 月，根据《关于明确规范市石油天然气管道保护服务中心有关机构编制事项的批复》，明确职能规范为贯彻执行国家、省和潍坊市有关油区工作的法律、法规和政策。负责昌邑市境内油区工作的组织、综合协调和指导；协调地方与油田关系，做好各类工农工作；为油田代办征用地手续，调处地面附着物等补偿事宜；代表市政府与油田签订钻井、石油和天然气勘探等协议，负责各种补偿款的结算和兑付手续的办理；负责昌邑市境内油气管道建设、协调、保护、服务工作；负责组织油气企业的业务培训、应急演练等工作；承办市委、市政府、市发展和改革局及上级业务部门交办的其他事项。

【油地协调】 2019年，为胜利油田东胜公司协调处理民事关系156项，协调土管、水利、林业、交通、电力等部门为油田办理各种证件186份；会同柳疃、龙池派出所整合油区稽查力量，在市公安局支持下，实行不定期巡查，油区治安秩序好转，未发生盗油案件。协调胜利油田东胜公司投资50万元，为油区村庄维修道路20千米，修建管涵3处。建立管道巡护协调机制，协调中石油、中化工、山东联合能源、山东港联化等油气管道企业与潍坊众诚公司签订管道巡护协议，做到专业公司交叉巡护，确保油气管道安全运行；加大培训力度，邀请律师李森讲解安全生产法律法规、中石化潍坊输油处技术顾问和安全部门负责人隐患抢险等事故处理应对等，并开展专题讲座。提高管道企业和油田企业员工的安全防范意识和安全突发事故的应急能力。中化工储运公司莱昌管道在河道内防泄漏演练，提高泄漏快速反应能力。提升抵御重大安全生产事故发生的能力。

【服务项目建设】 胜利油田潍北南——2019三维地震采集项目是2019年胜利油田响应国家号召，加大开发力度的一项举措，勘探范围380平方千米，涉及7个乡镇（街道）。市石油天然气管道保护服务中心成立专班，全程靠上搞好服务，及时化解各类矛盾纠纷，确保工程顺利施工。

【引资建井】 加强与上级业务部门领导的联系和沟通，邀请省、潍坊市部门领导到昌邑考察指导油区工作，保持“全省油气管道监管先进单位”称号。争取油田投资350万元，打气井1口，保证昌邑市冬季天然气供应。加大与中石化山东天然气公司的对接力度，确保柳疃门八分输站6月前设备入站并投入运营，缓解昌邑市北部企业用气急需。配合税务部门对油田在昌邑市生产的东胜公司纳税情况进行财务核查，全年完成税收3000万元。

（刘彦辉）

6月27日，胜利油田东胜公司安全生产应急演练　（张太郎）

商　贸

商贸服务业

【概况】 2019年，昌邑市商务局指导商贸流通企业加强对市场需求的分析研判，掌握政策走向和需求走势，提高供给效率和质量。鼓励企业通过创新，增加优质新型产品和生活服务，拓展经营渠道，调整营销策略，提高服务水平和能力，开展促销活动，引导和拉动消费增长链。增强消费转型升级，提高市场竞争力。全年社会消费品零售总额210.36亿元，同比增长4.10%，完成货物进出口总额71.13亿元，同比增长6.1%。

【市场转型升级】 以标准化、信息化、便民化为目标，转型升级昌邑市宏大农副产品批发市场、潍坊华海贸易广场等商品交易市场。采取原地转型、升级改造、业态转营等方式，整合市场资源，提升商品交易市场规范化管理和服务水平。

【老字号品牌培育】 推广昌邑市特色名优产品，推动产品创新发展。组织昌邑市同文堂文教用品有限公司、昌邑宾馆、山东宏大生姜市场等企业参加省商务厅等部门主办的第三届“中华老字号（山东）博览会暨老字号品牌发展高峰论坛”“山东品牌中华行”等活动，宣传推介当地老字号，发挥老字号在促消费、惠民生、提品质方面的引领作用。宣传推介当地老字号、特色名优产品，发挥老字号在促消费、惠民生、提品质方面的引领作用，推动昌邑市商贸流通供给侧改革。博览会期间，昌邑市参展商与全国各地的专业观众互动交流，北京、济南等地多家采购商与昌邑市参展企业洽谈采购意向。

【农商互联】 组织山东宏大生姜市场、潍坊翔蓝农业科技有限公司参加2019年全国农商互联大会，组织潍坊丸和食品有限公司、昌邑市艺源中草药专业合作社、山东琨福农业科技有限公司等10余家农产种植加工企业参加2019农商互联创新发展大会，宣传推介昌邑市特色名优农产品，各参展企业与外地客商对接洽谈，达成合作意向。

【市场调控监测】 加强市场和重点流通企业监测，对重点企业和重要商品建立健全监测分析制度，反馈商品市场的运行情况和价格走势，申报有关市场监测报表及市场运行分析，保持商品市场的整体平稳运行，提供决策依据。1—12月，发布商务预报108篇，样本监测企业报送率100%。

【家政行业发展】 指导家政企业做好家政企业和家政服务员的信息录入工作，组织家政企业开展业务技能培训，加大家政人员岗前培训和“回炉”培训工作力度，开展月嫂、育婴师、居家养老等各类培训班，以培训工作为切入点，扩大培训规模，提升培训频率，提高家政服务标准化、规范化水平。推动提升从业人员充电意识，更新提高职业技能。服务内容上，开展求职咨询、择业指导、职业介绍、技能培训、家庭保洁、家政服务等方面的内容。年内，完成业务技能培训900余人次，提升从业人员充电意识，更新提高职业技能。

（张　燕　姜丽娟）

对外和涉港澳台经济贸易

【外贸进出口】 2019年，完成货物进出口总额71.13亿元，同比增长6.1%，在潍坊8个县市中增幅排名第三；其中，出口58.55亿元，同比增长11.9%，在8个县市中增幅排名第一。全年走访调研企业，开展政策宣讲。到各镇（街、区）召开外贸企业培训会、座谈会6次，调研外贸企业90余家，帮助解决问题14个；组织企业参展，寻找国外订单。全年发布展会通知46个，组织70家企业参加境内外展会6个；组织全市100余家企业参加各类业务和政策会，邀请埃塞俄比亚驻中国大使馆公使到昌邑开展外贸进出口和双向投资调研交流活动；办理对外贸易经营者备案登记企业67家，增加进出口实绩企业37家，带动进出口2.1亿元；借助“海盈跨境通”和潍坊鲁凯航昌邑办事处等外贸综合服务平台为外贸企业提供报关、商检、物流、退税和电子商务等服务；利用出口信用保险帮助企业降低出口风险。为全市83家小微外贸企业办理免费出口信用保险，减轻企业负担，增强抵御出口风险的能力；做好调研并帮助解决对美出口企业遇到的困难，应对中美贸易摩擦；落实各级政府为鼓励外经贸发展出台的各项扶持政策。帮助29家企业拨付2018年度外经贸发展资金205.12万元，并为22家企业申报2019年中央、省外经贸发展专项资金296.69万元。

【对外经济合作】 跟进国家“一带一路”倡议，以国际产能合作、海外承包环卫项目为重点，支持企业“走出去”发展，全年，完成境外实际投资额88.8万美元。康洁环卫巴基斯坦卡拉奇项目运营常态化，卡拉奇K区项目投标；拉合尔项目与政府对接，达成合作意向；印度项目进行实地考察对接，进行编制实施方案。6月，昌邑市九久纺织有限公司在印度设立九久家纺印度有限公司；9月，潍坊海盈互联电子商务有限公司在美国设立海盈（美国）实业发展有限公司。

（张　燕　姜丽娟）

现代物流

【概况】 2019年，经济总量上升，昌邑市现代物流企业群体成长，有山东潍水田园农业发展有限公司、山东宏大生姜市场有限公司、山东柳疃棉纺城股份有限公司、昌邑市龙港物流有限公司、山东成泰物流有限公司、昌邑琨福大姜蔬菜批发市场有限公司等服务生产和流通的物流网点。昌邑市有道路运输企业90家，其中危化品运输企业5家，普通货运企业85家；在册营运车辆4000余辆，总吨位9.6万吨。

【“七化”建设】 整合物流业优势资源，发挥规模龙头企业的带动作用，运用互联网信息服务拓展物流大网络，促进现代物流业规模化、专业化、社会化、网络化、信息化、智能化、全球化发展。加强政策引导与支持，提升物流全行业水平，推动全市现代物流业发展。促进物流信息系统发展和标准化体系建设，引导企业利用先进的信息技术，提高企业信息管理水平。支持建设公共网络信息平台，加快构筑区域性物流网络，实现不同物流部门、物流企业的资源共享、数据共用、信息互通，为物流信息交流的畅通和高效创造条件。营造现代物流业发展氛围，发展冷链物流，改善服务，简化项目审批程序，提高工作效率和服务质量。争取上级资金，支持重点冷链物流企业、重大冷链物流设施和重要物流信息服务平台建设。引导社会资金投入，多措并举增加现代物流业发展投入。培育现代物流专业人才，加强企业与大学、科研机构合作，发挥企业、大学、科研机构的实践和人才优势，实现三者之间的合作。同时，强化职业技能教育，开展物流领域的职业资格培训与认证工作，建立昌邑市物流业从业人员职业教育、培训和从业资格认证制度，为昌邑市现代物流业的提档发展提供人才支撑。加快完善农村公路基础设施建设，推进乡（镇）农村物流节点建设，完善交通基础设施，加强城乡联系。消除坑槽、沉陷等路面病害，提升昌邑市农村公路路面技术状况，改善道路通行能力，为冷链物流行业发展提供环境保障，提升乡（镇）物流便捷度，吸引更多物流公司拓宽乡（镇）业务，扩大物流服务覆盖面。

（张　燕　姜丽娟）

招商引资

【概况】 2019年，昌邑市投资促进发展中心，贯彻执行国家、省、潍坊市关于投资促进的方针政策和法律，法规。强化组织领导，成立由市委、市政府主要负责人任主任、分管市级领导任副主任的招商工作委员会，统筹负责全市招商引资工作。工作领导小组办公室统筹协调，组建专业队伍，部署重点任务，解决突出问题。各市级领导牵头分管领域的招商引资工作，探索项目招引、落户、建设的新思路、新招数和新办法。各级各部门各单位主要负责人作为第一责任人，重点项目亲自研究、亲自推动。各镇（街、区）、15人以上的部门和中型以上企业成立招商小分队，15人以下的部门设立招商引资专职人员，专职从事招商工作，打造“市级领导领衔招商、单位主要领导主攻招商、各部门协同招商”的招商格局。市委、市政府重视“双招双引”工作，把“双招双引”作为全市经济工作会议、《政府工作报告》的重要内容安排部署，列入全市观摩点评的重要内容和督查事项。9月30日，召开全市“双招双引”项目百日会战推进工作座谈会，总结分析问题短板，明确下步工作推进措施，动员全市上下进一步解放思想、拼搏实干，自我加压、创先争优，促进“双招双引”推进。在《大众日报》、齐鲁网、人才山东网等媒体宣传推广全市“双招双引”经验做法，发表信息4篇。在全市主流媒体开设“双招双引助推高质量发展”专栏，连载13期，宣传各镇（街、区）和市直有关部门“双招双引”工作取得的成果，交流成功经验。

【招商活动】 推进招商引资与招才引智工作方式创新、模式创新、路径创新，实现精准招商，推动高质量发展。重点区域招商，整合资源力量，针对重点产业、重点园（片）区和重点项目，镇

4月22日，第36届潍坊国际风筝会重点合作项目推介签约仪式（赵东锜）

（街、区）、园区、企业联合组建专业队伍，强化对京津冀、长三角、珠三角、中西部等重点区域的定向对接和项目、技术、人才的全面合作。重视有合作意向的项目，确保通过活动签约一批、落地一批、储备一批大项目、好项目，年内，对接洽谈项目22个。开展节会招商，组织参加海洋动力装备博览会、潍坊国际风筝会系列招商活动、鲁台经贸洽谈会、中日韩产业博览会等系列招商活动8次，集中签约项目12个，涉及投资额40.1亿元。开展以商招商，向企业宣传昌邑市“双招双引”政策和区位、资源等优势，鼓励引导企业招引项目与人才。依托资源招引，挖掘利用海洋、风能等特色优势资源，三峡风电、邦普水产、中科院西北研究所等一批项目落户昌邑市北部。

【招商服务】 优化营商环境，坚持环境就是竞争力、创造力、驱动力的理念，持续改善营商环境。打造最佳的政务环境，坚持“非禁即入”原则，符合法律法规、产业政策的资金项目，用足、用活、用好“一事一议”政策，特事特办、永不说“不”，打造政策“洼地”，开展“百企百商”大走访等活动，走访调研企业，征集困难问题和意见建议，逐一落实责任，明确办结时限，推动问题解决到位。优化政策环境，宣传、解释、推送、落实省支持实体经济高质量发展45条、支持民营经济高质量发展35条等各项利好政策，落实工业经济、科技创新、招商引资和招才引智四个“黄金十条”，强化对企业的投资激励、人才激励、用地激励、产业基金支持等优惠扶持，让企业享受政策红利，借势借力快速发展。

（夏岷江）

会展经济

2019北方（昌邑）绿化苗木博览会，第二十四届中国园林花木信息交流会有20个省、市、自治区的600家企业参展，专业观众4万余人，签订购销合同1000余笔，合同交易额4亿元。

发展会展经济，放大节会效应，发挥绿博会在人流、物流、信息流、资金流等方面的聚集作用，发展会展经济，为经济社会发展注入活力。推动招商引资，整合昌邑优势资源，通过绿博会会展平台展示，宣传推介昌邑优势、特色产业和良好的投资环境，提升招商引资成效。拉动旅游业发展，投资2亿余元，修缮、美化绿博园内道路，完善景观设施及相关配套设施，把绿博园打造成集休闲观光、娱乐健身于一体的生态旅游景点。绿博园被认定为全国农业生态旅游示范点、国家AAA级旅游景区、全国休闲农业与乡村旅游示范点。抓住旅游业加快发展的时机，整合绿博园、潍水国家城市湿地公园和北部沿海万亩柽柳林等绿色资源，加快潍河生态旅游度假区、青山秀水省级旅游度假区、博陆山生态旅游区等重点旅游项目建设，做大做强旅游产业。加快农业产业结构调整，在绿博会的影响带动下，昌邑苗木品牌提升。把举办绿博会作为加快城市建设、展示民俗风情、发展特色文化的途径。发挥“水”“绿”优势，加快城区跨潍河发展步伐。发挥绿博园作为绿博会举办场所的有利条件，展示、推介昌邑民俗风情。以“传播绿色文化、构建和谐社会”为主题，举办山东省生态摄影展、“生态文化、绿色家园”全国摄影展、“绿色·和谐”全国中国画名家邀请展等多项文化活动，迎接中华人民共和国成立 70 周年，举办“新中国成立 70 周年园林绿化苗木行业发展历程展”，扩大昌邑知名度。

（温飞燕）

总部经济

2019 年，昌邑市申报引进总部经济（分支机构）企业 75 家，项目投资额 23.12 亿元。昌邑市 2019 年通过认定引进总部经济（分支机构）69 家，其中引进总部经济（分支机构）企业 67 家，引进社会组织总部经济（分支机构）2 家。建立健全市总部经济发展领导小组办公室牵头协调作用，上下联动的协调推进机制，围绕市委市政府研究确定的发展总部经济任务目标，制定工作落实方案、加强对镇（街、区）、市直部门的指导。各单位建立相应的工作机制，加强同级部门间协作配合，市统计做好与工商部门的对接，掌握全市新设立企业情况；加强上下级部门沟通汇报，市统计、人社、民政等部门做好与上级部门的工作对接，做好认定工作，由市财政局汇总后报市政府。确保完成工作任务。将总部经济引进纳入招商引资考核。根据潍坊市传达的目标任务，结合全市总部经济工作的总体任务目标，各部门完成目标任务。市财政局牵头制定企业事业单位总部引进发展和考核认定办法，并通过昌邑市人民政府《关于加强企业事业单位总部引进发展和考核认定的通知》给 10 个镇（街、区）、46 个市直部门（单位）分解落实 2017—2021 年引进发展总部经济的任务 330 个及结算中心、运营中心任务 50 个，同时将企业事业单位总部（分支机构）及结算中心、运营中心引进发展认定结果纳入招商引资考核。将总部经济纳入市委、市政府重点督查事项。确保完成全年引进总部经济（分支机构）目标任务，市委、市政府将该项工作列入 2019 年政府工作报告并确定为立项督查内容之一，督查各镇（街、区）及市直部门任务完成情况，促进该项工作开展。改善昌邑市营商环境，优化政府服务流程，推进“零跑腿”和“跑一次腿”服务，加强政府扶持政策宣传力度，提升服务职能，落实优惠政策，为外部经济到昌邑发展创造良好的投资环境。

（张兴涛）

供　销

【概况】 2019 年，市供销合作社联合社（以下简称市联社）按照创新提升“三个模式”要求，深化供销合作社综合改革，构建高效运行新机制，打造全方位为农服务新体系，密切与农民的利益联结。围绕农业供给侧结构性改革，发挥龙头企业引领作用，立足为农服务中心建设，搭建为农服务综合平台，探索“龙头企业＋合作社＋基地＋农户”组织模式，开展耕、种、管、收、储、加、销全程社会化服务，年可带动农民节支增收3600万元。6月21日，山东省供销农服三夏大型农机作业观摩暨农机社会化服务高端论坛会在昌邑举办。控股的潍坊丰瑞农业科技有限公司获评“山东省农业‘新六产’示范主体”。

【为农服务中心】 建设“贴近群众、服务三农、设施配套、功能完善”的为农服务中心，以为农服务中心为基础，开展涉及农资经营、智能测土配肥、职业农民培训、农业机械服务、粮食烘干储存等服务内容的为农社会化服务模式。争取山东省供销惠农投资有限公司股权投资1000万元，以青乡为农服务中心为载体，实施建设“为农服务能力提升工程项目”，新（扩）建粮食储存库房4860平方米，购置农机装备8台套，农业社会化综合服务能力提升。争取为农服务平台建设土地指标1.33公顷（鼎昌为农服务中心），涉农资金300万元（青乡为农服务中心0.2万亩粮食高产高效生态产业园区项目100万元、青山为农服务中心200万元）。在石埠经济发展区建设为农服务中心3个，在都昌、卜庄、宏大市场建设为农服务中心1个。

【土地托管规模化】 依托为农服务中心，以土地托管为切入点，推进大田作物从耕种到加工销售的多环节托管服务，扩大土地托管服务面积。发挥潍坊丰瑞农业科技有限公司农业龙头企业的引领作用，集中分散的土地，建设农业示范园区，推行园区化管理模式，以为农服务中心为平台，开展土地托管服务，实现规模化经营、集约化管理。开展2万亩高标准农田（粮食）创建园区、1万亩林草生态高效产业园区、0.6万亩机采棉种植示范园区等园区土地托管服务。以粮食作物为例，规模化种植小麦、玉米466.67公顷，粮食亩均产量1090千克，节水60%，降低化肥使用量30%、农药使用量20%。公司实行土地流转、托管服务的4500公顷土地，涉及昌邑北部的柳疃、龙池、下营3个镇22个村庄4600余户农民，户均实现增收200元。

10月12日，潍坊市供销社党组书记、理事会主任贺建（前排居中）调研为农服务中心建设 （孙广伟）

【现代农业发展新技术】 依托潍坊丰瑞农业科技有限公司、领办的专业合作社，配套推广良种与良法。以建立棉花全程机械化示范园区为重点，在柳疃镇青乡社区建成400公顷机采棉种植示范园区，从良种供应、节水灌溉、机械播种、配方施肥、统防统治、机械采摘等环节推进机采棉全方位、系列化服务，实现棉花亩均增收节支500元。推广高产籽粒收玉米的种植，举办座谈培训30余次，现场观摩培训6次，联合农机公司购进推广约翰迪尔、福田等玉米籽粒收机械50余台，实现从良种供应到田间籽粒收的全程服务，推广种植面积6700公顷。推广节水农业和水肥一体化技术，喷灌、滴灌等高效节水灌溉及水肥一体化应用推广面积1400公顷，灌溉节水率和肥料利用率70%，服务辐射周边11个村庄，改变周边2200余户农民种地“靠天吃饭”的局面。

【实体性合作经济组织】 领办、参办农民专业合作社及其联合社，带动农民扩大标准化、规模化生产经营。农丰棉花、宏丰农机、绿环蔬菜3个专业合作社，吸纳入社及入股社员100余户。宏丰农机专业合作社成立16人的农机专业服务队伍，在“三夏”“三秋”生产前线。2月，中标承担“昌邑市2018年中央财政农业生产救灾资金项目”，实施统防统治飞防作业1000公顷。绿环蔬菜专业合作社建设的大姜分拣包装交易中心，服务辐射周边20余个村庄、200余户姜农，日清洗分拣包装大姜200余吨。柳疃青乡农民专业合作社联合社发展会员1600余户，辐射3个镇（街），30余个村庄，流转土地2000公顷，受益群众5000余户。

5月10日，小麦统防统治作业 （孙广伟）

10月2日，玉米裹包青贮作业 （孙广伟）

【流通服务与循环农业】 适应乡村振兴和农民消费需求升级的要求，加快构建沟通城乡的农村现代流通体系。规范提升村级综合服务社10个。改造提升社区服务中心超市2个、农产品批发市场2个。发挥为农服务中心“庄稼医院”作用，智能配肥面积1300公顷，测土配方施肥面积2400公顷，统防统治服务面积2000公顷。依托为农服务中心建立职业农民培训中心，实施“职业农民培训工程”，对接农业、畜牧、科技等部门，邀请专家授课，同时邀请科研院所、高等院校教授进行理论讲解和实地培训，组织开展培训职业农民1684人，提高农民职业化水平。以潍坊丰瑞农业科技有限公司为主体，实施“种养加一体、一二三产业融合发展”策略，发展种养结合循环农业，发展生态循环农业试验田833.33公顷，全株青贮玉米年收储量3.5万吨，杜泊羊养殖1000余头，形成产出高效、产品安全、资源节约、环境友好的生态循环农业模式。

（刘增强）

粮 食

【概况】 昌邑市粮食储备中心坚持以中共十九大精神和习近平新时代中国特色社会主义思想为指导，按照年度工作部署和要求，坚持以规范管理为总抓手，加强地储粮油管理、重点项目建设；稳步推进粮食执法工作。双招双引，引进泰山产业领导人才2人。

【抓收购保供应管库存】 发挥粮油储备管理职能，整个夏粮收购期间，全市小麦收购市场价格平稳，未启动国家小麦托市政策，未出现“打白条”、拒收限收、百姓“卖粮难”的问题，保护种粮农民的利益。利用夏粮收购的时机，市地方粮食储备库加大小麦收购力度，完成年度4844吨储备小麦、160吨大豆油的轮换任务；分两期完成增加地储指标5000吨小麦的入库任务。依托市地方粮食储备库的仓储优势，按照抢抓机遇、开拓市场、寻求发展、搞活经营的经营思路，开展粮食经营购销工作，增强企业运营水平和创利能力，全年经营粮食3500吨。

组织开展政策性粮食库存数量和质量清查，完成各阶段的工作任务，检查库存1.07万吨，达到国家中等质量标准以上，处于安全储粮状态，统计账、会计账与保管账之间达到账账相符、账实相符。

【粮食安全市长责任制考核】 在粮食安全市长责任考核工作中，落实粮食安全行政首长责任制，建立考核工作机制，全市有8个牵头部门，18个配合部门参与，与相关部门沟通新修订的部分考核指标，完成考核。5月，在潍坊市组织的县（市、区）政府落实粮食安全责任考核中，昌邑市获优秀等次，比上年提升4个位次。

【应急保障】 健全完善全市粮食应急体系建设，加大粮食供应应急网点建设力度，督导检查10个应急网点，形成覆盖城乡的应急网络体系。争取市财政扶持资金25.65万元，按照上级“市级成品粮油储备要达到不低于当地10天的市场供应量”“城镇人口每人每天1斤粮”的要求，继续在金浩面业、瑞邑面业建立成品粮应急储备，分别储备面粉1000吨、500吨。结合昌邑实际，按“城镇人口每人每天1两油”的标准，在市地方粮食储备库建立成品油应急储备150吨。潍坊金浩面业有限公司被国家评为“中国好粮油”示范企业，“中国好粮油”示范企业项目总投资2230万元，其中企业自筹1630万元，申请省财政补助资金600万元。总投资163万元的市地方粮食储备库基础配套设施维修改造工程经市政府批准，至年底，主体工程完工。开展《粮食流通条例》颁布实施15周年、第39个世界粮食日宣传活动。现场发放宣传单200余张，环保宣传袋100余个。

【创城工作】 按照全市创建“全国文明城市”“全国卫生城市”的总体部署和要求，组织

3月10日，弘扬生态文化 建设生态文明 （崔国康）

开展老旧小区卫生扫除、网格化片区巡查督导、交通文明志愿岗等具体活动，参加活动人数400余人次。关注管理范围内的7个老旧小区，强化“四式举措”，即地毯式排查、会诊式解决、渐进式推进、扁平式管理，坚持问题导向，聚焦薄弱环节，持续精准发力，提升群众的获得感、满意度。“四式举措”工作法先后在《潍坊日报今日昌邑》、创建全国文明城市、创建全国卫生城市、市委信息等媒体、报刊、工作动态刊发。

【安全生产】 突出抓好粮库消防、化学品使用、液氨制冷机组监管等安全生产重点部位，所属企业安全生产形势稳定，未发生安全生产事故。6月下旬，与柳疃消防站、市地储库联合组织开展消防应急演练，强化粮库工作人员的安全意识，提高企业应急指挥、协调和处理能力。

【党建工作】 突出党建核心地位，抓好“三活动三提升”，即全面推行全员谈心谈话活动，提升党员凝聚力战斗力；参与党员进党校培训活动，提升全体党员政治信仰和政治站位；开展“三会一课”规定活动，提升组织生活水平。组织开展“铭记光辉历史 传承红色基因”“不忘初心庆国庆 牢记使命再起航”等为主题的建党98周年革命传统教育活动。贯彻工作落实年精神，深化“思想作风建设年”活动，确保“两学一做”常态化。3月下旬，到莱阳市学经验、找差距、补短板。组织开展“学习强国”“灯塔—党建在线”“双报到”、志愿服务等活动，至年底，组织e志愿义工活动13次，志愿服务时长机关位列全市最美团体第六名、有20名机关工作人员全部进入全市志愿排行前60名。中心微信公众号宣传中心党建、志愿服务、创城等活动，展示新时期粮食储备工作的形象，全年发布各类信息25篇。

（马启超）

烟　草

【概况】 2019年，昌邑市局（营销部）围绕推进“五个一流”和高质量发展这一主线，加强党建、专卖、营销、管理等重点工作。全年，累计销售卷烟2.33万箱；缴纳税金2388万元。查办案件464起，增加113起，查获违法卷烟总数量181.72万支，增加93.87万支。违法案件总案值129.12万元，增加51.56万元，总罚没款12.05万元，增加4.79万元。移送公安刑事案件3起，刑事拘留8人，批捕1人，判刑2人，完成县标网络案件5起。

【提升营销能力】 围绕“调整状态、优化结构、规范优先、持续提升”主线，巩固提升四个“一把手工程”成果，夯实卷烟营销基础工作，在稳定销量的基础上，持续提升结构。加大品牌培育力度，至年底，户均订购品牌宽度 61 个，较上年同比增加 6 个；一二类卷烟累计销售 6793 箱，同比增幅 12.6%，全市排名第五。推进零售户“壮腰”工程，提升 120 ～ 900 条区间内零售户的数量。零售户户均盈利由上年的 3.8 万元上升至 4.3 万元。加快现代终端建设，将终端建设共建共赢工程作为“一号工程”，开展“最靓鲁产终端网络评比”活动。全年，发展品牌店 45 家、精品店 241 家、标准店 1044 家，累计改造终端客户 1330 户，撬动社会资金 158 万元。发展开通云 POS 客户 613 户，发展消费者会员 1.9 万人。发挥卷烟零售互助小组作用，全年，依据小组《公约》《章程》按程序对 53 户违规违约户分别停供 3 ～ 5 个月。创新制作互助小组视频培训课件，提升零售户经营能力。全年毛利率 14%。推进文明吸烟环境建设，免费建成室内吸烟室 2 处，吸烟亭 1 处、吸烟点 94 处，树立责任烟草的良好社会形象。细化优化客户服务，客户满意度 100%。

12 月 19 日，昌邑市烟草专卖局开展“寒战 2019”专项整治行动
（朱华斌）

【市场监督管理】 坚持“眼睛向内、露头就打”的强基理念，在维护市场秩序上坚持“真打、硬打、狠打”的方式，为卷烟规范经营创造良好的发展环境。加强许可领域后续监管和无证户清理，增加办证 116 户。加强持证户监管，查处持证户 187 户，罚没款 12.05 万元。加强市场日常监管治理，错时、定点、交叉、轮转、联合检查重点区域、重点户、物流寄递领域等，真品卷烟外流案件大幅减少，内管工作列全市第一位。开展法制宣传教育，强化执法监督，防范法律风险。在 2019 年全省专卖执法案卷评查中位列第三。

【企业管理】 全年，科技项目完成立项 2 个；精益课题完成 5 个，增幅 150%，其中获得市局（公司）二等奖、三等奖各 1 个；QC 课题完成 3 个，增加 3 个，获得市局（公司）优秀奖 1 个；岗位创新完成 6 个，增加 6 个；论文发布 6 篇；授权专利、著作权 6 个，同比增幅 20%；入围全市“金点子”16 个。获得科技进步奖三等奖、成果转化三等奖各 1 个。新闻宣传工作，压实部门（单位）宣传责任、加强信息员培训等，提高新闻宣传水平。新闻宣传工作较上年提升 2 个位次。纪检监察工作，创新制作的《廉政家书》微视频，获市局（公司）“超越杯”二等奖。制定《系统性廉洁风险防控排查清单》，梳理排查廉洁风险点 163 个，细化防控措施 164 条。全年，走访慰问离退休老职工 3 次，开展趣味活动 1 次，参观红色教育基地 2 次，离退休老职工满意度持续提升。精

6月27日，昌邑市局召开全市优秀卷烟零售户表彰会议　（朱华斌）

神文明建设工作，落实上级党委扶贫工作部署要求，开展“双增双联”活动，加强与卜庄镇韩店村对接，争取行业上级帮扶资金，用以改善村民的生活环境。参与社会公益事业，开展“青春扶贫、情暖昌城”“慈心一日捐”等活动，通过市级文明单位的复查。全年，自发开展各类献爱心活动50余次，累计爱心捐款2.13万元。开展安全检查和信访稳定工作。全年，无安全事故、信访事件和违纪违法行为发生。年内，有6人被评为市局（公司）优秀员工、2人获得“潍烟工匠”称号，树立模范典型。开展专卖“双基”提升大练兵、大比武活动，专卖部门结合工作实际，制定“朝练夕学”训练套餐，获得全市系统团体第三名的好成绩。

【党建工作】 贯彻落实行业上级对党的建设总要求，结合局（营销部）工作实际，确定“重视规矩、培育正气、激活队伍、做实融合、提升质量”的党建工作思路，致力于用创新性举措打造党建品牌“红色新动能”。在党建创新引领发展方面取得成效。全年，科技项目《党建与业务深度融合》经验做法达到省内领先水平，获得市局（公司）科技进步三等奖；精益课题《认可激励有效性研究与应用》获得市局（公司）二等奖；取得著作权专利4个；创建“先锋队”“党员特长岗、责任岗”“月月文体活动”“书香昌烟”4个活动平台，密切党群干群关系。全年，开展“月月文体”活动12次；累计借阅、采购图书900余本，职工累计借阅图书1400余册；示范岗党员计划执行率100%，目标完成率70%。开展“不忘初心、牢记使命”主题教育。主题教育期间，开展理论中心组学习研讨4次，邀请离退休老党员为青年职工讲党课、全员观看电影《我和我的祖国》、全体党员参观红色教育基地、全体党员谈心得、助残扶贫等。推进“两学一做”学习教育常态化制度化，通过党总支领学、集中研学、专

7月25日，昌邑市烟草专卖局到辖区市场开展观摩点评活动　（朱华斌）

家导学、讨论促学、现场践学和个人自学的“六学模式”，学习贯彻习近平新时代中国特色社会主义思想、中共十九大和十九届四中全会精神，学习党章党规党纪，补足党员干部“精神之钙”，增强“四个意识”、坚定“四个自信”、做到“两个维护”。打造教育宣传阵地，利用闲置空余的场所，打造党群活动中心，加大宣传党建工作，其经验做法被昌邑市直机关工委推送至山东机关建设网站登载。第四党支部被昌邑市委组织部评为先进基层党组织。

（朱华斌）

盐 业

【概况】 2019年，全市制盐企业10家，盐田面积7500公顷，原盐总产能337.5万吨，较上年减少67.5万吨；制溴企业16家，提溴机组32套（原2套二次提溴机组因一次提溴吸收率提高取消），年产溴素2.8万吨，较上年减少0.2万吨（部队整合滩涂资源，地下卤水开采区缩减）；其他盐化工产品有染料中间体、医药中间体、空气熏蒸剂等溴素深加工产品，加工能力1.5万吨；国家食盐定点企业山东昌邑盐化精盐厂，生产加工粉精盐、颗粒盐、小包装食盐、精制海盐、日晒盐25个品种，年产能力10万吨。

合理压减产能，保护盐业资源。市委、市政府采取多条政策和措施保护资源，维护开发秩序，盐业实现有序开发，可控增长。原盐价格130元/吨（出场不含税）。溴素价格2.9万～3万元/吨（出场含税）。年内，全市盐业形成以盐、溴为主导，以精制盐、燃料中间体、医药中间体、空气熏蒸剂、k酸、钙粉和纯碱七大系列90余个品种，山东昌邑盐化精盐厂增加食盐品种13个。2019年在经济下行情况下，全市盐业营业收入总量稳定。有11家盐及盐化工企业在昌邑市委市政府召开的经济工作会议上获得表彰奖励。盐田技术装备水平提高，盐田全部采用塑膜防渗、结晶池塑苫和坨存盐塑苫技术，利于“新、深、长”工艺推广，防雨抗灾能力提高，盐工实物劳动生产率提高。昌邑市政府依据国家和省市有关盐规盐法及税收有关规定，组织有关执法部门加强涉盐税收征管工作，为全市盐业产销创造有秩序的环境。

【行业管理】 2019年，原盐价格起伏不定，卤水资源衰退严重，制盐企业普遍经营困难。昌邑市人民政府召开有关产销分析会议，分析市场情况，研究解困措施。检查整治安全生产，督促各企业加强安全生产，确保生命财产安全。

推进昌邑市人民政府《关于加强涉盐税收征管工作的通知》落实，昌邑盐业公司与财政、税务等部门在北部盐区设立涉盐税收征管联合服务大厅，坚持24小时服务，做好盐产品统一计量工作，为依法征税提供可靠依据。

【食盐经营】 2019年，食盐专营办法制定后，昌邑盐业公司（国家AAA县级食盐批发企业）、山东昌邑盐化精盐厂（国家食盐定点生产与批发企业）按照食盐专营办法和有关质量标准开展生产与经营。巩固市内市场，开辟省内、省外市场，与广东、福建、浙江、安徽、山西等省盐业公司和省内潍坊、临沂、济宁、聊城、青岛、德州、日照、莱芜8个地市30余家县级盐业公司和终端客户发展业务。产销各类食盐12.5万吨，增长4.3%，其中销售车间生产产品1.5万吨，降低9.2%；销售日晒盐7.7万吨，增长18.3%；销售其他盐类产品 3.37 万吨，增长 6%。

【溴素生产】 北部盐区卤水含溴量下降，开采成本升高。全市增打机井 160 眼，投入资金千万元。加强工艺技术改造，完善生产条件，适应资源实际和安全环保要求。鸿昌公司、灶户盐化、廒里盐化等企业全年投入技改资金 1700 万元，保证制溴产业持续稳定发展。

【原盐生产与经营】 2019 年，原盐价格持续低位，原盐生产产出效益维持在平衡线以内。昌邑市人民政府采取积极的扶持政策，在盐资源税等涉盐税收继续实施从价稽征的原则，减轻企业负担。年内，原盐市场低迷，全市原盐生产质量不高，销售渠道不畅通，仅限省内市场销售。海盐、进口盐、井矿盐纷争，市场竞争加剧。各制盐企业根据市场发展变化，存盐于池，阶段存盐于坨台，作出最有效的经营决策。

（孟祥斌）

金　融

综　述

【概况】 2019年，围绕市委、市政府工作中心，立足部门职能，助推新旧动能转换和乡村振兴战略重点项目建设，加快推进各项工作进位争先、上档升级，至年底，全市金融机构本外币存贷款余额分别为448.5亿元和291.8亿元，分别较年初增长16.4亿元和29.4亿元，比上年同期多增17.4亿元和19.3亿元。

【优化金融生态环境】 完善工作体系，建立预警机制。制定《昌邑市金融风险防控工作方案》，成立昌邑市地方金融风险防控工作领导小组。建立健全政府、银行、企业、司法等多方联动化解机制，明确任务、落实责任，促进金融与实体经济、金融体系内部的良性循环。开展专项行动，严防金融风险。全年，组织宣传活动8次，出动人员300余次，发放资料2万余份，面对面解答群众咨询。年内，昌邑市公安局立非法集资类案件3起，全部为非法吸收公众存款案，抓获犯罪嫌疑人54人；组织5次专项摸排活动，查找非法集资线索。开展风险企业风险化解工作。加强企业金融困境的前瞻性研究和防范性应对，“一企一策”进行逐一研判，实施差异化信贷政策，采取精细化、有针对性的措施，帮助企业摆脱困境。关注“担保圈”“担保链”可能引发的风险问题。梳理信贷风险企业，科学研判出险企业，市政府召开协调会议10次、银行债券委员会6次，科学处置杨金华纺织、大有印染等出险企业，斩断担保链，化解浩信担保圈问题，处置金丝达信贷风险问题，将互保企业融资风险降至最低。采取打包、核销、债权转让、债转股、更换担保等多种措施，全年处置不良贷款14.43亿元，不良率降至1.55%，低于昌邑市年初水平和潍坊市平均水平。成立打击逃废金融债务工作领导小组，制定完善《开展打击恶意逃废银行债务专项行动工作方案》，核实登记“e租宝”案件集资参与人信息，组织精干力量，成立3个工作小组，分昌南、围子、柳疃3个片区开展工作。

【服务实体经济】 破解中小企业融资难题，打通融资最后一公里。联合人民银行昌邑支行印发《银行金融机构支持小微企业暨新型农业经营主体信贷投放工作实施方案》，组织农村商业银行、邮储银行等发起面向全市小微企业、新型农业经营主体的信贷投放服务。鼓励担保公司采用增资扩股、兼并重组等方式，做大规模，提升实力，加快形成以政策性担保机构为引领、民营担保机构为主体的融资担保体系。昌邑市北海融资担保有限公司与辖区内金融机构建立合作关系和沟通机制，至年底，金控集团累计担保委贷过桥等业务447笔、累计发生金额28.95亿元，担保余额6.89亿元，服务企业91家。解决昌邑市中小企业在发展过程中融资担保需求，维护区域金融稳定。贯彻落实金融创新三年行动计划，加快发展普惠金融。引进“蚂蚁金服”，7月，与浙江网商银行股份有限公司签署县域普惠金融合作协议，市地方金融监督管理局全程提供保姆式服务，协调市财政局、医保局、农业发展中心等多家部门、单位，完成数据采集。8月底，县域普惠金融项目上线，促进解决营企业融资难题。借助“智慧昌邑”建设成果，第二代市民卡发行5600张，全部投运。

【挂牌上市】 5月17日，邀请齐鲁股权交易中心6名专家进行全市46家挂牌企业资本市场的政策导向和监管培训，提升规范运作意识。帮助企业了解并利用好资本市场，规范经营，诚信发展，促进昌邑市经济发展。6月18日，市金融监管局会同潍坊五板资本市场在围子街道联合召开地方民营企业金融服务交流会，20家企业参会进行培训交流。加快企业上市，做好康洁环卫、浩信机械上市后备企业培育工作。全市179家规模以上企业完成改制，46家企业在齐鲁股权交易中心挂牌，256家企业入驻潍坊五板资本市场综合金融服务平台。

【政银企合作】 推动新旧动能转换和乡村振兴工作，组织金融系统根据企业的融资需求“量身定做”信贷产品，增强服务针对性，解决企业融资难题。会同人民银行昌邑市支行组织农业发展银行昌邑市支行、农业银行昌邑市支行、工商银行昌邑市支行、建设银行昌邑市支行、昌邑农村商业银行、邮储银行昌邑市支行等专业银行到饮马镇“梨花水镇”项目一线现场办公，了解项目建设情况，帮助解决资金问题。10月17日，组织人民银行昌邑支行、潍坊银保监分局昌邑监管组、市金控集团、农业银行、建设银行、工商银行、中国银行、邮储银行、昌邑农商行、潍坊银行、人保财险开展“加大融资规模，支持经济发展”企业调研活动，实地调研8家存在融资困难的企业，并召开座谈会，为企业解决融资难题指明方向。

（王贝贝）

银行业和证券业

【概况】 2019年，昌邑市有金融机构11家，机构网点110个。至年底，全市金融机构本外币存贷款余额分别为448.5亿元和291.8亿元，分别较年初增长16.4亿元和29.4亿元，比上年同期多增17.4亿元和19.3亿元。

住户存款保持平稳增长，非金融企业存款下降。12月底，住户存款余额359.8亿元，较年初增加36.5亿元，同比多增13.6亿元；较年初增长11.3%，同比提高3.8个百分点。非金融企业存款余额54.65亿元，较年初下降12.38亿元，同比少增10亿元。

住户贷款，重点是住户中长期消费贷款增长快。12月底，住户贷款余额89.7亿元，较年初增加12.91亿元，同比多增5.7亿元，较年初增长16.81%。其中，住户中长期消费贷款余额51.53亿元，较年初增加8.96亿元，同比多增4.67亿元，较年初增长21.05%。非金融企业及机关团体贷款中，短期贷款增长较快，中长期贷款增势平稳，票据融资业务下降。12月底，短期贷款较年初增加8.49亿元，同比多增12.37亿元，较年初增长8.56%；中长期贷款较年初增加7.68亿元，同比多增5.19亿元，较年初增长10.01%；票据融资业务较年初较年初增加0.43亿元，较年初增长4.4%，同比减少3.82亿元。

国际收支业务平稳，辖内外汇出支总量减少。至年底，昌邑市涉外收支18.9亿美元，上年同期为36.5亿美元，同比减少48.2%。其中，涉外收入6.9亿美元，上年同期15.5亿美元，同比减少55.5%；涉外支出12亿美元，上年同期21亿美元，同比减少42.9%。全市实现进出口总额10.9亿美元，上年同期11.6亿美元，同期减少6%。其中，出口额8.7亿美元，上年同期8.2亿美元，同比增长6.1%；进口额2.2亿美元，上年同期3.4亿美元，同比减少35.3%。

年底，辖内不良贷款余额4.19亿元，较年初增加0.34亿元，不良贷款率1.44%，较年初下降0.03个百分点。年内，昌邑市金融机构核销处置不良贷款2.06亿元，其中兴业银行核销大有、金丝达3440万元，工行处置大有、海天棉纺、海天印花、金丝达、富强纺织、乾隆杯不良贷款1.72亿元。

【中国人民银行昌邑支行】 2019年底，全市各项贷款余额291.8亿元，较年初增加29.4亿元，增长11.2%，贷款增量、增幅均列潍坊8县（市）第四位。各项存款448.5亿元，较年初增加16.4亿元，增长3.8%。年内，被评为“2019年度潍坊市文明单位”。

开展“重大项目走访对接深化年”活动，加大金融支持新旧动能转换力度。人行昌邑支行关注新旧动能转换项目进展情况。对昌邑辖内12个市级重点项目建立考核调度工作机制，促进银企互信合作。制定《昌邑市金融机构支持新旧动能转换工作实施方案》，召开专题会部署。开展“民营和小微企业首贷培植行动”，为新办企业选择和推介适合的金融产品，帮助企业提高获贷能力。加大金融服务乡村振兴力度，昌邑支行贯彻落实人民银行等五部委制定的《关于金融服务乡村振兴的指导意见》，引导金融机构加大对现代农业产业园、田园综合体等新型农业的金融支持力度，加快推动农村一二三产业融合发展。加强“一县一品”重点品牌建设。引导农发行、农商行等金融机构助推全国首个省级田园综合体试点项目——潍水田园综合体建设，打造“潍坊模式”“齐鲁样板”，为该项目总授信8.5亿元。督导昌邑农商行与市文明办、市扶贫办等部门联合实施“乡村振兴·文明信用”工程，开展信用乡（镇）、信用村、信用户创建活动。采取“集中评定、批量获客、整体授信”的方式，为小农户提供“信用贷款+保证贷款+抵押贷款”组合式信贷支持，满足小农户差异化、多样化融资需求。组织11家金融机构主要负责人到昌邑市乡村振兴重点建设项目“梨花水镇”一线现场办公，成立工作专班，定期调度各银行信贷投放工作，确保各项金融服务措施落到实处。推动绿色金融快速发展，人行昌邑支行与发改、经信等部门合作，将绿色企业及绿色项目的融资需求导入山东省融资服务网络平台，并组织金融机构对接。以支持昌邑康洁环卫集团智能升级为切入点，引导各金融机构量身打造信贷产品，全年为昌邑康洁环卫集团授信3.7亿元，节省利息成本197万元。贯彻“一次办好”要求，优化营商环境，推行“党建+窗口”工作模式，在支行营业厅创新推出行政许可事项二维码服务。逐条梳理、反复磋商“一次办好”项目，最后简化为19个二维码，办事企业和群众拿起手机“扫一扫”，即可快速查询所需资料，做到“让信息多跑路、百姓少跑路”。同时组织协调各金融机构采取有效措施提高企业开户效率和服务质量，完善开户服务的“再优化”“再改造”“再提升”，增设服务窗口、预约开户、开通小微企业开户绿色通道等，加快开户资料传递速度，建立健全企业开户服务管理制度，提高开户资料审核准确性及资料传递效率。履行经理国库职能，协调相关金融机构落实小微企业电子退税工作，累计处理退税2882户，退税办结率99.38%，在潍坊12个县（市、区）排名第二。

以金融支持“三农”、中小微及民营企业为契机，推动地方经济平稳快速发展，主动为辖内农商行、北海村镇银行2家法人机构向上级行争取支农再贷款规模12.22亿元，以加大对民营和小微企业、新旧动能转换、乡村振兴、绿色金融等重点领域和薄弱环节的支持力度，确保央行资金做到“精准投放”。累计投放4.47亿元，余额2.5亿元。与昌邑市地方金融监管局、邮储银行昌邑市支行制定印发《关于联合开展小微企业、新型农业经营主体等信贷投放服务的通知》，利用乡（镇）街办政府的优势，联合各乡（镇）政府，加大农村地区民营、小微企业和新型农业主体的支持力度，以新旧动能转换为切入点，创新金融服务，综合利用政策组合，助推企业通过实施“高端化+绿色化+智能化+集群化”等战略，实现企业自身新旧动能转换及产品升级，同时带动高端智能装备制造产业园区快速建设。关注重点领域风险，加强金融风险监测和评估，运用“央行评级+存款保险”监管组合拳，做好辖区法人银行机构资产质量、流动性、同业业务等风险状况的监测工作，按月、按季实时监测辖内2家法人银行的存贷款规模、资产质量、流动性状况、盈利能力、主要财务数据等情况，发挥事前防范、动态监测作用，做到风险早发现、早预警、早化解。保持打击外汇违法违规行为高压态势。强化对银行的监督检查，综合运用业务检查、现场核查等，处罚虚假欺骗性交易等恶性违规行为。做好地下钱庄案件和有关银行企业案件查处工作，确保零风险，提升外汇检查工作品牌。

【中国工商银行股份有限公司昌邑支行】 2019年，工商银行昌邑支行响应国家支持小微企业发展的相关政策，落实总、省、分行对小微企业贷款的各项工作部署，加大小微企业金融服务力度，助力辖区内小微企业发展，聚焦服务实体经济本源和供给侧改革，坚持以服务当地实体经济发展为中心，创新业务发展模式，生产适合当地实体经济融资产品，探索化解实体经济企业融资难问题，实体经济领域信贷投放稳步增长，实现企业经营发展、自身经营效益和社会效益的同步提升。至年底，全行各项存款余额34.98亿元，较年初减少6.78亿元；各项贷款余额21.07亿元，较年初减少5.6亿元；普惠口径贷款余额1.12亿元，较年初增加1100万元；支行连续20年实现安全运营无事故。根据潍坊发改委发布的重大项目清单建立全市重大项目储备库动态管理机制，围绕重大项目中的先进制造业、文化旅游、现代农业、基础设施和民生保障领域，逐户与企业对接，研究融资方案。全年，达成合作意向项目3个，意向贷款金额6亿元。利用上级行支持普惠金融发展政策，推广线上普惠金融产品，实现信贷资产稳中有进的局面。对小企业做小、做精，发展小额融资。利用小微平台、线上融资、经营快贷、白名单信用贷等产品拓展客户。加快资产业务向网点延伸，将e抵快贷、线上e贴现等线上小额融资在网点开办，提高客户黏度，做到公私、存借联动。加大核心客户链上融资和重点园区集中营销，批量营销现金流充足、担保措施完善的客户。贯彻落实市政府以及债委会要求，在风险不增加的基础上，向上级行争取政策，为列入潜在风险以及项目贷款还款困难的13家企业调整融资期限，降低融资成本，为到期融资企业办理续贷，不断贷、不压贷，与企业共渡难关。全年，发放中小企业贷款18亿元，国际贸易融资折合人民币1.5亿元，平均利率水平在潍坊工行系统内及昌邑同业，均保持较低水平。将支行营业室列入装修改造计划，并报上级行通过；推广公务员逸贷、信用卡分期付款、住房按揭贷款、个人消费贷款等个人类贷款业务，年底，个人贷款余额3.3亿元，较年初增加3000万元，促进昌邑市第三产业发展。

【中国农业银行昌邑市支行】 2019年，中国农业银行昌邑市支行（以下简称农行昌邑支行）围绕市委、市政府战略重点，向上争取政策资源，加大信贷投放力度，加快金融服务创新，为昌邑当地经济发展和建设提供金融服务支撑。至年底，各项贷款时点余额30.48亿元，较年初增加1.57亿元，时点存量、增量均居系统前列，其中法人贷款较年初增加1.28亿元，个人类贷款较年初增加0.29亿元。各项存款时点余额73.18亿元，较年初增长2.67亿元，日均余额75.07亿元，较年初增长8.58亿元，时点、日均存量、增量均居系统内前列。全年，缴纳利税527万元。连续8年被评为省级先进单位，被潍坊市总工会授予富民兴潍劳动奖状，辖内都昌分理处被中华全国总工会授予“全国五一巾帼标兵岗”称号。

农行昌邑支行加大金融服务和支持力度，助力地方经济发展。助力当地企业发展，争取信贷份额，优化信贷流程，为山东昌邑石化有限公司、山东浩信机械有限公司等当地部分引领性企业发放产业支持贷款6.79亿元，助推当地企业发展。聚焦乡村振兴，建设金穗惠农通服务点3个，金融机具全部布放到位，采集农户信息100余份，发放乡村振兴卡100余张。助力打好脱贫攻坚战，以法人贷款为抓手，为山东广通机械有限公司发放扶贫贷款1500万元，精准扶贫国标贫困户6人，扶贫金额9600元。推进普惠金融发展，全年发放小微企业贷款7459万元。推广各类便捷信贷产品和便民利民金融产品。发放“纳税e贷”2353万元，“微捷贷”4307万元，办理“乐分易”3311万元，“家装分期”1310万元。推动便民服务项目，为潍坊市工业学校上线一卡通缴费项目，上门为学生及教职工办理银行卡1000余张，开设掌银、微信银行800余户。全年增加个人客户8856户，新开机构类账户36户、外币账户65户，累计新开对公账户945户。全年累计处置不良贷款1.47亿元。组织开展环境卫生大整治6次，服务类和业务类专题培训会议12次，按月开展全行服务检查，新装修营业网点1个，增设现金超柜等各类自助和便捷机具27台次，提升基础客户整体服务水平。

【中国银行昌邑支行】 2019年，中国银行昌邑支行围绕“两增一降一调、四聚焦、一全面”的工作主线，坚持“三比三看三提高”。新一届支行党委班子成立后，按照“20字工作要求”，坚持“六个不动摇”，保持全年无案件、无事故态势，完成全年工作目标。至年底，公司本外币存款余额3.58亿元，较年初减少1.19亿元。储蓄本外币存款余额12.78亿元，较年初增加7655万元。公司本外币贷款余额8.22亿元，较年初增加8583万元。主要增加的投放项目为昌邑石化3亿元短期流贷。个人贷款余额2.3亿元，年内投放4229万元，较年初增加2168万元。不良贷款余额4582万元，其中公司不良贷款4051万元，个人贷款不良贷款531万元，累计处置不良贷款8378万元，其中处置公司不良贷款8205万元，核销个金不良贷款282万元。个金待核销贷款505万元。全年，昌邑支行实现营业收入3494万元，较上年同期减少479万元，其中实现非利息收入996.75万元，较上年同期增加341.95万元。实现拨备前利润2698万元。全年累计核销、转让不良贷款6750万元，稳定授信资产质量。梳理并走访对接昌邑市26个新旧动能项目，至年底，累计为民营企业投放贷款4.95亿元，支持当地民营企业新旧动能转换项目实施，继续与清单中企业对接，商讨合作模式，为民营企业发展提供资金支持并提升服务水平。储备普惠金融贷款，至年底，投放普惠金融贷款10户，金额6260万元，增加叙做贴现业务6户，金额2151万元。

【中国建设银行昌邑支行】 2019年，中国建设银行昌邑支行（以下简称建行昌邑支行）贯彻市分行党委“123456”工作思路和要求，推进

“三大战略”，开启“第二发展曲线”，落实存款、中收、客户、质量、合规“五个第一”工作导向，抓牢基础性工作，巩固和提升各项主要经营指标的市场份额、系统位次和价值贡献，坚守风险合规底线，克服外部经济环境的不利局面，确保资产质量稳定。至年底，一般性存款时点余额38.37亿元，比年初增加4.94亿元，其中对公存款时点余额13.82亿元，比年初增加1.18亿元，个人存款时点余额24.55亿元，比年初增加3.76亿元。各项贷款时点余额24.25亿元，比年初增加5.71亿元，其中对公贷款时点余额13.58亿元，比年初增加3.33亿元，个人住房贷款余额8.01亿元，比年初增加1.52亿元，个人贷款不良率0.05%，对公贷款无不良。实现中间业务收入2870万元。

全面落实新旧动能转换重点工程实施规划提供金融支持。加大服务“三农”、支持乡村振兴工作力度，推进金融精准扶贫，处置不良贷款，维护金融稳定。突出全市工作中心，确保重点龙头企业信贷需求。通过产品创新，优化流程，为企业提供全方位、多层次、一站式服务。对昌邑石化、浩信集团、华晨集团等重点企业，实行领导包靠，一户一策。为山东昌邑石化有限公司发放贷款4亿元，为华晨集团办理银行承兑汇票8920万元。年底，个人贷款时点余额9.52亿元，增加1.76亿元，其中个人住房贷款时点余额8.01亿元（不含证券化2.47亿元），新增1.52亿元。发展普惠金融，确保破解中小微企业融资难。坚持金融回归本源、服务实体经济方针，结合昌邑当地区域情况和行业结构，全员发动、网点联动等多项举措。以大数据为载体，加快普惠金融业务发展。与税务局合作，以纳税A级企业数据为工具，发展“云税贷”业务，引导推动抵押快贷；利用大数据、惠懂你等工具，加快小微快贷业务的推进。增加小微企业客户66户，发放贷款2290万元。为农村客户提供“金融下乡”服务，用实际行动践行普惠金融。利用乡村卫生室、农村超市、农资门市等稳定可靠、辐射面广的特点，将其发展为“裕农通”普惠金融服务点。为广大农村居民提供金融服务，开通“裕农通”普惠金融服务点633户，全市乡村覆盖率94.2%。拓展裕农通服务点活跃337户，活跃率59.02%。

【中国农业发展银行昌邑支行】 中国农业发展银行昌邑支行（以下简称农发行昌邑市支行）贯彻中共中央决策部署、上级行以及市委市府工作安排，贯彻落实高质量服务乡村振兴战略。2019年，农发行昌邑市支行资产总额42.45亿元，较年初增加8.54亿元；贷款余额45.88亿元，较年初增加8.99亿元；存款余额13.36亿元，较年初增加4043万元。

加大农业科技推广园项目的营销支持，审批额度7亿元，投放4亿元，推动昌邑苗木产业的发展。支持传统粮食购销客户提升经营活力，拓展市场化收购信贷业务，全年发放粮棉油贷款4180万元。

向政府提出防洪排涝等加强水利设施的建议。推动6.6亿元昌邑市潍河水毁综合治理工程，投放4亿元，该项目改善潍河生态系统，净化水质、增加水源、防洪排涝。为服务乡村振兴战略的核心项目，省行主要领导多次到现场调研指导。借鉴其他银行同类项目先进经验，保证项目批复。该项目授信7亿元，投放4亿元，建成后全面实现“村庄美、产业兴、农民富、环境优”的目标。

借棚改营销，服务全市棚改民生工程，审批昌邑市都昌街办棚户区改造项目12亿元，累计投放8.78亿元。助推各地政府投融资平台向自营性新型国有企业转型，支持民生工程建设，推动3亿元昌邑净化水厂项目，投放2.9亿元，该项目的实施可缓解市内水资源危机，同时减少地下水开采量。营销昌邑市土地整治项目一期5.8

亿元，投放3亿元，缓解耕地形势，增加有效耕地面积，提高土地质量和利用效率，改善生态环境。推进昌邑经济发展，做好项目储备工作，储备7个项目合计40亿元。支持昌邑市北孟镇矿坑整治项目7亿元和昌邑市密埠店矿坑整治项目3.4亿元，通过生态地质环境综合整治，消除地质灾害隐患，消除地形地貌视觉污染；支持昌邑防潮堤加固提升工程5.6亿元，建设高标准沿海防潮堤，促进市北部沿海地区经济发展及滩涂开发利用，解决风暴潮引起的生态环境问题；支持大姜产业园项目7亿元，促进发挥昌邑生姜产业优势，做大做强生姜特色产业；支持昌邑市农村人居环境治理项目4亿元，用于修建污水处理厂，改善生态环境。

【潍坊银行昌邑支行】 2019年底，潍坊银行昌邑支行各项存款余额28.46亿元，较年初增长2.15亿元，其中储蓄存款余额14.74万元，较年初增长2.62亿元，较基数增长2.64万元，完成计划比例130%；储蓄日均余额13.87亿元，较基数增长1.77亿元，完成计划比例178.6%；对公存款时点余额13.73亿元，较年初下降4653万元；各项贷款余额39.54亿元，较年初增加7.27亿元。不良贷款余额1136万元，较年初下降1393万元，完成总行下达的目标控制计划；2019年完成国际业务结算量1.27亿美元，完成计划70.8%；普惠贷款余额5.07亿元，较年初新增4870万元，完成计划108.2%。住房按揭贷款余额1.01亿元，较年初新增5541万元，完成计划138.5%；全年实现经营利润8354万元，纳税1107万元；在2019年案件防控和安全保卫工作中，实现全年平安运营。

2019年，潍坊银行昌邑支行辖内全部网点均配备智能柜员机。

【山东昌邑农村商业银行股份有限公司】 2019年，山东昌邑农村商业银行股份有限公司（以下简称昌邑农商银行）贯彻落实国家宏观调控政策和监管要求，聚焦实体经济高质量发展主线，以科技兴行为引领，以网点转型为抓手，加大产品创新，提升服务水平，提高金融供给质量，为促进全市经济社会高质量发展贡献金融服务新动能。至年底，各项存款余额181.33亿元，较年初增加9.47亿元，增幅5.51%，存款市场占有率40.4%，比年初提高0.7个百分点，增加市场占有率57.9%；各项贷款余额103.40亿元，较年初增加8.43亿元，增幅8.88%，其中实体贷款余额98.4亿元，比年初增加9.1亿元；实现各项收入10.6亿元，经营利润3.4亿元；实现净利润1.3亿元，同比增加252万元；上缴税金1.14亿元，较上年增加443万元，位居全市第四；资本充足率12.57%，拨备覆盖率139.28%，主要监管指标均达到监管要求。

2019年，昌邑农商银行经营管理综合排名潍坊全市农商银行系统第二，领导班子履职测评被评为A级单位。年内，全省农商银行经营管理综合考评排名19，较上年提升24个名次。获得山东省委宣传部授予的“最佳志愿服务组织”，潍坊市委宣传部授予的“潍坊市理论大众化示范点”，潍坊市委组织部授予的“2019年度潍坊市重点企业”，昌邑市委、市政府授予的“纳税突出贡献企业”等称号。

坚持支农支小，服务地方经济发展，按照“有扶有控”的信贷政策，以农户贷款和中小微企业贷款为投放重点，采取多项措施加快贷款投放，至年底，普惠型涉农贷款余额30.49亿元，较年初增加2.75亿元，增速9.91%，高于各项贷款增速1.03个百分点。普惠型小微企业贷款余额18.4亿元，较年初增加1.5亿元，增长8.89%，增速高于各项贷款增速0.01个百分点；户数2708户，较年初增加131户。做好农村信用文明工程建设，联合昌邑市文明办等六部门推进“乡村振

7月25日，引导政银合作，行长范维强出席农商行与自然资源规划局合作仪式 （党雪静）

程、布放智慧柜员机等措施，增强客户体验，创新打造“数字化”智慧厅堂。年底，布放智慧柜员机38台，覆盖支行35家，覆盖率70%，智慧柜员机业务替代率50.6%。

执行银监会“七不准”“四公开”等规定，规范服务收费行为，优化客户服务体验，在各营业厅公示最新的收费价目表，提高金融服务收费透明度。推行阳光信贷，让客户明明白白贷款。将信贷产品、基本申报条件、

兴·文明信用”工程，加快整村授信，评选信用户2.9万户。年底，开展整村授信村庄654个，开展率100%；建档10万户，建档率91%；授信9万户，授信率80%；签约3.2万户，签约率31%；用信1.3万户，用信率11.5%；建设标杆村143个；建设文明信用样板村45个。

调整信贷结构，打造小微放贷特色模式。将小微贷款业务作为转型发展的支撑，成立微贷中心，推广“无纸化”线上办贷，简化业务办理流程，提升小微贷款服务能力。年底，微贷中心实现贷款审批440户，金额9632万元，用信390户，金额7551万元，开创小微贷款业务高质量发展局面；依托科技手段，重构信贷流程，推进放款中心建设，逐步实现贷款全流程业务的规范管理。零售业务放款中心集中上收城区全部10处网点的放款业务，集中放款880笔、2.62亿元。加快新型支付渠道建设，以聚合支付营销拓展为抓手，多渠道打造业务应用场景，为客户提供结算便利，满足客户“短平快”的支付结算需求。累计拓展聚合支付商户1.4万户，交易272万笔，交易金额突破18亿元。推进智慧厅堂建设，提升厅堂营销获客能力。优化厅堂布局、重构业务流

办理流程等9项内容，通过多种载体全部公开，为客户提供信贷绿色通道。开展“金融知识进万家”“小微企业金融服务宣传月”“防范、打击非法集资”宣传等活动，组织集中宣传12场，发放宣传材料1.5万份，增强公众金融素质。开展“慈心一日捐”和资助贫困学生活动，捐款捐物合计13万元。配合市委、市政府做好“双增双联”工作，定期走访困难村民并进行包靠帮扶，发放米、面、油等生活用品，帮助村民共谋发家致富之路。

【中国邮政储蓄银行股份有限公司昌邑市支行】 中国邮政储蓄银行股份有限公司昌邑市支行（以下简称邮储银行昌邑市支行）秉持服务国家战略、勇于担当的大局意识，贯彻落实市委、市政府金融工作会议精神，依靠上级行党委，借助政府及监管机构力量，致力于服务“三农”、服务中小企业。2019年，全行实现业务收入4640万元，增幅12.22%，利润总额2422万元，增幅14.11%，全员劳动生产率人均55.54万元，实现地方税收197.35万元。被山东省文明委授予“省级文明单位”称号。切入政府融资债券发行，支

持地方经济建设。为昌邑市城市开发投资有限公司发债10亿元，由中邮证券办理，待环保审批后报国家发改委。为昌邑石化发放流贷4亿元，办理信用证0.6亿元。为中信环境（昌邑）第四事业部污泥项目完成固贷授信1.15亿元，期限5年。

推进信用村、信用市场建设，服务农村经济。对有贷款需求的客户进行批量化贷款发放，建立信用村9个，发放贷款292笔、3951万元。建成大姜、棉纺城2家信用贷市场，发放贷款5笔498万元，解决种植户、养殖户融资难的问题。加快产品创新，优化营商环境。发展新型农业经营主体贷款，下调贷款利率，调整还款周期，缓解客户资金周转压力。推出小微企业无还本续贷业务，全年发放520万元，减轻客户付息成本。推进信贷产品网络化，陆续推出小额贷款极速贷、E捷贷产品，提高客户申请贷款自动化审批比例，实行线下线上结合的网络化处理模式，方便民众办理业务。

落实金融精准扶贫政策，拓展金融精准扶贫合作渠道。利用政府贴息资金，发展政府平台创业担保贷款，服务大众创业，降低企业贷款付息成本，全年发放贴息贷款146笔，2475万元，发放昌邑市第一笔退伍军人贴息贷款15万元；对签订扶贫协议的企业贷款给予利率优惠政策，全年扶贫贷款发放30笔，合计1.3亿元。

【中国民生银行潍坊昌邑支行】 中国民生银行股份有限公司潍坊昌邑支行完成各项监管指标，支持地区经济发展。至年底，支行资产余额8.59亿元，较年初增加1.96亿元，较上年上升29.67%；负债总计余额8.45亿元，较年初增加2.06亿元，较上年上升32.29%；各项存款余额7.44亿元，较年初增加1.97亿元，较上年上涨35.95%；各项贷款余额8.51亿元，较年初增加1.83亿元，较上年上涨27.32%，其中小微企业贷款余额923.5万元，较年初增加444.3万元。支行营业收入2185.97万元，营业支出1830.21万元，实现净利润355.77万元，同比减少982.93万元。支行聚焦“不忘初心、牢记使命”主题教育，检视剖析，增强班子自我净化、自我完善、自我革新、自我提高的能力。恪守服务为本，助力转型升级，强化合规经营，全行树立“合规就是生产力”“违规就是风险”的合规意识，各岗位各条线遵守法律法规、行内规章制度，按照审慎原则经营决策及从事各项经营活动，提升运营效率和经营能力。落实合规经营，改进内部管理。组织员工学习行为守则、违规违纪行为处罚办法等规章制度，增强员工审慎、合规经营的能力。开展“狠抓合规经营”等合规大检查活动，消除风险隐患。全行员工树立“服务创造价值”的价值观、经营观；年内未出现违规和不审慎经营行为。

【兴业银行股份有限公司潍坊昌邑支行】 兴业银行股份有限公司潍坊昌邑支行（以下简称兴业银行昌邑支行），至年底，兴业银行潍坊昌邑支行各项存款余额6.56亿元，其中人民币对公存款余额3.23亿元，储蓄存款余额1.34亿元；各项贷款余额4.22亿元。信贷支持力度增强，参与全市重点领域及重大民生工程，支持昌邑市重点领域及重大民生工程的发展。在行内信贷资源不足的情况下，昌邑支行向上级行争取信贷规模，加大信贷投放力度，支持昌邑市重点项目及中小型企业发展，同时，强化与信托、证券、租赁等非银机构的合作，协助客户对接行外融资渠道。昌邑支行坚持“服务地方经济、服务中小微企业”的市场定位，重点推动小企业业务，建立一套效率高、管控严、风险小的小微企业信贷服务模式，让昌邑小微企业也享受到优质的金融服务，通过不断实践与探索，在小微企业金融服务上做出自己的特色，支持小微企业发展。创新产品提升服务品质。调整内部审批机制，提高自身工作效率，缩短企业融资链条，清理整顿部分不合理收费，降低企业的融资成本。在个人经营贷、连连贷等小企业贷款的基础上，昌邑支行相继推出简捷贷、交易贷等便捷的授信品种，丰富中小企业产品货架。利用兴业银行绿色金融产品优势和优惠政策，推广节能减排等绿色信贷产品。推动网上银行、手机银行等电子渠道建设，加快发展电子银行业务，加大企业网银营销力度，畅通资金划转渠道，为客户提供高效优质的金融服务。昌邑支行组织员工参与每周开展的羽毛球、篮球、足球等体育兴趣小组活动，丰富员工业余文化生活，增进员工学习交流，增强团队凝聚力。通过“行长邮箱”，鼓励员工为发展建言献策。关注员工8小时内外情况，急员工之所需，解员工之所急，打造“风正、气顺、人和、业兴”的家园文化氛围。

【昌邑北海村镇银行】 至年底，昌邑北海村镇银行资产总额1.98亿元，较年初增加0.53亿元，增速36.56%；负债总额1.64亿元，较年初增加0.59亿元，增速55.72%。各项存款余额1.59亿元，较年初增加0.56亿元，增幅54.63%；各项贷款余额0.81亿元，较年初增加0.15亿元，增幅22.54%，高于上年同期22.54个百分点。实现净利润-0.05亿元，同比少增-0.02亿元。无不良贷款。资本充足率40.62%，较年初下降22.77个百分点；拨备覆盖率0。至年底，昌邑北海村镇银行普惠型涉农贷款余额0.79亿元，较年初增加0.14亿元，增速21.42%，低于各项贷款增速1.12个百分点。普惠型小微企业贷款余额0.39亿元，较年初增加0.17亿元，增长80.26%，增速高于各项贷款增速57.72个百分点；户数451户，较年初增加112户；无不良贷款。

对接当地创贷中心，鼓励当地返乡农民工、农村青年、毕业大学生等人群自主创业，同时吸收返乡农民工、农村青年、毕业大学生等社会群体的符合条件的劳动密集型小微企业向申请创业贴息贷款。

【中泰证券昌邑营业部】 中泰证券股份有限公司原名为齐鲁证券有限公司，是山东省属国有企业，是中国证监会批准设立的大型综合类创新试点证券公司，注册资本62.7亿元。

2019年，昌邑营业部开设证券账户648户，股票全年交易量101.56亿元，期货IB年交易量7.55亿元，托管资产市值10亿元。加强机构业务开发，服务昌邑资本市场，营业部加强与当地政府、企业、银行等机构的合作力度，服务当地上市企业同大集团，拓宽企业融资渠道，营业部为同大集团股票质押融资8400万元，与民生银行合作利用远程质押为企业融资4000余万元，与北京银行合作完成昌邑市经济开发投资公司北京金融交易所债权融资计划取得备案批复书，为企业融资开拓渠道。

中泰证券昌邑营业部现服务昌邑资本市场客户1.2万人，服务机构客户20余户，全年缴纳利税22万元，昌邑营业部依托集团公司综合金融服务能力，为昌邑当地政府和企业提供融资渠道和融资途径，为政府在资本市场发债融资方面提供帮助，为当地企业在海外资本市场、主板、新三板、齐鲁股权交易中心等资本市场挂牌提供服务。

保险业

【概况】 昌邑市辖内有中国人寿、中国人民财产保险、太平洋人寿、太平洋财产保险、人保财产保险 5 家国有保险公司。至年底，昌邑市公司保费收入 10.2 亿元，理赔支出 2.23 亿元。

【中国人寿昌邑支公司】 中国人寿保险股份，下辖 6 个营销服务部，各级管理及销售人员 1000 余人。全年，实现总保费收入 3.2 亿元，同比增长 0.63%，市场份额 53%。承保服务客户 30 余万人，承担社会风险保额 692 亿元。

推进“网上国寿”“智慧国寿”“数字国寿”“掌上国寿”等升级，运用移动互联、大数据、云计算、人工智能等技术，为客户提供全天候、一站式的服务。以客户为中心，公司为客户创造更大的保险价值，用实际行动践行“亲切、专业、理解、感动”的服务理念。依托“科技国寿”线上服务平台和覆盖全市城乡的机构网络及“95519”服务专线，打造国寿“1+N”服务品牌。2019 年，公司平均理赔时效 1.9 天，3 日结案率 93.47%，受理案件获赔率 99.8%。累计给付、理赔各类保险金 9211 万元。公司履行社会责任，增进民生福祉，关注民生、重视民生、保障民生、改善民生。连续 5 年承办全市城乡居民大病保险；开展关注女性健康、关心关爱下一代等多个政保项目；护航实体经济和中小微企业发展，为参保企业降费增效、员工福利保障计划提供“国寿方案”；拓展普惠保险、捐款扶持、电商扶贫、创新服务等保障措施，助力脱贫攻坚。

【中国人民财产保险股份有限公司昌邑支公司】 至年底，实现保费收入 1936 万元，保费收入达成率 61.64%，同比负增长 4.48%，其中车险达成保费收入 1687 万元，达成率 78.47%，同比负增长 10.16%；非车险达成保费收入 249 万元，达成率 25.1%，同比增长 67.31%，非车险占比为 12.84%。连续 10 年统保全市中小学校园方责任险，与有关部门开办安全生产责任保险、综治保险、社保补充保险、扶贫特惠保险等业务，连续多年被市委、市政府确定为“重点管理企业”，并先后获得政府授予的“服务业发展先进单位”“消费者满意单位”“突出贡献企业”“特殊贡献企业”等称号。

【中国太平洋财产保险服务有限公司昌邑支公司】 至年底，完成保费 2536.55 万元，其中车险完成 1933.24 万元，非车险完成 603.31 万元（含农业险 149 万元）。农业险业务仅承保小麦保险，保费 149 万元，风灾赔款 17.26 万元，在汽车延保保险、新能源电动车保险、信用险等方面开展一系列工作。参与市级各项税收工作，全年缴纳营业税、印花税、增值税等各项税收 337.77 万元。政策性公益林商品林招标中标，年内，中标昌邑市机关事务管理局车辆保险和实现农险保费零的突破。

发动昌邑支公司各个渠道共同宣传，将三农服务站网点与咨询服务门店结合，联系各行各业的大中小公司，引导其进入公司大金融综合道路。

【中国太平洋人寿保险股份有限公司昌邑支公司】 至年底，个险业务渠道新保业务量总计 2024 万元，与上年新保业务量同比增长 54.3%。团险业务渠道业务量 412 万元，与上年业务量同比增长 8.2%。全年，营运柜面作业，总业务量 3.73 万笔。保全给付业务总计给付 2800 万元，理赔赔付业务总计 1100 万元，与上年赔付业务同期相比，提升 5.6%。服务营销业务渠道，全年，服务约访 74 万余次，与上年服务约访次数同比提高 13.6%。

遵照“五位一体”布局，做好“四个全面”，根据市场动态和消费者需求，落实产品策略改革。扩大健康险保障范围，提升少儿险和意外险保障额度，提高年金保险和养老保险给付额度，优化理财险种给付比例，改进理赔赔付范围，维护消费者权益。开展“行业规范建设年”实施工作，开展“反洗钱知识培训”和“自查自纠专项排查”专题教育学习活动，查摆领导作风、业务发展、内部管理等方面存在的问题，制定落实整改措施，净化系统不正之风和经营行为，筑牢合规经营防线，保障依法合规经营。制定系列有效管控措施，精细化管控水平公司整体运营效果提升。开展客户服务界面标准化建设和客户俱乐部建设，增强客户感受，改善服务形象，提升客户满意度。对外加强客户投诉管理，同时多次走访城乡贫困家庭提升客户满意度。简化理赔流程，缩短赔案周期，提高理赔效率。年内，加强综合治理、安全生产工作，消除各类安全隐患，增强全体员工防范意识，全公司实现“五无”目标：无火灾事故、无交通事故、无盗窃案件、无泄密事件和无上访事件的发生，保障公司业务工作的开展。

【人保财产保险】 年内，缴纳地方税金、代收代缴车船税合计1430余万元，累计支付赔款5627.63万元，累计各类赔款案件1.04万件，其中车险赔款4918.5万元；企业类赔款120.62万元。至年底，政策性农业保险支付赔款780余万元，转移和分散农业风险。“利奇马”台风查勘10个乡（镇），综治保险及民生保险赔款458.55万元。

（陈修晓　王贝贝）

财政·税务

财 政

【概况】 2019年，全市一般公共预算收支平衡；科学优化支出结构，提升绩效管理水平；完善保障机制，增强社会保障能力，全市社会保险基金收入增长，居民基本医疗、基本公共卫生服务财政补助标准提高；开拓创新思路，拓宽融资渠道，支持全市重点工程和重点项目建设，严格涉农资金管理，保障全市经济社会高质量发展。

【一般公共预算】 2019年，全市一般公共预算收入完成32.09亿元，增长1.2%，扣除减税降费等因素同口径增长10.8%。返还性收入3318万元、转移支付收入12.14亿元、债务转贷收入3.22亿元、调入资金7.75亿元，调入预算稳定调节基金6万元，共计55.53亿元。全市一般公共预算收入中，税收收入完成23.33亿元，增长3.9%；非税收入完成8.76亿元，增长-5.4%。市级完成21.49亿元，增长-3.9%；镇（街、区）完成10.6亿元，增长13.4%。其中，都昌街道完成1.2亿元，增长14.2%；奎聚街道完成1.25亿元，增长20.7%；围子街道完成1.76亿元，增长30.5%；石埠经济发展区完成1206万元，增长5.1%。

全市一般公共预算支出完成44.34亿元，增长-0.8%。体制上解支出3.71亿元、专项上解支出4.27亿元、债务还本支出3.22亿元，共计55.53亿元，收支平衡。全市一般公共预算支出中，市级完成36.63亿元，增长-11%；镇（街、区）完成7.71亿元，增长11.8%。其中，都昌街道完成7354万元，增长14.4%；奎聚街道完成6539万元，增长10.6%；围子街道完成9143万元，增长10%；石埠经济发展区完成3696万元，增长12.3%。

【政府性基金预算】 2019年，全市政府性基金收入完成9.95亿元，增长113.9%（主要原因是土地出让大幅度增加），上级政府性基金补助收入1165万元、债务转贷收入1.76亿元，共计11.83亿元。

年内，全市政府性基金支出8.65亿元，增长81%（主要原因是土地补偿增加），上级支出18万元、调出资金1.11亿元（调入一般公共预算）、债务还本支出7098万元，结转下年支出1.36亿元，共计11.83亿元。

【国有资本经营预算】 2019年，全市国有资本经营预算收入875万元，全部为国有企业利润。调出资金875万元（调入一般公共预算），收支平衡。

【社会保险基金预算】 2019年，全市社会保险基金收入完成28.95亿元，增长0.8%。主要是保险费收入13.18亿元，增长0.2%，财政补贴收入4.2亿元，增长14.5%。全市社会保险基金支出完成29.81亿元，增长-0.3%。其中，保险待遇支出19.27亿元，增长-5.6%，主要用于企业养老保险、居民养老保险、机关养老保险、职工医疗保险、工伤保险、生育保险待遇支出。年内，收支结余 -8571 万元，年底滚存结余 15.2 亿元。

【收支管理】 利用财税定期分析会工作机制，跟踪收入变动情况，统筹做好税务、财政部门收入征管工作；与部门、企业沟通协调，做到全市财政收入总量均衡、结构合理。强化非税收入征缴、税收征管体制改革，提升社会保险费、非税收入征缴管理和服务质量；发挥税收协同共治优势，加强财政、税务、工商、住建、国土等成员单位的协作配合，建立税收征管保障长效机制。优化财政支出结构，做好对各党政机关、事业单位日常公用经费的控压工作，加大民生改善和实事项目建设投入。加强乡（镇）财政工作业务指导，对乡（镇）一般公共预算收支状况开展季度分析，提升乡（镇）财政管理服务水平。加强会计人员教育管理，组织会计职称考评，推进领军型会计人才培养，做好注册会计师考试组织和后续教育。

【预决算公开】 2019 年，全部公开本级政府预算、部门预算、“三公”经费预算、政府债务情况、转移支付情况等，提高财政透明度。增强预算编制的完整性、准确性，提高财政管理的科学化、规范化、精细化水平和财政透明度。协调执收单位和代收银行，推行非税收入使用第三方支付方式，全面实施便捷缴费，满足社会和群众便捷缴费的需求。

【社会保障体系】 按照“全覆盖、保基本、多层次、可持续”的要求，支持建立更加公平可持续的社会保障体系，完善财政社保政策体系，推进制度创新，提高保障水平，为社会保障事业改革发展提供财力保障。完善养老保障体系，提高基础养老金标准，推动 80 周岁以上老年人高龄补贴制度实施；完善社会救助体系，提高城乡低保、五保、孤儿、困境儿童、残疾人两项补贴保障水平；完善医疗卫生体系，提高居民基本医疗、基本公共卫生服务财政补助标准，实施 70 岁以上老年人免费接种四价流感疫苗项目、1 岁儿童免费接种水痘疫苗项目。

【城市基础设施建设】 加大 PPP 业务培训力度，让行业主管部门了解 PPP 项目工作内容，做到工作顺畅有序，提高工作效率；做好项目储备，加强上下沟通，将符合条件的项目录入财政部 PPP 综合信息平台系统；加强宣传推介，与主管部门沟通，组织申报材料，抓住上级财政部门征集重点推介项目的机会；配合主管部门做好项目识别论证，审核 PPP 项目物有所值评价和财政承受能力论证，把关 PPP 项目实施方案的交易结构，算好经济账。入库 PPP 项目 10 个，总投资 28.59 亿元，其中撬动社会资本投入 28.24 亿元。

【涉农资金】 全市涉农资金按照“资金跟着项目走、项目跟着方案走、责任跟着资金走”的原则，按照项目方案要求，做好项目建设各项工作，加快建设进度，主动公开建设情况，确保项目工程质量，保证项目实施效果。同时，依法依规使用整合的涉农资金，筑牢涉农资金管理使用的“高压线”，确保高效安全使用涉农资金。建立涉农资金使用跟踪问效机制，紧盯项目实施、检查验收等重点环节，采取重点督查、明察暗访、第三方验收等方式，跟踪问效财政涉农资金使用情况，确保统筹整合涉农资金发挥最大的效益。2019 年，昌邑市整合涉农资金 4.33 亿元，统筹整合涉农资金集中用于涉农街道无害化卫生厕所改造、乡村振兴齐鲁样板示范区等农村人居环境整治项目以及高标准农田建设、潍水田园综合体等。

【减税降费】 落实上级收费及基金优惠政策。中央和省取消、停征及降低征收标准的行政事业性收费和政府性基金项目，按照上级要求执行并落实到位，采取网络、媒体、会议等方式做好政策宣传解释，研究调整执收部门和单位经费保障方式，确保各执收部门（单位）依法履行职责。结合上级减税降费政策调整情况，印发年度收费及基金目录清单，明确政策依据、执收部门（单位）、征收对象、征收标准及资金管理方式，通过市政府门户网站向社会公开，方便企业和公众了解政策，遏制乱收费行为。在全市范围，分别从不同产业、行业选取5家有代表性的企业，设立涉企收费联络点，指定专人协助建立涉企收费台账，实时跟踪企业收费动态。面向企业、人大代表或政协委员聘请涉企收费监察员2人，了解涉企收费政策执行情况和社会各界的需求，加强政策宣传，提升服务水平。

【支持企业发展】 做好新旧动能转换基金申报和投放，设立新旧动能转换基金2只，基金总规模104亿元。全年，申报项目11批次49个项目，申请项目资金3.3亿元，涉及工业、粮食、外经贸、公路交通、矿山治理等多个领域。

（张兴涛）

政府采购和招投标管理

【概况】 2019年，累计项目进场392宗，完成交易373宗。其中，完成政府采购类项目205宗，预算金额17.92亿元，成交金额16.89亿元，节约资金1.03亿元，节支率5.75%；完成建设工程类项目36宗，预算金额12.03亿元，成交金额11.73亿元，节约资金3035.62万元，节支率2.52%；完成其他交易类项目65宗，预算金额6.64亿元，成交金额5.6亿元，节约资金1.05亿元，节支率15.78%；完成医疗器械类项目8宗，预算金额1199.10万元，成交金额1124.54万元，节约资金74.56万元，节支率6.22%；完成产权交易类项目6宗，起拍价450.67万元，成交价649.72万元，溢价199.05万元，溢价率44.17%；完成土地交易类项目54宗，起拍价7.57亿元，成交价7.57亿元。

【创新服务模式】 “三群同步”，推动公共资源交易信息公开针对性。创建公共资源交易“采购单位群”和“代理机构群”，交易项目在运行中出现的问题，以截图形式同步发送至双群，确保代理机构与采购单位第一时间掌握项目的进展动态。创建公共资源交易“监管部门群”，将每周交易项目成交情况、项目入场登记情况、拟交易项目情况发送至监管部门，实时了解需监管信息。全年，在“三群”内发布规范性通知20余条，确保交易活动公正诚信。以“四体同构”为抓手，明确公共资源交易信息责任主体。明确业主单位主体责任，签订《自律承诺书》，遵守项目保密承诺，落实三方主体（评审专家、业主代表、交易中心）场内考核；明确代理机构参与主体责任，合力攻坚重点和难点问题，实现项目的“连心桥”作用；明确监管部门监督主体责任，动态关注交易全过程，回应交易过程突发问题；明确公共资源交易中心服务主体责任，改善工作流程。全年，签订《自律承诺书》2000余份，解决交易业务问题12起。以“风险防控”为保障，提高公共资源交易信息发布准确率。制定《项目风险点量化处理措施汇总办法》，梳理政府采购、建设工程、医疗设备、产权交易、土地交易等8大类交易项目，排查交易需求公示、交易场地预约、交易文件发布、交易中标公告等11方面，建立风险防控台账。全年，梳理风险防控建议200余条，帮助代理机构、业主单位规避质疑200余个，代理机构业务信息发布准确率100%。构建“三群同步、四体同构、风险防控”模式，优化公共资源交易市场环境，打造公平、公正、廉洁、高效的公共资源交易平台。

【招投标保证金清退】 7月，政府采购、医疗设备、建设工程、其他交易4大类项目取消投保保证金，开启集中清退保证金工作，建立保证金退还台账，明确责任人，将昌邑分中心保证金账户的所有未退投标保证金对接相关项目代理机构，督促代理机构及早提交保证金退还手续，至10月31日，昌邑分中心完成政府采购、医疗设备、建设工程、其他交易4大类项目全部保证金清退，累计清退公共资源交易保证金7500万元，退还率100%。

【项目交易】 简化进场流程，实施进场网上登记。办理交易项目进场手续实现由现场办理到线上办理，采购人办理诚信入库后可以自行在公共资源交易网站线上提交入场信息及入场材料，由交易中心工作人员审核提交信息后，按程序进入交易流程，让采购人“多走网路，少跑马路”。简化招标环节，取消项目现场复会。节约投标人（供应商）时间成本，鼓励各中介代理机构取消项目现场复会环节。为投标家数多、评标时间长的项目取消复会环节，为投标人省时省力省成本。

【全流程电子化】 推进“互联网＋公共资源交易”举措，10月11日，昌邑市首个全流程电子化开评标项目—峻青初中通用技术创客中心设备采购项目完成，实现从项目进场备案、招标文件获取、公告发布到采购合同备案等环节均通过交易系统线上完成，“昌邑市人民检察院新媒体运营服务采购项目”“昌邑市公安局情报导侦联勤中心专用软件平台及部分配套项目”等部分进场交易项目全部开启全流程电子化交易旅程。项目全流程电子化通过CA证书及电子签章登录系统、电子评审过程全程留痕，永久追溯，为事后监管提供依据。

（柳伟涵）

住房公积金管理

【概况】 2019年，归集住房公积金3.38亿元，比上年增长6.53%；增加公积金缴存单位48家，增加缴存职工2618人；各类提取合计2.32亿元，比上年同期增长20.83%。全年发放住房公积金贷款574笔、1.7亿元，累计发放9.03亿元，持续保持贷款业务零逾期。至年底，昌邑市开通住房公积金网上营业厅单位358个，单位网厅使用率86.70%，缴存单位账户完善率100%，缴存单位自动化入账率93.77%。年内，公共租赁资金1050.13万元全额缴纳至昌邑市财政。

【落实“一次办好”】 昌邑分中心落实“一次办好”要求，实行容缺工作机制，率先与不动产登记部门、合作银行建立“三合一”公积金贷款模式。5月，实现全省首个县级市“不动产电子权证”业务系统上线。减少贷款职工、银行工作人员往返不动产登记中心2次，不动产后台审批时间由1.5个工作日缩短至2个小时，住房公积金贷款业务办理时间由30个工作日压缩至10个工作日，证明材料由21份精简至11份，公积金贷款抵押业务风险降低，大量节省等待时间，贷款

10月9—10日，山东省自然资源厅一级巡视员宋守军（右二）到昌邑市调研（宋国栋）

职工多次跑腿难题解决，实现“最多跑一次”。

10月10日，省自然资源厅一级巡视员宋守军，到昌邑调研“不动产电子权证”平台建设，电子权证业务促进住房公积金贷款业务流程优化、简化。

【贷款业务】 保持住房公积金贷款无逾期、无不良贷款。坚持初审材料、现场勘查、复核、会审、审批等流程，把关材料，防范资金损失风险。审查房地产开发企业准入、借款人收入、银行征信、内部审核。从初审到考察到最后审批各个环节，均有专门工作人员分别负责；有疑问或政策不明确的业务，由分中心主要负责人、分管负责人、贷款科工作人员集体研究，确保把每笔贷款风险降到最低；加大贷后催收力度，防止贷款逾期。

【窗口规范化】 以全省住房公积金系统窗口规范化建设为契机，规范窗口工作人员日常行为规范，提升工作人员服务群众的自觉性和能动性。每日召开晨会，重点点评昨日工作情况及当日工作事项，鼓舞工作人员士气和增强凝聚力。利用业余时间组织工作人员练习柜台服务规范“七步法”，提升窗口服务水平。重点考核服务用语、着装仪容、业务技能、卫生区域、工作纪律等方面的问题，将考核结果上墙对外公开，接受监督。在潍坊市住房公积金管理中心举办“政治理论、业务知识、服务礼仪”比武竞赛中，昌邑分中心获得服务礼仪竞赛一等奖、“政治理论、业务知识”比武竞赛优秀组织奖。2月25日，被评为2018年度支持昌邑发展先进单位。

（刘永亮）

税　务

【概况】 2019年，国家税务总局昌邑市税务局完成各项收入95.96亿元，同比增收33.02亿元，增长52.5%。其中，完成税收收入92.39亿元，较上年同期增收32.09亿元，增长53.2%；完成其他（非税）收入3.57亿元，较上年同期增收9313万元，增长35.3%。落实各项减税降费优惠政策6.72亿元。年内，国家税务总局昌邑市税务局第一税务分局（办税服务厅）被山东省总工会授予“山东省女职工建功立业标兵岗”称号；国家税务总局昌邑市税务局团支部被共青团山东省委授予“山东省五四红旗团支部”称号。

【主题教育】 举办为期一周的主题教育读书班，班子成员领学主题教育文件，带头将理论与党建引领、组织收入、落实减税降费政策、优化营商环境、健全完善税收征管体系等重点工作结合，开展交流研讨；将健全完善税收监管体系的内容作为支部学习内容，开展跨支部交流讨论 12 次。党委班子成员讲专题党课 9 次，谈认识体会、差距不足、思路措施，形成以上率下、上下联动的局面。采取个人自学、集中研学、现场教学、在线助学、对标促学等方式，推动学习教育往深里走、往实里走；组织干部职工到渤海走廊革命斗争陈列馆开展现场教学，坚定理想信念和使命担当；开展主题教育与庆祝中华人民共和国成立 70 周年结合，凝聚广大干部爱党爱国热情。参加全市税务系统文艺会演，举办老照片摄影展和“书写改革绘发展　同心共筑中国梦”书画展，引导广大党员干部不忘历史，弘扬中国税务精神；以“学习强国”“旗帜在线”“灯塔—党建在线”等信息化平台为依托，开展在线自主学习，组织全体党员进行政治素质测试，优秀率 95%；组织 22 名专业人才库青年干部到中央财经大学进行综合素质提升，党委成员围绕落实减税降费政策、组织税费收入、到基层税源管理单位和企业，开展调研活动，收集意见建议 19 条，形成调研报告 18 篇；以座谈交流、发放调查问卷等形式，听取基层党员、纳税人缴费人、地方部门的意见建议，征集意见建议 12 条。制定《主题教育检视问题清单》等四类任务清单（台账），逐条研究制定具体的解决办法和整改措施。

【组织收入】 面对经济持续下行以及减税降费等因素的叠加影响，落实组织收入原则，落实减税降费政策，注重发挥纳税服务、税源涵养、风险防范、综合治税对组织收入的协同和促进作用，提高组织收入优化度。强化重点税源监控，夯实税收征管基础，克难攻坚，迎难而上，组织收入实现逆势增长。各税源管理单位开展税源调查，筛查梳理各税种征管，提高税收收入预测的准确率。加强税收管理，加强税收征管疑点数据比对分析和处理落实，强化重点税源监控，专项专人管理重大项目、重点工程；分行业开展税收整顿，规范行业税收管理；加强税收征管疑点数据比对分析和处理落实，夯实收入基础。组建风险指标专业应对团队，集中处理所得税汇算清缴、土地清算等重点工作，做好各类税收预警信息分析处理和风险应对，促进堵漏增收。

【减税降费】 开展减税降费政策“进节会”“进学校”“进超市”“进企业”宣传活动，在地方主流报刊刊登自然人退税公告，做好政策宣传；拍摄制作减税降费微视频，通过“学习强国”平台传播，消除纳税人对税收政策的陌生感、距离感；以山阳梨花节、国际半程马拉松比赛、绿博会、税收宣传月、宪法宣传日等重大节会为契机开展主题宣传，扩大减税降费宣传受众面。开展三轮面向纳税人和缴费人的减税降费政策辅导，累计培训纳税人 1.3 万户次；发挥纳税人学堂宣传培训作用，开展“送政策上门　助民企发展”活动，组成 8 个宣讲队，到纳税人缴费人中开展集中宣讲活动 60 次，受益纳税人缴费人 1.6 万户次；在办税服务大厅设立减税降费专席，针对减税降费咨询加强质检和拨测，形成质检培训闭环工作方式，确保政策辅导全覆盖；编印《最新减税降费政策简明操作规程手册》，向纳税人呈现条理化、清晰化的“政策清单”，向税务人员呈现程序化、规范化的“业务清单”；扩大减税降费政策辅导覆盖面，帮助企业算好政策账、收益账，增强企业获得感。针对小微普惠性税收减免政策退税难、进度慢等问题，坚持主动作为、探索创新，在全市范围内推广利用社保卡关联纳税人银行账号退税的解决方案，破解小微企业普惠性政策退税难的问题，集中办理小微普惠性政策退抵税 2908 户、7538 笔，退税额 41.33 万元。全年落实减税降费 6.7 亿元，减免地方级收入 3.8

亿元。

【征管改革】 完善税收监管体系，推进“放管服”改革和行政审批制度改革，联合相关部门综合治税，克服机构合并、社保、医保划转后各税费种类“点多面广”的难题，提升管理效能。联合房管部门围绕房地产业开展链条式分析评估，统筹加工上下游管理税收情报，组织入库税款5624万元。成立多部门联合盐税管理工作组，开展盐田普查和动态巡逻，测量估算209个盐田承包体盐坨，实行“一户式”管理，一次性查补税款280.9万元。制定《驾驶员培训行业风险应对模板》，相关经验做法及模板被潍坊市局予以转发并在全市范围内推广应用。突出抓好欠税清理，全年，清理欠税49笔，清理各项欠税6.8亿元。其中，针对大额欠税企业分类施策，将欠税清理与涵养税源、征管质效、优化服务、综合治税结合，相关清欠做法在省税务局作典型发言。将完善税收监管体系作为推进“放管服”改革和行政审批制度改革的重要抓手，实施“行业＋税种＋事项”管理模式，进行282项税务机关管理事项清单流程再造，强化管服联动，加强后续管理，将7类1600余户纳税人列为重点监控对象，开展拉网式清查，持续推行实名办税，提高监管质量。争取创新项目试点，联合开发社保费自助缴费终端，通过省局验收，在全省率先试点运行，缴费人可即时办理社保登记信息确认、社保费申报、缴纳、查询等常用业务。配备10台社保费自助服务终端设备，范围遍及辖区内6处政务服务大厅。年内，城乡居民累计自助缴费2704人次，合计572.21万元，征收入库机关事业类、城乡居民类社会保险费5.55亿元。

【优化税收环境】 聘请第三方机构培训办税厅全体工作人员政务服务，建立标准化服务规范；升级改造办税服务厅软件硬件；建立“分流导税”模式，实行号前预审，为纳税人提供专业化、标准化的咨询和导税服务；结合“一分钟快速办税”窗口，根据业务量实时调控，提高办税效率；围绕省新旧动能转换“十强产业”、潍坊市“十大重点产业”和昌邑市委、市政府确定的新旧动能转换重大项目库，开展班子成员到企业联系走访活动，由班子成员带领业务专家，分别走访辖区内各大重点税源企业和小微企业代表，发放税企联系卡，进企业现场办公解决税务方面的疑难问题。推广电子税务局、网上报税系统，编制“全程网上办”清单，90%的纳税人足不出户即可办理咨询、预申请、申报、纳税等涉税业务；定期到减税降费重点企业，上门服务，交流座谈，解决问题，提供“点餐式”“套餐式”服务。针对重点税源企业定期开展纳税服务上门“回访”，辅导企业消除税务风险，提供重点项目建设过程中的税收政策辅导；组建专业团队，实行专人专管、对口服务，在办税大厅为纳税人开通“点对点直通车”、新旧动能转换绿色通道和新旧动能转换窗口及政策咨询区；压缩退税时限，加快退税速度，出口退税办理时限由平均10个工作日，缩减至平均2个工作日，其中一类企业和新旧动能转换企业平均退税时间0.5个工作日。全年，为161家企业办理出口退税5.48亿元，同比增长7.8%；为21家企业办理留抵退税0.38亿元。优化委托第三方代开普通发票、代征税款业务，完善税务、邮政、镇街“三方办税”平台，在全市9个乡（镇）、街道和21个邮政支局设立委托代征点。全年委托第三方代开发票3.43万份，代开发票金额15.2亿元，代征税款合计0.5亿元，建立“网上办税、自助办税、三方代办、办税厅兜底”的多元化办税服务模式，推广电子税务局及网上报税系统，纳税人足不出户可办理常用涉税事项。

【队伍建设】 健全党委理论中心组理论学习等

规章制度，班子成员每月开展集中学习，进行主题发言并记录学习笔记，全年，开展党委理论中心组学习 13 次；落实“一线工作法”，落实班子成员到基层一线和企业调研制度，全年，组织开展企业大走访 29 次，为企业解决问题 17 条，采纳企业意见建议 8 条。邀请系统内外专家学者和经济税收领域的骨干为干部职工作辅导讲座，提升业务素质，采取视频培训、专家讲座等形式培训干部职工 3000 余人次；组织 200 余名干部职工到井冈山开展红色主题教育学习；组织 22 名专业人才库青年干部到中央财经大学进行综合素质提升，组织开展健步行、破冰拓展、趣味运动会、党建暨税收知识竞赛等形式多样、有益身心的工青团妇文体活动，组织到龙池党员教育培训基地、龙池抗日战争纪念馆参观学习，重温入党誓词，学习革命精神；组织参观渤海走廊革命斗争陈列馆，寻觅革命志士足迹，接受革命传统教育，促进干部队伍融合；拍摄机构改革一周年专题片，展现税务干部团结向上的精神风貌；编印《昌邑税务大事记》，收录自 1982 年财税系统分设到 2019 年征管体制改革期间昌邑税务系统发生的大事、要事，为了解昌邑税务沿革变迁提供史料。以“不忘初心、牢记使命”主题教育为契机，采取集中学习、主题教育、知识测试等多种方式，学习《税收违法违纪行为处分规定》等纪律规定，签订廉政承诺书 300 份，开展廉政警示教育 9 期。

（孙　伟）

国有公司运营

【昌邑市城投集团】 昌邑市城投集团全称为昌邑市城市建设发展投资集团有限公司（以下简称市城投集团）。主要承担市行政区域重要基础设施、重大功能设施、重点水利工程及棚户区改造等项目开发建设；承担市行政区域交通基础设施开发建设任务；管理运营国有资产资源，实现国有资产保值增值；受市政府委托作为上级政策性建设开发项目承接平台，参与 PPP 项目的建设运营。

2019 年，市城投集团抓好旧区改造，水利基础设施建设，工业园区建设等工作。都昌街办棚户区改造项目达到年初目标，开工建筑面积 54 万平方米，开工单体工程 107 个，开工建设住宅 3018 套。竣工单体 42 栋多层住宅楼，竣工验收 1276 套房。昌邑市地表水净化水厂工程，主要包括厂区建设和外网管道铺设。年内，完成厂区内构筑物的主体结构建设，开始装饰装修，外管网工程方面，净水配水管道和原水输水管道全部完成施工，并进行工艺设备招投标工作。昌邑市龙池工业园区北扩（一期）基础设施配套工程，海能路、海能二路、盐田路等多条道路同时开始施工，完成总工程量的 45%。惠合智能产业园项目所有厂房建设完成，为企业落户提供条件。

（魏子健）

【昌邑市金控集团】 昌邑市金控集团是经昌邑市委、市政府批准由昌邑市昌盛新农村建设投资有限公司整体改制设立的综合性国有金融控股集团。集团以服务支持昌邑市实体企业，助推区域经济发展为宗旨，与国内外先进金融机构开展全方位合作，整合各类金融资源，丰富昌邑市金融业态，针对性解决实体经济发展瓶颈，防范和化解区域金融风险，通过金融和实业的融合，助推全市经济结构调整和转型升级，促进全市经济持续健康发展。

金融服务为担保委贷、转贷业务、资产管理、股权投资和产业基金五大类。年内，集团实现担保委贷业务发生额8.92亿元，担保余额6.44亿元，转贷业务发生额4.92亿元，服务辖区内企业80余家，服务农业养殖户20余户，实现以“国企之责”助推区域发展、以“金融之力”服务实体经济。集团以稳定区域金融环境为己任，以防范发生区域性系统性金融风险为目标，遏制担保圈风险蔓延。采取打包转让、贷款承接等多种措施，参与风险处置。对出险担保圈逐一协调各债权银行商讨风险处置措施，做好风险处置预案，跟踪风险处置流程，为企业风险处置争取时间和空间，实现不良债权的平稳过渡和交接。面对资金短缺的问题，利用各种金融工具筹措资金，规划资金安排，保障资产收购进程。全年累计承接不良资产10.49亿元，确保完成重大不良资产处置任务，化解多家重点企业债务危机，遏制影响昌邑市金融稳定的核心担保圈重大风险，优化提升区域金融环境。

2019年，集团增强金融服务能力，加快实体业务投资，全面构建多层次国资布局。先后对山东雅拉食品有限公司、浩信集团等昌邑市龙头企业进行股权投资，支持昌邑市产业龙头企业做大做强，带动产业发展。承接潍坊环境工程职业学院建设运营，打造一体化院校示范园区，凝聚形成知识集聚型的产业体系和技术集群，助推昌邑市经济发展。年内，集团被昌邑市委评为“尊师重教先进单位”和2019年昌邑市级文明单位。

（汲　泉）

交通·邮政·通信

交　通

【概况】 截至2019年底，全市境内普通国省道总里程135.657千米，国道烟汕路（G206）、荣兰路（G309）、省道新海路（S320）、青兰线（G309）横贯东西，省道下小路（S221）纵贯南北，呈四横一纵分布，全部为一级公路；高速公路67.369千米，青银高速（G20）、荣乌高速（G18）、潍莱高速（S16）均为东西走向。路网结构合理，交通顺畅。2019年，全市交通运输发展态势稳中有进，潍莱高铁及昌邑站、大莱龙扩能改造工程、昌平路改建工程加快建设，海昌路改建工程竣工通车，交通基础设施承载力提升。加快“四好农村路”、村庄道路硬化工程建设，补齐农村交通短板，便捷出行。

【重点项目建设】 潍莱高铁昌邑段，全长18.62千米，投资25亿元，跨越都昌、围子2个街道，2019年，完成路基、桩基、承台、墩台、架梁、站场和无砟轨道建设，进入附属工程阶段。昌邑站位于绿博园以南、下小路以西，站房总建筑面积1万平方米，投资2.16亿元，9月1日工程开工。大莱龙铁路扩能工程昌邑段，正线全长32.07千米，总投资5.2亿元，改造车站1个（昌邑北站），新开车站1个（瓦西站），其中昌邑北站开办客运业务，1月1日工程开工。4月、11月2次整治济青高铁、胶济客专沿线环境，牵头国土、农业、水利、环卫等部门协同配合，沿线乡（镇）具体负责，隐患问题全部销号完成，保障铁路运行安全。

协调济青高速改扩建工程，济青高速公路改扩建项目地面附着物补偿资金、土场补偿资金、征地拆迁补偿资金均按要求拨付到位，征地拆迁完成，10月通车。

12月，G309荣兰线石埠至潍坊奎文段改建工程完成昌邑段的竣工验收。环保专项验收通过招标确定环保设施施工单位。

配合山东高速集团进行明董高速公路项目、潍坊至青岛公路及连接线项目的规划、社会稳定调查及评审、环境评估及公示等，协调各相关单位和部门配合项目前期工作。

【日常养护管理】 养护国省道路5条，其中国道3条（G206威汕线、G308文石线和G309青兰线）、省道2条（S221下小线、S309田高线），养护总里程135.657千米。坚持每日全线至少巡路1次，每日清扫漏洒与每半月集中清扫结合，确保道路整洁畅通。

开展挖补维修工程，完成田高线潍河大桥桥面铣刨、更换铺装，G206挖补、罩面、铣刨、抹油、灌缝、调整路缘石，G308挖补、罩面，下小线铣刨、挖补、微表处和抹油等挖补维修工程，总投资510万元，完成2019年迎国检任务。

投资49万元建成下营公路驿站，驿站建筑面积110平方米，设休息室、卫生间、停车位，提供开水，为过往车辆停车休息提供方便，提升普

10 月，国省道挖补维修和预防性养护　　（张冬）

通国省干线公路服务水平。

普通国省道日常保洁业务进行市场化运作。保洁总里程 135 千米，项目投资 65 万元，通过市公共资源交易平台公开招标，确定承揽单位，并开展工作。

加强公路日常巡查力度，排查安全隐患，维修完善沿线设施。2019 年，维修各类标志牌 64 块，修复更换波形护栏 498 千米，保障公路安全畅通。

【“四好农村路”】 实施“农村公路三年集中攻坚行动”，完成路网提档升级 22.9 千米，路面状况改善 135.6 千米，整治农村公路危桥 2 座，建设改造农村物流节点 3 处。至年底，具备条件的建制村通客车比例 100%，96% 农村客运公交化改造。农村公路通车里程 2012.84 千米。其中，海昌路改建工程，南至城区院校街，北起省道新海路，全长 12.7 千米，路面宽 9 米，总投资 8200 万元，升级缓解灶朱路的交通压力。投资 2000 万元改造提升围仓路等重要乡道，全长 10.2 千米，路面宽度 6 ～ 15 米。投资 1400 余万元养护维修灶朱路、靶杨路、昌寿路、寒朱路、东环路、永大路、北周路、灶朱路南出口等农村公路。投资 340 余万元维修改造东环路胜利桥及灶朱路公铁立交中桥。加快县乡村三级物流体系建设，根据省运输服务站项目库建设安排，建设、改造昌邑市乐邦冷链、昌邑大姜流通供应链、齐鲁智农谷加工物流园 3 处物流节点。推进村庄道路硬化工程，全市掀起“户户通”建设热潮。

【行业管理】 运用“互联网 + 智能交通”技术手段，提升治理超限工作效能，在 309 省道潍坊与青岛交界、206 国道潍坊与青岛交界建成两处动态监测站点，12 月 30 日投入试运行，初步形成以集动态称重实时车辆抓拍、视频监控、LED 提示屏、自动报警和信息处理等功能为一体的非现场执法系统。是潍坊市首家科技治超系统。推行汽车电子健康档案，为车主提供“一车一档”的维修档案查询服务，破除维修信息不对称，保障消费者合法权益，提升维修企业的管理效率和服务水平。至年底，全市一二类维修企业全部完成与省平台对接，实现汽车维修数据的有效上传。优化运输营商环境，推行“互联网 + 业务”，提升办事效率，普通货运车辆道路运输证年审、补发、换发、注销等实现网上办理，工作人员后台审核后，业户可在网上下载凭证，实现“零跑腿”。

坚持依法行政，标本兼治，综合治理，提升安全风险防控能力。建立“一部门一册”，网格化实名制管理全市交通运输企业，结合“平安行·你我他”专项行动，排查整治安全隐患 226 处；健全“双随机一公开”检查机制，建立非法违法企业、车辆、从业人员黑名单制度，加快建设交通信用体系；推进“两个体系”和安全生产标准化建设，全市79家交通运输企业达标合格，两客一危企业完成安全生产责任险参保并实现危险货物运输二维码识别和电子运单管理；保持对“两客一危”重点车辆违法违规行为的严管高压态势；严格公路运营管理，加强路政巡查和应急抢险保障，组建61人的应急抢险队伍，“利奇马”台风登陆期间，完成防灾保畅任务；定期组织开展应急演练，防范安全事故发生。

（韩晓柯　张　冬）

运　输

【概况】 2019年，推进昌邑至潍坊北站城际公交、昌邑至博陆山旅游公交线路建设。治超非现场执法、巡游出租车确权、ETC不停车快捷出行在潍坊发展居前列。排查整治安全隐患，整顿运输市场秩序，交通运输环境保持安全稳定态势。年内，被山东省人力资源保障厅、交通运输厅授予“山东省交通运输系统先进集体”称号。

【道路客运】 发展城际公交，推进昌邑至潍坊北站城际快速公交建设，2019年，完成线路审批、车辆购置、手续办理等工作。实施城市公交优化工程，建设济贤养老中心站亭1处，一中南门站亭2处，延伸7路及11路公交线路。同时完成全市41处公交站亭烟灰缸安装，擦亮城市名片，助力全国卫生城市创建。开通首条旅游公交线路——013路（城区至博陆山旅游风景区）城乡公交，沿途串联青山秀水、潍水田园等景区，方便广大市民旅游出行。至年底，全市投入客运车辆203标台（班线客车54标台），城市公交车160标台，出租汽车211标台。全市运行客运线路总数46条，其中班线客车线路25条，城市公交线路9条，总里程130千米，城乡公交线路12条，总里程440千米。

春运期间，全市发送客车1.4万辆次，发送加班客车15辆次，完成客运量23.4万人次，发送公交2.6万辆次，完成客运量21.5万人次。上路出租车8400辆次，运输旅客52.5万人次。春运期间未发生重特大交通事故，实现全市春运无事故。完成五一、端午节、十一期间的旅客运输任务，未发生安全责任事故。至年底，累计组织客运包车510辆次，组织加班21辆次，审查所有参与包车和加班车辆的各项手续和驾驶员，保障包车和加班车辆的安全运营。

【道路货运】 年底，昌邑市有三辉物流、太亮运输、南玉联运、鸿博顺达、急速寄公司、润达公司、东方运输、源通运输、昊洋运输、盛宏运输、好运来运输等93家运输企业，运输车辆1368辆。其中，东方、盛宏、源通、昊洋、华邑5家公司为危险品运输企业，有运输车辆178辆。至年底，全市营运性载货汽车5506辆（大型货车4458辆，中小型货车1048辆），总吨位9.66万吨，分别比上年增加265辆、吨位增加0.17万吨。年内，完成公路运输货运量1655万吨，公路运输货物周转量51.9亿吨千米。

2019年昌邑市交通运输货运情况表

表7

指标	计量单位	数量
公路运输货运量	万吨	1655
公路运输货物周转量	万吨千米	519000

【运输管理】 发展集装箱、厢式等专用运输车辆和多轴重载大型货运汽车。推进绿色交通建设，鼓励运输企业增加车辆采用新能源及清洁

能源车型，推动公共交通和物流配送车辆的电动化、新能源化和清洁化发展。在全市交通运输服务行业开展“擦亮交通名片　展示文明新风”创建活动，督导客运出租企业加强对从业人员文明服务、规范经营等方面的教育培训，开展文明优质服务竞赛活动，强化文明礼仪、“微笑服务”“温馨服务”和“延伸服务”。依托交通服务热线“7777000”，受理群众对公交、出租、客运、驾校、汽修、货运等服务的监督、咨询和投诉举报，监督企业改进服务质量，提升群众出行满意度。

2019年昌邑市公交线路站点一览表

表8

线路名称及起止点	途经站点
1路：西马村—石湾店北村	西马村—北马村—白玉村—榆林村—孟洼路口—史洼西路口—南逄村—史洼北路口—南逄劳务市场—大姜市场—南逄邮局—刘逄路口—交通局—麻纺宿舍—南店社区—中百大厦—海美塑品—人民医院—维客利—百货大楼—文昌路口—质监站—东苑市场—公园东门—北苑小区南门—车管所—工业学校东—硕昌集团—凤鸣学校—单家村——中北门—建设村—黑埠村—初曲村—石湾店南村—石湾店北村
2路：棉纺城—万通驾校	棉纺城—沟北村—沟南村—草庵村—杨家洼—张辛路口—李家埠—轻纺城—大有公司—二实小—建设银行—实验中学—西关广场—人民医院—海美塑品—中百大厦—东利商城—市民之家—工商局—文山中学西门—君悦花园—金域华府—南庄—东大营路口—宏大市场西门—后伍—中伍—前伍—万通驾校
3路：北褚村—围子医院	北褚村—污水处理厂—同大海岛—海天纺织—华海广场—城建开发—人民医院北门—维客利—百货大楼—文昌路口—眼科中心—东方家园—建筑公司—潍水蓝湾—邑城水岸—妇幼保健院—二甲村—南宫路口—围子医院（单向线）—围子街办—石马路口—围子农信—围子路口—天宝村—汽车总站—石马北路口—围子医院（恢复双向线）
5路：虫埠村—营斜村	虫埠村—东逄路口—东逄村—西逄村—西逄路口—徐鄑路口—十字路北站—十字路南站—南鄑亭—刘家庄—张家村路口—高道社区—西埠社区—二实小—建设银行—实验中学—西关广场—人民医院—海美塑品—中百大厦—公路局—翰林大厦—文化广场—文山中学西门—君悦花园—金域华府—南庄—东大营路口—宏大市场北门—金家口—军屯村—前陶村—营斜村
6路：公交公司—绿博园	公交公司—吴家庙—新村中学—旺族家园—西苑小区—建设银行——实小—昌邑宾馆—佳乐家超市—全福元超市—维客利—人民医院—海美塑品—中百大厦—东利商城—市民之家—三得利—潍水蓝湾—邑城水岸—妇幼保健院—二甲村—南宫路口—围子医院—石马北路口—汽车总站—天宝村—围子路口—马家村—杨家村—昌平路口—张家路口—西王村—邢家六股路口—昌宁机械厂—花木城—植物馆—绿博园
7路：济贤养老中心—峠埠村	济贤养老中心—潍水学校——中北门—凤鸣学校—硕昌集团—佳家福—公园北门—工商银行—昌邑宾馆—佳乐家超市—全福元超市—喜盈门酒店—三联家电—中百大厦—豫园小区南门—沁园春南门—华晨东分厂—石化东门—华晨南门—石化消防—华晨悦胜—万方家具—后埠路口—后埠村—前埠村—王耨路口—双台工业园—峠埠村
8路：汽车总站—城区西站	汽车总站—石马北路口—围子医院—四甲村—王隅村—董隅村—院校街桥东——中北门—单家村—凤鸣学校—硕昌集团—工业学校—城后花园—郝家菜馆—工商银行—昌邑宾馆—佳乐家超市—全福元超市—维客利—人民医院北门—城建开发—都昌小学—沁园春西门—世纪华城—城区西站

续表 8

线路名称及起止点	途经站点
10 路：建筑公司—官靶路口	建筑公司—东方家园—眼科中心—文昌路口—百货大楼—维客利商场—人民医院北门—城建开发—新村中学—吴家庙社区—公交公司—电商运营中心—同大海岛—污水处理厂—北褚村—百家埠—徐林南路口—家庄村—官靶路口（单向线）—徐林西路口—远东庄路口—远东庄村—东永安村—西永安东站—西永安西站—渔洞埠—肖家埠—北兴福路口—渔埠村—角埠村—西侯村—中侯村—东侯村—官靶路口（恢复双向线）
11 路：北兴福（北站）—文山中学南门	北兴福（北站）—北兴福（南站）—南兴福—申明亭—南侯村—王侯路口—双台小学—长流埠村—活埠路口—双台社区—中裴村—北裴西路口—北裴东路口—殡仪馆—南褚村—武术学校—华晨悦胜—石化消防—华晨南门—石化东门—华晨东分厂—沁园春南门—豫园小区南门—海美塑品—人民医院—维客利商场—全福元超市—佳乐家超市—昌邑宾馆—工商银行—郝家菜馆—城后花园—工业学校—文山中学南门

2019 年昌邑市城乡客运公交化线路一览表

表 9

线路名称及起止点	途经站点
001 路：汽车总站至滨海（下营）经济开发区	汽车总站、妇幼保健院、邑城水岸、文山中学、工商局、奎聚街办、城建新天地、公园东门、北苑小区、硕昌公司、凤鸣学校、一中北门、潍水中学、王家抚宁、夏店、马疃、东冢、郝道、李刘、东营、下营、港航局
001 路：汽车总站至滨海（下营）经济开发区西线	汽车总站、妇幼保健院、邑城水岸、文山中学、工商局、奎聚街办、城建新天地、公园东门、北苑小区、硕昌公司、凤鸣学校、一中北门、潍水中学、夏店、庙头、前河滩、东高、北泊、姜泊、前张、西董、海眼、胡家、冯家
002 路：汽车总站至石埠经济发展区	文山中学西门、工商局、奎聚街道、城建新天地、公园东门、北苑小区、新昌公司、新昌东、一中北门、潍水中学、金家口、前陶、营斜、晴埠、青山秀水度假区、石埠
003 路：汽车总站至滨海（碱厂）经济开发区	妇幼保健院、邑城水岸、文山中学、工商局、奎聚街办、城建新天地、公园东门、北苑小区、硕昌公司、凤鸣学校、一中北门、潍水中学、G206、卜庄、廒卜路口、大闫、北赵、辛庄、碱厂
005 路：汽车总站至滨海（柳疃）工业园区	汽车总站、妇幼保健院、邑城水岸、文山中学北门、翰林大厦、公路局、电业公司、中百西门、海美塑品、金融大厦、人民医院、西关街西首、实验中学、建行、二实小、北海明居、大有公司、钱清市场、李家埠、棉纺城、柳疃、史家庄、青乡、富润科技、龙港无机盐
006 路：汽车总站至龙池项目区	汽车总站、妇幼保健院、邑城水岸、文山中学北门、翰林大厦、公路局、电业公司、中百西门、海美塑品、金融大厦、人民医院、西关街西首、实验中学、建行、二实小、北海明居、大有公司、钱清市场、李家埠、棉纺城、柳疃、岱邱、龙池、瓦城
006 路：汽车总站至龙池项目区（利渔）	汽车总站、妇幼保健院、邑城水岸、文山中学北门、翰林大厦、公路局、电业公司、中百西门、海美塑品、金融大厦、人民医院、西关街西首、实验中学、建行、二实小、北海明居、大有公司、钱清市场、李家埠、棉纺城、马渠、龙池、瓦城、射击场、利渔
006 路：汽车总站至龙池项目区（海能）	汽车总站、妇幼保健院、邑城水岸、文山中学北门、翰林大厦、公路局、电业公司、中百西门、海美塑品、金融大厦、人民医院、西关街西首、实验中学、建行、二实小、北海明居、大有公司、钱清市场、李家埠、棉纺城、柳疃、河崖、久丰路口、后官、老官庄、沙岭子、王家庄子（海能）
007 路：汽车总站至辛安庄	汽车总站、妇幼保健院、邑城水岸、文山中学北门、翰林大厦、公路局、电业公司、中百西门、海美塑品、金融大厦、人民医院、西关街西首、实验中学、建行、二实小、北海明居、大有公司、钱清市场、李家埠、柳疃、史家庄、张家车道、郭家庄、辛安庄

续表 9

线路名称及起止点	途经站点
008 路：汽车总站至仓街公交	妇幼保健院、邑城水岸、潍水蓝湾、建筑公司、东店社区、硕昌集团、硕昌公司、北苑小区、公园东门、城建新天地、奎聚街办、工商局、文山中学、邑城水岸、妇幼保健院、汽车总站、围子、仓街中心路口、仓街社区、于郜
009 路：汽车总站至密埠店	妇幼保健院、邑城水岸、潍水蓝湾、建筑公司、东店社区、硕昌集团、硕昌公司、北苑小区、公园东门、城建新天地、奎聚街办、工商局、文山中学、邑城水岸、妇幼保健院、汽车总站、围子、仓街、辛立、民丰、密埠店、李家、唐家、陈家
010 路：汽车总站至塔尔堡	汽车总站、围子、绿博园、宋庄、石埠、柳行、饮马、李家埠、北孟、南孟，丈岭、万家屯、塔尔堡
011 路：汽车总站至老庇沟	汽车总站、围子、绿博园、宋庄、石埠、流河、大岭、前朱、李戈庄、万和屯、老庇沟、角兰
012 路：汽车总站至辛城	汽车总站、妇幼保健院、邑城水岸、文山中学、工商局、奎聚街办、城建新天地、公园东门、北苑小区、硕昌公司、凤鸣学校、一中北门、潍水中学、下小路口、苑家庄、辛隅、东环路口、西辛、东环路口、戚家、辛城
013 路：汽车总站至博陆山生态旅游风景区	人力资源市场、人民医院、海美塑品、中百大厦、公路局、翰林大厦、文山中学西门、金域华府、陶埠、营斜、王珂、小章、西张、青山滑雪场、晴埠、青山秀水度假区、埠头、宝通街、赶仙庄、山阳路口、窑湾、博陆山风景区（山阳社区）

（韩晓柯）

邮　政

【概况】 2019 年，实现邮政收入 8048.47 万元，目标利润完成 2461 万元。至年底，储蓄余额 37.75 亿元，同比净增 3.1 亿元。保持“潍坊市级文明单位”称号。

【安全监督】 落实安全责任制，分层分级签订安全生产责任书、寄递安全承诺书，加强重大活动安全寄递管理。开展安全教育，依法合规经营，加强风险防控，确保各项经营活动安全。按照集团公司“五达标、两提升、两杜绝、一确保”要求，落实提升普遍服务特殊服务水平、拓展便民公益服务三年行动计划。聚焦普服标准执行，对违反“两条红线”问题零容忍。加强日常管理，定期组织开展普遍服务综合检查，执行普遍服务标准，确保邮政营业服务达标率、乡镇网点覆盖率、投递频次及深度达标率、建制村直接通邮率、全程时限达标率 100%。机要通信做到保密安全万无一失，实现质量全红。加强与邮政监管部门沟通协调，建立健全常态化沟通机制。

【邮政业务】 2019 年，实现收入 971 万元，同比增长 32.64%。下半年注重立足该地生鲜特色市场，先后开发有机汇果蔬寄递、华海市场海鲜寄递 2 处专业特色市场。分销业务实现收入 796 万元，完成预算 86.95%。增值业务全年完成收入 148.8 万元，代收国税项目开通网点 22 个，便民站站点完成 60 个。集邮实现收入 1067.7 万元，完成市公司计划。报刊实现收入 406.3 万元，函件实现收入 251 万元。利用微商城平台，开展线上异业联盟、优惠购等增值服务活动。

【邮政服务】 落实普服要求，印发《提升普遍服务特殊服务水平，拓展便民公益服务三年行动计划》《普遍服务补贴与服务质量挂钩考核办法》，将普遍服务纳入绩效考核。全市建制村通邮率100%，机要通信连续13年质量全红。2017—2019年，装修改造营业网点12处，解决投递“最后一公里”问题，配备投递汽车15辆、电动三轮车30余辆，为投递人员配备智能手机50余部。发挥邮政资源优势，打造邮政电商平台。

【党建与工会】 讲政治，树立“四个意识”，坚定“四个自信”，做到“两个维护”，传达并贯彻落实党的方针政策、决策部署、重要精神，践行“人民邮政为人民”的初心使命，坚持做好普遍服务和特殊服务，做好“国庆70周年”等重大活动期间的寄递安全和服务保障工作，履行政治责任和社会责任。

执行党委工作规则、“三重一大”决策制度和决策程序，落实重大问题决策前置程序，涉及“三重一大”事项，执行会前沟通协调、会议审批、事中管控制度，落实以职工代表大会为基本形式的民主管理制度，涉及企业利益、职工利益的一律召开职工代表会议审议，维护企业和群众利益。全年，召开党委会24次，总经理办公会25次，研究议题119项。召开职工代表会议，落实有效提案7项，有效提案落实率100%。召开党风廉政建设联席会议2次，定期研究党建工作。召开24次党委会，研究解决发现的问题，推动工作落实，党委班子成员每周到基层调研不少于4次，采取与党员代表谈、与专业负责人谈、与员工谈的谈心谈话方式，分析员工思想动态，征求员工对党的建设、业务发展的建议和意见，为基层解决实际问题；对中央巡视邮政整改62项的整改措施逐项对照整改，并作为长期任务加强巩固提高；省分公司巡察其他地市反馈的问题，按照未巡先改的要求制定48项整改举措跟进整改；市分公司巡察反馈提出的4个方面10个突出问题，制定25项整改措施，明确责任领导，做到任务到人、要求到位。

年内，继续投资300万元改善职工工作条件，搬迁重建流河一处网点。组织300余人健康查体。员工满意度提升，全局凝聚力和战斗力加强。常态化开展职工文体活动，组织全体员工开展文艺会演等文体活动。

（刘光宇）

昌邑移动

【概况】 2019年，昌邑移动公司内设综合部、业务运营部、建设维护部和政企客户中心4个部室，下设1个城区营业厅、3个城区经营部、12个乡（镇）经营部。另有200余处城区便利店，600余处农村便民服务店，移动服务渠道覆盖全市所有村庄、小区，实现“村村都有代办点，出门就是便利店”的渠道格局。

【市场经营】 聚焦三大市场融合发展，打造收入增长新动能，塑造转型发展新优势。市场发展重点以客户和有线宽带发展为主线，用户发展通过坚持价值运营、强化触点营销，稳固用户规模。宽带发展通过抢抓发展窗口、加快生态产品推广，夯实家庭业务发展基础，宽带、互联网电视用户规模增长。落实国家提速降费、携号转网工作要求，满足人民群众对数字生活的需要。

【客户服务】 开展客户满意工程，推进服务转型，完善服务触点管理，以客户感知作为评价服务质量的核心标准，聚焦业务资费、上网质量、装维服务等关键短板，细化服务规范，实施差异化服务，提升线上线下协同服务能力，加强“10分满意”口碑传播，保持4G和家庭宽带满意度的双领先，提升客户服务满意度。

【网络支撑】 致力宽带发展，打造精品网络。2019年，FTTH（光纤宽带）建设扩容完成340个热点。其中，城区及其他热点类型小区扩容76个。FTTH（光纤宽带）累计建设600余个村、50余处小区，开通端口20余万个。

部署移动5G技术，加快5G网络建设。年内，开始全市5G网络覆盖，建设5G站点62个，站点宏站开通56个；楼间对打、微站建设18个；网站点调整载频120余次，全年大小项目建成170余处；完成山阳梨花节、绿博会等重大活动的通信保障。

【党建工作】 以习近平新时代中国特色社会主义思想为指引，落实新时代国有企业党建工作总要求，履行央企政治责任以及全面从严治党主体责任，坚守红色通信初心，坚持党的领导、加强党的建设，推动“三个显性化”落地做实。创新党建工作模式，以“六好党支部”为着力点，推进“1+3+X”党支部工作模式、党建合创、党代表及指导员派驻机制，实现党建与生产经营的融合、相互促进。实施凝心聚力工程、头雁领航工程、党员引领工程、党业融合信息化工程，激发组织活力，增强党支部的战斗力、凝聚力、向心力。

（李迎弟）

昌邑联通

【概况】 中国联合网络通信有限公司昌邑市分公司隶属中国联合网络通信有限公司潍坊市分公司，是原昌邑联通、原昌邑网通融合组建而成，拥有覆盖全市、结构合理、技术先进、功能强大的现代通信网络。主要经营传统语音通信、电路出租等基础通信和大数据、云计算、移动互联网等。

2019年，公司开展“不忘初心、牢记使命”主题教育，坚持党建引领，践行新发展理念，围绕聚焦、创新、合作战略，践行“三个一切”经营管理理念，推进“五新”联通建设，企业各项工作迈出新步伐；推进互联网化运营，深化体制机制改革，打造创新业务增长新动能；遵循客户为本提升用户感知，夯实员工技能基础提质增效，开创高质量发展局面。

【党建工作】 以“不忘初心、牢记使命”主题教育锤炼党性、联系群众、担当作为，整治“形式主义、官僚主义”，为基层减负，为企业改革发展提供保障。按照“打基础、树标杆、强抓手、显作为”的要求，加强“一支部”和“标准化支部”建设，开展结对帮扶活动，推进各项工作实施。精简优化制度流程，将客户满意作为衡量经营管理工作的最高标准；树立“管理就是服务”“上级为下级服务”的理念，改进内部管理，减少无效、低效操作，提升创新与盈利能力。运用“联通先锋”“灯塔－党建在线”“学习强国”平台，构建线上线下学习体系，梳理归档上传支部活动记录200余次，发表新闻稿件70余篇。

围绕“严以修身、严以用权、严以律己、谋事要实、创业要实、做人要实”的要求，联系实际，落实完善“三会一课”制度，开展支部主题党日等活动。发挥党员先锋模范带头作用，开展营销帮扶活动，坚守纪律红线不动摇，强化领导

11 月 5 日，昌邑联通公司“畅享 5G，赢在金秋”健步走活动　　（张然）

人员纪律意识，落实主体和监督两个责任，采取专项治理、内部约谈等多种方式加强监督执纪问责。深入开展自查自纠，纠正“四风”，突出制度建设、执行等重点，杜绝违规违纪问题的发生。

【市场运营】 实施专业穿透、组织专项活动、加大过程管控、推动经营转型，提升营销能力，加快市场新运营。推动新旧动能转换，开拓政企市场发展空间，推进“云 + 网 +X”新融合模式转型，创新业务实现高速增长。实施创新业务生态战略，加强产业合作，聚焦重点领域，聚合产业资源，提升联通创新业务影响力，推动创新业务价值规模化快速提升。

【客户服务】 建立“窗口服务树形象、内部支撑强保障”的大服务体系，促进公司健康发展。建立全员服务意识，将服务工作融入各专业线的基础管理中，做到各专业线的精细化管理。树立“1+0”纠错机制，促进服务问题从源头上解决。坚持从客户反映的热点问题中分析问题根源，从源头抓好治理工作。本着“以客户为中心，用服务促发展”的服务理念，在各个专业线开展优质服务服务竞赛活动，提高全员服务意识。

【网络支撑】 落实网络强国战略，推进基础设施能力建设，网络质量与系统能力提升。移动网络以用户感知为出发点，持续提升 4G 精品网络质量。年内，加大移动基站建设，完成无线网项目 L900 站点建设 74 个，利用旧设备新开 L1800 站点 7 个，L1800 反升 GSM 站点 25 个，完成 10 个站点拆迁和回填，网络信号覆盖率提升，信号质量加强。全年，完成 20 个主干光交扩容，保障光交资源需求。形成具有核心汇聚机房和各类中小机房 50 余个，各类传输、数据、电源、基站设备 1000 余台的固定网络资源。全年完成台风过境、国庆 70 周年等重保工作；为昌邑博陆山梨花节、绿博会、龙乡文化节等地方重要活动提供网络支撑。

【运营管理】 深化划小承包改革，完善分配机制和优化运营机制，规范基础管理。将划小承包与瘦身健体机构精简工作有机结合、同步推进，形成“小管理、大操作、强协同”的组织架构。坚持抓好安全生产和安全保卫工作，杜绝安全隐患，与各单位签订安全责任书，并定期组织检查和调研。

（张　然）

昌邑电信

【概况】 中国电信集团公司是全球最大的宽带互联网运营商，拥有中国 70% 的互联网国际出口带宽，昌邑电信分公司隶属潍坊分公司，下设 7 个城区支局、6 个乡（镇）支局，70 余家门店。主要经营移动通信、宽带、固话、卫星通信、互联网接入及应用等综合信息服务。

【市场经营】 坚持全面创新，网络上网速度快，通话质量高，应用丰富，保密性好，网络覆盖完善，用户快速增长。落实提速降费，体现通信行业差异化服务及需求。推出“智慧家庭”业务，以“提升服务意识，以客户为中心”，开启 5G 网络时代。

【移动网络】 年内，城区乡（镇）完成 LAN 迁转“光纤全面入户”，开启“光进铜退”的时代。同时，电信网络全面覆盖校园，独家接入，实现网络无缝覆盖，解决校园内网络的断网的问题。完成“智慧环卫指挥平台”项目，实现日常办公、人员、车辆统一管理调度。网络保障助力昌邑市举办“2019 年昌邑国际半程马拉松赛”“绿博会”“桑葚节”等大型活动。按照网络信息规划要求，以网络信号广覆盖信号强为基础，加快基站建设，建设基站 33 个，800 兆基站 12 个，宽带网速 500 兆。

【客户服务】 以客户满意为目标，外树形象内强素质，履行“开放、创新、奉献”的企业精神，所有门店服务窗口实行“文明服务窗口”“青年文明岗”“今日之星”评比窗口。12 小时内完成客户的安装、移机、修障业务。昌邑电信提供差异化服务，满足用户多样化信息需求。

【党建工作】 启动“作风建设年”活动，落实党风廉政建设主体责任工作和监督责任，在全市开展作风建设专题教育活动，以此为重点推进党风廉政建设，并组织党员干部及关键岗位到红色教育基地学习。开展昌邑分公司作风建设专题月，坚持“大局为重、敢于担当、奋勇争先、快速执行、结果导向”五个观念，营造风清气正的干事创业氛围。

（温娟华）

城乡建设

城乡规划

【概况】 2019年，昌邑市规划编制研究中心强化思想作风建设，优化行政服务环境，发挥规划的空间统筹和引领作用，立足职能，团结一致，开拓创新，城乡规划的编制与实施取得长足发展，年内获得“山东省文明单位”称号，在市审批服务局设立的服务窗口获“红旗窗口”。

【重要规划编制】 年内，编制完成老政府片区、南店片区、五里片区控制性详细规划及城市设计，并经昌邑市城市规划委员会审议通过。规划紧密结合昌邑市城市总体规划，量化控制范围内的城市空间及各地块的用地性质、环境容量，为城市规划管理及项目建设提供法定依据，推动地块整体、有序开发建设。

与各镇（街、区）沟通、对接，相关科室与设计院一起到各镇（街、区）调研，完成全市所有村庄的基础资料收集，调查摸清全市690个村域范围内人口、经济、产业、用地、环境、基础设施等情况，逐村研究村庄人口变化、区位条件和发展趋势，明确各镇（街、区）辖区内的村庄分类。结合乡村振兴示范引领、人居环境整治建设实际，选择基础条件好、发展意愿迫切、工作积极性高的12个村庄作为试点，与全市农村布局规划工作同时进行。

编制完成《昌邑市村镇历史文化遗存保护利用规划》，全面普查昌邑市域内村镇历史文化遗存，按照国家、省、市、县遗存保护等级要求进行科学分等定级。推进《昌邑市域乡村建设规划（2017—2035年）》编制工作。组织编制《昌邑市村镇生活污水处理专项规划》《昌邑市城市绿地系统规划》，年内，该两个专项规划均通过专家评审，并经市政府批复。受理并审查昌邑市供电公司调整的《昌邑市城乡电网规划》、滨海（下营）经济开发区编制的《昌邑市下营化工产业园消防专项规划》，至年底，均上报市政府批复。

审核报批《金域悦府修建性详细规划及建筑方案》《翰庭家园修建性详细规划及建筑方案》等30余项修建性详细规划，在提升城区形象、拓展城市发展空间等方面取得明显成效。

【规划实施督查】 建立健全“一站式”审批制度，一书三证办理事项全部进驻大厅，对窗口工作人员充分授权，做到“两集中、两到位”。合并优化规划管理服务流程，验线、规划公示、日常管理、竣工验收等环节采取一次性告知和跟踪服务，发现问题及时制止、依法处理，确保规划指标落到实处。年内，办理建设项目选址意见书7件，建设用地规划许可证件79件，建设工程规划许可证149件，竣工验收合格证116件。

按时报送中央环保督察相关资料和各类表格，并及时更新台账。按照中央环保督察“回头看”反馈的问题进行排查整改，对符合城乡规划的化工企业，主动联系企业，在满足立项、土地、环保等条件下，加快办理进度，6月底，补

4月11日，省规划督察员到昌邑市督察化工企业手续及幼儿园配套建设（刘光敏）

办完善相关规划手续，无法补办手续的企业及时报告市政府进行关停，按进度要求完成整改任务。

【重大基础设施策划】 规范城市挖掘道路、占用绿化建设行为，与住建、城管、园林等单位的协调沟通，加强各类管线入地、道路挖掘的审批与管理，核发《城市道路挖掘（园林绿地占用）》审批表，全年，办理《城市道路挖掘（园林绿地占用）》审查意见40件；受理并上报市政府批复36件市政工程类规划方案；受理由上级部门核发的选址意见书3件，审查意见和请示均上报潍坊市局。办理权限内核发选址意见书3件；办理地表水厂、城区第二消防站等4件建设用地规划许可证；办理供电公司潍坊灶户220千伏线路工程、再生水管道工程等7件建设工程规划许可证，线路59.1千米。

（韩　敬）

城市建设

【概况】 2019年，全市城区绿地公园40个，公园绿地布局实现居住用地范围内500米服务全覆盖。完成城市基础设施建设投资2.1亿元。与社会资本合作投资4.3亿元实施文山森林公园和博物馆项目建设。投资6500万元，实行“一区一策”雨污分流改造，累积铺设管道7700米。

【城市绿化】 2019年，全市建成区绿地总面积908.5万平方米，绿化覆盖率39.12%，绿地率36.32%，人均公园绿地面积18.05平方米，公园服务半径覆盖率82%。12月，创建国家园林城市。

着重突出“大绿量、花园式、生态化”特色，加快建设一批公园绿地、广场绿地、道路绿地、庭院绿地等城市精品绿地，全市城区绿地公园40个，公园绿地布局实现居住用地范围内500米服务全覆盖，推进口袋公园建设，对标国家园林城市创建标准，新建金域华府东入口南口袋公园、文昌南路口袋公园、解放路北端口袋公园、院校街与都昌路交叉口东南角口袋公园、辛置金江园口袋公园等，绿化面积2.3万平方米。改建提升北海公园、西苑绿地、纺机绿地、法院绿地、东利老年公寓口袋公园等，绿化面积1.5万平方米，提高公园服务半径，实施下小路、新206国道、院校东街、西二环等环城防护林带和主干道绿化工程，绿化升级改造奎聚路、都昌路、院校东街、天水路等30余条城区道路，建成区道路绿化达标率84.89%。启动“林荫行动”计划，推进城市林荫道路、林荫停车场、林荫小区和立体绿化建设，形成“人在绿中、绿在城中”的城市景观。制定全市城市单位庭院、住宅小区绿化计划和绿化标准，新开工建设的住宅小区，在规划和竣工验收阶段严格审查绿化指标，督促建设单位加大绿化投入；建设完成的单位庭院和住宅小区，充分利用楼间和道路等空间，开展建绿、造绿、添绿活动，实施主要道路的庭院小区拆墙透绿，提升立体绿化水平。组织开展义务植树活动，在城市街头巷尾、背街小巷、城乡接合部等边角空地补栽花草树木，建成知青林、公仆林、清风林、政协委员林、巾帼林、先锋林等林地。

【城镇化工作】 制定印发《2019年全市新型城镇化重点工作任务》和《昌邑市2019年I型小城市试点工作计划》，加快构建经济实力雄厚、空间布局合理、设施功能完善、辐射带动能力强、风貌特色突出的现代化I型小城市，促进城镇生产、生活、生态功能，基础设施和服务设施覆盖更加健全，全市完成城市基础设施建设投资2.1亿元，人均道路面积20.9平方米，较上年增长1.8%。

【市政工程建设】 年内，采用政府和社会资本合作（PPP）模式进行运作，投资4.3亿元实施文山森林公园和博物馆项目建设。投资1.1亿元，新（改）建文东路（一中南街—交通街）、利民街（文东路—滨河西路）、石化路（平安西街—利民街）等9条路段道路，总长7千米。

【海绵城市建设】 2019年，昌邑市在道路建设过程中同步进行海绵城市建设、雨污分流和城市内涝专项整治，增加海绵城市面积1.26平方千米，铺设雨水管道9.47千米、污水管道2.3千米，改造合流制管道8.97千米，雨污分流比例93%。

【老旧小区改造】 投资6500余万元，实行全市163个老旧小区垃圾清理、墙面粉刷、路面硬化和小区绿化四大工程，其中易内涝的50个老旧小区，实行“一区一策”雨污分流改造，累积铺设管道7700米，完工率100%。

（王　洋）

城市管理

【概况】 2019年，全市城市建成区面积25平方千米，人均公园绿地面积18.05平方米。围绕“九城同创”，取缔占道经营、私设摊点3000余处。完成城市绿道建设规划，在城市建成区完成海绵型公园绿地8处。养护维修路灯5000余盏次，城区主干道装灯率100%，亮灯率99%，故障及时处理率100%。

【市容管理】 围绕“九城同创”，规范主次干道重点是学校和市场周边的占道经营、店外经营和私设摊点行为，实行错时管理工作制，做到无缝管理，协调新建东苑便民市场，设立天水辅路夜市，容纳流动摊点500余个；改善交通秩序，重新划定山会经营区域，取缔摊点群3处3000余个摊点。印制《“门前五包”责任书》8000份，落实各商户“门前五包”（包卫生、包硬化、包绿化、包亮化、包秩序）责任，进一步增强店主责任意识和文明意识。在东至新昌路，南至平安街，西至建设路，北至院校街区域内的各主次街路进行非机动车辆停车区域划线标识，划定非机动车停车区域8000余平方米，自行车标识1000余平方米。规范设置户外广告，做到先审批后安装、不审批不安装，查处未批先装现象。拆除、更换广告牌匾1060块；清理违法小广告3.6万条，清理落地灯箱、落地牌匾等物品1200余件，净化城市立面空间。

落实工地出入口硬化、防尘措施，查处整治扬尘、遗撒违规车辆，严禁施工车辆出现带泥上路、沿路洒落情况，针对散落现象，督促施工方及时清理。加强工地建筑噪音管理，所有建筑工地施工噪声必须符合国家规定的标准，严格控制施工时间，立案查处49起群众投诉。

向城区餐饮、烧烤经营业户下发通知书，明确要求餐饮、烧烤店必须加装油烟净化装置，确保油烟排放达标，全市500余家餐饮店、100余家烧烤店全部装备净化设备，达到“三进”标准要求。处理6起占道餐饮案件，维护城市经营秩序。

创建国家卫生城市工作中，协助都昌街道和西城市场管理人员，做好市场的整改提升，粉刷市场内墙面3000余平方米，修补破损、凹陷路面和门店前台阶200余平方米，清洗、更换、拆除广告牌60余块，清理门窗四乱150余处，取缔落地灯箱、广告牌30余块，拆除破旧遮阳棚12处，拆除“棚中棚”4处，食品玻璃柜及棚架全部安装防蝇网，全面达到创卫标准。

与公安、环卫等部门合作实行联合执法，集中力量整治市容管理难点，取缔占道经营和私设摊点3000余处，规范店外经营2000余处，清除乱占车位杂物1000余个，清除店前垃圾700余处。

【违法违章治理】 完成城市建成区既有违法建设治理任务，开展拆除违法建设专项整治活动，拆除3处群众反映强烈违法建设。加强巡查防控，建立镇（街、区）为主体、村（社区）参与的日常巡查机制，明确责任人，按照巡查报告制度做好巡查记录、上报。全年国土执法领域立案185件，其中35件移交昌邑市人民法院。查处因补办建筑工程许可证行政处罚案件125起，查处因违反城乡规划法违法建设案件56起。

【数字化建设】 建设数字化城管系统，完善数据对接机制，推进政府信息资源整合利用，实现数据平台的互联共享，推动综合执法工作由末端被动处置向前端主动防范转变，由粗放式集中整治向绣花式精细管控转变，实现精确、敏捷、高效、全时段、全方位覆盖的城市管理模式。昌邑市的数字化城管系统共享摄像头900余个，年内成立20人的信息采集员队伍，日处理上传问题150余个，2.5万个城市管理问题通过数字化城管系统平台解决，问题处置率99.98%。

8月26日，行政执法局局长王启斌（右三）现场调度西城市场改造提升工作　（翟高峰）

【园林绿地养护】 2019 年，全市城市建成区面积 25 平方千米，绿化覆盖率 39.12%，绿地率 36.32%，人均公园绿地面积 18.05 平方米，公园服务半径覆盖率 82.4%。

制定“绿地分类养护措施”，细化绿化养护标准，落实“网格化”绿地管理制度，加大绿地养护监管力度，在保证整体绿化效果的基础上，城区所有病虫害均在可控范围以内，方翅网蝽、蚜虫等均得到有效控制。

加大绿地养护管理的监督检查力度、处罚力度，施行市场化管理手段，绿地监管和园林养护水平提高。加强抗旱浇水、病虫害防治、台风等破坏性天气应对知识培训，针对性的对标学习，开拓工作思路，提高应对技能，提升城市绿地景观管理水平。深化各部门（单位）间的联动协助、工作沟通及信息共享，提升绿地管理力度和及时性，加密巡逻检查频次。加强事后跟踪，不定期抽查市场周边、人流密集区域等问题易发地段，巩固整改成效，避免问题回潮。

【绿道绿廊建设】 完成城市绿道建设规划编制，以绿道串联城乡绿色资源，与公交、步行及自行车交通系统相衔接，为市民提供亲近自然、游憩健身、绿色出行的场所和途径。利用现状自然肌理的开放空间边缘——潍河两岸自然风光带和步行及自行车交通道路等作为绿道选线的依托，就近联系各级城乡居民点及公共空间，连接自然景观及历史文化节点，体现地域特色，串联城市的自然景观、人文风貌、商业、公共休闲空间的生活休闲网络。根据现状及景观资源分布，规划城区绿道和社区绿道两级。规划建设滨河绿道、游憩绿道、文山绿道、绿荫绿道。

完成规划区内 50 年以上的古树名木后备资源调查，增加 7 株，并全部建档立卡、挂牌并确定保护责任单位，加以保护。开展海绵型公园绿地建设，在建成区内完成海绵型公园绿地 8 处（同大街、北海路、平安街水系、同大街水系、院校街、天水辅路、北海公园、潍水风情湿地公园）。

【城市照明】 2019 年，改建文东路（一中西门—一中南街）、滨河西路（同大街—院校街）、中学路（平安街—交通街）、文昌南路（平安街—交通街）、新兴街（新昌路—交通街）、同大街（都昌路—北海路）6 条路段路灯设施，安装路灯 66 基，中杆灯 5 基，LED 光源 117 套。刷新利民街（人民医院—西环路）、建设路（平安街—利民街）、山前街（北海路—都昌路）、院校街（奎聚路—都昌路）、北海路（平安街—院校街）等城区部分路段灯杆，共计 647 基；拆除妨碍城区道路建设的灯杆 139 基、路灯基础 139 基、检查井 147 个、电缆 7095 米、变压器 1 台。市路灯所承担市区、围子、宋庄的 1 万余基路灯，1.8 万盏光源，147 台变压器，162 台监控终端的巡查、养护任务。全年维修、维护路灯设施 5000 余盏次；更换路灯套件 5055 个;维修路灯电缆线路 400 余次，更换各类线缆 5064 米；维修更换检查井框（盖）300 余次，更换检查井框（盖）92 套。城区主干道装灯率 100%，亮灯率 99%、设施完好率 98%，故障及时处理率 100%。

（翟高峰）

【城乡环卫一体化】 2019 年，昌邑市把实施城乡环卫一体化作为助力乡村振兴的重要举措，与美丽乡村建设统筹协调、一体推进，开展农村人居环境整治，根据山东省农村人居环境整治工作部署及潍坊市城乡环卫一体化工作评价标准，以城乡环卫一体化标准化管理示范村创建为突破口，不断创新模式、探索方法、加大考核、提升标准，开展生活垃圾集中整治及包靠督导，每月拉网式排查各村保洁清运情况及“三边、三线、三底、三界”存在的积存垃圾，形成问题台账，印发检查通报，限期清理销号；每季度综合考核各镇（街、区）城乡环卫一体化工作开展情况，印发考核通报，并纳入各镇（街、区）经济社会综合考核；探索开展农村垃圾分类、减量化试点，完成柳疃镇姜家寨村等10余个村庄试点工作；继续开展城乡环卫一体化标准化管理示范村创建工作，利用标准提升、示范带动、考核督导，督促各镇（街、区）、村庄进一步提高生活垃圾保洁清运标准，按照标准足额配备人员及环卫设施，全面更新破损垃圾桶，加大清运力度，确保全市农村生活垃圾日产日清，推动全市精细化、标准化作业，提升农村环境卫生质量。全年，印发限期整改通知30余次，印发城乡环卫一体化季度考核通报4期，督促各镇（街、区）更换破损垃圾桶1万个，清理垃圾点800个，更新城乡环卫一体化公示栏100个，喷绘环卫标语200条，农村人居环境明显改善。8月，全省城乡环卫一体化暗访考核中，昌邑市获全省第九名、潍坊市第二名。提报的城乡环卫管理及城乡环卫一体化两项案例，被中国城市环卫协会列入2019年度中国环境卫生管理发展与创新、环卫一体化案例整体解决方案示范案例，在全国环卫行业中推广。

【城市环境卫生】 围绕国家卫生城市、全国文明城市、国家园林城市等创建工作，逐步扩大城区保洁范围，部分新建道路、环卫设施等纳入城区保洁，城区保洁面积620万平方米。增配雾炮车、洗扫车、洒水车等作业车辆和保洁人员，加大洗扫作业频次，完善检查考核制度，采用"机械清扫、洒水降尘、冲洗除尘、快速捡拾、立体保洁"综合作业模式，提升城市精细化作业水平。定期开展徒步巡查、垃圾死角检查和清理活动，督促责任单位按照标准配建相应垃圾收集设施，消除垃圾死角；不定期普查城区街道垃圾桶及果皮箱，破损的及时更新更换，垃圾量较大的路段合理增设垃圾桶。全年，城区采购分类垃圾桶2000个、分类果皮箱500个，更换垃圾桶600余个，安装分类果皮箱200余个，达到密闭运输、车走地净、日产日清的服务标准。整治老旧小区环境卫生。采用人机结合作业方式，出动挖掘机、清运车辆12327班次，人工6616人次，完成280余个老旧小区、单位的环境卫生整治，清运垃圾3.49万吨，粉刷墙体楼道4.51万平方米，在城中村设置垃圾桶1500个，改善老旧小区环境卫生面貌。加强公厕及中转站的建设管理，根据创城标准及全市环卫设施规划要求，坚持高起点规划、高标准设计、高质量建设维护环卫设施，在城区新建星级公厕16座，改造提升垃圾中转站6座，并在老旧小区新改造公厕5座，全部投入使用。实行公厕及中转站标准化管理，服务标准、管理制度和监督电话张贴上墙，安排专人每天检查公厕及中转站卫生及设备情况等，按时消毒去味，做到标识齐全、设施完整、专人管理、按时开放。加强昌邑市（新建）第二生活垃圾处理场的运营维护，完成第二生活垃圾处理场应急处理设备安装、渗滤液升级扩容项目施工建设，总处理量450吨/日，确保渗滤液及时处理，达到环保要求；启动生活垃圾焚烧发电项目，完成合同签约、项目公司注册、前期手续办理等工作。严格建筑垃圾处置管理，建筑渣土运输的车辆全部安装密闭式推拉篷布，避免渣土运输途中洒落和扬尘污染。根据每个工地的具体情况，办理《建筑垃圾（渣土）准运证》，规定渣土运输车辆的行驶路线，车辆必须按照行驶路线密封行驶，严禁超载，严禁沿途洒落。全市54辆渣土运输车辆安装GPS卫星定位终端设备，并结合"智慧昌邑"监控平台，实时监控渣土运输车辆行驶路线，发现违规车辆及时进行处理，同时，强化联合执法，根据责任分工加强对渣土运输车辆不按指定运输路线行驶、未经审核擅自运输、无牌无证运输、超载、超速行驶、洒漏、车轮带泥行驶及随意倾倒等违法违规行为的查处，加强对渣土运输车辆的监管，杜绝运输车辆不按规定路线行驶及私拉乱倒、沿途洒落、扬尘等问题。在建筑垃圾处置过程中，践行“一线工作法”，每个工程，均做到现场仔细勘查，按层次区分渣土的利用价值并归类清运。

（唐正欣）

住宅与房地产

【概况】 2019年，全市建设商品房网签5856套，网签面积76.71万平方米。评定49家开发企业信用等级，房地产市场秩序规范。全市备案物业服务企业48家，从业人员2780人，物业管理覆盖率100%。完成拆除面积10万余平方米，发放征收补偿款3000余万元。

【房地产业】 2019年，全市房地产完成投资20.73亿元，较上年增长17.4%，建设商品房网签5856套，较上年增长1.23%，网签面积76.71万平方米，较上年下降5.63%。销售面积41.21万平方米，较上年下降23.2%，销售额22.43亿元，较上年下降17.6%。

【房地产市场管理】 完成2019年房地产开发企业信用评价，评定49家开发企业信用等级。加大房地产领域历史遗留问题的化解力度，化解机制基本形成。开展房地产市场秩序专项检查3次，全市在建在售的27个商品房项目、23家房地产开发企业，查处各类问题19个，整改完成率100%，房地产市场秩序规范。

【保障性住房】 2019年，全市有1个棚改项目914套，年度建设任务提前完成；安置37栋楼1060套。争取上级棚改配套专项资金840万元，中央棚改专项补助资金1362.84万元，省级棚改专项补助资金200.73万元，省级住房和城镇化建设资金71.6万元，国家补助2019年中央基建投资110万元；清退超出保障范围的廉租房家庭2户，为32户困难家庭续租；发放廉租补贴8.81万元（41户），全市累计发放廉租补贴188.8万元；完成39户经济适用住房和7户廉租住房的分配任务。

【物业管理】 全市备案物业服务企业48家，从业人员2780人，实施物业管理面积1520.4万平方米，物业管理覆盖率100%，累计归集专项维修资金4.66亿元，拨付使用2479.74万元。

【房屋征迁】 2019年，住建系统牵头征收面积10万余平方米。完成2个征迁项目遗留问题，2个片区（420户）回迁房分配任务，2个片区共计74户的入户评估、协议征迁工作。采取与税务、金融有关部门联席会议的方式解决征迁房屋契税减免、补偿款发放问题，累积发放征收补偿款3000余万元。解决2个社区的用地指标问题，对4个社区提出合理合法的改造意见。

【房屋征收与补偿】 全年，完成拆除面积10万余平方米，发放征收补偿款3000余万元。海美公寓片区和开元电器片区按计划全部完成签约、拆除工作；气象局片区都昌家属院27户实施协议征迁，签约工作基本完成，原检察院宿舍片区47户的入户评估工作基本完成；原职教中心家属院片区、原行政片区、卫生局片区北区回迁安置楼房建设顺利。原供销学校职工宿舍片区完成拆除。卫生局片区北区140余户回迁房分配工作完成，原行政片区285户分房准备工作完成。解决奎聚街道王葛、关龙社区用地指标，提出都昌街道山前社区、韩屯社区、吴家庙社区、围子南宫村改造意见。

与税务局、行政审批局、市民热线中心等部门沟通，解决征迁房屋契税减免，化解回迁安置群众办证过程中产生的契税难题。答复咨询问题200余人次，承办潍坊政务热线反映事项50余起，海美公寓片区283户居民的1600余万元补偿费发放完毕。

（王　洋）

建筑业

【概况】 2019年，全市建筑业完成总产值27.12亿元，实缴税金0.89亿元，较上年分别增长30.19%和43.45%。房屋建筑施工面积205.61万平方米，竣工面积37.72万平方米，较上年分别增长39.77%和80.49%。

【建筑市场管理】 全市建筑业企业48家，其中总承包企业23家（一级企业1家、二级企业5家）；专业承包企业25家（一级企业1家、二级企业6家）；2019年新增建筑业企业资质4个。全年录入省农民工工资支付监管平台项目45个，录入工人1773人。约谈3家违规施工的企业，检查273个单体工程，发布整改通知书61份，停工整改未办理施工许可的25个工程，移交行政处罚39起。

【质量安全监管】 全年，监督在建工程45项，单体工程232个，建筑面积130.56万平方米；竣工工程77个，面积45.42万平方米，竣工验收合格率100%；备案工程94个，面积54.71万平方米；处理质量投诉89起，处理办结及时率100%。创建潍坊市优质结构工程7项，工程项目“两承诺、一公示”“两书一牌”实施率100%。创建潍坊市建筑施工安全文明标准化工地5个，山东省建筑施工安全文明标准化工地1个；全市建筑工程安全标准化达标率100%；检查施工项目1150个次，签发《隐患整改通知书》362份，消除施工安全隐患1363条；组织建筑企业人员参加各类安全教育培训630人次，新培训建筑施工企业安全管理人员184人。

【渣土扬尘治理】 实施建筑工地施工现场扬尘治理“红黄”牌管理，实行建筑工地扬尘治理包靠制度，班子成员及质量安全工作人员每人包靠2～3个建筑工地。2019年，城区内建筑工地设置围挡37424平方米，设置雾炮机81台，洗车平台35套，高压水枪27台，扬尘监测设备40台，视频监控头255个，塔吊喷淋5台。开展建筑工地扬尘治理监督检查236次，下达文明施工防扬尘专项整治限期整改通知单25份，隐患通知51条，先后“红黄牌”警告13家建设单位、3家监理单位、12家施工企业、35人次，查出的问题跟踪督办整改，完成率100%。

【绿色建筑与建筑节能】 全面执行“居住建筑节能75%、公共建筑节能65%”的设计标准，建筑节能设计阶段和施工阶段严格按照标准执行，施工阶段执行率100%。全年完成太阳能光热建筑应用面积48.57万平方米，全市太阳能光热建筑一体化应用面积416万平方米。

（王　洋）

村镇建设

【小城镇建设】 实施乡村振兴战略，全力打造特色小镇和农村新型示范社区和美丽宜居村庄。全年完成村镇建设投入32.2亿元。卜庄镇姜泊村、夏店村被列入第五批中国传统村落名录，龙池镇齐西村获“国家级历史文化名村”称号，北孟镇小南孟村进入省级第二批美丽村居试点村庄名单。突出产业集聚、园区转型、品牌培育，探索建设新模式，多业态打造梨花小镇、智能动力小镇、丝绸小镇、花海小镇等10个特色小镇，重点打造梨花小镇，培育智能动力小镇等潍坊市级特色小镇。

【美丽乡村建设】 开展农村“四改两提升”，实现公共照明设施行政村覆盖率98%，高于潍坊市90%的工作目标。增加农村污水一体化试点村庄，柳疃镇西付村、姜家寨村、卜庄镇姜泊村投入运行。完成全市3750户贫困户住房安全建档立卡任务，完成农村“四类重点”对象危房改造任务5户。投资1080万元，完成柳疃镇西付村提升建设改造中村庄规划设计、养老院设计建设、村庄美化绿化工程建设等。对照“四化”（居住集中化、环境生态化镇、管理社区化、设施城镇化）标准，建设柳疃镇青乡社区、围子街道的仓街社区、石埠经济发展区的石埠社区、饮马镇的饮马社区、北孟镇太平中心社区5个农村新型示范社区。与昌邑市供电公司联合印发《关于加快推进农村电代煤改造工作的通知》，采取电代煤、生物质能分散取暖、集中取暖改造等多种方式，完成农村清洁取暖改造任务4905户，完成年度任务的102%。

（王　洋）

资源管理·环境保护

自然资源与规划

【概况】 2019年底，全市耕地面积73071公顷。昌邑市耕地保有量和基本农田保护面积分别为72754公顷和60444公顷，超出省政府下达保护任务317公顷和47公顷。全市落实新增建设用地指标64.87公顷，32个重大项目用地实现应保尽保。全市土地总面积1627.73平方千米，其中农用地99031.35公顷（耕地73035公顷，基本农田60491.2公顷），占总面积60.84%；建设用地34630.09公顷，占总面积21.28%；未利用地29111.2公顷，占总面积17.88%;人均耕地0.1198公顷。

【土地规划】 上报完成昌邑市饮马镇等三镇土地利用总体规划（2006—2020年）局部修改工作，经潍坊市人民政府批复，并报山东省自然资源厅备案。

【耕地保护】 市政府与镇（街）、村（居）层层签订《耕地保护目标责任书》，并作为重要内容纳入镇（街）年终考核范围。年初耕地面积73198.46公顷，年底耕地面积73035公顷，减少耕地163.46公顷。基本农田划定60491.2公顷，占耕地总面积的82.82%。耕地占用补充41.4公顷。连续17年实现耕地占补平衡。基本农田保护率82.82%。2016—2019年高标准农田建设项目全部竣工。2017年高标准农田建设项目潍坊市局验收，新增耕地223公顷。2016年、2018年、2019年高标准农田建设项目申请市局验收，验收后可新增耕地74.6公顷。2018年昌邑市柳疃等10个镇（街、区）土地整治项目全部竣工并申请潍坊市局验收，验收后可新增耕地1000公顷。2019年增减挂钩项目实施4个项目，分别是北孟镇宋家屋子村、下营镇小韩村、廒里村、张家村挂钩项目，4个项目可增加建设用地指标36.53公顷。报批北孟中心小学工矿废弃地复垦利用项目1个，复垦耕地面积2.93公顷。

【地籍管理】 2019年2月，2018年土地变更调查通过省、部两级验收并经核准于2019年7月启用。完成昌邑市第三次国土调查初步成果上报及整改工作。完成“2018年度不动产单元编码示范推广与集成应用”示范工作，2019年11月通过验收。

【不动产登记】 推动流程再造，推行“不动产电子化”发证模式。变革发证模式，分析研究不动产登记各个流程，将发证作为压缩审批时间的切入点，革新发证模式，首创县级市“不动产电子证照”平台，推行不动产电子证照、窗口打证模式，用户可依据需求自主选择套餐模式，压缩发证时间和办结时限。与金融机构、公积金中心合作，设立“不动产抵押登记便民服务点”，将服务延伸至金融机构基层服务网点。个人、企业或银行提交不动产登记申请材料后，不动产登记部门2小时内完成在线审核、登簿并出具电子证明或证书。完善配套服务，企业或群众可在“昌邑不动产”微信公众号中实时查询办理进度，并验证电子权证真伪，同时可同步通过预受理平台或微信公众号等多种渠道下载打印不动产电子权证。

【建设用地管理】 报批建设用地24批次，其中单独批次2次，面积4.7公顷（耕地0.83公顷，补充耕地0.83公顷）；项目报批22次，面积108.03公顷（耕地40.57公顷，补充耕地40.57公顷）。

【土地利用管理】 供应土地92宗，面积330.83公顷，含出让59宗，面积120.4公顷。成交6.15亿元。其中，招拍挂出让56宗，面积116.29公顷，成交价款6.05亿元；协议出让3宗，面积4.11公顷，成交价款957万元。划拨33宗，面积210.43公顷。供地率76%，盘活存量建设用地133.51公顷。储备土地260公顷。

【矿产开发管理】 至2019年底，发现矿产17种，探明储量10种，开发利用10种，主要矿产有铁、石油、溴。昌邑市北部有溴、石油、天然气；昌邑中南部及北部区域主要有铁、石英岩。提高采矿权准入门槛，落实第三轮矿产资源总体规划，为矿政管理工作提供科学依据。开展全市探矿权、采矿权年报及信息公示，合格率100%。加强采矿权登记审批管理，办理审批业务16宗。注重打造“示范效益”，促进绿色矿山建设。2019年山东昌邑廒里盐化有限公司被评为国家级绿色矿山。

【地质勘查管理】 编制《矿山储量核实报告》，监督各企业做好储量台账，年底通过潍坊市对昌邑市36家企业的储量年报评审。

【地质环境保护】 年内，按照“一矿一方案”原则恢复治理6个关闭的露天矿山，面积30.64公顷；加强矿山企业履行《矿山地质环境恢复治理和土地复垦方案》义务的监管，落实方案内容；巡查地质灾害易发区，发放地质灾害群测群防监测员补贴，维护标志牌。

【测绘管理】 2019年，更新测绘地理信息数据，基本实现1∶500地形图建成区全覆盖；另有全市域1∶2000正射影像与电子地图1627.5平方千米；建成基础地理信息数据库、地名地址数据库、地理信息公共服务平台并定期更新；完成地名地址实时更新试点项目验收；提升测绘地理信息保障服务水平；管护测量标志，组织人员实地检查，制作管护经费预算，全面维护辖区内测量标志；坚持测绘依法行政，加强测绘行业管理。

（宋兆文）

水资源管理

【概况】 2019年，全市降水量425.5毫米。全市多年平均水资源总量2.49亿立方米。地下淡水资源多分布在昌邑中南部。北部为海积平原区，地下水矿化度高。实行“三条红线”管理，推进地下水超采区综合整治，实现压采913.9万立方米。开展节水宣传，选树节水先进典型27个。

【水资源分布】 昌邑市多年平均降水量595.4毫米，受季风和地形地貌的变化影响，全市降水年内变化、年际变化和地域变化明显。2019年，昌邑市降水量425.5毫米。昌邑市水资源主要包括地表水和地下水两部分。昌邑市多年平均地表水资源量为1.37亿立方米，多年平均地下水资源量1.5亿立方米，扣除两者之间的重复计算量0.4亿立方米，全市多年平均水资源总量2.49亿立方米。地下淡水资源多分布在昌邑市中南部。南部属太河山北部剥蚀残丘，为缓岗埠岭，上部多盖有厚的残积、坡积和洪积形成的含角砾的亚砂土、亚黏土，下部以大理岩、粉砂岩、砂页岩为主，地下水多储存在岩石的裂隙和空隙中，水量少，为弱富水区和贫水区，水质较好，矿化度0.4克/升。中部为冲洪积平原区，地下是深厚的砂层，地下水丰富，且埋深较浅，水质良好，该区面积496.9平方千米，占全市总面积的33.6%。北部为海积平原区，地域广阔，地下水矿化度高，在2克/升以上，深层地下埋藏有少量的承压淡水，该区面积663.1平方千米，占全市总面积的44.9%。

【水资源管理】 实行“三条红线”管理，发放取水许可证55件；推进水资源税改革，全年全市核定非农业取水量0.3亿立方米；开展工业园区和洗车行业自备井排查工作，排查整治自备井35眼；推进地下水超采区综合整治，实现压采913.9万立方米，超额完成2019年地下水压采目标；开展节水进校园、进社区等“六进”活动，深入开展节水宣传；选树2018年度节水先进典型27个。

【水资源保护】 坚持“节水优先、空间均衡、系统治理、两手发力”的治水方针和“以水定城、以水定地、以水定人、以水定产”的原则要求，树立“抓治水就是抓民生、抓生态、抓发展”的理念，在全市实行水资源管理制度，本着“用好地表水、涵养地下水、用足客源水、保障生态水、蓄住天上水”的水资源综合配置总体思路，全面落实用水总量控制、用水效率控制、水功能区限制纳污“三条红线”管理标准。在潍坊市科学发展综合考核中，“单位GDP水资源消耗降低”指标位居潍坊市首位。加强用水总量控制，严把取水论证审查、取水工程验收、取水许可审批三个“关口”，取水量达到或超过年度控制指标的，暂停审批该区域内的新建、改建、扩建项目取水许可；严格把控龙池镇、柳疃镇2个地下水禁采区和奎聚街道、都昌街道、围子街道3个地下水限采区用水总量，限批新增取水许可，逐步涵养水源。全年，办理取水许可证4份，审查水资源论证表4份，延续取水许可证61份，核减许可水量1221万立方米。加强用水效率控制，加强节水用水管理，实施计划用水制度，加大用水计划执行情况考核，强化取用水大户的用水总量控制和定额管理。鼓励用水企业自建废水处理及回用设施，减少对地下水开采，提高水的利用率和利用次数。中水回用一期项目设计日产水能力3万立方米，至年底，日供水

7月22日，河道服务中心执法　（谭静海）

量1.2万立方米，主要用于柳疃工业园和龙池工业园工业生产用水；景观中水项目日产中水600立方米，主要用于用于城区景观水系和城市环境绿化及路面洒水。同时，潍坊华宝纺织有限公司、山东硕昌农牧有限公司、山东同大海岛新材料股份有限公司等部分企业进行节水改造，采用不同的工艺和设备，减少地下水开采量。加强水资源监控能力建设。强化用水计量和水资源有偿使用，建成投用水资源远程监控系统，利用数字技术不断提升监控能力，水资源监控系统平台运行良好，实现全市企业自备井在线监测全覆盖。开展2019年昌邑市地下水超采区综合治理国家试点县项目，争取国家资金3500万元，坚持“先建机制，后建工程”的原则，采取水源置换方式压减地下水，工程项目分为丰瑞农场水库工程、奎聚街道水源置换工程和泿河水源置换工程，工程建成后增加压减能力350.89万立方米，改善灌溉面积980公顷。

（胡　阳）

环境保护

【概况】 2019年，以贯彻落实习近平生态文明思想为指引，牢固树立“绿水青山就是金山银山”的发展理念，以改善环境质量为目标，统筹推进大气、水、土壤污染治理，促进生态文明建设迈上新台阶。全年空气质量优良率62.2%，空气质量优良天数217天；国控重点河流潍河稳定达到地表水III类水标准，市控重点河流堤河、丰产河均达到地表水V类水标准。在全国生态环境保护执法大练兵活动中，被生态环境部评为生态环境保护执法大练兵表现突出集体；在生态环境系统工作中，被省人社厅、省生态环境厅评为山东省生态环境系统先进集体；在环保公安联勤联动执法工作中，被省生态环境厅、省检察院、省公安厅评为全省生态环境联勤联动执法工作表现突出集体。

【污染防治】 整改环保督察问题，集中解决突出环境问题。把抓好反馈问题整改作为必须完成的政治任务，制定措施台账，压实工作责任，坚决整改落实到位。中央环保督察及回头看134件转办信访件全部整改完毕，35项反馈问题，完成整改20项，15项达序时进度。省环保督察及回头看180件转办信访件、13项反馈全部整改完毕。开展“亮剑2019”攻坚行动，改善水气环境。引进专家团队指导整改下营园区化工异味及其他环保管理问题，限期推进落实。完成3家企业大气第四时段提标改造任务、54家企业VOCS（挥发性有机物）治理任务、3家企业锅炉淘汰任务。全市31家物料堆场、9家屠宰企业、9家涉VOC企业安装在线监测设备，实现企业动态实时监控。开展环渤海区域环境综合治理攻坚行动、饮用水水源地保护攻坚行动、黑臭水体治理攻坚行动，配合完成渤海入海排污口二级排查，编制堤河及6家集中污水处理厂水质提升改造治理方案，加强城镇污水处理设施能力建设及出水水质提升，完成水源地保护区调整，保障群众饮用水安全，为未来发展腾出空间。落实“土十条”任务，持续强化土壤污染治理。开展重点行业企业土壤污染防治、危险废物专项排查整治、土壤环境重点监管企业监管，开展144家重点行业企业信息调查。完成3家企业自建危险废物焚烧设施综合整治，确保规范运行，稳定达标排放。

【治理减排】 污水治理减排。加快昌邑紫光水业有限公司、昌邑海洋水业有限公司、中信环境水务（昌邑）有限公司3家污水处理厂出水水质提升工程、昌邑市饮马镇东海污水处理厂农村生活污水集中处理工程进度，保证在线监控设施、中控系统的建设达到减排要求，发挥减排效益。全年COD、氨氮累计减排1255.68吨、225.4吨，减排比例11.05%、20.7%。以燃煤锅炉超低排放工程为重点，加快山东海天生物化工有限公司及昌邑市龙之源热力有限公司燃煤锅炉企业超低排放改造进度，全年SO_2、NO_2累计减排3253.96吨、1187.64吨，减排比例32.22%、18.91%；空气质量优良率62.2%，空气质量优良天数217天，主要大气污染物PM2.5、PM10、SO_2、NO_2年均浓度分别为52微克/立方米、87微克/立方米、13微克/立方米、30微克/立方米，在潍坊各县（市、区）中PM10第二，NO_2第三，SO_2及PM2.5第五。

【监督监管】 推进双随机执法和移动执法工作，倒逼企业提升自律守法意识。全年立案查处260起，罚款1800万元，责令停产整治3起，实施查封扣押80起，申请法院强制执行80起，办理信访案件130件，并派员参加2019年中央、省帮扶督察及入河入海排污口排查16人次。与公安部门深化协作配合，严厉打击环境违法犯罪行为。全年移送公安行政拘留案件12起、刑事案件6起，震慑环境违法行为。

【源头管控】 全市机动车检测线全部进行升级改造，查处超限超载车辆135辆次，卸货4595.24吨。安装充电桩123个，城市公交全部更新为新能源（纯电动）公交车；城乡新能源及清洁能源（纯电动、CNG）公交车119辆，新能源和清洁能源公交车达到公交车保有量的90.3%。完成211辆CNG出租车建设项目，占出租车保有量的100%。推广应用水肥一体化技术4466.67公顷，配方肥应用面积4.67万公顷，技术覆盖率占播种面积的95%。推广社会化统防统治服务，小麦返青期6666.67公顷，小麦“一喷三防”3.11万公顷，玉米“一防双减”8000公顷。推广高效植保机械，拥有喷杆喷雾机20台，航空喷雾机150架，风送喷雾机3台。推广有机肥替代化肥技术，将增施有机肥列入耕地质量修复等项目建设内容，项目示范区有机肥使用覆盖率40%。

【优化管理】 印发《昌邑市第二次全国污染源普查实施方案》，普查工业源1629家、农业源249家。完成132个项目的固废设施验收，受理各类审批事项178件，按时办结率100%。申报2019年燃煤锅炉电能替代项目奖励用户1家。加强66个重点技改项目建设，3个项目列入2019年山东省重点技术改造导向计划，6个项目列入2019年山东省第一批技术创新计划。

（刘乃磊）

教育·体育·卫生

教　育

【概况】 2019年，有义务教育学校72所，其中小学47所、初中14所、九年一贯制学校10所，中小学生综合实践活动基地1所。小学、初中入学率均100%，小学巩固率100%，初中巩固率99.8%。提高教师工资水平，按年度足额核定教师绩效工资总量并纳入县级财政预算。

制定《昌邑市2019年中小学教师“县管校聘”交流轮岗实施方案》，开展教育干部交流轮换，超岗学校教师分流，学科教师跨校竞聘，优秀教师到农村支教，短缺学科教师走教以及农村青年教师到优质学校跟岗锻炼等，推动教师合理流动。采取核编定岗、竞聘上岗，全市5654名教师签订新学期岗位聘用合同，其中义务教育阶段参与跨校竞聘249人，62名城区优秀教师主动到偏远农村学校支教。潍坊环境工程职业学院列入省“十三五”高等学校设置规划，9月学院主体建成并投入试用，12月学院通过省高校设置评委专家组现场评审验收和省高评委网评，经山东省人民政府批复正式设立。

推进“智慧教育”建设，增加计算机1003台、教学触控一体机216套，全市中小学普通教室触控一体机全覆盖。投资600余万元，建成智慧教育“专递课堂”系统，建成主讲录播教室12个、分教室24个，搭建集同步教学、在线直播、视频会议等多种功能为一体的互动教育教学系统，实现城乡优质教育资源共享。投资900余万元，全面升级教育网，优化网络链路，升级网络带宽，统一安装配备无线网络设备1200余台，实现校园无线网络全覆盖。

8月14—15日，市教体局开展教育工作点评活动　（陈玉顺）

巩固破解城镇中小学大班额问题成果，投资8000万元，完成第一实验小学、第二实验小学、北孟小学、辛安小学4个学校项目建设，新建校舍面积3万余平方米、优质学位2430个。优化教育资源配置，促进教育优质均衡发展，编制完成《昌邑市中小学幼儿园布局专项规划（2018—2035年）》，并通过市政府、市人大常委会审议、批准备案。生均公用经费基准定额统一，小学每生每年 710 元，初中每生每年 910 元。实施《教师队伍建设三年行动计划》，年内引进教师 374 人，城乡学校师资不足、教师老龄化问题缓解。转变教育管理模式，推行目标、清单、项目、底线、风险、协商和价值等“七项”管理。聚焦治校和育人两个层面，开展“校长导师工作坊”活动，广大校长的专业素养和管理水平实现“双提升”。

【学前教育】 投资 2380 万元，新建、改扩建普惠性幼儿园 10 处，新增园舍面积 9277 平方米，新增优质学位 1050 个。争先创优，提升办园质量，有 5 处幼儿园通过省一类幼儿园认定，2 个镇（街）通过潍坊市普及学前教育工作先进镇（街）复评。幼儿园教职工 1427 人，其中在编教师 203 人，具有专科及以上学历教师 1142 人。加强队伍建设，实施名园长工程，通过园长工作坊、学前行政干部培训班、高水平园长培训等提升幼儿园园长的职业修养和专业水平，组织教师参加国培、省培及潍坊市级、县级各类培训，不断提升教职工的保教能力和专业素质。

【昌邑市实验幼儿园】 2019 年底，管辖 5 处幼儿园，总园下设北苑分园、豫园分园、龙成分园、邑城分园。全园有教职工 265 人，59 个教学班，在园幼儿近 2000 人。先后获“山东省学前教育先进单位”“山东省优秀家长学校”“山东省家庭实践示范基地”“山东省语言文字示范校”等称号。

【昌邑市市立幼儿园】 位于昌邑市市府街 15 号，老市委市政府西邻，前身为昌邑市实验幼儿园，实验幼儿园搬迁后成为实验幼儿园市直分园，2018 年 12 月成立市立幼儿园。2019 年底，该园有 10 个教学班，在园幼儿 340 人，教职工 45 人，拥有山东省教学能手 1 人、潍坊市立德树人标兵 2 人、昌邑市立德树人标兵 3 人。

【基础教育】 新建改扩建中小学校、幼儿园 14 处，新增优质中小学位 3800 余个、幼儿学位 1000 余个，全市城乡办学条件基本达到“全国义务教育优质均衡发展县”创建标准。实施农村小规模学校改造工程，累计投资 800 余万元，改善农村小规模学校办学条件。

开齐开足开好课程，健全完善综合素质评价制度。完善高中阶段学校招生录取工作平台，实行初中学生网上报名、高中学校网上录取的工作模式。落实义务教育免试就近入学制度，保障适龄儿童、少年平等接受义务教育。优化“互联网+模式”，实现义务教育学校招生报名“全程网办”。做好特殊群体学生控辍保学相关工作，做好特殊群体学生招生入学工作，确保特殊群体儿童“应上尽上”。

年内，有 3 项省级课题结题，21 项课题被批准立项为省、市教育科学“十三五”规划课题，2 项被评为山东省基础教育教学改革项目，6 项在山东省县域教科研工作研讨暨学校发展现场会上作材料交流，28 项优秀成果获潍坊市第十七届政府教学成果奖，9 项在潍坊市三类项目（重大问题、教学自主创新、优秀教学法）评选中获奖，12 项在潍坊市教育教学小课题评选获奖；高中段有 4 个学科被潍坊市教科院评审为“潍坊市高中学科基地”；有 6 位学科教师被确定为“潍坊市中青年教师学科领军人物”。坚持“五力齐发，精准施策，强化管理，提质增效，全面推进全市教育优质均衡发展”的工作思路，提高校长的领导力、中层力量的执行力、教师的执教力、学生的学习力和家长的共育力。2019 年高考，全市本科进线率比上年高 4.1 个百分点，高出省平均进线率 13.56 个百分点，8 人达北大、清华预录取线，有 2 名学生被世界名校录取。

“教学工作专项评估”成绩以较大权重（300

分 /1000 分）计入教育综合督导评估，与校长职级工资评选挂钩。充分论证，完善贯通各学段的“发展性评价”体系：从小学四年级开始一直到高三，实行全市统一教学质量监测；把上学段的终结性评价，同时作为下一学段的评价起点，三学段贯通，形成一条完整的发展性评价链条。

深化校长职级制改革，科学实施校长职级考核。组织 11 名校长在不同层级交流轮岗。在全市范围内进行“县管校聘”改革，落实岗位聘用管理，建立符合教育特点的选人用人新秩序、新常态。

年内，有 2 所学校被评为全国青少年校园足球特色学校；在潍坊市第六届中小学生艺术展演活动中，市教育和体育局获县（市、区）优秀组织奖，有 5 项作品获一等奖。

农村中小学育人形式创新和育人质量得到长足发展，形成 50 余门特色育人课程。率先在潍坊市推进落实中小学生劳动教育，牵头成立潍坊市田园学校联盟，为潍坊市中小学劳动教育提供智力和实践支持。完成 40 余处特色校园文化建设典范，运用多种途径提高中小学生心理健康教育水平。

【昌邑市第一中学】 始建于 1946 年，2010 年搬迁新校。新校投资 4.4 亿元，占地 40 公顷，建筑面积 15 万平方米。2019 年底有 117 个教学班，教职工 535 人，在校学生 5700 人。建有实验室、仪器室、准备室、图书馆、阅览室、微机室、电子阅览室、网管中心等功能用房。先后被评为中国新样态联盟实验学校、中国百强学校、中国素质教育先进示范学校、全国基础教育内涵式发展示范学校、中国当代特色学校、全国百所德育科研名校、全国百所最具特色中学、全国中学生奥林匹克竞赛“金牌学校”、第五届全国教育改革创新优秀奖等。

【昌邑市文山中学】 始建于 1945 年，2001 年迁入新校，占地 33.33 公顷，建筑面积 15 万平方米，建有教学楼、图书楼、实验楼、艺体馆等教学设施。2019 年底，有教职工 684 人，在校学生近 6000 人。先后被评为全国特色建设先进学校、全国德育工作先进实验学校、山东省规范化学校、山东省文明卫生单位、山东省绿色学校等。

【昌邑市实验中学】 学校始建于 1958 年，2016 年 8 月完成原址改建。学校规划用地面积 58265 平方米，班级 60 个，学位 3000 个，运动场地面积 30147 平方米，校园绿化率 35%。2019 年底，有学生 1898 人，40 个教学班，教职工 218 人。高标准配备云教室、计算机室、舞蹈教室、音乐教室、美术室、学校广播录播教室、报告厅等功能用房。先后被评为全国青少年信息学奥赛金牌学校、全国中华传统文化课题实验学校、潍坊市文明单位、潍坊市科普教育基地、潍坊市“互联网 + 教育”示范校、潍坊市创新教育示范校等。

【昌邑市第一实验小学】 学校始建于 1979 年，2010 年 9 月迁址，占地 30816 平方米，校舍建筑面积 23381 平方米，绿化面积 4345 平方米。2019 年底，有 45 个教学班，在校生 1860 人，教职工 186 人，教师学历达标率 100%。配备高科学实验室、综合实践活动室、计算机教室、舞蹈室、科技活动室、心理咨询室等功能用房。先后被评为全国目标教学先进单位、全国德育重点课题研究学校、全国语文主题学习优秀学校、全国青少年足球特色学校、全国青少年篮球特色学校、山东省教育科学规划重点课题实验基地、山东省重大课题创新教育实验基地、山东省青少年模联峰会先进单位、山东省第五届青少年模联优秀组织奖、山东省教师远程研修先进单位、山东省机器人大赛优秀组织单位等。

【昌邑市第二实验小学】 始建于 1958 年，是一所集小学、幼儿园于一体的市直重点小学。学校占地面积2万余平方米，建筑面积1.03万平方米，在建面积8500平方米。2019年底，小学部有34个教学班，1342名学生，教职工83人；附属幼儿园有12个教学班，500余名幼儿，教职工23人。先后被评为全国德育科研先进实验学校、全国教育科研先进单位、全国校园文化先进单位、全国足球特色示范校、山东省艺术教育示范校、山东省教学示范校、山东省教学实验先进单位等。

【昌邑市育新外国语学校】 创办于2004年7月，占地17.33公顷，总建筑面积5.8万平方米。学校原名昌邑市外国语学校，2018年10月更名为昌邑市育新外国语学校。有小学、初中2个学部，学生3955人，教职员工257人。先后被评为全国教学改革先进学校、全国百所德育名校、全国中小学外籍教师英语口语合作教学实验学校、山东省教学工作先进单位、山东省学校民主管理先进单位、山东省科普示范校、山东省未成年人思想道德建设先进单位、山东省依法治校示范学校、山东省语言文字示范学校、山东省体育传统项目学校、山东省绿化美化先进学校、山东省两新组织党建工作联系点等。

【昌邑市特殊教育学校】 始建于1984年，2013年迁入新址，占地1.57公顷，建筑面积6324平方米，绿化面积5346平方米。有学生109人，教职工42人，学历达标率100%。学校配备家政训练室、卫生保健室、智力检测室、心理咨询室、感统训练室等24个功能教室，400米环形塑胶跑道田径场1个，篮球场2个，学校餐厅，学生宿舍，浴室等。先后被评为山东省特教学校分类教学先进实验学校、潍坊市绿化美化示范学校、昌邑市教育教学工作先进单位、昌邑市先进党支部等。

【昌邑市中小学生综合实践活动基地】 创建于2002年，位于昌邑市卜庄镇夏店社区文化路西首，距城区10千米，占地4公顷，办学设施齐全，可满足1000人同时进行实践活动。学校主要担负全市中小学生综合实践活动任务，累计接待培训15万人次。学校依据中小学生心理、生理的发展规律和实践活动的实际需要，构建以科学实践、传统文化、专题教育、户外拓展和养成教育五大主题的课程体系，其中包括3D创客、无人机、VR体验、机器人、创意搭建、造纸工艺、篆刻工艺、飞机模拟驾驶等40余个实践课程。学校先后被评为国防教育特色学校、山东省行走齐鲁资源单位、山东省气象科普示范学校、潍坊市应急教育示范学校、昌邑市惠民示范校、昌邑市安全稳定工作先进单位等。

【昌邑潍水学校】 创建于2013年9月，占地28.4公顷，建筑面积13万平方米，绿化覆盖率69%，高标准配备创新教育实验室、美术教室、音乐教室、舞蹈教室、书法教室、录播教室等功能用房。2019年年底有小学部24个教学班，初中部66个教学班，在校生4200余人，教职工319人。先后被评为全国素质教育先进学校、全国名校联盟理事单位、全国足球特色示范校、中国高等教育学会教师教育分会“十三五”科研课题实验学校、国防教育特色学校、山东省健康示范学校、山东省心理健康教育先进单位、潍坊市党建示范学校、潍坊市家庭教育示范校、潍坊市互联网+教育示范校等。

【昌邑市育秀学校】 创建于2014年8月，学校占地6.67公顷，总投资1.2亿元。学校拥有现代化教学设施，教室内均配备触控一体机。2019年底，有学生2237人，教职工165人，教师学历达标率100%。先后被评为全国心理健康教育先进实验学校、全国“‘少教多学’在中小学语文教学中的策略与方法研究”先进实验学校、全国青少年校园足球特色学校、全国德育科研先进实验学校、第四届“山东省优秀少先队集体”、山东省文明校园、潍坊市文明校园、潍坊市绿色学校，潍坊市“互联网＋教育”学生个性学习示范学校等。

【昌邑市凤鸣学校】 创办于2017年8月，占地3.09公顷，总建筑面积1.17万平方米，是一所集小学、初中于一体的九年一贯制公办学校。2019年底，有学生1100余人，教职工97人，教师学历达标率100%。学校建有读书长廊、阅读励志长廊、红色长廊等。培养学生的核心素养，创建凤鸣学科育人共同体，提升“小组合作学习”的有效性。先后被评为潍坊市惠民特色学校、昌邑市文明校园、昌邑市教学工作先进单位、昌邑市三八红旗集体等。

【职业教育】 2019年，有中等职业学校2所（潍坊市工业学校、昌邑市文华学校），在校生3269人，教职工401人；技工类学校3所（潍坊技师学院昌邑分院、昌邑市技工学校、潍坊北海技工学校）；高等职业院校1所（潍坊环境工程职业学院）。

加强专业建设，形成机电技术、信息技术、财经、学前教育、汽车维修、公共服务6大专业群。重视校企合作，先后与歌尔集团、北汽福田集团、共达电声公司、浩信集团、同大集团、康洁环卫集团等企业建立校内外实训基地。

2019年，潍坊市工业学校的工业机器人编程、工业机器人操作与运维、网店运营推广3个专业确定为全国1+X试点专业；取得全国职业院校技能大赛学生组金牌，实现全国职业院校技能大赛金牌“两连冠”和学生赛项金牌“零突破”，另获山东省职业院校技能大赛二等奖2个，潍坊市职业院校技能大赛一等奖19个。

【潍坊市工业学校】 始建于1956年，1990年经山东省人民政府批准成立，是首批国家级重点职业学校、省部级重点普通中专、山东省规范化学校。2008年8月，依托潍坊市工业学校，合并全市8处职业学校，成立昌邑市职教中心。2010年，规划建设新校；2014年9月，搬迁至新校区，一期工程占地17.33公顷，投资3.4亿元，校舍面积11万平方米，建成综合教学楼4幢、科技实训楼3幢、图书办公楼1幢、公寓楼4幢，实验室、实训车间、实习基地55个，理实一体化教室10个，多媒体教室100个，设备总值2200余万元，拥有图书12万册，可容纳在校生5000人。潍坊市工业学校创建为山东省规范化中等职业学校。

重点打造环境管理、机电技术、计算机应用、园林绿化、应用化工、航空高铁服务等优势特色专业群。在教育部主办的2019年全国职业院校（中职组）技能大赛中，潍坊市工业学校代表队获“机电一体化设备组装与调试”赛项金牌；1项教学成果获潍坊市“第十七届教学成果一等

6月3日，潍坊市工业学校毛兴旺、姚文浩获全国职业院校技能大赛（中职）比赛“机电一体化设备组装与调试”赛项国赛金牌 （陈玉顺）

奖”，1 项教学成果获昌邑市“第十六届教学成果一等奖”；1 位教师被评为潍坊市“最美教师”。

鼓励教师参加课题研究、教学成果研究、创新发明研究等各类科研活动。建立科研工作定期研讨机制、重大问题民主协商机制，年内，有 3 门课程通过省专家组验收，4 门课程通过省评审并获省教育厅立项。

2019 年底，学校有教职工 458 人，专任教师 426 人。学校以“工学结合”为切入点，按照“模块化”和“双证书”制度设计，实施“理实一体化”，加强专业教学改革，完善人才培养方案，培养“双师型”教师。

学校先后与海尔集团、歌尔股份、北汽福田等多家大型企业深度合作，建设校外实训基地 29 个、校内实训场所 32 处，推进产教融合，实现教学过程与生产实际无缝隙对接。开展国际职业教育合作项目，与澳大利亚国立学院达成长期合作协议，与美国、马来西亚等国家形成良性合作交流，及时掌握国际职业教育的发展动态。

年内，招生 1020 人。毕业 906 人，有 896 名学生实现就业，就业率 98%，对口就业率 82.12%。学校培训处、创业大学共同承担市委组织部基层干部素质提升专科学历教育工作。年内，组织完成 2016 级基层干部毕业工作，先后 3 次到石埠、围子、郝家社区送教下乡，毕业生考核过关率 100%；组织完成 2017 级基层干部培训的教学与管理工作，进行 6 次面授、4 次送教下乡、2 次社会实践、2 次结业考试；组织完成技工院校职业技能鉴定站所申报工作，申请开设电工、车工、钳工、焊工、汽车维修工、智能楼宇管理员、茶艺师、评茶员等 8 个工种的考核及鉴定。

【潍坊市技师学院昌邑分院】 2010 年 6 月 17 日，成立并在昌邑市职教中心落户，与潍坊市工业学校合署。潍坊市技师学院昌邑分院为市政府直属公益二类事业单位，副县级规格。学院设有环境管理、机电技术应用、数控加工技术、计算机应用、电子商务、汽车运用与维修、学前教育、财务会计、国防教育、园林绿化、应用化工、航空高铁服务 12 大类 19 个专业。年内，先后获“山东省产教融合（校企合作）示范单位”“潍坊市理论大众化示范点”称号；在 2019 年全国职业院校（中职组）技能大赛中获“机电一体化设备组装与调试”赛项国赛金牌；有 1 个项目获山东省教师信息化大赛二等奖，2 个项目获山东省教师信息化大赛三等奖，10 个项目获潍坊市教师信息化大赛一、二、三等奖；1 名教师被评为潍坊市“最美教师”。

【潍坊环境工程职业学院】 学院由昌邑市人民政府与昌邑市满国环卫工程有限公司按照院政企合作、产教深度融合、合作共建的思路共同筹建，

9 月 16 日，昌邑市委书记吕珊珊（左三）到潍坊环境工程职业学院指导工作 （陈玉顺）

是一所混合所有制模式的非营利性民办全日制普通高等职业学校。学院规划占地 86.67 公顷，建筑面积 40 万平方米，概算总投资 17 亿元，项目全部完成后，能满足 1.5 万人学习生活需要。项目一期投资 5 亿元，占地 34.33 公顷，建筑面积 15.3 万平方米，具备 6000 人办学规模需要。该项目于 2017 年 3 月正式启动学院筹建工作，2019 年 8 月被列入教育部“十三五”高等学校设置规划，2019 年 9 月，一期建设完成，12 月通过山东省高校设置评委专家组现场评审验收和省高评委网评。学院以工科为主，首批设置环境工程技术、环境监测与控制技术、工业机器人、机械制造与自动化以及物联网应用技术、电子商务 6 个专业，重点培养符合生态、绿色、环保、节能、安全、健康产业发展需要、德智体美劳全面发展、服务于生态文明建设一线、具有创新创业能力的高素质技术技能型人才。

（董友伟）

体　育

【概况】 2019 年，全市 9 个基层单位和 10 名个人被表彰为 2016—2019 年潍坊市群众体育先进单位和先进个人，在潍坊市第二十届全民运动会上，竞技体育 1 名运动员获一项全国冠军。

【2019 昌邑国际半程马拉松赛】 5 月 12 日，由山东省田径运动协会、潍坊市体育局、昌邑市人民政府主办的“文山潍水”2019 昌邑国际半程马拉松赛暨潍坊市“全民健身月”活动启动仪式在市文化广场举行。活动以进一步扩大城市影响，优化营商环境为宗旨，加大宣传，强化服务，吸引中国、美国、哥伦比亚、菲律宾、墨西哥、南非、埃塞俄比亚、肯尼亚等国家的 6000 名健身爱好者和马拉松爱好者报名参赛，活动情况登上当日各大媒体头条，省政府新闻办公室主办的《中国画都》周刊专版刊发。

【全民健身】 10 月 15 日，潍坊市首届农民趣味运动会邀请赛暨昌邑市首届农民趣味运动会在饮马镇举行，潍坊范围部分县（市、区）代表队和昌邑市各镇（街、区）代表队 400 余名运动员参加劳动模拟赛。第八届全民健身运动会贯穿全年，赛事不断。第八届全民健身运动会开幕后，先后举办千人迎春跑、生态健步走、羽毛球比赛、乒乓球比赛、象棋比赛、篮球联赛等各类群众性大型体育赛事 41 项 190 余场次，全市干部、职工和群众 2 万余人次参加比赛。其中，6—8 月举行的全市篮球联赛参赛代表队有 26 支，先

5 月 29 日，中小学生足球比赛　（李红霞）

后进行92场次比拼；山东省“百县篮球、千乡乒乓球、万人象棋”选拔赛，各镇（街、区）自发组织分赛区，数千名群众报名参赛；全市足球联赛吸引外埠单位报名，发展为“胶东半岛足球联谊赛”。承办“全民健身日”庆祝活动，引动全城健身热潮。在全国第11个全民健身日前后，先后邀请国家体育总局科学健身宣讲团成员到昌邑宣讲“全民健身知识”，开展大型公益性体质监测，举办大型健身成果展演等，1万余名群众参加不同形式的活动。2019年，先后承办全省第九届全民健身运动会航空航天模型比赛、全省广场舞社会体育指导员培训和潍坊市二十届运动会群体类赛事9场；组队参加二十届市运会群体组比赛，在太极拳（剑）比赛中获得42式太极拳和42式太极剑两个项目的金奖，在秧歌和腰鼓比赛中均获得金奖，组织参加第七届黄河三角洲县域大众广场舞比赛，获二等奖。

【体育惠民】 全市新建新农村农民健身场地47处2.8万平方米，配套健身设施320件（套），建设专业球类场地1万平方米，升级改造市全民健身中心篮球场、市体育场笼式球场8000平方米；开展公益性国民体质监测300例，开展社区健身指导9场次，开展社会体育指导员培训7场次370余人，全市增加一、二、三级社会体育指导员260人；继续在星级健身俱乐部推行市民刷医保卡健身。

【竞技体育】 选拔580名运动员，强化组队训练，出战潍坊市第二十届运动会，综合金牌和综合总分均列潍坊市15个县级单位第五名，越野长跑、竞走、排球、赛艇皮划艇等项目金牌总数均创历史新高。昌邑市运动员再夺1项全国冠军。在第二届全国青年运动会上，运动员王金范获女子田径1500米冠军。7—8月，全国青少年手球锦标赛在福建举行，昌邑手球队获得冠军。

【体育产业】 2019年，全市体育产业总产值6.7亿元，同比增长19%。市民的健身热情持续高涨，篮球、排球、足球、乒乓球、羽毛球、武术搏击、越野、户外运动、自行车、滑雪、器械健身、体育舞蹈、钓鱼、棋类、游泳等传统项目的健身俱乐部涌现，全市体育运动休闲场所发展日趋活跃。飞龙滑雪场、健乐体育、飞鱼体育、传琦健身俱乐部、户外运动联盟等星级体育产业实体，不断转型升级。青山秀水旅游度假区、墨尔本风情康生特色小镇及梨花水镇康养结合项目将体育项目与旅游度假休闲结合。年内，全市新增体育用品销售网点、门店21个，体育器材、用具、服装等行业，NIKE、锐步等体育品牌先后入驻。全年体育彩票销售额1.7亿元，同比增长21.5%，获取公益金700万元。

（胡旭宁）

10月15日，农民趣味运动会　（李红霞）

卫 生

【概况】 2019年，市卫健局先后获“潍坊市妇女儿童健康服务工作先进集体”“潍坊市级优质服务单位”“市直部门绩效考核三等奖”“2018年度丝绸之乡文化奖－文化建设工作先进单位”“乡村振兴工作先进单位”等称号。市人民医院获得2019年“星耀中华—最具成长力中国医院改革之星”称号，市妇幼保健院获得“潍坊市妇女儿童健康服务工作先进集体”称号。昌邑市职业健康工作经验在全省职业健康工作会议上交流发言，并在全省推广。

【创建国家卫生城】 制定印发《昌邑市创建国家卫生城市实施方案》，建立健全工作领导机制、指导机制、调度机制、督导机制、考核机制等一整套创城工作体系和运行机制，推动卫生城市建设常态化。召开市创卫领导小组成员单位扩大会及创卫工作调度会、市场专项整治会、市容环境综合整治会等系列专业会议，研究部署调度创卫工作。制定《创建国家卫生城市网格化责任分工实施方案》，以路、街为界将城区划分为23个大网格，由23名市级领导干部包靠负责，将责任细化到街道和部门。集中整治提升月期间，23个包靠网格的部门形成督导组，每天不间断督导，并形成督导报告，反馈至相关部门，限期整改。综合整治166个老旧小区、77个城中村和城乡接合部环境卫生；新建生活垃圾填埋场1处、垃圾中转站5座、公用厕所20座。

利用广播、电视、报纸、网络等媒体，板报、宣传栏、电子显示屏等阵地，公开信、倡议书等形式，广渠道、多视角宣传发动，调动市民支持创卫、参与创卫、建设美好家园的积极性。在城区公共场所、主要道路、各大建筑工地张贴创卫宣传标语400余幅，在城市公交车、出租车张贴宣传标语300余张，印发创卫宣传明白纸18万张，小区、公园、城区主要路段均设置健康教育专栏。

围绕国家卫生城市标准，从治脏、治乱、治差入手，全面开展环境综合整治，突出主要街道、商业街区、集贸市场、背街小巷、老旧小区、“八小”行业等重点部位，治理“十乱”现象、占道经营、建筑扬尘、污水漫溢等，每个专项整治项目分别由牵头部门制定方案，明确配合部门、任务分工和工作职责，督促工作落实。采取健全制度、落实责任、疏堵结合等办法，推进问题整改。

9月11日，市委书记吕珊珊（前右三）调研卫生城市创建工作 （姚彩霞）

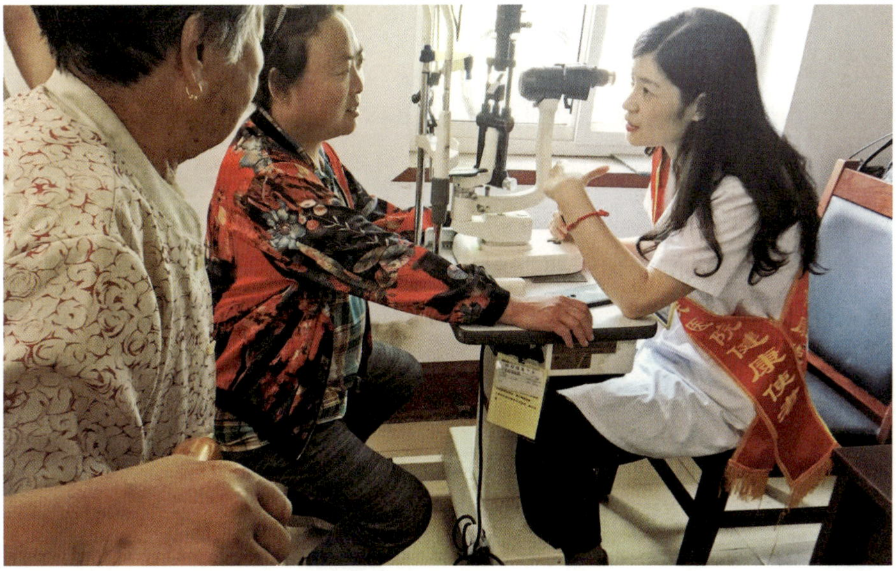

6月19日，市卫健局机关党委组织医护人员到北孟镇李家井村开展“不忘初心使命、关爱百姓健康”义诊活动　（胡颖飞）

【医养健康】 打造医养结合“昌邑模式”，提升健康养老服务水平。鼓励医疗卫生机构开展养老服务。昌邑市人民医院开设老年病科和康复医学科，用于护理型养老，并以老年病科为主，普内血液科作为支持科室，为癌症晚期（终末期）癌性疼痛镇痛病人提供安宁疗护服务。市人民医院与山东香柏老年人养护服务有限责任公司成立香柏养老中心，床位300张，医疗专护和住院患者生活照护服务进入实施阶段；饮马中心卫生院在饮马镇祥乐老年公寓设立分院区，内设诊断室、药房、护士站、治疗室、心理咨询师、康复病房、安宁病房等科室；围子街道西黄埠社区建成养老院与卫生室一体化运作模式，合理利用医疗资源，重点是中医及康复医疗服务，打造集生活、疗养、娱乐、日间照料为一体的多功能医疗养护模式；昌邑康宁中医医院与济贤养老中心合作，在济贤养老中心设置护理站，由单纯的养老转变为“医养、康养相结合”的健康养老。支持养老机构开展医疗服务，重点发展医养结合型养老机构，增加护理型养老床位。养老机构与医疗机构开展协议合作，签订长期合作协议，医院根据协议为入住养老机构的老年人提供医疗、护理、保健等服务，实现入住老人医疗服务全覆盖。

【医政医管】 昌邑市人民医院成立临床检验、护理、院感和消毒供应4个质控中心。开展乡（镇）卫生院评价工作，2019年昌邑市柳疃镇卫生院达到甲等卫生院标准。印发《昌邑市卫健系统2019年改善医疗服务集中行动工作方案》，改善医疗服务，提高群众满意度。多次召开全市改善医疗服务集中行动推进会议，全市卫生健康系统改善医疗服务、提升医疗能力，提高城乡居民看病就医满意度。提高妇幼保健服务能力，强化妊娠风险预警评估，定期开展院内急救演练。强化儿童健康管理，进行各种障碍儿童早期干预和促进。

【疾病控制】 加大疫情主动监测和宣教力度，详细掌握严重精神障碍患者和易肇事肇祸患者动态。3月1日起，实现6种严重精神障碍患者“医保报销、民政救助、财政兜底”的救治经费保障机制。为1001名患者办理免费治疗卡，门诊免费治疗5733人次，住院免费345人次，免费金额202.57万元。对77名符合条件的严重精神障碍患者实行以奖代补。艾滋病、结核病防治等工作开展。

【卫生计生综合执法】 打击非法行医，立案查处无证行医4件。加强医疗卫生和传染病防治监督，监督检查116家医疗机构。常规及专项检查全市3家餐饮具集中消毒单位、3家集中供水单位，监督覆盖率100%。

【职业健康】 3月，成立职业卫生健康科，具体负责全市的职业病防治工作。打造“三个一”工程，为企业制定一份责任书、为企业印发一封关爱信、为企业制作一本职业卫生档案簿，夯实企业主体责任。召开镇（街）企业负责人培训会议10场，专家培训会议10场，参训企业780家，培训人员900余人。昌邑市职业健康工作经验在全省职业健康工作会议上进行交流发言，并在全省推广。

【民生实事】 开展孕妇外周血胎儿游离DNA免费筛查工作，筛查2246人。为2630名1岁儿童免费接种水痘疫苗。为4743名适龄儿童免费牙齿窝沟封闭防龋。开展全市1.63万名适龄妇女免费“两癌”筛查工作。免费治疗门诊患者5733人次、住院的严重精神障碍患者345人次。为6.51万名65岁及以上老年人免费查体。为3.46万名70岁以上老年人免费接种四价流感疫苗。为80周岁以上老年人发放高龄补贴，发放2.01万人，发放金额1920.48万元。规范开展免费婚检、孕检、增补叶酸、产前筛查、新筛和PKU患儿特殊食品补助项目。

【中医中药】 10月21—23日，举办2019黄元御中医药文化节暨中医药传承与发展高峰论坛，以“传承发展中医中药、服务保障人民健康”为主题，主要有战略合作协议签订仪式、黄元御中医药文化节开幕式、中医药传承与发展高峰论坛、中医养生公益大讲堂、中药材展示、中药材画展等活动，签订合作协议6项，各项活动在网络全程直播，线上线下参与10万余人。全部社区卫生服务中心和乡（镇）卫生院设置国医堂。举办2019年基层中医适宜技术培训班，邀请省、潍坊市专家授课，106人参加培训。举办2019年中医药适宜技术推广普及培训班，培训8天，260余人参加。

【健康扶贫】 开展扶贫工作，完善贫困人口健康保障体系。落实健康扶贫“八个一”工程及各项惠民政策，落实情况及时录入“山东省互联网+精准健康扶贫信息管理平台”。卫健局协助围子街道包靠辖区内的贫困户，每月上门服务一次，帮助解决生活困难。对口帮扶北孟镇李家井村，协助筹集资金20余万元，完成户户通工程。

6月12日，8～12岁学生进行甲状腺检测 （刘倩）

【免疫预防接种】 国家免疫规划“八苗”全程及时接种率93.33%，列潍坊八县市第二位；1岁儿童免费水痘疫苗接种率95.98%，列全潍坊八县市第一位；卡介苗接种率97.49%，脊灰疫苗接种率98.76%，百白破疫苗接种率97.71%，乙肝疫苗接种率99.43%，乙脑疫苗接种率98.17%，流脑疫苗接种率97.93%，甲肝疫苗接种率

99.06%，含麻制品接种率 99.58%，白破疫苗接种率 98.18%；报告 4 例麻疹疑似病例、水痘 31 例、流腮 8 例，全部按要求进行疫情流行病学调查、标本采集、送检。

【传染病防控】 实行 24 小时值班制度，传染病自动预警信息及时处置率 100%，突发公共卫生事件及时报告率、处置率、完整率均 100%；昌邑市无甲类传染病报告，乙类报告 11 种、318 例，丙类 6 种、761 例，共 17 种、1079 例，无重大传染病疫情发生；规范管理 37 名艾滋病感染者和 158 例结核病人；按照国家卫生健康委等 10 部门制定的《地方病防治三年攻坚行动（2018—2020）》，开展 2019 年 8 ～ 12 岁学生甲状腺、盐碘、尿碘等监测和氟中毒知识问卷调查，实现控制和消除地方病危害目标。

【慢性病防控】 与义工联携手成立昌邑市义工慢性病救助服务站，4 万名义工志愿者兼任“健康大使”；创建“政府主导、部门合作、社会参与”的国家慢性病综合防控示范区，以文化广场、湿地公园、康宁中医院为载体，融入健康、运动元素，打造“健康主题广场”“健康步道骑行道”“健康教育基地”等集观光游憩、运动健身、休闲娱乐、健康素养、文明倡导于一体的便民利民基础设施场所；获国家级 2004—2019 中国死因报告工作先进集体奖和个人奖。

【职业卫生监测】 免费为辖区内公共场所、企业单位的 1000 余名上岗在岗人员进行预防性健康查体；完成 45 家医疗卫生机构和非医疗卫生机构诊疗设备统计汇总工作;随访调查 40 余名尘肺患者;监测辖区内 25 家企业的煤尘、矽尘、苯、铅、噪声、一氧化碳、氯气等重点职业病危害因素。

监测各类公共场所经营单位 753 家、生活饮用水 146 份；完成国家级 2019 健康素养促进项目监测工作，抽取 3 个乡（镇）17 个村，摸底 3980 户，入户调查 240 户；完成省级高血压和钠盐摄入监测基线项目调查，抽取 2 个街道和 1 个镇，调查 15 个村、375 人次；为 70 周岁以上老人免费接种四价流感疫苗 3.46 万人次；完成实验室 A 类、B 类设备配套。

【昌邑市人民医院】 以“对标学访”先进医院的经验为参照，以病人为中心，以质量为核心，坚持提高技术水平和服务保障能力，全院门（急）诊诊疗病人 38.8 万人次，出院病人 3.96 万人次，开展手术 8681 例。年内，获得潍坊市科学技术进步二等奖 8 项、三等奖 1 项，申报潍坊卫健委科研项目结题 2 项，新立项 6 项。被评选为全国医疗卫生行业“最具成长力医院”，被潍坊市卫健委表彰为“卫生健康系统安全生产工作先进集体”，获“全国文明城市创建工作先进单位”“基层党建工作先进单位”“昌邑市三八红旗先进

7 月 2 日，开展昌邑市霍乱疫情应急处理桌面推演 （刘倩）

集体”、潍坊市“三八红旗先进集体”称号。

保持原有“医联体”和合作协作平台，年内，加入省立医院远程医学会诊平台、国家心血管病高血压专病医联体、云ICU平台、齐鲁儿童医疗集团危重儿救治联盟、潍坊市人民医院医疗集团联盟等，成立国家内分泌学科发展助力工程实践基地。首次建立“团队带团队”的带建带教模式，北京宣武医院神经脊柱外科教授菅凤增团队，以专家“组团”的方式，对接市人民医院的脊柱外科。5月下旬，肝胆胰外科专家日本东京女子医科大学教授高崎健应邀到昌邑讲学。提高业务能力，促进技术发展，29.7%的临床科室开展新项目，其中关节外科开展肢体功能重建与畸形矫正手术救助，脊柱外科开展脊柱神经骨科，胸心外科开展肺小结节筛查、妇科和两个产科增加生殖医学、月子中心、盆底康复，甲乳血管外科开展血管介入，口腔科开展种植牙技术，消化内科开展内镜下黏膜剥离等。

“区域中心”（县域内医疗中心）建设纳入发展规划。胸痛中心、卒中中心、癌症中心等“六大中心”建设是《健康山东2030规划纲要》要求的“规定动作”；代谢中心、消化中心、医学检验中心、远程医学影像中心等是医院根据社会需求及“健康昌邑”建设的需要，重点推进的“自选项目”。在胸痛中心建设上，主要对标已取得中国胸痛中心总部认证的威海市立医院、淄博第一人民医院、日照市人民医院，根据国家卫健委《胸痛中心建设与管理指导原则》，实施规范化建设。6月3日，召开全市胸痛中心成立大会，优化程序后的服务主要有医院实行胸痛病人先诊疗后付费，全部就医及检查环节优先办理。在卒中中心建设中，按标准要求规范患者入院、检查、治疗的各个环节，优化工作流程，达到促进科室建设、提高治疗效果的目的。其中，神经外一科完成手术165例，以微创手术为主的三四级手术69例，占比41.8%；神经外二科重视开展脑血管病介入技术，与上级医院联合，开展应用“重型颅脑损伤合并多脏器损伤的救治”“自体筋膜修补”等新技术项目；神经内一科、神经内二科、神经内三科完成静脉溶栓61例，出院人数同比分别增长7.86%、8.5%、15.2%。由产科和儿科参与建设的“危急重孕产妇和新生儿救治中心”全年有效保证孕产妇及新生儿安全。年内，组建多学科会诊中心。以检验科为主的昌邑市临床检验中心在山东省临床检验实验室质评中13个系列、95个项目全部合格，全年检测48万余个标本未发生质量投诉。急诊科完成床旁检测心脏标志物284人次，急性心梗病人进入胸痛中心救治流程74例，全年入室抢救急诊病人1.25万人次，同比增长11.5%，急危重病人抢救成功率90.7%。

运用专科护理成效展示、优质护理特色事例分享等方法，推进优质护理服务。血栓风险评估标准化、基础预防和物理预防规范化落实，防血栓小组全年抽查患者1150人，检查1.08万项，合格率97.2%。加大重点环节交接、危重病人管理、术前术后管理力度，采取夜查房督导，保证夜间护理工作安全。组建“同心圈”“爱脑圈”“携手圈”等19项质量圈活动，其中眼科通过“光明圈”活动，白内障患者健康教育知晓率由55.7%提高至83%；小儿二科通过“守护圈”活动，患儿尿布性皮炎的发生率由38.9%降低至16.7%。对全部护理单元进行防血栓、防坠床跌倒、防压疮、疼痛管理、危重病人管理、慢病管理、温馨服务等七类标准化特色病房达标验收。3月，设立创面修复科，挂牌成立创面修复付小兵院士培训基地，至年底，为33名严重创面患者进行治疗，创面护理施行换药729人次，为居家换药患者提供上门服务。

开展与多家医学院校的合作培训。菏泽医学专科学校1个班30名学员、齐鲁医药学院2个班130名学员、潍坊护理学院2个班80名专科护理学员到院学习和实习。

【妇幼保健院】 昌邑市妇幼保健院是一所集保健、医疗、预防、计生、康复为一体的妇幼保健机构、妇产科专科医院、妇女儿童疾病及乳腺疾病防治中心，二级甲等妇幼保健院，国家级“爱婴医院”，医疗保险定点单位，全国妇幼卫生四项监测点。占地4.53公顷，建筑面积4.39万平方米。年底，有职工300人，开放床位280张。有大型16排螺旋CT、三星四维彩超、德国西门子自动乳腺全容积成像彩超机、高清宫腔镜、腹腔镜、ATP无创治疗仪、DNA倍体超早期宫颈癌筛查仪、乳腺电子断层扫描成像系统、日立7180全自动生化仪、全自动血球分析仪等万元以上大型专业特色设备300余台（套），规范建设孕产保健中心、妇女保健中心、儿童保健中心、计划生育技术服务中心4大学科服务体系。设有产科、妇科、儿科、新生儿科、内科、外科、中医科、生殖健康科、产后康复科、儿童保健科、儿童康复科、查体中心、影像科、检验科、优生科等30个专业科室，增设家庭式产房、月子中心、新生儿层流消毒监护病房、光波汗蒸疗房等10余个特色专业科室。开展妇女儿童疾病查治、接生、乳腺疾病防治、节育手术、内外科常见疾病诊治、妇产科、儿科急、危、重病症的处理及抢救等临床工作和妇幼卫生四项监测、孕产妇儿童系统化管理、出生医学证明管理、增补叶酸预防出生缺陷、婴幼儿喂养与营养改善项目、婚前检查、计划免疫、儿童康复等保健工作，形成以妇幼保健、计生服务为主的医疗服务格局，创建婚、孕、产、育、保“全生命周期”一站式服务模式。年内，获“省级巾帼文明岗”“潍坊市先进基层党组织”“潍坊市妇幼卫生工作先进集体”“潍坊市健康教育与健康促进示范单位”“昌邑市妇女儿童工作先进集体”称号。

【党建工作】 制定《2019年度卫健系统党建工作要点》，加强全市卫健系统党的建设。重新调整党组班子以及副科级以上领导干部分工，层层签订责任书，明确班子成员“一岗双责”，执行民主集中制的议事规则和决策程序，“三重一大事项”提交党组会研究决定。重新规范“三重一大”报送制度，每季度上报一次。在卫健系统庆祝建党98周年大会上表彰先进党组织3个、优秀共产党员25人、优秀党务工作者3人。下发《中共昌邑市卫生健康局党组意识形态工作责任制实施方案》，按时组织理论学习中心组学习，全年组织学习12次，上专题党课4次，廉政专题党课2次。开展“不忘初心、牢记使命”主题教育活动，围绕党的政治建设、全面从严治党等8个方面及学习党史、新中国史等，举行6次集中研讨。利用5天的时间，举办“不忘初心、牢记使命”主题教育读书班，将宣传工作列入党建工作责任制，纳入绩效考核，建立新闻宣传月报制度，定期报送工作进展情况。全年，在各级各类新闻媒体发表卫生计生宣传稿件1200余篇，严守政治纪律和政治规矩，切实按照党章要求规范思想和言行。加强党员的纪律教育，有效运用监督执纪“四种形态”，强化党员干部的日常监督。排查整改系统内涉及的相关问题，建立长效机制，推动各项工作长足发展。2019年，调整部分基层医疗机构负责人8人，13人因年龄原因离开副职岗位。执行《党政领导干部选拔任用工作条例》和相关制度规定，对推荐提拔中层干部和镇（街、区）医疗机构负责人严格执行规定的标准和程序。向人大代表、政协委员、部门领导班子及成员寄发《征求意见的一封信》，各医疗机构印发《致辖区居民的一封信》，利用第三方调查昌邑市医疗卫生服务情况满意度，将存在问题反馈至各医疗机构进行整改。执行党风廉政建设责任制，层层签订《党风廉政建设责任书》。按照不同单位、不同年龄层次和不同岗位特点，开展风险防控人员针对性廉政教育谈话，开展形式多样的警示教育和示范教育。

（胡颖飞）

计划生育

【概况】 2019年，完成《人口和计划生育目标管理责任书》确定的各项任务目标。全市出生4536人，出生率7.74‰；死亡3943人，死亡率6.73‰；净增人口593人，自然增长率1.01‰。

【责任落实】 人口计生工作纳入全市国民经济和社会发展总体规划，坚持党政一把手亲自抓、负总责不动摇，完善“五职责任人”领导体系。多次召开市委常委会、市政府常务会、党政联席会研究计生工作，制订印发《2018—2020年度人口和计划生育目标管理责任书》以及考核办法。落实市、镇（街、区）、村（社区）层级人口目标管理考核奖惩机制，合理设置人口均衡发展指标、服务性指标和保障性指标三大项考核指标体系。全年，计划生育政策审核把关158个村（居、单位）、3605人，一票否决单位8个、个人2人。

【宣传教育】 利用全国肿瘤防治宣传周、“5·12”护士节庆祝大会、“5·29”协会会员日、“7·11”世界人口日、全民健身日、中国医师节、全国爱牙日、中医膏方养生文化节等节日，组织各镇（街、区）开展集中宣传活动，宣传利益导向、优生优育、生殖保健、政策法规等内容。围绕计划生育专题活动开展深度宣传报道，在市级以上主流媒体发表新闻稿件1000余篇。

【优化服务】 加快生育服务改革，推行一站式、全程代办和网络受理服务，建立无条件受理、首接负责、异议裁定、限时办结、一次办好的运作机制。2019年全市生育登记率99%，高于责任书指标9个百分点；再生育审批及时率100%，群众满意率99.4%。2家二级公立医院全部建立危重孕产妇和新生儿危急重症救治中心。推进优生服务项目，提高出生人口素质。全年孕前优生健康检查目标人群覆盖率、新生儿四种遗传代谢性疾病筛查覆盖率、新生儿听力筛查率、免费计划生育基本项目技术服务落实率四项责任指标均达到上级要求。开展“优质服务先进单位

5月10日，“5·12国际护士节颁奖晚会”中国南丁格尔志愿护理服务总队昌邑市人民医院分队宣誓仪式（姚彩霞）

创建活动”，实现工作重心转换、机制转轨、服务下移，夯实基层基础，提升基层人口计生服务能力。

【监测预警】 卫生计生、教育、公安、民政等部门的信息纳入人口信息资源共享平台，突出抓好信息资源共享。完善全员人口信息动态采集机制，为工作决策提供准确依据。年内，全市孕情上报及时率96.6%，同期提高1个百分点；人口出生上报及时率、信息准确率均为99.7%。

【流动人口】 完善流动人口均等化管理，制定落实流动人口均等化服务管理办法，健全完善城乡平等的计划生育服务管理制度。发挥计生协会服务流动人口的社会协同作用，居住半年以上的流动人口，建立健康档案，从制度层面保障流动人口在优生优育、技术服务、卫生防疫、传染病防控、基本公共卫生等方面享受均等化服务。年底，流动人口孕产妇和儿童保健管理健康档案建档率95%，传染病防控率100%，基本公共卫生服务项目知识知晓率98%。

【出生人口性别比】 综合治理出生人口性别比，召开全市医疗卫生系统性别比治理会议，并与各医疗卫生单位签订医疗机构性别比综合治理工作责任书。坚持开展打击“两非”（非医学需要的胎儿性别鉴定、非医学需要的选择性别的人工终止妊娠）工作，建立完善领导小组主导下的部门联合办案、联合执法、联合惩戒等工作机制，推进出生人口性别比偏高问题综合治理。

【困难计生家庭扶助】 实施“阳光大姐”家政服务、关爱“失独”家庭、爱心助学圆梦等品牌工程和幸福花季、“生育关怀他乡有爱”等利民便民工程，为计生家庭提供优质服务。开展生育关怀、生活关怀、健康关怀、养老关怀和心理关怀活动，妥善解决特殊群体的生育支持、生活照料、大病治疗和精神慰藉等问题。印制亲情牵手联系卡，实现联系人制度、就医绿色通道、家庭医生签约全覆盖。年内，为36户失独家庭发放一次性抚慰金29.75万元，为1324个计生特殊家庭成员办理方便就医卡，开通就医“绿色通道”。全年，办理农村部分计划生育家庭奖励扶助人员3295人，落实及时率95%；办理城镇其他居民独生子女父母奖励扶助人员48人，计生特别扶助人员102人，发放奖励扶助资金1951.8万元，特别扶助资金444.5万元。

【独生子女补助发放】 全面解决企业退休职工独生子女父母养老补助，制定印发《落实企业退休职工中独生子女父母养老补助的实施方案》，一次性加发30%养老补助，保障退休职工独生子女父母合法权益。年内，发放520名破产企业、困难企业和劳动托管企业退休职工一次性养老补助金，发放金额1027.6万元。

【关爱新生命】 宣传儿童保健及新生儿疾病筛查的重要性和必要性，贯彻落实“新生儿48种遗传代谢疾病免费筛查”和“婴幼儿配方奶粉援助行动”，加大对贫困新生儿家庭的扶助力度。发放宣传明白纸2万余份，基本实现目标人群全覆盖，婴幼儿配方奶粉援助项目群众知晓率98%，知晓人群中有需求人员全部得到保障供应，2019年共发放公益奶粉6160桶；辖区内助产机构新生儿48种遗传代谢疾病免费筛查3404人，筛查率90%。

（赵明举　胡颖飞）

科　技

科技发展

【概况】 2019年，全市科技围绕建设创新型城市，深入实施创新驱动战略，着力强化双招双引、平台建设、成果转化、高企培育、人才引进等工作，推动科技进步、创新发展。昌邑市连续2年被评为“全国科技创新百强县市”。市科技局获评“2019年市直部门单位述职评议”优秀等次，被授予“昌邑市先进基层党组织”“昌邑市文明单位”等称号。

至年底，全市有国家火炬计划重点高新技术企业1家，国家备案高新技术企业22家；建成企业院士工作站8个；产业技术创新战略联盟10个；潍坊市级以上工程技术研究中心55个，其中省级5个；潍坊市级企业重点实验室18个；引进联合建立科研院所35个；获批山东省级科技企业孵化器3个，潍坊市级科技企业孵化器6个。年内成功申报潍坊市级以上科技计划项目28项，其中山东省级科技计划项目16项；完成到期项目验收6项；获山东省科技进步二等奖1项，获潍坊市科技进步奖17项；加入国家科技型中小企业库企业18家，认定高新技术企业5家；新建院士工作站2个；新增潍坊市级工程技术研究中心5个、潍坊市级企业重点实验室4个；完成招院引所11个；引进中国工程院院士2人，获评泰山产业领军人才2人，获评山东省首批科技特派员22人。

【产学研合作】 坚持招商引资与招院引所、招才引智并重，引导和组织企业加强与高等院校、科研院所对接，强化产学研合作。2019年，先后组织浩信集团、灶户盐化、鼎立食品等企业分别引进大连理工大学、中国海洋大学、青岛科技大学、山东农业大学等高校院所共建研发中心，完成招院引所合作项目11个。

【项目实施】 全年有28个项目列入潍坊市级以上

12月28日，潍坊丰瑞科技有限公司实施的潍坊市科技发展计划项目“抗逆优质高产苜蓿新品系选育及产业化推广”，在昌邑通过潍坊市科技局组织的专家组验收　（姚苏芮）

科技发展计划。其中，山东同大海岛新材料“免染聚酯超棒皮合成革真皮化的研究”、润德生态“生物机械法分离高强度秸秆纤维制备高性能生物基新材料产业化”、龙港硅业“新型海洋防锈剂的研制与应用”等16个项目列入山东省重大科技创新工程、省重点研发计划和省科技创新发展资金计划。硕邑化学“氯化聚乙烯接枝马来酸酐共聚特种橡胶的开发”、丰瑞农业“盐碱地水盐高效调控技术研究与示范”等12个项目列入潍坊市科技发展计划。加强计划项目管理，经常性开展督导检查，强化协调调度，推动计划项目按照任务书要求按期完成并及时验收。有6个项目通过潍坊市科技局组织的专家组验收，按期验收率100%。

【科研平台建设】 年内增加获批潍坊市级以上创新平台11个。其中，蹇锡高院士工作站、包振民院士工作站2个院士工作站获省科技厅审批。山东同大新能源、润德生态纤维、东元连海环保科技、龙港阻燃材料科技、敖里盐化5家企业获批潍坊市级工程技术研究中心。龙马塑业、家园化工、新澳化工、得和明兴生物科技4家企业获批潍坊市级重点实验室。

【高新企业培育】 围绕加快新旧动能转换，引导和支持企业引入新技术、新产业、新业态和新模式，发展高新技术产业，推动更多科技型中小微企业成长为高新技术企业。年内，有18家企业加入国家科技型中小企业库，亿润新能源、龙马塑业、高端密封材料等5家企业通过国家高新技术企业评审并公示，奥友生物、绿元生物、恒昌新材料等5家企业获山东省中小微企业升级高新技术企业财政补助资金。

【科技成果转化】 组织山东同大印制系统公司“WK印花圆网”项目通过专家技术鉴定，整体技术达到国际先进水平。龙港硅业公司“环保型纺织品用硅基阻燃剂的研发与产业化”项目获山东省科技进步二等奖；汉兴医药、和田旺生物、富润纺织、人民医院等17个项目获潍坊市级科技进步奖。

【科技人才引进】 实施人才强市战略，拓宽人才对接渠道，加大人才引进力度。年内，引进中国工程院蹇锡高院士、包振民院士等高端人才，开展科研项目合作。藻智源生物、碳源新能源公司的2名创新人才获评泰山产业领军人才。22名科技人才获评山东省首批科技特派员。

【精准强企扶贫】 瞄准服务企业精准化，转变工作作风，结合开展“不忘初心、牢记使命”主题教育，开展“科技精准强企行动”，组织班子成员、业务骨干到科技型重点企业走访调研，面对面交流，帮助企业解决困难问题，指导企业发挥自身优势，增强创新发展能力。全年，调研对接企业50余家，帮助解决问题80余件。做好第二轮科技指导员选派帮扶省定贫困村工作，选派科技指导员，开展扶贫成效监督检查，逐一走访调研昌邑市10个省定贫困村，调度科技指导员帮扶工作开展情况，挂牌公示科技指导员信息，赠送农业科技图书和技术资料、蔬菜和瓜果种子等生产资料。6月、10月分别开展2次“科技下乡”活动，推广普及农业技术，赠送农业科技书籍资料，实地指导农业技术。组建昌邑科技扶贫服务队，到围子街道开展技术培训，聘请技术专家专题讲解大姜种植、病虫害防治及水肥管理技术等，30余名大姜种植户参加培训。

（罗英赫）

知识产权

【概况】 2019年，昌邑市知识产权保护中心把握"一个目标定位、四个着力建设、十个率先突破"总体思路和工作布局，高标准推动知识产权强县建设，发挥知识产权在推动供给侧结构改革、实施新旧动能转换重大工程的支撑作用。优化职能配置，提高效率效能。

【知识产权强市建设】 7月1日，国家知识产权局正式发文同意昌邑市关于国家级知识产权强县工程试点的申请，建设期为2年（2019年6月至2021年6月）。组织市域内企业申报国家、省、市各级专利奖。山东同大海岛新材料股份有限公司的"一种仿头层皮合成革的湿法生产装置"和昌邑富润纺织科技有限公司的"一种天然植物染料的同色渐变防印方法及应用"获潍坊市专利二等奖。并获取奖金共计20万元。8月，潍坊金丝达新能源科技有限公司申报的省专利导航项目，完成验收。成泰化工张国华参加第十一届山东省"发明创业奖"评选获评三等奖。

【知识产权宣传及培训】 提升社会知识产权意识，利用宣传周组织开展知识产权宣传活动；利用悬挂条幅，向市民发放宣传单，电视媒体等形式向公众普及解读知识产权相关政策。走访各镇（街、区）、重点企业、学校，采取举办培训班、座谈会等形式拉近知识产权与大众的距离，深入了解知识产权助力经济发展所带来效益和前景。

【创业创新成果】 2019年，昌邑市宝路达机械制造有限公司、山东和田旺生物科技有限公司等企业申报潍坊市专利质押贴息、押贷款贴息服务，解决企业融资难题。至年底，全市企业专利质押融资1.27亿元，争取省市两级专利质押贴息政策贴息31.23万元。全市专利申请量691件，专利授权量623件，其中发明申请211件，发明专利授权27件。PCT申请1件。为专利权人争取省、市专利补助资金33.6万元。全面推进知识产权标准化管理，培育知识产权优势企业，全年新增灶户盐化、凯特新材料、富润纺织、润安化学科技等5家贯标企业，4家通过省知识产权优势企业培育认证的贯标企业获得奖励，金额20万元。

【营商环境优化】 以中国（潍坊）知识产权保护中心正式启动为契机，为昌邑相关领域企事业单位备案，做好全市光电和机械装备领域知识产权预审确权、快速维权、保护协作、综合运用等工作，助推全市光电和机械装备产业转型升级。

（蔺艳杰）

防震减灾

【概况】 2019年，市应急局开展防震减灾宣传活动，创新宣传形式。抗震设防要求管理纳入基本建设审批程序。制定《昌邑市应急局2019年震情跟踪工作方案》，做好震情跟踪工作。定期组织

5 月 12 日，在中百广场设立宣传点，发放应急管理科普书籍，接受市民咨询（张文峰）

害预测工作的开展、成果应用及日常维护，为城市规划、建设、管理提供科学合理的抗震设防依据，提高城市防御地震灾害的综合能力。开展全市农村民居调查摸底和指导检查，及时查出工程建设中存在的隐患，督促整改。加强抗震建筑技术指导，促进农村民居工程性防御措施落实。

应急演练，提高应对突发事件的能力。

【防震减灾宣传】 开展防震减灾宣传月活动，利用广播、电视、报纸等多种媒体，开展地震科普知识进校园、进机关、进企业、进社区、进农村、进家庭活动，创新宣传形式，通过微信等新媒体开展防震减灾宣传教育，提高宣教工作实效。5 月 12 日，在中百广场设立宣传点，发放应急管理科普书籍，接受市民咨询，市防震减灾领导小组有关成员单位人员参加宣传活动，发放宣传资料 1 万余份。“5・12” 前后在全市部分中小学校和社区组织开展地震应急疏散演练活动，提高广大师生的防震减灾意识和自救互救能力，市防震减灾领导小组成员单位有关人员到市实验中学进行防震疏散演练观摩。

【震害综合防御】 抗震设防要求管理纳入基本建设审批程序，一般工业与民用建设工程全部纳入抗震设防要求管理，重大建设工程达到应评尽评。加强地震安全性评价工作监督管理，必须进行地震安评的重大建设项目，做到应评尽评。加强地震小区划、城市活断层探测与震

【震情监测】 制定《昌邑市应急局 2019 年震情跟踪工作方案》，按照方案要求，及时督促有关部门、科室做好震情跟踪各项工作。排查地震宏观异常，维护社会稳定。接到异常报告，立即组织察看，不能做出判断的，及时向上级业务部门汇报。与潍坊市应急管理局专家一起现场调查群众反映的异常现象，解答群众疑惑，维护社会稳定。与中国矿业大学（北京）、深部力学与地下工程国家重点实验室合作，投资 80 万元建设郯庐断裂跨断层界面牛顿力监测工程并投入使用，全市震害综合防御能力提升。协助潍坊市应急管理局推进石埠（青山）地震台建设工作，年底完成主体工程建设。定期巡检青山、大院、滨海等监测点，监测点临时发生的问题及时到现场处置，确保各个监测点有效运行。及时调度各宏观观测点观测数据，发现异常及时处理。坚持 24 小时值班、周一会商和特殊情况随时会商制度，特殊时期由专人加密查阅观测资料，发现数据异常及时落实、核查并上报。

【地震应急救援】 5 月 10 日，在山东省地震科普示范学校——昌邑市实验中学举行应急疏散演练活动，市防震减灾工作领导小组成员单位负责人

参加，相关媒体进行报道，提高中小学生地震应急避险能力。9月26日，组织学校和住宅小区居民在文化广场开展应急疏散演练。加强地震应急避难场所管理，及时更新有关设施设备，确保发挥应有效用。定期组织观摩参加省地震局、潍坊市应急局组织的应急演练和桌面推演，提高应对突发事件的能力和水平。

（黄宁波）

气象测报

【概况】 2019年，发布各类预警信息99条，决策服务材料105期。制定“昌邑市2019年中央财政‘三农’气象服务专项实施方案”，培训全市镇（街、区）气象协理员及村级气象信息员。组织开展人工影响天气作业、企业防雷安全检查工作。为驻训部队提供气象预报预警服务。

【决策气象服务】 2019年，有针对性地应对频繁发生的高温、暴雨、寒潮等重大气象灾害，全年发布各类预警信息99条，决策服务材料105期，雨情60次。台风“利奇马”登陆期间，发布台风预报、预警、消息、快讯等材料29期。

【农业气象服务】 开展为期2年的“三农”项目建设，制订“昌邑市2019年中央财政‘三农’气象服务专项实施方案”。加强气象防灾减灾队伍建设，培训全市691个村级气象信息员，10个镇（街、区）气象协理员，推广“锄禾问天”“昌邑气象”微信公众号。

10月中旬，饮马区域自动站搬迁至梨花水镇项目区，助力乡村旅游发展。调研昌邑市宏大市场大姜种植气象服务，为其提供大姜天气预报短信。开展西红柿采摘期、土豆生长期、小麦收获期、大姜收获期等农业气象服务。

【气象现代化建设】 昌邑市人影融合通信指挥系统建成并投入运行，系统融合包括语音、视频、数据、定位等多种功能，可实现一对多、一对一语音视频通话，同时在指挥平台上各类信息可实时呈现。

【人工增雨防雹】 昌邑市人工影响天气领导小组办公室（以下简称人影办）根据天气情况，适时开展人工影响天气工作。年内，组织开展人工影响天气作业4次。其中，人工增雨作业2次，人工防雹作业2次。全市人影作业人员进行2期人影技术培训。配合潍坊市气象局人影办完成对高炮及火箭架的年检工作；开展人影安全生产检查工作，做到全市人影作业站点全覆盖。开展基层气象防灾减灾“六个一”基本能力建设。完成一本账、一张网、一把尺、一队伍、一平台、一张图建设。

【气象体制创新】 增强依法履职、依法管理、依法办事的能力，深化“放管服”改革，强化防雷安全监管，落实“一次办好”工作要求。全年，办理审批事项17项，其中防雷装置图纸审核业务9项，防雷装置竣工验收业务8项。开展19家企业防雷安全检查工作，下达整改意见书17份，开展气球执法行动24次，下达整改通知2份。

【气象文化建设】 利用“3·23世界气象日”“5·12防灾减灾日”及安全生产月等时间节点，开展气象法治宣传，普及《中华人民共和国气象法》、

9月19日，昌邑市气象局结合全国科普日活动为实验中学师生提供气象防灾减灾知识讲座 （王浩华）

防灾减灾及雷电防护知识。3月23日，邀请峻青中学师生参观市气象局，探索气象奥秘。5月12日，与应急管理局等单位在校园开展气象灾害、地震疏散等学生应急演练。9月19日，与市科协、市实验中学联合开展“全国科普日”活动，举行捐赠图书、科普气象知识。为北部驻训部队提供气象预报预警服务及防雷安全检测。

（龙晓斌）

文化·旅游

文化事业

【概况】 2019年，“昌邑县抗日殉国烈士祠”被国务院公布为第八批全国重点文物保护单位。龙池镇“建馆修志”推进乡村文化振兴荣登2018中国乡村振兴先锋榜十大榜样。柳疃丝绸技艺传承人魏耀琳获“山东省非遗保护十大模范传承人”。柳疃镇获评全省第二批“非遗助力脱贫、推动乡村振兴”典型乡镇，入选2019年潍坊市公共文化建设示范镇（街道），柳疃镇太平社区、北西高村入选公共文化服务示范社区。柳疃镇获山东省“书香之乡”称号，都昌街道北海社区获评2019全国“书香社区”。围子街道于家部社区、市关工委、新华书店昌邑分公司获评潍坊市“全民阅读活动先进单位”，昌邑乡村旅游节暨龙乡文化节获潍坊市优秀群众文化活动品牌。市文化馆作品《请媳妇》获潍坊新创作优秀小型剧目一等奖，西河大鼓《新时代新农村新气象》获三等奖。

【公共文化服务】 市文化馆、图书馆、博物馆实施免费开放并组织开展各类文化辅导、人才培训、展览和全民阅读活动，是全市文化惠民主阵地。整合各级文化项目资金，推进镇（街）文化站、基层综合性文化服务中心、农家书屋和文化基层服务点建设。申请资金76.37万元，为120个农家书屋更新图书2.83万册，配备书架120组，书橱70组。柳疃镇、柳疃镇北西高社区和太平集社区获评潍坊市公共文化服务示范镇（社区），获得专项奖励资金38万元。市图书馆在下营派出所、柳疃边防派出所、十字路小学、围子小学、监管大队、青山采摘园、金通大药房等基层单位建立馆外流通点，并举行赠书授牌及流通协议签订仪式，配送图书4700余册，形成以图书馆为龙头、各乡（镇）图书分馆为骨架、农家书屋为脉络、馆外流通点为服务终端的服务网络。市图书馆获潍坊市第五届读书朗诵大赛优秀组织奖，被评为昌邑市精神文明单位。市外国语小学获潍坊市第五届读书朗诵大赛优秀组织奖。柳疃镇获山东省“书香之乡”称号，都昌街道北海社区获全国“书香社区”称号。围子街道于家部社区、市关工委、新华书店昌邑分公司获评潍坊市“全民阅读活动先进单位”，付娜、宋俊龙、魏春燕获评“潍坊市阅读推广人”称号。召开昌邑市基层综合性文化服务中心建设和农家书屋建设工作调研座谈会，安排人员摸底调研全市各镇（街、区）文化站、基层综合性文化服务中心、农家书屋，形成问题台账，明确整改措施。完成农家书屋图书和设施设备配送，迎接潍坊检查组抽查农家书屋更新工作。全市有村（社区）691个，按山东省有关标准要求，全部建成村（社区）综合性文化服务中心，建设达标率100%。南北寨社区和火道社区综合性文化服务中心被评为潍坊市优秀基层综合性文化服务中心。10个省定贫困村全部达标建成文化活动室，达标率100%。

【群众文化活动】 结合群众对文化活动的需求，利用春节、元宵节等传统节日，开展“缤纷冬日·文化暖心”文化志愿服务下基层、全市广场舞·秧歌大赛、市民文化节暨“好戏连连看”全市民营文艺团体展演等文化活动，满足群众的精神文化需求。举办“奇好潍坊 大美昌邑——迎春油画作品展”“第二届昌邑市青少年书画大赛颁奖仪式暨优秀作品展”“庆祝中华人民共和国成立70周年——‘我和我的祖国’大型摄影作品展”“翰墨颂辉煌——庆祝新中国成立70周年‘国青杯’书画作品展”“绿都墨韵·绸乡画语——庆祝新中国成立70周年书画名家邀请展”“人民政协成立70周年书画联展”等几十场展览讲座活动。昌邑乡村旅游节暨龙乡文化节荣获潍坊市优秀群众文化活动品牌。市文化馆作品《请媳妇》获潍坊新创作优秀小型剧目一等奖，西河大鼓《新时代新农村新气象》获三等奖。开展多层次、多形式的群众文化活动，满足群众多种文化需求。

【文化惠民工程】 完成送戏下乡演出600余场。组织华谊电影传媒有限公司采取公益电影放映+流动书屋模式，为群众提供数字化电影放映6540场。开展文化惠民消费季活动，发放10万元文化惠民消费券，昌邑市文化旅游局获“第三届潍坊文化惠民消费季优秀组织单位”称号。为全市的贫困户免费安装有线电视，全面完成文化扶贫任务。强化培训，补齐文化人才短板，抓实“十百千”文化人才培训工程。在文化馆开设美术、摄影、广场舞、戏曲、二胡等培训班170期，培训基层公共文化人才6000余人，文艺骨干620人，实现公益性培训常态化、大众化。全市公共文化服务水平整体提升。推动戏曲传承进校园，在中小学校举办“弘扬国粹·传承经典”戏曲培训活动，讲解戏曲基本知识并现场传授演唱技巧。依托文化馆基层服务点、基层综合性文化服务中心活动室等文化设施，将辅导培训送到百姓身边。

【非物质文化遗产保护】 免费为59位昌邑市级及以上非遗代表性传承人安装有线数字频道和宽带，开通非遗专题栏目。举办全市民间文艺展演暨“多彩非遗拜大年”活动，中央电视台2次报道。举办文化和自然遗产日活动，编印李增芬艺术剪纸《弟子规》一书，向全市中小学生捐赠。在柳疃丝路绸语文化创意园区建成非遗工坊，有剪纸、布艺、核雕等10余个非遗项目入驻。9月10日，在柳疃镇“丝路绸语”文化创意园举行昌邑市非物质文化遗产传习中心暨昌邑砚文化博物馆揭牌仪式。柳疃丝绸技艺传承人魏耀琳获“山东省非遗保护十大模范传承人”，昌邑市马兰奎、吕世敬、郝聚成、李秀霞4名非遗项目传承人入选第五批潍坊市级非遗代表性传承人名单。华晨蜡染（青云染）入选“十笏园非遗空间暨潍水非遗合伙人计划”项目。柳疃镇入选全省“非遗助力脱贫、推动乡村振兴”典型乡镇（街道）推荐名单。

【历史文化保护利用】 昌邑县抗日殉国烈士祠入选第八批国家级重点文物保护单位。王耨村东北遗址等12处新发现不可移动文物点经市政府公布为“第四批昌邑市文物保护单位”。李福泽故居等4个省级资金支持的文物保护修缮项目通过市文物局专家集中验收。傅振邦故居和史家大屋保护修缮等5个项目分别获得国家、省财政资金支持。龙池孙汉三故居、北孟刘瀛海故居、吴氏家庙3家市保单位获得国家财政资金支持编制保护修缮方案。卜庄镇姜泊村、龙池镇齐西村“乡村记忆建设省级财政资金补助项目”通过验收。昌邑博物馆提供的“存放李煦《虚白斋尺牍》的原盒”“李煦之父光禄大夫广东巡抚李士桢暨李煦嫡母一品夫人王氏画像”参加国家博物馆开展的“隻立千古—《红楼梦》文化展”，与省水下考古研究中心合作的黄水东调二期昌邑段“王耨村东北遗址”发掘结束并通过省文物局验收。与省水下考古研究中心、上海大学合作的黄水东调二期昌邑段“宋庄西村遗址”发掘结束并通过省文物局验收。“昌邑潍河流域考古调查项目”获得省文物局批复。完成省财政资金项目“卜庄镇姜泊村姜氏二支家庙保护修缮工程”。协助柳疃镇建成山东省第一个乡镇碑林——柳疃碑林，被誉为流散碑刻文物保护利用的“柳疃路径”。协助柳疃镇聘请专业团队启动“高隆盛村明代三官庙保护修缮项目”。聘请专业队伍开展省保单位都昌“徐长庚故居”测绘并编制保护修缮方案工作。征集流散文物1000余件，形成3个特色收藏。接受社会捐赠乡邦文物130余件。与省文物考古研究院合作的“辛置墓地资料整理项目”推进，墓葬部分资料采集工作完成，进入核对补充阶段。与国家博物馆考古院达成“山东北部沿海地区全新世中期以来的环境演变与人类适应性研究项目”合作意向，联合省水下考古研究中心、山东大学开展前期调研。10月下旬，项目第一阶段工作正式启动。全武红色文化收藏博物馆通过省文物局备案，柳疃丝绸文化博物馆注册申报民营博物馆，在柳疃镇丝路绸语文化创意园内新建昌邑砚文化博物馆，市博物馆扩建工程开工。市博物馆资料室加挂“潍坊市方志馆县域地情文献中心”牌子。13个村将新修村志捐赠昌邑市博物馆资料室收藏。举办“百年光影——昌邑老照片展”。卜庄镇姜泊村、夏店村入选《第五批中国传统村落名录》。340余个村庄编制完成村志，龙池镇“建馆修志”推进乡村文化振兴登“2018中国乡村振兴先锋榜十大榜样”。王伟波专著《潍坊经学》由济南出版社出版，该书为潍坊市社科重点课题，是国内首部区域经学文化史，获第五届“风筝都文化奖”。

【文化市场管理】 完成2019年度印刷、发行名录库整理、新闻出版年度核验及统计数据上报。完成130余家文化市场、新闻出版经营单位年审换证工作。开展全市的影剧院、互联网上网场所经营单位、艺术品经营单位和娱乐场所调查摸底、统计上报工作。摸底统计全市主题出版物展销情况，检查备案网上书店。完善“零跑腿”和“最多只跑一次腿”权力事项清单。完善部门年检目录清单及培训目录清单的编制，调整完善部门行政权力清单，完善事中事后监管制度，规范审批行为，增强行政审批透明度，办理行政审批业务30余笔，备案业务3笔。

（于兹军　魏文文）

文化执法

【扫黄打非】 开展“扫黄打非”专项治理，发挥“扫黄打非”主力军作用，联合公安局、教育局、团市委等成员单位开展“清源”“净网”“秋风”“固边”“护苗”专项行动及“扫黄打非”（版权）进校园等系列活动，保持“扫黄打非”高压态势。

利用重大节日、节点，开展“4·26知识产权宣传周”、侵权盗版及非法出版物集中销毁活动及“绿书签”活动，发放宣传海报3000余张，绿书签2000个，销毁侵权盗版及非法出版物760余套（册），激发人民群众积极参与“扫黄打非”的积极性，提高广大市民远离盗版出版物、拒绝盗版的意识。将“扫黄打非”工作与加强意识形态工作、基层精神文明建设、社会主义新农村建设、基层工作文化服务建设等决策部署结合。构建县、镇（街）、村（社区）三级联防体系，并延伸扩展进企业、景区、学校，筑牢基层一线“防火墙”。年内重点打造的围子于家部村、潍水学校成为潍坊“扫黄打非”示范点。昌邑义工联合会被山东省“扫黄打非”办公室授予全省“扫黄打非”进基层示范点。4 月 17 日，被评为全省“扫黄打非”先进集体。

【版权进乡村】 助力乡村产业发展，选树 4 个村镇为乡村版权保护示范村镇；4 家企业为版权保护示范企业（园区）；选树纺织品花样创作（设计、经营）、土陶、木雕（木刻）、剪纸 4 个个人为乡村版权保护示范带头人。以点带面、全面推进的创建目标。查办新领域、新业态案件，净化乡村版权市场环境。坚持“彻查、彻究、彻办”原则，挖掘文化市场领域重要线索。年内，办结新领域案件 2 件，其中印花布花型版权侵权案件 1 件，互联网文化经营单位未要求网络游戏用户使用有效身份证件进行实名注册案件 1 件。5 月 29 日，依托市棉纺协会，举办一次纺织品领域版权知识专题讲座，设立著作权统一申报站点，为有需求的企业和个人集中办理著作权申报。在昌邑市新大印刷包装公司设立版权服务工作站，无偿为有需求的企业和个人办理著作权申报办理工作。12 月 20 日，山东省“版权进乡村”行动总结推进会议现场观摩活动在昌邑市举行，昌邑市介绍经验做法。

【“无小耳朵”创建】 采用分类执法模式，精准扶贫摘“耳朵”，采取“宣传教育引导为主、先普法后治理”，破解“小耳朵”难题。根据创建工作三年总体规划，围绕数量占比最大，原因最复杂的一般性“小耳朵”使用群体，即所谓的中间户，劝拆劝转换“耳朵”。制作动漫宣传册和《文化市场法规图解》，开展广播电视政策法规宣传，劝导户主以“小耳朵”抵顶收视费的方式办理转网手续。推动“小耳朵”业户开展个人出一点，集体负担一点，广电网络公司优惠一点的“套餐式”有线电视安装模式。“无小耳朵”创建工作的做法成为潍坊工作典型，相关做法多次被山东省广播电视局在全省推广介绍。

【文化市场综合整治】 以文明城市创建工作为契机，强化以校园周边文化环境为重点的文化市场综合整治力度。成立两个执法小组，常年组织不间断巡查全市各网吧、游艺厅、图书音像制品零售店等。重点治理校园周边出版物市场流动书报刊经营站点，网吧违规经营行为、出版物经营市场销售非法政治类出版物、淫秽色情出版物、侵权盗版出版物和盗版音像光盘等非法经营行为。强化巡查、执法力度，净化全市文化市场经营环境。

（魏瑶佳）

12 月 20 日，中宣部版权管理局局长于慈珂（右五），省委宣传部副部长、省新闻办主任魏长民（右六）带领全省“版权进乡村”行动总结推进会议与会人员到昌邑市现场观摩 （张平平）

旅 游

【概况】 至2019年底，全市建成3个国家AAA级景区、2个国家AA级景区、4个省级旅游强乡镇、3个省级旅游特色村、1个全国农业旅游示范点、6个省级工农业旅游示范点、3个山东省精品采摘园、2家三星级饭店、1家二星级饭店、3家山东省四星级好客人家农家乐、53家旅行社（网点）。全市接待游客443.72万人次，实现旅游消费总额48.85亿元，同比分别增长8.42%和12.80%。梨花水镇一期奠基开工，山阳、齐西、姜泊和于家部4个村庄和石埠精品乡村旅游片区分别创建为AAA级、AA级、A级景区村庄和乡村旅游集群片区。华晨彩装科技公司文创产品“青云染·文创蜡染系列”获2019中国旅游商品大赛铜奖。

【文化旅游项目开发】 梨花水镇一期投资12亿元，5月28日奠基开工。康养医院主体工程基本完成。总投资50亿元的潍水田园综合体完成投资5亿余元，基础设施不断完善，新建籴道美食街等服务设施，南北两区初具规模。青山秀水旅游度假区旅游基础和服务设施不断完善，种植千屈菜草原，改建房车营地、梦幻之星营地等设施，新建跑马场项目。青山飞龙滑雪场第二个滑雪季接待游客和收入均增长，丝路绸语文化创意园一期于7月建成开放，累计接待游客10万余人次。新开发的青阜农业公社流转土地4000公顷，建成水库、湾塘23个，种植苜蓿草原，休闲农业、生态旅游起步良好。建成渤海走廊革命斗争陈列馆等红色旅游点。

【文化旅游产业】 饮马镇山阳村、龙池镇齐西村、卜庄镇姜泊村和围子街道于家部村分别入选潍坊市首批AAA级、AA级和A级景区村庄，石埠经济发展区精品乡村旅游区入选潍坊市首批乡村旅游集群片区。梨花水镇、潍水田园综合体、青山秀水旅游度假区、青山飞龙滑雪场和丝路绸语文化创意园入选潍坊市文化旅游重点招商项目。潍水田园综合体获山东省文化旅游重点项目贷款贴息资金支持。新建旅游厕所10个，申报争取省级旅游扶持资金5.44万元。华晨彩装科技公司推出集传统工艺与时尚创意于一体的创意手绘“灵心彩绸”和“青云染”蜡染、手工扎染产品，其文创作品《自由飞翔·放飞梦想》获中国（潍坊）风筝文化创意设计大赛服装类二等奖，“青云染·文创蜡染系列”获2019中国旅游商品大赛铜奖。

潍水田园综合体项目被山东省确定为“田园综合体地方建设标准”示范点、全省文化旅游重点

5月25日，昌邑市第四届乡村旅游节暨第四届龙乡文化节 （张平平）

项目、全省100个重点项目；被潍坊市列入新旧动能转换优选项目。项目完成投资4.8亿元，完成调整土地300公顷，核心区基本框架建成。齐鲁智农谷数科展示中心、3座智能育苗日光温室建成投用；3个丰收塔、小镇商街完成主体建设；齐鲁智农谷加工物流园、农业嘉年华等子项目施工。依托项目建设突出抓好典型示范引领作用，融合资源、共建共荣，成立埠头、西孙、晴埠等4个村级劳务合作社，整合潍水田园农民专业合作社、姜丰大姜专业合作社等10个专业合作社成立合作社联社，形成以村党支部为主导，以专业合作社为纽带，以产业基地为依托的“党支部+合作社+基地+农户”运营模式，解决2000余名群众稳定就业，实现村集体增收、农民致富。

2月20日，昌邑市文化和旅游局揭牌仪式 （刘凯）

【文化旅游活动】 启动2019文山潍水文化旅游系列活动，举办首届下营月牙湖大型海洋生物主题灯会、第十届山阳梨花节暨首届梨花水镇嘉年华、第二届国际半程马拉松、昌邑市第四届乡村旅游节暨第四届龙乡文化节、2019北方（昌邑）绿化苗木博览会暨第二十四届中国园林花木信息交流会和2019黄元御中医药文化节等活动。其中，首届海洋生物主题灯会在中央广播电视总台和山东电视台报道。

【旅游宣传推介】 邀请中央电视台等国家级媒体，召开第四届昌邑市乡村旅游节暨龙乡文化节新闻发布会。在传统媒体进行宣传，利用今日头条、省文旅厅、潍坊市文旅局官方微信网络媒体宣传推介昌邑文化旅游业。在潍坊市级及以上主流媒体发表稿件200余篇，市文化和旅游局网站公开信息400余条，在大众网文旅工作室、大众网电子政务中心联合清华大学新媒体指数大数据平台推出的山东省文旅政务微信影响力排行榜中，“文旅昌邑”居前十名，全年发布信息900余条，关注者6000余人。4月初，到陕西渭南、西安等地，开展文化交流和旅游推介活动。4月28日，成立昌邑市旅游行业协会，组织文旅企业抱团发展，积极进行对外推介交流。5月24日，邀请国内知名专家曾博伟、张林林举办以全域旅游和亲子文旅为主题的“潍水大讲堂”，全市600余名机关干部和文旅从业者接受培训。8月15日，与青岛报业集团及其所属的山东老年国旅签订战略合作协议，至年底，迎接青岛1800余人次的旅行团队。

（于兹军　魏文文）

新闻出版

【出版工作】 2019年，全市有新闻出版经营单位98家。其中，出版物印刷企业5家、包装装潢印刷品印刷企业 26 家、其他印刷品印刷企业 13 家、专项包装 1 家；新华书店 1 家，出版物零售单位 52 家。昌邑市文化和旅游局研究制定新闻出版“一次办好”事项清单、业务手册和办理指南，进一步规范审批流程。落实新闻出版安全生产行业监管责任，开展行业安全生产大检查 5 次，行业安全生产培训 2 次，联合消防部门在市博物馆等地举行消防安全知识与技能现场演示活动，与全市 42 家印刷包装企业签订安全生产责任书。全年落实农家书屋专项资金 76.37 万元，更新农家书屋 120 个，配备书架 120 组，书橱 70 组。

（潘凤杰）

融媒体

【概况】 2019 年，深化广电事业体制机制改革，强化政策保障、加大财政扶持力度，激发全体干部职工干事创业的积极性和广电事业发展活力。加快传统媒体与新媒体融合发展步伐，制定并实施新媒体融合发展规划，运用高新技术改造提升传统媒体，推进与新兴媒体在内容、渠道、平台、经营、管理等方面的融合，探索具有县级广电特色的新型传播模式。推进节目创新创优，重点加强新闻宣传、栏目改版及文体节目创新，优化广播电视节目内容格局，丰富活跃群众文化生活。坚持节目本土化、品牌化战略，培育和打造品牌节目方阵，扩大节目品质影响，建设节目人才队伍，增强主流媒体核心竞争力。年内，通过省级精神文明单位验收；获“山东省五四红旗团委”称号。

【舆论引导】 2019 年，坚持节目本土化、品牌化战略，培育和打造品牌节目方阵，扩大节目品质影响，建设节目人才队伍，不断增强主流媒体核心竞争力。在全社会营造干事创业、争先创优的舆论氛围。推进节目创新创优，重点加强新闻宣传、栏目改版及文体节目创新，优化广播电视节目内容格局，丰富活跃群众文化生活。创新报道模式，利用专栏、专题、评论、访谈等多种报道形式，营造积极向上的舆论氛围，激发全市人民锐意进取的信心和力量。围绕实施新旧动能转换重大工程、乡村振兴战略、文明城市创建、加快“文化名市”建设、优秀传统文化等方面开展全面、深入地宣传报道工作。强化新闻策划和编排的水平，丰富采编信息，避免平庸和僵化。办好《昌邑新闻》《昌邑 360》栏目，开设 30 余个专栏开展全国文明城市创建、新旧动能转换、乡村振兴、不忘初心牢记使命、双招双引等主题宣传报道，完成市人大、政协两会、绿博会及重要文化节会报道工作，播发时政新闻 2300 余条，播发民生新闻 1700 余条，在潍坊市级以上播发外宣作品 400 余件，其中央视农业频道《乡间纪事》播发昌邑绿美技术发明——绿篱修剪机。

【融媒体建设】 坚持移动优先策略，优化资源配置，形成资源集约、结构合理、差异发展、协同高效的全媒体传播体系，建立“声、屏、报、两微一网”等一体化全媒体平台，投入 600 万元专项资金建设综合性融媒体云平台，成立融创视听文化传媒，利用“直播昌邑”实现线上线下同步推进，现场直播农民丰收节、梨花节等活动 80 余场，访问量 600 万次。开设《综合执法阳光行》《熟读深思》《文化昌邑》专题栏目。培育创新“昌邑生活圈”“昌邑之声”“直播昌邑”等传播平台，提升主流媒体的舆论引导能力，利用微信平台实现梨花节、半程马拉松比赛等 30 余个直播活动。举办山东好人发布仪式暨道德模范与身边

10月12日，昌邑市融媒体中心揭牌仪式　（宋国栋）

好人（潍坊昌邑）现场交流活动。加强对融创文化传媒有限公司的指导管理，拓宽经营视野，探索经营创收新模式，打造好唱响昌邑大奖赛、广场舞大赛、少儿才艺大赛等服务平台；组织举办春晚、绿博会、梨花节、桑葚采摘节、农民丰收节等大型活动。

10月，昌邑市融媒体中心正式挂牌成立，实现县级媒体的机构整合、人员整合、业务整合，建立“声、屏、报、两微一网”等一体化全媒体平台，推动全市传媒事业发展。12月6日，《大众日报》和“学习强国”潍坊平台同日刊发昌邑市推进融媒体建设的经验做法。探索新型传播模式，与央视频、人民日报客户端等中央媒体平台衔接，推送昌邑亮点工作。

【创城宣传】 利用广播、电视、网站及微信公众号全方位开展创城宣传报道。在《昌邑新闻》中设立“文明城市创建进行时”“创城大家谈”专栏宣传创建措施、创建活动、创建成效，利用广播电台、电视台、网站及微信公众平台播发相关创城宣传信息3000余条。《昌邑360》开设“聚焦创城”专栏，倾听民意、反映民声，引导群众积极有序参与创城，提高对创城工作的知晓率和认同感。广播电台、电视台选取黄金时段和重点节目时段，全天循环播出社会主义核心价值观、创城公益广告和宣传口号6000条（次）。

（张广松）

潍坊日报今日昌邑

2019年，在《潍坊日报·今日昌邑》开设“学习贯彻落实中共十九届四中全会精神”“深入开展‘不忘初心、牢记使命’主题教育”“担当作为　狠抓落实”“改革进行时”“创城进行时”“创卫进行时”“时代先锋”“感动龙乡·十佳楷模”“工匠风采”等各类专栏20余个，刊发系列稿件，全方位多层次做好宣传。

围绕全市“一三三二一”思路举措和“八个新突破”工作部署，突出昌邑市在新旧动能转换、“双招双引”、脱贫攻坚、农村人居环境整治等方面的新思路、新举措、新做法、新成效，推出《修复“生态伤疤”　造就“梨花水镇”》《我市全民同奏城市品质大提升交响曲》《潍水复“环清”　天堑变通途》《托起振兴梦　奏响发展曲》《我市庆新春民俗文化活动声名远播》《我市金融“及时雨”助力民企“加速度”》《我市美丽乡村建设向纵深发展》等40余篇深度报道，提升《潍坊日报·今日昌邑》的影响力、感染力和美誉度。

“今日新昌邑”微信公众平台，以弘扬主旋律为核心，以其权威、便捷快速的传播方式，跟进市委市政府中心工作，聚焦重要会议部署、重点项目建设、重要典型宣传等方面，全方位、多角度宣传报道昌邑政务要闻、镇（街、区）及各单位（部门）工作亮点。

（潘凤杰）

绿博会、园林花木信息交流会

2019北方（昌邑）绿化苗木博览会、第二十四届中国园林花木信息交流会由中国林学会、山东省自然资源厅、潍坊市人民政府、《中国花卉报》社主办，由潍坊市自然资源和规划局、昌邑市人民政府承办，昌邑市自然资源和规划局、昌邑市绿博会筹委办、昌邑市林业发展中心、中国（昌邑）北方花木城执行承办，山东林木种苗协会为特别支持单位。

此届绿博会以“传播绿色文化，建设美丽中国”为主题，展会设置绿博园、北方花木城两大展区，共600个展位。绿博园展区为专业展区，分绿化苗木、园林机械及园艺资材展区两部分；花木城展区为开放式展区，分2019“一带一路”造园技能（昌邑）国际邀请赛赛区、园艺花卉展区和农资种子展区3部分，展出内容主要包括绿化种苗、观赏苗木、造型苗木、容器苗木及相关产品，经济林种苗及相关产品，园艺资材、园林机械、森保、园艺养护产品等。其间，举办专业产品展览交易会、新中国成立70周年园林绿化苗木行业发展历程展、2019“一带一路”造园技能（昌邑）国际邀请赛、2019北方林木种苗产业发展论坛、2019中国园林苗木行业领袖年会（《中国花卉报》社理事年会）、北方造型苗木优秀企业擂台赛、鲁北沙龙、北方新优乡土树种——丝绵木（卫茅属植物）开发应用研讨会、绿博会专业奖项评选及颁奖活动系列文化活动等11项活动，绿博会由单纯的苗木产品产需对接、信息交流向苗木产品交易及人才培养、技能培训转变。此届绿博会吸引全国20个省、市、自治区的600家企业参展，专业观众4万余人。开幕当天，签订购销合同1000余笔，合同交易额近4亿元。

（温飞燕）

社会生活·民生保障

劳动就业

【概况】 2019年，全市实现城镇新增就业6356人，完成潍坊市目标任务的105.93%；城镇登记失业率1.67%，低于控制目标2.13个百分点。发放创业担保贷款7129万元，落实到位财政贷款贴息100.82万元。征缴社会保险费11.68亿元，发放社保待遇16.62亿元；社保卡持卡53.2万人；平稳运行社保、医保联合征缴。增加高层次人才274人，获评国务院政府特殊津贴1人、潍坊市突出贡献中青年专家3人，获批博士后创新实践基地和企业技能人才自主评价基地各1个。兼职引进新世纪百千万人才工程国家级人选1人、世界500强企业高管1人、中科院"百人计划"项目人才1人、泰山产业领军人才1人。

【就业创业】 搭建线上线下一体化的公共就业服务平台，"线上"利用省公共招聘网、"昌邑就业创业"微信公众号、人社局门户网站等网络平台，为劳动者解读政策，发布招聘信息，提供咨询服务；"线下"依托"就业援助月""春风行动""民营企业招聘周"等专项活动，加大主题性、专业性、综合性公益招聘会举办频次，搭建供需对接服务平台，面对面提供职业指导、职业介绍、岗位推荐、就失业登记等公共就业服务，促进人岗对接。年内，举办各类公益招聘会102场，提供就业岗位7573个，就业7296人，实现城镇增加就业6356人，城镇失业人员再就业2691人，就业困难人员就业303人，城镇登记失业率1.67%，重点群体就业总体平稳。

依托"高校毕业生就业服务月（周）""第六届全国大中城市联合招聘高校毕业生潍坊站"等专项活动，创造更多适应毕业生特点和成才需要的管理型、智能型、技术型就业岗位，为大学生高质量就业提供更多选择。年内，4186名（含师范类）大学生实现就业，登记就业服务率99.12%。实施大学生"三支一扶"计划和创业引

7月18日，常务副市长李鹏出席昌邑市创业大赛 （马言邦）

领计划，招募16名大学生从事“三支一扶”岗位，引领大学生自主创业111人。通过“春风行动”“就业扶贫日”等专项活动，征集适合贫困人口就近就业和居家灵活就业岗位，加大岗位信息精准推送发布力度，年内，310名劳动年龄贫困人口实现就业脱贫增收；开发非全日制扶贫公益性岗位，托底帮扶安置21名符合条件贫困劳动力。年内，发放42家招用就业困难人员企业社保补贴206.03万元，发放公益性岗位两项补贴72.77万元。

都昌街道北海社区、围子街道邢家社区等4个社区获评第三批省级“四型就业社区”，全市省级“四型就业社区”11个；都昌街道育新社区、卜庄镇夏店社区等5个社区获评第二批潍坊市级“四型就业社区”，全市潍坊市级“四型就业社区”8个。

发放创业担保贷款7129万元，带动就业2230人；发放一次性创业补贴和岗位开发补贴53万元；增加个体工商户、私营企业和农民专业合作社等7766家，创业参与率1.26%。

落实《潍坊市职业技能提升行动实施方案（2019—2021年）》规定，发挥职业教育资源优势，推行“短平快”式培训，按需设置培训项目和专业，在全市10个镇（街、区）开展送政策送技能送服务下乡系列培训活动，面向下岗失业人员、农民工等群体，免费开展育婴员、美容师、农作物植保员等实用技术培训和特色培训，增强培训的针对性和实效性，帮助培训对象至少掌握一门就业技能，年内开展补贴性职业技能培训4580人。

完善落实失业保险制度，为符合条件的登记失业人员发放失业金并缴纳职工医疗保险，发挥失业保险基金“稳定器”和“安全阀”作用。全年，为52家招用就业困难人员企业发放社保补贴450.57万元，失业保险稳岗返还373.68万元，为195人次发放技能提升补贴27.9万元，为13824人次发放失业保险金1707.87万元。

（朱克亮）

社会保障

【概况】 2019年，全市实现各项社会保险基金总收入14.75亿元，各项保险基金总支出17.09亿元，社保、医保联合征缴平稳运行。全年，办理企业养老转入360笔，转入总金额1500万元；办理企业养老转出190笔，转出金额480万元。

养老保险单位缴费费率由18%降至16%，为877家参保单位每月减负235万元；工伤保险继续执行阶段性降低社会保险费率政策，为1140家参保单位每月减负102万元。全年通过降费率为企业减负4700余万元。

【城镇职工养老保险】 2019年底，参保在职职工85293人，比上年增加3396人。其中，企业职工73585人，机关事业单位职工11708人，分别比上年增长4.99%和–0.88%。年内实现城镇职工养老保险基金收入10.45亿元，比上年增加3517.58万元，同比增长3.48%。其中，基本养老保险费年内征缴收入7.89亿元，比上年减少846.16万元，同比增长–1.06%。年底，全市离退休（职）人员40988人，比上年净增2289人，增长5.91%。城镇职工基本养老保险基金支出14.2亿元，比上年增加1.32亿元，同比增长10.25%。其中，基本养老金支出13.85亿元，丧葬抚恤补助支出3110.25万元，转移支出465.34万元。年底，基金累计结余258.72万元，比年初减少24876.62万元。

【工伤保险】 年底，参保职工91562人，比上年

5月29日，昌邑市人社局组织工伤保险宣传　（尹增军）

增加11591人，增长14.49%。当期工伤保险月人均缴费基数3269元，比上年减少400元，降低10.9%。年内，实现基金收入1497.02万元，比上年减少760.73万元，同比增长-33.69%。有431人享受工伤保险待遇，工伤保险基金累计支出2435.29万元。其中，为129人支付工伤医疗待遇236.74万元，为314人支付伤残待遇740.68万元，为13人支出工亡待遇1211.82万元，其他支出246.05万元，累计支出比上年增长20.93%。年底，基金累计结余1211.09万元，比年初减少938.27万元。

【居民养老保险】 2019年底，参加居民养老保险的居民327729人，比上年减少6831人，减少2.04%。年内，实现基金收入3.55亿元，同比增长12.31%。年内，有121901人按月领取养老金，月人均领取养老金136.16元，全年累计发放养老金2.05亿元，同比增长8.51%。年底，基金累计结余7.96亿元，比年初增加1.47亿元。

【失业保险】 年底，参加失业保险职工47654人，比上年增加744人，增长1.59%。当期参保职工月人均缴费基数4030元，比上年减少605元，降低13.05%。年内，实现基金总收入6015万元，同比减少2.05%，全年基金支出5949万元。其中，发放1835名失业人员失业保险金1707.87万元，为领取失业金人员缴纳城镇职工基本医疗保险费410.58万元，扩大失业保险基金使用范围支出397.74万元，其他促进就业支出658.22万元，稳岗补贴373.68万元，职业技能提升补贴27.9万元，上解支出2320万元，其他支出53.01万元。年底，失业保险基金累计结余1350万元，比年初增加66万元。

（朱克亮）

医疗保障

【概况】 2019年，全市职工医疗保险参保104725人，报销1.86亿元，大额报销1281.78万元，统筹基金累计结余3.93亿元；居民医疗保险参保442080人，报销3.26亿元，大病报销2013.62万元。职工和居民医保门诊特殊慢性病鉴定4504人次，跨省异地就医联网结算740人次，报销1352.35万元。长期护理保险累计支出82.24万元，报销206人次。生育保险累计支出955.21万元。受理、评估、新增定点医药机构45家（门诊24家、药店21家）。

【城镇职工医疗保险】 2019年底，参保职工

104725人，较上年增加9452人，增长9.92%。当期城镇职工基本医疗保险月人均缴费基数4282元，较上年增加39元，提高0.92%。年内实现基金保费收入3.61亿元。其中，城镇职工基本医疗保费收入3.34亿元，长期护理保险基金保费收入893.92万元，公务员医疗补助金收入361.44万元，补充医疗保险金收入961.51万元，离休人员医疗保费收入474.92万元，分别较上年增长-0.88%、52.57%、11.24%、6%、-5.96%。基金累计支出2.89亿元，其中城镇职工基本医疗保险待遇支出2.74亿元（医疗保险统筹基金支出1.76亿元，个人账户基金支出9789.18万元，长期护理保险待遇支出79.73万元）；公务员医疗补助金支出56.8万元，补充医疗保险金支出962.64万元，离休人员医疗基金支出590.68万元。年底基金结余7.42亿元，较年初增加4472.55万元，其中城镇职工基本医疗保险统筹基金累计结余3.93亿元，长期护理保险基金结余156.21万元，城镇职工基本医疗保险个人账户基金结余3.07亿元，公务员医疗补助金结余812.43万元，补充医疗保险基金结余3046.4万元，离休人员医疗基金结余138.9万元。

【生育保险】 2019年底，参保职工34618人，较上年减少9067人，增长-20.76%。当期参保职工月人均费基数3553元，较上年增加154元，提高4.53%。全年，实现基金保费收入1646.89万元，同比增长8.85%。1550名参保职工享受生育保险待遇，生育保险待遇支出910.27万元，年内支出较上年增长-20.71%。其中，支付715名生育保险津贴727.72万元，支付835名女职工和153名男职工生育医疗费182.54万元。年底，基金结余941.86万元，较年初减少1612.53万元。

【居民医疗保险】 年底，参保居民442069人，较上年增加6403人，增长1.47%。年内基金收入3.09亿元，较上年减少7699.21万元，同比增长-19.94%。其中，个人缴费收入1.41亿元，财政补助收入8405.68万元，上级补助收入8197.44万元，利息收入149.89万元，其他收入9.05万元。居民医疗保险基金累计支出4.28亿元，较上年增加1.07亿元，同比增长33.43%。其中，基本医疗保险待遇支出1.55亿元，上解上级支出2.74亿元。年底，居民医疗保险基金累计结余4751.95万元，较年初减少1.19亿元。

【大病保险】 提高大病保险运行效率、保障水平和服务质量。职工特药报销13人次，报销金额11.85万元。居民医疗保险大病二次报销2020.92万元，23125人次受益。

【医保政策宣传】 利用报纸、电视台、村村通、LED宣传大篷车、全福元室外宣传屏等渠道，综合运用网站、微信公众号、美篇等新媒体手段，围绕医保政策解读、维护基金安全政策法规、打击欺诈骗保等内容开展大密度、高频次宣传，营造关注医保、支持医保，保障医保基金安全，杜绝欺诈骗保行为的氛围。全年，印制各类宣传材料35万份，宣传版面180余块，组织宣讲26场次，培训3100余人次。潍坊市医保局介绍并推广昌邑市在医保政策宣传方面的先进经验做法。

【打击欺诈骗保】 开展“集中打击欺诈骗保行动”专项治理，检查定点医药机构571家、1200余次，行政处罚1家，暂停医保服务3家，限期整改251家，合计违规扣款164.11万元。硬化协议管理，细化与定点医药机构解除协议的标准，制定《定点医药机构信用等级评定管理办法》，分级管理，实现高效监管、精准监管。坚持“基金运行到哪里，监督管理就跟进到哪里，经办服务就保障到哪里”的原则，强化费用审核，减少基金“跑、冒、滴、漏”现象。全年，审核参保人员外出就医1500人次，总费用2314.52万元，报销600.24万元。分两批聘请46名社会各界人士担任医疗保障社会监督员，维护基金安全和规范医保行为。

【便民服务】 2019年，跨省异地就医联网医院由年初的2家扩大至4家，开通15家经营稳定、信誉良好的定点零售药店省内异地就医购药“一卡通行”，方便参保人员异地就医联网结算和持社保卡省内异地就医购药。至年底，昌邑市有4家医疗机构实现“一卡通行”，为异地参保人员门诊刷卡278次，合计费用2.47万元。推进和实施“互联网+医保”，强化信息化对医保运行、宣传、管理、服务的支撑功能，实现部分经办业务“掌上办”“网上办”。在潍坊市上线医保微信办理小程序，潍坊市政府政务公开第五十六期专题介绍《昌邑市打造“互联网+全域医保”模式助力医疗服务提质增效》的做法。整合社保医保前台柜员，将征缴业务办理流程、人员工位重新划分、合理布局，采取“一条龙、一站式”服务，联合银行和税务实现征缴“一窗办理、一次办好”。让参保群众少跑腿。解决群众关心问题，全年，答复民生热线149件，满意率100%。调查摸底全市中华人民共和国成立前老党员基本情况，核对107名老党员7月1日后发生住院和门诊慢性病的费用，补助金额4.71万元。

【医疗救助】 2019年，实现贫困人员参保率100%，资助四类人员（建档立卡贫困人口、低保对象、特困人员、贫困重度残疾人）参保11743人，申请拨付资金211.37万元。联合市民政局、财政局等5部门印发《昌邑市打赢医疗保障扶贫攻坚战三年行动实施方案》，明确任务目标和推进措施。入户走访贫困人员8000余人次，印制扶贫宣传材料1万份，逐一解读医保政策，了解他们在医疗保障方面存在的困难，上门服务需要办理医保相关业务而行动不便的人员。对接市扶贫办、民政局、残联等部门摸清建档立卡人员、特困人员、低保对象、重度残疾人员详细情况，夯实基本医保、大病保险、医疗救助、商业补充保险、医疗机构减免“五重保障”。全年救助3021人次，拨付救助资金279.41万元。

【医保支付方式改革】 推行住院总额支付为主，按病种付费为辅的支付方式改革，依据医疗机构2017—2019年提供的服务量情况，确定各医疗机构的年度总额，使年度总额更加合理并实现差异化管理。按照协议约定与17家职工医保定点医院、25家居民医保定点医院结算医疗费用，推行结余奖励，超支自付的结算模式，激励定点医院自主控费。应拨付到位的医院垫付费用，全部按时间节点拨付到位，无拖欠定点医院费用情况。2019年，按病种付费报销1704人次，报销金额748万元；其他单病种报销189人次，报销金额72.68万元。

【药品采购机制】 依托昌邑市二级公立医疗机构，落实药品、耗材、医疗服务项目及设备设施收费价格监测月报制度，为下步价格制定、推动市场主导价格，实现同城同价做好调研。完成14家公立医疗机构临床开展的所有医疗服务项目和耗材的价格调研，与卫健部门沟通，掌握药品配送、结算情况，掌握数据，协商解决边清边欠问题。组织全市公立医疗机构和3家民营医院完成潍坊市医保局部署的国家组织药品集中采购和使用试点扩围。

（褚　帅）

民政工作

【概况】 2019年，民政部门坚持改革创新，聚焦脱贫攻坚，聚焦特殊群体，聚焦群众关切，不断健全保基本、兜底线制度，保障各类困难群众基本生活。全面深化改革，发展养老服务，健全关爱网络，织密民生保障网；深化放管服改革，下放审批权限；发展慈善事业，助力脱贫攻坚；加强和创新基层社会治理，推进社会事务工作，各项民政事业取得新进展。

【服务质量监管】 深化养老服务体系改革，提升养老院服务质量，建立民政部门工作人员到养老院陪餐制度，每月由民政局领导班子成员带头分组到全市养老院陪餐，变“检查式”管理为“体验式”督查，采取“听、看、查、评、议”的“体验式”督查督促提升养老机构管理服务质量。2019年，民政局派出120人到养老院陪餐，反馈整改问题36个。公益性与政府关爱结合，有序组织志愿者到分散供养特困老人家中陪餐。每当分散特困供养老人过生日或重大节日，组织义工提前安排筹划，在老人生日或节日当天安排2名志愿者购买适量生活物品到特困供养老人家中陪老人过生日，与老人一同做饭用餐，帮助老人清理卫生，陪同老人拉家常，每次服务时间不少于2个小时，先后派出400余人次到分散供养特困人员家中陪餐，为210余位分散供养特困人员提供嵌入式服务。创新开展机构陪餐和居家特困供养老人陪餐制度，健全市、镇、村三级关爱网络。市领导按照包靠乡（镇）分工每年春节均到敬老院和特困供养老人家中走访慰问老人，镇村两级落实乡（镇）领导干部和村干部包靠特困供养老人制度，乡镇领导干部每季度到特困供养老人家中走访一次，村干部每月至少走访一次，帮助特困供养老人解决困难和问题，落实关爱特困供养老人的工作。投入资金280万元为191户分散供养特困老人维修房屋、改厕、安装自来水、有线电视，分散供养的特困老人居家养老条件改善，昌邑市民政局、昌邑市财政局印发《关于进一步加强和改进临时救助工作的意见》，委托镇（街、区）政府开展临时救助审批以及先行救助职责，并设立救助备用金。市镇两级落实救助备用金269万元。

【民生保障】 1月起，城市低保标准由每人每月510元提高至每人每月580元，农村低保标准由每人每年4100元提高至每人每年5000元。城市特困人员集中供养标准每人每月1800元，分散供养城市特困人员基本生活标准每人每月870元。集中供养的农村特困人员基本生活标准由每人每年6200元提高至每人每年6500元；分散供养农村特困人员基本生活标准由每人每年4500元提高至每人每年4800元。城乡特困人员按照不能自理每人每月450元、半自理每人每月280元、自理每人每月150元确定照料护理标准；孤儿及事实无人抚养儿童的基本生活费由每人每月720元提高至920元，重点困境儿童基本生活费由每人每月300元提高至500元。建立困难老年人补贴制度，补贴对象由80～99周岁低保老年人调整至60～99周岁低保老年人，补贴标准分别为60～79周岁每人每月80元、80～89周岁每人每月100元、90～99周岁每人每月200元。3月起，享有困难残疾人生活补贴的一、二级残疾人补贴标准由每人每月100元提高至每人每月150元；三、四级残疾人补贴标准由每人每月85元提高至每人每月120元。享有重度残疾人护理补贴的一

9月7日，国家民政部社会救助司一级巡视员伊佩庄（左一）到昌邑市调研（宋国栋）

级残疾人，补贴标准由每人每月100元提高至每人每月150元；二级残疾人补贴标准由每人每月85元提高至每人每月120元。将三、四级智力和精神残疾人纳入重度残疾人护理补贴发放范围，补贴标准每人每月80元。全年发放各类资金3119.36万元。

落实特困人员救助供养照料护理补贴政策，落实特困人员救助供养对象监护责任。按照就近方便照护、合情合理、责任落实的原则，确定特困对象监护人，落实监护、照料、护理责任，保证特困人员的衣、食、住、医、葬（教）等基本生活问题和生病住院、卧床照料期间以及后续的系列照料护理问题。

【慈心一日捐】 10月，召开2019年“慈心一日捐”活动动员大会暨第三届慈善总会换届大会及第三届一次理事会议。慈心一日捐接收捐款372.53万元，各类定向捐赠339.3万元。

【脱贫攻坚】 加强农村低保制度与扶贫开发政策的衔接，摸底低保专项治理后退出低保但生活仍面临困难的群众、建档立卡贫困户中未纳入低保的困难群众、重病重残家庭、支出型贫困家庭，符合条件立即纳入低保，完成农村低保兜底扶贫任务。10月，全体民政机关干部分组到所包靠下营镇走村入户督导脱贫攻坚工作。

【城乡低保】 落实中央关于开展扶贫领域腐败和作风问题专项治理的决策部署和省委省政府、市委市政府要求，推进农村低保专项治理，入户复核全市所有享受城乡低保的家庭，已经脱贫的家庭退出低保，普查出的贫困人员享受低保待遇，确保应保尽保。加大低保政策宣讲力度，印制张贴低保核对宣传海报1500份，在全市每个村居的低保公示栏或显要位置张贴，做到低保政策家喻户晓。采用“政府购买服务”方式，将社会救助服务对象的家庭经济状况调查服务委托第三方机构承接，中标公司按照规定分别按月、季度复核特困人员、城乡低保人员、临时救助人员。

（姜淑媛）

退役军人事务

【概况】 2019年，市退役军人事务局贯彻党和国家决策部署，提高政治站位，增强“四个意识”，落实主体责任，做好退役军人工作，完善退役军人服务管理工作，维护退役军人合法权益。

【服务保障体系建设】 按照省委、省政府办公厅《关于进一步加强退役军人事务工作机构和服务保障体系建设的意见》，成立由市委领导担任组长的退役军人事务工作领导小组，加强市委集中统一领导退役军人事务工作；组建退役军人服务中心，作为事务局下属事业单位；在乡（镇）建立退役军人服务站，依托乡（镇）公共服务中心办公场所，设单独席位，加挂退役军人服务站牌子，在村（社区）建立退役军人服务站，搭建政策咨询、帮扶援助、沟通联系和学习交流等活动平台。

【优抚工作】 至年底，全市信息采集1.18万人，悬挂光荣牌1.18万块。建立和完善优抚对象电子档案，补录和扫描所有优抚对象信息。实行重点优抚对象医疗一站式结算服务，在全市设定点医院19个，救助42人次、医疗费19万元。对患老年病、重病卧床常年治疗的采取医疗特困救助制度，救助36人、资金18万元。检查昌邑市辖区内的烈士陵园等烈士纪念设施，维护破损设施。兑现各项抚恤补助待遇，完成在乡老复员军人、“三属”、伤残军人、带病回乡退伍军人及其他重点优抚对象的抚恤补助提标工作，并全部发放到位。开展双拥工作，牵头组织各相关部门走访慰问市人武部、武警中队等，“八一”期间为每名重点优抚对象定制发放纪念军表一块，国庆节期间为每名烈属发放1000元慰问金。

【退役士兵安置】 接收2019年退役士兵，其中符合政府安排工作条件4人，全部安置。全年，为自主就业退役士兵发放一次性经济补助金84.7万元。扶持退役军人就业创业，与市人社局协调，组织退役军人参与创业招聘会，现场设立退役军人政策咨询处，推进退役军人就业。组织引导退役军人参加高职教育和职业技能培训，参加高职学院全日制大专学习50余人，参加职业技能培训60余人，提高退役军人就业能力和竞争能力，促进退役军人就业创业。

【党建工作】 组织成立退役军人事务局党支部，选举产生支部书记和委员，完善党组织，提升战斗力，推进党建工作开展。坚持党建引领，宣传正面典型，组织开展“最美退役军人”学习宣传行动，提升退役军人服务管理工作水平。组织开展“不忘初心、牢记使命”主题教育，学习教育、调查研究、检视问题、整改落实贯穿主题教育全过程，推动党员干部在学习教育、检视问题中悟初心、守初心，在整改落实、解决问题中勇作为、践使命。坚持将纪律和规矩摆在前面，提高全体人员对党风廉政建设和反腐败工作的思想认识。协助组织部门抓好退役军人党员组织关系接转工作，增强退役军人的党员意识，教育引导退役军人弘扬社会主义核心价值观，自觉奉献社会，珍惜军人荣誉，永葆军人本色。

（张静波）

社区建设

【概况】 2019年，打造4处标准化社区居民服务中心，提升社区综合服务功能。开展社区书记“领头雁”培训活动，以项目化管理提升社区服务质效。修订社区协商目录，指导开展形式多样的社区协商活动。为14个城市社区配备49名专职工作人员。强化社工人才队伍建设，制定《昌邑市关于进一步加强社会工作专业人才队伍建设的意见》，持证社工增加至138人，开展首届潍水和谐使者评选活动，评选出10名昌邑潍水和谐使者。

【“潍水和谐使者”评选】 制定《潍水和谐使者选拔管理办法》，举办昌邑市首届“潍水和谐使者”评选工作，从在社会工作一线岗位、直接从事专业社会服务工作的人员中选拔优秀社会工作专业人才，评选出首届10名昌邑市“潍水和谐使者”。

【社工队伍建设】 市委组织部、市民政局等18部门联合制定《昌邑市关于进一步加强社会工作专业人才队伍建设的意见》，鼓励和动员符合条件的人员，重点是社区服务机构、公益慈善类社会组织、基层社会服务部门相关人员参加全国社会工作者职业水平考试，并开展考前培训。2019年，全市新增取得社会工作者职业资格证书的有59人。社会工作者职业水平登记135人。为奎聚、都昌、围子街道招录50名城市社区专职工作者。落实《关于印发〈山东省社区工作者管理办法（试行）〉的通知》《关于印发〈关于完善社区工作者薪酬体系的指导意见〉的通知》，制定《关于印发〈昌邑市社区工作者管理办法（试行）的通知》《关于印发<关于完善城市社区专职工作者薪酬体系的实施办法（试行）〉的通知》。

【社区志愿服务队伍】 挖掘社区自身资源，培育发展诸如文艺爱好者、巾帼志愿者、夕阳红等社区社会组织，自发开展扶贫助困、助老助残、矛盾调解、文明风尚宣传等活动，吸引和带动更多的社区居民参与到社区建设中。至年底，在中国志愿服务网实名注册志愿者85296人。

【完善村（居）规民约】 督导各村（居）按程序将上级要求的扫黑除恶、社会主义核心价值观、深化人居环境整治、村庄规划、移风易俗、农村水污染治理等内容纳入村（居）规民约。

【区划地名工作】 编制完成《昌邑市标准地名图集》《昌邑市行政区划标准地名图》和《昌邑市城区标准地名图》。清理整治不规范地名，市民政局等8个部门联合印发《关于进一步清理整治不规范地名工作实施方案》的通知，形成清理整治清单。承办城区街巷5条命名和1条道路变更起止点事项，提报市政府审批。组织《山东省自然村名录》编纂工作，完成并报送潍坊。做好城区街路巷地名标志巡查、维护，全年排查问题街路牌64块，联系施工单位及时更换和维护。

【殡葬改革】 市镇村三个层面同时发力，同步建设公益性公墓。市级百家埠公墓，占地4公顷，规划建设墓穴13899座，建成11899座，使用8033座。公墓内有骨灰堂1处，建筑面积3937平方米，可安放骨灰盒4万余个。将围子街道李家村公墓确定为镇级试点，1月开工建设，占地2公顷，建成墓穴1100座。全市，有691个村（居），每个村（居）至少有1处村级公益性公墓或骨灰堂，部分村（居）公益性公墓无专人管理，缺少规划。2019年，全市结合农村人居环境整治暨美丽乡村建设，确定公益性公墓建设试点村（居)28个，完成23个。15%的村居列入“一迁二改三绿化”改造计划。至年底，城区范围内完成28个村（居），7292座坟墓搬迁（5743座搬迁至百家埠公墓，1549座自行搬迁出城市规划区）。堤顶路两侧等重点区域公墓完成4737座坟墓搬迁。全市691个村居全部建立红白理事会，各村（居）建立活动场所，制定理事会章程，轮训红白理事会主要负责人，依据章程为群众提供规范化、制度化服务。召开全市精神文明建设业务工作培训会议，专题业务培训全市移风易俗工作。在电视台和文化广场、民政局微信公众号定时宣传；在村居显要位置制作横幅，粉刷标语。组织各成员单位、各镇（街、区）开展专项摸排，全面掌握违法违规占用耕地林地、破坏生态环境、私建“住宅式”墓地等情况，整改突出问题。全市减免基本丧葬费429万余元；投资110万元改造和修缮昌邑市殡仪馆的火化设备。

【社会组织管理】 改社会组织年检为年报，全部进行网上申报、审核，除去公开募捐资格的慈善组织，不要求提供审计报告。开展“双随机一公开”抽查，采取书面检查+现场检查结合的方式，继续打击非法社会组织。在行业协会商会中，开展行业自律型信用承诺，并组织协会会员签署诚信经营承诺书，引导行业协会商会自律、诚信，助力昌邑市“诚信建设万里行”活动。完善社会组织分类评估，鼓励社会组织参与政府购买服务工作。建成“潍水文化社会组织孵化园”。全市社会组织建党支部68个，联合党支部22个，派党建指导员30人，实现社会组织党组织工作全覆盖。

（姜淑媛）

老龄工作

【概况】 2019年底，昌邑市户籍人口58.78万人，60周岁以上老年人口15.11万人，占全市总人口的25.71%。昌邑市坚持“党委领导、政府主导、社会参与、全民行动”老龄工作方针，聚焦新时代新形势新任务，以提高广大老年人的获得感、幸福感、安全感为目标，维护和保障老年人的合法权益，丰富老年人精神文化生活，推动老年健康服务体系建设，全市老龄事业实现创新发展。

【老年人权益保障】 执行《中华人民共和国老年人权益保障法》《山东省老年人权益保障条例》和省市优惠优待老年人政策，组织开展老年人权益保障系列主题活动。2019年“敬老月”期间，昌邑市委、市政府、市人大、市政协的主要领导走访慰问昌邑市百岁老人和养老机构，为百岁老年人和养老机构发放慰问金、鸡蛋、大米、食用油等。各镇（街、区）、市直有关部门均组织人员走访慰问本单位高龄老人、孤寡老人、困难老人，同时组织开展形式多样的庆祝表彰活动。

【高龄补贴政策】 4月18日，财政局制定《关于建立80周岁以上老年人高龄补贴制度的通知》。1月起，具有昌邑市常住户籍，年龄在80周岁（以二代身份证或户籍登记为准，含80周岁）以上的老年人，可享受高龄补贴。具体补助标准为：80～89周岁老年人每人每月100元，90～99周岁老年人每人每月150元，100周岁以上老年人每人每月1000元。昌邑市80周岁以上老年人高龄津贴自老人出生月份开始享受，每季度发放一次。年内，20500人，发放资金2577.745万元。

【“银龄安康”工程】 5月29日，在市会议中心第五会议室召开昌邑市“银龄安康”工程工作会议。会议总结2018年“银龄安康”工程工作开展情况，表彰先进单位。“银龄安康”工程是一项健全养老保障体系、提高老年人及其家庭抗风险能力、减轻群众负担的政府工程。各单位对照目标，强化措施，宣传实施“银龄安康”工程。人寿保险公司确保公正理赔、及时理赔、亲情理赔。全市投保14万人，投保金额420余万元，理赔920人次，理赔金额260余万元，赔付率62%。同时，昌邑市财政为80周岁以上老年人每人免费赠送30元“银龄安康”保险，总额60.83万元。

【老年文化建设】 重阳节期间，联合市老年大学在全市开展“我的祖国”庆祝中华人民共和国成立70周年文艺会演，展现全市老年文化发展的成果和老年人的精神风貌，丰富老年人精神文化生活，10月，参加“孝老爱亲　向上向善”潍坊市2019敬老月文艺会演，昌邑市李连升获评第七届潍坊市“十大孝星”称号，尚庆霞获评潍坊市“十大孝星”提名。

【关爱老年健康】 贯彻落实全国和省卫生与健康大会精神，按照省、潍坊市部署，6月7日，昌邑市卫健局发布《关于组织开展2019年老年健康宣传周活动的通知》，围绕“懂健康知识，做健康老人”宣传主题，在全市开展为期一周的老年健康宣传周活动。全市累计发放老年健康知识和政策宣传资料800余份，悬挂宣传横幅、标语、宣传画50余幅，开展讲座义诊活动30场。

奎聚街道城关社区作为2019年老年人心理关爱项目先行试点，对辖区65周岁以上老年人进行心理健康评估和转诊干预，走访调查354名老年人，增强老年人心理健康意识，改善老年人心理健康状况。

（董金洲　张　萌）

民族宗教

【概况】 2019年底，昌邑市有满族、哈尼族等29个少数民族，577户743人，有少数民族流动人口400人，主要是企业务工人员、清真拉面馆从业人员和季节性商贩等。全市有佛教、天主教、基督教三大宗教，市天主教爱国会、市基督教三自爱国运动委员会2个爱国宗教团体，经宗教管理部门依法批准开放的宗教活动场所14处，认定备案的宗教教职人员10人，信教群众1333人，民间信仰场所39处，民间信仰活动28个。

【民族团结】 民族团结进步宣传活动月期间，创新内容和形式宣传党的民族政策和民族常识，开展以中华民族共同体意识等为主要内容的宣讲活动3次，普及2000余人次，制定《关于昌邑市全面深入持久开展民族团结进步创建工作铸牢中华民族共同体意识的实施方案》《昌邑市2019年民族团结进步创建工作实施方案》，明确相关镇（街、区）、市直有关部门、各创建点的任务，落实责任分工，并分阶段细化创建工作。指导奎聚街道文山小学、城关社区、都昌街道西城社区等5处列入计划的创建点完成宣传版面、创建标识、创建制度、活动场所等基础性建设，并组织创建单位开展创建活动，其中文山小学被评为省级民族团结进步创建示范点。

【服务与管理】 摸清全市穆斯林农户和城市穆斯林低保户底数，发放14户穆斯林农户春节前牛羊肉价格补贴。在6个民族团结进步示范社区设立少数民族服务窗口，发放少数民族群众社区干部联系卡，为少数民族群众提供劳动就业、社会保障、子女入学、医疗卫生等服务，同时进行少数民族流动人口管理体系建设试点，建立少数民族流动人口管理电子档案，形成多方资源共享的管理服务机制。

指导宗教场所加强财务管理，督促整改存在问题，市基督教三自爱国运动委员会和夏店慈云院念佛堂均申请组织机构代码证开设银行账户，定期公开收支情况。开展宗教活动场所“四进”（国旗、宪法和法律法规、社会主义核心价值观、中华优秀传统文化）活动，在全市14处宗教活动场所醒目位置张贴社会主义核心价值观宣传画，引导宗教界人士和广大信教群众践行社会主义核心价值观，参与全国文明城市创建。

【安全监管】 会同市公安局、建设局、市场监管局等多部门，排查辖区内 14 处宗教活动场所的安全隐患，发现隐患逐一登记造册，当场反馈，督促有关场所限期整改。重要节点开展的宗教活动，如夏店慈云院念佛堂四月初八“佛诞日”，活动开展之前，与有关部门加强协调沟通，制定应急预案，签订安全责任书；活动期间，加强监管，确保活动安全有序。

【教育培养】 开展“爱国爱教、正信正行、守法守规、服务社会，为践行新理念建设新昌邑作贡献”主题教育，引导宗教界开展公益慈善活动，基督教、佛教教职人员和信教群众分 2 次走访 4 家敬老院，为老人发放米、面、油等生活用品和现金。

（王　前）

镇（街、区）概况

奎聚街道

【概况】 奎聚街道位于昌邑市中部，面积70.78平方千米。辖11个社区，3.23万户8.94万人，耕地面积2582公顷。2019年，地方财政收入1.25亿元，比上年增长15.7%；工业销售收入9.1亿元、利税0.95亿元，分别增长-13.5%和14%；农民人均纯收入1.89万元。

【经济发展】 坚持“工业强街”理念，顺应供给侧结构性改革趋势，调结构促转型，重点关注科学投入、提质增效、龙头带动、自主创新，构建现代产业体系。工业发展势头强劲，以纺织印染、机械制造、电动机车等行业为主导，限额以上工业企业18家。加快农村振兴实施，建设石湾文旅小镇，规划东至滨河西路，南至院校街，西至石湾店南、店北村，北到蔺家庄，总占地面积1000公顷。按照“民俗+文创”“田园+农创”“游玩+体验”的设计思路，统筹规划农村自然、生态、文化资源，推动小镇农业与休闲、观光、体验、养生、教育等融合发展，打造有文化、有感情、有温度的田园综合体。在张辛、吴辛村打造党建明格项目，推进村（居）网格化管理。打造高岔有机葡萄、黄辛黄金梨、鄑水大蒜等农产品品牌，举办高岔葡萄采摘节、“春游花海、醉美奎聚”赏花会，探索建立“基地（合作社）+节会+品牌”的产业化发展新路子。搭建专业市场，改变农民为主的传统交易模式，建立线上、线下结合的市场体系，拓宽农产品“走出去”的路子。立足山楂产业，成立黄辛山楂交易市场、王家庄山楂公社，形成特色明显、链条优化、竞争性强的市场化发展模式。以全福元商业圈、中百大厦商业圈为中心的服务业快速发展；金鑫商务会所、引如佳家居广场服务能力不断增强；翰林大酒店、新嘉国际大酒店等星级酒店设施完善、服务周到；郝家城后商务楼、相隅精宿等总部经济、楼宇经济蓬勃发展；城市社区整合阳光大嫂、“12343”家政服务等社会服务资源，不断培强做大；东店社区推进“互联网+”项目，开设e城便利商店，为电商产业注入新的活力。

【城乡面貌】 成立棚户区回迁安置工作组，加大遗留问题解决力度，辛一片区、辛三片区、三得利片区、庄头片区、东隅片区等棚改回迁区安置楼房建设推进，梁家巷子2幢回迁楼竣工，室内外配套收尾。汇昌央玺、大成府、潍水龙城、政亨龙泽园等项目坚持高起点定位、高标准规划、高质量建设，全面加快工程建设进度，改变城市面貌，提升人居环境。以人居环境整治为切入点，集中清理街道所有村居存量垃圾，落实“门前五包”，建立卫生死角、背街小巷“建、管、养”一体的长效机制，开展人居环境清洁攻坚活动，集中清理“三大堆”和生活生产废弃物，重点治理背街小巷、卫生死角。发放明白纸和“门前三包”责任制清单3万余份，悬挂横幅标语

200余条；投入800余万元，出动机械1500余台次，人员2万余人次，清理各类垃圾6000余吨，清理门前杂物、卫生死角3000余处，打造蔺家庄、薛家园子等美丽乡村示范点。将“户户通”工作与人居环境整治结合、协调推进，全面宣传发动，多渠道筹集资金，每个社区推荐两个村先开工建设，打造示范样板，带动整体推进。以农村改厕和“户户通”工程为抓手，推进村庄道路硬化、绿化及农村连片治理，提升乡村文明建设水平。创建国家卫生城市、园林城市、全国文明城市。从突出问题和薄弱环节查缺补漏，探索居住环境管护长效机制，坚持整治、管护两手抓，将城市管理上升至精细化、规范化、日常化。投入资金1200余万元，成立100人创卫工作队，出动机械1200余台次，清除垃圾2700余立方米、小广告1200余处，制作各类宣传标语、版面、公益广告500余幅，设置围挡3000余米，铺设防尘网3.2万平方米，确保创建工作全面达标。

【社会治理】 推进村（居）网格化管理，在张辛、吴辛、吴南等10个村庄建设网格化试点。每个网格设置一名网格小组长。将村庄社会治理与大数据云平台相融合，在村庄内建立舆情互动室4处，配备奎聚街道党建明格大数据平台，录入村庄的人口、家庭状况、就业、人员外出、坐落、地亩、爱好等，大数据平台实现百姓诉求、干群对话、党组织任务安排互动智能化，信息下乡，将党的惠民政策和上级重大决定、决议通过系统自动推送、音视频互动传达到每村每户。利用系统的“说一说、见一见、看一看”功能，将党工委工作、村委治理工作，打造成“看得见、听得清、说的明”的智慧感知服务，增加百姓的获得感、幸福感，建立全域化党建引领的网格化社会治理新机制。建立集4670个监控探头和网络专线于一体的智慧监控系统，进行全天候、无缝隙实时管理，并结合信用体系建设，建立群众诚信“身份证”，完善约束机制，提高社会治理科学化、法治化、智能化水平。实施全员化“治理模式”。成立警务助理员、党建特派员、民情调查员等“八员合一”党员队伍，强化群防群治、综合治理。

【人才构建】 以总部经济基地和产业研究院为阵地，与潍坊市技师学院昌邑分院、潍坊市工业学校联合创建昌邑市人才资源产业园和非物质文化遗产传承基地。引进高端的创新、管理人才，引进专家5人，为企业科技创新注入强大内生动力。做好目标人选对接，拟引进3名博士，初步达成协议，采取“以点带面”“筑巢引凤”的方式引进更多的高层次人才。高标准建设产业研究院、石湾花海特色小镇、101党群服务中心、潍水美术馆、东方创业谷等创业载体，建设“大众创业、万众创新”的示范街区。东方创业谷获批“潍坊市级创新创业孵化基地”，承办“东方创业谷杯”昌邑市第六届创新创业大赛暨大学生创业大赛；举办创业培训60余期、参训1万余人次；入驻企业107家。

【脱贫攻坚】 组织全体机关干部和村干部摸底调查贫困户情况，拉网式走访10次，列出问题清单，一月一交办、一月一督查、一月一通报。确立长效帮扶机制，成立5个督导组，全面监督各项政策落实情况，严格把关。街道78名帮扶责任人累计走访贫困户5600人次，修缮房屋175处，重建房屋8处，安装自来水12处，365户享受政策贫困户全部安装自来水、有线电视，完成贫困户“两不愁三保障”“六干净一规范”任务。

（孙楚楚）

都昌街道

【概况】 都昌街道位于昌邑市中西部，面积193.95平方千米，辖82个行政村，2.8万户8.8万人，耕地面积1.18万公顷。2019年，实现地区生产总值24.4亿元，比上年增长3%；实现公共财政预算收入1.197亿元，同比增长14.2%；实现工业销售收入24.2亿元，农民人均可支配收入1.95万元。

【落实主题教育】 制定党风廉政建设工作计划，与82个村居和各职能部门签订《党风廉政建设目标责任书》，形成用制度管权、按制度办事、靠制度管人的机制。用实干担当锤炼干部作风，在攻坚一线锻炼工作能力，推进党员管理项目化、群众管理网格化、组织管理功能化。关注关键领域、群众身边的“微腐败”问题，维护良好政治生态。年内，运用第一种形态处理党员干部142人，第二种形态处理15人。

【乡村振兴】 推进乡村产业振兴，引入“济南大学——山东敬姜恒昌生姜研究中心”，依托雨泽农林生姜产业园，建立育种、现代化种植、冷链仓储、产品深加工、品牌打造为一体的产业模式，探索“昌邑大姜”改造升级新路径。梳理闲置低效土地73.33公顷，依托中国农业大学资源与环境学院，促成与中农圣达（山东）生态科技有限公司投资3亿元的良经作物超高产实验示范研究与推广基地建设项目，加大资金投入力度，协调投入900余万元，出动各类机械8000余辆次、人工8.7万人次，清理辖区内道路190千米、排水沟220千米，拆除残垣断壁、违章建筑等200余处、3200余平方米，清理“三大堆”、陈积垃圾20余万立方米，增加绿植1万株，面积6.7万平方米，完成改厕村庄48个，新改厕所1650个。

【工业转型】 依托经济开发区和双台工业园区“双园区”驱动优势，加大“双招双引”力度，推动新旧动能转换提速。投资2000万元的天元嘉汇环境监测治理服务项目，总投资3.1亿元的海欣医药高端原料药项目开工建设。淘汰以生产低端印染助剂为主的海利诺化工，替换为恒益针织年产1500吨罗纹布项目，利用高端服装辅料加工外销，实现年产值0.8亿元；清理永兴冷业、乾居门窗等“僵尸企业”，引进中瑞德宠物饲料、德润1.5万吨水刺非织造布、德凤食品调理品及屠宰、明联5万吨管料等项目，增强都昌工业发展活力。收集意见建议，协调解决各类难题67个。

【安全生产】 制定印发《都昌街道关于推行安全生产工作实行“党政同责、一岗双责、齐抓共管”责任体系的实施意见》，成立都昌街道安委会，确定安委会成员、明确领导职责。根据实际制定《2019年度安全生产工作计划》，与82个村（居）、236家生产经营单位签订安全生产责任状，建立安全生产和环境保护网格化管理体系。每季度进行一次全面大检查与专项检查，检查生产经营单位168家，查出安全隐患635处，下发整改通知书336份。

【污染防治】 针对扬尘污染、“散乱污”企业污染治理等重点领域，彻查问题，补齐短板。全封闭改造锅炉、商混等工业企业堆放煤炭、煤渣、水泥、石灰等物料、燃料的露天堆场，综合整治挥发性有机物；辖区内多次开展散煤治理联合执法，打击运输、经营劣质散煤的违法行为，推广清洁型煤4000吨，清洁炉具130台；开展“散乱污”企业及集群综合整治行动，实行拉网式排查，按照“先停后治”的原则，做到“两断三清”，建立“散乱污”企业动态管理机制，杜绝“散乱污”企业异地转移，关停“散乱污”企业3家。

【城市建设】 城中村改造与高端小区建设同步推进。城建项目划分为城北、城中、城南三大版块，明确目标、压实责任。以都昌棚户区为龙头，以城中村改造为重点，以高端小区建设为支撑。都昌棚户区改造实现群众搬迁安置开门红，后埠、吴庙、高道729户群众入住棚改安置新区；后埠村房屋拆迁工作全面完成拆除，达到工作预期。韩屯、刘辛、刘埠3个村拆除民房85户、企业1家；东埠、付徐、山前、马家村，旧村改造再次启动；辛二建成回迁楼房2栋，安置群众39户，新开工2栋、在建3栋；盘活原君福酒店和石油公司地块，龙港集团、新嘉集团相继入驻。建立网格化管理机制，执行创城验收标准，先后消除各类卫生死角1200余个，清理乱贴乱画3000余处，清除绿化带、楼前房后杂物堆放点900余个，规范整理全部居民小区楼道环境。

【维护社会稳定】 坚持“减总量、控增量”，组织开展“信访问题集中攻坚化解月”活动，落实包案机制，逐一建立专班，强化措施，集中化解一批，清零一批。全面梳理信访处置流程，制定《信访事项办理工作规程》，推行“红、橙、黄、蓝”四级风险防控机制，选用精干力量，发挥基层党员、骨干群众和网格员的作用，分类建立台账，优化资源配置。对于群众反映问题，第一时间介入，掌握政策依据，完善证据链条，利用民生热线、昌邑平台，解决群众诉求4000余条，问题一次办结率85%；各级登记信访件及时受理率、按期办结率均100%。

【脱贫攻坚】 提升“三个责任人”的思想境界和业务能力，动态管理街道579户建档立卡贫困户，市住建局和街道帮扶人员，累计开展走访4000余人次，为群众讲解政策、清理卫生、修缮房屋。全面准确梳理各户信息，各类问题逐一研究措施、同步推进、加强落实。先后为396名享受政策户全部完成改厕，修缮房屋222处，统一配备电视机58台、安装有线电视65户，发放被褥等生活必需品330余件，铺设自来水25户，全部落实“两不愁、三保障”。

（姜黎君）

围子街道

【概况】 围子街道位于昌邑市东部，面积161.95平方千米。辖18个社区、127个行政村，3.12万户10.18万人，耕地面积10011公顷。2019年，完成地区生产总值60.1亿元；实现一般公共预算收入1.76亿元，同比增长30.6%；规模以上企业实现工业销售收入63亿元、利税3.21亿元。农民人均可支配收入2.14万元，增长8.4%。年内获得“山东省文明乡镇”“山东省卫生乡镇”“潍坊市学习型党组织建设示范点”等称号。

【新旧动能转换】 年内，签约项目53个、总投资127.02亿元，立项项目13个、总投资43.39亿元，开工项目7个、到位资金10.35亿元，重点打造“双百亿”的智能装备制造产业园和康洁环

12 月，国家智能铸造产业创新（潍坊）中心设备　（于亚莉）

卫产业园。加快机械制造产业转型升级，突出抓好国家智能铸造产业创新（潍坊）中心、浩信昌盛智能工厂、昌邑市智能铸锻中心、玉柴非道路机械高端发动机等项目，实现传统铸造产业转型新突破。年内，4 个项目迎接潍坊市重大项目观摩点评，浩信昌盛、永富弹簧 2 个项目入选全省新旧动能转换重大项目库，浩信共享工厂建设试点经验列入省政府工作报告。对接“世界 500 强企业”新兴铸管集团，洽谈总投资 25 亿元的密埠新兴铸管产业园，沟通总投资 15 亿元的绿色智能精密铸造产业园项目，永富弹簧与机械科学研究总院深入合作。开展招才引智，引进 1 名专家人才，招引 2 名高层次人才申报创业大赛，康洁环卫申报博士工作站，促成永富弹簧与机械科学研究总院、亿润集团与青岛理工大学深入合作，与山东财经大学合作创建 1 个社会实践基地。

落实 22 项重点工作包靠制度，运用 3 ～ 5 人的项目工作专班，协调解决项目问题 120 余个，实行挂图督导作战，服务好企业发展。实施“项目 + 人才”战略，深化产学研用合作，依托辖区内 4 个省级科研平台、1 个博士后创新实践基地、16 个潍坊市级研发平台，吸引优秀人才 100 余人。

【乡村振兴】 重点规划建设占地 13.33 公顷、总投资 6 亿元的丸和生姜产业园，培育大姜深加工、秸秆利用、姜酒生产等农业新动能。立足 2000 公顷苗木、600 余种苗木品种的苗木资源，依托规模化优势，构建“两园一城一长廊”的产业发展格局，形成城乡联动、上下协同、区域协调的发展局面。构建现代农业经营体系，按照“合作社 + 农户”的模式，流转 200 公顷土地，发展反季节冬桃、樱桃等特色种植，培育优势特色农业。

开展村庄清洁行动攻坚月活动，投入 1800 余万元，围绕国省道、县乡道路沿线和村庄重点区域，清理农业废弃物和生活垃圾 8 万余吨，村庄脏乱差面貌得到改善，在全市村庄环境点评中获第四名。年内，开工建设 52 个“户户通”村庄，硬化道路 120 余千米；完成 3207 户改厕任务；治理农村污水，清理 100 余处房前屋后沟塘湾渠，消除村庄黑臭污水体；硬化、美化村庄道路 70 余条，100 余个村达到美丽乡村标准。

整改落实潍河、北胶莱河、漩河、清泉河 4 条河流问题 115 处，拆除潍河 41 户、156 间的违章建筑，清理大棚 63 个，运输建筑垃圾 2000 余立方米，潍河沿线 14 个村阻碍行洪的 2 万余株树木“清零”。

年内，投资 1000 余万元，完善城市社区硬件设施，铺砂石道路 30 余千米，完成 24 个城中村 6 万米道路硬化修缮、3 万米排水沟覆盖，更换 24 个城中村宣传栏，发放宣传资料 3 万余份，整治、清理“小菜园”380 余处，城市环境卫生改善。

对接山东土发集团，推动总投资 20 亿元的乡村振兴智能动力小镇项目完成立项。投入3500余万元，实施土地整治项目，硬化道路42.5千米，总投资4亿元的市民兵训练基地、昌平路拓宽工程、城东污水处理厂、河东引水渠护砌工程、1.5万亩的高标准农田等工程建设，提升基础设施水平。加快提升济贤养老中心项目建设，完善围子敬老院、滨河养老院，投资900余万元建设仓街幼儿园、民丰小学和民丰幼儿园，推动教育优质均衡县建设深入实施。

【安全生产】 推进130余家重点企业建立风险管控责任清单和管控措施清单。采取专家专项检查、拉网式排查方式，督促企业按照“诊断病例”落实整改措施。抓好烟花爆竹存储、纺织企业防火等领域，紧盯重点企业、建筑施工、集中场所等方面，加强生产、经营、存储、运输、使用、处置等关键环节管控，严格排查、严格执法，确保安全生产。

【脱贫攻坚】 制定《社区、村考核办法》《机关干部评议考核办法》，将干部工资与精神文明奖挂钩，选拔11名年轻机关干部担任社区副职，充实基层一线力量。坚持“落实就是最好的担当”理念，强化各级干部履职担当能力，完成上级各项重点任务50余项，攻克园区和道路建设民事难题40余个。

贯彻上级脱贫攻坚工作会议精神，先后组织5次扶贫业务培训、4次业务考试。街道主要负责人带头入户，精选178名帮扶责任人、10名第一书记和334名社区、村干部联系开展贫困户“回头看”，先后排查、整改各类问题995个。采取“N+1”帮扶模式，投资1000余万元，修缮贫困户房屋515户，改善451户贫困户居住环境，为152户贫困户安装有线电视、71户贫困户安装自来水，集中供养、收治18名失能贫困人员、严重精神障碍贫困户。街道党工委与18个社区、127个村、178名帮扶责任人分别签订责任书；抽调精干力量会同督导组市卫健局成立10个验收组，全面督导脱贫攻坚任务落实情况，落实责任、解决问题。

（王　建）

龙池镇

【概况】 龙池镇位于昌邑市西北部，面积182.26平方千米。2019年，辖4个社区，7942户2.4万人，耕地面积4000公顷。全镇完成地方财政收入5830万元，比上年增长28%；规模以上工业企业实现主营业务收入22亿元，利税2.05亿元，分别增长22.8%和229.4%；农民人均纯收入1.93万元。年内，获得“2018中国乡村振兴先锋榜十大榜样”“乡村振兴‘十百千’示范创建工程”“潍坊市第一批中医药特色小镇”称号；齐西村入选第七批中国历史文化名村；昌邑县抗日殉国烈士祠入选第八批全国重点文物保护单位；龙池镇、龙北村、瓦北村、王家庄子村、王范庄村、瓦东村、齐西村、岱邱村获评“2019年复查合格省级文明村镇”；瓦东村获评“全市民主法治示范村”。

【双招双引】 组建招商铁军，创新实施以商招商、以商引才，产业链招商等措施，招引高端化工产业项目。年内，有储备项目27个，总投资119亿元。依托海能化学基础，引进投资4.5亿元的光引发剂和投资15亿元的解氏有机氟系列产品两个项目，总投资20亿元的海王化工溴系阻燃剂项目、总投资7.5亿元的德润润滑油项目达成合作意向。通过华维微藻项目引进中科院海洋研究所教授张立涛，项目获齐鲁创业大赛优胜奖，张立涛获评“泰山产业领军人才”，实现项目人才双向成长。引进中央党校教授柳建辉，指导全镇文旅产业建设和党性教育课题开发，为特色产业发展注入活力。与济南大学共建山东龙池卤素精细化工研发中心，助力院校成果转化，解决园区企业技术难题。

【园区建设】 1月，龙池化工产业园正式通过山东省第三批化工园区认定，投资5000万元建设高标准特勤消防站，铺设日供水2万立方米管线，建设220千伏变电站1座。实施园区北扩一期工程，调储土地126.67公顷，修建道路9条13千米，完成清障施工14.5万平方米。投资360万元，新建园区正门，更换道旗、过路宣传标语，更新道路两侧绿化树木，提升园区美化、绿化档次。提升园区管理服务水平，建立实名包靠制度，每名园区工作人员包靠2～3家企业，定期上门了解企业生产经营情况和面临困难问题。召开企业家座谈会7次，收集整理企业反映问题、意见建议30余条，建立专门工作台账。严把准入关口，增强项目匹配度，聘请山东省工程咨询院，把握“两重点一重大”和“两低三高”等关键政策，确保好中选优、优中选强。

【乡村振兴】 推进农村人居环境整治，以农村“三大堆”等生产生活垃圾清理和背街小巷整治为重点，结合农村道路“户户通”工程，提升硬化、绿化、美化、亮化水平，打造美丽宜居的农村环境。以北白塔、西白塔2个村获批省级美丽乡村示范村为契机，投资1100万元，硬化村内道路8万平方米，绿化地面5.6万平方米，美化墙体10万平方米，改善村庄环境。布局重点湾塘治理，明确南马渠、北白塔2个湾塘治理重点区域，建设引水清淤工程，高标准绿化美化，两片区湾塘治理及景观桥、停车场、湾塘防渗整治等配套工程全部竣工。实施十村连片整治美化提升项目，投资600万元，整合镇政府驻地周边龙北、龙街、齐西等10个村庄，一村一品全面绿化、美化、亮化。投资200万元，全面改造升级镇区9条主要道路路灯及周边绿化，打造3000米独具特色的“网红打卡街”。全镇27个村自查，边查边改，将改厕工作纳入村支部书记绩效考核。全镇投入资金2000余万元，出动机械3380余台次，劳力1.6万人次，清理清运“三大堆”及生活垃圾3600堆、3356吨，完成村庄绿化11公顷，硬化各类道路18千米，消除黑臭水体867处、消灭污水直排口435个，旱厕改水厕3680户，村庄整治完成率100%。

【红色文旅】 投资300余万元，建成多彩丝路、醉人酒乡、银色盐海等6处主题民宿体验店；围绕民宿经济推进全域旅游，开办农家乐、特色餐厅，规划“吃、住、行、游”一日游精品路线，接待游客8万余人次，同比增长30%。党性教育基地建设规模不断扩大，品牌效应、品牌溢价升高。形成以渤海走廊革命斗争陈列馆为核心的爱国主义教育组团，以齐西古村为核心的家风家训教育组团，以红色文化展览中心为核心的政德政风教育组团3个集群，构建“三位一体”“一线七点”格局，形成半径3千米的教育基地聚集圈，打造“红色龙池”党性教育知名品牌。年内，接待各地各部门考察学习团队300余批次，同比增长40%。搭建特色节会平台，2月，举办“己亥迎春—孙膑庙民俗文化庙会”活动；5月，举办昌邑市第四届乡村旅游节暨第四届龙乡文化节，开幕式当天，接待游客3万余人次；6月，召开龙池镇志、瓦东村志志稿专家评审会；9月，举办第二届“感动龙乡·十佳楷模”颁奖活动。

【民生事业】 开展脱贫攻坚，入户走访5000余次，投资100万元，修缮72户贫困户住房，发放生活用品55户，开展“过暖冬过好年”活动，发放御寒衣物47户，发放卫生清洁型煤炭110户，共计45.6吨，贫困户统一进行旱厕改造，解决贫困户各类问题困难200余件。启动投资3.2亿元的生态健康医养结合综合体PPP项目，与社会资本方正式签约，成立公司进入前期运营阶段。海昌路建成通车，打通从工业园区到镇（区），直达昌邑市区的“绿色通道”。投资1686万元，启动国土占补平衡土地整治项目，治理农田83.33公顷，硬化田间道路10条14千米，建设桥涵11座，清淤排水沟2.1千米。投资60万元，安装高标准遮挡式公交站牌10个。在抗击台风“利奇马”攻坚战中，加固河道堤坝3000余平方米，安置受灾人员600余人，保障人民群众生命财产安全。

【安全环保】 聘请第三方服务机构进行全镇企业安全诊断评估，开展安全诊断4次，排查整改隐患564条，检查复查企业212家次。组织企业开展风险隐患自查自改8次，危险化学品、天然气锅炉、消防安全、加油站等专项检查9次，排查整改一般隐患232条。推进风险分级管控和隐患排查治理“两个体系”建设，化工及危险化学品企业两个体系建设运行，发动工贸企业开展安全生产标准化和双体系建设，并指导其规范录入省双体系建设平台，相关危化品企业监测预警系统的承诺率和在线率100%。开展安全生产宣传活动，完善应急救援体系。举办应急救援、预防一氧化碳中毒、消防安全、安全生产、“七进”宣讲等各类宣传演练活动30余次。邀请第三方培训机构统一进行辖区内各企业全员培训，参与企业32家，职工近千人，员工培训覆盖率80%。

开展15家化工企业“一企一策”异味治理，开展“散乱污”企业排查整治工作，排查农村黑臭水体并建立台账，督促相关村庄进行整治，开展大气污染综合治理工作，做好重污染天气应急响应、应急减排工作。加强扬尘治理，辖区建材企业，建筑工地进行裸露沙土堆覆网，园区道路和镇区道路进行洒水，开展环保巡查工作，持续巡查、以查促改，改善辖区内环境质量。

【党建工作】 召开党委（扩大）会19次，研究乡村振兴、农村党建等工作，推动基层党建重点任务与中心工作紧密结合。开展“不忘初心、牢记使命”主题教育，组织班子集中研讨5次，召开座谈会3次。组织社区、村干部到嘉兴“一大”会址、沂蒙红嫂等党性教育基地参观学习，组织126名入党申请人党章知识测试，引导入党申请人端正入党动机，坚定理想信念。全年发展党员17人，其中35岁以下9人、占52.9%，大专以上学历6人、占35.3%，消除三年以上未发展党员村3个。全镇27个村从致富能手、退伍军人、返乡大学生中择优培养后备干部62人。开展“精准帮扶 结对共建”，推广东利渔村文冠果帮扶项目等先进带后进经验成果，推动集体经济薄弱村治理转化。

（袁　静）

柳疃镇

【概况】 柳疃镇位于昌邑市区北10千米，渤海莱州湾南岸，面积325.01平方千米（浅海面积100平方千米），海岸线长19千米。2019年，辖10个社区，72个行政村，户籍人口4.8万人，常住

7 月 8 日，镇区航拍图　　（丛悦玺）

人口 7.2 万人，耕地面积 4600 公顷。全镇完成一般公共预算收入 1.2 亿元，规模以上工业企业营业收入、税收分别 42.62 亿元、0.91 亿元，农民人均可支配收入 2.35 万元。年内，先后获评省抗击台风抢险救灾先进集体、省级园林城镇、省级创业型乡镇、潍坊市公共文化建设示范镇、潍坊市法治示范镇、潍坊市乡村振兴齐鲁样板示范区等称号。

【经济社会发展】 新（续）建 9 个大项目，超纤产业园项目、华宝纺织聚酯熔体直纺项目建成投产。山东瑞同祥家纺年产 6000 吨高档毛巾面料项目开工建设。山东雅拉第二肉牛隔离场建成投用。新华源家纺退城进园项目投资 6.5 亿元，新建纺织车间、染色车间等 9.8 万平方米，建设一处日处理能力 6000 吨的污水处理站。柳疃家纺投资 4500 万元新上高档家纺面料项目，建设 1 万平方米仓库。

1 月 27 日，青阜农业公社　　（李凤蕾）

建设青阜农业公社，打造 2 万亩高效农业种植区，逐渐打造成为“一核心四组团”的产业格局，建设成为现代农业示范区。加快特色农业小镇建设，持续培育特色农业产业，以爱客斯轮果业科技有限公司为支撑建设“桑葚小镇”，培育农业田园综合体；以和田旺科技为支撑打造“西红柿小镇”，打响特色西红柿品牌；以特色樱桃、黄桃种植为切入点，培育“樱桃小镇”“黄桃小镇”，形成小组团式的特色农业产业格局。

【双招双引】 实施高端人才“引领工程”，围绕丝绸文化、现代种植业、农产品精深加工等重点项目，引进掌握关键核心技术的领军型人才。8家文化创意公司与团队入驻文化创意园区。邀请中国传统工艺研究会理事长华党明提出丝绸文化的挖掘和传承意见，帮助柳疃丝绸技艺申报国家级非物质文化遗产。依托丰瑞农业科技公司加强与科研院所、高等院校的联系合作，先后与中科院青岛能源与过程研究所等联合承担“渤海粮仓”示范工程、山东省重点科研计划、潍坊科技计划等课题项目。立足柳疃镇纺织印染企业人才引进短板和技术服务“盲区”，与西安工程大学签订校企合作协议，成立西安工程大学九久纺织研究院，为纺织行业转型升级提供技术支持。

【文化振兴】 以丝绸文化为主线，挖掘柳疃丝绸历史，建设以桑蚕体验为主题的“万亩桑园”，以文化创意为主题的“丝路绸语”文化创意园区，以丝绸历史展示为主题的丝绸文化博物馆，举办首届丝绸文化节，以丝绸文化为核心的文化产业和文化事业发展。建设山东省首个乡镇级碑林，收集清初至民国时期的碑刻78座，为社会流散碑刻文物的保护提供“柳疃路径”。推进村史馆建设，全镇1/2的村庄建成村史馆，丰富乡愁记忆文化。群众性文化活动丰富，村村成立文艺演出队，锣鼓秧歌、广场舞、交谊舞等演出活动丰富多彩。高隆盛龙河大戏台、玉皇庙、孙家河滩等村的演出舞台是群众文化活动中心。

【建设生态工程】 实施“丝路原点·锦绣龙河”项目一期、三期工程，建设“烟柳水岸”“龙溪湿地”两大沿河景观，打造一条6.8千米长的生态湿地长廊。以建设园林城镇为目标，栽植绿化苗木3万余株，种植地被花草60余万棵，铺设草坪2.2万平方米，新增绿地15.3万平方米。全域推进农村人居环境整治，72个村全部完成“五化”提升，开辟“微花坛”470余个，“爱心菜园”“开心农场”等40余处，柳疃镇在潍坊市农村人居环境整治暨加强乡村治理体系建设现场会议上作典型发言。开展“千百湾塘”综合整治工程，整治全镇300余个湾塘，打造村庄“水生态”。落实潍河拆违工作，拆除违法违规建筑100余处、鱼棚240个。

【党建工作】 召开7次党委会议，研究党建工作思路，制定党建工作要点，统筹推进新型农村社区建设、农村干部管理等基层党建重点任务。带领班子成员履行“一岗双责”，同步抓好分管范围内的业务工作和党建工作。带头包靠软弱涣散村党组织，到村实地调研21次，解决问题17个。带头参加双重组织生活、讲党课、作辅导，开展理论中心组学习4次，组织班子成员集体学习14次，为全镇党员上党课2次。组织全镇村党组织书记到苏州开展乡村振兴专题培训1期，到市内外先进镇（街）对标学访4次。实施“农村后备人才递进培养计划”，建立130余人的党组织书记后备人才库，为基层党组织注入新的活力。组织各级党员干部到渤海走廊革命斗争陈列馆、徐迈事迹陈列馆等开展党性教育活动30余次，引导党员锤炼党性修养。组织机关干部和村干部、党员加入义工组织，全年开展义工服务1000余人次。实行各村党组织书记量化考核制度，探索实行各村党组织书记绩效评价制度，统筹进行定性考核与定量考核，严管厚爱相结合，宽容而不纵容，营造优者上、庸者下、劣者汰的选人用人氛围。

【城镇建设】 高标准提升改造文化路、龙河路、柳龙路、闫玉路、金柳路，新修找补道路32千米。安装红灯笼260组、中国结106组、中国风太阳能路灯260盏，勾边亮化部分街道和小龙河旁的楼宇，新增城市景观和文化标识21处，镇村路网更加完善。

【民生保障】 投资1300万元建设辛安小学和幼儿园，并设立社区服务中心和高标准卫生室，解决北部6000余名群众的入学和就医问题。推进脱贫攻坚，落实脱贫攻坚责任制，班子成员带头走访建档立卡贫困户，摸清贫困户底数和真实情况，针对不同的贫困群体制定不同的帮扶方案，做到一户一策、精准高效。

（李凤蕾）

下营镇

【概况】 下营镇位于昌邑市北部，面积202.57平方千米，辖5个社区，35个行政村，7273户、2.22万人，耕地面积3780公顷。2019年，完成地区生产总值22.72亿元，比上年增长5.8%；一般公共财政预算收入3.45亿元，比上年增长6.2%；工业实现销售收入84.23亿元，利税10.54亿元，分别增长12.31%、5.4%。第三产业增加值1.73亿元，农民人均纯收入2.1万元。

【双招双引】 发挥化工园区招商优势，提高项目准入标准，建立投资决策专家把关制度，聘请山东省工程咨询院从规划设计、投资强度、质量标准、工艺先进性、环保安全等方面审核把关新落户项目。年内，先后落户投资15亿元的孚美新能源针状焦项目、投资26亿元的亚星化学搬迁项目、投资15亿元的成泰新材料MMA项目等9个大项目。

建成蹇锡高、包振民2个院士工作站，促成金晶科技与中科院天津工业生物所，金典化工与中科院青岛生物能源与过程研究所，森汇新材料与南开大学，德澳精细化学品与鲁东大学的合作，推进“长江学者奖励计划”青年学者、清华大学教授徐建鸿，泰山学者李成林，中国水产科学研究院李恒德，北京大学“肉苁蓉之父”屠鹏飞及浙江大学王晶等高层次人才的引进，为经济高质量发展提供智力支撑。新签约项目69个，投资额231.8亿元。新立项项目29个，投资额74.96亿元。到位资金35亿元，其中省外33.99亿元，省内1.01亿元。

【新旧动能转换】 龙港新材料无机硅化物、开济化学溴系阻燃剂、孚美新材料锂电池负极材料及超高功率电极用针状焦、大耀特种材料高性能聚乙烯功能材料4个项目列入省新开工重大项目清单，邦普种业遗传育种中心项目入选潍坊市级重大重点项目。落实天宇原料药等包靠重点项目专班包靠，在项目一线协调解决问题。东江蓝海固废处理、新澳新型染料等项目全部投产达效。金石环保、汉兴医药、金昌

2月2日，月牙湖灯会　　（褚方文）

树 3 家企业入围潍坊市“隐形冠军”企业，奥通药业、清水化工入围“专精特新”中小企业。完善开发区政务服务大厅“1+N”服务模式，深化流程再造，推进审批职能下沉，与智慧昌邑联网，实现“一窗受理”“一站办结”。通过省“智安园区”试点建设认证，获得省化转办和省财政厅 500 万元财政资金重点扶持。发挥智慧监管平台作用，聘请安全环保专家 8 人，建成园区“环境医院”和“安全管家”，全年安全环保零事故。110 千伏变电站、特勤消防站、中信水务二期等建成投用。

【乡村振兴】 鼎立薄壳核桃农林“科创岛”推进；新时代中草药种植基地栽植丹参、黄芪等六大类中草药品种 66.67 公顷；雅拉食品肉牛隔离场主体建成；邦普种业项目一期建成，二期土地调整完成。推行“报账制”与“银行代发”结合的资金管理制度和以招投标为核心的资产资源、工程建设项目发包制度，建立村级经济合同数字化管理档案。投资 1750 万元开展以厕所改造、村容村貌整治、“户户通”等为重点的农村人居环境综合整治。清除河道违章建筑 26 处、养殖鱼棚 112 个，填埋整平虾池 33.33 公顷，封堵非法排水口 4 处，涉河违法问题清零。新增造林 133.33 公顷，义务植树 7 万株，东营村获评“山东省森林村”。完成北姜村搬迁安置，其他搬迁村庄安置楼建设推进。完善建设农村书屋、村级文化广场、健身广场等 21 处，举办民间文艺会演、祭海神等系列群众性文化活动，下营灯会亮相中央电视台《新闻联播》。火道村获评“山东省乡村振兴示范村”。

【民生保障】 218 户享受政策的贫困户全部落实机关干部包靠，投资 100 余万元修缮 154 户贫困户房屋；发放被褥 235 套，生活用品 117 件；20 户五保户送至养老院集中供养，9 户精神病患者送至潍坊市精神卫生中心治疗。投资 100 万元更新学校硬件设施。投资 90 万元建设蒲东社区卫生室和大院村卫生室。完成退役军人信息采集和光荣牌悬挂，退役军人保险接续全部完成。完成居民医疗保险参保 1.68 万人，实现应参尽参。

【严守底线】 加大资金设备投入，强化在线监控。新建园区智慧监管平台，包含六大模块，利用 VOC、RTO 设施监控、无人机全方位巡查、风险点数据在线接入等，实现对企业安全环保工作的动态监管。新建园区智慧监管平台，同时要求所有企业危废库安装防爆高清摄像头，并与园区智慧平台联网，实现所有企业的在线监管，实时动态监控环保相关数据。加大隐患排查治理力度，加强安全生产教育培训，遏制安全生产事故发生。充实安全生产专业监管力量，政府购买服务，在园区成立安全管家，聘请 4 名安全专家监管园区企业安全问题，重点开展隐患排查、特殊作业安全技术服务、安全教育、应急救援培训。建立健全镇、社区、村三级综治中心和网格化服务管理中心，覆盖率 100%，综治中心与网格化服务管理中心一体运行。群众反映的热点、难点问题，由社区干部、村干部、法律顾问等共同参与，当面对证、质询，推进问题解决。无死角监控下营镇、开发区辖区范围内全部重要路口、村口；每个村庄村内主要道路全部安装高清摄像头，并接入辖区公共视频监控平台，实现镇、社区、村三级监控“无死角、无盲区、全覆盖”。

【党建工作】 实行周调度、月总结、季复核。开拓思路，创新举措，解决整顿软弱涣散党组织、促进村集体经济增收等问题 37 个。走访调研基层党支部 110 余次，解决问题 52 项。加强制度落实、方式创新、工作督查、党员在线学习教育、灯塔大课堂学习，及时上传相关信息，稳步推进党支部管理的信息化规范化水平。落实班子成员双重组织生活制度，讲党课6次，组织党员干部开展现场教学17次，培训党员干部2600余人次，实现农村党员进基层党校全覆盖。探索建立“线上学习+线下活动”模式。

实施优秀后备人才“递进培养计划”，培选85名政治可靠、作风过硬的村党组织书记后备人才。采取“合作社+农户”模式，流转土地盘活资源，以“双联双增”“村企联建”为抓手，推动村集体经济增收。实施“互联网+”，打造安全高效的“三资”管理网络化监管平台，村级审批通过手机APP和互联网办理，实现从线下到线上的升级，提高管理效率和村级治理水平。实施“凝聚力工程”，开展技能比武、志愿活动、现场教学等主题活动50余次。

坚持“在学习上深入一层、在宣传上浓厚一份、在运用上先行一步”的“三个一”标准，全镇57个党支部、1265名党员全部投入主题教育中。先后开展“环境医院”“秸秆禁烧”“直面招才引智”“贫困户温暖过冬”等12个专项活动，主题教育与为民服务办实事相结合，边学边改、立查立改，解决群众办事难、市长热线满意率低等17个具体问题，以实际行动和整改成果检验主题教育成效。

（孙建树）

卜庄镇

【概况】 卜庄镇位于昌邑市东北部，面积146.67平方千米。2019年，辖区10个社区，19074户5.3万人，耕地面积8000公顷。全年，完成地方财政收入4100万元；规模以上企业实现销售收入10.84亿元、利税9683万元;农民人均纯收入2.03万元，同比增长4.3%。年内获评山东省200个耕地保护工作成绩突出的乡镇、潍坊市2019年度市级森林镇，姜泊村、夏店村列入第五批中国传统村落名录。

【工业经济】 盘活存量土地，引进投资2.8亿元的华阳弹簧高端汽车零部件制造、投资1.2亿元的金昌树新材料高分子助剂、投资6600万元的大昌牧业标准化养殖、投资6000万元的香远肉禽加工、投资2500万元的鑫诺中央厨房重点项目，优化产业结构，壮大综合实力。实行保姆式服务，推动富源食品二期、金昌树新材料二期开工；帮助硕昌食品办理土地、规划、施工许可等手续；培植骨干企业，郑家矿业、万宝矿业实现复产并当年达效。引进A类顶尖人才1人，B类领军人才2人，C类高端人才7人。组织明兴饲料与中国农科院共建复合微生物技术研发中心。

【乡村振兴】 9月23日，昌邑市第二届中国农民丰收节庆祝大会暨第三届卜庄镇大陆梨枣节在大陆村开幕，山东电视台、潍坊电视台、昌邑电视台相继播报开幕式现场情况，节会期间网络直播点击量突破12万人次。投资230余万元，建设5300平方米的大陆为农服务中心，整合供销社网点和农技、农资、电商等资源，提供产、供、销一体化服务，带动周边10千米内12个村庄，1000余户枣农，形成从耕种到销售的全程服务体系，优化农业资源配置，提高为农服务水平，提升梨枣质量品质，打响梨枣品牌。以白衣庙蔬菜大棚种植为带动，发展设施农业，并以华侨畜禽、利鑫养殖、大昌牧业等企业为龙头，发展现代养殖业，提高土地产出效益。白衣庙蔬菜大棚项目扩大种植规模，投资200万元，新建大棚9个，标准化大棚17个，每个大棚年可实现收益10万元，全年创造扶贫产业收益24.4万元，221

户贫困户享受收益分红，大昌牧业项目投资6600万元，新建自动化养殖大棚、办公用房等3.5万平方米，实现当年立项、当年开工、当年投产达效。村集体经济收入每年增加20余万元，盐碱化土地得到有效利用。推行生态清洁供暖，推进农业废弃物资源化，引进马王芳凤新能源科技有限公司，推广清洁炉具102台，生物质燃料200余吨，规划建设占地2公顷的生物质燃料加工项目，探索解决农业废弃物处理难题。

【城乡环境】 聘请省规划设计院，规划编制镇区及原夏店、东冢，打造以卜庄镇区为主中心，以夏店社区、东冢社区为次中心，形成“三中心”齐头并进、联合带动的发展格局。聘请专业公司改造设计王滨电影纪念馆，完善“一线七点”红色教育长廊。发动农村人居环境整治攻坚，广泛宣传发动、明确工作标准、强化考核评比、设立专项奖励等措施，彻底清理全镇95个村的“三大堆”“三边三底三界”和陈积垃圾，集中清理“三大堆”3800余个，整治湾塘180余处，清运处理垃圾1000余吨，投放新垃圾桶1100个，新增村庄绿化2.4万平方米，拆除违章建筑30余处。组织进行改厕专项督查，每名机关干部包靠90个改厕户，存在问题逐一进行整改，贫困户全部实现厕所改造。

【民生事业】 投资30万元在206国道、下小路两侧实施太阳能路灯改造工程，安装LED路灯158盏，多方筹集资金，完成镇区天然气设施配套。投资5000余万元，硬化道路57条、53.8千米。启动“户户通”工程，11个村完成施工，32个村开工建设，打通群众出行“最后一米”。全面启动北泊村整体搬迁工程，在姜泊社区规划建设多层电梯楼房。开展脱贫攻坚，投资200余万元改建维修196户贫困户住房，为155户贫困户购置电视62台，安装有线电视85户，购置优质清洁燃煤74吨，发放床上四件套370件，贫困户厕所全部进行无害化改造，通过文化旅游、光伏发电、蔬菜大棚等项目带动，实现扶贫产业发展、贫困户参与、收益成果共享的目标。迁村并点项目金色阳光小区重新开工建设，并验收交付。农民工工资、建筑商违约等复杂稳定问题的信访积案彻底化解。

【安全环保】 举行非煤矿山企业负责人座谈会4次，组织开展应急演练16次，聘请安全生产专家集中检查47次，排查隐患85处。国庆前夕，镇安环办工作人员与供电部门、第三方安全机构配合，开展中华人民共和国成立70周年安全生产专项整治，检查企业82家，罚款3家，倒逼企业提高安全生产水平，联合市环保局检查71次，夜查企业35次，依法取缔“小散乱污”企业2家；整治“一企一管”13家、1034米，“雨污分流”2315米，加强企业

12月，王滨电影艺术馆 （王效锐）

排污管控；制定大气重污染应急预案，严控企业废气排放，减少露天经营场所扬尘。推进河长制工作，按照“河畅”要求，排查整治潍河、胶莱河、蒲河、漩河4条河流“八乱”问题，全面完成“清河行动”；按照“水清”要求，加固维修蒲河排污管道，接入污水处理厂；按照“岸绿”要求，在潍河沿岸规划建设潍河生态森林公园，胶莱河、蒲河、漩河沿岸实施造林绿化33.33公顷。

【党建工作】 落实每月“两次督导、一次联评”制度，完善镇、社区、村三级考核体系，全年下发通报13期、扣发村干部岗位补贴61人次，主持召开12次党委会、13次社区调度会、7次村党支部书记会，压实全员抓党建工作责任。结合“不忘初心、牢记使命”主题教育，推行“一线工作法”，全镇70%机关干部下沉一线，面对面听取意见、解决问题、改进工作，征求意见建议200余条，实行销号管理，全部整改到位。组织集中学习研讨5天，举办专题读书班1次，领导干部讲党课11场次；开展好支部生活日、阳光议事日，重点关注企业、社会组织中的68名党员，确保学习培训常态化；围绕“两新”组织强基础、扩覆盖，成立综合党委，派驻2名党建专职指导员、1名第一书记；利用卜庄镇红色教育基地，市、镇两级党校组织基层党员干部培训10次，覆盖全体党员。按程序调整村党员干部12人，约谈主职干部32人次，完成6个软弱涣散村整顿转化，解决村班子办事能力弱、党员干部履职能力不强的问题；在22个村发展党员30人。

（王效锐）

石埠经济发展区

【概况】 石埠经济发展区位于昌邑市中部，面积99.26平方千米，辖10个社区，1.4万户4.98万人，耕地面积5467公顷。2019年，发展区完成地区生产总值52.46亿元，比上年增长8.4%；完成财政总收入1766万元，其中公共财政预算收入1206万元，比上年同期增长5.1%；实现工业销售收入26.58亿元、利税3.27亿元，分别增长8.3%和8.6%；第三产业增加值18.7亿元，增长8.5%；农民人均可支配收入2.78万元，增长9.5%。

【工业经济】 民和食品产业园完成投资1.2亿元，5100平方米的宿舍楼完成主体建设，1.6万平方米的生产车间主体框架梁全部完成，锅炉房、制冷机房、配电室封顶。立辉重工自主研发的“高锰钢构件激光熔覆强化与延寿技术”通过中国机械工业联合会成果鉴定，并达到国际先进水平，申报国家国防科工局武器装备建设项目、山东省科技厅重大科技创新工程。福佑富二期仓储扩建项目储粮库主体建成。爱菲特二期机械加工项目，环保处理设备、生产设备完成安装调试，进入试生产阶段。以华玉、鲁宏、裕洋为代表的塑机产业集群，成为带动石埠经济发展的新的增长点。鸿运汽贸物流城“机动车辆检测中心”建成投用，新上环保检测线4条、安全检测线2条，配套建设综合服务大厅，是集挂牌、上线、审车、保险、理赔等服务于一体的一站式机动车辆检测中心。加大“双招双引”工作力度，先后11次到浙江、上海、南京、武汉等地以商招商、以才引才，引进高端技术人才13人，签约项目12个、新立项9个，到位资金4.6亿元。

【现代农业】 奥孚精品苗木示范园完成扩建33.33公顷，扩植苗木16.8万株，潍坊农科院现代农业科技示范园，种质资源储藏库、工具库、6个温室大棚及22个钢架大棚正式投用，综合实验楼完成内外装修。润鹏现代农业产业园，4个果蔬良种繁育智能温室、1个种质资源储藏库建成投用，青山庄园项目，21个绿色有机果蔬大棚、4000平方米的高科技温室投入使用，打造“青山红岫”绿色果蔬品牌。青青草农业科技园完成投资1500万元，占地33.33公顷的一期核心区投产达效；二期辐射带动区8个葡萄种植示范大棚全部投入使用。总投资2.1亿元的齐鲁智农谷加工物流园，以姜产品深加工、中草药加工为基础，集品牌化、流程化、智慧化于一体，与阿里巴巴“菜鸟云仓”达成战略合作，6个车间主体进行基础施工。规划建设万亩优质大姜、万亩优质土豆、万亩优质大葱、万亩优质草莓、万亩高端苗木等5个万亩农业种植基地，构建以“五大农业龙头企业”为示范带动、“四大农产品专业市场”为桥梁纽带、“5个万亩农业种植基地”为基础支撑的“龙头企业+种植基地+专业市场+农户”全产业链抱团发展的现代品牌农业产业体系。

【文化旅游】 打造“青山秀水文旅小镇”，潍水田园综合体核心区框架搭建；青山秀水旅游度假区改造提升青山餐饮中心、房车营地和“梦幻之星营地”等子项目，集休闲、餐饮、住宿多种功能于一体，可同时容纳400人就餐、宿营，房车营地正式对外营业；青山庄园完成投资7100万元，先后被评为“山东省精品采摘园”“山东省生态休闲农业示范园”；青山古街完成主体建设；青山文化广场建成投用；“潍坊银杏第一乡”杨家桥进行美化提升二期工程，青山秀水文旅小镇初具规模。

【村镇建设】 综合打造提升镇区14个村，年内，建设文体广场9000平方米，维修安装LED景观路灯186盏；划设停车位300余个；增加绿化面积2.3万平方米；彻底规范整治占道经营、违规停车、无序牌匾问题；实施天然气管道铺设、集中供暖、强弱电入地工程，镇区综合承载功能全面提升。投资3500余万元，先后实施民和大道、田园大道、崇杨路等7条道路的内联外延工程，总长度21.8千米，构建“七纵九横”的镇村路网框架；12个村开工户户通工程；清理潍河、胶莱河等河道沙场3处、违章建筑120处；完成路域治理150余千米，清理“三大堆”1600余个，全区67个村大街小巷通透整洁，村庄内外干净有序。针对民和食品、民胜食品、齐鲁智农谷加工物流园等多个大项目的建设及引进，调整土地3.33公顷，与城投合作建设“石埠污水处理厂”。

9月15日，潍水田园丰收塔　（李孟寒）

【社会事业】 统筹推进“四德工程”和“文化惠民工程”，年内，建设农村文化广场13处，打造1.2万平方米的“十里文化长廊”。投资6000余万元，建设石埠学校

9 月 15 日，教育片区改造提升工程　　（李孟寒）

小学部；中心幼儿园和教师公寓楼内外装修；教育管理办公室办公楼主体建成。隆达综合服务中心项目，占地 6000 平方米的青山文化广场建成投用；医养综合体项目，医院完成内外装修，配套附房主体建成；石埠山水幼儿园正式投入使用；便民超市和集贸市场开工建设。史家庄棚改项目，建成住宅楼 8 栋、在建 3 栋，完成入住 180 户。石埠北村旧村改造项目全面启动，新建 6 层住宅楼 3 栋，全部封顶；秀水 · 富华苑、原医院片区改造项目完成规划设计；全区安装视频监控探头 962 个；社会治安警情下降 32.8%；交通事故纠纷同比下降 23.6%；信访总量下降 86%；实现年度安全生产“零事故”；投入资金 20 余万元，精准扶贫 351 户 1027 人，“四宜”（宜居、宜业、宜游、宜养）乡村建设稳步推进。

【党建工作】 制定完善《重点工作督查办法》《社区实体化运行考核办法》《机关干部考核办法》，形成完整的督查考核工作链。市领导包靠的 3 起信访积案全部化解；加强社区实体化运行，推动“三个下沉”，实行“三包三联”，干部下沉率 80%。实施村级综合服务“三级网格化”管理，构建完善横到边、纵到底的村级治理格局。搭建“安全环保、综治维稳、项目推进、日常工作”四大督查平台，确保各项工作落实。成立党风廉政建设领导小组，召开党风廉政建设专题会议 6 次，专题听取区纪工委工作汇报 5 次，班子成员按照“一岗双责”落实分管责任，层层签订《党风廉政建设责任书》，同步完善 20 项规章制度，形成“一把手”负总责、层层抓落实的工作格局。推行“一线工作法”，到村庄企业调研 36 次，收集问题 21 个并全部解决；高标准改造提升 10 个社区办公场所，打造晴埠、流一、田家等 5 个党建工作示范点。落实村级“五代理”和村级事务“五公开”，先后督查坐班值班、阳光议事日等工作 23 次，查处违规违纪行为 21 次，设立曝光台和光荣榜，下发督查通报 15 期。

（崔国康）

饮马镇

【概况】 饮马镇位于昌邑市南部，面积 74 平方千米。辖 6 个社区、34 个行政村，9703 户 3.53 万人，耕地面积 3811 公顷。2019 年，全镇完成地区生产总值 30 亿元；地方财政收入 3154 万元；规模以上工业实现销售收入 6.6 亿元、利税 1712 万元；规模以上贸易业销售额累计 6099 万元，规模以上服务业营业收入 215 万元；固定资产投资累计 10.6 亿元;农民人均纯收入 1.89 万元。年内，入围“2019年度全国综合实力千强镇”名单，获“山东省森林乡镇”称号；梨花小镇被评为潍坊市“2018年度十佳特色小镇”，梨花水镇项目入选山东省第一批乡村振兴重大项目库和2019年度山东省服务业重点项目库，被评为山东省服务业特色小镇培育单位。

【经济发展】 打造审批少、效率高、服务优、获得感强的营商环境，推动新旧动能转换，实现镇域经济高质量发展。新希望六和手续办理用时25天，会凌新材料公司从引进到投产用时3个月。落实《顶尖人才“一事一议”实施办法》，做好科技副职选聘工作，选聘青岛大学药学院教授、泰山产业领军人才魏准为饮马镇科技副职；龙港无机硅先后与吉林大学、大连理工大学等多家高校建立合作关系，为企业创新发展提供保障，并获山东省瞪羚示范企业、山东省“隐形冠军”企业称号。董事长王敬伟获“泰山产业领军人才”“第一批人才潍坊伯乐”称号。润华纺织拓展电商业务，占据潍坊市家纺行业销量榜前列；新美达纺织开拓国外市场，在越南建厂发展；得益工艺品开拓佛系列加工业务，产品路线由低端廉价向高端精品靠拢。龙港新材料投资6亿元，新上年产41万吨无机硅化物项目，龙港无机硅建有山东省工程实验室、山东省工程技术研究中心、院士工作站、省海洋工程技术协同创新中心。年内，被授予全国“专精特新”中小企业、省技术创新示范企业称号，环保型纺织品用硅基阻燃剂的研发与产业化获得省科技进步奖二等奖。

【农业】 推进基础农业和精品农业创建，推动农业向集群化、设施化、品牌化发展。培育特色生态果蔬家庭农场30余家，成立省级示范社3家，注册绿色食品3家，“千祥”牌面粉为省著名商标。增加潍坊市农业龙头企业8家，省级农业龙头企业1家，在东部提升533.33公顷的绿化苗木种植区，打响饮马省级森林镇品牌；在东部建设93.33公顷的种养结合区，做大生态养殖产业；在西部建设400公顷的梨花水镇田园综合体，打造乡村振兴示范区；在中部建设200公顷的农业新六产示范园，提升精品农业水平。

培训新型职业农民和青年农场主，26人参加职业农民培训。8月中旬，利用直升机进行全镇2666.67公顷玉米“一防双减”病虫害统防统治。小麦政策性保险全镇投保1739.92公顷，农户自交保费9.4万元；玉米政策性保险投保1231.89公顷，农户自交保费6.65万元；农业支持保护补贴5896户，补贴面积2350公顷。

【旅游业】 以总投资30亿元的梨花水镇项目为抓手，发展现代农业、乡村旅游，举办第十届山阳梨花节暨第一届梨花水镇嘉年华，吸引游客8万余人，实现经济收入1100余万元。潍坊市委书记

4月，第十届梨花节 （刘方世）

先后两次实地调研。根据总体规划和一期详细规划，康复中心和4栋康养公寓进行主体建设，康养医院挖掘黄元御中医特色品牌，拟建设御医培训中心、现代御医专家楼等；博陆山景区，建设牡丹园、玫瑰园、石榴园、栗子园、油菜花观光梯田等十大休闲观光农业区，西侧园林绿化区栽植苗木120公顷。

【城镇建设】 10月，召开“户户通”工作动员会议，各村制定“户户通”工作计划，“户户通”工作正式启动。至年底，18个村实现“户户通”。开展造林绿化和森林建设，全镇建成面积1000平方米以上绿地公园4处，人均公共绿地面积11平方米；建成区绿化覆盖率38.1%，村庄建成区绿化覆盖率38.2%。年内，被评为省级森林乡镇，张家屯村被评为全国森林村居、省级森林村，山阴村与杨家楼村被评为潍坊市森林村。

【民生保障】 全镇351户享受政策贫困户结对88名帮扶责任人，222户不享受政策贫困户由各村两委亲自包靠，各村党员全部与贫困户建立帮扶关系，市发改局督导联系贫困户，实现全镇贫困户市、镇、村三级包靠；加大财政支持力度，加大投入资金用于贫困户房屋提升、家居环境整治、生活用品购置等。开展环境保护突出问题“回头看”，进行各级环保举报件再梳理、再排查、再整治，查处“死灰复燃”。联合环保所，每月不定期组织开展环保专项督查行动，聚焦石粉厂、漂染厂、浆线厂等环保重点行业、重点企业，对照环保各项标准，履职尽责，夯实工作责任，推动生态环境质量持续改善。按照“两断三清”标准，25家石英砂加工业户全部关停取缔；镇域内10吨以下燃煤锅炉和清洗浆线作坊完成“清零”；取缔新发现颗粒厂3家；完成八里、王麻、张屯清洗布头、浆线19家企业的取缔工作。开展安全生产月活动，组织开展“安全生产大讲堂”、安全宣传咨询日、双重预防体系观摩培训会等活动。鼓励有创业愿望人员参与创业培训、创业大赛，形成“大众创业、万众创新”的新局面。饮马镇中心社区评选为省级“四型就业社区”。以创业带动就业，办理就业失业登记证53人，办理鸢都创业证270人。宣传小额担保贷款政策，发放宣传材料400余份。

【党建工作】 围绕“初心使命怎么践、争创一流怎么办、担当落实怎么干”开展大讨论、召开对照党章党规找差距专题会议，镇党委利用可视系统，设1个主会场、34个分会场，集中培训全镇1400余名党员。镇党委领导班子开展集中学习研讨、读书班等活动，为各级基层党组织做好表率。完善村干部“档案库”，推行“选拔一批、后备一批”办法，村干部信息全部归档并动态管理，34个村储备73名党组织书记后备人才。推行村党组织书记“四诺履职”，完善村党组织书记“月考评”制度，绩效工资与工作实绩挂钩，发挥其带头人作用。加强村干部教育培训，实现140余名村干部全覆盖轮训，提高村干部履职能力。党风廉政建设有效运用监督执纪“四种形态”，强化日常监督执纪。营造风清气正选人用人环境。在机关干部晋升、发展党员等方面严格把关，落实“凡提四必”要求，执行《党政领导干部选拔任用工作条例》和“一报告两评议”制度。

（刘方世）

北孟镇

【概况】 北孟镇位于昌邑市最南部，面积174.26平方千米。2019年，辖15个社区，2.19万户7.2万人，耕地面积1.05万公顷。工业实现主营业务收入12.2亿元，实现利税2593万元。全镇完成公共财产预算收入2593万元，同比增长23%。农民人均可支配收入1.84万元。基层组织工作评定成绩位居全市第一。年内，获“山东省文明单位”“潍坊市文明单位”“乡村治理十佳案例”“潍坊市新时代乡村教育振兴示范区”等称号。

【新旧动能转换】 2019年，与32家企业签约，立项21个，开工7个，引进高端人才15人，全职引进硕士研究生2人。打造高端机械制造产业、滨海飞地工业、改造提升传统产业、电子商务产业、装配式建筑产业、高端食品产业“六大集群”，构建具有地方特色的现代产业体系。扶持昌荣机械、富彬家居、翱蓝无人机等优质企业做大做强，打造一批拥有自主知识产权、具有较强核心竞争力的行业领军企业。推动投资12亿元的矿坑整治暨装配式建筑工业园项目，投资6亿元的陶土矿整治暨华大生物科技高技术食品深加工项目，投资5.2亿元的山东七巧板智慧教育项目加快建设，稳步推动经济体量攀升。扶持引导纺织、包装、食品加工等传统产业进行设备改造和抱团合作。实施“腾笼换鸟”工程，淘汰落后产能，推动基础更好、发展更快的项目“落地生根”，一批新上项目投产达效。加强总部经济引进工作，分别与杭州艺诺铭居有限公司等8家公司进行洽谈，并在昌邑设立分公司。

【乡村振兴】 以乡村振兴战略“二十字”方针为纲，按照“规模化、产业化、品牌化”的思路，强基础、建园区、育品牌，加快实现“农业大镇”向“农业强镇”的转变。投资1400余万元的土地整治项目，涉及东齐家屯、韩高、李家井等45个村，建设规模300公顷，新增耕地66.67公顷。投资600余万元，实施5000亩高标准农田建设项目，实现田、土、水、路、林、电、技、管综合配套。推进亿丰农业产业园、昊普田园综合体3000亩出口果蔬种植园区、鑫盛田园综合体2000亩果蔬种植园区、常青藤田园综合体2000亩果蔬种植园区等“四大园区”建设，打造引领农业转型升级、绿色发展的核心区。坚持市场引领与品牌推进相结合的农业发展思路，抓好三翔食品、旭日面粉等农业龙头企业品牌拓展，加大九龙屯大蒜、北孟花生、石磨面粉、高家庄子苹果、葛七草莓、后刘大姜、李家庄子西瓜、朱七葡萄等农产品品牌培育力度。引导各类涉农企业、农民专业合作社等市场主体，创建自身品牌，打造以品牌价值为核心的新型农业产业。

【宜居小镇建设】 完成宋家屋子村62户、73处房子的迁村并点工作，可复耕土地5.73公顷，实现当年立项、当年拆迁、当年复耕。启动西祝仙屯村的迁村并点。2019年，有85%的家庭签订拆迁协议，全部拆迁后，可复耕土地10.67公顷。宋家屋子村、西祝仙屯村和北孟小学可复耕土地20公顷。在镇区孟育新区建设住宅新区，为迁村并点提供回迁安置场所。完善配套管网建设，提升镇区基础设施，破解农村群众居住偏远、基础设施薄弱、公共服务滞后的困扰。以北孟镇区和塔耳堡老镇区为中心，采取迁村并点的方式，引导周边村庄集聚发展，北孟镇区人口增加至3万人，塔耳堡老镇区人口增加至1.5万人，北孟农村居住人口减少至2.5万人。

【保障民生】 建立“六个一”长效机制，做到压力传导到位、投入保障到位、项目管理到位、动态调整到位，筹措400余万元修缮贫困户房屋，13名科级干部分别包靠产业扶贫项目。《农村大众》刊发北孟镇的脱贫攻坚工作经验。彻底整治全镇农村人居环境，清除垃圾6000余吨，完成改厕9278户，建立完善农村改厕后续服务管理。完成31个村的“户户通”，集中清理辖区内的佐家河、中李河等8条河流。小南孟村获评第二批美丽村居建设省级试点村庄。挖掘北孟历史文化资源，发挥朱树屏、刘墉等名人效应，实施传统村落保护、红色文化传承、产业文化遗存创新“三大工程”，增强北孟文化影响力。挖掘世界著名海洋生态学家、水产学家、教育家朱树屏的先进事迹和精神品格，弘扬“坚持真理、克己奉公、魂系海洋、开山拓路、科学救国”的树屏精神，投资1亿余元建设昌邑市树屏学校、朱树屏事迹陈列馆和经略海洋教育馆。

【基层治理】 做实做细“三化”融合工作，推进社区“双应”服务体系建设。组织各村成立人才联谊会，组织党员干部开展各类主题活动，打造小南孟、凰瑞埠等示范村，为乡村振兴提供鲜活样板。年内，北孟镇基层组织工作评定成绩位居全市第一。落实属地管理责任和企业主体责任，推进风险分级防控、隐患排查治理双重预防机制建设，全镇162家企业逐一建立台账，跟踪督查发现的隐患，限期整改。聘请第三方专家排查复查全镇50家企业的安全隐患，与市应急局、建设局、市场监管局等单位联合检查天然气锅炉、燃气锅炉、特种设备企业。

（李　坤）

滨海（下营）经济开发区

【概况】 2019年，滨海（下营）经济开发区以推动高质量发展为主线，聚焦园区提质，担当作为，进位争先，统筹推进双招双引、平台打造、项目建设、营商环境、生态环保“五大工程”，实现“五大突破”。完成一般公共预算收入3.48亿元。

【双招双引】 发挥化工园区招商优势，提高项目准入标准，建立投资决策专家把关制度，聘请省工程咨询院专家，审核把关新落户项目规划设计、投资强度和

12月31日，孚美新能源有限公司施工现场　（孙建树）

质量标准方面问题。不符合产业政策和资料手续不全的项目一律不予上报审批。加快实现重大项目突破，利用土地资源优势，承接大化工项目，将新旧动能转换重大工程落实到项目上。按照“大项目—产业链—产业集群—产业基地”的思路，围绕产业链招商，培育产业集群。围绕盐化工、石油化工、新型医药、新材料等产业，延伸产业链条，发展上下游产业，带动产业结构转型。成泰新材料 MMA 项目等 9 个投资过 3 亿的项目，与上海禄恒 LNG 项目等 10 个优质项目进行洽谈。孚美新能源与中国一重集团有限公司合作。投资 5.6 亿元的开济科技实现当年开工建设、当年试生产。“百日会战”后，实现到位资金 35 亿元；新签约项目 69 个，投资额 231.8 亿元。新立项项目 29 个，投资额 74.96 亿元。加快产学研结合，成立包振民、蹇锡高 2 个院士工作站，引进泰山学者李成林等高端人才 16 人，研究生 8 人，本科生 40 人。

【产业平台】 将产业平台作为推动高质量发展的最有效载体，聚焦聚力做专下营、龙池两个专业化工园区，做强柳疃纺织印染和生态食品产业，打造高质量发展平台。下营化工产业园产业链条愈发清晰，继续围绕盐化工、石油化工、新型医药、新材料等优势集群，发展上下游产业，带动产业结构转型升级。盐化工产业集群，海天生物实现工业用碱向家用洗涤剂、食用碱升级，推出“双零”小苏打洗涤剂，广告登陆央视频道。年内，以新澳化工为龙头的染料产业，实现税收过亿，年产高档环保染料 8 万吨。石油化工产业集群，引进投资 15 亿元的成泰新材料 MMA 项目，利用 C4 平台原料优势，打造高附加值多元化产品集群。孚美新能源与央企排名第 23 位的中国一重集团合作，继续投资 50 亿元建设重质油催化裂化制油浆项目，拉伸产业链条。医药产业集群，吸引华海药业、华东药业等一批制药上市企业及医药百强企业入驻，汉兴医药投资 5 亿元打造兽药原料药基地，天宇药业完成上市，投资 10 亿元打造北方原料药基地，实现由医药中间体生产向高端的原料药生产的转变。低碳新材料产业集群，引进投资 5 亿元的鸡西唯大石墨烯项目、投资 6.4 亿元的龙港新材料无机硅化物项目等。龙池化工园利用北扩 126.67 公顷土地，打造精细、循环专业化工园区。柳疃工业园依托纺织印染产业集群优势，借助凯泰超纤投产契机，打造印染资源共享平台和绒面超纤定价平台两个发展平台，实现传统优势产业上档升级新发展。

【项目建设】 以项目建设作为实施新旧动能转换重大工程的支撑，实行重点项目专班包靠，倒排工期、挂图作战，切实提高项目建设速度。针对 2020 年可投产达效的孚美锂电池负极材料及超高功率电极用针状焦项目、天宇一期原料药项目等 8 个新建项目和 3 个扩建项目，建立专班包靠制度，坚持一线工作法，到包靠项目建设一线，全面了解项目进度，针对海天废液资源再利用环保氯化钙项目、龙港无机硅化物产品项目等续建项目，加强督导，帮助解决项目推进过程中遇到的困难和问题。推动投资 26 亿元的亚星搬迁升级改造项目、投资 50 亿元的孚美重质油浆态床加氢裂化项目、投资 15 亿元的成泰新材料 MMA 项目建设，以大项目带动园区大发展。其中，孚美针状焦等 4 个项目列入省新开工重大项目清单。邦普种业国家级水产遗传育种中心列入潍坊市级重大重点项目，至年底，具备 300 个家系、3 万对种虾生产能力。雅拉食品肉牛隔离场投入使用。天宇原料药等 8 个项目列入潍坊新旧动能转换项目库。汉兴医药、金石环保、金昌树新材料 3 家企业入围潍坊市“隐形冠军”企业，奥通药业、清水化工入围“专精特新”中小企业。

【营商环境】 完善开发区政务服务大厅功能，

12 月 16 日，市委书记吕珊珊（右六）到滨海（下营）经济开发区下营工业园调研重点项目及企业安全生产（张平平）

建立“1+N”服务模式，实施流程再造，对接市行政审批部门，实现审批职能下沉，精简办事程序，压缩项目审批时间。高标准建设智慧园区，实现与智慧昌邑联网，通过省“智安园区”试点建设认证，获得省化转办和省财政厅500 万元资金重点扶持，利用亚星化学搬迁的时机，实施热力整合，聘请山东省热电设计院进行下营园区热力专项规划，着手推进立项、环评、安评等手续办理。总投资 8000 万元的大莱龙铁路金晶大道跨桥工程开工，规划建设企业职工公寓，进行统一开发并提供定制服务，解决企业外来职工住宿难题，同时增加下营镇区人口，增强滨海下营发展活力。

【安全监管】 继续完善安全生产“两个体系”建设，压实压细企业主体责任。加大隐患排查治理力度，加强安全生产教育培训，遏制安全生产事故发生。发挥园区安全管家作用，持续开展专家查隐患，结合危化品专项整治工作稳步推进，强化监督检查力度。完善安全生产智慧平台 4.0 系统，实现对企业安全生产的高效监管。关停手续不全的 18 家化工企业。创新环保监管模式，“一企一策”开展环保隐患大排查；分别聘请 4 名安全、环保专家，成立“安全管家”“环境医院”，为园区提供一站式、全方位、全生命周期的安全环保监管，全年安全环保零事故。山东省副省长刘强、潍坊市市长田庆盈到园区考察安全生产。

（孙建树）

人 物

【山东省党代表】

吕珊珊（女） 昌邑市委书记

孙晓燕（女） 昌邑市潍水学校教师

【山东省人大代表】

李玉祥 昌邑市委副书记、市人民政府市长

刘国田 潍坊金丝达实业有限公司董事长

张树生 山东昌邑石化有限公司党委书记、总经理

张国良 昌邑市祥裕塑料制品有限公司工人

【山东省人民满意公务员】

马智英 昌邑市人民检察院一级检察官

【山东省优秀共产党员】

魏铁良 昌邑县抗日殉国烈士祠管理员

【山东省离退休干部先进个人】

王文浩 山东倡义律师事务所 原主任律师

【山东省富民兴鲁劳动奖章】

蔺当伟（女） 昌邑市华晨悦胜纺织有限公司 前纺操作管理员

【山东好人】

马连起 昌邑市围子街道围子村村民

刘兵兵 昌邑市公安局交警大队城区中队辅警

朱汝涛 昌邑市北孟镇魏马村村民

刘 佳 昌邑菜贝通蔬菜加工有限公司总经理

昌邑市孟德园蔬果种植专业合作社理事长

李纪友 昌邑市公安局饮马派出所民警

陶翠华（女） 昌邑市围子街道西刘巷村村民

刘国能 昌邑市北孟镇后刘村村民

【潍坊市道德模范】

魏铁良 昌邑县抗日殉国烈士祠管理员

李纪友 昌邑市公安局饮马派出所民警

马连起 昌邑市围子街道围子村村民

郭文涛 昌邑市供电公司物资分中心副主任

【潍坊市劳动模范】

徐成海 昌邑市龙港无机硅有限公司 生产车间主任

李 丽（女） 山东康利莱医疗器材有限公司 组装车间主任

赵寒冰 昌邑立邦化工有限公司 合成车间工段长

张增寿 国网山东省电力公司昌邑市供电公司 围子供电所所长

徐少华 山东昌邑灶户盐化有限公司 技术中心主任

潘兆科 山东兴昌建设工程有限公司 总经理

孙胜国 昌邑市蒲东化工厂 厂长

孙德东 昌邑市宏丰农机专业合作社 理事长

姚利民 昌邑市亿润农作物种植专业合作社 理事长

纪丛建 山东昌邑市润天草制品农民专业合

作社　理事长

高洪侦　山东宏大生姜市场有限公司　董事长

刘须广　昌邑市都昌街道刘家辛戈社区　党支部书记、居委会主任

菅凤国　昌邑市人民医院　党委副书记、院长、执行理事

张爱英（女）　昌邑市实验幼儿园　园长

【潍坊好人】

王小兰（女）　昌邑石化有限公司质检中心成品班班长

孙福秀（女）　昌邑市都昌街道刘家辛戈社区居民

葛正涛　中国农业银行昌邑市支行职工

张　磊　昌邑市行政审批服务局科员

邓洪山　昌邑市华昌公交公司公交车驾驶员

王志美（女）　昌邑市民政局机关党总支专职副书记

刘兵兵　昌邑市公安局交警大队城区中队辅警

朱汝涛　昌邑市北孟镇魏马村村民

张晓莲（女）　昌邑市特殊教育学校教师

马连起　昌邑市围子街道围子村村民

杨智忠　昌邑市饮马烈士陵园守陵人

郝　光　昌邑市义工联合会主席

刘　佳　昌邑市菜贝通蔬菜加工有限公司总经理、昌邑市孟德园果树种植专业合作社理事长

吕　素（女）　昌邑市下营镇九年一贯制学校教师

付星潭　昌邑市公安局奎聚派出所副所长

张江波　昌邑市市政工程建设有限责任公司副经理

魏亚光　昌邑市海洋发展中心海监大队副大队长

陆　凯　昌邑市税务局四级主任科员

附 录

2019 年市委重要文件目录表

表 1

序号	文号	文件名称
1	昌发〔2019〕1 号	关于昌邑市机构改革的实施意见
2	昌发〔2019〕2 号	印发《关于新形势下进一步加强政法队伍建设的实施意见》的通知
3	昌发〔2019〕3 号	关于表彰 2018 年度先进单位和先进个人的通报
4	昌发〔2019〕5 号	关于印发《昌邑市新时期产业工人队伍建设改革实施方案》的通知
5	昌发〔2019〕6 号	关于《深入推进镇（街）行政管理体制改革实施方案》的批复
6	昌发〔2019〕7 号	关于进一步做好宣传思想工作的实施意见
7	昌发〔2019〕9 号	关于表彰先进基层党组织优秀共产党员优秀党务工作者和优秀村（社区）党组织书记的决定
8	昌发〔2019〕10 号	关于开展向谢啸林同志学习活动的决定
9	昌发〔2019〕12 号	关于进一步深化改革开放加快制度创新的实施意见
10	昌发〔2019〕13 号	关于表扬 2018—2019 学年度全市教育工作和尊师重教先进典型的通报
11	昌发〔2019〕14 号	关于在全市开展“不忘初心、牢记使命”主题教育的实施意见
12	昌发〔2019〕16 号	关于全面加强生态环境保护坚决打好污染防治攻坚战的实施意见
13	昌发〔2019〕17 号	关于调整市委常委工作分工的通知
14	昌发〔2019〕18 号	关于印发《2019 年度镇街区经济社会发展综合考核办法》和《2019 年度市直部门（单位）绩效考核办法》的通知
15	昌发〔2019〕19 号	关于印发《昌邑市乡村振兴战略规划（2018—2022 年）》的通知

2019 年市政府重要文件目录表

表 2

序号	文号	文件名称
1	昌政发〔2019〕1 号	关于 2018 年度法治政府建设情况报告
2	昌政发〔2019〕2 号	关于印发《政府工作报告》的通知
3	昌政发〔2019〕3 号	关于印发《昌邑市 2019 年国民经济和社会发展计划》的通知

续表 2

序号	文号	文件名称
4	昌政发〔2019〕5 号	关于公布市政府领导成员工作分工的通知
5	昌政发〔2019〕6 号	关于公布第四批昌邑市文物保护单位的通知
6	昌政字〔2019〕5 号	关于调整部分市级行政权力事项的通知
7	昌政字〔2019〕9 号	关于印发昌邑市优化提升工程建设项目审批制度改革实施方案的通知

2019 年规范性文件目录表

表 3

序号	文号	文件名称
1	昌政办发〔2019〕7 号	昌邑市人民政府办公室关于印发《昌邑市城乡建设用地增减挂钩试点项目实施办法（试行）》的通知
2	昌政办发〔2019〕10 号	昌邑市人民政府办公室关于公布全市零星地块住宅开发项目承担配套幼儿园建设成本的通知

中共昌邑市委　昌邑市人民政府
关于昌邑市机构改革的实施意见

（2019 年 1 月 16 日中国共产党昌邑市第十四届委员会第六次全体会议通过）

为认真贯彻落实中央关于机构改革的决策部署，根据潍坊市委市政府审核同意、省委省政府批准的《昌邑市机构改革方案》要求，现制定本实施意见。

机构改革的总体要求是以习近平新时代中国特色社会主义思想为指导全面贯彻党的十九大和十九届二中、三中全会精神认真落实习近平总书记关于深化党和国家机构改革的重要论述牢固树立“四个意识”，坚持加强党的全面领导，坚持以人民为中心的发展思想，坚持社会主义市场经济改革方向，坚持优化协同高效，坚持以法治方式推进改革，坚持在中央集中统一领导下充分发挥地方积极性，不折不扣落实好各项改革任务，着力改革机构设置，优化职能配置，提高效率效能，深化转职能、转方式、转作风构建系统完备、科学规范、运行高效的机构职能体系。通过机构改革推进各领域改革，建立健全市委对重大工作的领导体制机制，加速实施新旧动能转换为全面推进智慧新城、海滨新城、美丽新城、活力新城、幸福新城五个新城建设率先全面建成小康社会提供有力支撑。

一、深化市委机构改革

深化市委机构改革，着眼健全加强党的全面领导的制度，优化市委组织机构，建立健全市委对重大工作的领导体制机制，强化党的组织在同级组织中的领导地位，更好发挥党的职能部门作用，推进职责相近的党政机关合并设立或合署办公，从机构职能上把加强党的领导落实到各领域各环节，提高市委把方向、管大局、作决策、保落实的能力确保党的领导更加坚强有力。

（一）组建市监察委员会。落实中央关于深化国家监察体制改革的部署，将市监察局的职责，市人民检察院查处贪污贿赂和失职渎职以及预防职务犯罪等反腐相关职责整合，组建市监察委员会，同市纪律检查委员会合署办公，履行纪检、监察两项职责，实行一套工作机构、两个机关名称。

不再保留市监察局。

（二）组建市委国家安全委员会。为贯彻落实总体国家安全观，统筹推进国家安全各项工作，组建市委国家安全委员会作为市委议事协调机构。主要负责贯彻落实国家安全工作的方针政策和决策部署，统筹推进国家安全法治建设；分析研判全市国家安全形势，研究解决国家安全的重大事项重大问题等。

市委国家安全委员会办公室设在市委办公室。

（三）组建市委财经委员会。为加强市委对全市经济工作的领导，统筹做好各项经济工作，推动高质量发展，组建市委财经委员会，作为市委议事协调机构。主要负责贯彻落实经济工作的方针政策，分析研判全市经济形势，研究经济发展重大问题，把握经济走向提出政策建议等。

市委财经委员会办公室设在市委办公室。

（四）组建市委海洋发展委员会。为加强市委对海洋工作的领导和统筹协调，打造海洋高质量发展战略要地，组建市委海洋发展委员会作为市委议事协调机构。主要负责海洋发展领域重大工作的统筹谋划，研究提出海洋发展战略、发展规划和海洋产业政策的建议等。

市委海洋发展委员会办公室设在市自然资源和规划局。

（五）市委全面深化改革领导小组、市全民普法依法治市工作领导小组、市委网络安全和信息化领导小组、市委外事工作领导小组、市经济责任审计工作领导小组、市委农村工作领导小组改为委员会。为加强市委对涉及全市重大工作的领导，强化统筹协调职责，将市委全面深化改革领导小组、市全民普法依法治市工作领导小组、市委网络安全和信息化领导小组、市委外事工作领导小组、市经济责任审计工作领导小组、市委农村工作领导小组分别改为市委全面深化改革委员会、市委全面依法治市委员会、市委网络安全和信息化委员会、市委外事工作委员会、市委审计委员会、市委农业农村委员会，作为市委议事协调机构，负责相关领域重大工作的统筹谋划、综合协调、整体推进、督促落实。

市委全面深化改革委员会的办事机构为市委全面深化改革委员会办公室，设在市委办公室；市委全面依法治市委员会的办事机构为市委全面依法治市委员会办公室，设在市司法局；市委网络安全和信息化委员会的办事机构为市委网络安全和信息化委员会办公室，设在市委宣传部；市委外事工作委员会的办事机构为市委外事工作委员会办公室，设在市政府办公室；市委审计委员会的办事机构为市委审计委员会办公室，设在市审计局；市委农业农村委员会的办事机构为市委农业农村委员会，办公室设在市农业农村局。

（六）组建市委教育工作领导小组。为加强市委对教育工作的领导，全面贯彻党的教育方针，加强教育领域党的建设，深化教育改革，加快教育现代化，办好人民满意的教育，组建市委教育工作领导小组，作为市委议事协调机构。主要负责研究提出并组织实施在教育领域坚持党的领导、加强党的建设政策措施，统筹教育领域思想政治、意识形态工作审议全市教育发展中长期规划、重大政策和体制改革方案协调解决教育工作重大问题等。

市委教育工作领导小组办公室设在市委教育工作委员会。市委教育工作委员会与市教育和体育局合署办公。

（七）市委办公室加挂市档案局、市委保密委员会办公室市国家保密局牌子。将市档案馆市档案局承担的行政职能划入市委办公室，市委办公室对外加挂市档案局牌子。保留市档案馆，调整为市委直属事业单位，由市委办公室代管。

市委办公室对外加挂市委保密委员会办公室市国家保密局牌子。

（八）市委组织部统一管理市委机构编制委员会办公室。为加强市委对机构编制和机构改革的领导，理顺机构编制管理和干部管理的体制机制，调整优化市委机构编制委员会领导体制。市机构编制委员会调整为市委机构编制委员会，作为市委议事协调机构统筹负责全市机构职能编制工作。

市机构编制委员会办公室调整为市委机构编制委员会办公室，作为市委机构编制委员会的办事机构承担市委机构编制委员会日常工作作为市委工作机关归口市委组织部管理。

（九）市委组织部统一管理公务员工作。将市人力资源和社会保障局的公务员录用调配、考核奖惩、培训和工资福利等公务员管理职责及党群系统事业单位人事管理职责划入市委组织部。市委组织部对外加挂市公务员局牌子。

调整后市委组织部在公务员管理方面的主要职责是统一负责公务员录用调配、考核奖惩、培训和工资福利等事务；负责研究拟订有关公务员管理政策规定并组织实施；指导全市公务员队伍建设和绩效管理等。

（十）市委组织部统一管理老干部工作。将市委老干部局并入市委组织部。市委组织部保留市委老干部局牌子。

调整后市委组织部在老干部管理方面的主要职责是，贯彻落实老干部工作的方针政策和有关规定；负责组织检查督促协调有关部门落实老干部的生活、组织待遇；协同有关部门做好全市老干部的医疗保健工作；定期组织走访、慰问老干部；负责易地安置离休干部的审批等。

不再保留单设的市委老干部局。

（十一）市委宣传部统一领导文化旅游、新闻出版广电工作。将市智慧昌邑建设办公室等相关部门承担的网络信息安全协调和信息化相关行政职能划入市委宣传部。市委宣传部对外加挂市政府新闻办公室、市精神文明建设委员会办公室、市互联网信息办公室牌子。

不再保留市精神文明建设委员会办公室正科级架构。

（十二）市委统一战线工作部统一管理对台工作、民族宗教、侨务工作。为加强市委对对台工作、民族宗教、侨务工作的领导将市委台湾工作办公室（市政府台湾事务办公室）、市民族宗教事务局并入市委统一战线工作部，将市政府办公室的侨务管理、港澳事务联络职责划入市委统一战线工作部。市委统一战线工作部对外保留市政府台湾事务办公室、市民族宗教事务局牌子，对外加挂市政府侨务办公室牌子。

调整后，市委统一战线工作部在对台工作方面的主要职责是，贯彻落实对台工作方针、政策，协调涉台经济、文化、艺术、科技等领域交流与合作等。

市委统一战线工作部在民族宗教工作方面的主要职责是，研究拟订全市民族宗教工作相关政策措施，协调处理涉及民族宗教方面的重大问题，依法管理民族宗教事务等。

市委统一战线工作部在侨务工作方面的主要职责是，落实中央海外统战工作决策部署和省委、潍坊市委工作要求，研究拟订全市侨务工作的政策和规划；管理全市侨务行政事务统筹协调有关部门和社会团体的涉侨工作；调查研究国内外侨情和侨务工作情况，联系香港、澳门和海外有关社团及代表人士，指导推动涉侨宣传、文化交流工作等。

不再保留市委台湾工作办公室、单设的市民

族宗教事务局、市政府外事与侨务办公室。将市政府办公室的海外华人华侨社团联谊等职责划归市侨联行使。

（十三）不再设立市社会治安综合治理委员会及其办公室、市维护稳定工作领导小组及其办公室、市委防范和处理邪教问题领导小组及其办公室。为加强市委对政法工作的统一领导，更好统筹协调全市政法机关资源力量，不再设立市社会治安综合治理委员会及其办公室、市维护稳定工作领导小组及其办公室、市委防范和处理邪教问题领导小组及其办公室，有关职责交由市委政法委员会承担。调整后，市委政法委员会在社会治安综合治理方面的主要职责是，负责组织协调、推动和督促全市各级各有关部门开展社会治安综合治理工作，协调处置重大突发事件，研究社会治安综合治理有关重大问题等。市委政法委员会在维护社会稳定方面的主要职责是，统筹协调全市政法机关等部门处理影响社会稳定的重大事项，协调应对和处置重大突发事件，预防、化解影响社会稳定的社会矛盾和风险等。

市委政法委员会在防范和处理邪教问题工作方面的主要职责是，协调指导全市各相关部门做好反邪教工作，分析研判有关情况信息并向市委提出政策建议，协调处置重大突发性事件等。市公安局按照职责分工继续承担反邪教相关工作。

（十四）调整市委市政府信访局名称和管理体制。将市委市政府信访局更名为市信访局，由市委办公室的部门管理机构调整为市政府工作部门，正科级规格，由市政府办公室统一领导和管理，同时承担市委相关信访工作。

（十五）组建市委党史研究中心市地方史志研究中心。整合市委党史研究室、市史志办公室的职责，组建市委党史研究中心（市地方史志研究中心），一个机构、两块牌子，作为市委直属事业单位正科级规格由市委办公室代管。主要负责研究中国共产党昌邑历史、昌邑市地方史志；征集、整理中国共产党昌邑历史、昌邑市地方史志重要资料，组织编写中国共产党昌邑历史、昌邑史志、昌邑年鉴等书刊资料；组织开展党史学习教育和宣传活动等。

撤销市委党史研究室、市史志办公室事业单位建制。

改革后，市委设置市纪检监察机关 1 个；工作机关 8 个，正科级规格。具体机构设置见附件 1。

二、深化市政府机构改革

深化市政府机构改革，坚持转变政府职能，简政放权，着力破除制约使市场在资源配置中起决定性作用、更好发挥政府作用的体制机制弊端，围绕推动高质量发展，建设现代化经济体系，加强和完善政府经济调节、市场监管、社会管理、公共服务职能，着力优化政府机构设置、职能配置，全面提高行政效能，构建职责明确、依法行政的政府治理体系，增强政府公信力和执行力，加快建设人民满意的服务型政府。

（一）组建市教育和体育局。整合市教育局的职责，市体育局承担的行政职能，组建市教育和体育局，作为市政府工作部门，正科级规格。主要负责拟订全市教育和体育工作政策和规范性文件并监督执行；负责全市基础教育（含学前教育）、职业技术教育、成人教育和民办教育的统筹规划和协调管理工作；负责教育督导和评估工作；指导和推动体育管理体制改革；指导全市体育产业发展和经营活动等。

不再保留市教育局。

（二）组建市工业和信息化局。整合市经济和信息化局的职责，市发展和改革局的汇总编制工业发展中长期规划和年度计划职责，以及市工业转型升级服务中心（市行业办公室服务中心）承担的行政职能，组建市工业和信息化局，作为市政府工作部门，正科级规格。主要负责拟订工业发展规划、政策并组织实施推进工业化和信息化融合；监测、分析全市工业行业经济运行态势，进行预测预警和信息引导；组织实施国家、省和潍坊市工业产业政策，推进工业经济结构调整和升级；推动电子信息产品制造业、软件业和信息服务业等信息产业发展；承担推动中小企业发展工作等。

不再保留市经济和信息化局。

（三）组建市自然资源和规划局。整合市国土资源局（市不动产登记局）的职责，市发展和改革局的组织实施主体功能区规划职责，市水利局的水资源调查和确权登记管理职责，市海洋与渔业局的编制海洋功能区规划、无居民海岛保护规划以及海域、海岛等资源调查和确权登记管理职责，市畜牧兽医管理局承担的草原（地）资源调查、确权登记、监督管理等行政职能，市住房和城乡建设局、市水利局、市海洋与渔业局等部门的自然保护区、风景名胜区等管理职责以及市规划局、市林业局、市矿产资源管理中心承担的行政职能市沿海经济开发综合执法局、市土地整理中心承担的相关行政职能组建市自然资源和规划局，作为市政府工作部门，正科级规格，加挂市林业局、市海洋局牌子。主要负责编制并监督落实全市主体功能区规划，建立空间规划体系；履行全民所有各类自然资源资产所有者职责，统一调查和确权登记，建立自然资源有偿使用制度，对全市自然资源开发利用和保护进行监管；负责测绘和地质勘查行业管理；组织生态保护和修复，开展全市造林绿化工作管理国家公园等各类自然保护地。

不再保留市国土资源局（市不动产登记局）、市海洋与渔业局。

（四）组建市农业农村局。整合市委农村工作领导小组办公室、市农业局的职责，市发展和改革局的农业投资项目、市国土资源局的农田整治项目、市水利局的农田水利建设项目管理职责，市财政局的农业综合开发项目管理和农村综合改革职责，市海洋与渔业局的渔业管理和监督管理渔业安全生产职责，以及市畜牧兽医管理局、市农业机械管理局、市农村经济管理局承担的行政职能市林业局承担的果品管理行政职能，组建市农业农村局，作为市政府工作部门，正科级规格，加挂市扶贫开发办公室、市畜牧兽医局牌子。主要负责统筹研究和组织实施三农工作战略、规划和政策，协调解决三农工作重大问题；管理种植业、农垦、畜牧业、农业机械化、农产品质量安全；负责农业投资管理等。

脱贫攻坚期间，市扶贫开发办公室独立运行，承担市扶贫开发领导小组的日常工作，2020年脱贫任务完成后，根据扶贫工作的新形势作出调整。

不再保留市委农村工作领导小组办公室、市农业局。不再保留市农业综合开发办公室正科级架构，其职责划入市农业农村局下设机构改为市农业农村局内设机构。

（五）组建市文化和旅游局。整合市文化广电新闻出版局的职责，市旅游局承担的行政职能，组建市文化和旅游局，作为市政府工作部门，正科级规格，加挂市新闻出版广电局、市文物局牌子，归口市委宣传部领导。主要负责统筹规划文化事业、文化产业、旅游业、文物保护事业和广播影视、新闻出版领域事业发展；推进文化产业、旅游业与相关产业融合发展；维护各类文化、广播影视、新闻出版和旅游市场秩序等。

不再保留市文化广电新闻出版局。

（六）组建市卫生健康局。整合市卫生和计划生育局（市中医药管理局）的职责，市发展和改革局的深化医药卫生体制改革职责，市民政局承担的市老龄工作委员会办公室职责，以及市安全生产监督管理局的职业安全健康监督管理职责等，组建市卫生健康局，作为市政府工作部门，正科级规格，保留市中医药管理局牌子。主要负责协调推进全市深化医药卫生体制改革，组织实施国家基本药物制度；监督管理公共卫生、医疗服务和卫生应急；负责计划生育管理和服务工作；协调落实应对人口老龄化政策措施；推进老年健康服务体系建设和医养结合工作等。

保留市老龄工作委员会，日常工作由市卫生健康局承担。

不再保留市卫生和计划生育局。

（七）组建市退役军人事务局。整合市民政局的退役军人优抚安置职责，市人力资源和社会保障局的军队转业干部安置职责，以及市拥军优属拥政爱民工作领导小组办公室承担的行政职能等，组建市退役军人事务局，作为市政府工作部门，正科级规格。主要负责贯彻落实退役军人思想政治、管理保障等工作政策法规；负责全市军队转业干部、复员干部、退休干部、退役士兵的移交安置和自主择业退役军人服务管理、待遇保障工作；组织开展退役军人教育培训、优待抚恤等组织指导全市拥军优属工作；负责烈士及退役军人荣誉奖励、军人公墓管理维护以及纪念活动等。

按中央有关改革部署实施。

（八）组建市应急管理局。整合市安全生产监督管理局的职责，市政府办公室的应急管理职责，市公安局的消防管理职责，市民政局的救灾职责，市国土资源局的地质灾害防治相关职责，市水利局的水旱灾害防治相关职责，市海洋与渔业局的海洋灾害预警报和防灾减灾相关职责，市林业局承担的森林防火相关行政职能，市畜牧兽医管理局承担的草原（地）防火相关行政职能，市地震局承担的行政职能，以及市政府防汛抗旱指挥部、市减灾委员会、市防震减灾工作领导小组、市政府森林防火与林业有害生物防控指挥部的相关职责，组建市应急管理局，作为市政府工作部门，正科级规格。主要负责组织编制全市应急总体预案和规划，指导各级各部门应对突发事件工作；建立灾情报告系统并统一发布灾情，统筹应急力量建设和物资储备并在救灾时统一调度，组织灾害救助体系建设；组织指导安全生产类、自然灾害类应急救援指导火灾、水旱灾害、地质灾害等防治；负责安全生产综合监督管理和工矿商贸行业安全生产监督管理工作等。

按中央有关改革部署实施。

不再保留市安全生产监督管理局。

（九）组建市行政审批服务局。整合市政务服务中心管理办公室（市公共资源交易管理办公室）的职责，相关部门的行政审批、政务服务等职责，组建市行政审批服务局，作为市政府工作部门，正科级规格，加挂市政务服务管理办公室牌子。主要负责审批职责范围内的行政许可事项，提供相关政务服务和便民服务；负责公共资源交易和政务服务有关管理工作；负责管理市政务服务中心，对进驻市政务服务中心的审批服务工作及人员进行业务指导和管理考核等。

不再保留市政务服务中心管理办公室（市公共资源交易管理办公室）。

（十）组建市医疗保障局。整合市人力资源和社会保障局的城乡居民基本医疗保险、职工医疗保险、生育保险职责，市民政局的医疗救助职责，市卫生和计划生育局的药械集中采购监督管理相关职责，市物价局的药品和医疗服务价格管理职责等，组建市医疗保障局，作为市政府工作部门，正科级规格。主要负责拟订医疗保险、生育保险、医疗救助等医疗保障制度的政策、规划、标准并组织实施；监督管理全市相关医疗保障基金，完善异地就医管理和费用结算平台；负责药品、大型医疗设备和医用耗材的招标采购相关工作；组织制定和调整相关药品、医疗服务价格和收费标准，监督管理纳入医保支出范围的医疗服务行为和医疗费用等。

（十一）重新组建市科学技术局。整合市科学技术局的职责市人力资源和社会保障局（市外国专家局）的外国专家管理等职责，重新组建市科学技术局，作为市政府工作部门，正科级规格，保留市外国专家局牌子。主要负责统筹推进全市创新体系建设和科技体制改革；管理科技成果、科技奖励、科技保密、技术市场和科技信息市场；负责全市引进国外智力工作等。

市人力资源和社会保障局不再挂市外国专家局牌子。

（十二）重新组建市司法局。整合市司法局（市社区矫正管理局）的职责，市政府办公室（市政府法制办公室）的政府法制工作职责，以及市社区矫正工作办公室承担的行政职能，重新组建市司法局，作为市政府工作部门，正科级规格。主要负责行政执法监督和行政复议应诉、普法宣传；负责有关社区戒毒、社区矫正管理、律师公证和司法鉴定等。

市政府办公室不再挂市政府法制办公室牌子，市司法局不再挂市社区矫正管理局牌子。不再保留市政府行政执法监督局。

（十三）优化市政府办公室职责。将市商务局等部门的大数据管理、大数据发展规划、大数据基础设施建设、电子政务管理等职责，以及市机关事务管理局、市智慧昌邑建设办公室承担的行政职能，市政府应急管理办公室（市政府值班室）承担的市政府日常值班行政职能划入市政府办公室。市政府办公室加挂市大数据局、市政府外事办公室牌子。

（十四）优化市发展和改革局职责。将市经济和信息化局的企业技术中心管理、经济运行调节、重要物资和商品紧急调度、能源管理相关职责，市商务局的研究拟订物流业发展规划政策职责，市物价局的相关商品价格、服务价格管理和政策制定等职责，市民政局、市商务局等部门的组织实施国家战略和应急储备物资收储、轮换和日常管理职责，以及市政府油区工作办公室、市粮食局、市重大项目办公室（市区域发展战略推进办公室）、市产业发展办公室（市服务业办公室、市社会信用管理服务中心）、市政府节约能源办公室（市节能监察中心）承担的行政职能划入市发展和改革局。市发展和改革局加挂市新旧动能转换综合试验区建设办公室牌子。

不再保留市物价局、市新旧动能转换重大工程推进办公室。

（十五）优化市财政局职责。将市基层财政管理局、市财政监督局、市社会保障处等市财政局所属事业单位承担的行政职能划入市财政局。根据市政府授权，市财政局集中统一履行市级国有金融资本出资人职责；依法依规履行国有金融资本管理职责，负责组织实施基础管理、经营预算、绩效考核、负责人薪酬管理等工作。市财政局加挂市国有资产监督管理局牌子。

按照转变政府职能的要求将市直部门（单位）举办的国有企业交由市财政局（市国有资产监督管理局）管理。

不再保留市国有资产管理办公室正科级架构。

（十六）优化市住房和城乡建设局职责。将市人民防空办公室、市园林局、市环境卫生管理局、市房屋征收与补偿办公室、市房产管理服务中心、市建筑工程管理处、市建设工程质量安全监督站、市市政工程养护管理处等事业单位承担的行政职能划入市住房和城乡建设局。市住房和城乡建设局加挂市人民防空办公室牌子。

（十七）优化市交通运输局职责。将市海洋与渔业局的渔船检验和监督管理职责，市住房和城乡建设局的地方铁路、轨道交通建设相关职责，市规划局承担的地方铁路、轨道交通规划相关行政职能，以及市港航局、市县乡公路管理处、市公路局等事业单位承担的行政职能，市沿海经济开发综合执法局承担的相关行政职能划入市交通运输局。

（十八）优化市商务局职责。将市经济和信息化局的成品油流通监督管理、茧丝绸行业协调管理、散装水泥管理职责划入市商务局。

（十九）优化市审计局职责。将市发展和改革局的重大项目稽查职责，市财政局的预算执行情况和其他财政收支情况的监督检查、相关经济责任审计和市属国有企业监事会等职责，以及市经济责任审计办公室承担的行政职能划入市审计局。

不再设立市属国有企业监事会。

（二十）优化市市场监督管理局职责。将市科学技术局的知识产权管理职责，市商务局的打击侵犯知识产权和假冒伪劣商品、反垄断相关职责，市物价局的价格监督检查及反垄断相关职责划入市市场监督管理局（市食品药品监督管理局）。保留市食品安全委员会日常工作由市市场监督管理局承担。市市场监督管理局不再挂市食品药品监督管理局牌子。不再保留市物价检查所、市企业注册局、市公平交易局（山东省工商行政管理经济检查总队昌邑大队、打击传销办公室）。

（二十一）优化市金融工作办公室（市地方金融监督管理局）职责。将市商务局的典当行经营监督管理职责划入市金融工作办公室。市金融工作办公室（市地方金融监督管理局）更名为市地方金融监督管理局，保留市金融工作办公室牌子，仍作为市政府工作部门。

（二十二）调整市综合行政执法局（市城市管理局）管理体制。将市综合行政执法局（市城市管理局）调整为市政府工作部门，正科级规格。

（二十三）环保垂改具体工作按省、潍坊市有关改革部署实施。

不再保留市环境保护局。

改革后，市政府设置工作部门 28 个，均为正科级规格。具体机构设置见附件 2。

三、深化市人大、市政协机构改革

健全人大组织制度和工作制度，完善人大专门委员会设置，更好发挥其职能作用。推进人民政协履职能力建设，加强人民政协民主监督，优化政协专门委员会设置，更好发挥其作为专门协商机构的作用。

（一）市人大及其常委会机构改革

1. 组建市人大社会建设委员会。为适应统筹推进“五位一体”总体布局需要，加强社会建设，创新社会治理，更好保障和改善民生，推进社会领域法制建设，整合市人大内务司法委员会、财政经济委员会、教育科学文化卫生委员会的相关职责，组建市人大社会建设委员会，作为市人大专门委员会。主要负责研究拟订、审议全市劳动就业、社会保障、民政事务、群团组织、安全生产等方面的有关议案，开展有关调查研究，开展有关执法检查等。

2. 市人大内务司法委员会更名为市人大监察和司法委员会。为适应国家监察体制改革需要，促进国家监察工作顺利开展，将市人大内务司法委员会更名为市人大监察和司法委员会。

市人大监察和司法委员会在原有工作职责基础上，增加配合深化国家监察体制改革、完善国家监察制度体系、推动实现党内监督和国家机关监督有机统一方面的职责。

（二）市政协机构改革

1. 组建市政协农业和农村委员会。将市政协经济委员会联系农业界、研究“三农”问题等职责调整到市政协农业和农村委员会。主要负责组织委员学习宣传党和国家农业农村方面的方针政策和法律法规，就全市“三农”问题开展调查研究，提出意见、建议和提案，团结联系农业和农村界委员反映社情民意。

2. 市政协文史资料委员会更名为市政协文化文史和学习委员会。将市政协科教文卫体和社会法制委员会承担的联系文化艺术界等相关工作调整到市政协文化文史和学习委员会。

3. 市政协科教文卫体和社会法制委员会更名为市政协科教卫体社会法制委员会。

四、构建简约高效的基层管理体制

镇街相关改革工作要根据中央统一部署，按照省委、潍坊市委有关要求，与市级机构改革统筹谋划、分步实施。加强基层政权建设，进一步下放经济社会管理权限，推动治理重心下移，尽可能把资源、服务、管理放到镇街，强化基层政府社会管理和公共服务职能。严格落实党建工作责任制，加强镇街党（工）委的领导核心作用，充分发挥党组织统筹协调功能，健全完善党建工作机构。按照“依法下放、权责一致、宜放则放”的原则，总结推广扩权强镇改革放权经验，梳理镇街确定放权事项，按照法定程序和相关要求依法放权。加快推进基层政府职能转变，强化镇街社会管理和公共服务职能，将镇街工作重心转到加强党的建设和公共服务、公共管理、公共安全上来。坚持优化协同高效，进一步整合审批、服务、执法等方面的力量和职能，统筹机构编制资源，在规定的限额内，由镇街结合实际综合设置党政工作机构和事业单位，实行扁平化管理。推进编制资源向基层倾斜，将机构改革、简政放权调整出的编制优先分配给镇街。加强镇街便民服务中心规范化建设，搭建指挥统一、运转协调的基层综合执法平台。健全城乡社区网格化综合治理体系，依托党的组织体系，整合资源力量，构建统一的镇街综治中心和职业化网格员管理队伍。科学界定镇街职责边界，严格控制各类评比达标、示范创建等活动，健全完善差异化考核评价体系。

五、深化其他领域改革

健全党委统一领导群团工作的制度，推动群团组织增强政治性、先进性、群众性。深化行政执法体制改革，整合精简执法队伍。加快推进承担行政职能事业单位改革，实现政事分开。按照军是军、警是警、民是民原则，配合推进武警部队、民兵和预备役部队跨军地改革，推进公安现役部队改革。深化审批服务便民化改革，全力打造审批事项少、办事效率高、服务质量优、群众获得感强的发展环境。

（一）深化群团组织改革

认真落实中央关于群团组织改革的决策部署和省委、潍坊市委及市委工作要求，着力解决“机关化、行政化、贵族化、娱乐化”等问题，把群团组织建设得更加充满活力、更加坚强有力。群团组织设立的党组（党委），接受市委的统一领导，定期汇报工作，确保党的方针政策和决策部署得到贯彻落实。群团组织改革与地方机构改革相结合，改革机构设置、优化管理模式、创新运行机制，促进党政机构同群团组织功能有机衔接，鼓励和支持群团组织承接适合由群团组织承担的公共服务职能，增强群团组织团结教育、维护权益、服务群众功能，充分发挥党和政府联系人民群众的桥梁纽带作用，坚持眼睛向下、面向基层将力量配备、服务资源向基层倾斜，更好适应基层和群众需要。根据中央部署和省委、潍坊市委工作安排，做好市总工会、团市委、市妇联、市科协、市侨联等群团机关改革工作。

（二）深化行政执法体制改革

认真落实中央关于深化综合行政执法体制改革部署和省、潍坊市工作要求，在巩固改革成果的基础上，积极稳妥推进。扎实推进相对集中行政处罚权、行政强制权改革，统筹配置行政执法职能和执法资源，大幅减少执法队伍种类。继续深入推动跨领域跨部门综合执法，相关领域执法职责和队伍已并入综合执法机构的，不“翻烧饼”，不走“回头路”。进一步健全综合执法工作机制和制度体系，完善部门间协作配合制度，明确界定执法与管理的权责关系，确保综合执法体制良好运行。按照上级部署，落实“局队合一”执法体制，统一以主管部门名义执法，压实主管部门履行行政执法职责和加强队伍建设的责任。在镇街搭建“镇街主导、部门参与、资源统筹、联合执法”的综合执法平台，市直部门派驻的所有执法队伍由镇街统一指挥和调度，探索一支队伍管执法。

强化执法队伍编制管理，锁定执法人员编制底数，暂保持现状不变，待中央统一明确政策后逐步规范。严控总量规模，统筹资源配置，探索建立体现综合行政执法特点的编制及人员管理办法。加强人员招录、使用和考核管理，全面清理规范临时人员和聘用人员，严禁使用辅助人员执法，严把人员入口关。健全完善执法队伍管理制度，强化行政执法人员培训，全面提高执法人员专业素质和管理能力。建立健全行政执法可追溯、可问责机制，完善执法程序，严格执法责任，加强执法监督，做到严格规范公正文明执法。

（三）深化事业单位改革

推进承担行政职能事业单位改革，全面清理事业单位承担的行政职能，将完全、主要和部分承担行政职能的事业单位全部纳入改革范围，与党政机构改革统筹推进、同步实施。按照能转职能的不转机构、确需转机构的实行综合设置的原则，区分情况推进改革，理顺政事关系，实现政事分开。改革后保留设置的事业单位，名称不再称“委、办、局”。今后，除行政执法机构按中央部署推进改革外，不再保留或新设承担行政职能的事业单位。

结合党政机构调整，同步划转涉改部门所属相关事业单位，对职责相近、设置重复分散、规模过小、职能弱化的事业单位，加大撤并整合力度，进一步优化结构，实行综合设置。调整规范事业单位名称、职责任务、领导职数、编制结构比例等机构编制事项。面向社会提供公益服务的事业单位，理顺同主管部门的关系，逐步推进管办分离，强化公益属性，破除逐利机制；主要为机关提供支持保障的事业单位，优化职责和人员结构，同机关统筹管理。继续深化从事生产经营活动事业单位改革。

（四）深化审批服务便民化改革

按照中央统一部署，把机构改革同深化简政放权、放管结合、优化服务改革有机结合起来。全面落实省“一次办好”改革，推行审批服务“马上办、网上办、就近办、一次办”。创新“一次办好”服务模式，完善“一次办好”服务标准，全面推行“五个一”集成服务。加快政府职能转变，减少微观管理事务，清理和规范各类行政许可、资质资格、中介服务等管理事项，把更多行政资源从事前审批转到加强事中事后监管上来。加强权责清单管理，有效规范和约束行政权力运行。扎实推进“减证便民”“证照分离”、减轻企业税费负担、降低企业准入门槛等措施，减少盖章、审核、备案、确认等各种繁琐环节和手续，不断优化营商环境。全面推进相对集中行政许可权改革，由市行政审批服务局集中行使市场准入、投资建设、交通运输、城市管理、民生保障等领域行政许可权，实行“一枚印章管审批”。建立和完善市行政审批服务局与其他审批部门、监管部门、执法机构之间的协调联动机制，切实形成工作合力。建立帮办（代办）制度，为企业和群众提供“一对一”贴心帮办（代办）服务。推进供水、供电、供气等人民群众经常打交道的公共事业部门便民化改革，进一步压缩报装时间。加快推进部门政务信息联通共享，着力提升“互联网＋政务服务”水平。

六、强化机构编制管理刚性约束

强化市委对机构编制工作的统一领导，推进各类编制资源统筹使用，严格执行机构编制管理法律法规和政策规定，严格机构编制管理权限和程序，严禁越权审批。坚持总量控制，严禁超编进人、超限额设置机构、超职数配备领导干部。

清理不规范设置的机构和配备的职数，全面清理限额外设置的行政机构，规范管理合署办公机构和开发区管委会等各类派出机构，杜绝挂牌机构实体化，根除“事业局”。精简规范市级议事协调机构，职能相近的予以整合，临时性、阶段性的任务完成后及时撤销，严控新设议事协调机构。未经市委、市政府同意，市级议事协调机构不得刻制印章、对外行文。省和潍坊市批复同意的市委议事协调机构，其办事机构设在政府部门的列入市委机构序列，不计个数。其他保留的市级议事协调机构，由市委、市政府发文公布。

结合深化机构改革，对编制资源进行整合规范，加大部门间编制统筹调配力度，推动编制资源下沉。加强机构编制管理评估，充分发挥机构编制人员经费共用信息管理平台作用，将实名制管理贯穿机构编制管理全流程。

严肃查处各类机构编制违纪违法行为。严禁通过项目资金分配、督查考核、评比表彰等方式干预机构设置、职能配置和编制配备。完善机构编制同纪检监察机关和组织人事、巡察、审计等部门的协作联动机制，形成监督检查合力。对巡视巡察、审计、信访举报等发现的机构编制违纪违法行为，按照有关规定严肃追责问责。

七、制定部门“三定”规定

制定“三定”规定是实施机构改革的关键环节。通过制定“三定”规定，为部门运行和依法履职提供基本遵循，进一步强化和落实责任，优化组织结构，提高工作效能。

（一）制定“三定”规定的范围

组建、重新组建、职能调整变化较大的党政机关和市直属事业单位。

（二）制定“三定”规定把握的主要原则

1. 坚持优化协同高效。围绕改革方案确定的部门职能定位，细化优化主要职责。坚持一类事项原则上由一个部门统筹，一件事情原则上由一个部门负责，厘清部门职责边界。

2. 坚持突出主业主责。统筹设置部门内设机构，各部门内设机构总量原则上不超过其上一级业务部门。综合科室整合设置，对于多个部门合并或以某个部门为基础并入另一个部门的，只保留一套综合科室。业务科室设置要突出主业主责，多部门合并的要统筹规划、有机融合，职能相近的科室予以归并，避免内部职责交叉。机关党委、机关纪委按党章及有关规定设置；机关工会、共青团、妇联等群团组织，按照有关章程设立，由机关人员兼职负责具体工作。

3. 坚持机构编制总量控制。按照精简统一高效的原则，确定人员编制和领导职数框架，经市委深化机构改革协调小组批准后作为部门“三定”规定草案的依据，部门人员编制和领导职数不得突破框架确定的总量。

（三）“三定”规定的制定和报批程序

市委深化机构改革协调小组办公室研究制定市级机构改革“三定”工作意见和人员编制领导职数框架。各部门根据人员编制及领导职数框架、“三定”工作意见及有关要求，研究提出“三定”规定草案，送市委深化机构改革协调小组办公室。市委深化机构改革协调小组办公室研究后，由市委机构编制委员会办公室报市委机构编制委员会审核，经市委、市政府批准，由市委办公室、市政府办公室印发。

八、制定完善相关政策措施

机构改革事关发展稳定大局，事关转隶人员切身利益。要坚持积极稳妥的原则，既要积极落实改革任务，又要扎实细致做好人员安置、资产处置、档案管理等各项工作，实现有序推进、平稳过渡。

（一）妥善安排超配人员。按照中央部署和省委、潍坊市委有关要求，这次改革不搞断崖式精简分流人员，妥善解决有关部门人员超配问题。对实有人员、科级干部超过“三定”规定的新组建机构，给予3年左右的过渡期，通过自然减员、多出少进等方式逐步消化。对个别合并单位比较多、转隶人员比较多、消化压力大的，给予5年左右过渡期。对于没有进领导班子、又没有及时转岗的科级干部，市委组织部统筹考虑安排。

（二）做好离退休干部服务管理工作。对机构改革中涉及职能划转、改变隶属关系的单位，离退休干部服务管理工作仍由原主管部门和单位负责；对撤销合并、不再单独保留的单位，离退休干部服务管理工作由重新组建整合后承担相关职能的单位负责。

（三）加强经费管理。改革涉及的部门和单位对经费、资产、债权债务进行全面清理，严格按照国有资产管理规定进行自查清查和登记，在此基础上，根据机构、职责调整情况，提出经费、资产调整和处置方案，按照有关规定和管理权限报市财政局等部门批准后，办理经费资产的移交、接收、划转和处置手续。

（四）做好档案移交管理工作。改革涉及的部门和单位按照档案法及其实施办法、机关档案工作条例，制定档案管理与处置方案，明确负责档案工作的机构和人员。不再保留和纳入重新组建机构的部门和单位的档案，自变动之日起全宗终止，实行封口管理，按照规范要求进行清理，可移交市档案馆，或整体移交新组建机构代管，达到规定年限后再移交市档案馆。新组建机构自成立之日起形成的档案，新设档案全宗进行管理。部门和单位的部分职责划入其他机构的，在划入前履行该职责形成的档案仍属原档案全宗，不得分散。调整领导体制、优化职责的部门和单位，重新组建机构中沿用原有名称的部门和单位，档案全宗维持不变，继续沿用。

九、加强组织领导

机构改革工作在市委统一领导下进行，由市委深化机构改革协调小组负责统筹协调和组织实施。

（一）明确改革责任。各级各部门各单位要充分认识做好机构改革的重要性，提升政治站位，切实把思想和行动统一到中央关于机构改革决策部署和省委、潍坊市委及市委要求上来。市委深化机构改革协调小组办公室负责与潍坊市委改革办、潍坊市委编办工作联系，负责机构改革具体组织实施。市委办公室、市政府办公室负责文件发送、印章使用及悬挂部门名牌等事宜。市委组织部、市人力资源和社会保障局负责部门领导班子配备、调整及有关人员转隶等事宜。市财政局、市审计局、市机关事务服务中心按职责负责经费资产管理、债权债务清理、审计、办公用房调配等事宜。市档案馆负责相关部门档案交接事宜。各级各部门各单位要相应建立领导协调机制，明确责任主体，抓好本部门本单位机构改革的组织实施工作。

（二）严明改革纪律。认真贯彻执行上级关于严明纪律切实保证党和国家机构改革顺利进行的通知要求。严格遵守机构改革政治纪律、组织纪律、机构编制纪律、干部人事纪律、财经纪律、保密纪律，不讲条件、不打折扣、不搞变通，坚决杜绝有令不行、有禁不止的行为，确保政令畅通。严肃机构编制纪律，严禁借改革之机擅自提高机构规格、调整和增设内设机构、增加人员编制和领导职数，着力强化机构编制刚性约束。

（三）稳妥有序推进。全面贯彻“先立后破、不立不破”的原则，有组织、有步骤推进机构改革，有序做好转隶、挂牌、集中办公等工作，确保思想不乱、工作不断、队伍不散、干劲不减。2019 年 1 月 20 日前完成新组建部门领导班子配备、挂牌工作，2019 年 2 月 20 日前完成人员转隶工作,2019 年 3 月 20 日前印发涉改部门“三定”规定，2019 年 3 月底前基本完成机构改革任务。

（四）建立督查评估机制。机构改革期间，市委办公室、市政府办公室适时开展全市机构改革落实情况督导检查，重点对各级各部门各单位贯彻落实中央改革决策部署和省委、潍坊市委及市委工作要求情况进行督查。机构改革结束后，市委办公室、市政府办公室会同市委全面深化改革委员会办公室、市委机构编制委员会办公室等部门进行评估，总结成效，查找和解决有关问题，不断巩固和深化改革成果。

附件：1. 中共昌邑市委机构设置表

2. 昌邑市人民政府机构设置表

附件 1

中共昌邑市委机构设置

纪律检查委员会监察委员会机关

办公室

组织部

宣传部

统一战线工作部

政法委员会

全面深化改革委员会办公室（设在市委办公室）

全面依法治市委员会办公室（设在市司法局）

国家安全委员会办公室（设在市委办公室）

网络安全和信息化委员会办公室（设在宣传部）

财经委员会办公室（设在市委办公室）

外事工作委员会办公室（设在市政府办公室）

机构编制委员会办公室

审计委员会办公室（设在市审计局）

教育工作领导小组办公室（设在教育工作委员会）

农业农村委员会办公室（设在市农业农村局）

海洋发展委员会办公室（设在市自然资源和规划局）

市直机关工作委员会

巡察工作领导小组办公室

说明：

中共昌邑市委设置纪检监察机关 1 个，计入机构限额的工作机关 8 个（设在相关部门的市委议事协调机构的办事机构不计入机构限额）。其中，纪律检查委员会与监察委员会合署办公，实行一套工作机构、两个机关名称；办公室挂市档案局、保密委员会办公室（市国家保密局）牌子；组织部挂老干部局、市公务员局牌子；宣传部挂市政府新闻办公室、市精神文明建设委员会办公室、市互联网信息办公室牌子；统一战线工作部挂市政府台湾事务办公室、市民族宗教事务局、市政府侨务办公室牌子。教育工作委员会与市教育和体育局合署办公，不计入机构限额。

附件 2

昌邑市人民政府机构设置

办公室

发展和改革局

教育和体育局

科学技术局

工业和信息化局

公安局

民政局

司法局

财政局

人力资源和社会保障局

自然资源和规划局

住房和城乡建设局

交通运输局

水利局

农业农村局

商务局

文化和旅游局

卫生健康局

退役军人事务局

应急管理局

审计局

行政审批服务局

市场监督管理局
综合行政执法局
统计局
医疗保障局
地方金融监督管理局
信访局

说明：

昌邑市人民政府共设置工作部门28个。其中，办公室挂大数据局、外事办公室牌子；发展和改革局挂新旧动能转换综合试验区建设办公室牌子；科学技术局挂外国专家局牌子；财政局挂国有资产监督管理局牌子；自然资源和规划局挂林业局、海洋局牌子；住房和城乡建设局挂人民防空办公室牌子；农业农村局挂扶贫开发办公室、畜牧兽医局牌子；文化和旅游局挂新闻出版广电局、文物局牌子；卫生健康局挂中医药管理局牌子；行政审批服务局挂政务服务管理办公室牌子；综合行政执法局挂城市管理局牌子；地方金融监督管理局挂金融工作办公室牌子。

关于调整机构改革涉及事业单位机构编制事项的通知

各镇街区党（工）委、政府（办事处、管委会），市委各部委，市政府各部门，正科级以上事业单位，各有关企业，各人民团体，市人武部：

根据《中共山东省委关于市县机构改革的总体意见》（鲁发〔2018〕47号）、《中共潍坊市委关于深化县市区机构改革的意见》（潍发〔2018〕42号）、《中共潍坊市委办公室潍坊市人民政府办公室关于印发〈昌邑市机构改革方案〉的通知》（潍办字〔2019〕12号）和《中共昌邑市委昌邑市人民政府关于昌邑市机构改革的实施意见》（昌发〔2019〕1号），经研究并报潍坊市审批，现将机构改革涉及事业单位机构编制事项调整如下：

一、市委直属事业单位

1. 市委市政府接待办公室更名为市委市政府接待中心。其他不变。

2. 将市互联网信息办公室行政职能划入市委宣传部，更名为市互联网舆情中心，作为市委直属事业单位，由市委宣传部代管。其他不变。

二、市政府直属事业单位

1.将市体育局行政职能划入市教育和体育局，与市体质测定与运动健身指导站整合组建为市体育发展中心（市体育总会），作为市政府直属公益一类事业单位，正科级规格，由市教育和体育局代管。

2.将市林业局、市林业工作站、市林木种苗站、市林业资源管理站、市森林保护站（市野生动植物保护管理站）行政职能划入市自然资源和规划局，整合组建为市林业发展中心，作为市政府直属公益一类事业单位，正科级规格，由市自然资源和规划局代管。

3.将市规划局、市规划编制研究中心行政职能划入市自然资源和规划局，整合组建为市规划编制研究中心，作为市政府直属公益一类事业单位，正科级规格，由市自然资源和规划局代管。

4.将市县乡公路管理处、市公路局行政职能划入市交通运输局，整合组建为市公路事业发展中心，作为市政府直属公益一类事业单位，正科级规格，由市交通运输局代管。

5.将市农业机械管理局、市农村经济管理局行政职能划入市农业农村局，与市农业机械推广站整合组建为市现代农业发展中心，作为市政府直属公益一类事业单位，正科级规格，由市农业农村局代管。

6.将市畜牧兽医管理局、市动物卫生监督所、市动物疫病预防控制中心（市畜牧兽医检测中心）行政职能划入市农业农村局，与市畜牧兽医技术推广中心整合组建为市畜牧业发展中心，作为市政府直属公益一类事业单位，正科级规格，由市农业农村局代管。

（1）将市奎聚街道畜牧兽医管理站行政职能划入市农业农村局，更名为市奎聚街道畜牧兽医服务站，作为市畜牧业发展中心管理的事业单位。其他不变。

（2）将市都昌街道畜牧兽医管理站行政职能划入市农业农村局，更名为市都昌街道畜牧兽医服务站，作为市畜牧业发展中心管理的事业单位。其他不变。

（3）将市围子街道畜牧兽医管理站行政职能划入市农业农村局，更名为市围子街道畜牧兽医服务站，作为市畜牧业发展中心管理的事业单位。其他不变。

（4）将市龙池镇畜牧兽医管理站行政职能划入市农业农村局，更名为市龙池镇畜牧兽医服务站，作为市畜牧业发展中心管理的事业单位。其他不变。

（5）将市柳疃镇畜牧兽医管理站行政职能划入市农业农村局，更名为市柳疃镇畜牧兽医服务站，作为市畜牧业发展中心管理的事业单位。其他不变。

（6）将市卜庄镇畜牧兽医管理站行政职能划入市农业农村局，更名为市卜庄镇畜牧兽医服务站，作为市畜牧业发展中心管理的事业单位。其他不变。

（7）将市饮马镇畜牧兽医管理站行政职能划入市农业农村局，更名为市饮马镇畜牧兽医服务站，作为市畜牧业发展中心管理的事业单位。其他不变。

（8）将市北孟镇畜牧兽医管理站行政职能划入市农业农村局，更名为市北孟镇畜牧兽医服务站，作为市畜牧业发展中心管理的事业单位。其他不变。

（9）将市下营镇畜牧兽医管理站行政职能划入市农业农村局，更名为市下营镇畜牧兽医服务站，作为市畜牧业发展中心管理的事业单位。其他不变。

（10）将市石埠经济发展区畜牧兽医管理站行政职能划入市农业农村局，更名为市石埠经济发展区畜牧兽医服务站，作为市畜牧业发展中心管理的事业单位。其他不变。

7.市投资促进局更名为市投资促进发展中心。其他不变。

8.将市机关事务管理局行政职能划入市政府办公室，更名为市机关事务服务中心，作为市政府直属事业单位，由市政府办公室代管。其他不变。

9.将市沿海经济开发综合执法局的盐田主干道路等基础设施、公共设施管护的检查、监督职能划入市交通运输局，沿海卤水等资源开发秩序的管理和监督职能划入市自然资源和规划局，更名为市沿海经济开发综合服务中心，作为市政府直属公益一类事业单位，正科级规格。

10.将市政府油区工作办公室行政职能划入市发展和改革局，更名为市石油天然气管道保护服务中心，作为市政府直属事业单位，由市发展和改革局代管。其他不变。

11.将市智慧昌邑建设办公室行政职能划入市政府办公室，更名为市大数据中心，作为市政府直属公益一类事业单位，正科级规格，由市政府办公室代管。

12.将市重大项目办公室（市区域发展战略推进办公室）行政职能划入市发展和改革局，更名为市重大项目服务中心，作为市政府直属公益一类事业单位，正科级规格，由市发展和改革局代管。

13.将市粮食局行政职能划入市发展和改革局，更名为市粮食储备中心，作为市政府直属公益一类事业单位，正科级规格，由市发展和改革局代管。

14.将市社会保险事业管理中心的社会养老保险管理行政职能划入市人力资源和社会保障局，医疗保险管理行政职能划入市医疗保障局，各项社会保险费收缴相关行政职能划入市税务局，更名为市社会保险中心，作为市政府直属公益一类事业单位，正科级规格，由市人力资源和社会保障局代管。

15.将市园林局行政职能划入市住房和城乡建设局，更名为市园林绿化中心，作为市政府直属公益一类事业单位，正科级规格，由市住房和城乡建设局代管。

16.将市房屋征收与补偿办公室行政职能划入市住房和城乡建设局，更名为市房屋征收与补偿中心，作为市政府直属事业单位，由市住房和城乡建设局代管。其他不变。

17.将市房产管理服务中心行政职能划入市住房和城乡建设局，更名为市房产服务中心，作为市政府直属公益二类事业单位，正科级规格，由市住房和城乡建设局代管。

市物业管理中心更名为市物业服务中心，作为市房产服务中心管理的事业单位。其他不变。

18.将市环境卫生管理局行政职能划入市住房和城乡建设局，更名为市环境卫生中心，作为市政府直属公益一类事业单位，正科级规格，由市住房和城乡建设局代管。

19.将市河道管理服务中心行政职能划入市水利局，更名为市河道服务中心，作为市政府直属公益一类事业单位，正科级规格，由市水利局代管。

三、市委办公室

市委网络信息保密管理中心更名为市委网络信息保密中心。其他不变。

四、市委组织部

1.市现代远程教育工作办公室（市委党员电化教育中心）更名为市现代远程教育中心（市委党员电化教育中心）。其他不变。

2.市老年大学调整为市委组织部管理的事业单位。其他不变。

3.市老干部活动中心调整为市委组织部管理的事业单位。其他不变。

4.将市关心下一代工作委员会办公室行政职能划入市委组织部，撤销市关心下一代工作委员会办公室事业单位建制。

五、市委宣传部

市委新闻中心不再加挂市委对外宣传办公室、市人民政府新闻办公室牌子。其他不变。

六、市委政法委员会

市法制教育培训中心调整为市委政法委员会管理的事业单位。其他不变。

七、市委机构编制委员会办公室

将市事业单位监督管理局行政职能划入市委机构编制委员会办公室，撤销市事业单位监督管理局事业单位建制。

八、市政府办公室

将市政府行政复议裁决办公室行政职能划入市司法局，撤销市政府行政复议裁决办公室事业单位建制。

九、市发展和改革局

1.将市产业发展办公室（市服务业办公室、市社会信用管理服务中心）行政职能划入市发展和改革局，更名为市产业发展促进中心，作为市发展和改革局管理的公益一类事业单位，副科级规格。

2.将市价格认证中心行政职能划入市发展和改革局，作为市发展和改革局管理的事业单位。其他不变。

十、市教育和体育局

1.市普通教育教学研究室更名为市普通教育

教学研究中心，作为市教育和体育局管理的公益一类事业单位，副科级规格。

2.市招生委员会办公室更名为市招生考试服务中心，作为市教育和体育局管理的事业单位。其他不变。

3.将市职业教育成人教育教学研究室行政职能划入市教育和体育局，更名为市职业教育成人教育教学研究中心，作为市教育和体育局管理的事业单位。其他不变。

4.市学校后勤管理指导服务中心更名为市学校后勤服务中心，作为市教育和体育局管理的事业单位。其他不变。

5.将市学生资助管理中心行政职能划入市教育和体育局，更名为市学生资助服务中心，作为市教育和体育局管理的事业单位。其他不变。

6.将市托幼工作领导小组办公室行政职能划入市教育和体育局，撤销市托幼工作领导小组办公室事业单位建制。

十一、市工业和信息化局

1.将市政府节约能源办公室（市节能监察中心）行政职能、市煤炭及成品油市场管理办公室的煤炭管理行政职能划入市发展和改革局，市煤炭及成品油市场管理办公室的成品油管理行政职能划入市商务局，整合组建为市循环经济发展中心，作为市工业和信息化局管理的公益一类事业单位，副科级规格。

2.将市工业转型升级服务中心（市行业办公室服务中心）行政职能划入市工业和信息化局，更名为市工业发展促进中心，作为市工业和信息化局管理的公益一类事业单位，副科级规格。

十二、市民政局

1.市慈善总会办公室更名为市慈善总会服务中心。其他不变。

2.市社区管理办公室更名为市社区发展服务中心。其他不变。

3.市救助管理站更名为市救助服务站。其他不变。

4.市婚姻登记处更名为市婚姻登记中心。其他不变。

5.将市老龄工作委员会办公室行政职能划入市卫生健康局，撤销市老龄工作委员会办公室事业单位建制。

十三、市司法局

1.将市社区矫正工作办公室行政职能划入市司法局，更名为市社区矫正服务中心。其他不变。

2.将市法律援助中心（市“12348”协调指挥中心）行政职能划入市司法局。其他不变。

十四、市财政局

1.市国有资产运营管理中心更名为市国有资产运营中心。其他不变。

2.将市社会保障处行政职能划入市财政局，更名为市社会保障服务中心。其他不变。

3.将市财政监督局行政职能划入市财政局，更名为市财政票据服务中心。其他不变。

4.将市基层财政管理局行政职能划入市财政局，撤销市基层财政管理局事业单位建制。

十五、市人力资源和社会保障局

1.市人力资源管理服务中心更名为市人力资源服务中心。其他不变。

2.市人事档案管理服务中心更名为市人事档案服务中心。其他不变。

十六、市自然资源和规划局

1. 将市土地整理中心的农田整治项目管理行政职能划入市农业农村局，其他行政职能和市土地勘测规划站行政职能划入市自然资源和规划局，整合组建为市土地整理中心，作为市自然资源和规划局管理的公益一类事业单位，副科级规格。

2. 将市矿产资源管理中心行政职能划入市自然资源和规划局，更名为市矿产资源服务中心，作为市自然资源和规划局管理的公益一类事业单位，副科级规格。.

3.市国土资源局城区分局更名为市自然资源和规划局城区所，作为市自然资源和规划局管理的事业单位。其他不变。

4.市国土资源局龙池分局更名为市自然资源和规划局龙池所，作为市自然资源和规划局管理的事业单位。其他不变。

5.市国土资源局柳疃分局更名为市自然资源和规划局柳疃所，作为市自然资源和规划局管理的事业单位。其他不变。

6.市国土资源局卜庄分局更名为市自然资源和规划局卜庄所，作为市自然资源和规划局管理的事业单位。其他不变。

7.市国土资源局围子分局更名为市自然资源和规划局围子所，作为市自然资源和规划局管理的事业单位。其他不变。

8.市国土资源局饮马分局更名为市自然资源和规划局饮马所，作为市自然资源和规划局管理的事业单位。其他不变。

9.市国土资源局石埠分局更名为市自然资源和规划局石埠所，作为市自然资源和规划局管理的事业单位。其他不变。

10.市国土资源局北孟分局更名为市自然资源和规划局北孟所，作为市自然资源和规划局管理的事业单位。其他不季。

11.市国土资源局下营分局更名为市自然资源和规划局下营所，作为市自然资源和规划局管理的事业单位。其他不变。

12.将市渔政站（中国海监昌邑市大队）的渔船检验和监督管理行政职能划入市交通运输局，渔业管理和监督管理渔业安全生产行政职能划入市农业农村局，更名为市海洋发展中心，作为市自然资源和规划局管理的事业单位。其他不变。

13.市海洋环境监测站（国家海域动态监管中心）调整为市自然资源和规划局管理的事业单位。其他不变。

十七、市住房和城乡建设局

1.市潍水风情湿地公园管理处更名为市潍水风情湿地公园服务中心。其他不变。

2.将市市政工程养护管理处行政职能划入市住房和城乡建设局，更名为市市政工程养护中心。其他不变。

3.市路灯管理所更名为市路灯所。其他不变。

4.将市建筑工程管理处行政职能划入市住房和城乡建设局，更名为市建筑业发展服务中心。其他不变。

5.将市建设工程质量安全监督站行政职能划入市住房和城乡建设局，更名为市建设工程质量安全服务站。其他不变。

6.将市人民防空办公室行政职能划入市住房和城乡建设局，更名为市人防工程服务中心，作为市住房和城乡建设局管理的公益一类事业单位，副科级规格。

7. 将市燃气供热管理办公室行政职能划入市住房和城乡建设局，更名为市燃气供热服务中心。其他不变。

8. 将市房地产开发管理办公室行政职能划入市住房和城乡建设局，更名为市房地产开发服务中心。其他不变。

十八、市交通运输局

1.将市港航局行政职能划入市交通运输局，更名为市港航服务中心。其他不变。

2.将市道路运输管理所行政职能划入市交通运输局，更名为布道路运输服务中心，作为市交通运输局管理的公益一类事业单位，股级规格。

3.将市交通运输局奎聚交通运输管理所行政职能划入市交通运输局，更名为市交通运输局奎聚交通运输服务所。其他不变。

4.将市交通运输局都昌交通运输管理所行政职能划入市交通运输局，更名为市交通运输局都昌交通运输服务所。其他不变。

5.将市交通运输局围子交通运输管理所行政

职能划入市交通运输局，更名为市交通运输局围子交通运输服务所。其他不变。

6.将市交通运输局柳疃交通运输管理所行政职能划入市交通运输局，更名为市交通运输局柳疃交通运输服务所。其他不变。

7.将市交通运输局龙池交通运输管理所行政职能划入市交通运输局，更名为市交通运输局龙池交通运输服务所。其他不变。

8.将市交通运输局下营交通运输管理所行政职能划入市交通运输局，更名为市交通运输局下营交通运输服务所。其他不变。

9.将市交通运输局卜庄交通运输管理所行政职能划入市交通运输局，更名为市交通运输局卜庄交通运输服务所。其他不变。

10.将市交通运输局石埠交通运输管理所行政职能划入市交通运输局，更名为市交通运输局石埠交通运输服务所。其他不变。

11.将市交通运输局饮马交通运输管理所行政职能划入市交通运输局，更名为市交通运输局饮马交通运输服务所。其他不变。

12.将市交通运输局北孟交通运输管理所行政职能划入市交通运输局，更名为市交通运输局北孟交通运输服务所。其他不变。

十九、市水利局

1.将市水资源规划管理站（市节约用水办公室）的水资源调查相关行政职能划入市自然资源和规划局，其他行政职能和市农村公共供水管理办公室行政职能划入市水利局，整合组建为市水资源保护利用中心，作为市水利局管理的公益一类事业单位，副科级规格。

2.市潍河防潮蓄水闸管理所更名为市潍河防潮蓄水闸服务所。其他不变。

3.市峡山灌区灌溉管理所更名为市峡山灌区灌溉所。其他不变。

4.市工程管理站更名为市水利工程服务站。其他不变。

5.市水利勘测设计室更名为市水利勘测设计中心。其他不变。

6.市水土保持监督管理站更名为市水土保持服务站。其他不变。

二十、市农业农村局

1.市农村能源办公室更名为市农村能源服务中心，作为市农业农村局管理的事业单位。其他不变。

2.市渔业技术推广站（市水生动物疫病防治站）调整为市农业农村局管理的事业单位。其他不变。

二十一、市文化和旅游局

1.将市旅游局行政职能划入市文化和旅游局，与市旅游咨询服务中心整合组建为市旅游产业发展中心，作为市文化和旅游局管理的公益一类事业单位，副科级规格。

2.将市文物事业管理所（市非物质文化遗产保护中心）行政职能划入市文化和旅游局，更名为市文物与非物质文化遗产保护中心，作为市文化和旅游局管理的事业单位。其他不变。

二十二、市卫生健康局

1. 市地方病防治办公室更名为市地方病防治中心，作为市卫生健康局管理的事业单位。其他不变。

2. 市红十字会办公室更名为市红十字会服务中心，作为市卫生健康局管理的事业单位。其他不变。

二十三、市退役军人事务局

1.将市拥军优属拥政爱民工作领导小组办公室行政职能划入市退役军人事务局，与市退役军人服务中心整合组建为市退役军人服务中心，作为市退役军人事务局管理的公益一类事业单位，副科级规格。

2.市革命烈士陵园管理所更名为市革命烈士陵园服务所。其他不变。

二十四、市应急管理局

1.将市政府应急管理办公室（市政府值班室）

的市政府日常值班行政职能划入市政府办公室，其他行政职能和市安全生产应急救援指挥中心行政职能划入市应急管理局，整合组建为市应急救援中心，作为市应急管理局管理的公益一类事业单位，副科级规格。

2.将市地震局行政职能划入市应急管理局，更名为市应急宣教中心，作为市应急管理局管理的公益一类事业单位，副科级规格。

二十五、市审计局

将市经济责任审计办公室行政职能划入市审计局，更名为市经济责任审计服务中心。其他不变。

二十六、市市场监督管理局

1. 将市知识产权局行政职能划入市市场监督管理局，更名为市知识产权保护中心，作为市市场监督管理局管理的事半单位。其他不变。

2. 市消费者协会办公室更名为市消费者协会服务中心。其他不变。

二十七、市统计局

市综合经济调查队更名为市综合经济调查中心。其他不变。

二十八、市医疗保障局

将市居民医疗保险管理中心行政职能划入市医疗保障局，与市社会保险事业管理中心的医疗保险相关事业职能整合组建为市医疗保险中心，作为市医疗保障局管理的公益一类事业单位，副科级规格。

二十九、市信访局

市信访事项复查复核办公室更名为市信访事项服务中心，作为市信访局管理的事业单位。其他不变。

三十、市人民代表大会常务委员会办公室

市人民代表大会常务委员会机关老干部服务办公室更名为市人民代表大会常务委员会机关老干部服务中心。其他不变。

三十一、中国人民政治协商会议昌邑市委员会办公室

中国人民政治协商会议昌邑市委员会机关老干部服务办公室更名为中国人民政治协商会议昌邑市委员会机关老干部服务中心。其他不变。

三十二、市总工会

市职工技术协作委员会办公室（市困难职工帮扶中心）更名为市困难职工帮扶中心。其他不变。

三十三、市妇女联合会

市妇女儿童工作委员会办公室更名为市妇女儿童工作服务中心。其他不变。

三十四、市残疾人联合会

将市残疾人就业指导中心（市残疾人康复中心）行政职能划入市残疾人联合会。其他不变。

其他未涉及的事业单位因主管部门（单位）名称发生变化需调整隶属关系的一并调整为更名后的部门（单位）管理。改革后保留设置的事业单位，名称不再称“委、办、局”。今后，除行政执法机构按中央部署推进改革外，不再保留或新设承担行政职能的事业单位。

中共昌邑市机构编制委员会

2019 年 3 月 11 日

索 引

说明：

一、本索引收录部分主题索引，以弥补卷首目录检索之不足。

二、索引款目按汉语拼音字母顺序排列。主题重复出现的，在其款目后用不同的页码标明。

三、对特载、专记、大事记、附录等栏目不做索引。

A

安保工作…………………………………… 214
安全管控…………………………………… 262
安全环保………………………………374、380
安全监督…………………………………… 305
安全监管………………………………366、389
安全培训…………………………………… 233
安全生产…………………………274、369、372

B

版权进乡村………………………………… 349
办公用房管理……………………………… 164
办事流程再造……………………………… 120
帮教监管…………………………………… 222
包村扶贫…………………………………… 121
保险业……………………………………… 288
保障民生…………………………………… 387
保障性住房………………………………… 316
2019 北方（昌邑）绿化苗木博览会第二十四届
中国园林花木信息交流会开幕式………… 097
北方林木种苗产业发展论坛暨全省林木种苗工
作座谈会…………………………………… 150
北孟镇……………………………………… 386
便民服务…………………………………… 359
滨海（下营）经济开发区………………… 387
殡葬改革…………………………………… 363
“不忘初心、牢记使命”主题教育… 087、106、186
“不忘初心、牢记使命”主题教育工作会议… 093
渤海走廊革命斗争陈列馆开馆式暨“渤海走廊
革命斗争史”理论研讨会系列活动……… 097
卜庄镇……………………………………… 379
不动产登记………………………………… 319
部门统计…………………………………… 238
部门协作执法……………………………… 231

C

《昌邑劳模影像志》编纂 ………………… 191
财税金融…………………………………… 071
财政………………………………………… 291
财政预算执行审计………………………… 239
参政议政…………………………………… 197
餐饮服务业监管…………………………… 228
残疾人教育就业…………………………… 202
残疾人精准康复服务……………………… 202
残疾人社会保障…………………………… 201
残疾人数据信息更新……………………… 203
残疾人无障碍改造………………………… 203
残疾人证办理……………………………… 202
测绘管理…………………………………… 320
产学研合作………………………………… 340

产业扶贫“支柱”…… 167
产业工人队伍建设改革…… 086
产业集群认定…… 261
产业平台…… 388
产业转型升级…… 226
2019 昌邑国际半程马拉松赛 …… 330
昌邑北海村镇银行…… 288
昌邑电信…… 309
昌邑联通…… 307
昌邑亮点宣传…… 130
昌邑石化…… 260
昌邑市残疾人联合会…… 201
昌邑市城投集团…… 298
昌邑市党政考察团到南方考察学习…… 096
昌邑市第二实验小学…… 326
昌邑市第十八届人民代表大会第三次会议… 131
昌邑市第一实验小学…… 326
昌邑市第一中学…… 326
昌邑市凤鸣学校…… 328
昌邑市妇女联合会…… 193
昌邑市工商业联合会…… 197
昌邑市归国华侨联合会…… 198
昌邑市红十字会…… 204
昌邑市计生协会…… 203
昌邑市金控集团…… 298
昌邑市科学技术协会…… 195
昌邑市人民医院…… 335
昌邑市社会科学界联合会…… 200
昌邑市生活垃圾焚烧发电 PPP 项目签约仪式 … 152
昌邑市实验幼儿园…… 325
昌邑市实验中学…… 326
昌邑市市立幼儿园…… 325
昌邑市特殊教育学校…… 327
昌邑市文山中学…… 326
昌邑市文学艺术界联合会…… 199
昌邑市乡村振兴战略规划（2018—2022 年）… 088
昌邑市育新外国语学校…… 327
昌邑市育秀学校…… 327
昌邑市智能铸锻中心全面投产仪式…… 098
昌邑市中小学生综合实践活动基地…… 327
昌邑市总工会…… 189
昌邑潍水学校…… 327
昌邑移动…… 306
常规统计监测…… 236
城区集中供热入户巡查走访活动…… 152
城市管理…… 312
城市环境卫生…… 315
城市基础设施建设…… 292
城市建设…… 311、370
城市绿化…… 311
城市照明…… 314
城乡低保…… 361
城乡规划…… 310
城乡环境…… 380
城乡环卫一体化…… 314
城乡面貌…… 367
城镇化工作…… 312
城镇建设…… 376、385
城镇职工养老保险…… 356
城镇职工医疗保险…… 357
惩治腐败…… 187
持续发力整改…… 124
出版工作…… 351
出生人口性别比…… 339
传承发展中华优秀传统文化…… 087
传染病防控…… 335
传统产业转型升级…… 259
窗口规范化…… 295
创城工作…… 273
创城宣传…… 353
创建国家卫生城…… 332
创新服务模式…… 293

创业创新成果…………………………………… 342
辞职免职………………………………………… 142
慈心一日捐……………………………………… 361
从严治党………………………………………… 100
促进个私经济…………………………………… 232
村镇建设………………………… 070、318、382

D

搭建平台载体…………………………………… 121
打击欺诈骗保…………………………………… 358
大病保险………………………………………… 358
大数据…………………………………………… 156
大数据平台建设与资源整合共享……………… 157
代表工作………………………………………… 136
贷款业务………………………………………… 295
淡水动物资源…………………………………… 067
淡水植物资源…………………………………… 068
档案……………………………………………… 126
档案服务………………………………………… 126
档案馆库安全…………………………………… 127
党的领导………………………………………… 198
党风廉政宣传教育……………………………… 188
党建工作…… 120、122、127、203、221、234、263、274、276、307、307、309、337、362、374、376、378、381、383、385
党建与工会……………………………………… 306
党史编研成果…………………………………… 128
党史史志研究…………………………………… 128
党外代表人士队伍建设………………………… 115
党校教育………………………………………… 124
党政机构改革…………………………………… 118
道路货运………………………………………… 302
道路客运………………………………………… 302
地籍管理………………………………………… 319
地形　地貌……………………………………… 062
地震应急救援…………………………………… 343
地质环境保护…………………………………… 320
地质勘查管理…………………………………… 320
电力……………………………………………… 262
电网支撑力……………………………………… 262
调查研究………………………………………… 154
调研国家卫生城市创建工作…………………… 147
动物疫病防控…………………………………… 247
都昌街道………………………………………… 369
督办落实………………………………………… 155
督查“利奇马”台风防御工作………………… 149
督查工作………………………………………… 104
独生子女补助发放……………………………… 339
队伍建设………………… 156、188、218、297
对标学习………………………………………… 233
对侨服务………………………………………… 198
对台工作………………………………………… 116
对外和涉港澳台经济贸易……………………… 267
对外经济合作…………………………………… 267

F

发展改革………………………………………… 224
法律监督………………………………………… 217
法院……………………………………………… 219
法治昌邑建设…………………………………… 211
法治化建设……………………………………… 160
法治政府建设…………………………………… 212
反腐倡廉………………………………………… 164
方志馆建设……………………………………… 128
防范化解政府隐性债务风险…………………… 088
防火安全………………………………………… 257
防震减灾………………………………………… 342
防震减灾宣传…………………………………… 343
房地产市场管理………………………………… 316
房地产业………………………………………… 316

房屋征迁……316
房屋征收与补偿……316
非物质文化遗产保护……347
扶贫对象动态调整及信息录入……168
扶贫干部“落实”……167
扶贫开发……167
扶贫领域专项巡察……123
服务保障体系建设……362
服务高质量……115
服务经济发展……210
服务经济建设……219
服务能力……155
服务社会……216
服务社会经济发展……222
服务实体经济……279
服务项目建设……265
服务业发展……225
服务影响力……263
服务与管理……365
服务质量监管……360
抚恤优待政策落实……208
妇女儿童权益维护……194
妇幼保健院……337

G

改革创新……215
干部队伍建设……107
高龄补贴政策……364
高新企业培育……341
各专门委员会工作……182
跟踪审计……239
耕地保护……319
工程建设服务和监督……209
工伤保险……356
工业经济……379、381
工业效益……069
工业转型……369
工资业务……161
公安……214
公共机构节能……164
公共文化服务……346
公共信用信息共建共享……166
公共信用信息和产品应用……166
公平交易……232
公务用车管理……164
公务员考录和事业单位招聘……161
共青团昌邑市委员会……191
共青团建设……192
共享“工业云”……259
供水管理……252
供销……270
固本强基……215
挂牌上市……280
关爱老年健康……365
关爱新生命……339
关心下一代工作……109
关注民生……235
管党治警……215
规范“属地管理”工作……118
规范权责清单……120
规划实施督查……310
国防动员……206
国有公司运营……298
国有企业资产管理……242
国有资本经营预算……291
国有资产管理……242

H

海岸　海域……064
海绵城市建设……312

海洋动物资源…………………………………… 066
海洋生态特别保护区………………………………… 256
海洋植物资源…………………………………… 068
韩国新罗大学国际校区项目签约仪式……… 147
行业管理………………………………… 277、301
行业社会“协同” ………………………………… 167
河道堤坝除险加固……………………………… 249
河道清违清障…………………………………… 250
河流………………………………………………… 062
红色基因传承…………………………………… 208
红色文旅………………………………………… 373
宏观调控………………………………………… 224
后备人才培育…………………………………… 200
后勤保障服务…………………………………… 164
互联网管理工作………………………………… 129
华晨集团………………………………………… 260
化解社会矛盾…………………………………… 210
环境保护………………………………………… 322
环境监管………………………………………… 257
黄元御中医药文化节暨中医药传承与发展高峰
论坛系列活动………………………………… 151
会展经济………………………………………… 269
惠渔政策落实…………………………………… 249

J

机构编制………………………………………… 117
机构编制监督检查……………………………… 119
机构编制审批…………………………………… 118
机构编制智慧管理……………………………… 119
机构改革人员转隶……………………………… 161
机构设置………………………………………… 169
机构设置和重要工作…………………………… 169
机构调整………………………………………… 264
机关事务………………………………………… 163
基层党组织政治功能和组织力………………… 108
基层妇联组织建设……………………………… 195
基层治理………………………………………… 387
基层组织建设…………………………………… 241
基础教育………………………………………… 325
疾病救助与红十字精神………………………… 205
疾病控制………………………………………… 333
集聚人才………………………………………… 109
集体产权改革与财务管理……………………… 244
计划生育………………………………………… 338
计量民生………………………………………… 231
技术改造和项目建设…………………………… 258
绩效工资………………………………………… 161
绩效考核………………………………………… 119
加强信访法治化建设…………………………… 085
家政行业发展…………………………………… 266
价格改革………………………………………… 234
价格监测………………………………………… 234
价格认证………………………………………… 235
价格争议调解…………………………………… 235
坚持民主集中制………………………………… 122
监测预警………………………………………… 339
监督监管………………………………………… 323
监督职责………………………………………… 187
监区监管………………………………………… 216
检察……………………………………………… 216
检验检测………………………………………… 233
检验检测考核验证……………………………… 233
减税降费………………………………… 234、292、296
建立城乡社区“有求必应、一呼百应”“双应”
工作机制……………………………………… 086
建立市政府向市人大常委会报告国有资产管理
情况制度……………………………………… 087
建强基层………………………………………… 207
建设生态工程…………………………………… 376
建设用地管理…………………………………… 320
建章立制………………………………………… 212

建筑市场管理…………………………………… 317
建筑业……………………………………………… 317
健康扶贫…………………………………………… 334
健康教育…………………………………………… 204
健全完善农村创业体系………………………… 087
交通………………………………………………… 300
胶东调水…………………………………………… 251
教育………………………………………………… 324
教育培养…………………………………………… 366
巾帼风采…………………………………………… 193
金融、保险………………………………………… 083
经济发展………………………… 069、367、384
经济工作…………………………………………… 183
经济和社会发展…………………………………… 069
经济普查…………………………………………… 236
经济社会发展……………………………………… 375
经济责任审计……………………………………… 239
经贸交流…………………………………………… 197
经验宣传…………………………………………… 165
精神文明建设……………………………………… 071
精文简会十项措施………………………………… 086
精准扶贫档案管理………………………………… 126
精准强企扶贫……………………………………… 341
精准脱贫攻坚……………………………………… 244
竞技体育…………………………………………… 331
纠治"四风"……………………………………… 187
救助慰问…………………………………………… 203
就业创业…………………………………………… 355
居民养老保险……………………………………… 357
居民医疗保险……………………………………… 358
决策气象服务……………………………………… 344

K

开发区　镇街区…………………………………… 084
开展第五批市直部门单位包村联户和选派第一书记工作…………………………………… 086
开展民族团结进步创建工作铸牢中华民族共同体意识…………………………………… 088
抗旱防汛…………………………………………… 250
考核问责…………………………………………… 156
科技成果转化……………………………………… 341
科技发展…………………………………………… 340
科技人才引进……………………………………… 341
科教文卫体社会法制工作………………………… 184
科普成果…………………………………………… 201
科普活动…………………………………………… 196
科研平台建设……………………………………… 341
客户服务………………………… 306、308、309
课程设置管理……………………………………… 125
矿产开发管理……………………………………… 320
矿产资源…………………………………………… 065
奎聚街道…………………………………………… 367
困难计生家庭扶助………………………………… 339

L

劳动就业…………………………………………… 355
劳模精神…………………………………………… 189
老旧小区改造……………………………………… 312
老龄工作…………………………………………… 364
老年人权益保障…………………………………… 364
老年文化建设……………………………………… 365
老字号品牌培育…………………………………… 266
理论学习…………………………………………… 110
历史文化保护利用………………………………… 347
联系外商…………………………………………… 165
廉政建设…………………………………………… 209
粮食………………………………………………… 273
粮食安全市长责任制考核………………………… 273
两化融合…………………………………………… 258
烈士纪念日公祭烈士活动………………………… 098

林业…… 253
林业产业…… 253
林业资源管护…… 253
流动人口…… 339
流通服务与循环农业…… 272
柳疃镇…… 374
龙池镇…… 372
陆生动物资源…… 066
陆生植物资源…… 067
落实“十三五”科学素质纲要…… 196
落实“一次办好”…… 294
落实食品安全党政同责…… 087
落实主题教育…… 369
旅游…… 350
旅游宣传推介…… 351
旅游业…… 384
履职尽责…… 114
绿博会、园林花木信息交流会…… 354
绿道绿廊建设…… 314
绿色建筑与建筑节能…… 317

M

慢性病防控…… 335
美丽乡村建设…… 243、318
免疫预防接种…… 334
民生保障…… 360、377、378、385
民生热线…… 155
民生实事…… 334
民生事业…… 374、380
民政工作…… 360
民族…… 068
民族团结…… 365
民族宗教…… 365

N

农产品质量安全…… 247
农村经济管理…… 244
农村土地流转…… 245
农机报废更新补贴政策…… 256
农机购置补贴…… 256
农机跨区作业…… 256
农机统计…… 256
农机作业与创建机械化示范县…… 254
农商互联…… 266
农业…… 384
农业机械…… 254
农业气象服务…… 344
农业提质增效…… 246

P

派驻机构改革…… 186
派驻机构全覆盖…… 185
培训服务…… 197
培育新型农业经营主体…… 245
贫困户家居环境整改…… 168
平安昌邑建设…… 210
普法宣传…… 221
普治并举…… 213

Q

“七化”建设…… 267
企业管理…… 275
气候…… 064
气象测报…… 344
气象体制创新…… 344
气象文化建设…… 344

气象现代化建设……………………………… 344
强化各方责任……………………………… 123
强化理论学习……………………………… 099
强化意识形态……………………………… 122
强化自身建设……………………………… 137
侨务工作………………………………… 117
青年建功新旧动能转换………………………… 192
青少年理想信念教育………………………… 191
区划地名工作……………………………… 363
权益维护………………………………… 189
全流程电子化……………………………… 294
全面从严治党……………………………… 186
全面深化改革……………………………… 101
全民健身………………………………… 330
全市“工作落实年”动员部署暨“双招双引”对外开放推进会议……………………… 091
全市创建国家卫生城市推进暨培训会议…… 145
全市村庄清洁行动攻坚月活动……………… 097
全市党的建设暨基层党建工作会议………… 095
全市第三十五个教师节庆祝大会…………… 150
全市第四次经济普查入户登记工作推进会议… 144
全市第四批包村联户和选派第一书记工作总结表彰暨开展“服务一线集中攻坚”行动动员部署会议…………………………… 092
全市各界妇女庆“三八”暨“同心共筑家国梦”好家风分享汇……………………… 092
全市国土绿化暨农村改厕工作会议………… 145
全市机构改革动员大会……………………… 089
全市经济工作会议…………………………… 090
全市经济社会发展形势分析会议…………… 094
全市农村工作会议…………………………… 144
全市全面深化改革工作推进会议…………… 094
全市乡村振兴暨“双招双引”项目观摩点评… 149
全市新旧动能转换暨“双招双引”项目观摩点评……………………………… 152
全市宣传思想工作会议……………………… 091
全市拥军优属拥政爱民工作领导小组全体会议………………………………… 146
全市组织工作会议…………………………… 089
群众满意度……………………………… 159
群众身边腐败和作风问题整治……………… 186
群众团体………………………………… 079
群众文化活动……………………………… 347

R

人保财产保险……………………………… 290
人才构建………………………………… 368
人才培养………………………………… 201
人工增雨防雹……………………………… 344
人口…………………………………… 068
人口资源环境工作…………………………… 183
人民防空………………………………… 208
人事…………………………………… 161
人事任免………………………………… 141
日常监管………………………………… 119
日常养护管理……………………………… 300
融媒体………………………………… 352
融媒体建设……………………………… 352

S

“四好农村路” ………………………… 301
扫黄打非………………………………… 348
山东昌邑农村商业银行股份有限公司……… 285
山东海天生物化工有限公司………………… 260
山东好人………………………………… 390
山东好人发布仪式暨道德模范与身边好人（潍坊 · 昌邑）现场交流活动 ………………… 097
山东浩信集团……………………………… 260
山东省党代表……………………………… 390
山东省富民兴鲁劳动奖章…………………… 390

山东省离退休干部先进个人…………………… 390
山东省人大代表……………………………… 390
山东省人民满意公务员……………………… 390
山东省土地发展集团领导到昌邑市考察…… 097
山东省优秀共产党员………………………… 390
山东同大集团………………………………… 261
商标广告监管………………………………… 229
商贸服务业…………………………………… 266
商务诚信……………………………………… 166
上属单位……………………………………… 082
社工队伍建设………………………………… 363
社会保险基金预算…………………………… 291
社会保障……………………………………… 356
社会保障体系………………………………… 292
社会诚信……………………………………… 166
社会兜底保障………………………………… 168
社会事业…………………………… 071、382
社会信用体系建设…………………………… 166
社会治理……………………………………… 368
社会组织管理………………………………… 364
社科普及活动………………………………… 200
社区建设……………………………………… 362
社区志愿服务队伍…………………………… 363
涉改单位档案管理…………………………… 126
涉农资金……………………………………… 292
深化市纪委市监委派驻机构改革…………… 088
深松作业及项目建设………………………… 255
审计…………………………………………… 239
审判职能……………………………………… 219
审批服务……………………………………… 162
审批服务便民化……………………………… 163
升国旗仪式…………………………………… 096
生态环境保护………………………………… 088
生物资源……………………………………… 066
生育保险……………………………………… 358
省级新型智慧城市申报……………………… 158
省委第三巡视组巡视昌邑市工作动员会议… 093
失独家庭……………………………………… 203
失业保险……………………………………… 357
石埠经济发展区……………………………… 381
石化医药工会………………………………… 191
石油天然气管道保护服务…………………… 264
实施“巡审联动”…………………………… 124
实体性合作经济组织………………………… 272
食品安全监管………………………………… 227
食盐经营……………………………………… 277
世界急救日宣传……………………………… 205
市场监督管理………………………………… 275
市场监管……………………………………… 227
市场经营…………………………… 306、309
市场调控监测………………………………… 266
市场运营……………………………………… 308
市场转型升级………………………………… 266
市级领导班子………………………………… 076
市纪委监委机关……………………………… 078
市领导走访慰问部队………………………… 096
市人大机关…………………………………… 077
市容管理……………………………………… 312
市十八届人大常委会第十八次会议………… 133
市十八届人大常委会第十九次会议………… 133
市十八届人大常委会第十六次会议………… 132
市十八届人大常委会第十七次会议………… 132
市十八届人大常委会第十四次会议………… 131
市十八届人大常委会第十五次会议………… 132
市十八届人大常委会举行第二十次会议…… 134
市十八届人大常委会举行第二十一次会议… 134
市委办公室…………………………………… 099
市委部委办局………………………………… 079
市委机关……………………………………… 077
市政府办公室………………………………… 153
市政府工作部门……………………………… 080
市政府机关…………………………………… 077

市政府廉政工作会议…………………………… 145
市政府直属事业单位…………………………… 081
市政工程建设………………………………… 312
市政协常委会议……………………………… 177
市政协机关…………………………………… 078
市政协其他重要会议活动…………………… 179
市政协全委会议……………………………… 177
市政协主席会议……………………………… 178
市直部门（单位）述职评议会议…………… 096
市直机关党建………………………………… 121
事业单位改革………………………………… 118
事中事后监管………………………………… 163
收支管理……………………………………… 292
数字化建设…………………………………… 313
双拥工作……………………………………… 207
双招双引…………… 254、372、375、377、387
水产品质量安全……………………………… 248
水利…………………………………………… 249
水政执法……………………………………… 250
水资源………………………………………… 065
水资源保护…………………………………… 321
水资源分布…………………………………… 320
水资源管理……………………………… 320、321
税务…………………………………………… 295
司法改革……………………………………… 220
司法公信……………………………………… 166
司法行政……………………………………… 221
司法作风建设………………………………… 220
思想道德培育………………………………… 073
思想理论建设………………………………… 125
思想政治建设………………………………… 206
诉讼服务……………………………………… 220

T

滩涂开发与建设……………………………… 264
特别扶助……………………………………… 203
特种设备监管………………………………… 229
提案工作……………………………………… 182
提升服务效能………………………………… 099
提升营销能力………………………………… 275
体育…………………………………………… 330
体育产业……………………………………… 331
体育惠民……………………………………… 331
通信演练和组织指挥建设…………………… 209
统计…………………………………………… 235
统计法治……………………………………… 238
统计服务……………………………………… 237
统计改革……………………………………… 237
统计基层基础建设…………………………… 238
统一战线……………………………………… 114
统战工作格局………………………………… 114
土地规划……………………………………… 319
土地利用管理………………………………… 320
土地托管规模化……………………………… 271
土地资源……………………………………… 064
推行基层事务事前听证……………………… 085
推进民主法治………………………………… 136
退役军人事务………………………………… 361
退役士兵安置………………………………… 362
脱贫攻坚…………………… 361、368、370、372

W

“潍水和谐使者”评选 ……………………… 363
“文山潍水”2019 昌邑国际半程马拉松赛暨潍坊市全民健身月启动仪式………………… 148
“无小耳朵”创建 …………………………… 349
“五化工程” ………………………………… 160
“舞动鸢都 · 全民禁毒”宣传活动启动仪式… 149
外贸进出口…………………………………… 267
外事…………………………………………… 165

外事为民…………………………………… 165
完善村（居）规民约………………………… 363
网络安全管理………………………………… 130
网络市场监管………………………………… 232
网络意识形态责任制………………………… 129
网络支撑…………………………… 307、308
为民办事……………………………………… 221
为农服务中心………………………………… 271
违法违章治理………………………………… 313
围子街道……………………………………… 370
维护民生民利………………………………… 135
维护社会稳定……………………… 210、370
潍坊好人……………………………………… 391
潍坊环境工程职业学院……………………… 329
潍坊环境工程职业学院与伟东海纳易学教育科技有限公司合作共建签约仪式…………… 148
潍坊日报今日昌邑…………………………… 353
潍坊市道德模范……………………………… 390
潍坊市工业学校……………………………… 328
潍坊市技师学院昌邑分院…………………… 329
潍坊市劳动模范……………………………… 390
潍坊市乡村振兴暨“双招双引”项目观摩点评…………………………………………… 097
潍坊市新旧动能转换暨“双招双引”项目观摩点评…………………………………………… 098
潍坊银行昌邑支行…………………………… 285
潍河管理……………………………………… 252
潍水大讲堂…………………………………… 093
卫生…………………………………………… 332
卫生计生综合执法…………………………… 333
位置　面积…………………………………… 062
文化惠民工程………………………………… 347
文化活动……………………………………… 199
文化建设……………………………………… 112
文化旅游……………………………………… 382
文化旅游产业………………………………… 350
文化旅游活动………………………………… 351
文化旅游项目开发…………………………… 350
文化生活……………………………………… 120
文化市场管理………………………………… 348
文化市场综合整治…………………………… 349
文化事业……………………………………… 346
文化振兴……………………………………… 376
文化执法……………………………………… 348
文件归档……………………………………… 126
文明城市创建……………………… 071、164
文明创建……………………………………… 111
文明实践中心建设…………………………… 072
文史资料编辑………………………………… 182
文艺创作……………………………………… 199
稳固基层基础………………………………… 244
污染防治…………………………… 322、369
无偿献血……………………………………… 204
物价管理……………………………………… 234
物业管理……………………………………… 316

X

“巡镇带村”工作试点 ……………………… 124
下营镇………………………………………… 377
现代农业……………………………………… 381
现代农业发展新技术………………………… 271
现代物流……………………………………… 267
乡村文化……………………………………… 243
乡村振兴…069、369、371、373、378、379、386
乡村振兴战略………………………………… 224
项目建设…………………………… 256、388
项目交易……………………………………… 294
项目申报实施………………………………… 249
项目实施……………………………………… 340
消防安全……………………………………… 242
消费市场……………………………………… 070

消费者权益保护…………………………… 231
小城镇建设……………………………… 318
新的社会阶层人士统战工作………………… 115
新旧动能转换……………… 224、370、377、386
新闻出版……………………………… 351
信访…………………………………… 158
信访积案……………………………… 159
信访渠道……………………………… 159
信息化………………………………… 258
信息化建设…………………………… 163
信息宣传……………………………… 235
信息宣传调研………………………… 120
信用监管……………………………… 166
信用体系建设………………………… 226
兴业银行股份有限公司潍坊昌邑支行……… 287
行政复议……………………………… 222
行政区划……………………………… 068
行政审批……………………………… 240
行政事业单位资产管理……………………… 242
行政许可权改革……………………… 162
行政许可事项移交…………………… 120
溴素生产……………………………… 278
畜产品质量安全监管………………………… 247
畜牧业………………………………… 247
畜牧业治理…………………………… 248
宣传…………………………………… 110
宣传服务……………………………… 204
宣传教育……………………………… 193、338
宣传思想工作………………………… 086
宣讲宣传……………………………… 125
宣教工作……………………………… 128
选举任命……………………………… 141
学前教育……………………………… 325
巡察…………………………………… 123

Y

"119 消防安全宣传月"活动启动仪式 …… 151
1% 人口抽样调查 ……………………… 236
"一带一路"造园技能（昌邑）国际邀请赛开幕式…………………………… 150
"银龄安康"工程 ……………………… 364
烟草…………………………………… 274
严守底线……………………………… 378
盐业…………………………………… 277
药品采购机制………………………… 359
药械化妆品市场管理………………… 229
业务范围清单化……………………… 120
一般公共预算………………………… 291
医保政策宣传………………………… 358
医保支付方式改革…………………… 359
医疗保障……………………………… 357
医疗救助……………………………… 359
医养健康……………………………… 333
医政医管……………………………… 333
依法行政……………………………… 209、212
依法治军……………………………… 207
依项目育人…………………………… 246
宜居小镇建设………………………… 386
移动网络……………………………… 309
因公出国……………………………… 165
银行业和证券业……………………… 280
引资建井……………………………… 265
饮马镇………………………………… 383
营商环境……………………………… 388
营商环境优化………………………… 342
营造法治化营商环境………………… 219
应急保障……………………………… 273
应急管理……………………………… 240
拥政爱民……………………………… 207

优抚工作…………………………………………… 362
优化服务…………………………………………… 338
优化管理…………………………………………… 323
优化金融生态环境………………………………… 279
优化税收环境……………………………………… 297
优化营商环境……………………………………… 226
邮政………………………………………………… 305
邮政服务…………………………………………… 305
邮政业务…………………………………………… 305
油地协调…………………………………………… 265
渔业科技…………………………………………… 248
渔业水产…………………………………………… 248
渔业资源修复……………………………………… 248
渔政管理…………………………………………… 249
舆论宣传…………………………………………… 111
舆论引导…………………………………………… 352
预决算公开………………………………………… 292
园林绿地养护……………………………………… 314
园区建设…………………………………………… 373
原盐生产与经营…………………………………… 278
源头管控…………………………………………… 323
源头预防…………………………………………… 158
运输………………………………………………… 302
运输管理……………………………………… 302、308

Z

造血干细胞捐献…………………………………… 204
责任落实…………………………………………… 338
渣土扬尘治理……………………………………… 317
战备训练…………………………………………… 206
招商服务…………………………………………… 269
招商活动…………………………………………… 268
招商引资…………………………………………… 268
招商引资与扶贫…………………………………… 239
招投标保证金清退………………………………… 294
震害综合防御……………………………………… 343
震情监测…………………………………………… 343
镇（街）行政管理体制改革…………… 086、118
征管改革…………………………………………… 297
政策研究…………………………………………… 100
政法部门…………………………………………… 080
政法队伍建设……………………………… 085、211
政法委与综治……………………………………… 210
政府采购和招投标管理…………………………… 293
政府购买服务……………………………………… 119
政府投资审计……………………………………… 239
政府性基金预算…………………………………… 291
政区　人口　民族………………………………… 068
政务诚信…………………………………………… 166
政务辅助平台建设………………………………… 157
政务公开…………………………………………… 154
政务新媒体登记检查……………………………… 157
政务信息资源开放共享…………………………… 157
政银企合作………………………………………… 280
支持检察机关依法开展公益诉讼工作……… 085
支持企业发展……………………………………… 293
支持新产业………………………………………… 243
知识产权…………………………………………… 342
知识产权和标准服务……………………………… 230
知识产权强市建设………………………………… 342
知识产权宣传及培训……………………………… 342
执法监察…………………………………………… 242
职工文化建设……………………………………… 190
职能转变和放管服改革…………………………… 153
职业技能人才……………………………………… 162
职业健康…………………………………………… 334
职业教育…………………………………………… 328
职业卫生监测……………………………………… 335
植树节义务植树活动……………………………… 146
植树造林…………………………………………… 253
志鉴编修…………………………………………… 128

制度建设…… 222
制度落实…… 121
质量安全监管…… 317
质量抽检…… 230
质效提高…… 162
治理减排…… 322
智慧应急平台建设…… 158
智能农机三秋作业现场会…… 255
中国工商银行股份有限公司昌邑支行…… 282
中国共产党昌邑市纪委十四届五次全会…… 185
中国建设银行昌邑支行…… 283
中国民生银行潍坊昌邑支行…… 287
中国农业发展银行昌邑支行…… 284
中国农业银行昌邑市支行…… 282
中国人民财产保险股份有限公司昌邑支公司… 289
中国人民解放军昌邑市人民武装部…… 206
中国人民银行昌邑支行…… 281
中国人寿昌邑支公司…… 289
中国太平洋财产保险服务有限公司昌邑支公司…… 289
中国太平洋人寿保险股份有限公司昌邑支公司…… 289
中国银行昌邑支行…… 283
中国邮政储蓄银行股份有限公司昌邑市支行… 286
中泰证券昌邑营业部…… 288
中小企业…… 261
中医中药…… 334
种植业…… 245
重大基础设施策划…… 311
重大项目建设…… 225
重点领域监管…… 241
重点项目…… 248
重点项目建设…… 300
重要工作…… 135、169、186
重要规划编制…… 310
重要会议…… 089、131、144、177
重要活动…… 096、127、138、146
重要决定、重大决策…… 085
主题教育…… 235、250、254、295
助推改革发展…… 135
住房公积金管理…… 294
住宅与房地产…… 316
抓收购保供应管库存…… 273
专业技术人才…… 161
资金争取…… 250
资源争取…… 225
自然地理…… 062
自然资源…… 064
自然资源与规划…… 319
综合行政执法改革创新…… 118
综合整治活动…… 146
综述…… 185、243、258、279
总部经济…… 270
组建企业科协…… 196
组织…… 106
组织机构…… 076
组织建设…… 121、197、240
组织建设与创业园…… 190
组织收入…… 296